T0265517

RIS. ....

ITALIA
2024

MICHELIN

INDICE

La Rivista della Guida MICHELIN

Carte regionali

La Selezione 2024

EDITORIALE

Cara lettrice, caro lettore,

siamo felici di presentarvi la Guida MICHELIN Italia 2024. Tantissime le sorprese che vi attendono: più di 180 novità, nuove Stelle, Bib Gourmand, Stelle Verdi e dati sempre aggiornati.

Anche quest'anno cresce il numero di ristoranti premiati con la Stella MICHELIN e i nuovi ingressi che partono con la Stella sono svariati: cercateli in guida con il simbolo **N** *.*

Nell'estate segnata dalle polemiche sugli scontrini, noi ci limitiamo a constatare che i prezzi sono cresciuti abbastanza, a tutti i livelli. Ecco dunque che i nostri Bib Gourmand 🞃 *diventano sempre più interessanti: in questi locali potrete fare esperienza di cucine per lo più regionali – ma a volte anche creative – di tutto rispetto e ad un prezzo accessibile. In circa una quarantina di queste ottime tavole, sparse su tutto il territorio italiano, si trovano anche belle cantine: vi invitiamo a utilizzare i filtri del nostro sito guide.michelin.com per scoprirle!*

Necessità più che moda, le buone pratiche sostenibili, dalle più banali a quelle più articolate, stanno entrando a far parte della gestione quotidiana di ogni ristorante. Cercate le Stelle Verdi   che segnalano i ristoranti più virtuosi.

La Guida che avete tra le mani è la fotografia dei ristoranti citati al momento della stampa, ma la selezione è dinamica e i ristoranti entrano (e purtroppo talvolta escono) dalla Guida nel corso dell'anno. Per la situazione aggiornata utilizzate il QR Code che trovate in quarta di copertina e navigate sul sito guide.michelin. com e sull'app GuideMichelin per IOS e Android.

Vi segnaliamo infine che da quest'anno nel sito guide.michelin. com sono presenti anche gli alberghi della selezione Michelin. In Italia sono circa 300 strutture che offrono un servizio personalizzato, un'architettura degna di nota, la tranquillità e la sensazione di essere a casa di un amico. Qui verrete chiamati per nome, proprio come a casa...ma in location da sogno! ■

L'équipe della Guida MICHELIN

I FATTI SALIENTI DELLA SELEZIONE 2024

Nel corso dell'anno abbiamo rilevato una crescita delle tavole di qualità. Il numero di giovani talenti che si mettono in gioco con attività imprenditoriali è eccezionale e le richieste di visita per l'inserimento in Guida sono decuplicate negli ultimi anni. Segno di una ristorazione in salute, nonostante i tanti problemi che si avvertono, dalla selezione del personale al costo delle materie prime, dall'incertezza geopolitica mondiale alle nuove mete turistiche in ascesa in Europa e nel mondo.

Le novità

Tra le tavole che ci hanno sorpreso per piacevolezza e a cui abbiamo assegnato una o più Stelle MICHELIN ✿ troverete alcuni ristoranti già affermati ma anche qualche novità assoluta.

Intanto il ritorno alla massima velocità di **Norbert Niederkofler** a Brunico, presso il suo nuovo Atelier Moessmer, dove ha trovato una dimensione perfetta per la sua cucina di montagna.

Finalmente dopo tanti anni le Tre Stelle tornano nel Sud Italia. Il ristorante Quattro Passi della famiglia Mellino è riuscito nell'impresa, coniugando una straordinaria cucina mediterranea con il calore di un'innata ospitalità, sullo sfondo da cartolina della baia di Nerano.

Due citazioni nelle grandi città: **Verso Capitaneo** a Milano, una nuova apertura col botto per una cucina di grande precisione, e **Orma** a Roma dello chef Roy Caceres, un ritorno con stile per lo chef sudamericano che propone una cucina regionale, perfettamente contaminata dalle sue origini.

Ancora due novità degne di nota: **Wood** a Cervinia, cucina scandinava-italiana a 2000 m di altitudine ai piedi del Cervino, e **Vota Vota** a

Marina di Ragusa, cucina di territorio letteralmente a 0 metri slm. Una contrapposizione divertente, da 0 a 2000, quasi i chilometri di distanza tra i due… (in realtà sono 1644 dal sito ViaMichelin.com).

Menu o carta?

Da Nord a Sud la parola d'ordine è experience. Avevamo già notato in passato la tendenza nel fine dining, in risposta alle chiusure degli ultimi anni e alla crescente attenzione contro spreco alimentare e alla sostenibilità, a sostituire la carta con esperienze culinarie complete, a sorpresa o no, guidate dagli chef, con un filo conduttore che vuole convincere l'ospite della buona cucina proposta. Attenzione però che questa modalità deve incontrare il gusto della clientela, altrimenti rischia di essere un boomerang per l'attività. Sempre più frequente è, comunque, la possibilità – secondo noi ottima – di selezionare anche solo due o tre piatti dal percorso senza rinunciare a mettere alla prova le capacità dello chef.

La digitalizzazione

Internet e il web sono ormai parte integrante del sistema: non disdegniamo i menu su QR code, risparmiano carta. I tablet sono più complicati da sfogliare rispetto alla classica carta dei vini su fogli A4, ma è il progresso e dobbiamo adeguarci. Inoltre, con un click si sa subito se un produttore è presente e si trovano i vini biodinamici preferiti attraverso un semplice filtro.

Le prenotazioni ormai viaggiano molto via web, ma attenzione alle policy di cancellazione per non incorrere in qualche costo aggiuntivo.

Per finire, un suggerimento. Alcuni sistemi non consentono di prenotare per una sola persona: se siete dei gourmet solitari come noi, chiamate direttamente, magari vi propongono una data compatibile con i vostri programmi.

Questo è tutto per questa nuova edizione, non ci resta che augurarvi buona visione!

*L'esperienza
al servizio della qualità!*

I PRINCIPI DELLA GUIDA MICHELIN

Ovunque si trovino – Europa, Cina, Giappone, Stati Uniti, ... – le Ispettrici e gli Ispettori MICHELIN seguono esattamente gli stessi criteri per valutare la qualità di un ristorante. Se la Guida MICHELIN gode di una fama mondiale, è proprio in virtù del suo costante impegno nei confronti dei lettori, un impegno di cui vogliamo qui riassumere i principi chiave.

Prima regola d'oro: le Ispettrici e gli Ispettori provano i ristoranti **regolarmente e in anonimato**, in modo da verificare il livello di servizio offerto ad un cliente qualsiasi. E alla fine pagano sempre il conto! I riscontri e i giudizi dei nostri lettori sono inoltre una fonte preziosa di informazioni e pareri, di cui facciamo tesoro in occasione della preparazione degli itinerari di visita.

Per mantenere un punto di vista obiettivo, la selezione degli esercizi viene effettuata in maniera **assolutamente indipendente** e l'inserimento in Guida è totalmente gratuito. Le decisioni vengono prese collegialmente insieme al Direttore della selezione e le valutazioni più importanti sono discusse a livello internazionale.

Lungi dall'essere un elenco di indirizzi, la Guida è una **selezione** dei migliori ristoranti in tutte le categorie e le fasce di prezzo. L'omogeneità della selezione nasce dalla rigida **applicazione dello stesso metodo e degli stessi criteri** in qualunque Paese del mondo.

I ristoranti vengono rivalutati annualmente e le informazioni pratiche **costantemente aggiornate** sul nostro sito e sull'app, in modo da offrire indicazioni sempre affidabili.

I criteri di valutazione e classificazione sono **identici per tutti i Paesi** coperti dalla Guida MICHELIN. Ad ogni cultura la sua cucina, ma la qualità e il metodo per valutarla devono restare un principio generale.

Da Tokyo a San Francisco, da Parigi a Copenaghen,
la missione della Guida MICHELIN è sempre la stessa,
scoprire i migliori ristoranti del mondo.

Indipendentemente dal tipo di cucina e di servizio, che si
tratti di creatività sfrenata o grande tradizione, qualunque
sia lo stile e la location, le Ispettrici e gli Ispettori MICHELIN
hanno un unico obiettivo: cercare il gusto e la qualità.

Senza dimenticare l'emozione. Perché mangiare in un
ristorante selezionato dalla Guida dev'essere innanzitutto
un momento piacevole. È un talento dei grandi chef saper
trasformare un insieme di ingredienti in un'esperienza
indimenticabile e in pura emozione.

Tra tutti i ristoranti selezionati in Guida, i più interessanti
vengono premiati con una valutazione particolare: si tratta
delle famose Stelle MICHELIN, fino a 3 per le tavole che
offrono esperienze gastronomiche eccelse. Ma ci sono
anche i Bib Gourmand, i ristoranti che offrono il miglior
rapporto qualità/prezzo.

Per finire un'altra Stella, non rossa questa volta ma Verde,
premia gli esercizi impegnati in una ristorazione sostenibile
e rispettosa dell'ambiente.

Tante diverse esperienze gastronomiche da provare
e condividere: la selezione della Guida MICHELIN è tutto
questo e molto altro!

LA SELEZIONE DELLA GUIDA MICHELIN

LA QUALITÀ DELLA CUCINA

LE STELLE

I ristoranti sono classificati in base alla qualità della loro cucina. Le nostre Stelle MICHELIN – una ✿, due ✿✿ o tre ✿✿✿ – segnalano le cucine più notevoli, a prescindere dal loro stile e dall'ambiente. Gli elementi valutati sono la scelta dei prodotti, le tecniche di preparazione e di cottura, l'armonia e l'equilibrio dei sapori, la personalità della cucina e la costanza nel tempo.

La Stella viene assegnata al ristorante perché è un riconoscimento che scaturisce dal lavoro di squadra di tutta la brigata e che solo convenzionalmente viene identificata con il nome dello chef che guida la cucina in un certo momento. Per questo motivo se lo chef lascia il ristorante non porta la Stella con sé ma dovrà dimostrare di nuovo le sue doti nel nuovo contesto.

✿✿✿	Una cucina unica. Merita il viaggio!
✿✿	Una cucina eccellente. Merita la deviazione!
✿	Una cucina di grande qualità. Merita la sosta!

IL BIB GOURMAND

Buoni prodotti ben valorizzati, un conto ragionevole, una cucina con un ottimo rapporto qualità/prezzo.

LA STELLA VERDE

GASTRONOMIA E SOSTENIBILITÀ

Contraddistingue i ristoranti particolarmente impegnati a favore di una gastronomia sostenibile. Una breve descrizione illustra la filosofia e i punti forti di questi ristoranti nel campo della sostenibilità.

I SIMBOLI DELLA GUIDA MICHELIN

ⓝ   Nuovo esercizio in guida
N   Nuova Stella o Bib Gourmand

Installazioni e servizi

   Bella carta dei vini
   Vista interessante
   Parco o giardino
   Strutture per persone diversamente abili
   Aria condizionata
   Pasti serviti all'aperto
   Sale private
   Prenotazione consigliata
   Parcheggio
   Garage

Prezzo

€   meno di 35 €
€€   da 35 a 60 €
€€€   da 60 a 100 €
€€€€   più di 100 €

Parole-chiave

Due parole-chiave per identificare in un colpo d'occhio il tipo di cucina e l'ambiente del locale

CREATIVA • DESIGN

LEGENDA DELLE PIANTE

Ristoranti •

Curiosità

Edificio interessante

Costruzione religiosa interessante

Viabilità

Autostrada, doppia carreggiata

Numero dello svincolo

Grande via di circolazione

Via regolamentata o impraticabile

Via pedonale

Parcheggio

Galleria

Stazione e ferrovia

Funicolare

Funivia, Cabinovia

Zona a traffico limitato

Simboli vari

Ufficio informazioni turistiche

Costruzione religiosa

Torre • Ruderi • Mulino a vento

Giardino, parco, bosco • Cimitero

Stadio • Golf • Ippodromo

Piscina (all'aperto o coperta)

Vista • Panorama

Monumento • Fontana

Porto turistico

Faro

Aeroporto

Stazione della Metropolitana

Autostazione

Tranvia

Trasporto con traghetto:
passeggeri ed autovetture • solo passeggeri

Ufficio postale centrale

Municipio • Università

15

PALMARES 2024

✿ LE NUOVE STELLE...

✿✿✿

Brunico	**Atelier Moessmer Norbert Niederkofler**
Nerano	**Quattro Passi**

✿✿

Castellammare di Stabia	**Piazzetta Milù**
Milano	**Andrea Aprea**
Milano	**Verso Capitaneo**
Napoli	**George Restaurant**
Serralunga d'Alba	**La Rei Natura by Michelangelo Mammoliti**

✿

Amalfi	**Alici**
Andora	**Vignamare**
Brenzone sul Garda	**Nin**
Breuil Cervinia	**Wood**
Capodacqua	**Une**
Castelnuovo Berardenga	**Il Visibilio**
Fasano del Garda	**Il Fagiano**
Firenze	**Saporium Firenze**
Forte dei Marmi	**La Magnolia**
Furore	**Bluh Furore**
Genova	**Il Marin**
Lancenigo	**Vite**
Lodi	**La Coldana**
Madonna di Campiglio	**Dolomieu**
Marina di Ragusa	**Votavota**
Milano	**Horto**
Montepulciano	**Osmosi**
Noto	**Crocifisso**
Oltressenda Alta	**Contrada Bricconi**
Perugia	**Ada**
Praiano	**Un Piano nel Cielo**
Roma	**Orma Roma**

Saronno	sui generis.
Sasso Marconi	Casa Mazzucchelli
Siracusa	Cortile Spirito Santo
Torgiano	Elementi

...E I NUOVI
BIB GOURMAND 😋

Aldino	Krone
Alghero	Sa Mandra
Cagliari	ChiaroScuro
Cagliari	Old Friend
Campobasso	Aciniello
Casaglia	Stella
Catania	Osteria Acqualavica
Cetara	La Dispensa di Armatore
Civitella Casanova	Il Ritrovo d'Abruzzo
Genova	Rosmarino
Madonna di Senales	Oberraindlhof
Marostica	Osteria Madonnetta
Modica	La Locanda del Colonnello
Moena	Ostaria Tyrol
Montefalco	Camiano Piccolo
Nalles	Apollonia
Nocera Superiore	La Fratanza
Orbetello	L'Oste Dispensa
Rho	Mezzolitro Vini e Cucina
San Clemente	Buca 18
San Marzano Oliveto	Del Belbo - Da Bardon
San Michele	Osteria Platzegg
Sassetta	La Cerreta Osteria
Sasso Marconi	Nuova Roma
Selva Malvezzi	Locanda Pincelli
Senigallia	Nana Piccolo Bistrò
Terrasini	Salotto sul Mare
Villa San Giovanni	Vecchio Porto
Voghera	Rimulas

Le tavole stellate 2024

Il colore indica l'esercizio più stellato della località.

Roma ✿✿✿ La località possiede almeno un ristorante 3 stelle
Imola ✿✿ La località possiede almeno un ristorante 2 stelle
Caltagirone ✿ La località possiede almeno un ristorante 1 stella

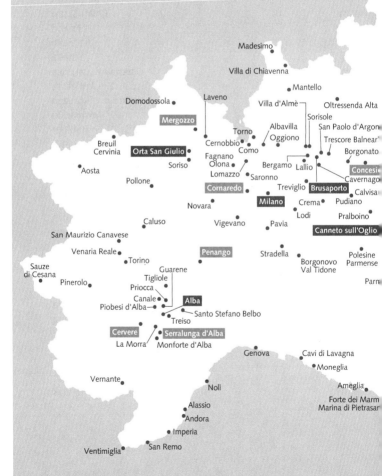

Castelnuovo Berardenga
Colle di Val d'Elsa
• Arezzo
Cortona
Marina di Bibbona •
Montepulciano
• Perugia
Montalcino
• Torgiano — Capodacqua
Massa Marittima •
San Casciano
• Montemona
Castiglione
Seggiano
dei Bagni
della Pescaia
Norcia
Trevinano
• Baschi
• Rivodutri
Marina di Grosseto •
Montemerano
• Vitorchiano
Porto Ercole

Roma
Genazza
Acu
Fiumicino
Labico
Ariccia
Terracina
Pontinia

Ponza

Baia Sardinia
• Porto Cervo
San Pantaleo •
• San Teodoro

SARDEGNA

Cagliari
• Pula

Le tavole stellate 2024

Il colore indica l'esercizio più stellato della località.

Roma ✿✿✿ La località possiede almeno un ristorante 3 stelle
Imola ✿✿ La località possiede almeno un ristorante 2 stelle
Caltagirone ✿ La località possiede almeno un ristorante 1 stella

orto San Giorgio

Montepagano

Civitella Casanova

Guardiagrele

San Salvo Marina

Peschici

Castel di Sangro

Trani

Brusciano

Torre del Greco

Somma Vesuviana

Conversano

Savelletri

Telese

Ariano Irpino

Putignano

Bacoli

Nola

Vallesaccarda

Lavello

Carovigno

Ischia

Napoli

Castellammare di Stabia

Matera

Lacco

Pompei

Praiano

Manduria

Lecce

Ameno

Ravello

Salerno

ciano

Quarto

Maiori

Eboli

Sorrento

Amalfi

Paestum

Massa

Conca dei Marini

Lubrense

Positano

Furore

Anacapri

Vico Equense

Capri

Sant'Agnello

Nerano

San Giovanni in Fiore

Strongoli

Lamezia Terme

Catanzaro

Salina

Marina di Gioiosa Ionica

Vulcano

Santa Cristina
d'Aspromonte

Palermo

errasini

Bagheria

Linguaglossa

Taormina

Archi

Catania

SICILIA

Caltagirone

Siracusa

Licata

Ragusa

Modica

Noto

Marina di Ragusa

INDICE DEI RISTORANTI STELLATI

N Nuova Stella 2024

ABRUZZO

BASILICATA

CALABRIA

CAMPANIA

PIEMONTE

PUGLIA

TRENTINO-ALTO ADIGE

UMBRIA

VALLE D'AOSTA

VENETO

INDICE DEI BIB GOURMAND

N Nuovo Bib Gourmand 2024

LAZIO

Località	Ristorante	Pagina
Carnello	Mingone	178
Civitavecchia	Forma	207
Fiumicino	QuarantunoDodici	250
Roma	53 Untitled	457
Roma	Carnal	463
Roma	Domenico dal 1968	468
Roma	Green T.	457
Roma	Hosteria Grappolo d'Oro	457
Roma	Moi	467
Roma	L'Osteria della Trippa	466
Roma	Profumo di Mirto	468
Roma	Romanè	463
Roma	Trattoria Pennestri	468
Tarquinia	Namo Ristobottega	525

LIGURIA

Località	Ristorante	Pagina
Cavi di Lavagna	Raieü	196
Genova	Bruxaboschi	270
Genova	Rosmarino N	268
Imperia	Osteria Didù	276
Montoggio	Roma	367
Ne	La Brinca	379
Pigna	Terme	411

LOMBARDIA

Località	Ristorante	Pagina
Adrara San Martino	Ai Burattini	113
Bianzone	Altavilla	145
Bracca	Dentella	158
Brescia	Trattoria Porteri	159
Capriate San Gervasio	Kanton Restaurant	177
Castiglione delle Stiviere	Hostaria Viola	192
Corte de' Cortesi	Gabbiano 1983	217
Cuasso al Monte	Al Vecchio Faggio	225
Esine	Da Sapì	233
Gavirate	Tipamasaro	263
Grazie	Locanda delle Grazie	272
Isola Dovarese	Caffè La Crepa ✿	280
Manerba del Garda	Dalie e Fagioli	304
Milano	La Cucina dei Frigoriferi Milanesi	345
Milano	Da Giannino - L'Angolo d'Abruzzo	336
Milano	Dongiò	338
Milano	Le Nove Scodelle	345
Milano	Serendib	333

MARCHE

MOLISE

PIEMONTE

TOSCANA

TRENTINO-ALTO ADIGE

UMBRIA

VALLE D'AOSTA

VENETO

INDICE DELLE STELLE VERDI

❀ Cucina responsabile e sostenibile
N Nuova Stella Verde 2024

STELLE VERDI

La Rivista
della Guida MICHELIN

I RICONOSCIMENTI
DELLA GUIDA MICHELIN

IL SOGNO DI OGNI CHEF
LE STELLE MICHELIN

Nell'immaginario collettivo la Guida MICHELIN e le sue Stelle sono un tutt'uno. I numeri dicono che non è così: di tutti i ristoranti selezionati a livello mondiale solo 1 su 5 ha ricevuto questo ambito riconoscimento. Tuttavia, la Stella MICHELIN è il faro del fine dining e il sogno nel cassetto di ogni chef. Intervistiamo un ispettore per scoprire qualcosa di più.

Che cos'è la Stella MICHELIN?

La Stella MICHELIN viene assegnata ai ristoranti che offrono una cucina d'eccellenza. Per assegnare il riconoscimento teniamo conto di cinque criteri che applichiamo ovunque: la qualità degli ingredienti, l'armonia dei sapori, la padronanza delle tecniche di preparazione e di cottura, la personalità espressa dalla cucina e, cosa altrettanto importante, la costanza nel tempo e la coerenza del menù. Il riconoscimento viene rivalutato annualmente per garantire agli ospiti la validità del premio.

L'arredamento, lo stile del ristorante o il servizio sono fattori che influiscono sull'assegnazione delle Stelle?

No. La Stella MICHELIN viene assegnata per il cibo presentato nel piatto, nient'altro. Lo stile di un ristorante, il suo ambiente o

La Guida MICHELIN

È il riferimento della gastronomia mondiale. Pubblicata per la prima volta nel 1900 dai fratelli Michelin come aiuto per gli automobilisti, la Guida Rossa France offriva mappe, nozioni di meccanica di base, luoghi di sosta e, naturalmente, un elenco di ristoranti e alberghi per il pernottamento. Dopo circa 20 anni la Guida iniziò a specializzarsi nella recensione di alberghi e ristoranti, e nacque così la figura dell'Ispettore. Dal 1926 la Guida iniziò ad assegnare le stelle agli indirizzi di alta cucina, evidenziandoli inizialmente con una sola stella. Dopo cinque anni, venne introdotta la scala attuale, da una a tre stelle.

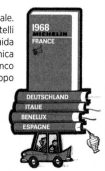

il servizio formale o informale non hanno alcuna influenza sul riconoscimento.

Chi sono i «giudici»? Chi assume le decisioni?

Gli Ispettori MICHELIN, dipendenti a tempo pieno con una formazione approfondita nel mondo del F&B. Ogni ristorante viene visitato da diversi Ispettori, che in seguito discutono e confrontano le rispettive esperienze per prendere una decisione finale collegiale.

Quante volte pranzate o cenate in un ristorante prima dell'assegnazione di una Stella?

Tutte le volte che consideriamo necessarie. La coerenza è molto importante quando si assegnano le Stelle MICHELIN, quindi dobbiamo essere sicuri che ad ogni visita i clienti trovino la stessa cucina di alto livello. Differenti ispettori visiteranno il locale in diversi momenti dell'anno, del giorno e della settimana.

Che cosa ordinate?

Cerchiamo di mangiare il maggior numero possibile di portate nel corso dell'anno, perché abbiamo bisogno di conoscere al meglio la cucina dello chef. Dobbiamo essere sicuri che tutti i piatti abbiano uno standard elevato e costante.

Mangiate da soli o in coppia?

Dipende. A volte mangiamo da soli, a volte in coppia e a volte anche in gruppo. Ma alla fine prendiamo la nostra decisione collegialmente.

Quanto è importante l'esperienza internazionale per gli Ispettori?

Molto importante. Ogni Ispettore viene inviato in giro per il mondo, per mangiare nei Paesi in cui realizziamo la Guida MICHELIN. Questo garantisce che tutti gli Ispettori giudichino in base agli stessi standard e abbiano gli stessi punti di riferimento: una Stella MICHELIN deve avere lo stesso significato e lo stesso valore, indipendentemente dal luogo in cui viene assegnata.

I ristoranti devono richiedere la Stella?

Se il ristorante è già presente nella Guida non è necessario richiedere la Stella, in quanto tutti i ristoranti selezionati vengono rivalutati regolarmente. In caso contrario, i ristoranti possono chiederci di prenderli in considerazione per l'inserimento in Guida e siamo sempre lieti di ricevere segnalazioni di luoghi degni di nota da parte dei nostri lettori e utenti.

Se lo chef lascia il suo incarico, il ristorante perde automaticamente la Stella?

Non necessariamente: le Stelle MICHELIN vengono assegnate al ristorante e non allo chef. A volte, il ristorante promuove un sous-chef che ha dimostrato di avere lo stesso talento del suo predecessore; altre volte può assumere uno chef di talento da un altro ristorante. Ci limiteremo a tornare al ristorante e a verificare il livello della cucina.

Avete dei criteri prestabiliti che la cucina deve rispettare?

Non c'è una formula segreta e matematica: cerchiamo solo una cucina davvero eccellente. Alcune Stelle MICHELIN sono innovative, altre tradizionali; alcune offrono menù fissi, altre una scelta à la carte; alcune sono ristoranti informali, altri formali. A nessuno piacerà ogni singolo ristorante stellato ed è giusto che sia così. Noi ci limitiamo a dire "questi sono i ristoranti con il cibo migliore, dove potrete vivere le esperienze culinarie più straordinarie". Spetta poi al lettore scegliere quello più adatto alle sue esigenze o preferenze.

Esiste un limite al numero di Stelle che potete assegnare in un anno?

No, non c'è alcun limite.

Perché togliete le Stelle?

La Guida MICHELIN è pensata per i nostri lettori, quindi se riteniamo che la cucina di un ristorante non sia più allo stesso livello, non confermiamo la Stella l'anno successivo.

Prendete in considerazione anche la carta dei vini?

I ristoranti che puntano a una cucina d'eccellenza in genere si assicurano di avere anche una lista dei vini interessante per completare la propria offerta. In genere, quindi, non ci sono sorprese.

Che cosa succede quando mangiate in un ristorante e scoprite che lo chef era assente?

Una volta a un famoso chef fu rivolta la domanda: "Chi cucina quando sei via?". Lui rispose "Le stesse persone che cucinano quando sono qui". In realtà, non ci interessa chi cucina, basta che il livello sia quello di sempre. Ricordate che le Stelle vengono assegnate a un intero ristorante, non a un singolo chef, perché una buona cucina è sempre un lavoro di squadra!

Cosa provate quando leggete che uno chef "non cucina per le guide"?

Siamo felici ogni volta che leggiamo una dichiarazione del genere. Qualsiasi chef che non cucini esclusivamente per i propri clienti ha chiaramente smarrito un po' la strada. Nessuno chef dovrebbe cucinare per le guide o per qualsiasi altra ragione che non sia quella di fare felici le persone che hanno riposto fiducia nel suo ristorante per fare una bella esperienza.

Date un feedback ai ristoranti dopo la prova tavola?

No. L'unico feedback di cui un ristorante dovrebbe tenere conto è quello dei suoi clienti.

La Stella MICHELIN espone lo chef a una pressione eccessiva?

Gli chef non devono fare nulla di diverso quando il loro ristorante ottiene una Stella MICHELIN, a parte mantenere lo stesso standard di cucina che ha loro permesso di ottenere il riconoscimento.

Il livello dei ristoranti scende nei giorni di grande affluenza?

No, al contrario. I buoni ristoranti danno il meglio di sé con la sala piena e non c'è niente che ci piaccia di più che entrare in un ristorante affollato. La sfida per qualsiasi ristorante è mantenere un livello elevato durante un servizio tranquillo, come il pranzo in un martedì piovoso di gennaio.

Che consigli darebbe ai giovani chef?

Tre consigli:
1. La buona cucina inizia con ottimi ingredienti, quindi utilizzate i prodotti migliori che riuscite a trovare.
2. Traete piacere nel cucinare per i vostri ospiti, piuttosto che lavorare con il solo obiettivo di raggiungere la Stella.
3. Frequentate altri ristoranti, ma mangiate anche ciò che cucinate personalmente: a volte ci accorgiamo che in un piatto c'è qualcosa che non va solo quando ne abbiamo già mangiato metà. ■

I RICONOSCIMENTI DELLA GUIDA MICHELIN

UN TESORO NASCOSTO
I BIB GOURMAND

Parlando di Guida MICHELIN il pensiero corre subito ai prestigiosi "stellati". Ma c'è un altro riconoscimento importantissimo un vero e proprio "tesoro" spesso inesplorato.

Non solo stelle

La prima Guida MICHELIN dedicata all'Italia venne pubblicata nel 1956 e copriva il territorio centro-settentrionale, dalla Toscana alle Alpi. La copertura totale del Paese venne realizzata nel 1957 e nel 1959 comparvero le prime stelle: 84 (oggi sono quasi 400). Contrariamente a quanto si crede, tuttavia, i ristoranti consigliati dalla Guida MICHELIN non sono solo costosi locali di fine dining. Dal 1997 i ristoranti con il miglior rapporto qualità-prezzo, che propongono un ottimo pasto ad un prezzo ragionevole, sono segnalati con un riconoscimento speciale: il **Bib Gourmand**, che potremmo tradurre come "l'Omino goloso". Il limite di prezzo per l'assegnazione del Bib Gourmand varia da paese a paese,

a seconda del costo della vita, ma la stessa ricerca sulla qualità del cibo è applicata ovunque dai nostri Ispettori.

Non esiste una formula fissa per un ristorante Bib Gourmand: sono tutti unici e possono variare notevolmente da un luogo all'altro. L'Hunan Bistro a New York, per esempio, serve abbondanti specialità dell'Hunan quali fagiolini saltati in padella con carne di maiale e gustosi noodles konjac. Al Restaurant ñ dell'Aia le deliziose opzioni del menu includono pesce fresco, peperoncini piccanti e ricette servite con salse fresche e sofisticate, oltre a un'eccellente selezione di formaggi e salumi. Da Edosoba Hosokawa a Tokyo, la soba (pietanza di grano saraceno simile ai nostri tagliolini o spaghetti) è una delizia e infine Trippa non è soltanto il nome di un Bib Gourmand di Milano, ma anche una delle proposte di quinto quarto che troverete spesso in carta.

La qualità al giusto prezzo

Ciò che accomuna questi ristoranti è il loro stile di cucina più semplice, facilmente riconoscibile, ma con un certo standard di qualità. Non si tratta infatti di un riconoscimento basato sul prezzo, in quanto ci sono molti ristoranti che rientrano nella fascia di prezzo dei Bib Gourmand, ma non hanno ottenuto questa distinzione. Il concetto chiave è proprio il rapporto qualità/prezzo. Per chi non è avvezzo alla cucina talora sofisticata e un po' astratta degli stellati, il Bib Gourmand è un valore sicuro, in quanto vi si trova una proposta immediata, piacevole, spesso regionale, con ingredienti di qualità, coronata da un'atmosfera rilassata e familiare.

Anche se non è famoso come la Stella MICHELIN, il Bib Gourmand per la Guida è un riconoscimento molto importante a cui i nostri Ispettori dedicano molto tempo. L'assegnazione di questo premio dimostra che il buon cibo non deve necessariamente avere un prezzo elevato! ■

 # I pilastri della selezione

Scopriamo quali sono i ristoranti più longevi: i nostri "pilastri" della selezione, che detengono almeno una Stella MICHELIN da più di 30 anni.

64 anni di Stella MICHELIN

- **Arnaldo-Clinica Gastronomica,** Rubiera

53 anni di Stella MICHELIN

- **Dolada,** Pieve d'Alpago

40 anni e più di Stelle MICHELIN

- **Al Sorriso,** Soriso
- **Dal Pescatore,** Canneto sull'Oglio
- **Da Vittorio,** Brusaporto
- **Enoteca Pinchiorri,** Firenze
- **Il Luogo di Aimo e Nadia,** Milano
- **La Primula,** San Quirino
- **La Tortuga,** Gargnano
- **San Domenico,** Imola

30 anni e più di Stelle MICHELIN

- **Al Gambero,** Calvisano
- **Arnolfo,** Colle di Val d'Elsa
- **Caino,** Montemerano
- **Casa Vissani,** Baschi
- **Casin del Gamba,** Altissimo
- **Esplanade,** Desenzano del Garda
- **Il Desco,** Verona
- **Le Calandre,** Rubano
- **Lorenzo,** Forte dei Marmi
- **Malga Panna,** Moen
- **Miramonti l'Altro,** Concesio
- **Paolo e Barbara,** San Remo
- **Romano,** Viareggio
- **Sadler,** Milano
- **San Martino,** Treviglio
- **Tivoli,** Cortina d'Ampezzo
- **Zur Rose,** San Michele

IL MONDO
DEGLI ISPETTORI

TRA MITO E REALTÀ
ALLA SCOPERTA DI UN LAVORO FUORI DALL'ORDINARIO

Principali artefici del suo successo gli Ispettori fanno parte del DNA della Guida MICHELIN. In questo articolo vi raccontiamo i retroscena di questo mestiere affascinante, poco noto e meno facile di quanto si creda...

Sempre on the road

Le donne e gli uomini che compongono i team di Ispettori MICHELIN sono veri e propri esploratori con la passione per la buona tavola. Viaggiano per il mondo alla ricerca del locale giusto da consigliare a un pubblico curioso e appassionato. Passando dal ristorante di lusso a un ristorantino trendy, da una trattoria a una piccola vineria-bistrot, un ispettore della Guida MICHELIN effettua più di 250 pasti anonimi all'anno – le cosiddette "prove tavola" – che descriverà poi in maniera dettagliata nei suoi report.

Questi dipendenti atipici del gruppo Michelin si comportano come un qualsiasi altro cliente, per assicurarsi che i lettori possano poi rivivere la loro stessa esperienza. L'anonimato e l'indipendenza sono gli strumenti più importanti. Di conseguenza, si prenota il ristorante utilizzando uno pseudonimo (ogni ispettore ne ha una mezza dozzina, cosa che ogni tanto crea qualche problema di identità), si ordina, si mangia e si paga il conto... come ogni altro avventore.

Un profilo articolato

Non tutti possono diventare Ispettori e il mestiere richiede molte competenze trasversali. Intanto ci vuole una certa esperienza del settore F&B (almeno una decina d'anni), supportata da doti specifiche. Occorre un palato molto fine e una grande capacità di fare astrazione dai propri gusti personali per giudicare la cucina di un ristorante nel modo più obiettivo possibile, avendo un'ampia conoscenza dei prodotti, delle regioni e delle culture culinarie del mondo.

Saper lavorare in team

Lavorando in team, gli Ispettori aggiornano la propria selezione e prendono ogni decisione in modo collegiale, sulla base delle varie visite effettuate a ciascun ristorante nel corso dell'anno. Anche in questo caso, l'obiettivo è garantire che le loro raccomandazioni siano il più possibile obiettive e aggiornate e che i riconoscimenti assegnati abbiano lo stesso valore a qualunque latitudine.
Decise nel corso di riunioni speciali chiamate "Seduta Stelle", che riuniscono più volte all'anno il Direttore Internazionale delle Guide MICHELIN, il Direttore della selezione locale e tutti gli ispettori, le famose Stelle MICHELIN godono di un'attenzione ancora maggiore,

in quanto assegnate all'unanimità. Se c'è ancora disaccordo su un ristorante (cosa non rara, seppur nel quadro di una serie di criteri oggettivi e condivisi questo lavoro lascia inevitabilmente un qualche margine di soggettività), vengono organizzati nuovi sopralluoghi, fino ad arrivare a un giudizio condiviso!
Poi bisogna essere curiosi, amare il viaggio, non soffrire troppo di nostalgia, sopportare bene gli imprevisti, essere in buona salute, rinunciare a praticare abitualmente qualunque sport che non sia il running, essere molto riservati e discreti e non fare uso di social.
Niente primedonne, insomma, ma persone serie, modeste, empatiche e capaci di lavorare in squadra. Non un profilo facilissimo da trovare, a dispetto di quello che si pensa. ■

IL MONDO DEGLI ISPETTORI

SCUSI,
POSSO FARLE UNA DOMANDA?

Che si tratti di un lavoro insolito è risaputo. Se a questo si aggiunge l'alone di mistero che circonda la professione di Ispettore, la curiosità scatena ogni genere di domanda. Abbiamo chiesto agli Ispettori quali sono le domande più frequenti che ricevono, ed ecco le loro risposte.

Ti pagano anche?

È la battuta più scontata e ricorrente a cui fa eco l'immancabile risposta: "E vorrei ben vedere!"

Ma i ristoranti da visitare li decidi tu?

I ristoranti vengono scelti in base al planning, alle priorità e all'ottimizzazione dei tempi e degli spostamenti, in accordo naturalmente col Direttore della selezione.

Ma devi fare sempre pranzo e cena?

Nel nostro lavoro cerchiamo di provare più ristoranti possibile. Ovviamente tenendo conto del fatto che mangiare è fisiologico ed è bene andare a tavola con una certa fame per poter giudicare meglio un piatto. Assolutamente aboliti quindi spuntini o fuori pasto.

Dovete assaggiare tutto, dall'antipasto al dolce?

No, il concetto della Guida MICHELIN è quello di comportarsi come un cliente normale e quindi facciamo un pasto completo ma secondo le nostre naturali preferenze. Ovviamente prestando più attenzione alla composizione del menu e concentrandoci sulla tecnica di alcuni piatti e sulla stagionalità dei prodotti.

Quando sei a casa cosa mangi?

È forse la domanda più frequente e rispondo sempre che a casa le cose più semplici sono le preferite. Ritornare ad una certa frugalità ma anche ad una sincera informalità è la cosa che preferisco fuori dagli orari di lavoro.

Ma come fanno ad invitarti a cena i tuoi amici?

Rispondo, come nella domanda precedente, che invece sono un ottimo commensale da invitare, perché mi bastano pochissime cose semplici e casalinghe dopo una settimana di grandi ristoranti in giro per l'Italia. Quando rientro da una *tournée* (le chiamiamo così le nostre trasferte) oltre alla valigia sistemo in un cassetto anche le papille gustative, per

cui divento "innocuo" e ciò che mi fa piacere trovare a tavola è la convivialità.

Quanti ristoranti assaggi all'anno?

A seconda degli anni e dei territori coperti possono essere tra i 220 e i 250.

Ma come fai a dormire sempre fuori casa? Non ti pesa non avere il tuo letto?

La mia fortuna è che mi potrei addormentare anche su un prato, appoggiato ad un albero oppure nello scomodissimo sedile di un aereo low cost... Credetemi è una manna quando trovi certi materassi morbidi che sembrano lì dall'800!

Qual è il piatto che preferisci?

Ecco questa è una risposta difficile perché siamo dei golosi e potremmo parlarne per giorni. Diciamo che per ogni tipologia ciascuno di noi ha una sua preparazione del cuore, che negli anni rimane nella memoria: uno spaghetto di mare, un risotto all'onda perfetto, un crudo particolarmente saporito oppure quel dolce così goloso da volerlo replicare a casa al più presto. Il piatto che sono corso a casa a fare dopo un viaggio è stata una zuppetta di frutta e verdura con gelato all'olio di oliva, fresca ed estiva... era meglio quella del ristorante però!

Che ristorante mi consigli?

Una delle domande più difficili da soddisfare, anche perché è una domanda generale ma con molte aspettative. Oltre a dire che quelli menzionati in Guida sono validi indirizzi, per placare la curiosità inizio io con le domande: che

genere di cucina ti piace? qual è l'occasione? qual è il budget? Nella stragrande maggioranza dei casi chi mi ha fatto la domanda si rende conto che non ha le idee molto chiare sul tipo di esperienza che vuole fare, mentre il consiglio migliore è sempre quello più consono all'occasione. Per una serata romantica, un compleanno in famiglia, un pranzo di lavoro o un'esperienza gourmet i ristoranti consigliati saranno necessariamente diversi.

Ma quanti pneumatici devo acquistare per essere inserito in Guida?

C'era un po' di confusione evidentemente e alla mia richiesta di ispezione di un ristorante il titolare mi respinse in malo modo, pensando che volessi vendere pneumatici Michelin con la scusa di visitare il ristorante. Ricordiamo che l'inserimento in Guida è assolutamente gratuito e non è necessario acquistare neanche un pneumatico di bicicletta!

La domanda più simpatica? Quella di mia figlia, all'età di 6 anni. Papà ma tu guidi gli aerei che parti sempre con la valigia?

Ed io...ecco ehm... sì... in effetti... cioè... esatto! Guido gli aerei. Altrimenti il giorno dopo a scuola ne sarebbero arrivate molte altre: una piccola bugia è una licenza poetica di Ispettore. ∎

C'È POSTA
PER L'ISPETTORE

I tempi cambiano, gli strumenti evolvono e anche se il cuore del lavoro degli Ispettori è rimasto immutato da quasi 100 anni – sedersi a tavola, mangiare e valutare la cucina del ristorante – tutto intorno il mondo si è trasformato. L'Amarcord dell'Ispettore con più capelli bianchi ci racconta storie che dovrebbero davvero iniziare con "C'era una volta…"

Mi si chiede un ricordo di come è cambiato questo lavoro, accetto volentieri e, credo, con cognizione di causa, avendo cominciato a girare l'Italia, e non solo quella, quando ancora era in piedi il muro di Berlino.

Il mitico appuntamento

Quando ho cominciato a fare questo lavoro, non solo gli Ispettori della Guida, ma tutto il personale commerciale della Michelin aveva l'obbligo, se in trasferta, di presentarsi alle 8.30 di ogni mattina presso un ufficio postale indicato sull'itinerario preparato prima della partenza.
In un'epoca in cui ancora si usavano i gettoni telefonici, lo scopo era di avere un punto fisso per eventuali incontri con i superiori gerarchici che avessero avuto la necessità di mettersi in contatto con noi. Negli anni in cui mi sono attenuto a questa regola non è mai avvenuto, ma tant'è. I colleghi "anziani" dell'epoca sostenevano anche che

fosse possibile essere contattati tramite messaggi inviati all'ufficio postale, eventualità ancora più misteriosa e improbabile. Inoltre, occorreva spedire la nota spese, da compilare quotidianamente, e quale posto migliore per farlo?
Se si era in una città o comunque in una località con più indirizzi disponibili andava indicato a quale di questi si sarebbe andati, ma mi è anche capitato di dover fare affannosi andirivieni tra un ufficio e l'altro in località dove non credevo potessero esserci più uffici postali. Si aspettava una decina di minuti e se nulla accadeva si partiva, cominciando la giornata lavorativa.

Qualche ricordo

Piccoli ricordi legati a questa incombenza? La proprietaria di un albergo in Valle d'Aosta che sperava fossi l'ispettore inviato per sistemare le cose "perché qui a livello postale non funziona più niente!", il sospetto suscitato in solerti impiegati che in caso di più passaggi per qualche giorno consecutivo si chiedevano "ma questo cosa ci fa qui davanti tutti i giorni?", un paio di incontri fugaci con colleghi del settore pneumatici riconosciuti dalla busta con indirizzo prestampato in mano… piccole cose che ora, arrivato quasi all'età della pensione, ritornano in mente con una certa nostalgia. ■

IN GIRO PER L'ITALIA
I MOMENTI GOLOSI DEGLI ISPETTORI

Non solo ristoranti. Su e giù per lo Stivale gli Ispettori hanno modo di scovare posti e prodotti imperdibili, più o meno noti, che parlano di cultura gastronomica e di territorio. Posti in cui fermarsi per tirare il fiato, per godere di un bel panorama o di un prodotto tipico. Partiamo da Nord e saltellando qua e là arriviamo fino alle regioni del Sud, senza l'ambizione di essere esaustivi, ma con l'intento di dare qualche suggerimento ai nostri lettori. In cambio poi aspettiamo i vostri!

A TORINO non potete perdervi il *bicerìn*, da gustare nel caffè omonimo (piazza della Consolata 5) fondato nel 1763 e frequentato da Cavour, Dumas, Nietzsche, Puccini... Un luogo che ha fatto la storia della città e che è rimasto immutato. Quanto al *bicerìn* – dal torinese bicchierino – è una bevanda composta da caffè, cioccolata e crema di latte (non panna, per carità!) da sorseggiare senza mescolare gli ingredienti per non guastare il loro equilibrio fatto di strati di diverso sapore, densità e temperatura.

■ Il *bicerin* torinese

A VENEZIA scappate dalla folla turistica e rifugiatevi in un bacaro, il tipico bar veneziano che propone *cichetti* (stuzzichini come baccalà mantecato, salumi, formaggi, crostini) accompagnati da un'ombra (un bicchiere) de vin. Le proposte sono golose e piene di fantasia e tra i nostri posti preferiti ci sono le Cantine del Vino già Schiavi a Dorsoduro (fondamenta Nani 992) e Al Bacareto da Lele in Fondamenta dei Tolentini 183, non lontano dalla stazione ferroviaria.

TRA TRIESTE E IL CARSO seguite le frasche che conducono alla scoperta delle *osmize*, luoghi in cui si vendono e si consumano vini

■ I *cichetti* veneziani

e prodotti tipici (uova, insaccati, salami e formaggi) direttamente dai produttori. Si tratta di una tradizione che risale al 1784, quando ai contadini fu permessa la vendita diretta dei loro prodotti per otto giorni all'anno (otto in sloveno si dice *osem*). Oggi le *osmize* sono circa una cinquantina e osservano turni di apertura variabili che si possono scoprire sul sito *www. osmize.com*. E intanto che siete a Trieste, concedetevi un caffè in uno dei numerosi locali storici un tempo bazzicati da Joyce, Rilke, Svevo e Saba, come il Caffè Tommaseo, il Caffè San Marco o la Pasticceria Pirona. I triestini hanno una vera passione per il caffè e ne consumano il doppio rispetto alla media nazionale.

A GENOVA provate la deliziosa *pànera* (dalla contrazione di *panna nera*), il semifreddo tipico della Superba a base di polvere di caffè, panna montata, latte e zucchero, da degustare nell'incantevole porticciolo di Boccadasse, dove pare sia stata inventata dalla gelateria Amedeo negli anni Venti.

▨ Il Quadrilatero della gastronomia a Bologna

A BOLOGNA perdetevi tra i banchi alimentari del Quadrilatero, tra salumi, prosciutti, paste, formaggi e altre leccornie. Fin dal Medioevo la zona compresa tra piazza Maggiore e le torri è stata uno dei luoghi più significativi della cultura del cibo bolognese. Già che ci siete, su via Clavature visitate la chiesa di Santa Maria della Vita, che conserva al suo interno lo straordinario gruppo in terracotta del Compianto su Cristo morto di Niccolò dell'Arca, del XV secolo.

A FIRENZE lanciatevi nell'esperienza di un tipico panino al lampredotto. Si tratta della carne dell'abomaso, una delle sezioni dello stomaco bovino, appartenente al cosiddetto quinto quarto. Viene venduto in varie postazioni di street food e tra le più famose ricordiamo I' Trippaio di Firenze, in via Gioberti e quelli all'interno del Mercato Centrale e del Mercato di Sant'Ambrogio.

A ROMA andate nel ghetto, in via del Portico d'Ottavia 1, e immergetevi nell'atmosfera ruvida, ruspante (e profumatissima) del

▨ Il panino al lampredotto fiorentino

Forno Boccione, che in un antro minuscolo e un po' arruffato sforna specialità deliziose, tra cui l'imperdibile torta ricotta e visciole, dalla caratteristica calotta bruciacchiata. Va a ruba e quindi è meglio prenotarla.

A NAPOLI abbandonatevi ai peccati di gola. Tra le molte specialità dolci citiamo la sfogliatella, nella versione riccia o frolla. La prima, a forma di conchiglia, è fatta di pasta sfoglia croccante e la seconda di pasta frolla sottile e morbida. Il ripieno (uguale per le due varianti) è a base di ricotta, semolino, frutta candita e un pizzico di cannella. Molte le pasticcerie storiche e non in cui gustarla, a noi piace Carraturo, a Porta Capuana. Ai più golosi consigliamo inoltre un assaggio dei Fiocchi di Neve di Popella, una delicata sfera ripiena di crema vellutata a base di ricotta di pecora e latte fresco. Visto il successo del prodotto i punti vendita si sono moltiplicati, ma noi vogliamo ricordare la sede storica, quella del Rione Sanità, in via Arena alla Sanità 28/29.

NELLE MURGE PUGLIESI provate uno dei tanti *fornelli pronti*, una tradizione di lunga data di macellerie con spiedo e brace per la cottura sul posto della carne. *Gnummariedd'* (interiora di agnello e capretto), *bombette* (fagottini di maiale ripieni di formaggio), la zampina (una salsiccia di carne mista) e il marro (un involtino di interiora di agnello)... ogni paese e ogni fornello ha le sue gustose specialità.

TRA MESSINA E SIRACUSA, nella parte orientale della Sicilia, fate colazione come i locali con la granita e la tipica brioche col tuppo (la parte superiore a forma di chignon). La granita siciliana è più simile a un gelato che alla sua variante "continentale", è morbida, cremosa e si sposa perfettamente con la brioche da inzuppare nel bicchiere della granita. I gusti più gettonati sono la mandorla (la nostra preferita), il pistacchio, il caffè, il gelso... Nella tradizione siciliana donare il tuppo della brioche (la sua parte migliore) è una dichiarazione d'amore e di affetto. Tra i nostri posti del cuore c'è il Caffè Sicilia a Noto, lungo lo spettacolare corso Vittorio Emanuele. ■

■ La sfogliatella napoletana e la granita siciliana

SOSTENIBILITÀ
LA STELLA VERDE
MICHELIN

UNA GASTRONOMIA SOSTENIBILE

Introdotta nel 2020, la Stella Verde MICHELIN è un riconoscimento che premia i ristoranti all'avanguardia nel campo della sostenibilità, che lavorano con produttori e fornitori selezionati per evitare sprechi e ridurre, o meglio ancora azzerare, l'utilizzo di plastica e altri materiali non riciclabili dalla loro filiera, preoccupandosi così di diminuire l'impatto ambientale della loro attività.

L'impegno di questi ristoranti si traduce, per molti di essi, anche nell'utilizzo di pascoli naturali, coltivazione di piante e allevamento diretto di animali, impiego di metodi rigenerativi come gli orti no-dig o la rotazione delle colture intercalari.
Con l'edizione 2024 della Guida MICHELIN Italia, le Stelle Verdi sono salite a 58 e sono state assegnate a ristoranti di ogni tipo, dalle 3 Stelle ai ristoranti citati senza alcuna distinzione particolare. Non esistono, infatti, criteri fissi per l'assegnazione della Stella Verde, poiché ogni locale e il luogo in cui si trova sono unici. Tra i compiti degli Ispettori Michelin c'è dunque anche quello di scovare le insegne che sono un lume ispiratore nelle buone pratiche di sostenibilità. Oltre alle considerazioni sull'ambiente, le Stelle Verdi MICHELIN sono realtà che si preoccupano della qualità della vita del loro personale e sostengono progetti sociali a livello locale, nazionale e globale. Scopriamo attraverso le loro stesse parole alcuni di questi ambasciatori della sostenibilità, premiati dalla Guida MICHELIN. ▪

Qualche criterio

La ricerca viene condotta sia sul posto sia in redazione, esaminando alcune macroaree, fra cui:

- qualità dei prodotti, compresa l'origine biologica, biodinamica ed etica.
- uso di ingredienti locali e stagionali.
- basso impatto energetico nell'uso delle risorse
- iniziative creative in campo ambientale.
- smaltimento, riutilizzo e riciclaggio dei rifiuti.
- collaborazione con la comunità locale
- formazione del personale.

CHEF ENRICO CRIPPA
RISTORANTE PIAZZA DUOMO, ALBA ✿

Gli orti, le serre e un grande rispetto per le stagioni: Enrico Crippa ci apre le porte del suo universo vegetale.

Amo tutto ciò che è vegetale perché duttile, vivace, fresco e amo cucinare nel momento e nella stagione corretta. C'è un piatto che è diventato l'emblema del mio approccio alla cucina ovvero l'Insalata 21…31…41…51… La prima volta che l'ho proposto nel 2009 le erbe e germogli presenti variavano da 21 a 41. Fu una sfida perché spesso i clienti mi chiedevano un'insalata e pensai di proporre la più spettacolare delle insalate. I clienti da subito hanno apprezzato questo piatto e allora ho iniziato a volermi sfidare e aggiungere nuove erbe. Oggi in alcuni momenti dell'anno sono oltre 150.

In sinergia con l'orto

Abbiamo imperniato tutto il nostro progetto sulla stagionalità e contiamo su 3 ettari di orti aperti a rotazione e su una serra di vetro di circa 500 mq, dove produciamo le erbe e profumi che arricchiscono i nostri piatti. Coltiviamo oltre 400 varietà di vegetali provenienti da tutte le aree geografiche del pianeta e selezionate per i loro sapori, consistenze e colori.

Il nostro orto fornisce circa l'80% del vegetale usato in piazza Duomo ed è condotto in totale regime biodinamico.

Senza dimenticare l'aspetto umano

Un ulteriore aspetto a cui teniamo particolarmente riguarda la sostenibilità umana all'interno del nostro ambiente di lavoro. Abbiamo cercato di organizzare il lavoro con attenzione ad un buon bilanciamento lavoro-vita privata e abbiamo scelto di chiudere tre giorni a settimana per permettere ai collaboratori di gestirsi meglio il tempo. Inoltre, forniamo ai giovani chef e camerieri accoglienza in alloggi di proprietà del ristorante. Nel corso degli anni Piazza Duomo ha spesso ingaggiato personale di varia provenienza, ad esempio dal Bangladesh, che per noi è il caso più eclatante. Questi ragazzi hanno iniziato a lavorare nel nostro ristorante con grande passione, hanno coinvolto i loro parenti e si sono poi inseriti nella vita locale tanto da scegliere di trasferire qui le loro famiglie. ■

SOSTENIBILITÀ

■ Insalata 21…31…41…51….

CHEF GIORGIO SERVETTO
RISTORANTE VIGNAMARE, ANDORA ✿

Vigneti e uliveti fronte mare e un'azienda agricola dedicata. Giorgio Servetto e la sua idea di sostenibilità: una cucina a servizio della natura.

■ Tributo alle api

Ho l'onore e il privilegio di lavorare all'interno di un'azienda agricola, Peq Agri, proprietaria del ristorante Vignamare, realizzato recuperando una vecchia cisterna degli anni Settanta abbandonata da tempo. I piatti che propongo al ristorante nascono sempre nei nostri orti, dopo essermi confrontato con i miei colleghi che lavorano la terra e ne conoscono le più piccole sfaccettature.
La nostra azienda agricola produce tutti i nostri ortaggi, il miele, l'olio EVO, le conserve, il vino, i distillati, i formaggi, le uova e la carne di capre, conigli e galline. In altre parole, non sono io a pensare ai piatti del menu, è la Natura stessa che me li suggerisce! Siamo tutti fortemente convinti che sia il ristorante al servizio dell'azienda agricola e non

viceversa. Il Vignamare, in altre parole, è la nostra finestra sul mondo, il nostro modo di comunicare la nostra filosofia. Nel menu presentiamo anche dei piatti a base di pesce che valorizzano e mettono al centro il pescato del mar Ligure, che vanta specie uniche al mondo, come i gamberi di Sanremo, il tonnetto o i besughi. Inoltre, la fortuna di avere una cantina con tutte le etichette prodotte da noi (Lupi, Praié e Guglierame) ci permette di raccontare la magia della biodiversità anche del nostro vino.

Cucina a zero sprechi

Cuciniamo a 35° sottovuoto preservando naturalmente il colore, il tenore e il profumo degli ingredienti e mantenendo i principi nutritivi intatti per rispettare la natura. Anche il tema degli sprechi in cucina è centrale. I piatti sono ideati e realizzati per utilizzare ogni parte degli ortaggi o degli animali. Della zucchina uso l'ortaggio, il fiore, il pistillo del fiore e gli arbusti delle foglie che vengono scottati e serviti come pasta nel mio "Minestrone ligure".
Infine, gli avanzi di produzione vengono utilizzati per creare una linea di biscottini per i nostri ospiti a quattro zampe, che sono sempre i benvenuti! ■

CHEF DAVIDE GUIDARA
RISTORANTE I TENERUMI ✲

Sintonia totale con un'isola unica: Davide Guidara ci racconta la sua cucina sostenibile tutta vegetale.

Il nome rende omaggio alla filosofia del ristorante e al genius loci: si tratta infatti delle foglie e dei germogli della zucchina lunga, largamente usati nella cucina siciliana.
Nell'ottica della sostenibilità e della riduzione degli sprechi, nessuna scelta alla carta ma un menu degustazione interamente dedicato al mondo vegetale. Il percorso culinario è accompagnato da cocktail preparati con erbe e aromi autoctoni: kombucha, tepache, cordiali e infusi che, come ingredienti liquidi, diventano veri e propri elementi del piatto.
L'orto di proprietà di oltre 4000 mq del Therasia Resort, che ospita il ristorante, copre circa il 90% del fabbisogno e il resto viene da fornitori locali o comunque regionali. L'irrigazione è assicurata dall'acqua del sottosuolo attraverso un pozzo naturale con ricircolo dell'acqua piovana, processo che permette di preservare la mineralogia del terreno.
Per eliminare gli scarti di lavorazione, utilizzo fermentazioni e macerazioni e quel poco che rimane è inviato al compostaggio.

Ricordi d'infanzia

La volontà di utilizzare tutto quel che la terra produce mi ha spinto a trasformare in ingrediente anche quelle verdure che non sono riuscite a giungere a maturazione sulla pianta. È nato così il piatto Datterino, preparato con l'aggiunta di pomodorini staccatisi dalla pianta anzitempo e maturati a terra. In questo caso il datterino ha una mineralità e sentori particolari, che arricchiscono il bouquet del piatto e che per me sono un bel ricordo dell'infanzia. Mentre in famiglia si preparavano le conserve di pomodoro, io non resistevo e prendevo i pomodori crudi per mangiarli ancora sporchi di terra, un residuo che lasciava al prodotto un gusto particolare, che oggi voglio condividere con i miei ospiti. ■

■ Datterino

COME RICONOSCERE UN PIATTO VERDE?

INDIZI DI SOSTENIBILITÀ

L'assegnazione della Stella Verde è una valutazione complessa e articolata, che dal piatto si estende all'uso di energie rinnovabili, alle certificazioni, all'utilizzo di detersivi biologici, alla pratica del compostaggio... e altro ancora. Argomenti molto importanti, ma che esulano un po' dalle possibilità di valutazione del cliente tipo. Lasciamo dunque agli Ispettori le valutazioni sulla Stella Verde e proviamo a vedere qualche indizio di sostenibilità facilmente percepibile.

SOSTENIBILITÀ

La comunicazione

L'attenzione alla sostenibilità viene vissuta dal personale del ristorante come un elemento prezioso della loro attività, da condividere con passione ed entusiasmo. Spesso vi verrà raccontato dell'orto da cui provengono le verdure, del fornitore del cuore di farine o altri prodotti, del reimpiego dell'acqua piovana per irrigare il giardino. Insomma, l'impegno green non sarà un segreto ben custodito, ma si disvelerà con naturalezza durante il pasto.

La carta

Lo strumento più importante a disposizione del cliente è il menu. Può sembrare un'ovvietà, ma non sempre lo si legge nel modo giusto e spesso lo si scorre solo per scegliere cosa ordinare. Innanzitutto stanno via via diminuendo le grandi carte a favore di una proposta più ristretta, che eviti gli sprechi e consenta di lavorare sempre col fresco. Entrando più nel merito, in una carta green troverete spesso un largo uso dell'aggettivo "nostro": le verdure del nostro orto, il nostro manzo (tacchino, pollo...), le nostre uova e via di seguito, aggettivo che presuppone l'esistenza di orti e allevamenti di proprietà e dunque sinergici e integrati con le proposte della cucina. Chiedete informazioni.

Anche l'attenzione ai fornitori è un dato rilevante: un ristorante sostenibile conosce benissimo gli ingredienti che usa, anche quando non sono di produzione propria. Sa come vengono prodotti o coltivati, dove, da chi e spesso ha piacere di condividere con i clienti queste informazioni attraverso il menu. La territorialità è importante, ma non bisogna farsi trarre in inganno: talvolta prodotti che sembrano esotici e dunque poco green provengono invece da produttori situati a pochi chilometri dal ristorante. Se avete dubbi in tal senso, fatevi spiegare come mai vengono servite delle alghe a Milano: vi potranno magari rispondere che ci sono coltivazioni appena fuori città. E sappiate che gustare del Wagyu giapponese a km 0 in provincia di Bolzano è un gioco da ragazzi.

Ci sono elementi territoriali più lampanti: il pesce di mare potrà arrivare in montagna solo in trasferta e quindi una carta sostenibile in questo caso privilegerà i pesci d'acqua dolce. Ma anche qui niente fondamentalismi: se un locale di montagna propone, tra specialità più locali, un piatto a base di pesce di mare non è il caso di gridare allo scandalo. Lo chef ha diritto di giocare con la sua creatività e se la proposta rimane comunque equilibrata questo non vuol dire che si tratta di un ristorante poco attento all'ambiente.

Più difficile è aggirare sostenibilmente il tema della stagionalità: un piatto a base di asparagi a ottobre dovrebbe farvi suonare un campanello d'allarme.

Gli scarti

Anche in cucina il tema della riduzione degli sprechi e degli scarti è uno dei più importanti nel discorso sullo sviluppo sostenibile. In molti ristoranti green vi faranno notare che il brodo è stato preparato con i baccelli o con le bucce di patata, o vi proporranno deliziosi finger food fatti con gli scarti dei piatti principali. Sono segnali importanti, che lasciano trapelare uno studio e una ricerca sulla cucina a zero scarti.

La carta dei vini

Grande o piccola che sia, ci si aspetta che dedichi un'attenzione particolare al territorio e che mostri una certa sensibilità alle produzioni "pulite" (non necessariamente biologiche o biodinamiche). In questo ambito, non tutti i ristoranti propongono una selezione ricca e completa di vini al bicchiere e se il numero di avventori non è proporzionato al multiplo di 75 cl si è spesso in difficoltà sull'approccio da tenere. E allora perché non risolvere il problema alla base: ordinate la bottiglia che vi piace e chiedete di poter portare a casa quello che avanza. Spesso i ristoranti non lo propongono per timore di urtare la sensibilità del cliente e, viceversa, quest'ultimo teme di fare brutta figura. Tutto il contrario: la richiesta di portare a casa avanzi di cibo e vino è un modo corretto per affrontare il tema dello spreco e vi permetterà di godere del piacere di un pasticcino o di un cioccolatino gustato al momento giusto e non al termine di un pranzo luculliano. ■

A SPASSO PER L'ITALIA
IL MENU GREEN IDEALE DEGLI ISPETTORI

Un po' per gioco e un po' per entrare nel vivo, abbiamo chiesto ai nostri Ispettori di comporre "a mano libera" il loro menu sostenibile ideale, pescando qua e là per lo Stivale i piatti che più li hanno colpiti durante le loro prove tavola. Ecco il risultato, difficilmente replicabile nella sua integralità ma utile spunto per scegliere una ristorante green e assaporare alcune delle sue proposte.

SOSTENIBILITÀ

ANTIPASTI

Trota iridea
Terra, Sarentino
Chef Heinrich Schneider

L'assaggio inizia chiudendo gli occhi mentre nell'aria viene spruzzata un'essenza di cedro. La trota locale, marinata al sambuco, è avvolta in pasta di riso trasparente e accompagnata da salsa all'acetosella, gel di melissa e latticello e foglie di geranio limone. Nella ciotolina accanto c'è una crema di uovo con uova di trota e dadi di trota essiccata, da ultimo un fiore realizzato con meringa, calendula, alchimilla ed estratto di arancia (che rimanda al cedro). Un piatto interessante in cui emerge tutta la maestria di Schneider nell'utilizzo non banale delle erbe spontanee e il suo grande amore per la montagna.

Trota iridea

Insalata di calamaretti e bietole
Dalla Gioconda, Gabicce
Chef Davide Di Fabio

Calamaretti, simbolo dell'Adriatico, appena scottati e poggiati su polpa di agrumi coltivati in casa, salsa densa alle alghe e bietole dell'orto a coronare e colorare il tutto. Fresco e territoriale: qui chef Di Fabio (un passato all'Osteria Francescana e questo spiega la mano precisa e la personalità) fa sembrare facili scelte tecniche e cotture precisissime di ingredienti fragranti.

Insalata di calamaretti e bietole

Melanzana

PRIMI PIATTI

Lasagnette di farro con pomodoro fresco al forno, ricotta alla mentuccia e pesche spadellate
l' Ciocio - Osteria di Suvereto, Suvereto
Chef Fabrizio Caponi
La pasta è fatta con le loro farine selezionate e macinata nel mulino a pietra di proprietà. Un piatto che è un inno ai prodotti estivi e a cui la pesca dona grande freschezza. Il tutto perfettamente legato da una ricotta selezionata. Goloso!

Melanzana
Vignamare, Andora
Chef Giorgio Servetto
L'ispirazione vegetale delle proposte di Servetto è tale da lasciare che sia la melanzana il titolo di un piatto che altrove si chiamerebbe gnocchi. La melanzana compare nell'impasto di patate e poi in crema nella farcitura. Il piatto prosegue poi con un omaggio alla parmigiana: spuma di mozzarella, crema di pomodoro e basilico. ■

Lasagnette di farro

69

■ Gamberi

PIATTO PRINCIPALE

Gamberi
Fradis Minoris, Pula
Chef Francesco Stara

Gamberi rossi e rosa, con "caviale" di gamberi, zuppa ridotta e plancton: un piatto delizioso ove i piccoli crostacei si sciolgono come burro. Manifestazione di fragranza del pescato locale, per lo più da pesca sostenibile nella Laguna di Nora.

■ Pollo croccante

Pollo croccante
Le Trabe, Paestum
Chef Marco Rispo

Petto cotto a bassa temperatura con la pelle e coscia adagiati su letto di rosmarino, il tutto accompagnato dalla loro giardiniera e da una purea di patate. La presentazione viene completata da due salse: il fondo di cottura del pollo e una salsa al vino rosso e amarene. Il pollo ruspante, nel pieno rispetto dell'animale, ha carni sode e gustose, che vengono esaltate dalle spezie. L'amore della natura alle Trabe è a tutto tondo, a partire dal parco che circonda il ristorante, incantevole biglietto da visita.

■ Acido, amaro e balsamico

DESSERT

Acido, amaro e balsamico
Casamatta, Manduria
Chef Pietro Penna

Parfait di agrumi e basilico con gelato al cacao amaro. Un dolce non dolce che unisce consistenze differenti in giusto equilibrio ed esalta l'intensità dei prodotti, naturalmente cresciuti in biologico, di una terra ricca di sole.

Limone
I Tenerumi, Isola di Salina
Chef Davide Guidara

Spuma di limone con crema, piccola meringa, limone candito e fresco a scorzette. Un dessert riuscitissimo, fresco e aromatico, il cui protagonista, il limone, viene coltivato a due passi dal Therasia Resort (che ospita I Tenerumi) direttamente da Natalino, che cura l'orto per questa ottima Stella Verde vegetariana. ■

Alla ricerca delle Stelle Verdi

Sul sito e sull'app della Guida MICHELIN è possibile filtrare la ricerca utilizzando il criterio «Sostenibilità» per avere l'elenco di tutte le Stelle Verdi di una località o di un territorio. A livello mondiale, degli oltre 16 000 ristoranti selezionali solo poco meno di 500 hanno ottenuto la Stella Verde: un riconoscimento decisamente elitario!

■ Limone

UN'ACCOGLIENZA SOSTENIBILE

Si dice che il viaggio e la sostenibilità non siano compatibili, ma non è necessariamente così. Acquisita da Michelin nel 2018 per occuparsi della selezione degli hotel della Guida, Tablet assegna una grande importanza al turismo socialmente responsabile e ha creato un simbolo ad hoc per segnalare gli hotel che prestano una particolare attenzione al pianeta e ai suoi abitanti.

Ad ogni hotel selezionato vengono presentate delle pratiche di sostenibilità e viene chiesto di valutare come stanno lavorando per avere un impatto positivo sul pianeta e sulla comunità locale. L'icona della foglia verde indica che un hotel ha passato positivamente la valutazione e le sue misure di sostenibilità vengono indicate nella scheda di presentazione.
In Italia al momento della redazione della Guida sono più di 130 gli hotel che si fregiano di questo simbolo, e tra questi più di 20 ospitano un ristorante selezionato dalla Guida MICHELIN. Per alcuni di essi l'impegno nella sostenibilità è totale, in quanto i ristoranti all'interno della struttura hanno ricevuto la Stella Verde MICHELIN per la gastronomia sostenibile: si tratta del resort Borgo Pignano (non distante da Volterra), che ospita il ristorante Villa Pignano e il Therasia Resort di Vulcano, che accoglie il ristorante I Tenerumi. ∎

Pratiche virtuose

Ecco alcune delle pratiche seguite dagli hotel sostenibili della Guida MICHELIN.

- Risparmiano energia quando le stanze sono vuote.
- Utilizzano energia rinnovabile.
- Utilizzano sistemi di Iluminazione, riscaldamento e raffrescamento a risparmio energetico.
- Utilizzano prodotti ecologici per la pulizia.
- Forniscono shampoo e sapone ecosostenibili.
- Offrono agli ospiti la possibilità di riutilizzare biancheria e asciugamani.
- Non utilizzano plastica monouso, neppure nei set di cortesia.
- Offrono stazioni di ricarica per i veicoli elettrici.
- Assumono personale locale con salari, benefici e avanzamento equi.
- Supportano attivamente i bisogni della comunità locale.
- Formano il personale sulle migliori pratiche di sostenibilità e di rispetto del patrimonio culturale locale.
- Proteggono e ripristinano gli ecosistemi naturali e la fauna selvatica.
- Riducono lo spreco di acqua e le emissioni di carbonio.

LA SOSTENIBILITÀ ANCHE NEL BICCHIERE

Robert Parker Wine Advocates, referenza internazionale nella critica enologica, fa parte della galassia Michelin nel campo del turismo e dell'enogastronomia.

SOSTENIBILITÀ

Oltre ad offrire la possibilità di acquistare vini certificati biologici e biodinamici, RPWA ha sviluppato un simbolo per premiare le aziende vinicole particolarmente impegnate nella sostenibilità.
Si tratta del Green Emblem, che contraddistingue l'intera attività del produttore e non il singolo vino. Per qualificarsi per questo premio, indipendente dalla certificazione biologica, il produttore deve impegnarsi nella sostenibilità nel senso più ampio e completo del termine.
Se le certificazioni biologiche e biodinamiche attestano il rispetto di alcune pratiche codificate dagli enti certificatori, la sostenibilità di cui si occupa il Green Emblem assume una prospettiva più ampia, estendendosi fino all'ambiente, alla salute e all'impatto sociale.

Ad esempio, si tratta di migliorare la biodiversità e la salute del suolo, ripiantare la vegetazione autoctona attorno ai vigneti, utilizzare colture locali, lasciare animali al pascolo nei vigneti durante la loro dormienza, ridurre gli imballaggi e utilizzare materiali riciclati o renderli più facilmente riciclabili, adottare misure per ridurre il consumo di acqua e l'impronta di carbonio, prestare un'attenzione particolare alla comunità locale e alle sue tradizioni.
Si tratta di una selezione molto severa, che finora ha premiato solo 40 delle migliaia di cantine recensite da RPWA, di cui 6 in Italia. Andate a scoprirle sul sito robertparker.com/sustainability-and-wine/green-emblem-list. ∎

Carte
regionali

Per localizzare tutti i luoghi citati nella Guida

Località con almeno...
- un ristorante della selezione
- un Bib Gourmand
- una tavola stellata
- un ristorante di gastronomia sostenibile

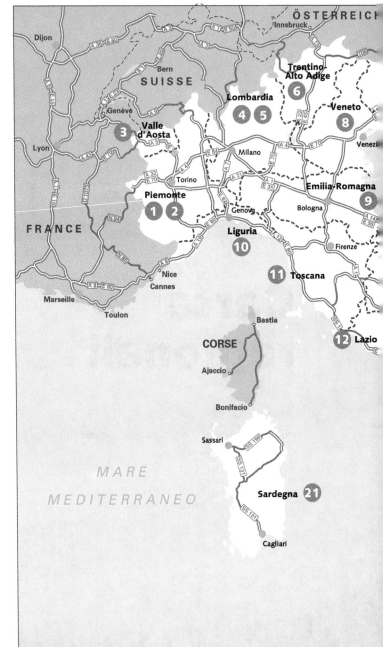

Italia

1 Piemonte

A
B
SUISSE
SCHWEIZ
SVIZZERA
1
VALLE D'AOSTA
(pianta 3)
FRANCE
2
3
Traversella
Ivr
Candia Cana
Orco
Cuorgnè
Mercenas
Céres
Rivarolo Canavese
Ca
San Maurizio Canavese
Venaria Reale
Villar Dora
Torino
Orbassano
Revigliasco
Chi
Moncalieri
Trofarell
Sauze di Cesana
Roletto
Pinerolo
Chisone
Cavour
Bra
Cherasco
Cervere
Polle
Busca
Sant'Anna
Car
Cuneo
Mondovì
Boves
Briag
Stura di Demonte
Valdieri
Vernante
Limone Piemont
A
B

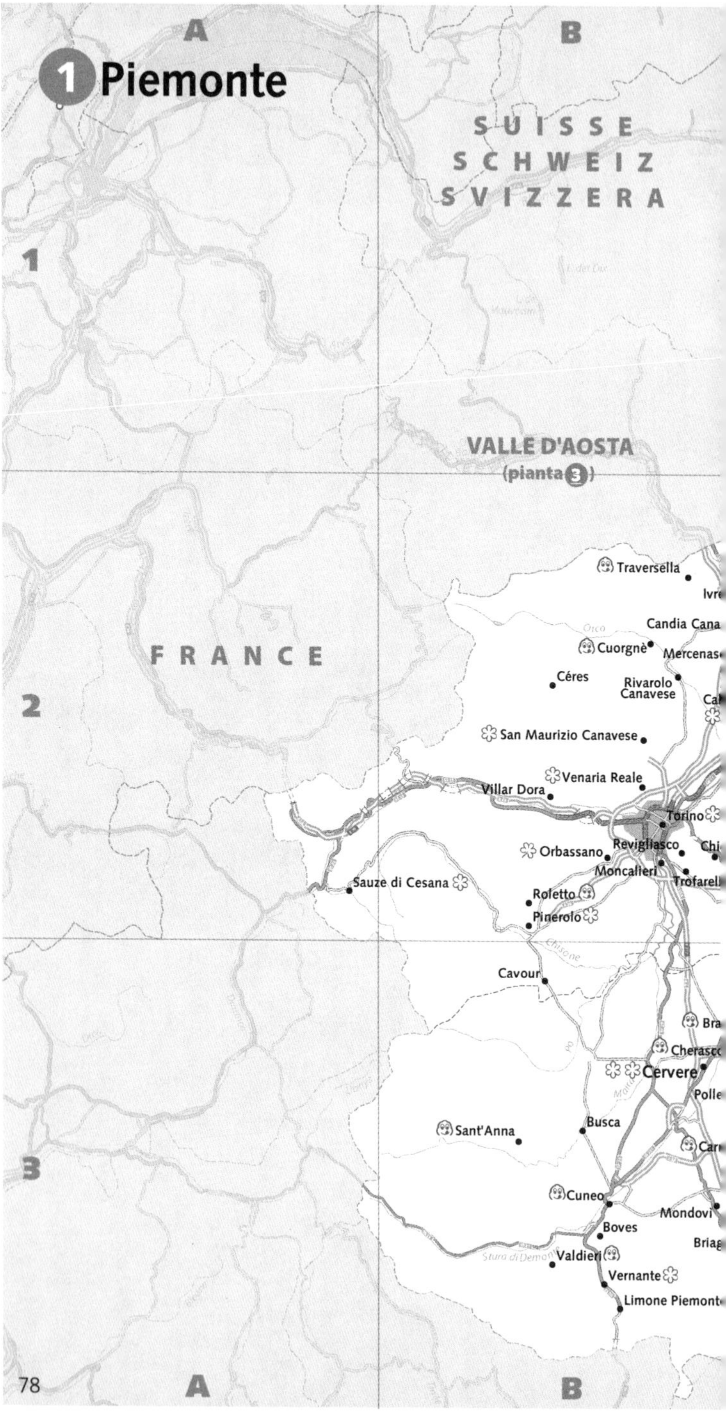

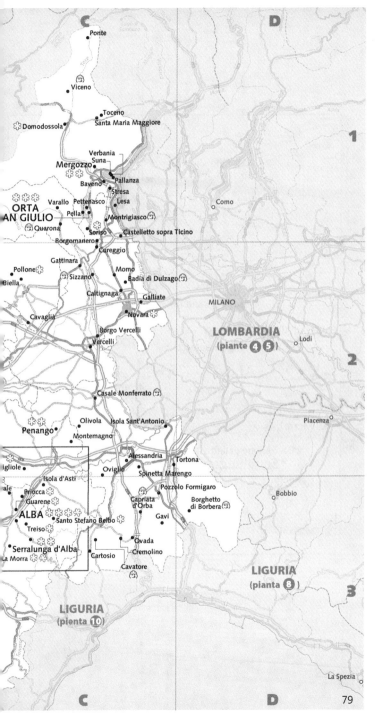

2

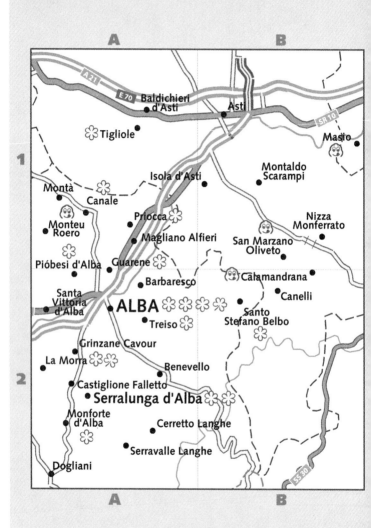

A

B

SCHWEIZ

SVIZZERA

1

Rhône

L. des Dix

L. de Mauvoisin

Breuil Cervinia ☼

Courmayeur

Morgex

Dora Baltea

☼ Aosta   Saint-Christophe

Brusson ☼

Saint-Vincent

Sarre

2

Cogne

Ivrea

FRANCE

PIEMONTE
(piante **1** **2**)

3

Susa

TORINO

A

B

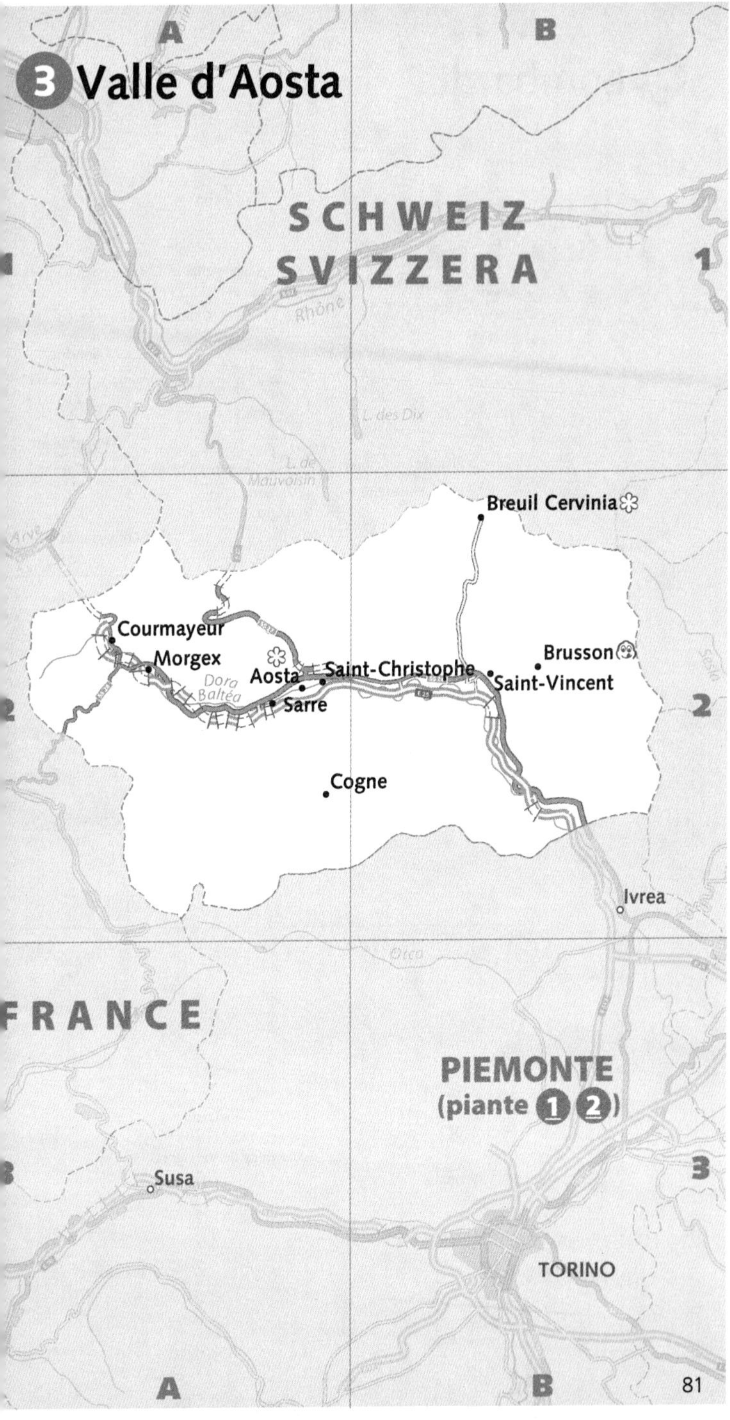

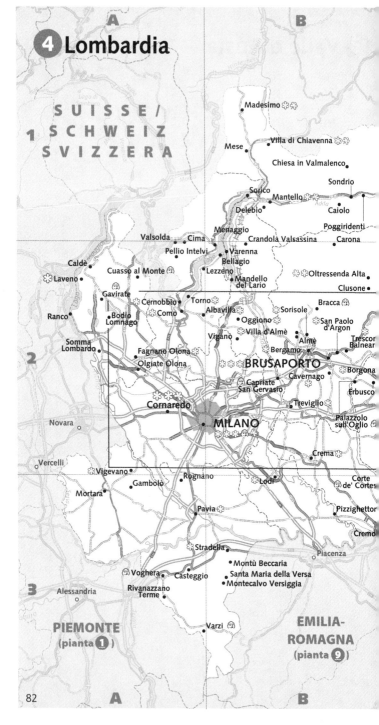

4 Lombardia

SUISSE / SCHWEIZ SVIZZERA

Madesimo

Villa di Chiavenna

Mese

Chiesa in Valmalenco

Sondrio

Sorico
Mantello
Caiolo

Delebio
Poggiridenti

Menaggio

Valsolda
Cima
Crandola Valsassina
Carona

Pellio Intelvi
Varenna

Caldè
Cuasso al Monte
Bellagio
Lezzeno
Oltressenda Alta

Laveno
Mandello del Lario
Clusone

Gavirate
Cernobbio
Torno
Albavilla
Sorisole
Bracca

Ranco
Bodio Lomnago
Como
Oggiono
San Paolo d'Argon

Vigano
Villa d'Almè
Almè
Trescor Balnear

Somma Lombardo
Fagnano Olona
Bergamo
BRUSAPORTO
Borgona

Olgiate Olona
Capriate San Gervasio
Cavernago
Erbusco

Cornaredo
Treviglio
Palazzolo sull'Oglio

Novara
MILANO

Vercelli
Crema

Vigevano
Corte de' Cortes

Gambolò
Rognano
Lodi

Mortara
Pizzighettor

Pavia
Cremo

Stradella

Montù Beccaria
Piacenza

Voghera
Santa Maria della Versa

Casteggio
Montecalvo Versiggia

Rivanazzano Terme

Alessandria

Varzi

PIEMONTE (pianta 1)

EMILIA-ROMAGNA (pianta 9)

C

D

Livigno

Addo

Ponte
di Legno

Oglio

Bianzone ✿

Aprica

glio

Esine ✿

Limone sul Garda

Rovereto

Trento

ussago

Gargnano ✿✿

Malo

Brione

Gardone Riviera

Toscolano-Maderno

Concesio ✿✿

Fasano del Garda ✿

Brescia ✿

Manerba del Garda ✿✿

VENETO
(pianta 8)

Castel Mella

Sirmione ✿

Rodengo Saiano ✿

Desenzano del Garda ✿✿

B

Calvisano ✿

Pralboino

✿✿✿

CANNETO
SULL'OGLIO

Rivalta
sul Mincio

Isola
Dovarese

Asola

Stradella di Bigarello

Cicognolo

✿ Grazie

Mantova

Recorfano

Piadena ✿

Revere

Pieve San Giacomo ✿

PO

Pieve di Coriano

Suzzara

Quistello

PARMA

EMILIA-ROMAGNA
(pianta 9)

MODENA

C

D

83

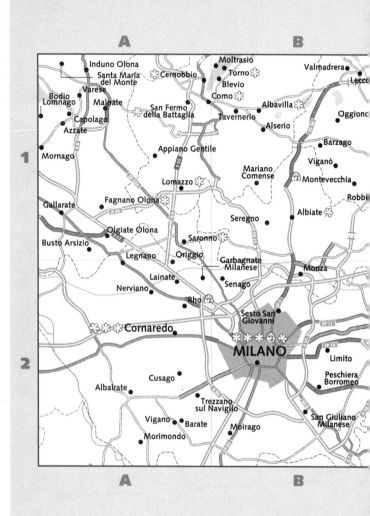

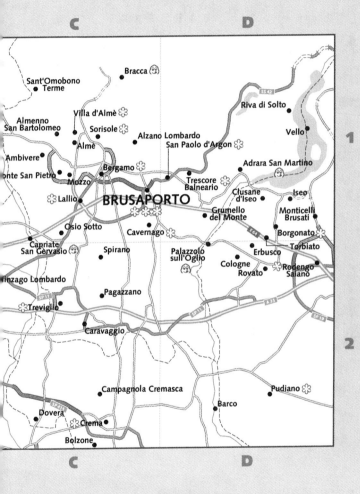

SUISSE
SCHWEIZ
SVIZZERA

Vipiteno
Colle
Mules
Chienes
Molini
BRUNICO
Issengo
Falzes
Vandoies

Marlengo
Lagundo
San Martino in Passiria
San Lorenzo di Sebato

Madonna di Senales
Tirolo
Merano
Bressanone
San Vigilio di Marebbe
Valle di Casies
Dobbiaco

Glorenza
Rablà
Sarentino
Lago di Braies

Castelbello
San Vigilio
Postal
Villandro
Gudon
Pedraces

Cermes
Foiana
Tesimo
Badia
San Cassiano

San Genesio Atesino
Nalles
Ortisei
Corvara in Badia

Settequerce
Soprabolzano

Fondo
Bolzano
Cardano
Selva di Val Gardena

Brez
San Michele
Canazei

Romeno
Nova Levante
Pozza di Fassa

Commezzadura
Termeno sulla Strada del Vino
Aldino
Moena
San Pellegrino

Ossana
Egna

Madonna di Campiglio
Antervo
Cavalese
San Martino di Castrozza

Pinzolo
Somi
Tonadico

Giustino
Fornace
Fiera di Primiero

Castel Toblino
Pergine Valsugana

Sarche di Madruzzo
Trento
Levico Terme

Riva del Garda
Arco
Rovereto

Torbole
Isera

Brentonico

VENETO
(pianta 8)

VERONA

PADOVA

Mantova

LOMBARDIA
(piante 4 5)

ÖSTERREICH

SLOVENIJA

Sappada

Sutrio

Sauris di Sopra

Raveo

Cavazzo Carnico

Meduno

Colloredo di
Monte Albano

Tricesimo

Tavagnacco

Spilimbergo

Fagagna

Cividale del Friuli

Udine

San Quirino

San Giorgio
della Richinvelda

Buttrio

Dolegna del Collio

Fontanafredda

Pordenone

Lavariano

San Giovanni al Natisone

Cormons

Capriva del Friuli

Porcia

Mortegliano

Mariano
del Friuli

Savogna d'Isonzo

Paradiso
di Pocenia

Ruda

Monfalcone

Oderzo

Marano Lagunare

VENETO
(pianta 8)

Lignano Sabbiadoro

Golfo di
Trieste

Trieste

HRVATSKA

GOLFO DI
VENEZIA

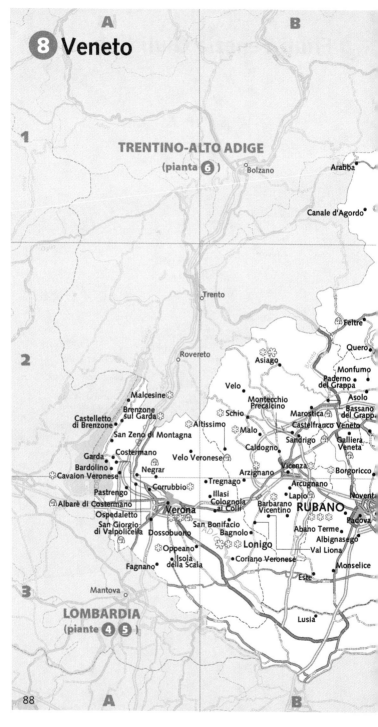

ÖSTERREICH

FRIULI-VENEZIA
GIULIA
(pianta 7)

Cortina d'Ampezzo ✿✿

Vodo di Cadore

Forno di Zoldo

Chies d'Alpago
Pieve d'Alpago ✿
Puos d'Alpago ✿

Belluno

Udine

Revine
Miane Follina
Col San Martino
Sernaglia della Battaglia ✿
Bigolino ✿
San Polo
di Piave
Montebelluna
Trebaseleghe
Treviso Lancenigo
Dosson
Scorzè ✿
Santa Maria
di Sala Zelarino
Mirano Mestre
Mira
Pianiga ✿ Vetrego ✿
Fossò
Campagna Lupia ✿✿
Pontelongo ✿
Chioggia

Vittorio Veneto Pordenone

Oderzo Annone Veneto
Monastier di Treviso
Salgareda
Roncade San Donà di Piave

San Michele al Tagliamento
di Marano

Golfo di
Trieste

Quarto d'Altino
Jesolo
Lido di Jesolo
Cavallino

Venezia ✿✿✿

GOLFO DI
VENEZIA

Adria

89

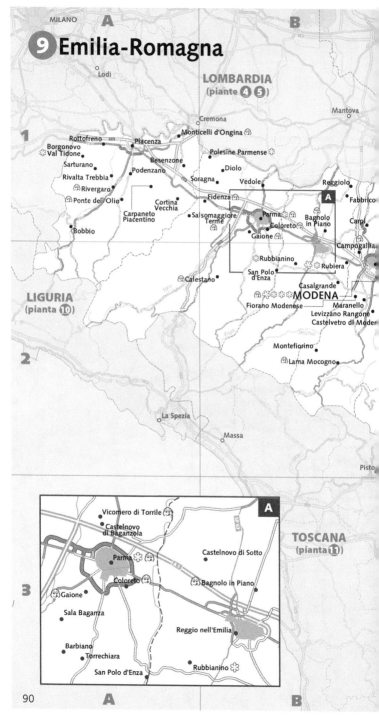

9 Emilia-Romagna

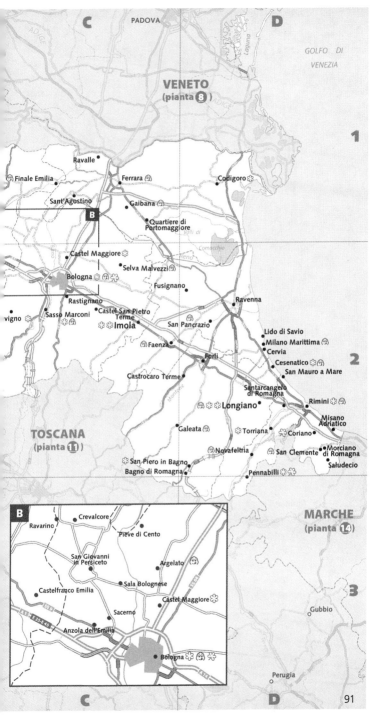

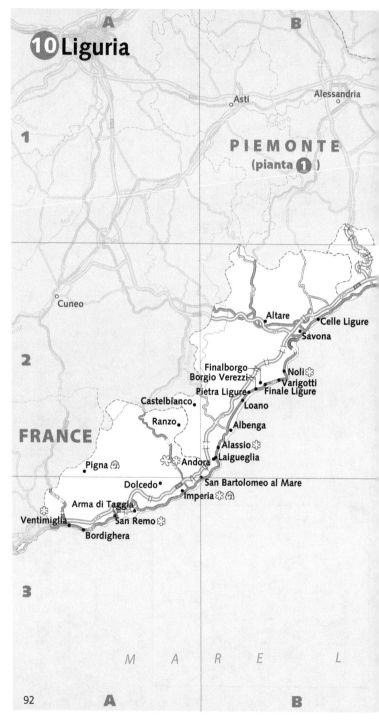

10 Liguria

PIEMONTE
(pianta 1)

FRANCE

Asti
Alessandria

Cuneo

Altare
Celle Ligure
Savona

Finalborgo
Borgio Verezzi
Pietra Ligure
Castelbianco
Ranzo
Loano
Albenga
Alassio
Andora
Laigueglia
Pigna
Dolcedo
San Bartolomeo al Mare
Imperia
Arma di Taggia
Ventimiglia
San Remo
Bordighera

Noli
Varigotti
Finale Ligure

M   A   R   E   L

A   B

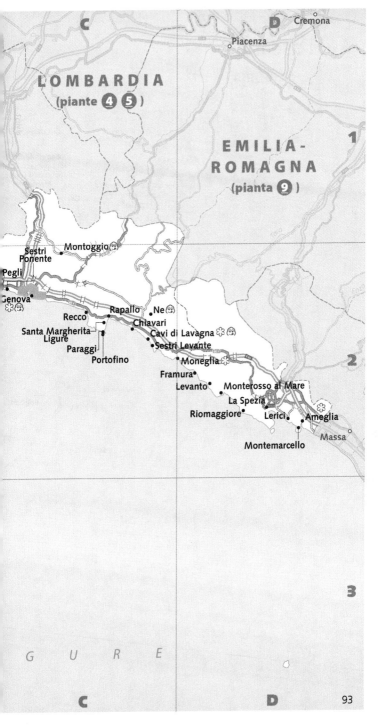

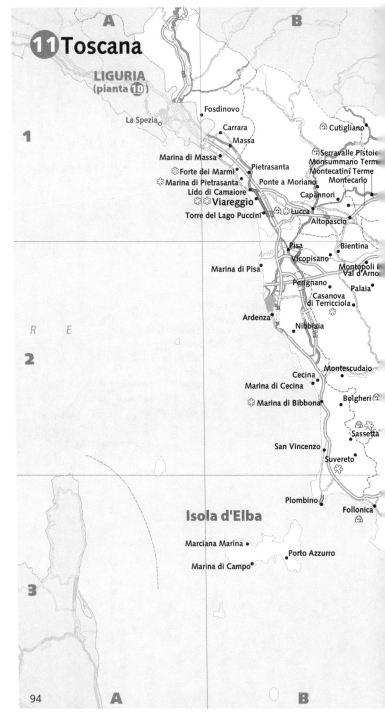

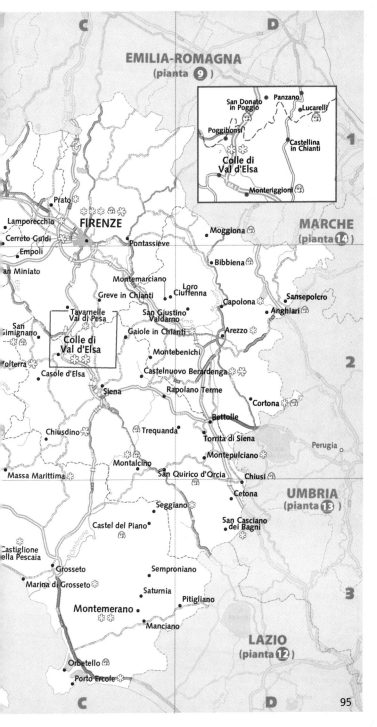

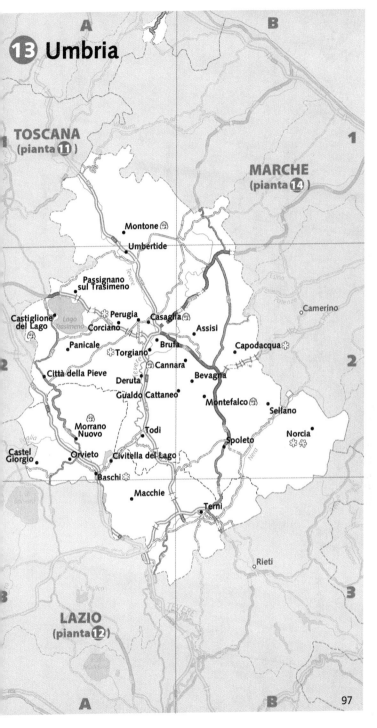

13 Umbria

TOSCANA
(pianta 11)

MARCHE
(pianta 14)

Montone

Umbertide

Camerino

Passignano
sul Trasimeno

Castiglione
del Lago

Lago
Trasimeno

Perugia

Casaglia

Corciano

Assisi

Capodacqua

Panicale

Torgiano

Bruna

Città della Pieve

Cannara

Bevagna

Deruta

Montefalco

Gualdo Cattaneo

Sellano

Morrano
Nuovo

Norcia

Castel
Giorgio

Todi

Orvieto

Civitella del Lago

Spoleto

Baschi

Macchie

Terni

Rieti

LAZIO
(pianta 12)

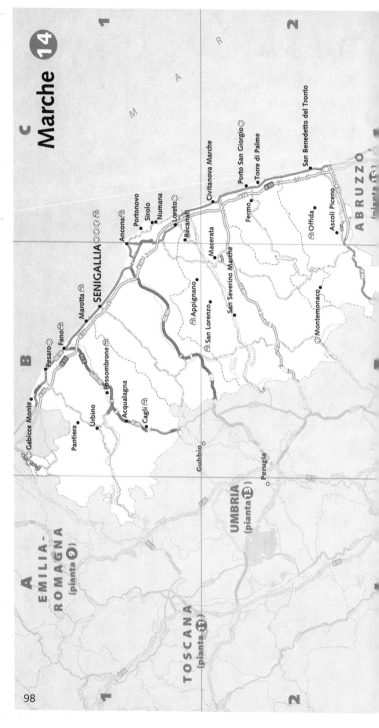

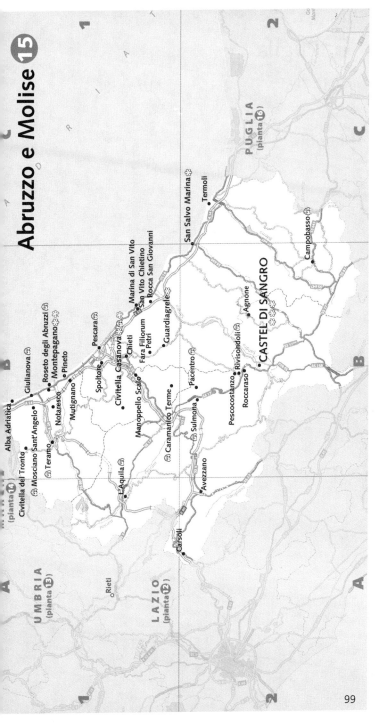

Abruzzo e Molise 15

MARCHE (pianta 1)

UMBRIA (pianta 13)

LAZIO (pianta 12)

PUGLIA (pianta 16)

Rieti

Carsoli
Avezzano
L'Aquila
Teramo
Civitella del Tronto
Mosciano Sant'Angelo
Alba Adriatica
Giulianova
Roseto degli Abruzzi
Montepagano
Pineto
Notaresco
Mutignano
Spoltore
Pescara
Civitella Casanova
Chieti
Manoppello Scalo
Fara Filiorum Petri
Guardiagrele
Caramanico Terme
Sulmona
Pacentro
Marina di San Vito
San Vito Chietino
Rocca San Giovanni
San Salvo Marina
Termoli
Pescocostanzo
Rivisondoli
Roccaraso
Agnone
CASTEL DI SANGRO
Campobasso

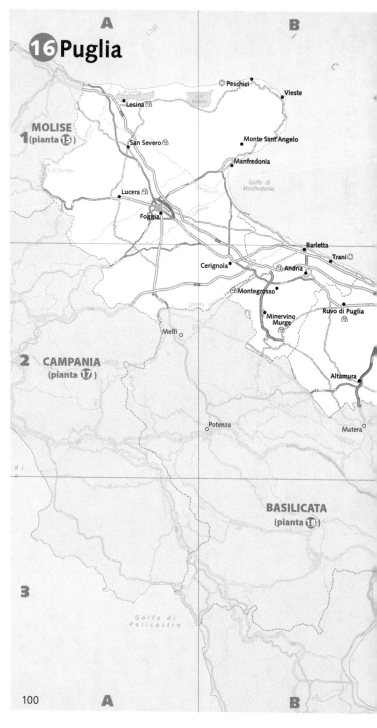

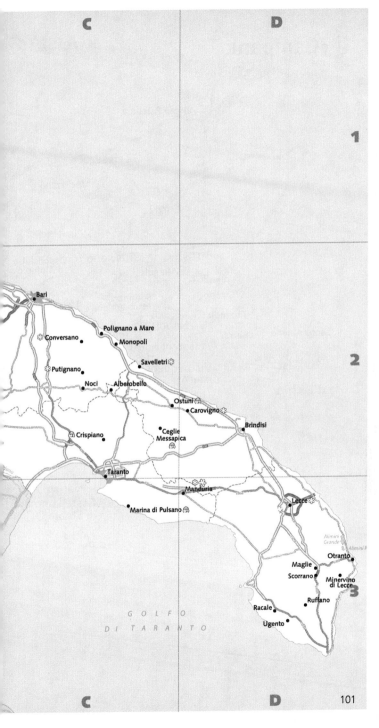

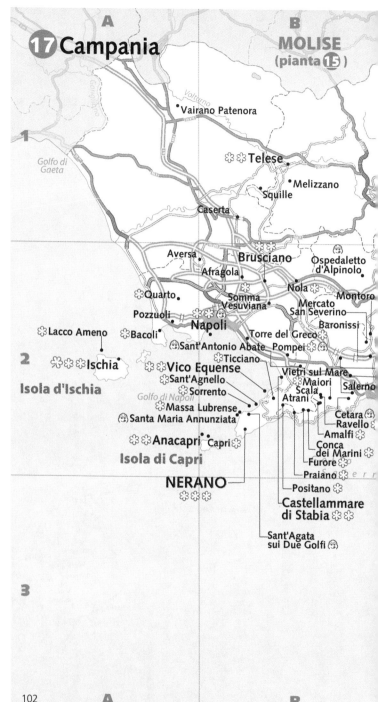

17 Campania

MOLISE
(pianta 15)

A   B

Golfo di Gaeta

Vairano Patenora

❀ ❀ **Telese**

Melizzano

Squille

Caserta

Aversa

Brusciano

Afragola

Ospedaletto d'Alpinolo

Nola ❀

❀ Quarto

Somma Vesuviana

Montoro

Mercato San Severino

Pozzuoli

Napoli

Baronissi

❀ Lacco Ameno

❀ Bacoli

Torre del Greco

Pompei ❀ ❀

Sant'Antonio Abate

❀ ❀ ❀ **Ischia**

❀ Ticciano

❀ ❀ **Vico Equense**

Vietri sul Mare

Isola d'Ischia

❀ Sant'Agnello

Maiori

❀ Sorrento

Scala

Salerno

❀ Massa Lubrense

Atrani

Santa Maria Annunziata

Cetara

Ravello ❀

❀ ❀ **Anacapri**

Capri ❀

Amalfi

Conca dei Marini ❀

Isola di Capri

Furore ❀ ❀

Praiano ❀ ❀

err

NERANO
❀ ❀ ❀

Positano ❀

Castellammare di Stabia ❀ ❀

Sant'Agata sui Due Golfi

Volturno

Golfo di Napoli

1

2

3

A   B

FOGGIA

PUGLIA
(pianta 16)

Ariano Irpino ✿ ⊛

San Nicola
Manfredi

San Giorgio
del Sannio

Vallesaccarda
✿ ✿

Melfi

Sorbo Serpico

BASILICATA
(pianta 18)

Nocera Superiore ⊛
Cava de' Tirreni

Potenza

✿ Eboli

di
o

Paestum ✿ ✿ ✿

Santa Maria di Castellabate

Vallo della Lucania ⊛

Marina di
Casal Velino

Pisciotta ⊛

Golfo di
Policastro

103

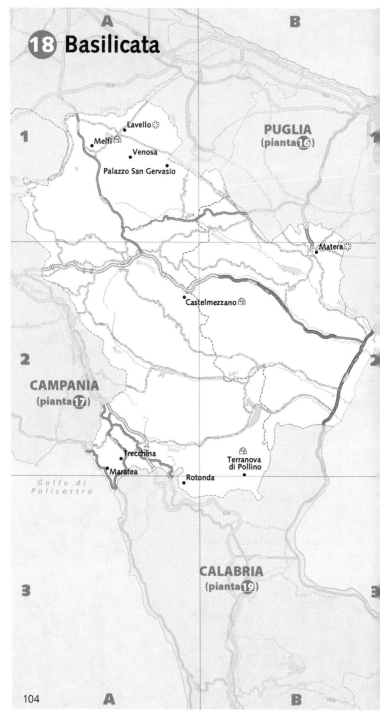

A　　　　　　　B

1

Lavello ✣
Melfi
Venosa
Palazzo San Gervasio

PUGLIA
(pianta **16**)

Matera ✣

Castelmezzano

2

CAMPANIA
(pianta **17**)

Trecchina
Maratea

Terranova
di Pollino

Rotonda

*Golfo di
Policastro*

CALABRIA
(pianta **19**)

3

A　　　　　　　B

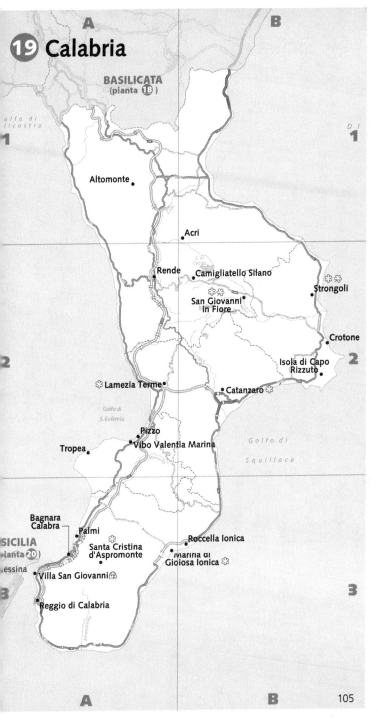

19 Calabria

BASILICATA
(pianta 18)

Altomonte

Acri

Rende

Camigliatello Silano

Strongoli

San Giovanni
in Fiore

Crotone

Isola di Capo
Rizzuto

Lamezia Terme

Catanzaro

Pizzo

Vibo Valentia Marina

Tropea

Bagnara
Calabra

Palmi

Roccella Ionica

Santa Cristina
d'Aspromonte

Marina di
Gioiosa Ionica

Villa San Giovanni

Reggio di Calabria

SICILIA
(pianta 20)

Messina

105

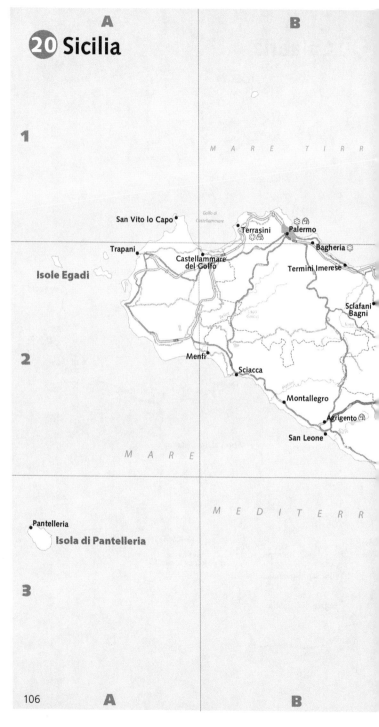

1

MARE TIRR

San Vito lo Capo

Golfo di Castellammare

Terrasini

Palermo

Bagheria

Trapani

Castellammare del Golfo

Termini Imerese

Isole Egadi

Sclafani Bagni

2

Menfi

Sciacca

Montallegro

Agrigento

San Leone

MARE

Pantelleria

Isola di Pantelleria

MEDITERR

3

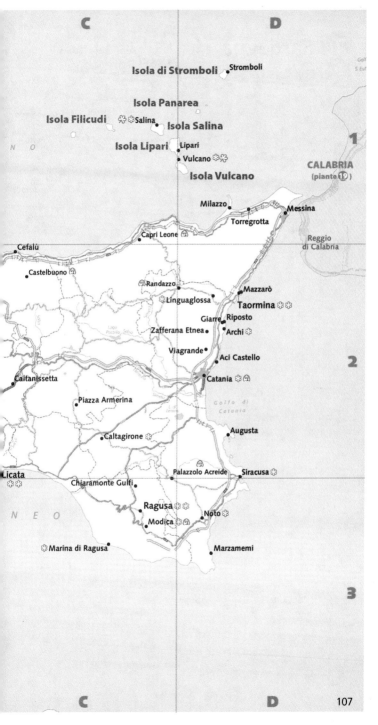

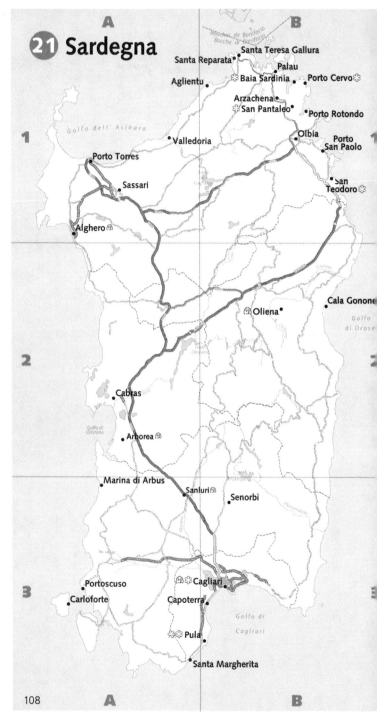

21 Sardegna

Bocches de Bonifacio
Bocche di Bonifacio

Santa Teresa Gallura
Santa Reparata •
Palau •
Aglientu • ✿ Baia Sardinia • Porto Cervo ✿
Arzachena •
✿ San Pantaleo • Porto Rotondo
Valledoria • Olbia
Porto San Paolo
Porto Torres
San Teodoro ✿
Sassari
Alghero ⊕
Cala Gonone
⊕ Oliena •
Golfo di Orose
Cabras •
Golfo di Oristano
Arborea ⊕
Marina di Arbus •
Sanluri ⊕
Senorbì •
Portoscuso •
⊕✿ Cagliari
Carloforte ■
Capoterra •
Golfo di Cagliari
✿✿ Pula •
Santa Margherita •

Golfo dell' Asinara

108

Nicolas Dupont/Getty Images Plus

La selezione 2024

I ristoranti sono elencati per località, dalla A alla Z.

ABANO TERME

✉ 35031 – Padova (PD) – Carta regionale n° **8**–B3

AUBERGINE

CLASSICA • ACCOGLIENTE Nella celebre località termale, Aubergine è lo spazio gourmet: in una sala dall'eleganza classica viene servita una cucina di terra e di mare con qualche proposta veneta, come il prosciutto Berico, i bigoli con le sarde e il fegato di vitello con cipolla.

🎴 🛋 🅿 – Prezzo: €€

Via Ghislandi 5 – ☎ 049 866 9910 – ristoranteaubergine.it – Chiuso giovedì

ACI CASTELLO – Catania (CT) ➜ Vedere Sicilia, in fondo alla Guida

ACQUALAGNA

✉ 61041 – Pesaro e Urbino (PU) – Carta regionale n° **14**–B1

ANTICOFURLO

DEL TERRITORIO • FAMILIARE Nella riserva naturale della Gola del Furlo, la tradizione marchigiana viene portata avanti con competenza e passione da Alberto e Roberta: paste fresche, salumi e formaggi eccellenti e ricette regionali dai sapori intensi, mentre suggeriamo d'intrattenersi per l'aperitivo nella scenografica grotta scavata nella roccia. La locanda dispone di camere originali.

🐾 ♿ 🎴 🛋 🔄 🅿 – Prezzo: €€

Via Furlo 60 – ☎ 0721 700096 – anticofurlo.it

ACRI

✉ 87041 – Cosenza (CS) – Carta regionale n° **19**–B1

IL CARPACCIO

CALABRESE • ACCOGLIENTE Ristorante di tradizione familiare dotato di una bella sala-veranda affacciata sulla vallata; una lavagna all'ingresso elenca il menu giornaliero fatto di specialità tipiche calabresi, gustosi formaggi e tanti prodotti dell'orto di casa curato direttamente dai proprietari. Il tutto accompagnato da una buona cantina.

🐾 🎴 🛋 🔄 🅿 – Prezzo: €

Contrada Cocozzello 197/d – ☎ 0984 949205 – ilcarpaccio.it – Chiuso lunedì e domenica sera

ACUTO

✉ 03010 – Frosinone (FR) – Carta regionale n° **12**–B2

❀ ## COLLINE CIOCIARE

Chef: Salvatore Tassa

CREATIVA • ELEGANTE Ad una sessantina di chilometri dalla capitale, con una strada che nell'ultimo tratto è punteggiata di curve, per venire fino a qua bisogna proprio averne voglia o – molto più probabilmente – aver sentito parlare delle leccornie che Salvatore Tassa porta in tavola. Menu degustazione con scelta tra 5 o 7 portate, ma fantasia infinita: dalla tradizione in bilico tra Lazio e classici italiani, agli accostamenti più audaci, pochi piatti vi aprono un universo, quello di questo cuoco-poeta lontano da ogni moda e da ogni definizione, che predilige il vegetale e adotta tecniche di estrazione a freddo interessanti, come nella riduzione di sedano-rapa. Al moderno bistrot Nù, regnano invece la tradizione e l'omaggio alle ricette storiche dello chef.

🅺 🍴 ♿ – Prezzo: €€€€

Via Prenestina 27 – ☎ 0775 56049 – lecollineciociare.it – Chiuso lunedì-mercoledì, giovedì a mezzogiorno e domenica sera

ADRARA SAN MARTINO

✉ 24060 – Bergamo (BG) – Carta regionale n° **5**–D1

🐀 AI BURATTINI

DEL TERRITORIO • MINIMALISTA Alla quarta generazione, piatti regionali in sintonia con le stagioni, in un ristorante-enoteca che fu anche luogo dove si tenevano spettacoli di burattini. Buona la selezione di salumi: una chicca? La bresaola di pecora gigante bergamasca!

🅺 🍴 – Prezzo: €

Via Madaschi 45 – ☎ 035 933433 – aiburattini.it – Chiuso mercoledì e martedì sera

ADRIA

✉ 45011 – Rovigo (RO) – Carta regionale n° **8**–C3

MOLTENI

PESCE E FRUTTI DI MARE • FAMILIARE Si respira già profumo di mare ad Adria, alle porte del Delta del Po. La stessa famiglia - ora alla terza generazione - gestisce questo ristorante dal 1921, proponendo piatti di pesce dell'Adriatico in un ambiente composto da due sale: una più intima, raccolta e personalizzata, l'altra più luminosa ed ariosa, affacciata sul servizio all'aperto.

🅺 🍴 ♿ 🅿 – Prezzo: €€

Via Ruzzina 2/4 – ☎ 0426 21295 – albergomolteni.it – Chiuso domenica

AFRAGOLA

✉ 80021 – Napoli (NA) – Carta regionale n° **17**–B2

JOHN RESTAURANT-CASAMADRE 🆕

CREATIVA • CONTESTO CONTEMPORANEO In una zona periferica di grandi superfici commerciali, Casamadre è un negozio di specialità gastronomiche, adiacente al quale trovate il ristorante John. Pochi tavoli e cucina a vista, se non si viene qui per il panorama, si rimarrà invece sorpresi dall'interpretazione moderna e creativa che il cuoco dà alla cucina campana. Un talento rimarchevole!

🕸 ♿ 🅺 🅿 – Prezzo: €€€

Via Santa Maria la Nova 35 – ☎ 340 364 2194 – johnrestaurant.it – Chiuso lunedì, a mezzogiorno da martedì a giovedì e domenica sera

AGLIENTU – Sassari (SS) ➡ Vedere Sardegna in fondo alla Guida

AGNONE

✉ 86081 – Campobasso (CB) – Carta regionale n° **15**–B2

LOCANDA MAMMÌ 🆕

CONTEMPORANEA • CASA DI CAMPAGNA In una bella realtà rurale, fra caseggiati rustici, tranquillità e la vista che abbraccia le colline, la giovane e talentuosa chef Stefania Di Pasquo propone una cucina fatta di passione e prodotti della sua terra con elaborazioni personalizzate e moderne, mentre la carta dei vini non dimentica gli Champagne. La sala è in stile con il contesto: sasso alle pareti e legno ai soffitti, arredi eleganti e dai colori vivaci.

♿ – Prezzo: €€

Contrada Castelnuovo 86 – ℂ 0865 77379 – locandamammi.it – Chiuso lunedì e martedì e domenica sera

AGRIGENTO – Agrigento (AG) ➔ Vedere Sicilia, in fondo alla Guida

ALASSIO

✉ 17021 – Savona (SV) – Carta regionale n° **10**–B2

☘ NOVE

LIGURE • ELEGANTE Nel contesto di Villa della Pergola, sontuosa dimora storica circondata da un meraviglioso giardino botanico (visitabile su appuntamento), è difficile pensare ad un palcoscenico più esclusivo per lo chef Pignagnoli. I suoi piatti sono serviti in un'elegante sala interna o, quando il tempo lo consente, su una spettacolare balconata con il mare per orizzonte. Il giovane cuoco, benché d'origine milanese e con rilevanti esperienze in blasonati ristoranti, ha imparato lo spartito della cucina ligure e i suoi piatti regalano sovente emozioni legate al territorio, accanto ad altre proposte più creative. Parte della componente vegetale, a cui è dedicato anche un menu, proviene dall'orto della villa. Camere straordinarie, per un soggiorno esclusivo nel silenzio, ma con Alassio che si distende appena sotto i giardini della villa.

❮ 🛌 🞲 ♿ – Prezzo: €€€€

Via Privata Montagù 9/1 – ℂ 0182 646140 – noveristorante.it – Chiuso martedì e a mezzogiorno lunedì, mercoledì, giovedì

LAMBERTI

PESCE E FRUTTI DI MARE • CONTESTO CONTEMPORANEO Nelle prime retrovie del centro, a 30 metri dal mare, Lamberti è il classico hotel-ristorante divenuto buon riferimento per la località in virtù sia della cucina sia della cantina. La prima è dedicata maggiormente ai sapori del mare rivisitati appena da un tocco odierno (non manca mai anche qualche ricetta legata ai sapori liguri d'entroterra), mentre la cantina-bistrot Lambertino, al piano sottostante, custodisce circa 500 etichette da tutta Italia e mondo, con particolare attenzione alle bollicine.

Ⅎ ♿ 🞲 – Prezzo: €€€

Via Gramsci 57 – ℂ 0182 642747 – ristorantelamberti.it – Chiuso martedì

ALBA

✉ 12051 – Cuneo (CN) – Carta regionale n° **2**–A2

☘☘☘ PIAZZA DUOMO

Chef: Enrico Crippa

CREATIVA • ELEGANTE È l'ormai celebre porta rossa ad anticipare l'ingresso in questo tempio della cucina italiana. Una volta varcata la soglia, si sale al primo piano, dove i muri rosa e l'affresco di Francesco Clemente vi salutano insieme al cordiale personale di sala. Da qui in poi, protagonista è la personale cucina dello chef Enrico Crippa, che si presenta con due menù degustazione (un terzo, più breve, è disponibile solo a pranzo): uno in estrema intimità con il territorio, l'altro propenso ad un viaggio lungo l'Italia e oltre confine. Ciò che emerge da ogni singolo, delizioso assaggio è l'amore appassionato dello chef per il mondo vegetale: verdure, fiori, erbe aromatiche, coltivate e spontanee, sono raccolte quotidianamente, a firma di piatti memorabili ed esteticamente perfetti. L'iconico inizio pasto, con le mille e più delizie che formano l'appetizer, continua ad appagare anche gli occhi degli Ispettori. Non servirebbe ricordarlo, ma siamo in terra di amore passionale per il vino e infatti sono addirittura tre i tomi ad esso dedicati: Solopiemonte è uno stupendo omaggio al territorio, mentre Tuttoilresto (diviso in bianchi e rossi) celebra la Francia.

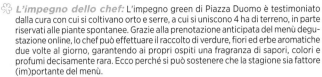

L'impegno dello chef: L'impegno green di Piazza Duomo è testimoniato dalla cura con cui si coltivano orto e serre, a cui si uniscono 4 ha di terreno, in parte riservati alle piante spontanee. Grazie alla prenotazione anticipata del menù degustazione online, lo chef può effettuare il raccolto di verdure, fiori ed erbe aromatiche due volte al giorno, garantendo ai propri ospiti una fragranza di sapori, colori e profumi decisamente rara. Ecco perché si può sostenere che la stagione sia fattore (im)portante del menù.

🕸 🅰🅲 ⇄ – Prezzo: €€€€

Vicolo dell'Arco 1 – 𝒞 0173 366167 – piazzaduomoalba.it– Chiuso domenica-martedì

LOCANDA DEL PILONE

CREATIVA • **ELEGANTE** A pochi chilometri dalla città, ma già in collina e che collina! Qui lo sguardo spazia a 360° su uno dei paesaggi vinicoli più mozzafiato della zona, dove i vigneti si susseguono ordinati in una scenografia indimenticabile, che in autunno si accende di straordinari colori. In sale classiche ed eleganti, la cucina si prende più libertà che altrove e, pur in presenza di qualche imperdibile del territorio, il cuoco Federico Gallo offre saggi di una misurata e riuscita creatività. La notevole carta dei vini, oltre alle eccellenze della zona, annovera una vasta selezione di Champagne.

🕸 ⇐ 🛏 & 🅰🅲 🍽 ⇄ 🅿 – Prezzo: €€€

Località Madonna di Como 34 – 𝒞 0173 366616 – locandadelpilone.com – Chiuso martedì e mercoledì

ENOCLUB

PIEMONTESE • **CONTESTO STORICO** Sotto i portici della piazza intitolata a Michele Ferrero, l'ingresso si apre sul Caffè Umberto: ambiente semplice e moderno con pareti ricoperte da bottiglie e una carta più semplice e regionale. Il ristorante si raggiunge scendendo nelle suggestive cantine in mattoni. Qui la cucina piemontese si fa più elaborata ed è accompagnata da una selezione di vini importante.

🕸 & 🅰🅲 – Prezzo: €€

Piazza Michele Ferrero 4 – 𝒞 0173 33994 – caffeumberto.it – Chiuso lunedì

LALIBERA

PIEMONTESE • **DESIGN** Moderno e di design il locale, giovane ed efficiente il servizio. La cucina propone appetitosi piatti della tradizione piemontese e specialità di pesce, spesso rielaborati con tocchi di fantasia.

🕸 🅰🅲 ⇄ – Prezzo: €€

Via Pertinace 24/a – 𝒞 0173 293155 – lalibera.com – Chiuso lunedì e domenica

OSTERIA DELL'ARCO

PIEMONTESE • **CONTESTO REGIONALE** Ottima accoglienza famigliare con una lunga serie di piatti della tradizione - schietti e di grande sapore - in questo locale del centro affacciato su un cortile interno. Ai tavoli vicino all'entrata della cucina sono preferibili quelli nella prima parte della sala.

& 🅰🅲 – Prezzo: €

Piazza Michele Ferrero 5 – 𝒞 0173 363974 – osteriadellarco.it – Chiuso lunedì e domenica

VENTUNO.1

PIEMONTESE • **MINIMALISTA** Nel centro storico cittadino, una cucina dalle due anime: se da una parte non mancano i classici piemontesi a base di carne, dall'altra i due titolari di origine campana hanno portato ad Alba prodotti e ricette meridionali, che si esprimono in colorate e fantasiose proposte di pesce, come di origine partenopea sono anche alcuni dolci.

& 🅰🅲 ⇄ – Prezzo: €€

Via Cuneo 8 – 𝒞 0173 290787 – ventunopuntouno.it – Chiuso mercoledì e giovedì a mezzogiorno

ALBA ADRIATICA
✉ 64011 – Teramo (TE) – Carta regionale n° **15**–B1

ARCA
MODERNA • CONTESTO CONTEMPORANEO Con i suoi oltre 20 anni di vita, Arca è uno degli indirizzi classici della zona. Elegantemente moderno con la cucina in parte a vista, vede nel suo chef-patron il motivo di tanto successo: animato da passione e fantasia, e coadiuvato dalla sorella, Massimiliano Capretta reinterpreta l'Abruzzo nelle sue declinazioni di terra e di mare con mano moderna e con grande attenzione alla sostenibilità. La qualità dei prodotti è certificata bio, tant'è che si definiscono "bio cucina mediterranea".

⅋ 🏧 🍴 – Prezzo: €€€
Viale Mazzini 109 – ☎ 0861 714647 – arcaristorante.it – Chiuso martedì

ALBAIRATE
✉ 20080 – Milano (MI) – Carta regionale n° **5**–A2

IMPRONTA
MEDITERRANEA • CONTESTO TRADIZIONALE Il giovane Andrea Colombara, coadiuvato da Arslan Malik, mette a frutto l'esperienza maturata in Sicilia nello stellato La Madia di Pino Cuttaia. Le sue proposte sono venate di sfumature mediterranee, ma sanno ingolosire grazie a delicate intuizioni personali legate al territorio.

🏧 🍴 🅿 – Prezzo: €€
Via Pisani Dossi 28 – ☎ 02 9143 9075 – ristoranteimprontaalbairate.it – Chiuso lunedì, martedì e mercoledì a mezzogiorno

ALBANO LAZIALE
✉ 00041 – Roma (RM) – Carta regionale n° **12**–A2

LA GALLERIA DI SOPRA
MODERNA • ELEGANTE La sala moderna ed essenziale riflette una cucina ben lontana dagli stereotipi dei Castelli Romani: benché non manchino tracce dei prodotti dei colli, i piatti sono creativi, a volte elaborati, comunque originali.

🏧 – Prezzo: €€
Via Leonardo Murialdo 9 – ☎ 06 932 2791 – lagalleriadisopra.it – Chiuso lunedì, a mezzogiorno da martedì a sabato e domenica sera

ALBARÈ DI COSTERMANO
✉ 37010 – Verona (VR) – Carta regionale n° **8**–A2

🏵 OSTERIA DAI COGHI
MODERNA • SEMPLICE Il ristorantino che non ti aspetti: in una zona residenziale di Albarè, una giovane e appassionata gestione cura tanto la ricerca delle materie prime (sempre stagionali e spesso locali, compreso il pesce di lago), quanto qualche abbinamento più personale ed insolito. Accompagnando il tutto con una buona selezione di vini e birre.

🏧 🍴 – Prezzo: €€
Via Alcide De Gasperi 9/13 – ☎ 347 344 2158 – daicoghi.it – Chiuso mercoledì e giovedì a mezzogiorno

ALBAVILLA

 22031 – Como (CO) – Carta regionale n° **5**-B1

IL CANTUCCIO

Chef: Mauro Angelo Elli

MODERNA • AMBIENTE CLASSICO Nel cuore della verde Brianza, questo ristorante è un indirizzo romantico ed elegantemente rustico, accogliente e curatissimo (ancor di più dopo il rinnovo della sala del camino e dei bagni). Con una cucina opulenta e generosa, lo chef Mauro Elli si muove con eleganza tra i classici italiani, aggiungendo qua e là qualche tocco personale. Un "cantuccio" dalle fantasiose rielaborazioni che – a dispetto della posizione geografica – subisce il fascino del mare, sebbene il menu citi tutto l'anno "proposta di selvaggina del giorno". Qui non si inseguono tendenze o mode, ma si punta ad appagare i clienti con sapori pieni e rotondi, nonché un servizio al femminile attento e competente.

&くな 🏧 �🏠 ⇔ – Prezzo: €€€

Via Dante 32 – ℰ 031 628736 – mauroelli.com – Chiuso lunedì e a mezzogiorno da martedì a giovedì

ALBENGA

✉ 17031 – Savona (SV) – Carta regionale n° **10**–B2

BABETTE

LIGURE • STILE MEDITERRANEO Appena oltre il centro di Albenga, direttamente sulla spiaggia e proprio di fronte all'isola Gallinara, questo locale da oltre 20 anni è sinonimo di cucina di pesce moderna e di qualità, valorizzata da buoni ingredienti, freschi e di stagione. Imperdibile il loro Mare e orto in fritto croccante, un fritto misto di pesce e verdure in pastella vario e fragrante. A pranzo la proposta raddoppia con l'aggiunta di un menù più semplice.

≪ 🏧 🏠 – Prezzo: €€

Via Michelangelo 17 – ℰ 0182 544556 – ristorantebabette.net – Chiuso martedì

PERNAMBUCCO

PESCE E FRUTTI DI MARE • ELEGANTE Il gradevole dehors affaccia sul giardino, mentre la sala, stretta e lunga, presenta un ambiente classico. La specialità è naturalmente la cucina di mare, per lo più a base di pescato locale: ottima la tartare di pesce fresco (a seconda del mercato potrà essere occhiata, tonno o altro), ma anche i crostacei (al forno o alla griglia), così come le verdure dell'orto di proprietà.

🏧 🏠 🅿 – Prezzo: €€€

Viale Italia 35 – ℰ 0182 53458 – ilpernambucco.it – Chiuso mercoledì

ALBEROBELLO

✉ 70011 – Bari (BA) – Carta regionale n° **16**–C2

EVO RISTORANTE ℕ

CREATIVA • ROMANTICO All'ingresso del centro storico, un delizioso giardino conduce al portico dove sono sistemati i tavoli nella bella stagione: un incanto, si è in paese ma sembra di mangiare in campagna. La fantasia di Gianvito Matarrese è irrefrenabile nel combinare ingredienti in buona parte pugliesi in piatti complessi e articolati, raggruppati in percorsi degustativi a tema.

🍴 – Prezzo: €€€

Via Giovanni XXIII 1 – ℰ 320 848 1230 – evoristorante.com – Chiuso mercoledì e domenica sera

ALBIATE

✉ 20847 – Milano (MI) – Carta regionale n° **5**–B1

GROW RESTAURANT

Chef: Matteo Vergine

DEL MERCATO • MINIMALISTA Tecnica e creatività, studio e rispetto del passato guidano lo chef Matteo nella preparazione di piatti modernissimi, ma che mirano a realizzare un salto temporale all'indietro, verso i sapori ancestrali di una Brianza e di una Lombardia d'antan, quando la caccia, la pesca (solo d'acqua dolce), l'orto e le erbe spontanee erano l'unica fonte di ingredienti. L'amore per il territorio diventa passione per il made in Italy nella carta dei vini: piccola ma personale, con sole etichette naturali e nazionali. Il tutto servito in maniera eccellente, con dovizia di racconti e garbo da parte di Riccardo. Vi abbiamo presentato i fratelli Vergine: da seguire nella loro interessante crescita.

🌱 *L'impegno dello chef:* L'impegno verso la sostenibilità si concretizza nel desiderio di rivalorizzare un territorio molto antropizzato. Con l'orto, lavorato da ex carcerati e persone affette da disabilità in un progetto che coinvolge la Regione Lombardia e varie associazioni di volontariato, coprono la quasi totalità del fabbisogno vegetale. Non utilizzano carne o pesce derivanti da allevamenti, ma collaborano con pescatori e cacciatori rispettando i periodi di fermo pesca e fermo caccia.

&.🅰️ – Prezzo: €€€

Via San Valerio 4 – 𝒞 0362 136 0111 – growrestaurant.it – Chiuso lunedì, domenica e a mezzogiorno da martedì a sabato

ALBIGNASEGO

✉ 35020 – Padova (PD) – Carta regionale n° **8**–B3

IL BARETTO

PESCE E FRUTTI DI MARE • ACCOGLIENTE Alle porte di Padova, Il Baretto è un tempio per gli appassionati di cucina di mare tradizionale, con diverse interpretazioni tipicamente venete. Pescato di gran qualità, preparato nel rispetto del suo sapore e delle sue caratteristiche.

🅰️ 🍴 🅿️ – Prezzo: €€€

Via Europa 6 – 𝒞 049 862 5019 – Chiuso lunedì e domenica sera

ALDINO

✉ 39040 – Bolzano (BZ) – Carta regionale n° **6**–A2

🕸️ ### KRONE

DEL TERRITORIO • ROMANTICO Secoli di storia hanno visto avvicendarsi diverse generazioni della famiglia Franzelin in questa tipica locanda, che pare risalire alla fine del Cinquecento. Siamo in un piccolo borgo di montagna, in un angolo meno turistico, e quindi più autentico e affascinante, dell'Alto Adige. La tradizione entra nel piatto con sapori genuini e stagionali e ampio è l'utilizzo di ingredienti del proprio maso. Camere accoglienti e in stile locale.

🍴 🔄 – Prezzo: €€

Piazza Principale 4 – 𝒞 0471 886825 – gasthof-krone.it – Chiuso lunedì

ALESSANDRIA

✉ 15121 – Alessandria (AL) – Carta regionale n° **1**–C2

DUOMO

MODERNA • AMBIENTE CLASSICO Una coppia di fratelli gemelli propone piatti della tradizione e numerose alternative di pesce, pane, paste, dolci e gelati fatti in casa. Il tutto affiancato da una lista vini importante - soprattutto per quanto riguarda i prodotti della regione - in un locale centralissimo, dai toni chiari e dal classico arredamento in legno.

🕸 🖾 🎍 – Prezzo: €€

Via Parma 28 – ☏ 0131 52631 – ristorante-duomo.com – Chiuso domenica

ALGHERO – Sassari (SS) ➡ Vedere Sardegna in fondo alla Guida

ALMÈ

✉ 24011 – Bergamo (BG) – Carta regionale n° **4**–B2

FROSIO

MODERNA · ELEGANTE All'interno di una villa settecentesca, un tempo casa-bottega della famiglia, i Frosio sono nell'ambito della ristorazione da oltre 30 anni: professionalità, esperienza e una grande energia. Nulla di improvvisato, quindi, ma Camillo in sala, a garantire un servizio inappuntabile, e Paolo ai fornelli, per assicurare una cucina che si divide equamente tra terra e mare in piatti di gusto classico-moderno, spesso elaborati partendo da prodotti tradizionalmente "importanti" come scampi, astice, foie gras, piccione e caviale. Sempre eccellente la carta dei vini, con un volume dedicato all'Italia e uno al resto del mondo. Nella torre del XIII secolo, che svetta nella sua austera eleganza, la cantina custodisce più di mille etichette. Piacevole dehors per il servizio estivo.

🕸 🖾 🎍 ⇔ – Prezzo: €€€

Piazza Lemine 1 – ☏ 035 541633 – frosioristoranti.it – Chiuso mercoledì e a mezzogiorno martedì, giovedì, venerdì

ALMENNO SAN BARTOLOMEO

✉ 24030 – Bergamo (BG) – Carta regionale n° **5**–C1

COLLINA

MODERNA · CONTESTO CONTEMPORANEO Elegante e panoramico, è un locale piacevole dal taglio moderno che coniuga arte – grande passione del patron - e buona cucina: piatti ricchi di fantasia e di gusto attorniati da opere di vari artisti disseminate nelle sale e negli spazi comuni.

≼ �) ⬤ 🖾 🎍 ⇔ 🅿 – Prezzo: €€€

Via Ca' Paler 5 – ☏ 035 642570 – ristorantecollina.it – Chiuso lunedì e a mezzogiorno da martedì a venerdì

ALSERIO

✉ 22040 – Como (CO) – Carta regionale n° **5**–B1

CA' MIA

CREATIVA · CONTESTO TRADIZIONALE Sulle colline che incorniciano il lago di Alserio, un locale accogliente che vi farà sentire a casa. Animato da questo spirito, il giovane chef Simone Tanzi, con un importante curriculum al suo attivo, mette in tavola piatti dall'estro moderno, privilegiando le cotture espresse, il forno a legna e il barbecue, nonché le fermentazioni. Alla cucina vegetariana è dedicato uno dei menu degustazione.

🖾 🎍 🅿 – Prezzo: €€

Via Cascinette 1 – ☏ 031 631558 – camiaristorante.it – Chiuso lunedì e martedì

ALTAMURA

✉ 70022 – Bari (BA) – Carta regionale n° **16**–B2

CALVI RISTORANTE ⓝ

CONTEMPORANEA • **ALLA MODA** In un locale contemporaneo e accogliente con ampia cucina a vista troverete una doppia proposta: una mediterranea-regionale e una più creativa con piatti che mettono in luce la bravura dello chef. I tacos di riso nero con anguilla arrosto, fagiolini, germogli di soja e hummus mayo speziato sono una delizia: rigorosamente da mangiare con le mani!

🅰🅲 – Prezzo: €

Via Bari 134 – ℰ 080 314 2942 – calviristorante.it – Chiuso lunedì e domenica sera

ALTARE

✉ 17041 – Savona (SV) – Carta regionale n° **10**–B2

QUINTILIO

DEL TERRITORIO • **CONTESTO CONTEMPORANEO** Da oltre un secolo, generazione dopo generazione, Quintilio è - geograficamente e non solo - un eccellente punto d'incontro tra due territori bellissimi, la Liguria ed il Piemonte. Regioni che primeggiano anche nella selezione enoica seguita con garbo e simpatia dalla titolare Lorena, nonché luoghi su cui si incentra il menu, ideato giornalmente con ingredienti fragranti, di qualità e di prossimità. Plin, tortelli di coniglio alla ligure, risotti, vitello tonnato, cervella... tutti riletti dallo chef patron Luca Bazzano con intelligenza e bravura in chiave contemporanea.

🕸 ⇦🅿 – Prezzo: €€

Via Gramsci 23 – ℰ 019 58000 – ristorantequintilio.it – Chiuso lunedì e domenica

ALTISSIMO

✉ 36070 – Vicenza (VI) – Carta regionale n° **8**–B2

🕸 ## CASIN DEL GAMBA

Chef: Antonio Dal Lago

DEL TERRITORIO • **STILE MONTANO** La strada per giungere a destinazione è un po' impegnativa - numerosi tornanti tra boschi e monti – ma la ricompensa è grande. Varcata la soglia, ci si sente come a casa: questo delizioso ristorante è infatti gestito con calore ed esperienza dall'intera famiglia Dal Lago. Chef-patron Antonio condivide ormai onori e oneri del ruolo con lo storico sous-chef Biolo. Insieme elaborano, perfettamente in bilico tra gusto classico e necessità moderne, gli ingredienti del territorio rispettandone la stagionalità e spesso i piatti sono rifiniti da profumate erbe spontanee e aromatiche come nelle lumache in crema alle erbe con pane al timo e cipolle, una delizia per il palato in cui tra le erbe emergono timo e rosmarino. In inverno non si può rinunciare ad un assaggio di selvaggina. L'energica signora Daria si divide letteralmente in due: portano la sua firma i dessert, mentre nella squisita conduzione della sala è supportata dal figlio Luca, che si occupa di suggerire il miglior accostamento enoico. Carta dei vini ben strutturata con un buon numero di etichette bio.

🕸 ♿🍽⇦🅿 – Prezzo: €€€€

Via Roccolo Pizzati 1 – ℰ 0444 687709 – casindelgamba.it – Chiuso lunedì, a mezzogiorno da martedì a venerdì e domenica sera

ALTOMONTE

✉ 87042 – Cosenza (CS) – Carta regionale n° **19**–A1

BARBIERI

CALABRESE • AMBIENTE CLASSICO Ci si accomoda nella classica sala interna in attesa che il bel tempo permetta di sfruttare gli spazi all'aperto, mentre la carta seguendo le stagioni vi propone il meglio della tradizione del parco del Pollino. Anche menu vegetariano e vegano.

✎ 🛋 ⚫ 🅾 🏠 🅿 – Prezzo: €€

Via Italo Barbieri – ✆ 0981 948072 – famigliabarbieri.net

ALTOPASCIO

✉ 55011 – Lucca (LU) – Carta regionale n° **11**–B1

IL MELOGRANO

TRADIZIONALE • AMBIENTE CLASSICO La carta si divide equamente tra carne e pesce, ma il ristorante ha da tempo costruito la sua nomea sui prodotti ittici, serviti nelle classiche ricette marinare italiane. Accanto al pesce, l'altra passione è il tartufo, che tra bianco e nero impreziosisce i piatti lungo tutte le stagioni.

⚫ 🅾 🏠 🅿 – Prezzo: €€

Via delle Fornaci 1, loc. Marginone – ✆ 0583 25016 – ilmelogranoristorante.it – Chiuso lunedì e sabato a mezzogiorno

ALZANO LOMBARDO

✉ 24022 – Bergamo (BG) – Carta regionale n° **5**–C1

RISTOFANTE

PESCE E FRUTTI DI MARE • ELEGANTE Il loro motto è: "al passo con i tempi, attingendo dalla tradizione". Propongono quindi una cucina dalla tecnica moderna e contemporanea basata su prodotti stagionali e freschi. Il pesce è la materia prima per eccellenza! Ambiente elegante e fresco dehors per la stagione estiva.

⚫ 🅾 🏠 ⇔ – Prezzo: €€€

Via Mazzini 41 – ✆ 035 511213 – ristofante.it – Chiuso lunedì, a mezzogiorno da martedì a sabato e domenica sera

AMALFI

✉ 84011 – Salerno (SA) – Carta regionale n° **17**–B2

❀ ## ALICI Ⓝ

CAMPANA • LUSSO Borgo Santandrea è un lussuoso albergo lungo la Costiera Amalfitana, alle porte di Conca dei Marini, e Alici è il suo fine dining, entrambi simboli di bellezza italiana. Al di là di una sala interna con mobili dal richiamo vintage, le cene si svolgono sempre sulla magnifica terrazza dal pavimento in maioliche blu e azzurre, che riverberano lo splendore di cielo e mare. Lo chef Crescenzo Scotti ama evidentemente i posti ameni: lo ricordiamo infatti in precedenza a Ravello e prima ancora – con la stella – sull'isola di Vulcano. Qui torna a muoversi con mestiere e bravura sul suo territorio preferito, ovvero, i sapori della Costiera (in tante ricette si ritrova lo sfusato amalfitano), ma anche quelli napoletani e della sua Ischia, mettendoci sempre un pizzico di fantasia. Il tipico piatto "Totani e patate alla praianese" viene sublimato così: nella fondina troviamo una deliziosa variazione di totano, con le polpette fritte, il sugo e una parte a crudo, mentre al tavolo vi si versa sopra l'ottima pasta mista di Gragnano cotta con le patate che, in parte, si sono sciolte a creare una deliziosa crema. All'ospite il gioco di mischiare il tutto per un piatto davvero appetitoso.

🕸 ✎ 🛋 ⚫ 🅾 ⇔ 🅿 – Prezzo: €€€€

Via Giovanni Augustariccio 33 – ✆ 089 831148 – borgosantandrea.it – Chiuso a mezzogiorno

✿ LA CARAVELLA DAL 1959

Chef: Antonio Dipino

CAMPANA • STILE MEDITERRANEO La storia della Caravella è la storia del turismo gastronomico della Costiera. Impossibile citare tutti i personaggi che qui hanno desinato innamorandosi della cucina dei Dipino. Una cucina che continua a citare se stessa, che affonda orgogliosamente le radici nelle tradizioni locali e famigliari, cercando sempre nuove fantasiose soluzioni, come nella pera cotta nel vino Aglianico ed accompagnata da gamberi di nassa crudi e ricotta vaccina oppure nel nuovo giro di crudi di mare abbinati magistralmente a sapori e verdure di stagione. Due capisaldi : solo cotture semplici e tradizionali e la certezza di preparazioni espresse. Pezzogna, pesce spada, tonno e così via, con il meglio del pescato del mare locale, se necessario integrato con quello del Cilento, poi i pomodori, che entrano nella metà delle portate, secondi solo al limone sfusato d'Amalfi (caldamente consigliato il celeberrimo soufflé), ancora basilico, pane di Agerola... Vien voglia di ordinare tutti i piatti in carta! E che dire della cantina? Rossi, bianchi, sparkling, dolci, giovani o invecchiati, mitologici come i La Tâche oppure piccole realtà poco conosciute, biologici, rari: qualunque sia il vostro desiderio l'eccellente sommelier Tonino avrà la risposta in vetro per voi, come solo qui (e all'Enoteca Pinchiorri) sono in grado di fare.

🍸 🄰🄲 – Prezzo: €€€€

Via Matteo Camera 12 – ☏ 089 871029 – ristorantelacaravella.it – Chiuso martedì

✿ GLICINE

MEDITERRANEA • LUSSO Elegante fotografia mediterranea della Costiera è la terrazza sospesa tra cielo e mare del fine dining del bellissimo albergo Santa Caterina, situato appena fuori la cittadina di cui offre la vista. Qui si destreggia il bravo chef salernitano "Peppe" Stanzione, alle spalle un curriculum farcito di ristoranti stellati, così come di esperienze internazionali tra California, Australia, Cina e Thailandia. E proprio dalla passione per l'Oriente derivano, in alcune proposte, piccoli giochi di combinazioni tra sapori e ingredienti campani, veri protagonisti della linea moderna del Glicine, e influenze esotiche. Davvero goloso e riuscito, ad esempio, è il tonno cotto in infusione di soia e sake, accompagnato da crema di melanzane affumicate e condito con croccanti cipolline allo zafferano e yuzu. Molte le proposte anche per vegani, vegetariani e celiaci.

🍃 ♿ 🄰🄲 🍸 🅿 – Prezzo: €€€€

Via Mauro Comite 9 – ☏ 089 871012 – hotelsantacaterina.it

✿ SENSI

Chef: Alessandro Tormolino

CREATIVA • ELEGANTE Nel cuore di Amalfi, all'interno dell'hotel Residence, l'atmosfera dell'ampia sala rende omaggio ad un intramontabile gusto classico locale, ma appena il tempo lo consente ci si trasferisce volentieri in terrazza, con vista sulla baia. A pranzo l'offerta è semplice e tradizionale (menu bistrot), per scoprire le delizie gourmet del cuoco Alessandro Tormolino è per la sera che bisogna prenotare. La sua cucina si esprime attraverso diversi menù degustazione, dai più creativi che contengono anche qualche richiamo esotico, ad esempio giapponese, al menu che omaggia la tradizione gastronomica locale. Piatto dopo piatto, ne esce una cucina di gran livello, con un risultato di grande effetto e soddisfazione.

🄰🄲 🍸 – Prezzo: €€€€

Via Pietro Comite 4 – ☏ 089 871183 – sensiamalfi.it – Chiuso martedì

MARINA GRANDE

PESCE E FRUTTI DI MARE • STILE MEDITERRANEO Direttamente sulla spiaggia, un piacevole locale dai toni contemporanei con splendida vista mare e piccolo stabilimento balneare. Seppur, come ovvio, vi sia un'atmosfera abbastanza turistica, le ricette proposte che ripercorrono la tradizione sono gustose.

🍃 🄰🄲 🍸 – Prezzo: €€

Viale delle Regioni 4 – ☏ 089 871129 – ristorantemarinagrande.com – Chiuso mercoledì

AMBIVERE

✉ 24030 – Bergamo (BG) – Carta regionale n° **5**–C1

ANTICA OSTERIA DEI CAMELÌ

MODERNA • **ELEGANTE** All'interno di una bella cascina di origini cinquecentesche, il locale mostra un interessante connubio di eleganza classica e stile moderno. La cucina non si sottrae al mood, mettendo in tavola tradizione ed innovazione, in piatti molto attenti all'equilibrio nutrizionale e alla salubrità delle combinazioni di ingredienti.

🅱 ♿ Ⓜ 🌳 ⇔ 🅿 – Prezzo: €€€

Via Marconi 13 – 𝒞 035 908000 – anticaosteriadeicameli.it – Chiuso lunedì e martedì sera

AMEGLIA

✉ 19031 – La Spezia (SP) – Carta regionale n° **10**–D2

❄ ## LOCANDA TAMERICI

Chef: Mauro Ricciardi

MODERNA • **DESIGN** Lo chef Mauro Ricciardi propone la sua cucina mediterranea dove qualità, pulizia di sapori e precisione tecnica portano in tavola le migliori interpretazioni del pescato (e non solo) locale. In accoglienti ambienti rinnovati, con un ottimo servizio capitanato dalla brava maître-sommelier Elena, se vi accomodate in giardino sarete cullati dalla brezza marina proveniente dal mare a pochi passi. Buona selezione enoica.

Ⓜ 🌳 🅿 – Prezzo: €€€€

Via Litoranea 106, loc. Fiumaretta – 𝒞 0187 167 6541 – locandatamerici.com – Chiuso lunedì e martedì

ANCONA

✉ 60125 – Ancona (AN) – Carta regionale n° **14**–B1

☺ ## SOT'AJARCHI

PESCE E FRUTTI DI MARE • **TRATTORIA** Sotto ai portici, trattoria a gestione familiare, tutta al femminile, che propone una cucina di mare semplice e gustosa, utilizzando per lo più fragranti ingredienti di stagione. Ottimi i prezzi quando si opta per pesce azzurro (vedi i classici sardoncini scottadito), calamari e seppie; si spende un pò di più col pescato dalla "fama" più nobile.

Ⓜ – Prezzo: €€

Via Marconi 93 – 𝒞 071 202441 – ristorantesotajarchi.it – Chiuso domenica e martedì sera

GINEVRA

MEDITERRANEA • **CONTESTO CONTEMPORANEO** Al quarto piano dell'albergo Seeport, in stagione il roof garden offre l'incantevole vista del porto e del mare. Lo chef, di origine campana ma trasferito nelle Marche, propone piatti moderni e mediterranei, soprattutto a base di pesce, anche se non mancano proposte di terra. Alternativa più easy al Seeport Bistrò.

⇐ 🌳 🅿 – Prezzo: €€€

Rupi di via XXIX Settembre 12 – 𝒞 071 971 5100 – ginevrarestaurant.com – Chiuso domenica

ANDORA

✉ 17051 – Savona (SV) – Carta regionale n° **10**–B2

❀ **VIGNAMARE**

Chef: Giorgio Servetto

MODERNA • CONTESTO CONTEMPORANEO Da Andora si sale in collina lungo una serie di tornanti poi, lasciata l'auto nel parcheggio, il cammino prosegue fino al ristorante. Vigneti fronte mare, uliveti e pini marittimi di un rigoglioso angolo di Liguria fanno da sfondo a Vignamare, realizzato grazie al recupero di una vecchia cisterna degli anni '70 abbandonata e inutilizzata. Col bel tempo c'è una meravigliosa terrazza panoramica, altrimenti una moderna sala avvolta nel legno. Qualunque sia la soluzione, l'omaggio alla regione di Giorgio Servetto, spesso in chiave vegetale, è straordinario. I prodotti provengono per lo più dagli orti e dagli allevamenti dall'azienda agricola PEQ Agri, di cui il ristorante fa parte, e il risultato è un concerto di tre menu degustazione di varia lunghezza che esaltano la cucina ligure. Anche i vini serviti sono esclusivamente di produzione propria.

❀ *L'impegno dello chef:* Riduzione al minimo dell'impatto ambientale grazie alla fruizione di energia prodotta dai propri impianti fotovoltaici e all'utilizzo di auto aziendali elettriche. La maggior parte dei terreni che la risorsa coltiva sono frutto di un percorso di bonifica di aree abbandonate, nonché del ripristino di antichi muretti per la regimentazione delle acque.

⟨ 𝖬 🍽 🅿 – Prezzo: €€€€

Strada Castello, 20, loc. Colla Micheri – ☎ 351 713 5050 – peqagri.it/pages/ristorante-vignamare – Chiuso lunedì, martedì e a mezzogiorno da mercoledì a venerdì

ANDRIA

✉ 70031 – Bari (BA) – Carta regionale n° **16**–B2

☺ **IL TURACCIOLO**

MODERNA • SEMPLICE Ambiente informale con tovagliette di carta in un'enoteca wine-bar del centro, dove gustare una schietta cucina regionale, che sorprende in alcuni piatti per fantasia e modernità. In estate il piacevole dehors è sul marciapiede davanti ad una movimentata piazza.

🕭 𝖬 🍽 – Prezzo: €€

Piazza Vittorio Emanuele II 4 – ☎ 388 199 8889 – Chiuso domenica e a mezzogiorno

ANGHIARI

✉ 52031 – Arezzo (AR) – Carta regionale n° **11**–D2

☺ **DA ALIGHIERO**

TOSCANA • TRATTORIA Nel pittoresco paesino famoso per l'omonima battaglia troverete Da Alighiero i piatti preparati da Silvia tra cui i bringoli (pasta lunga locale all'uovo) conditi con ragù o funghi in stagione, e tutte le carni caratteristiche, tra cui trippa in salsa rossa piccante e fegato in padella con salvia e vino bianco, per gli appassionati delle ricette più veraci.

𝖬 – Prezzo: €

Via Garibaldi 8 – ☎ 0575 788040 – ristorantealighiero.it – Chiuso martedì

ANNONE VENETO

✉ 30020 – Venezia (VE) – Carta regionale n° **8**–C2

IL CREDENZIERE

PESCE E FRUTTI DI MARE • FAMILIARE In una piccola frazione di campagna, il cuoco è di origini pugliesi e, dalla carta o nei menu degustazione, la cosa trapela piacevolmente qua e là, insieme ad una lunga esperienza di lavoro in Veneto. Proposte locali, quindi, combinate con altre più creative.

   ♿ 🅰 🏠 ✿ – Prezzo: €€

Via Quattro Strade 12 – ℰ 0422 769922 – ilcredenziere.it – Chiuso lunedì, martedì, a mezzogiorno da mercoledì a sabato e domenica sera

ANTERIVO

✉ 39040 – Bolzano (BZ) – Carta regionale n° **6**–A2

KÜRBISHOF

DEL TERRITORIO • ROMANTICO Romantica locanda con alloggi, ricavata da un antichissimo maso con fienile. In due caratteristiche stube, di cui una con vista sulla val di Cembra, si assaggia la cucina di due chef, madre e figlio, che lavorano gomito a gomito, partendo dalla stessa materia prima per lo più regionale (il menu indica spesso il nome del fornitore) per poi esprimersi in due modi diversi, evidenziati anche in carta. A sinistra trovate, infatti, la linea tradizionale di mamma Sara, mentre sulla destra potrete scegliere tra i piatti moderni e creativi del giovane chef Mathias Varesco. Un pasto a quattro mani che è piaciuto molto agli Ispettori.

   🅿 – Prezzo: €€

Via Guggal 23 – ℰ 0471 882140 – kuerbishof.it – Chiuso martedì e mercoledì

ANZOLA DELL'EMILIA

✉ 40011 – Bologna (BO) – Carta regionale n° **9**–C3

IL RISTORANTINO - DA DINO

EMILIANA • AMBIENTE CLASSICO Nonostante sia quasi nascosto in un contesto residenziale, è spesso affollato da una clientela fedele. Il perché è presto detto: la qualità della cucina, nonché la lunga e solida conduzione familiare. Alle roccaforti della tradizione bolognese ed altre proposte nazionali il giovedì e il venerdì si aggiungono piatti di pesce.

   🅰 ✿ – Prezzo: €

Via XXV Aprile 11 – ℰ 051 732364 – ristorantinodadino.it – Chiuso lunedì e domenica sera

AOSTA

✉ 11100 – Aosta (AO) – Carta regionale n° **3**–A2

   ❀ **PAOLO GRIFFA AL CAFFÈ NAZIONALE**

Chef: Paolo Griffa

CREATIVA • ELEGANTE Uno storico locale cittadino, con annesso bar, affacciato sulla piazza principale di Aosta, restituito a nuova vita dalla passione del giovane chef Paolo Griffa che propone, in due formule di menu degustazione o scelta alla carta, una cucina colorata, equilibrata, di gusto contemporaneo, sempre attenta all'armonia dei sapori e alla bellezza cromatica di ciò che arriva in tavola. Ottimo livello di servizio e offerta enologica di grande spessore!

   🕸 ♿ ✿ – Prezzo: €€€€

Piazza Emile Chanoux 9 – ℰ 0165 525356 – paologriffa.com

VECCHIO RISTORO

Chef: Filippo Oggioni

VALDOSTANA • ELEGANTE Si trova nel centro storico, ma l'ex mulino del 1600 sembra portarvi già ad atmosfere quasi di aperta montagna. All'interno troverete ancora la macina e la ruota, sposate ad un ambiente raffinato e ad un ottimo servizio. Il bagaglio gastronomico di Filippo Oggioni è ampio e rende omaggio non solo alla regione, ma anche alla vicina Francia e a qualche classico internazionale. A noi è piaciuto, ad esempio, il piccione in salsa di Prié blanc (vino bianco autoctono), funghi finferli e ribes nero locale. Due menu degustazione giornalieri e una piccola, ma ricercata carta per assaporare ricette fresche e leggere. I tempi di servizio seguono la filosofia del cuoco: solo cotture tradizionali ed espresse, per garantire la massima vivacità del prodotto. La selezione enoica annovera ben oltre 200 etichette, includendo soprattutto vini di ricerca, senza tralasciare tuttavia i grandi produttori.

🕸 ✿ – Prezzo: €€€€

Via Tourneuve 4 – ☏ 0165 33238 – ristorantevecchioristoro.it – Chiuso lunedì e domenica

OSTERIA DA NANDO

VALDOSTANA • INTIMO In attività dal 1957, nel cuore del centro storico, Nando è uno dei punti di riferimento per chi vuole conoscere la cucina valdostana. Salumi, polenta e fonduta - solo per citare alcune delle specialità regionali - sono preparate con i migliori prodotti, in un ambiente semplice ma d'atmosfera. Ottima e vasta la scelta di vini al bicchiere.

🍴 – Prezzo: €€

Via Sant'Anselmo 99 – ☏ 0165 44455 – osterianando.com – Chiuso martedì

STEFENELLI DESK

CREATIVA • CONTESTO TRADIZIONALE In un vicolo del centro storico, dall'ingresso si scendono le scale per raggiungere la suggestiva sala principale, ricavata da quelle che probabilmente erano le stalle settecentesche del palazzo. Sotto un soffitto ad archi in mattoni viene servita una cucina valdostana con spunti creativi e in prevalenza di terra.

🍴 ✿ – Prezzo: €€

Via Claude d'Avise 14 – ☏ 0165 185 0847 – stefenellidesk.com – Chiuso giovedì e mercoledì sera

APPIANO GENTILE

✉ 22070 – Como (CO) – Carta regionale n° **5**-A1

IL PORTICO

DEL MERCATO • CONVIVIALE Se a pranzo la scelta è orientata su piatti unici - comunque generosi e con un minimo di scelta - la sera vanno in scena menu degustazione "scomposti" creati dallo chef Paolo Lopriore: carne, pesce o verdura con complementi originali. A voi il piacere di creare i vostri equilibri preferiti. Cucina del mercato in cui il prodotto locale è protagonista indiscusso.

♿ 🅰🅲 – Prezzo: €€

Piazza Libertà 36 – ☏ 031 931982 – Chiuso martedì e mercoledì e domenica sera

APPIGNANO

✉ 62010 – Macerata (MC) – Carta regionale n° **14**-B1

OSTERIA DEI SEGRETI

MARCHIGIANA • ACCOGLIENTE Tra le colline, in posizione isolata e panoramica, il casolare ospita camere, spa e il ristorante, dove trionfa la carne, in gran varietà, spesso cotta alla brace, nonché in diverse specialità locali, dal piccione ripieno all'oca arrosto passando per il coniglio in porchetta.

⫷ 😄 🏧 🍴 **P** – Prezzo: €

Via Verdefiore 25 – ☏ 0733 57685 – osteriadeisegreti.com – Chiuso domenica sera

APRICA

✉ 23031 – Sondrio (SO) – Carta regionale n° **4**–C1

GIMMY'S

ITALIANA • ROMANTICO Cucina tradizionale sia di territorio sia più in generale italiana, rivisitata in lieve chiave moderna; per gli appassionati della carne, non mancano piatti ad essa dedicati (anche con tagli importanti). Si cena in una bella sala, che altro non è se non una stube dai caldi toni alpini ed un tocco contemporaneo nei decori minimal.

♿ **P** – Prezzo: €€

Via privata Gemelli – ☏ 0342 747048 – hotelarisch.com

APRILIA

✉ 04011 – Latina (LT) – Carta regionale n° **12**–A2

IL FOCARILE

MEDITERRANEA • AMBIENTE CLASSICO Ristorante di tradizione dalla grande sala classica, è la famiglia Lunghi a tenere le redini di questo locale che lavora con costanza. Pesce o carne a voi la scelta, qualunque opzione selezioniate non ve ne pentirete. Per serate più leggere, c'è anche l'Osteria Mangiaitaliano, mentre quattro eleganti camere di fronte al laghetto completano l'offerta.

🐝 😄 🏧 🍴 **P** – Prezzo: €€

Via Pontina km 46,5 – ☏ 06 928 2549 – ilfocarile.it – Chiuso lunedì e martedì

L'AQUILA

✉ 67100 – L'Aquila (AQ) – Carta regionale n° **15**–A1

😊 FØRMA CONTEMPORARY RESTAURANT

MODERNA • CONTESTO CONTEMPORANEO In pieno centro storico, seppur in zona residenziale e defilata, un angolo "goloso" tutto da scoprire: lievitati eccellenti, grandi sughi e ottime preparazioni ideate dal giovane chef Simone Ciuffetelli, che valorizza il territorio forte delle sue esperienze internazionali. L'ambiente moderno mixa sapientemente ottima musica, cucina d'autore e un'accoglienza piacevolmente rilassata e informale.

♿ 🏧 – Prezzo: €€

Via Fortebraccio 53 – ☏ 331 688 0236 – formarestaurant.it – Chiuso lunedì, domenica e a mezzogiorno

ARABBA

✉ 32020 – Belluno (BL) – Carta regionale n° **8**–B1

STUBE LADINA

ALPINA • STUBE Della cucina si occupa una brigata diretta dal patron dell'albergo che ospita il ristorante, l'Alpenrose: in una raccolta stube vengono proposti piatti legati al territorio, cucinati con materia prima locale e ben eseguiti. A coronamento di tutto, un'interessante carta dei vini.

Prezzo: €€

Via Precumon 24 – ☏ 0436 750076 – alpenrosearabba.it

ARBOREA – Cagliari (CA) → Vedere Sardegna in fondo alla Guida

ARCHI – Catania (CT) → Vedere Sicilia in fondo alla Guida

ARCO

✉ 38062 – Trento (TN) – Carta regionale n° **6**–A2

⚕ PETER BRUNEL RISTORANTE GOURMET

Chef: Peter Brunel

MODERNA • **CONTESTO CONTEMPORANEO** A poco più di 1 km dalle sponde del lago di Garda, oltre ad una proposta gastronomica contemporanea lo chef trentino Peter Brunel ha creato gli interni del locale, confermando in pieno la sua anima di artista. È un luogo pensato per offrire una piacevole esperienza gourmet, a partire dall'accoglienza, con divani e poltrone dove sorseggiare l'aperitivo accompagnato da intriganti appetizer. Brunel si mostra sempre più abile nel mettere in comunicazione nei suoi piatti l'amato Trentino col resto d'Italia e del mondo, attraverso citazioni Nikkei, mediterranee o di ambito letterario. In sala, maître e sommelier sapranno guidarvi nell'eccellente proposta enologica.

🕸 ⇦🖧 🔟 🏠 ⇄ 🄿 – Prezzo: €€€€

Via Linfano 47 – ☎ 0464 076705 – peterbrunel.com – Chiuso lunedì e domenica

LOCANDA 53 SUPPER CLUB ⓝ

CONTEMPORANEA • **FAMILIARE** Evelyn e Carlo, giovane coppia nella vita e nel lavoro, si sono insediati nel centro storico di Arco riadattando una vecchia locanda con tre camere e concetti di confort attuali e proponendo due menù degustazione di carne o di pesce che si scelgono già in fase di prenotazione. Dopodiché, negli ambienti intimi e avvolgenti del loro piccolo "supper club", si tratta solo di affidarsi alla maestria di lei in cucina e di lui in sala nel creare ricette che guardano alla modernità senza farne una missione, scegliendo maniacalmente le materie prime ed elaborandole con rispetto e attenta cura dei dettagli. Concentratevi sui piatti e sul loro squisito senso dell'accoglienza... e non ve ne pentirete.

🔟 ⇄ – Prezzo: €€€

Via Vergolano 53 – ☎ 366 161 9666 – it.locanda53.it – Chiuso lunedì-mercoledì, a mezzogiorno da giovedì a sabato e domenica sera

ARCUGNANO

✉ 36057 – Vicenza (VI) – Carta regionale n° **8**–B3

ANTICA OSTERIA DA PENACIO

CUCINA DI STAGIONE • **CONTESTO TRADIZIONALE** All'interno di una villetta al limitare del bosco, due raffinate salette e una piccola, ma ben fornita enoteca. La cucina prende spunto dalla tradizione regionale rivisitandola con personalità e piccoli tocchi di fantasia.

🔟 🏠 ⇄ 🄿 – Prezzo: €

Via Soghe 62 – ☎ 0444 273540 – penacio.it – Chiuso mercoledì, giovedì e a mezzogiorno lunedì, martedì, venerdì, sabato

ARDENZA

✉ 57128 – Livorno (LI) – Carta regionale n° **11**–B2

OSCAR

PESCE E FRUTTI DI MARE • **FAMILIARE** Fuori dalle rotte turistiche - in una graziosa zona residenziale - il ristorante è la meta prediletta dei livornesi che desiderano mangiare pesce fresco: scegliere dal ricco buffet è un vero piacere vista la varietà delle proposte. Come del resto, accomodarsi nella graziosa veranda estiva.

⇦ 🔟 🏠 ⇄ – Prezzo: €€

Via Franchini 78 – ☎ 0586 501258 – ristoranteoscar.it – Chiuso lunedì

AREZZO

✉ 52100 – Arezzo (AR) – Carta regionale n° **11**–D2

❀ **OCTAVIN**

Chef: Luca Fracassi

CREATIVA • MINIMALISTA Nelle due salette collegate da un arco, ricavate al piano terra di un antico palazzo, l'atmosfera è minimalista sin dall'utilizzo dei materiali che intercalano la pietra, il legno e il ferro dei tavoli, il vetro degli specchi e delle bottiglie esposte, la carta dei libri nelle piccole nicchie, come un salotto di casa. Meno di una ventina di posti a sedere per un'atmosfera calda e intima, senza fronzoli, nonché un bancone separato da un arco all'ingresso a fare da preludio alla cucina. La capacità di osservare il proprio territorio ha permesso allo chef-patron, Luca Fracassi, di capire che la geografia variegata della sua provincia è una risorsa e fonte inesauribile d'ispirazione. Ha ingaggiato, quindi, una ricerca appassionata di prodotti quali migliore espressione di questa terra, per poterli poi lavorare e combinare in una chiave che è in primis rispetto dei sapori, nonché recupero di tecniche e gesti mutuati ora dal ricordo delle usanze locali, ora da echi orientaleggianti. Uno dei piatti preferiti dai nostri ispettori è il fegatello: fegato di maiale grigio del Casentino, perfettamente cotto e rosa all'interno, in salsa alle spezie e succo all'uva spina. Un mix di golosità e contemporaneità culinaria, dall'acidità evidente, ma non spinta all'estremo.

🅰🅒 🍴 – Prezzo: €€€€

Scalinata Camillo Berneri 2 – ☏ 0575 343521 – octavin.it – Chiuso mercoledì e a mezzogiorno

LE CHIAVI D'ORO

MODERNA • CONTESTO CONTEMPORANEO Nel centro storico, il ristorante propone un'originale e minimalista atmosfera caratterizzata da un elegante uso del legno. Ma l'appuntamento è tutto con la cucina, una delle migliori in città e non solo. Riuscite interpretazioni della tradizione, toscana in prevalenza, dove il piacere del palato si moltiplica con l'avvicendarsi delle portate.

🅰🅒 🍴 – Prezzo: €€

Piazza San Francesco 7 – ☏ 0575 403313 – ristorantelechiavidoro.it – Chiuso lunedì

OSTERIA GRANDE ⓝ

ITALIANA • CONTESTO CONTEMPORANEO Affacciato sulla splendida piazza Grande e sulla Loggia Vasariana che ne costituisce un lato lungo, questo locale è sorto nell'estate 2022 grazie alla passione di Fatjon e Lorenzo. Il primo impegnato a sviluppare una cucina stagionale e contemporanea - come nel caso dell'assoluto di piccione con petto, coscia e filetto, ognuno con una preparazione adeguata, cipolla dolce e grue di cacao - il secondo a raccontare i vini in carta e a proporre i giusti accostamenti. Con l'assoluto di piccione, ad esempio, si consiglia un originale Maturato Tiberini 2018, un bianco di uve maturate a lungo in pianta. Come aperitivo o after dinner ci si può affidare alla nutrita lista cocktail e al personale dedicato.

🅰🅒 🍴 – Prezzo: €€€

Piazza Grande 26 – ☏ 348 691 0306 – osteriagrande.it – Chiuso lunedì a mezzogiorno e domenica sera

SAFFRON

PESCE E FRUTTI DI MARE • CONTESTO CONTEMPORANEO Chi ama il pesce e si trova ad Arezzo, in questo ristorante troverà il suo approdo: molto crudo, variamente ispirato - dalle influenze mediterranee al sushi, in versione tradizionale o gourmet - nonché alcune proposte di pescato cotto, oltre a qualche classico nipponico come la tempura, gli spaghetti e i ravioli giapponesi. A pranzo anche formule più facili (tipo poke bowl), ed asporto.

🅰🅒 🍴 – Prezzo: €€

Piazza Sant'Agostino 16 – ☏ 0575 182 4560 – Chiuso lunedì e domenica sera

ARGELATO

✉ 40050 – Bologna (BO) – Carta regionale n° **9**–C3

🍴 L'800

EMILIANA • FAMILIARE Arredi d'epoca, piatti ruspanti, tanta giovialità sono i tratti distintivi di questo casolare di fine '800 da cui proviene anche il nome. Ciò che sorprende maggiormente sono i prodotti utilizzati in cucina, come le lumache e le rane: un paradiso per i ghiotti di questi prelibati cibi. In particolare, il percorso degustazione è tutto dedicato al mollusco di terra. Completano l'offerta generoso business lunch e menù bambini.

🖸 🏠 🄿 – Prezzo: €

Via Centese 33 – ☎ 051 893032 – ristorante800.it – Chiuso lunedì, sabato a mezzogiorno e domenica sera

ARIANO IRPINO

✉ 83031 – Avellino (AV) – Carta regionale n° **17**–C1

🍴 MAEBA RESTAURANT

Chef: Marco Caputi

ITALIANA CONTEMPORANEA • ELEGANTE I piatti sono spesso incentrati su pochi ingredienti, valorizzati come raramente accade, con una purezza ed essenzialità che coinvolge i sapori ma anche le presentazioni, senza inutili artifici o decorazioni barocche. Uno dopo l'altra le proposte di Caputi appaiono perfette così come arrivano, sobrie ed equilibrate, eppure cariche di significato e pienamente convincenti senza mai strafare.

🕸 🛏🖸🏠♻🄿 – Prezzo: €€€

Contrada Serra 29 – ☎ 334 372 7749 – maeba.it – Chiuso lunedì e domenica sera

🍴 LA PIGNATA

CAMPANA • FAMILIARE Da oltre 40 anni la famiglia Ventre è, sicuramente, tra i più veraci ambasciatori dei sapori d'Irpinia. Ne selezionano, in stagione, i migliori ingredienti che a volte sono cucinati nel pieno rispetto della tradizione (come nelle zuppe), più spesso utilizzati in personali rivisitazioni (ormai celebre il loro arancino "post moderno"), sempre e comunque alla ricerca del sapore iniziale: vero punto d'incontro tra Campania e Puglia. Ottima anche la pizza, così come valida è la scelta enoica.

🖸♻ – Prezzo: €

Viale Dei Tigli 7 – ☎ 0825 872571 – ristorantelapignata.it – Chiuso martedì

ARICCIA

✉ 00072 – Roma (RM) – Carta regionale n° **12**–A2

🍴 SINTESI

Chef: Matteo Compagnucci e Sara Scarsella

CONTEMPORANEA • CONVIVIALE Ristorante moderno ed accogliente che trova nello slogan "Tradizione & Innovazione" l'espressione più fedele della sua cucina. Nel menu – à la carte o degustazione – troverete piatti classici quali "risotto con piselli, limone e crudo di scampi" insieme ad altri più creativi come "pannicolo alla brace, fragoline di Nemi ed erbe", presentati in una veste moderna e precisa, talvolta utilizzando tecniche orientali e metodi di conservazione nordeuropei (fermentazioni, marinature, frollatura del pesce). La lista dei vini muta al cambiare della stagione e del menu ed è affiancata da una linea di succhi e kombucha homemade proposta come pairing analcolico. Colleghi di lavoro e coppia nella vita, gli chef Matteo Compagnucci e Sara Scarsella sanno come conquistare l'ospite.

🖸 🄿 – Prezzo: €€€

Viale dei Castani 17 – ☎ 06 4555 7597 – ristorantesintesi.it – Chiuso martedì, mercoledì e a mezzogiorno giovedì e venerdì

ARMA DI TAGGIA

✉ 18011 – Imperia (IM) – Carta regionale n° **10**-A3

LA CONCHIGLIA

CLASSICA • ELEGANTE Sotto il soffitto a volte della piccola sala vengono serviti piatti ormai divenuti classici - molti a base di pesce, ma c'è anche carne - che puntano sulla qualità degli ingredienti. Se volete conoscere le eccellenze gastronomiche liguri, fra una portata e l'altra approfittate della simpatia del titolare, che ha un'impressionante conoscenza dei prodotti della regione.

🅰🄲 🍴 – Prezzo: €€€

Lungomare 33 – ☎ 0184 43169 – Chiuso mercoledì e giovedì a mezzogiorno

ARZIGNANO

✉ 36071 – Vicenza (VI) – Carta regionale n° **8**-B3

✿ DAMINI MACELLERIA & AFFINI

Chef: Giorgio Damini

MODERNA • ALLA MODA Gastronomia, enoteca e macelleria di lusso, dietro le scintillanti vetrine si nascondono i tavoli e una cucina di rimarchevoli prodotti e gustose elaborazioni, mentre i tantissimi vini sono suggeriti a voce dal patron: senza dubbio, un'originale esperienza gourmet fatta di sapori immediati, appaganti, che nascono da un grande rispetto per le materie prime, trattate con mano esperta. Particolare attenzione viene naturalmente riservata alla selezione delle carni, gran parte delle quali proviene dall'allevamento di Trezzo sull'Adda; la frollatura, per esempio, viene effettuata nel proprio laboratorio e varia a seconda della tipologia di carne (sino ad oltre tre mesi per le celebri Gallega e Wagyu). Infine, ogni giorno si propongono anche "i piatti di Giorgio": scelta ristretta in base alle disponibilità del mercato.

🕸 🅰🄲 – Prezzo: €€€

Via Cadorna 31 – ☎ 0444 452914 – daminieaffini.com – Chiuso lunedì e domenica sera

ASCOLI PICENO

✉ 63100 – Ascoli Piceno (AP) – Carta regionale n° **14**-C2

CAFFÈ MELETTI

MARCHIGIANA • LIBERTY Lo storico locale aperto nel 1907 e frequentato da re Vittorio Emanuele, Mascagni, Hemingway, Guttuso, Sartre... propone una cucina sobria ma accattivante, che va oltre la definizione di regionale. La scelta à la carte è solo serale, al primo piano, con bella terrazza e vista su piazza del Popolo. A pranzo la proposta si fa più limitata nello storicissimo bar.

🅰🄲 🍴 – Prezzo: €€

Via del Trivio 56 (Piazza del Popolo) – ☎ 0736 255559 – caffemeletti.it – Chiuso lunedì

ASIAGO

✉ 36012 – Vicenza (VI) – Carta regionale n° **8**-B2

✿ LA TANA GOURMET

Chef: Alessandro Dal Degan

CREATIVA • ELEGANTE Un tempo rifugio, la casa rossa che svetta sull'altopiano oggi ospita uno dei laboratori gourmet più interessanti e all'avanguardia d'Italia. Artefice Alessandro Dal Degan, che propone un lungo menu degustazione a sorpresa – un cammino lo definisce il cuoco – che vi condurrà tra le sue amate montagne, i prodotti dell'Adriatico e in giro per il mondo. Affidatevi a lui con animo curioso, pronti ad uscire dagli schemi abituali e senza pregiudizi. Le proposte prevedono accostamenti che vi suoneranno talvolta inusuali, ma piuttosto che scomporli e riportarli alle vostre conoscenze, lasciatevi andare al sapore complessivo che ne scaturisce, all'armonia, al contrasto, a ciò che di nuovo e straordinario ne risulta. Sarà un'esperienza che vi farà conoscere creazioni notevoli, talvolta indimenticabili. Oltre all'accompagnamento musicale (una vera e propria colonna sonora in accordo con i piatti), una particolare lode merita l'abbinamento enologico, opera del socio Enrico Maglio, perfetto in sala con proposte di ricerca e sorprendenti. Lodevole è infine la collaborazione instaurata con diversi fornitori locali al fine di valorizzare i prodotti della zona.

🦋 *L'impegno dello chef:* L'impegno di questo ristorante nei confronti della sostenibilità non si esaurisce nell'utilizzo di energia proveniente da fonti rinnovabili o dall'adozione di procedure responsabili contro ogni forma di spreco, ma trova espressione anche nel contribuire alla crescita e alla consapevolezza del contesto ambientale, stabilendo sincere e proficue relazioni con le comunità locali.

🕸 🖐 ♿ 🅿 – Prezzo: €€€€

Località Kaberlaba 19 – 𝒞 344 170 8004 – latanagourmet.it – Chiuso lunedì e martedì e la sera mercoledì, giovedì, domenica

OSTERIA DELLA TANA

VENETA • ACCOGLIENTE Nella stessa casa rossa che ospita anche il ristorante gourmet, qui all'Osteria è sempre Alessandro Dal Degan a deliziarvi ai fornelli, ma con piatti più tradizionali, sia di pesce che carne, sovente della tradizione veneta, con una strepitosa eccezione da non perdere: la carbonara dell'Osteria, realizzata con eccellenti prodotti del territorio. Anche il baccalà alla vicentina e la trippa riscuotono grandi consensi, in una carta dalla scelta molto ampia in cui compare anche qualche piatto storico del ristorante stellato. Sapori pieni e avvolgenti, palato in estasi.

🕸 🖐 🍴 🅿 – Prezzo: €€€

Località Kaberlaba 19 – 𝒞 0424 176 0249 – osteriadellatana.it – Chiuso lunedì e martedì e la sera mercoledì, giovedì, domenica

OSTERIA EUROPA

CUCINA DI STAGIONE • STILE MONTANO All'interno dell'omonimo albergo, un'osteria semplice nell'impostazione, ma interessante per quanto concerne i piatti che arrivano in tavola: cucina della tradizione gustosa e ben fatta!

🍴 🅿 – Prezzo: €€

Corso IV Novembre 65/67 – 𝒞 0424 462659 – hoteleuroparesidence.it – Chiuso la sera da mercoledì a domenica

STUBE GOURMET

CREATIVA • ROMANTICO Al primo piano dell'Hotel Europa, in zona pedonale e centralissima, Stube Gourmet è una piccola sala con soli cinque tavoli e la tipica atmosfera montana. Lo chef Fabio Falsetti propone due menu degustazione, ma se si preferisce c'è libertà di estrarre i piatti alla carta; le proposte hanno un forte legame con la montagna, dalle erbe aromatiche ai prodotti caseari di malga. Valida e in crescita anche la scelta enoica, rafforzata dal wine shop sul corso.

🕸 ♿ 🅿 – Prezzo: €€€€

Corso IV Novembre 65 – 𝒞 0424 185 0172 – stubegourmet-asiago.it – Chiuso lunedì, martedì e a mezzogiorno da mercoledì a domenica

ASOLA

✉ 46041 - Mantova (MN) – Carta regionale n° **4**-C3

LA FILANDA

PESCE E FRUTTI DI MARE • ACCOGLIENTE Al primo piano di un ex opificio per l'allevamento dei bachi da seta, l'atmosfera che vi si respira è molto intima ed accogliente con alti soffitti in legno e una bella terrazza. Ristorante gourmet a tuttotondo, La Filanda propone principalmente una squisita cucina di mare: la ricerca della migliore materia prima è una costante.

🗚 🛋 – Prezzo: €€

Via Carducci 21/e – ℰ 0376 720418 – la-filanda.it – Chiuso lunedì e domenica sera

ASOLO

✉ 31011 – Treviso (TV) – Carta regionale n° **8**–B2

LOCANDA BAGGIO

MODERNA • **FAMILIARE** Posizionato in zona tranquilla alle spalle di Asolo, con piacevole giardino estivo, il ristorante propone una cucina che valorizza la tradizione e i prodotti locali, rielaborandoli in raffinata chiave moderna. Notevole carta dei vini con molte etichette internazionali.

🕸 ዿ 🛋 🅿 – Prezzo: €€€

Via Bassane 1, loc. Casonetto – ℰ 0423 529648 – locandabaggio.it – Chiuso lunedì, martedì a mezzogiorno e domenica sera

LA TERRAZZA

MODERNA • **ROMANTICO** La Terrazza: un salotto en plein air affacciato sul centro storico di Asolo, dove farsi coccolare da una cucina che percorre i prodotti del territorio - e non solo - in leggera chiave moderna. Ambiente raffinato e alla moda, ideale per una romantica cena tête-à-tête.

🗚 🛋 ⇄ 🅿 – Prezzo: €€

Via Collegio 33 – ℰ 0423 951332 – albergoalsoleasolo.com – Chiuso giovedì e a mezzogiorno lunedì, martedì, mercoledì, venerdì

ASSISI

✉ 06081 – Perugia (PG) – Carta regionale n° **13**–B2

BENEDIKTO

MODERNA • **CONTESTO CONTEMPORANEO** Ai margini del centro storico di Assisi, nel raffinato contesto dell'albergo Nun, al Benedikto troverete qualche tipico prodotto umbro, ma la proposta gastronomica è fondamentalmente creativa a cura del bravissimo chef Enea Barbanera. Col bel tempo, la cena in terrazza con vista sulla rocca di Assisi si colora di romanticismo.

⪕ 🗚 🛋 – Prezzo: €€€

Via Eremo delle Carceri 1/a – ℰ 075 813163 – nunassisi.com – Chiuso mercoledì e a mezzogiorno

IL FRANTOIO

MODERNA • **AMBIENTE CLASSICO** Il ristorante ha subito un sapiente restyling, puntando su cromie, luci e arredi che ricreano un tutt'uno con la vallata sottostante, in sintonia con la filosofia dei piatti che vedono protagonista l'olio extravergine non come condimento ma come ingrediente. Insieme alla cucina, anche la vista incanta: dalla parete vetrata, il panorama spazia fino alla chiesa di San Pietro di Assisi.

⪕ 🛏 🗚 🛋 – Prezzo: €€€

Via Fontebella, 25 – ℰ 075 812883 – ristoranteilfrantoioassisi.it – Chiuso giovedì

LA LOCANDA DEL CARDINALE

CREATIVA • **ROMANTICO** Archi in pietra medievali e vestigia di una domus romana ben visibili grazie al pavimento trasparente rendono già di per sé l'esperienza memorabile. Se poi aggiungiamo una cucina moderna articolata in diversi menù degustazione e carta con piatti sia di terra che di mare, nonché una curata selezione enoica, non resta che prenotare!

&& – Prezzo: €€€

Piazza del Vescovado 8 – ℰ 075 815245 – lalocandadelcardinale.com – Chiuso martedì e a mezzogiorno lunedì e mercoledì

ASTI

✉ 14100 – Asti (AT) – Carta regionale n° **2**–B1

IL CAVALLO SCOSSO

MODERNA • **CONTESTO CONTEMPORANEO** Risorsa giovane e moderna, situata in zona residenziale a circa 2 km dal centro, in cui lo chef-patron Enrico Pivieri propone un menu equamente diviso tra tradizione piemontese leggermente rivisitata a base di carne e la linea vocata al pesce, dove emerge con maggior slancio la sua creatività.

AC 🅿 – Prezzo: €€

Via al Duca 23/d – ℰ 0141 211435 – ilcavalloscosso.it

ATRANI

✉ 84010 – Salerno (SA) – Carta regionale n° **17**–B2

A' PARANZA

PESCE E FRUTTI DI MARE • **FAMILIARE** Da più di trent'anni i fratelli Proto rappresentano la tappa di cucina campana per i turisti in visita nella bellissima Atrani. Tutto è veramente molto semplice, all'insegna della simpatia e dell'informalità (l'ordinazione si fa quasi sempre a voce, senza la carta); la maggior parte delle proposte appartengono alla cucina campana e mediterranea.

AC – Prezzo: €€

Via Traversa Dragone 1 – ℰ 089 871840 – ristoranteparanza.com – Chiuso martedì

AUGUSTA – Siracusa (SR) ➜ Vedere Sicilia in fondo alla Guida

AVERSA

✉ 81031 – Caserta (CE) – Carta regionale n° **17**–B2

TRUTH RESTAURANT ⓝ

MODERNA • **CONTESTO CONTEMPORANEO** Due giovani chef al "comando" di questa insegna contemporanea, con vista sulle cucine, per due offerte di ristorazione: le tapas, espressione di una cucina creativa permeata da varie influenze, e piatti più classici e locali.

&. AC – Prezzo: €€

Via Fratelli Cervi 18 – ℰ 081 1836 1048 – truthrestaurant.it – Chiuso lunedì e domenica sera

AVEZZANO

✉ 67051 – L'Aquila (AQ) – Carta regionale n° **15**–A2

MAMMARÒSSA

CONTEMPORANEA • **DESIGN** L'Abruzzo tra tradizione e modernità: Franco è il protagonista di una cucina di territorio che esalta in tutte le sue sfaccettature, dalle composizioni vegetali del proprio orto agli ottimi pani preparati con grano solina (presidio agroalimentare tipico dell'appennino), in un ambiente particolarmente attento alla sostenibilità. In sala, Daniela con grande savoir-faire valorizza l'accoglienza e la piccola, ma oculata selezione di vini.

🕸 ⛄ Ⓜ 🏠 🅿 – Prezzo: €€

Via Giuseppe Garibaldi 388 – ☎ 0863 33250 – mammarossa.it – Chiuso lunedì, martedì, a mezzogiorno da mercoledì a sabato e domenica sera

AZZATE

✉ 21022 – Varese (VA) – Carta regionale n° **5**–A1

BLEND 4

MODERNA • DESIGN Un ristorante dall'aspetto giovane, moderno, e una cucina che saprà conquistarvi grazie alle sue ricette e ai suoi ingredienti tradizionali interpretati con gusto contemporaneo. Selezionate proposte enoiche, a cui si aggiunge un'interessante offerta anche al bicchiere.

🕸 Ⓜ ⇄ – Prezzo: €€

Via Piave 118 – ☎ 0332 457632 – blend4.it – Chiuso mercoledì e domenica sera

BACOLI

✉ 80070 – Napoli (NA) – Carta regionale n° **17**–A2

🍃 **CARACOL**

MEDITERRANEA • INTIMO Arrivati all'hotel Cala Moresca si è accompagnati con la navetta fino alla scogliera. Qui, la sensazione è quella di trovarsi sulla prua di una nave con davanti il mare, Ischia, Procida e Capri. Piccola bomboniera moderna nel cui nel dehors si respira tutta l'anima del sud, il locale deve il suo nome alla particolarità del soffitto che ricorda una piccola chiocciola: caracol, in spagnolo. La cucina dello chef Angelo Carannante allude a sapori mediterranei, e locali in particolare, evidenziando soprattutto le tradizioni flegree, con prodotti eccellenti e due menu degustazione per una serata da re. In cantina un excursus attraverso l'Italia, ma anche alcune chicche regionali, di cui si propongono anche vecchie annate per capire l'evoluzione di questa terra.

⬅ 🛋 Ⓜ 🏠 🅿 – Prezzo: €€€€

Via del Faro 44, loc. Capo Miseno – ☎ 081 523 3052 – caracolgourmet.it – Chiuso lunedì, a mezzogiorno da martedì a venerdì e domenica sera

BADIA

✉ 39036 – Bolzano (BZ) – Carta regionale n° **6**–B1

PORCINO ⓝ

ALPINA • CONTESTO CONTEMPORANEO Dopo le esperienze maturate in ottime cucine, chef Marco Verginer si lancia nella propria avventura con questo ristorante dell'hotel Badia Hill. Nell'ampia sala dai toni eleganti, la cucina è moderna, a tratti creativa, capace di mixare sapori e ingredienti alpini con accattivanti citazioni mediterranee.

⛄ 🅿 – Prezzo: €€€

Strada Damez 2/a – ☎ 0471 180 8060 – badiahill.com – Chiuso mercoledì, domenica e a mezzogiorno

BADIA DI DULZAGO

✉ 28043 – Novara (NO) – Carta regionale n° **1**-C2

😊 **OSTERIA SAN GIULIO**

PIEMONTESE • **RUSTICO** Un'esperienza sensoriale a partire dalla collocazione all'interno di un'antica abbazia rurale, passando per l'accoglienza, l'atmosfera e la cucina: "quella della nonna" per intenderci, dove primeggiano i grandi classici dell'area. Nel bel giardino, su ordinazione, degustazione di salumi e formaggi locali.

Ⓜ – Prezzo: €

– ☎ 0321 98101 – osteriasangiulio.it – Chiuso lunedì, martedì, a mezzogiorno da mercoledì a venerdì e domenica sera

BAGHERIA – Palermo (PA) → Vedere Sicilia in fondo alla Guida

BAGNARA CALABRA

✉ 89011 – Reggio Calabria (RC) – Carta regionale n° **19**-A3

TAVERNA KERKIRA

PESCE E FRUTTI DI MARE • **FAMILIARE** Questo semplice locale dall'atmosfera conviviale ha raggiunto ormai i 40 anni di vita, confermandosi tra i più gettonati di questo paese di mare, che diede i natali alla grandissima Mia Martini. Poco distante dal centro, e altrettanto dal mare, proposte calabresi e mediterranee nonché richiami alla cucina greca che "denunciano" le origini di parte della famiglia. Non a caso Kerkira significa proprio Corfù in greco.

Ⓜ – Prezzo: €€

Corso Vittorio Emanuele 217 – ☎ 0966 372260 – Chiuso martedì

BAGNO DI ROMAGNA

✉ 47021 – Forlì-Cesena (FC) – Carta regionale n° **9**-D2

PAOLO TEVERINI

CLASSICA • **ELEGANTE** Circondato da un bel paesaggio collinare, nel grazioso paese di Bagno di Romagna, Teverini è un nome che ha fatto la storia della ristorazione in zona. La sua cucina si esprime con indirizzi diversi: c'è il territorio naturalmente - a cominciare dai funghi - ma anche il mare, oltre ad una bella componente vegetale.

🏵 �&Ⓜ ⇄ 🅿 – Prezzo: €€€

Via del Popolo 2 – ☎ 0543 911260 – hoteltoscoromagnolo.it – Chiuso lunedì, martedì e a mezzogiorno da mercoledì a venerdì

RISTORANTE DEL LAGO

ROMAGNOLA • **AMBIENTE CLASSICO** Lasciata la statale, si sale lungo tornanti fino alla frazione di Acquapartita, a quasi 800 metri d'altezza, per trovare uno dei migliori ristoranti della zona. In sale moderne con cucina a vista, il cuoco parte sovente da prodotti locali, come funghi, trota e selvaggina, per giungere a piatti di ottimo livello. In sala il fratello, che gestisce con simpatia e competenza un'enciclopedica carta dei vini: due volumi con circa 1600 etichette.

🏵 🚋 🅿 – Prezzo: €€

Via Acquapartita 147 – ☎ 0543 903406 – ristorantedellagoacquapartita.it – Chiuso lunedì e martedì

BAGNOLO

✉ 36045 – Vicenza (VI) – Carta regionale n° **8**-B3

OSTERIA DEL GUÀ

MODERNA • **ROMANTICO** Nella bella stagione ci si accomoda sotto i portici della barchessa, cullati dalla tranquillità del parco e affacciati su Villa Pisani Bonetti, capolavoro del Palladio e patrimonio dell'Unesco. Intima e romantica è la sala interna, molto country-chic. La cucina proposta è elegante e curata, con piatti che ingentiliscono i sapori del territorio.

🛒 ♿ 🎦 🍴 🅿 – Prezzo: €€€

Via Risaie 1/3 – ☎ 0444 432754 – osteriadelgua.it – Chiuso lunedì e domenica sera

BAGNOLO IN PIANO
✉ 42011 – Reggio Emilia (RE) – Carta regionale n° **9**–B3

⏺ TRATTORIA DA PROBO

EMILIANA • FAMILIARE Fortino della tradizione reggina, la trattoria ne ripercorre le specialità, dall'erbazzone allo gnocco fritto e salumi tra gli antipasti, le celebri paste (ottimi i cappelletti in brodo), per passare infine ai sontuosi carrelli, dei bolliti e degli arrosti, e per finire quello dei dolci.

♿ 🎦 🍴 ♻ 🅿 – Prezzo: €

Via Provinciale Nord 13 – ☎ 0522 951300 – trattoriadaprobo.it – Chiuso la sera lunedì, martedì, domenica

BAIA SARDINIA – Sassari (SS) ➜ Vedere Sardegna in fondo alla Guida

BALDICHIERI D'ASTI
✉ 14011 – Asti (AT) – Carta regionale n° **2**–A1

MADAMA VIGNA

PIEMONTESE • ACCOGLIENTE Una bella selezione di vini, con particolare attenzione al territorio, fa da "spalla" ad una cucina che propone tante specialità regionali, rigorosamente presentate a voce da un patron che sa il fatto suo.

♿ 🎦 🍴 ♻ 🅿 – Prezzo: €

Via Nazionale 41 – ☎ 0141 66471 – madamavigna.it – Chiuso lunedì

BARATE
✉ 20083 – Milano (MI) – Carta regionale n° **5**–A2

ANTICA OSTERIA MAGENES

MODERNA • CONTESTO TRADIZIONALE Difficile immaginare che in questa piccola frazione immersa nelle campagne si possa scovare un ristorante così pieno di fascino: in un'antica casa rinnovata con gusto moderno, il curato giardino accoglie sei esclusivi tavoli per un'intima e romantica cena all'aperto. In tavola, qualche richiamo alla tradizione ma tutto rivisitato con abbinamenti originali e giocosi.

🛒 ♿ 🎦 🍴 ♻ – Prezzo: €€€

Via Cavour 7 – ☎ 02 908 5125 – osteriamagenes.com – Chiuso lunedì e martedì

BARBARANO VICENTINO
✉ 36048 – Vicenza (VI) – Carta regionale n° **8**–B3

✿ AQUA CRUA
Chef: Giuliano Baldessari

CREATIVA • ALLA MODA Lo chef Giuliano Baldessari ha affiancato ad una carta di stampo classico - una sorta di ritorno alla tradizione, alle basi essenziali della tecnica e della cucina – tre menù degustazione che invitano a viaggiare fuori dalle convenzioni. Chiamati Iniziazione I, Iniziazione II e Iniziazione III, i percorsi accompagnano l'ospite in una progressiva "trasgressione culinaria". Sarà obbligatorio partire dal primo menu per abituarsi alla mano dello chef e comprendere appieno la diversità dell'esperienza. Si proseguirà poi con i menu successivi, in un lento abbandonarsi ad una nuova realtà sensoriale sempre più estrema. La fase del percorso a cui si è arrivati sarà rintracciabile grazie all'app del ristorante e, in ogni caso, l'accesso al terzo menu sarà a totale discrezione dell'ospite. Si mangia in compagnia del canto melodioso di una ventina di cocorite, nella grande voliera all'ingresso.

&. 🄰 ⇦ 🄿 – Prezzo: €€€€

Piazza Calcalusso 11/a – ℰ 0444 776096 – aquacrua.it – Chiuso lunedì e martedì

BARBARESCO
✉ 12050 – Cuneo (CN) – Carta regionale n° **2**–A2

ANTINÈ

PIEMONTESE • AMBIENTE CLASSICO Alcuni elementi salienti contraddistinguono la cucina di Manuel Bouchard, che ha convinto gli ispettori in virtù di un certo minimalismo e dell'impiego di pochi e ben dosati ingredienti. Si aggiudicano un posto nella carta sia le ricette della tradizione, come plin e fassone, sia proposte più creative che parlano di mare. L'elegante ristorante è ubicato al primo piano di un edificio del centro storico, a pochi passi dalla torre medievale. Calorosa accoglienza e ottima scelta di vini.

࿇ 🄰 – Prezzo: €€

Via Torino 16 – ℰ 0173 635294 – antine.it – Chiuso martedì e mercoledì

CAMPAMAC

PIEMONTESE • CONTESTO CONTEMPORANEO Campamac (ossia "dacci dentro" nel dialetto locale) è un'osteria gourmet dove - oltre ai classici piemontesi elaborati con prodotti di alta qualità - si propongono numerose carni pregiate. All'ingresso si aprono le due cucine a vista: quella per le cotture alla brace e quella vera e propria attrezzata di tutto punto. Nato dalla ristrutturazione di una preesistente osteria, del precedente luogo di ospitalità Campamac ha voluto mantenere lo spirito di genuinità e calda accoglienza; l'atmosfera è garbatamente retrò, con mobili di gran pregio e numerose piante. Sulla tavola arriva il pane rigorosamente fatto in casa, come le paste, i ripieni, i condimenti, mentre la scelta enoica meriterebbe un articolo a sé: quindicimila bottiglie distribuite in tre cantine!

࿇ 🄰 🍽 ⇦ – Prezzo: €€

Strada della Valle 1 – ℰ 0173 635051 – campamac.com

BARBIANO
✉ 43035 – Parma (PR) – Carta regionale n° **9**–A3

TRATTORIA LEONI

EMILIANA • TRATTORIA In una cornice di affascinanti dolci colline, la sala con ampie vetrate offre bella vista sul paesaggio (ancor più godibile dalla terrazza estiva). La famiglia Leoni da molti anni propone piatti parmigiani, tra cui ottimi salumi e le ricette tramandate dalla nonna, accompagnati da suggestioni di montagna, funghi e cacciagione.

⇐ 🍽 🄿 – Prezzo: €

Via Ricò 42 – ℰ 0521 831196 – trattorialeoni.it – Chiuso lunedì

BARCO
✉ 25034 – Brescia (BS) – Carta regionale n° **5**–D2

SAUR

ITALIANA CONTEMPORANEA • CONTESTO CONTEMPORANEO In una piccolissima frazione agricola della Bassa Bresciana che in questa zona è costellata di campi e cascine, una coraggiosa quanto giovane gestione a tre s'impegna puntando sulla qualità: due cuochi in cucina alle prese con piatti contemporanei e stagionali - a prezzi molto corretti - mentre in sala la direttrice si muove con garbo in ambienti moderni molto lineari, quasi minimal. In settimana aprono anche a pranzo ma solo con prenotazione anticipata.

&⚹🅺🍴 – Prezzo: €€

Via Filippo Turati 8 – ☏ 030 941149 – ristorantesaur.it – Chiuso mercoledì, giovedì e a mezzogiorno lunedì, martedì, venerdì, sabato

BARCUZZI

✉ 25080 – Brescia (BS) – Carta regionale n° **4**–D1

DA OSCAR

MEDITERRANEA • FAMILIARE Specialità ittiche (anche di acqua dolce) e ricette di terra in un raffinato locale ubicato sulle colline che guardano il lago di Garda. Molto bella la grande veranda, che in inverno diventa la sala principale, e luci soffuse per un'atmosfera intima e rilassata.

≼&🅺🍴🅿 – Prezzo: €€

Via Barcuzzi 16 – ☏ 030 913 0409 – daoscar.it – Chiuso lunedì e a mezzogiorno da martedì a giovedì

BARDOLINO

✉ 37011 – Verona (VR) – Carta regionale n° **8**–A2

IL GIARDINO DELLE ESPERIDI

CUCINA DI STAGIONE • ROMANTICO Le tre socie, con oltre trent'anni di gestione ormai alle spalle, sono un'istituzione del centro storico. La cucina, curata e delicata, segue lo scorrere delle stagioni, i cui ingredienti vengono inseriti in ricette personali. La selezione enoica mostra attenzione ai vini naturali e si fa invitante grazie alla valida offerta al bicchiere, con circa una trentina di etichette.

🕸 &🅺🍴 – Prezzo: €€

Via Mameli 1 – ☏ 045 621 0477 – giardinodelleesperidi.it – Chiuso martedì e mercoledì a mezzogiorno

LA VERANDA DEL COLOR

MEDITERRANEA • COLORATO Nella pregevole cornice del lago di Garda, col bello o col cattivo tempo, nella veranda del Color Hotel sembrerà di mangiare sempre all'aperto. Il cuoco pugliese aggiunge qualche piatto della sua regione alla carta, che complessivamente è più orientata ai sapori mediterranei piuttosto che settentrionali. Oltre al tacco dello Stivale, ricorrono ingredienti e proposte campane, carne e pesce egualmente presenti, ma un occhio di riguardo è anche riservato ai sempre più numerosi estimatori della dieta vegana con il menu "Natura" a loro interamente dedicato.

🚗&🅺🍴🅿 – Prezzo: €€€

Via Santa Cristina 5 – ☏ 045 621 0857 – laverandadelcolor.it – Chiuso a mezzogiorno

BARI

✉ 70122 – Bari (BA) – Carta regionale n° **16**–C2

LA BUL

MODERNA • VINTAGE Una delle tappe gastronomiche più interessanti di Bari: il cuoco Antonio Scalera si esprime ad alti livelli, coadiuvato in sala da sapienti consigli enologici che snocciolano affascinanti storie di vini. I piatti prendono sovente spunto da ingredienti e tradizioni pugliesi, ma sono fondamentalmente creativi.

&🅺🍴 – Prezzo: €€€

Via Villari 52 – ☏ 080 619 8162 – ristorantelabul.com – Chiuso lunedì, a mezzogiorno da martedì a sabato e domenica sera

BARLETTA

✉ 76121 – Barletta-Andria-Trani (BT) – Carta regionale n° **16**–B2

ANTICA CUCINA 1983

PUGLIESE • ACCOGLIENTE Ha festeggiato i 40 anni di attività questo rinomato ristorante, che in due sale luminose di gusto classico propone una cucina
del territorio di stile contemporaneo che predilige il pesce e la materia prima
locale.

彩 ᪥ 🏧 ☂ – Prezzo: €€

*Piazza Marina 4/5 – ☎ 0883 521718 – anticacucina1983.it – Chiuso lunedì e
domenica sera*

BACCO

CLASSICA • ELEGANTE In un elegante edificio storico, con diverse sale separate
da archi in pietra, piatti che interagiscono con la terra e soprattutto con il mare
(ottimi i crudi), mai scontati e con un tocco creativo. L'attenzione è tutta rivolta ai
prodotti regionali, che esprimono tutta la loro ricchezza e tipicità. Il mantra dello
chef-patron, Ruggiero Doronzo, è "semplicità e stagionalità".

🏧 ☂ – Prezzo: €€€

*Piazza Marina 30 – ☎ 0883 334616 – ristorantebacco.it – Chiuso lunedì, martedì
a mezzogiorno e domenica sera*

BARONISSI

✉ 84081 – Salerno (SA) – Carta regionale n° **17**–B2

CETARIA

CONTEMPORANEA • INTIMO Protagonista di questo bel ristorante dell'entroterra salernitano è una coppia appassionata, lui in cucina e lei in sala. Pochi tavoli in
vetro sotto ad un alto soffitto che ci ricorda la storicità del palazzo, un'intimità che
il servizio di Federica colma di cortesie e che rende speciale nella narrazione della
cantina vini, da cui si aprono con piacere etichette di pregio anche al calice, mentre
Salvatore, dal canto suo, si cimenta in una cucina prevalentemente di pesce, in cui
ridisegna in chiave decisamente contemporanea e secondo il proprio estro, ingredienti e ricette di territorio. La tecnica è ben impostata, il gusto delle presentazioni
messo in mostra con brio, la materia prima utilizzata è ottima e può far affidamento
su di un orto in zona e soprattutto su di una piccola realtà agricola di proprietà in
Calabria, terra di origine di lei.

彩 🏧 ☂ – Prezzo: €€€

*Piazza della Repubblica 9 – ☎ 089 296 1312 – cetariaristorante.it – Chiuso
mercoledì*

BARZAGO

✉ 23890 – Sondrio (SO) – Carta regionale n° **5**–B1

OSTERIA MANZONI ⓝ

CONTEMPORANEA • BISTRÒ All'interno di uno storico edificio sapientemente
ristrutturato e variopinto con muri in pietra a vista, una giovane e simpatica coppia,
Francesco in cucina e Giovanna in sala, propone una ghiotta e raffinata cucina della
tradizione italiana.

🏧 – Prezzo: €€

*Via Roma 87 – ☎ 031 414 3305 – osteriamanzoni.it – Chiuso lunedì, sabato a
mezzogiorno e domenica sera*

BASCHI

✉ 05023 – Terni (TR) – Carta regionale n° **13**–A2

 CASA VISSANI

Chef: Gianfranco Vissani

CREATIVA • LUSSO All'arrivo, accolti dal figlio Luca, se il tempo lo permette concedetevi una sosta sul prato di fronte al lago, prima di entrare e tuffarvi nell'eleganza delle sale. Si inizia da quella rock, per il benvenuto, l'aperitivo e la scelta dei piatti, a quella di servizio, raffinatissima, mix di elementi diversi combinati tra loro con maestria e cucine a vista incorniciate come fossero quadri. I menu, che devono essere scelti in anticipo, sono suddivisi in colori e particolarità: l'oro è la tradizione, il rosso la terra, il blu l'acqua, il verde il vegetariano, il nero... sorpresa! A tutta questa originalità e modernità, il ristorante risponde con alcuni elementi tradizionali, come il pane e i deliziosi grissini (ricetta di famiglia!). Camere lussuosamente arredate.

⌂ 🛏 🅰 🅿 – Prezzo: €€€€

Vocabolo Cannitello – ☎ 0744 950206 – casavissani.it – Chiuso lunedì e martedì

BASSANO DEL GRAPPA

✉ 36061 – Vicenza (VI) – Carta regionale n° **8**–B2

CA' 7

PESCE E FRUTTI DI MARE • AMBIENTE CLASSICO In una fastosa villa settecentesca che accoglie anche un hotel, tra colonne e materiali d'epoca sapientemente contrapposti a quadri e punti luce contemporanei troverete una cucina che predilige il mare, declinato in ricette realizzate con gusto moderno.

🛏 ♿ 🅰 🏡 ✿ 🅿 – Prezzo: €€€

Via Cunizza da Romano 4 – ☎ 0424 383350 – ca-sette.it – Chiuso lunedì e domenica sera

IMPRONTA

ITALIANA CONTEMPORANEA • DESIGN A ridosso dell'incantevole Ponte Vecchio, un ristorante dagli interni minimal, molto eleganti nel loro stile quasi alpino in legno e a luci soffuse. Il consiglio nella bella stagione è di prenotare – con largo anticipo! – i pochi tavoli nel dehors sulle rive del fiume Brenta, da dove si gode uno scorcio unico del famoso ponte. Cucina moderna che spazia dal territorio al mare.

🅰 🏡 ✿ – Prezzo: €€€

Via Angarano 7 – ☎ 0424 235519 – improntaristorante.it – Chiuso martedì e a mezzogiorno da lunedì a sabato

BAVENO

✉ 28831 – Novara (NO) – Carta regionale n° **1**–C1

SOTTOSOPRA

MODERNA • COLORATO Gradevole e colorato locale in centro paese, diviso su più sale, la sua anima è la passione con la quale lo chef patron prepara e propone una linea di cucina eclettica: la carta cita, infatti, piatti a base di carne, insieme a pesce sia di mare sia d'acqua dolce, nonchè qualche ricetta più legata al territorio.

♿ 🏡 – Prezzo: €

Corso Garibaldi 40 – ☎ 0323 925254 – sottosoprabaveno.com – Chiuso martedì e mercoledì

BELLAGIO

✉ 22021 – Como (CO) – Carta regionale n° **4**–B2

MISTRAL

MODERNA • ELEGANTE Sulla punta del promontorio di Bellagio, all'incrocio dei due rami del lago, la villa occupa una posizione straordinariamente panoramica, mentre ristorante si trova all'interno di una veranda coperta che offre una vista incantevole sulla sponda opposta, i suoi paesi, le sue dimore esclusive. Atmosfera da grande albergo con pianoforte che accompagna la serata, fra turisti che vengono da ogni parte del mondo. Cucina moderatamente creativa, con un ventaglio di scelte tra l'italiano e qualcosa di più internazionale.

⪦ 🔀 ⌂ 🅿 – Prezzo: €€€€

Via Teresio Olivelli 1 – ☎ 031 956435 – villaserbelloni.com – Chiuso a mezzogiorno

BELLINZAGO LOMBARDO

✉ 20060 – Milano (MI) – Carta regionale n° **5**-C2

MACELLERIA MOTTA

ITALIANA • ACCOGLIENTE Motta si è creato un nome sinonimo di qualità, soprattutto per la sua filiera controllata di bestie allevate in Piemonte. In parte, l'ottima carne che vi invita alla scelta in menù è esposta a frollare nel grande frigo all'ingresso, insieme ad alcuni gustosi salumi prodotti e stagionati in proprio. Si assaggeranno carni crude e cotte, lunghe cotture classiche e qualche centellinato tocco moderno... ultimo ma non ultimo, il bue piemontese con diversi tagli alla brace, spesso anche il carrello dei bolliti. D'estate servizio all'aperto in una tipica corte lombarda.

⌂ 🅿 – Prezzo: €€

Strada Padana Superiore 90 – ☎ 02 9578 4123 – ristorantemacelleriamotta.it – Chiuso domenica

BELLUNO

✉ 32100 – Belluno (BL) – Carta regionale n° **8**-C2

🏵️ ## AL BORGO

PIEMONTESE • CONTESTO TRADIZIONALE All'interno di una villa settecentesca, in un antico e piccolo borgo ad un paio di km dal centro città, ambiente caldamente rustico diviso in sale e salette, mentre la cucina è di quelle assolutamente fedeli al territorio: scotadet (polenta con salame), zuppa con porcini, castagne e patate, capriolo in umido, gelato artigianale della casa...

⪘ 🛒 ⌂ 🅿 – Prezzo: €

Via Anconetta 8 – ☎ 0437 926755 – alborgo.to – Chiuso martedì e lunedì sera

BENEVELLO

✉ 12050 – Cuneo (CN) – Carta regionale n° **2**–A2

DAMÀ SENTIERO 🆕

MODERNA • ELEGANTE Il ristorante gourmet dell'hotel Villa d'Amelia è nelle abili mani del giovane Dennis Cesco: la sua è una cucina creativa e tecnica, che prende spunto soprattutto dalla materia prima del territorio, l'Alta Langa, per poi allargarsi nella ricerca a tutto il Piemonte e alla vicina Liguria. Troverete, quindi, pochissimi ingredienti in piatti che puntano a farne esplodere il sapore, nonché interessanti piatti vegetariani, proposti in un percorso degustazione guidato dallo chef. Ottima la selezione vini, soprattutto Barolo e Barbaresco.

🌄 ⪦ ⪘ 🔀 🅿 – Prezzo: €€€€

Località Manera 1 – ☎ 0173 529225 – villadamelia.com – Chiuso lunedì, martedì e a mezzogiorno

BERGAMO

✉ 24123 – Bergamo (BG) – Carta regionale n° **5**–C1

✿ **IMPRONTE**

Chef: Cristian Fagone

MODERNA • DESIGN Appena fuori dal centro, all'interno di un ex deposito di autobus trasformato in un locale di design dall'arredo essenziale, lo chef si cimenta con una linea di cucina che parte sempre da un'accurata selezione delle materie prime, confessando un debole per l'acidità di alcuni ingredienti e l'affumicatura di altri, nonché per il gioco dei contrasti. La formula prevede due menu degustazione e la carta, a cui si aggiunge una selezione di pesce crudo.

♿ 🅰 🍴 🅿 – Prezzo: €€€

Via Cristoforo Baioni 38 – ℰ 035 017 5557 – impronteristorante.com – Chiuso martedì, mercoledì e a mezzogiorno giovedì e venerdì

✿ **VILLA ELENA**

CREATIVA • ELEGANTE Non lontano dalla Città Alta, in un esclusivo contesto collinare, Villa Elena è una delle più sontuose dimore delle colline bergamasche. Terrazza-giardino panoramica, torre medioevale ed edificio principale cinquecentesco, nelle sale interne, tra stucchi, specchi, marmi e affreschi, la cucina di Marco Galtarossa - elaborata in collaborazione con il più stellato cuoco italiano, Enrico Bartolini - si rivela perfettamente all'altezza di un'atmosfera tanto sontuosa. Piatti sovente molto elaborati, talvolta sdoppiati in più portate e abbinati ad un sapiente uso di erbe aromatiche fanno di questo ristorante un indirizzo imperdibile per memorabili pasti e le più importanti occasioni.

🌿 ⛵ 🅰 🍴 ⇔ 🅿 – Prezzo: €€€€

Via San Vigilio 56 – ℰ 035 260944 – enricobartolini.net/ristorante-casual-bergamo – Chiuso martedì

AL CARROPONTE

MODERNA • DI TENDENZA Vivace e dinamico, il locale punta alla soddisfazione enogastronomica a tuttotondo. Oscar, padrone di casa, si destreggia per consigliarvi alcune bottiglie della sua enciclopedica carta e volentieri mescerà per voi – anche al bicchiere - qualunque vino (al dovuto prezzo, naturalmente!). Cucina moderna, ricca di fantasia, completata da una vasta scelta di finger food, salumi, ostriche, caviale, nonché microburgers.

🌿 ♿ 🅰 🍴 – Prezzo: €€

Via De Amicis 4 – ℰ 035 240640 – alcarroponte.it – Chiuso lunedì e domenica

BARETTO DI SAN VIGILIO

CLASSICA • CONVIVIALE Nella piazzetta antistante la stazione di arrivo della funicolare, caratteristico bar-ristorante di tono retrò, vagamente anglosassone, dove gustare piatti generosi che si rifanno alla tradizione aggiornata con gusto moderno, pane e dolci fatti in casa. Servizio estivo in terrazza con incantevole vista sulla città; all'interno invece due ambienti di tono rustico-elegante.

🍴 ⇔ – Prezzo: €€

Via al Castello 1, loc. San Vigilio – ℰ 035 253191 – barettosanvigilio.it

LIO PELLEGRINI

MODERNA • ROMANTICO Raffinati interni ricchi di oggettistica di qualità (anche in vendita su apposito catalogo) e un bel dehors – vera e propria oasi di pace – per questo locale del centro, accanto all'Accademia Carrara. La cucina propone sapori mediterranei, di carne e di pesce, tra classico e moderno.

🅰 🍴 – Prezzo: €€€

Via San Tomaso 47 – ℰ 035 247813 – liopellegrini.it/site – Chiuso lunedì e martedì a mezzogiorno

OSTERIA AL GIGIANCA

DEL TERRITORIO • ACCOGLIENTE Defilato rispetto al centro, un locale accogliente gestito con passione. La cucina segue le stagioni e valorizza il territorio e, sul fronte cantina, oltre alla carta dei vini vi è una selezione di birre artigianali nazionali.

🅺 – Prezzo: €€

Via Broseta 113 – ℰ 035 568 4928 – algigianca.com – Chiuso domenica e a mezzogiorno da lunedì a mercoledì

ROOF GARDEN

MODERNA • CONTESTO CONTEMPORANEO All'ottavo piano dell'hotel Excelsior San Marco, questo ristorante offre una romantica vista su tutta la città, compresa ovviamente la parte alta e antica: prenotate, quindi, un tavolo lungo la parete-vetratal La linea di cucina è contemporanea, sia di carne che di pesce, e contempla un intero menu di piatti vegani e fresche insalate. A pranzo, la proposta si arricchisce di una formula light ed economica.

⫷ 🕭 🅺 🍴 🅿 – Prezzo: €€€

Piazza della Repubblica 6 – ℰ 035 366159 – roofgardenrestaurant.it

BESENZONE

✉ 29010 – Piacenza (PC) – Carta regionale n° **9**–A1

LA FIASCHETTERIA

EMILIANA • ELEGANTE Elegante cascina immersa nelle terre verdiane, la cucina offrirà agli appassionati l'occasione di un viaggio nella bassa padana, tra salumi, paste fresche e arrosti. Per gli amanti del pesce, non manca qualche proposta di mare, oltre che di fiume. Infine, per prolungare il soggiorno, ci sono anche tre romantiche, incantevoli camere.

ॐ 🅺 🅿 – Prezzo: €€

Via Bersano 59/b – ℰ 0523 830444 – la-fiaschetteria.com – Chiuso lunedì e martedì

BETTOLLE

✉ 53040 – Siena (SI) – Carta regionale n° **11**–D2

WALTER REDAELLI

MODERNA • RUSTICO In un'antica casa colonica di fine '700 con mattoni a vista, travi al soffitto e un imponente camino, si celebra la sapida cucina toscana elaborata partendo da ingredienti locali e con tanta carne. Abbandonatevi al piacere della tavola, comodamente adagiati nelle confortevoli poltroncine.

🕭 🅺 🍴 – Prezzo: €€

Via XXI Aprile 26 – ℰ 0577 623447 – ristoranteredaelli.it – Chiuso lunedì

BEVAGNA

✉ 06031 – Perugia (PG) – Carta regionale n° **13**–B2

SERPILLO

ITALIANA CONTEMPORANEA • RUSTICO All'interno dell'affascinante borgo di origine medievale in cui si trovano anche un paio di piccole realtà ricettive, piacevoli e rustiche sale ricavate in un antico frantoio fanno da sfondo alla cucina di un giovane chef che, partendo da una base nazionale-regionale, propone piatti di respiro moderno organizzati in un menù non ampio ma dai prezzi decisamente convenienti.

🍴 – Prezzo: €

Via di Mezzo 1, loc. Torre del Colle – ℰ 366 711 8212 – serpillo.com – Chiuso lunedì e a mezzogiorno da martedì a sabato

THERE IS ETERNITY
IN EVERY BLANCPAIN
The spirit to preserve.

70th
Fifty Fathoms
70th anniversary

"Creation"
Wildlife Photographer
of the Year 2021
Grand Title winner
© Laurent Ballesta

JB
1735
BLANCPAIN
MANUFACTURE DE HAUTE HORLOGERIE

BIANZONE

✉ 23030 – Sondrio (SO) – Carta regionale n° **4**–C1

ALTAVILLA

VALTELLINESE • RUSTICO Nella parte alta della località, tra boschi e vigneti, una trattoria semplice e familiare che invoglia ad accomodarsi ai suoi tavoli. Qui la bresaola è una cosa seria e la carta presenta una serie di proposte dedicate in varie declinazioni, a cui si aggiungono altre gustose specialità del territorio. Nella bella stagione approfittate della terrazza panoramica.

🐾 🛋 🅿 – Prezzo: €

Via Monti 46 – ☎ 0342 720355 – altavilla.info – Chiuso lunedì

BIBBIENA

✉ 52011 – Arezzo (AR) – Carta regionale n° **11**–D2

IL TIRABUSCIÒ

TOSCANA • FAMILIARE Un ristorante imperdibile per chi vuole scoprire le specialità gastronomiche del casentino: nel centro storico del caratteristico paese, vi consigliamo di interrogare il simpatico cuoco per saperne di più sui prodotti della zona e aiutarvi nella scelta. Ne uscirete con l'emozione di sapori intensi che riempiono il palato e i ricordi.

🅰🅲 – Prezzo: €€

Via Rosa Scoti 12 – ☎ 0575 595474 – tirabuscio.it – Chiuso martedì e lunedì a mezzogiorno

BIELLA

✉ 13900 – Vercelli (VC) – Carta regionale n° **1**–C2

MATTEO RISTORANTE

MODERNA • ELEGANTE In ambienti eleganti e intimi dai toni soffusi si gusta la cucina al passo con i tempi di Matteo Marra: carne e pesce, nonché gli immancabili risotti declinati con gusto e ingredienti attuali. Piccolo dehors sotto un porticato con i tavoli da prenotare in largo anticipo nella bella stagione, nonché servizio caffetteria e aperitivi nell'adiacente Laboratorio, al n. 10.

🦽🅰🅲🛋 – Prezzo: €€

Piazza Duomo 6 – ☎ 015 355209 – matteocaffeecucina.it – Chiuso domenica

REGALLO

PESCE E FRUTTI DI MARE • CONTESTO CONTEMPORANEO Leggermente periferico, un ristorante dal look contemporaneo nel singolare contesto di un ex opificio; le ampie vetrate della sala interna si affacciano sul torrente sottostante, che crea atmosfera con il suo scroscio quasi musicale, nonché sulla cucina a vista dove il bravo chef Ravinetto prepara piatti esclusivamente di pesce. Tra le specialità spiccano la capasanta - accompagnata da una crema di acciuga, pomodori e basilico – nonché il dessert, "Sicilia", vero inno all'isola con una crema di ricotta arricchita con scaglie di cioccolato, gelatina all'arancia, capperi essiccati.

🦽🅰🅲🛋🅿 – Prezzo: €€€

Via Tollegno 4 – ☎ 015 370 1523 – ristoranteregallo.com – Chiuso mercoledì e a mezzogiorno da lunedì a sabato

BIENTINA

✉ 56031 – Pisa (PI) – Carta regionale n° **11**–B2

OSTERIA TAVIANI

MODERNA • FAMILIARE Elena e Alessandro gestiscono con passione questo gradevole locale dagli interni di caldo design: lei in sala, lui ai fornelli dove prepara una fragrante cucina moderna - soprattutto di carne, ma non manca anche un po' di pesce - con solide basi nella tradizione toscana, come per la bistecca fritta. Durante la stagione venatoria, i piatti di selvaggina sono tra i più appetitosi, pur sempre preparati con stile attuale. La carta dei vini omaggia anche la Francia con qualche etichetta.

� 🖾 🏠 – Prezzo: €€

Piazza Vittorio Emanuele II 28 – ℰ 0587 757374 – osteriataviani.it – Chiuso lunedì e domenica

BIGOLINO

✉ 31049 – Treviso (TV) – Carta regionale n° **8**–C2

🐸 TRE NOGHERE

REGIONALE • FAMILIARE Le "tre noghere" (gli alberi di noce) d'estate ombreggiano il servizio estivo mentre gli interni sono semplici, lindi, da bel ristorante di campagna con la stessa gestione familiare dal 1965 nella quiete di vigneti e campi coltivati. In cucina l'esperto patron, in sala le giovani della famiglia con senso dell'ospitalità e competenza. Piatti della tradizione, paste fresche fatte in casa, a noi sono piaciuti molto i bigoli con ragù di cortile e rosmarino, nonché il petto d'anatra glassato alle albicocche. Per il vino ci siamo lasciati consigliare e abbiamo fatto bene!

🖾 🏠 **🅿** – Prezzo: €€

Via Crede 1 – ℰ 0423 980316 – trenoghere.com – Chiuso lunedì e domenica sera

BLEVIO

✉ 22020 – Como (CO) – Carta regionale n° **5**–B1

L˜ARIA

CONTEMPORANEA • LUSSO Nascosto nel parco botanico, in un moderno edificio fronte lago, il ristorante L˜ARIA ha un aspetto raffinato e contemporaneo. Le ampie finestre offrono viste panoramiche, come i superbi scorci su Cernobbio e la sponda ovest che si godono dall'elegante terrazza. La proposta gastronomica dello chef Massimiliano Blasone è definita cosmopolita, con evidenti influenze orientaleggianti: si può quindi scegliere tra crudi, tempura, robata (tecnica giapponese che prevede la cottura degli alimenti direttamente sul fuoco), ma non mancano primi piatti tradizionali, interpretati sempre con gusto contemporaneo. Una pausa al bar per un aperitivo o un cocktail dopo cena è vivamente consigliata.

🕸 ⪕ 🚗� 🏠 – Prezzo: €€€€

Via Enrico Caronti 69 – ℰ 031 32511 – mandarinoriental.com – Chiuso lunedì e a mezzogiorno

BOBBIO

✉ 29022 – Piacenza (PC) – Carta regionale n° **9**–A1

ENOTECA SAN NICOLA

DEL TERRITORIO • RUSTICO In un antico convento del '600 nel cuore della Bobbio storica, atmosfera molto intima per una cucina che si riappropria del territorio con piatti dai gusti decisi e rispettosi delle stagioni. Per gli appassionati, la cantina annovera etichette che risalgono fino al 1936 di un Marsala Stravecchio.

🐾 ♻ – Prezzo: €
Contrada di San Nicola 11/a – 𝒫 0523 932355 – ristorantesannicola.it – Chiuso lunedì e martedì

PIACENTINO

EMILIANA • FAMILIARE Nel centro storico, la tradizione familiare continua da più di un secolo all'insegna di salumi, paste e secondi di carne in questo piacevole ristorante che dispone anche di un delizioso giardino estivo. Per prolungare il soggiorno, camere con letti in ferro battuto e mobili in arte povera o stanze più moderne.
🅰 🛖 ♻ 🅿 – Prezzo: €€
Piazza San Francesco 19 – 𝒫 0523 936266 – hotelpiacentino.it

BODIO LOMNAGO

✉ 21020 – Varese (VA) – Carta regionale n° **4**–A2

VILLA BARONI

CLASSICA • ACCOGLIENTE Romantica struttura in riva al lago dagli ambienti accoglienti ed eleganti ed una splendida terrazza per il servizio estivo; la cucina riserva una grande attenzione alle materie prime stagionali in ricette classiche e perlopiù di pesce. Nelle camere atmosfera provenzale ed intima.
🛏🛖🅿 – Prezzo: €€
Via Acquadro 12 – 𝒫 0332 947383 – villabaroni.it – Chiuso martedì e lunedì sera

BOLGHERI

✉ 57020 – Livorno (LI) – Carta regionale n° **11**–B2

😊 ## OSTERIA MAGONA

TOSCANA • CASA DI CAMPAGNA La location vale già la sosta, soprattutto d'estate sotto il bel pergolato. Si tratta, infatti, di un bel casolare immerso nella campagna tra Bolgheri e Castagneto Carducci, attorniato da ulivi e vigneti. In cucina regna la carne, cotta alla brace, insieme ad altre tipiche ricette toscane. Anche la selezione enoica non si sottrae all'impronta locale con rossi della zona addirittura degli anni Settanta.
♿🅰🛖🅿 – Prezzo: €€
Località Vallone dei Messi 199, SP 16/b km 2,400 – 𝒫 0565 762173 – osteriamagona.com – Chiuso lunedì

OSTERIA DEL TASSO

ITALIANA • CASA DI CAMPAGNA A poca distanza dal celebre viale dei cipressi, in una delle zone vinicole più famose d'Italia, ci troviamo proprio nel ristorante di una delle aziende più famose: Guado al Tasso. Col bel tempo si mangia di fronte ai vigneti, all'ombra di platani ad ombrello. Cucina semplice e per lo più tradizionale, ma appetitosa e ben fatta; salumi e griglia tra le specialità. Approfittate della carta dei vini, vista la possibilità' di scegliere anche al bicchiere alcune etichette della celebre cantina!
🛏🛖🅿 – Prezzo: €€
Via Bolgherese km 3,9, loc. San Walfredo – 𝒫 0565 182 8061 – osteriadeltasso. com – Chiuso martedì e domenica sera

BOLOGNA

✉ 40121 – Bologna (BO)
Carta regionale n° **9**–C2

Dotta, Rossa e Grassa

Il primo aggettivo è legato alla presenza dell'università più antica del mondo (1088), il secondo ai riflessi dei mattoni con i quali fin dal Medioevo sono stati costruiti i suoi edifici e il terzo allude alla sua cucina, sostanziosa e opulenta. La città abbonda di specialità a base di carne di maiale e pasta all'uovo: mortadella, tortellini – asciutti o in brodo –, lasagne e il succulento ragù di carne mista, detto infatti "alla bolognese", tipicamente usato per condire le tagliatelle.

❀ **I PORTICI**

CREATIVA • LUSSO Coreografica sala ricavata in quello che era un antico café-chantant di fine Ottocento, il teatro Eden: sotto ad un soffitto affrescato con belle opere liberty, la cucina - dall'inizio del 2023 affidata alle giovani e sapienti mani di Nicola Annunziata, già stellato in altre precedenti esperienze - s'ispira al Mediterraneo, a base d'ingredienti sempre calibrati con raffinatezza e equilibrio. Il suo percorso è declinato in tre possibili formule di degustazione di 9 (a sorpresa), 7 e 5 portate, con possibile wine pairing affidato alla competenza di Riccardo Ricci. Se desiderate un ambiente più appartato e romantico, prenotate invece un tavolo nella ghiacciaia del XIV secolo, con pavimento in vetro sopra la fornitissima cantina.

❀ ⅋ 🎦 ⇨ – Prezzo: €€€€

Pianta: C1-1 – *Via dell'Indipendenza 69 – ℰ 051 421 8562 – iporticihotel.com – Chiuso lunedì, domenica e a mezzogiorno*

⊛ **AHIMÈ**

Chef: Lorenzo Vecchia

DEL TERRITORIO • ALLA MODA Poco distante dal caratteristico Mercato delle Erbe, Ahimè propone una cucina che parte dai prodotti del territorio per proporre ricette fantasiose, attente alla sostenibilità e alla stagionalità dei prodotti. Vini bio e un servizio conviviale, ma al tempo stesso professionale.

❀ *L'impegno dello chef:* Ahimè, ristorante plastic free, porta in tavola nel centro di Bologna le verdure del proprio orto coltivato nella campagna circostante secondo i principi della biodinamica. Quasi tutte le carni provengono da allevamenti di proprietà, in cui gli animali vivono allo stato semi brado; la piccola parte restante è costituita da animali acquistati interi da aziende sostenibili.

🎦 – Prezzo: €€

Pianta: B2-14 – *Via San Gervasio 6/e – ℰ 051 498 3400 – ahime.it – Chiuso domenica*

AL CAMBIO

EMILIANA • **CONTESTO CONTEMPORANEO** Fuori dai circuiti turistici, un locale di schietta cucina bolognese e non solo, con piatti di terra e di mare generosi e ben preparati, che rispettano la stagionalità dei prodotti. In una giornata autunnale abbiamo apprezzato i tortellini in doppio brodo di carne "come una volta", un bel piatto fumante con un brodo denso e saporito e pasta fatta rigorosamente in casa. Spesso affollato anche a pranzo, meglio prenotare.

🅰️ 🅿️ – Prezzo: €€

Fuori pianta – Via Stalingrado 150 – ℰ 051 328118 – ristorantealcambio.it – Chiuso domenica e sabato a mezzogiorno

OSTERIA BARTOLINI

PESCE E FRUTTI DI MARE • **ALLA MODA** Un locale giovane, piacevole e conviviale, dove la tradizione marina romagnola risale fino a Bologna mantenendo intatta la freschezza del pesce e la sapidità dei piatti, che sono semplici, ma convincenti nel gusto. Il fritto misto - in diverse proposte - è sempre il piatto forte della casa, accanto ad altri classici di mare. Col bel tempo, c'è anche un gradevole servizio all'aperto sotto un enorme platano secolare.

♿ 🅰️ 🛋️ – Prezzo: €

Pianta: B2-2 – Piazza Malpighi 16 – ℰ 051 262192 – osteriabartolini.com

TRATTORIA DI VIA SERRA

EMILIANA • **TRATTORIA** Alla Bolognina, storico quartiere operaio e oggi multietnico della città, vale proprio la pena abbandonare le tradizionali rotte turistiche del centro per provare questa trattoria semplice e informale, governata dalla gran simpatia del proprietario e dalla maestria del suo socio in cucina: un perfetto mix di convivialità e accoglienza dov'è sempre meglio prenotare, anche a pranzo. Qui la tradizione regionale viene celebrata a grandi livelli, dalle paste fresche (ottimi i tortellini in brodo) alla zuppa inglese.

🅰️ – Prezzo: €

Fuori pianta – Via Luigi Serra 9/b – ℰ 051 631 2330 – trattoriadiviaserra.it – Chiuso lunedì e domenica e martedì sera

ACQUA PAZZA

PESCE E FRUTTI DI MARE • **AMBIENTE CLASSICO** Il locale non è in centro, ma se avete voglia di mangiare dell'ottimo pesce, per lo più del Mediterraneo e selezionato personalmente dallo chef-patron, vale la pena spostarsi un po' fuori città. Apprezzabili anche le cotture, semplici e rispettose della materia prima. Interessante carta dei vini con oltre 200 etichette di Champagne.

🅰️ 🛋️ – Prezzo: €€€

Fuori pianta – Via Murri 168/d – ℰ 051 443422 – Chiuso lunedì, martedì a mezzogiorno e domenica sera

ALL'OSTERIA BOTTEGA

EMILIANA • **SEMPLICE** Sotto ai portici di una via semi nascosta e defilata del centro cittadino troverete la cucina emiliana realizzata come tradizione vuole, senza divagazioni o reinterpretazioni, ma esaltata nelle sue ricette più tipiche. Dalla straordinaria selezione di salumi e formaggi ai dolci, passando per le paste fresche, le carni e i vini, in preponderanza locali. Una vera festa!

🅰️ 🛋️ – Prezzo: €€

Pianta: A2-8 – Via Santa Caterina 51/b – ℰ 051 585111 – osteriabottega.it – Chiuso lunedì e domenica

I CARRACCI

CLASSICA • **CONTESTO STORICO** Il soffitto interamente rivestito da meravigliosi affreschi della scuola dei Carracci – grandi pittori bolognesi del XVI secolo – è già un

149

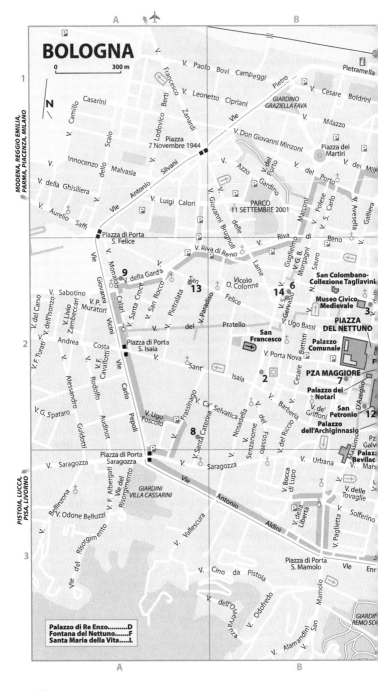

BOLOGNA

0 ——— 300 m

N

V. Camillo Casarini

V. Innocenzo dello Malvasia

V. della Ghisiliera

V. Aurelio Saffi

V. Francesco

V. Lodovico Berti

V. Zanardi

Piazza 7 Novembre 1944

Vle Antonio Silvani

V. Luigi Calori

Piazza di Porta S. Felice

Vle V. Giovanni Monaldo Calari

V. Sabotino

V. P. Muratori

V. del Carso

V. F. Turati

V. V. Livio Zambeccari

V. dell'Isonzo

V. Andrea Costa

V. F. Cavallotti

V. Alessandro Rodolfo

V. G. Spataro

V. Guidotti

V. Audinot

Piazza di Porta S. Isaia

V. Carlo Pepoli

V. Ugo Foscolo

Piazza di Porta Saragozza

V. Saragozza

Vle F. Albergati

Vle del Risorgimento

V. Bellinzona

V. Odone Belluzzi

Vle del Risorgimento

GIARDINI VILLA CASSARINI

Vle Antonio Aldini

V. Vallescura

V. Paolo Bovi Campeggi

V. Leonetto Cipriani

Vle V. Don Giovanni Minzoni

V. Azzo Gardino

GIARDINO GRAZIELLA FAVA

V. Pietro

V. Cesare Boldrini

V. Milazzo

Piazza dei Martiri

PARCO 11 SETTEMBRE 2001

V. Giovanni Brugnoli

delle Lame

V. Riva di Reno

V. della Garda

V. Santa Croce

V. San Rocco

V. Pietralata

V. Paradiso

9

13

San

Vicolo O. Colonne

Vle del Porto

V. del Porto

V. Polese

V. S. Carlo

V. Avesella

Galliera

Marconi

V. Riva di Reno

Guglielmo

V. G. B. Morgagni

Sauro

San Colombano-Collezione Tagliavini

Museo Civico Medievale

3

6

14

V. S. Gervaso

V. Ugo Bassi

PIAZZA DEL NETTUNO

V. Felice

V. del Pratello

Sant'

Isaia

V. Ca' Selvatica

V. Frassinago

V. Santa Caterina

8

V. Nosadella

V. Senzanome

V. del Fossato

V. Cesare Battisti

San Francesco

V. Porta Nova

2

PZA MAGGIORE

7

Palazzo Comunale

Palazzo dei Notari

V. de' Griffoni

San Petronio

12

V. Barberia

V. del Riccio

V. D'Azeglio

Palazzo dell'Archiginnasio

V. Massimo

Pza Galv

Palazzo Bevilac

V. Mars

V. Urbana

V. Bocca di Lupo

V. delle Tovaglie

V. della Libertà

V. Paglietta

V. Solferino

Vle Aldini

Piazza di Porta S. Mamolo

Vle Enr

V. Cino da Pistoia

V. dell'Osservanza

V. Odofredo

V. Mamolo

V. San

V. Alamandini

GIARDIN REMO SC

Pietramella

P Piazza dei Martiri

V. dei Mil

Reno

Palazzo di Re Enzo..........D
Fontana del Nettuno.......F
Santa Maria della Vita.....L

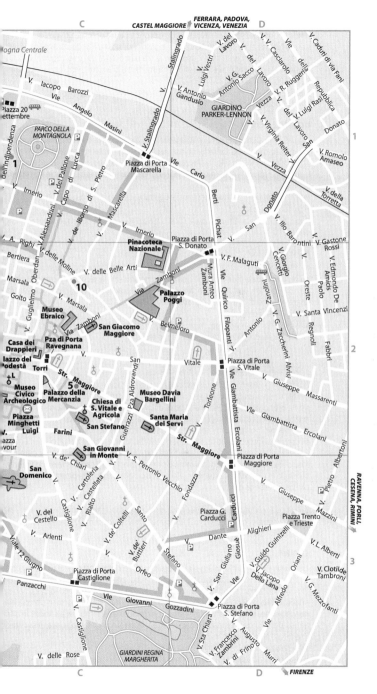

valido spunto per scegliere il locale per le proprie pause gourmet. Ma la cucina fa la sua parte: lo chef ha impostato una linea gastronomica all'insegna di una creatività mai spinta agli eccessi, che si esprime in tre percorsi, di cui uno vegetariano. La proposta fine dining è riservata alla cena, mentre a pranzo il menu è più classico.

🄰🄲 – Prezzo: €€€

Pianta: B2-3 – *Via Manzoni, 2* – ✆ *051 225445* – *grandhotelmajestic. duetorrihotels.com*

CORBEZZOLI 🅝

ITALIANA • **CONTESTO CONTEMPORANEO** Alle porte della città, ospitato nel complesso del Relais Bellaria, un ristorante di tono contemporaneo in cui si propone una cucina altrettanto moderna che spazia dal vegetariano, alla terra e al mare con la formula di tre menù degustazione o scelta alla carta. In cucina un cuoco campano mixa con sapienza sapori e odori della sua terra con quelli dell'Emilia "adottiva" in piatti sempre generosi e colorati.

🛆 🄰🄲 🄿 – Prezzo: €€

Fuori pianta – *Via Altura 11 bis* – ✆ *051 056 2651* – *corbezzoli.com* – *Chiuso domenica*

FOURGHETTI

MODERNA • **DI TENDENZA** Poco fuori dal centro storico, nella prima periferia bolognese, le sale moderne anticipano ciò che arriverà dalla cucina: per quanto non manchi qualche riferimento locale, per lo chef le tradizioni bolognesi sono spesso un trampolino di lancio verso piatti creativi di ottimo livello.

🛆 🄰🄲 🍴 – Prezzo: €€

Fuori pianta – *Via Augusto Murri 71* – ✆ *051 391847* – *fourghetti.com* – *Chiuso lunedì e a mezzogiorno da martedì a giovedì*

LING'S RAVIOLERIA MIGRANTE 🅝

ASIATICA • **SEMPLICE** In un tranquillo quartiere residenziale una giovane coppia gestisce con passione questo minuscolo locale (grazie al suo successo è indispensabile prenotare!): una ventina di posti all'interno e qualche tavolino all'esterno in estate. La proposta parte dai ravioli cinesi per allargarsi poi a una cucina "migrante" cioè, per dirla con le loro parole, "che trae ispirazione da varie cucine del mondo, sicuramente quella asiatica, il Mediterraneo, la Francia, l'Italia con al cuore l'Emilia Romagna". Un esempio? Coppa di Mora romagnola Peking style oppure gamberi rosa dell'Adriatico marinati nel mirin e salsa di soia. I piatti cambiano giornalmente secondo le disponibilità del mercato e l'estro della cucina. Da bere tè, birra o una piccola selezione di vini.

🄰🄲 – Prezzo: €

Fuori pianta – *Via Leandro Alberti 34/2c* – ✆ *351 577 1536* – *lingsravioleriamigrante.com* – *Chiuso lunedì, domenica, a mezzogiorno da martedì a venerdì*

OLTRE.

EMILIANA • **DI TENDENZA** Nel vivace quartiere del Mercato delle Erbe, la porta d'ingresso del locale addobbata con centinaia di adesivi farà pensare ad un negozio di vinili. Si tratta - invece - di un locale dal look contemporaneo in cui si serve, anche al banco bar o sull'originale tavola da surf subito oltre l'ingresso una cucina con radici nel territorio ma che spazia con modernità e competenza anche in altri angoli del mondo. Per iniziare o concludere la serata anche una scelta di cocktail. Prenotare è quasi indispensabile.

🄰🄲 – Prezzo: €€

Pianta: B2-6 – *Via Majani 1/b* – ✆ *051 006 6049* – *oltrebologna.it* – *Chiuso martedì, mercoledì e a mezzogiorno giovedì e venerdì*

LA PORTA RESTAURANT

CREATIVA • DESIGN All'interno di un'avveniristica struttura, distesa come un ponte sulla via Stalingrado, La Porta Restaurant è uno spazio poliedrico: dal garage si accede alle leccornie del caffè, a pranzo apre il bistrot con proposte semplici, mentre per i gourmet l'appuntamento è serale con il ristorante dalle eleganti decorazioni in legno e cucina creativa, talvolta su basi regionali.

&⃞ 🖼 🕳 ⇔ 🅿 – Prezzo: €€

Fuori pianta – *Piazza Vieira de Mello 4 – ☏ 051 415 9491 – laportadibologna.it – Chiuso domenica e a mezzogiorno*

POSTA

TOSCANA • CONTESTO TRADIZIONALE Un angolo di Toscana a Bologna: qui le celebri zuppe, come la ribollita e la pappa col pomodoro, si alternano a pappardelle con il cinghiale, trippa, peposo e naturalmente alle fiorentine. Anche molti vini sono toscani, ma con le tagliatelle e i tortellini si torna a giocare in casa! Durante la bella stagione piacevole servizio sotto i portici.

🖼 🕳 ⇔ – Prezzo: €

Pianta: A2-9 – *Via della Grada 21/a – ☏ 051 649 2106 – ristoranteposta.it – Chiuso lunedì e a mezzogiorno martedì e mercoledì*

SALE GROSSO

MEDITERRANEA • BISTRÒ Ristorante in stile bistrot, semplice nell'impostazione, ma dalla cucina ben fatta e prevalentemente di gusto mediterraneo; il mare è molto presente nei piatti, sebbene non manchino ricette vegetariane e qualche specialità vegana.

🖼 🕳 – Prezzo: €€

Pianta: C2-10 – *Vicolo De' Facchini 4/a – ☏ 051 231721 – Chiuso lunedì e domenica sera*

SETA SUSHI RESTAURANT ⓝ

GIAPPONESE • BISTRÒ È una storia di amicizia e passione per la cucina giapponese ad avere spinto due giovani soci ad aprire, nel cuore di Bologna e all'interno di una corte dalle origini medievali, questo raccolto e accogliente locale, un moderno bistrot con servizio estivo all'aperto per la bella stagione. Partendo da materie prime di assoluta qualità viene proposta una bella selezione di piatti della tradizione nipponica, talvolta arricchiti da variazioni personali. Se non siete esperti della materia, Maurilio in sala saprà indirizzarvi con simpatia e competenza, anche per l'accompagnamento con i saké nel caso vogliate immergervi completamente nel mood orientaleggiante.

🖼 🕳 – Prezzo: €€

Pianta: C2-5 – *Corte Isolani 2 – ☏ 051 003 9367 – setasushirestaurant.com – Chiuso domenica e lunedì a mezzogiorno*

SOTTO L'ARCO

CREATIVA • AMBIENTE CLASSICO Villa Aretusi è una gradevole villa del Seicento cinta dal proprio giardino, alle porte di Bologna. Al 1° piano (con ascensore) si trova il ristorante gourmet Sotto l'Arco dove un esperto chef propone piatti di cucina italiana, moderna ed interessante; al piano terra, invece, va in scena la tradizione emiliana della Trattoria.

🛏 & 🖼 🕳 🅿 – Prezzo: €€€

Fuori pianta – *Via Aretusi 5, Borgo Panigale – ☏ 051 619 9848 – villa-aretusi.it – Chiuso lunedì, domenica e a mezzogiorno tranne giovedì*

TRATTORIA BATTIBECCO

TRADIZIONALE • AMBIENTE CLASSICO In un vicolo centrale, un locale di classe e di tono elegante, che spicca nel panorama della ristorazione cittadina per la cucina che riesce con agilità a dividersi tra tradizione e proposte di mare.

ᴀᴄ 🛋 – Prezzo: €€

Pianta: B2-7 – *Via Battibecco 4* – 𝒫 *051 223298* – *battibecco.com* – *Chiuso domenica e a mezzogiorno da lunedì a sabato*

TRATTORIA DA ME

EMILIANA • CONVIVIALE Frequentatissima e vivace, la trattoria dell'energica Elisa deve il suo successo ad un riuscito mix tra piatti legati alla tradizione - dove spiccano le paste fresche, in vendita nel negozio accanto, preparate dalle sfogline - e specialità che si rifanno all'estro della cuoca, come l'ossobuco tagliato per "lungo". Al vostro gusto la scelta: un piatto bolognese seguito da un'idea originale potrebbe essere, però, il percorso più divertente. Ultima novità: la possibilità di utilizzare il dehors anche d'inverno.

ᴀᴄ 🛋 ⇔ – Prezzo: €€

Pianta: A2-13 – *Via San Felice 50/a* – 𝒫 *051 555486* – *trattoriadame.it* – *Chiuso lunedì*

VICOLO COLOMBINA

TRADIZIONALE • DI QUARTIERE In pienissimo centro, fra i vicoletti adiacenti il mercato e piazza Maggiore, piatti tendenzialmente tradizionali solo di carne con qualche alternativa vegetariana. Due salette piuttosto moderne negli arredi e una lista dei vini che concede grande spazio all'enologia regionale.

ᴀᴄ 🛋 – Prezzo: €€

Pianta: B2-12 – *Vicolo Colombina 5/b* – 𝒫 *051 233919* – *vicolocolombina.it*

BOLZANO

✉ 39100 – Bolzano (BZ) – Carta regionale n° **6**-A2

🌼 IN VIAGGIO - CLAUDIO MELIS

Chef: Claudio Melis

CREATIVA • MINIMALISTA Il nome del ristorante è allusivo dell'esperienza gastronomica che vi aspetta: un viaggio attraverso prodotti e ricette liberamente scelti dal cuoco, alcuni alpini, altri provenienti da tutto il mondo. La proposta prevede menu degustazione a 5/7 o 9 portate. Il tutto si svolge in una sala raccolta e con pochi tavoli in cui lo chef racconta personalmente i suoi piatti.

♿ ᴀᴄ 🅿 – Prezzo: €€€€

Via Piave 15 – 𝒫 *0471 168 4878* – *inviaggioristorante.com* – *Chiuso lunedì, mercoledì, domenica e a mezzogiorno*

🏵 VÖGELE

DEL TERRITORIO • CONTESTO TRADIZIONALE Se è vero che le origini del locale vanno indietro nel tempo sino al Medioevo, è altrettanto vero che la famiglia Alber ha festeggiato nel 2023 i 30 anni di gestione! Sempre all'insegna di una semplice cucina regionale, abbondante nelle porzioni e senza fronzoli nella realizzazione quasi casalinga: canederli, rosticciata di carne, strudel e schmarren con mirtilli, da gustare in diversi ambienti, dalla stube al pianterreno alla sala più classica al primo piano e nella sala leggermente più moderna al secondo. Sempre molto frequentato, sia dai locali sia dai turisti, si raccomanda di prenotare!

🛋 – Prezzo: €€

Via Goethe 3 – 𝒫 *0471 973938* – *voegele.it* – *Chiuso domenica e sabato sera*

LAURIN

MODERNA • **LIBERTY** Nella sontuosa cornice del prestigioso Parkhotel Laurin, il ristorante è tra i riferimenti cittadini. Dagli interni in stile Liberty della stagione fredda, in estate si passerà ai tavolini all'ombra degli alberi del parco. La cucina, dall'anima classica, si concede qualche apertura moderna nella citazione di ingredienti o tecniche da tutta Italia e talvolta anche dall'estero, come nel caso della terrina di trota e porro alla brace richiusi in alga nori a formare un fiore. Troverete, quindi, cucina di terra e di mare e un piccolo spazio dedicata alla tradizione locale.

🛏 🅰 🏠 – Prezzo: €€€

Via Laurin 4 – 𝓒 0471 311000 – laurin.it – Chiuso domenica a mezzogiorno

LOEWENGRUBE

MODERNA • **CONTESTO TRADIZIONALE** È dal 1500 che tra queste mura si fa ristorazione, rendendo le sue origini tra le più antiche di Bolzano. Oggi è un elegante ristorante che presenta una cucina ben equilibrata tra richiami alla tradizione locale ed aperture mediterranee, come nel caso dei piatti a base di pesce. Un paio di esempi? Il polipo di scoglio alla mediterranea e la zuppa di pesce. Nella bellissima cantina riposano circa 1000 etichette, che spaziano dal territorio aprendosi all'Italia intera, ma anche a suggestioni internazionali.

🕸 🅰 🏠 ⇦ – Prezzo: €€

Piazza della Dogana 3 – 𝓒 0471 970032 – loewengrube.it – Chiuso domenica

MARECHIARO

PESCE E FRUTTI DI MARE • **ELEGANTE** Atmosfera raffinata ed elegante, che diventa romantica la sera: da oltre 20 anni è Il ristorante da scegliere a Bolzano se desiderate mangiare pesce nelle più classiche ricette della tradizione marinara italiana, che puntano sui sapori e sulla qualità del pescato (per la maggior parte dal mar Mediterraneo). Gestito da due simpatici fratelli di origini napoletane, questo spiega anche qualche riferimento campano tra le proposte e soprattutto un'ottima pizza. A pranzo scelta più semplice.

🅰 🏠 – Prezzo: €€€

Via Vicenza 14 – 𝓒 0471 402319 – marechiarobolzano.it – Chiuso lunedì

ZUR KAISERKRON 🆕

MEDITERRANEA • **CONTESTO CONTEMPORANEO** Nuova gestione per la storica "Corona Imperiale", nel centro di Bolzano. Al pianterreno del gradevole Palazzo Pock, che domina la piazza, gli ambienti si fanno eleganti e contemporanei sotto scenografiche volte, mentre la cucina mostra una certa attrazione per i sapori mediterranei, anche in questo caso interpretati in modo contemporaneo.

♿ 🅰 🏠 – Prezzo: €€€

Piazza della Mostra 1 – 𝓒 0471 028000 – ristorantezurkaiserkron.it – Chiuso domenica

BOLZONE

✉ 26010 – Cremona (CR) – Carta regionale n° **5**–C2

TRATTORIA VIA VAI

LOMBARDA • **AMBIENTE CLASSICO** Piacevole trattoria di campagna con grazioso servizio estivo affacciato sul giardino, in un ambiente semplice e familiare si celebrano - oltre al manzo e al fegato grasso - le specialità del territorio, dal salame locale agli animali di cortile, nonché i celebri tortelli dolci cremaschi.

🅰 🏠 – Prezzo: €€

Via Libertà 18 – 𝓒 0373 268232 – trattoriaviavai.it – Chiuso martedì, mercoledì e a mezzogiorno lunedì, giovedì, venerdì

BORDIGHERA

✉ 18012 – Imperia (IM) – Carta regionale n° **10**–A3

ROMOLO MARE

PESCE E FRUTTI DI MARE • STILE MEDITERRANEO Davanti al mare e all'interno di uno stabilimento balneare, atmosfera molto rilassata ma signorile grazie alla professionalità dei Giordano. Ristoratori di lungo corso, propongono un'ottima cucina di mare con grande attenzione ai crudi. Giornalmente anche dei fuori carta in base al pescato; interessanti vini locali.

🛋 – Prezzo: €€

Lungomare Argentina 1 – ☏ 0184 261105 – amareabordighera.it

BORGHETTO DI BORBERA

✉ 15060 – Alessandria (AL) – Carta regionale n° **1**–D3

🐵 IL FIORILE

PIEMONTESE • CASA DI CAMPAGNA Quasi come in una cartolina, il calore di un vecchio fienile immerso nel silenzio dei boschi induce a riscoprire i profumi e le ricette del passato, grazie anche ad un grande impiego di prodotti a km 0.

🖨🛋🅿 – Prezzo: €€

Via XXV Aprile 6, loc. Castel Ratti – ☏ 0143 697303 – ilfiorile.com – Chiuso lunedì, martedì e a mezzogiorno da mercoledì a venerdì

BORGIO VEREZZI

✉ 17022 – Savona (SV) – Carta regionale n° **10**–B2

DOC

CLASSICA • ELEGANTE All'interno di una signorile villetta di inizio Novecento cinta da un grazioso giardino - a cui si è aggiunto uno spazio adibito ad arte ed eventi - un ristorante dall'ambiente raccolto ed elegante che ha festeggiato nel 2022 i 40 anni di attività. Buona cucina regionale eseguita con cura.

🖨🛋🌡 – Prezzo: €€

Via Vittorio Veneto 1 – ☏ 019 611477 – ristorantedoc.it – Chiuso lunedì, martedì e a mezzogiorno

BORGO VERCELLI

✉ 13012 – Vercelli (VC) – Carta regionale n° **1**–C2

OSTERIA CASCINA DEI FIORI

PIEMONTESE • RUSTICO In un'atmosfera molto "calda" e classica dai toni rustici con arredi e travi a soffitto in legno, le proposte sono legate alla regione e alla stagionalità delle materie prime. Lunga tradizione da parte dei gentili e premurosi titolari; risotto alle rane dissosate e fiori di zucca fra i must.

🅰🌡🅿 – Prezzo: €€

Regione Forte – ☏ 0161 32827 – Chiuso lunedì e domenica sera

BORGOMANERO

✉ 28021 – Novara (NO) – Carta regionale n° **1**–C1

/GU.STÀ.RE/ OLTRECUCINA

MODERNA • CONTESTO CONTEMPORANEO Un bel locale contemporaneo dai toni colorati e minimalisti ubicato in pieno centro. La cucina trae spunto dalla tradizione regionale piemontese e la giovane e brava chef Valentina Maioni mette passione e ottimi prodotti in ricette rielaborate con tocchi fantasiosi.

&M – Prezzo: €€
Via Antonio Gramsci 20/b – ℰ 345 977 8016 – gustareoltrecucina.com – Chiuso lunedì e domenica sera

PINOCCHIO

PIEMONTESE • **CONTESTO TRADIZIONALE** Nel delizioso giardino che circonda questo glorioso ed elegante ristorante nella bella stagione è possibile prenotare un sostanzioso aperitivo, così come accomodarsi per cenare à la carte. La linea di cucina a cavallo tra passato e presente, affidata alle nuove generazioni, comprende le tradizioni del territorio piemontese e interpretazioni più raffinate. Specialità di carne e pesce di lago.

⸙ ⇰ M ⇪ ⇔ 🅿 – Prezzo: €€€
Via Matteotti 147 – ℰ 0322 82273 – ristorantepinocchio.it – Chiuso mercoledì e domenica sera

BORGONATO
✉ 25040 – Brescia (BS) – Carta regionale n° **4**–B2

⸙ **DUE COLOMBE**

Chef: Stefano Cerveni

DEL TERRITORIO • **ELEGANTE** La forte creatività dello chef non rinuncia a ricercare le proprie radici, dando vita a un'indovinata reinterpretazione delle tradizioni contadine. Una cucina di grande qualità e per gli ispettori vale veramente la pena spingersi fino a questo borgo millenario per cenare nella chiesetta sconsacrata, tra volte di mattoni. È qui che si celebra la preziosa cucina di un ristorante che propone citazioni storiche di piatti divenuti ormai irrinunciabili classici, estraibili – a piacere – dai tre menu degustazione. Come il manzo all'olio con polenta dalle mani dei frati: nonna Elvira lo proponeva nel lontano dopoguerra, Stefano ne osserva scrupolosamente la ricetta. Gli amanti del pesce troveranno in menu anche qualche piatto di mare. Per la scelta enoica affidatevi senza esitazione ai consigli e alla passione di Federica: non ve ne pentirete!

⸙ M ⇔ – Prezzo: €€€
Via Foresti 13 – ℰ 030 982 8227 – duecolombe.com – Chiuso lunedì-mercoledì, giovedì a mezzogiorno e domenica sera

BORGONOVO VAL TIDONE
✉ 29011 – Piacenza (PC) – Carta regionale n° **9**–A1

⸙ **LA PALTA**

Cheffe: Maria Luisa Mazzocchi

CREATIVA • **ELEGANTE** Ancora in pianura, ma ai piedi dei colli che già si intravedono in lontananza, quella che sembra una tipica casa di campagna si apre all'interno su una sala elegante, che termina in una sorta di veranda con finestre sul giardino e il verde della bassa piacentina. Un'atmosfera piacevolissima e rilassante, ideale per un pasto elegante ma non ingessato. In carta c'è qualche riferimento ad ingredienti e ricette locali, insieme all'ottima focaccia con i ciccioli servita con i lievitati, specialità del posto. La cucina è creativa, ma in modo misurato, senza strafare, con l'obiettivo primario di soddisfare il palato, piuttosto che di stupire. È opera di Isa Mazzocchi, insignita del premio Michelin Chef Donna 2021 by Veuve Clicquot.

⸙ M ⇪ 🅿 – Prezzo: €€€
Località Bilegno – ℰ 0523 862103 – lapalta.it – Chiuso lunedì e domenica sera

BORGORICCO

✉ 35010 – Padova (PD) – Carta regionale n° **8**–B2

❀ **STORIE D'AMORE**

Chef: Davide Filippetto

MODERNA • INTIMO Nella provincia padovana, sono due i titolari di questo ristorante, Davide Filippetto ai fornelli e Massimo Foffani nella sala, piccola e accogliente. La cucina è complessa ed elaborata. Lo chef ama declinare i prodotti in svariate preparazioni per darne più di una interpretazione gastronomica, oppure li combina con fantasia e abbondanza di abbinamenti. In tanta generosità, non manca una vasta cantina.

෨ ᖰ 𝕄 𝕣 ⇔ 🅿 – Prezzo: €€€€

Via Desman 418 – ℰ 049 933 6523 – storiedamorerestaurant.it – Chiuso giovedì

BOVES

✉ 12012 – Cuneo (CN) – Carta regionale n° **1**–B3

DA POLITANO

CONTEMPORANEA • CONTESTO TRADIZIONALE Dopo aver lavorato una dozzina d'anni in ristoranti stellati, il giovane Luca Politano è tornato a casa e si è messo ai fornelli di questo piccolo ma grazioso ristorante-albergo da tempo gestito dalla sua famiglia. Il risultato è un'ottima cucina, che parte spesso dalle risorse locali per giungere a proposte più contemporanee, piene di gusto e sapori.

𝕄 𝕣 – Prezzo: €€

Via Santuario 125 – ℰ 0171 380383 – hotelpolitano.it – Chiuso martedì e lunedì sera

BRA

✉ 12042 – Cuneo (CN) – Carta regionale n° **1**–B3

෴ **BATTAGLINO**

PIEMONTESE • SEMPLICE È dal lontano 1919 che una gestione familiare - giunta ormai alla quarta generazione - propone i più tradizionali piatti piemontesi; particolarmente grazioso è accomodarsi all'aperto quando il glicine è fiorito.

𝕄 𝕣 – Prezzo: €

Piazza Roma 18 – ℰ 0172 412509 – ristorantebattaglino.it – Chiuso lunedì e domenica sera

෴ **BOCCONDIVINO**

PIEMONTESE • SEMPLICE Vi si accede attraversando il cortile interno di un caratteristico edificio d'epoca, dove si svolge anche il servizio all'aperto nella bella stagione. In carta una gustosa carrellata di tipicità piemontesi, dalla salsiccia per cui Bra è famosa ai tajarin "40 tuorli", dal coniglio grigio di Carmagnola al bonet, il tutto in sale semplici ed informali.

𝕣 ⇔ – Prezzo: €

Via Mendicità Istruita 14 – ℰ 0172 425674 – osteriadellarco.it

BRACCA

✉ 24010 – Bergamo (BG) – Carta regionale n° **5**–C1

෴ **DENTELLA**

DEL TERRITORIO • FAMILIARE La garanzia che qui si mangi bene è assicurata dalla famiglia Dentella che viaggia verso i 100 anni di gestione diretta: in ambienti semplici, ma accoglienti, si propongono salumi nostrani, casoncelli, piatti a base di carne, in stagione tartufo nero di Bracca e cacciagione, molto spazio è dedicato ai formaggi locali. Insomma, il meglio della cucina bergamasca in un tipico locale di paese!

🍴 – Prezzo: €

Via Dentella 25 – ☎ 0345 97105 – trattoriadentella.com – Chiuso lunedì

BRENTONICO

✉ 38060 – Trento (TN) – Carta regionale n° **6**–A2

😊 MASO PALÙ

REGIONALE • FAMILIARE Annesso all'azienda di famiglia che produce mele biologiche, un rustico e accogliente locale in attività dal 1984. Gestione consolidata, quindi, che propone una cucina legata al territorio declinata con un pizzico di fantasia e modernità. In estate sempre aperto, negli altri mesi solo dal venerdì alla domenica.

🍴 🅿 – Prezzo: €€

Via Graziani 56 – ☎ 0464 395014 – masopalu.com – Chiuso lunedì-giovedì

BRENZONE SUL GARDA

✉ 37010 – Verona (VR) – Carta regionale n° **8**–A2

🕸 NIN ⓝ

CREATIVA • CONTESTO CONTEMPORANEO Lo chef Terry Giacomello prende spunto dai suoi viaggi in giro per il mondo per comporre il menu NIN, per poi tornare idealmente in Italia con l'altro percorso denominato CLASSICI (oltre ai due percorsi è disponibile anche la scelta alla carta). La sua cucina è un mix di tecnica moderna e reminiscenze classiche, creatività e innovazione. La sala al primo piano si affaccia sul lago di Garda, ma solo pochi fortunati hanno la possibilità di avere un tavolo con vista: meglio prenotare con anticipo! Tra i nostri piatti più apprezzati il salmerino di lago con gazpacho di avocado, succo di oliva e olio alle bucce di mandarino bruciato, piatto in cui acidità e dolcezza sono perfettamente equilibrate grazie anche alle note profumate del mandarino.

🍴 🅺 🅿 – Prezzo: €€€€

Via Zanardelli 5 – ☎ 045 742 0179 – ristorantenin.it – Chiuso martedì

BRESCIA

✉ 25128 – Brescia (BS) – Carta regionale n° **4**–C2

😊 TRATTORIA PORTERI

LOMBARDA • RUSTICO Una storia di famiglia lunga oltre 150 anni, che s'inserisce nella ancor più antica storia del Borgo Trento, ora inglobato dalla città ma un tempo con vita a sé. Gestori da sempre della salumeria (alcuni ingredienti utilizzati nei piatti provengono proprio da qui), i Porteri da alcuni decenni si occupano anche della trattoria, vero riferimento per la cucina tradizionale bresciana. Un'attenzione particolare è dedicata a polenta, formaggi e carni: manzo, agnello e cavallo non mancano quasi mai. I piatti prendono spunto da ricette tipicamente locali con una ricerca di piccoli produttori regionali di pregio e qualità.

♿ 🅺 🔄 – Prezzo: €€

Via Trento 52/d – ☎ 030 380947 – trattoriaporteri.it – Chiuso lunedì e domenica sera

CARNE & SPIRITO

STEAKHOUSE • COLORATO Un po' defilato, è l'indirizzo d'elezione per gli amanti della carne in virtù di una materia prima di ottima qualità. Piacevole atmosfera da trattoria moderna per lasciarsi sedurre anche nello spirito; le vetrate della bella veranda si aprono con i primi tepori primaverili.

&. 🅰 🕍 🅿 – Prezzo: €€

Via dei Gelsi 5 – ☏ 030 207 0441 – carneespirito.it – Chiuso domenica e sabato a mezzogiorno

CASTELLO MALVEZZI

CREATIVA • ELEGANTE Cucina di stampo moderno che alterna pesce a ricette più regionali, quindi a base sostanzialmente di carne, e che dedica particolare attenzione all'eccellente caviale di Calvisano (a cui riserva addirittura un menu). Il tutto servito tra le mura affrescate di una raffinata casa di caccia cinquecentesca dotata di bel dehors estivo con vista sulla città.

🕷 🍴 🕍 🅿 – Prezzo: €€€

Via Colle San Giuseppe 1 – ☏ 030 200 4224 – castellomalvezzi.com – Chiuso lunedì, martedì e mercoledì a mezzogiorno

IL LABIRINTO

MEDITERRANEA • ELEGANTE Nella periferia di Brescia, un ristorante di lunga tradizione familiare, le cui redini sono passate recentemente a Raffaele Chiappi, che da sempre cura con professionalità la sala dalla signorile atmosfera retrò. Cucina di ampio respiro a suo agio tra terra e mare e imperdibili salumi di produzione propria.

🕷 &. 🅰 🕍 🅿 – Prezzo: €€

Via Corsica 224 – ☏ 030 354 1607 – ristoranteillabirinto.it – Chiuso domenica

LANZANI BOTTEGA & BISTROT

MODERNA • BISTRÒ In origine era la macelleria di famiglia, ora un moderno locale (aperto dalle 7 alle 23) che è anche gastronomia da asporto ed enoteca con grandi vini. Alle ore canoniche è un vero e proprio ristorante, più ridotta e meno golosa la proposta del pranzo. Posizione defilata e periferica.

&. 🅰 🕍 – Prezzo: €€

Via Albertano da Brescia 41 – ☏ 030 313471 – gastronomialanzani.it – Chiuso domenica

LA PORTA ANTICA

PESCE E FRUTTI DI MARE • CONTESTO CONTEMPORANEO Augusto Valzelli, di ritorno da esperienze fuori regione e in particolar modo in Liguria, dove ha preso confidenza con il gusto e le tecniche di preparazione dei migliori ingredienti del mare, mostra il proprio approccio moderno sul tema ittico con una formula che prevede la carta e tre menu degustazione. Per gli amanti del genere, il "gran crudo di mare" (da richiedere al momento della prenotazione) esalta la qualità del pescato, vero punto di forza del locale.

&. 🅰 – Prezzo: €€€

Via Quarto dei Mille 16 – ☏ 030 094 9313 – laportaantica.it – Chiuso lunedì e martedì a mezzogiorno

LA SOSTA

LOMBARDA • CONTESTO STORICO Ubicato in un palazzo seicentesco, un locale ormai storico in città e alla sua seconda generazione, dove sostare per apprezzare sapori lombardi accompagnati da un buon vino e da un servizio preciso e accurato. Nei mesi estivi si cena all'aperto, ma i posti sono pochi, meglio prenotare!

🅰 🕍 ✧ 🅿 – Prezzo: €€€

Via San Martino della Battaglia 20 – ☏ 030 295603 – lasosta.it – Chiuso lunedì e domenica sera

TRATTORIA RIGOLETTO

PESCE E FRUTTI DI MARE • AMBIENTE CLASSICO Un locale nella zona nord di Brescia, che con elegante semplicità riesce ad esprimere una cucina interessante.

Le proposte sono essenzialmente legate al pesce, elaborato in chiave pacatamente moderna con qualche tocco fantasioso: grazie alle ottime materie prime il risultato è di sostanza e sapore.

&. 🅰 – Prezzo: €€€

Via Fontane 54/b – ☎ 030 200 4140 – Chiuso lunedì

VIVACE

CONTEMPORANEA • BISTRÒ Nel pieno centro di Brescia, questo locale 4.0 - con riscaldamento geotermico e un tecnologico controllo dell'energia - propone una cucina contemporanea in un ambiente dai toni del moderno bistrot e con al centro il "teatro del vino". Piacevole anche la sala sotterranea contraddistinta da volte in mattoni.

&. 🅰 ⇆ – Prezzo: €€

Vicolo Rizzardo 2 – ☎ 030 728 5150 – vivacebrescia.it – Aperto la sera da venerdì a domenica

BRESSANONE

✉ 39042 – Bolzano (BZ) – Carta regionale n° **6**–B1

ⵛ APOSTELSTUBE

INTERNAZIONALE • ROMANTICO Nella splendida Bressanone, lo storico albergo Elephant, all'interno di un edificio di fine Quattrocento nella sua parte più antica, è una delle icone della città (gestito dalla stessa famiglia dal 1773 che nel frattempo è giunta all'ottava generazione). Quasi un varco verso il futuro è l'Apostolstube, intima sala con soli quattro tavoli al primo piano e le statuette degli apostoli alle pareti a dare conto del nome; nella bella stagione l'aperitivo si svolge – invece - nel gradevole giardino. A fare gli onori di casa l'ospitalità innata dei simpaticissimi Michael ed Eleonora, preparati, cordiali, il loro vezzo teatrale aiuta la serata a diventare memorabile, mentre il fantasioso menù degustazione di Mathias Bachmann conduce verso ingredienti e tecniche da ogni angolo del mondo, con una particolare passione per il Giappone (hamachi, shiso e shiso rosso, wasabi), ma è la personalità del giovane chef ad emergere con la sua sferzante grinta contemporanea: pare il figliol prodigo dell'antico albergo!

🕸 ⌂&🅿 – Prezzo: €€€€

Via Rio Bianco 4 – ☎ 0472 832750 – hotelelephant.com – Aperto la sera da venerdì a domenica

ALPENROSE

DEL TERRITORIO • CONTESTO CONTEMPORANEO Decisamente fuori dal centro di Bressanone, a qualche km di distanza ma in posizione panoramica, un ristorante moderno eppure semplice allo stesso tempo, come di fatto la sua cucina, preparata su base territoriale e cucinata con tecniche classiche, con la concessione di qualche ingrediente più mediterraneo in alcune portate. Graziosi appartamenti con area wellness privata per chi volesse prolungare la sosta.

&. 🅰 ⌂ ⇆ 🅿 – Prezzo: €€

Via delle Sette Chiese 1, loc. Pinzago – ☎ 0472 694947 – alpenroses.com – Chiuso lunedì, martedì e a mezzogiorno da mercoledì a venerdì

ELEPHANT

CLASSICA • ELEGANTE Tra boiserie di legni antichi si respirano la storia e l'unicità del celebre albergo Elephant nel suo omonimo ristorante. In carta è presente una cucina del territorio ma di impostazione moderna, come per il salmerino con crema di sedano e mela verde su fondo di profumati fiori di sambuco. Molto interessante la carta dei vini, con quasi un migliaio di etichette.

🕸 ⌂&⌂ ⇆ 🅿 – Prezzo: €€€

Via Rio Bianco 4 – ☎ 0472 832750 – hotelelephant.com – Chiuso mercoledì

OSTE SCURO - FINSTERWIRT

DEL TERRITORIO • STUBE Storico riferimento gastronomico di Bressanone, di cui occupa un vicolo sin dalla seconda metà dell'Ottocento, il ristorante è da tempo ben gestito dalla famiglia Mayr. Il fascino della storia decora le sale (incantevole anche la terrazza estiva), mentre la cucina propone alcuni menù degustazione con la possibilità di scegliere alla carta tra piatti della tradizione e altri più mediterranei. Possibilità di pernotto nell'hotel di proprietà recentemente rinnovato, l'Adler Historic Guesthouse.

ॐ ஐ ✿ – Prezzo: €€€

Vicolo del Duomo 3 – ℰ 0472 835343 – adlerbressanone.com/ristorante-oste-scuro – Chiuso lunedì e domenica

VITIS

DEL TERRITORIO • WINE-BAR Moderna enoteca nel centro storico di Bressanone, a fianco del glorioso ristorante di famiglia l'Oste Scuro. Poltroncine alternate a panche e sgabelli, tavoli quadrati bassi che fanno compagnia a tavoli alti e tutto attorno pareti interamente rivestite da bottiglie di vino. La cucina è moderna, con un menù che viene aggiornato ogni mese o anche più spesso, completato da taglieri e stuzzichini per l'ora dell'aperitivo. Due minuti a piedi e potrete usufruire delle loro camere all'Adler Historic Guesthouse.

ॐ ஐ – Prezzo: €€€

Vicolo del Duomo 3 – ℰ 0472 835343 – adlerbressanone.com/enoteca-vitis – Chiuso lunedì e domenica

BREUIL CERVINIA

✉ 11021 – Aosta (AO) – Carta regionale n° **3**–B2

 WOOD

Chef: Amanda Eriksson

CREATIVA • CONTESTO CONTEMPORANEO La scelta del nome contiene più di un'allusione: il legno adorna il locale, siamo in montagna, ma soprattutto la bravissima cuoca proviene dalla Lapponia, più precisamente dalla Svezia settentrionale. La sua cucina è un sorprendente e riuscito mix tra le tradizioni scandinave, contributi italiani e inserzioni più esotiche ed orientali, mentre la carta dei vini vanta ottime etichette con annate anche rare in cui il Piemonte la fa da padrone. E' qui, nel centro di Breuil-Cervinia, a duemila metri d'altitudine, che troverete una cucina originale e di gran livello.

ॐ & – Prezzo: €€€

Via Guido Rey 26 – ℰ 0166 948161 – woodcervinia.it – Chiuso lunedì e a mezzogiorno da martedì a venerdì

LA CHANDELLE

MODERNA • ELEGANTE In un ampio salone all'interno del celebre Hotel Hermitage, di cui riprende lo stile di classica eleganza, una "grande carte" di cucina moderna e concreta, senza inutili eccessi, completata da un'ulteriore offerta di piatti più tradizionali. Al ristorante fa bella mostra di sé un'imponente griglia per piatti alla brace (la sera). La vista sulle montagne e l'eccellente carta dei vini aggiungono piacevolezza alla sosta gastronomica.

ॐ ≶ 🍴& ஐ ✿ 🅿 – Prezzo: €€€

Via Piolet 1 – ℰ 0166 948998 – hotelhermitage.com – Chiuso sabato sera

LA LUGE

VALDOSTANA • STILE MONTANO A pochi km dal centro di Cervinia, in una conca assolata e panoramica, questo ristorante dallo stile rustico offre una proposta gastronomica particolarmente articolata, in grado di soddisfare tutti i palati: taglieri, ricette tipiche valdostane, piatti italiani e qualche spezia esotica.

🍴ஐ 🅿 – Prezzo: €€

Perreres, loc. Varvoyes – ℰ 0166 948758 – luge.it/ristorante

BREZ

✉ 38021 – Trento (TN) – Carta regionale n° **6**–A2

LOCANDA ALPINA

REGIONALE • **STILE MONTANO** Lungo l'incantevole Val di Non, tra meleti e castelli, in quest'edificio d'origini ottocentesche troverete una buona tappa gourmet, che valorizza le risorse regionali con qualche divagazione proveniente da altrove, come l'ottimo gelato al pistacchio. Dal 1933 nella stessa gestione familiare.

& – Prezzo: €€

Piazza Municipio 23 – ☏ 0463 874396 – locandalpina.it – Chiuso lunedì sera

BRIAGLIA

✉ 12080 – Cuneo (CN) – Carta regionale n° **1**–B3

MARSUPINO 1901

PIEMONTESE • **CONTESTO REGIONALE** Stessa gestione familiare dal 1901, qui la cortesia di genitori e figli che si dividono il lavoro tra sala e cucina è squisita e fa star bene quanto l'ottimo cibo, ovviamente incentrato sul territorio. La cantina, curata dal simpatico e competente Luca, è vastissima, ottima anche la scelta al bicchiere.

கீ & 🄰🄲 🏠 ✿ 🄿 – Prezzo: €€€

Via Roma Serra 20 – ☏ 0174 563888 – trattoriamarsupino.it – Chiuso mercoledì e giovedì

BRINDISI

✉ 72100 – Brindisi (BR) – Carta regionale n° **16**–D2

PANTAGRUELE

PESCE E FRUTTI DI MARE • **FAMILIARE** A pochi passi dall'area portuale, in pieno centro, questa piccola e caratteristica trattoria vede il suo punto di forza nei fragranti prodotti di mare: ottimo il giro di antipasti ed il pescato freschissimo proposto soprattutto alla griglia. Un capiente dehors è la scelta giusta per la bella stagione. Servizio informale.

& 🄰🄲 🏠 – Prezzo: €€

Salita di Ripalta 1/5 – ☏ 0831 560605 – trattoriapantagruele.it – Chiuso domenica e sabato a mezzogiorno

BRIONE

✉ 25060 – Brescia (BS) – Carta regionale n° **4**–C2

LA MADIA

LOMBARDA • **RUSTICO** Vale la pena fare qualche chilometro in più e inerpicarsi per qualche tornante per mangiare in questo bel ristorante. Cucina molto persona-lizzata con utilizzo di prodotti locali ed ingredienti stagionali, erbe spontanee della zona e la passione dello chef: i fermentati!

⇇ & 🏠 🄿 – Prezzo: €€

Via Aquilini 5 – ☏ 030 894 0937 – trattorialamadia.it – Chiuso lunedì, martedì e a mezzogiorno da mercoledì a venerdì

BRUFA

✉ 06089 – Perugia (PG) – Carta regionale n° **13**–A2

BRUNICO

✉ 39031 – Bolzano (BZ) – Carta regionale n° **6**–B1

✿✿✿ ATELIER MOESSMER NORBERT NIEDERKOFLER

Chef: Norbert Niederkofler

CREATIVA • ELEGANTE Nel vasto parco storico vicino al centro di Brunico, il ristorante è ospitato all'interno della villa padronale della fabbrica tessile Moessmer e la sua sala conviviale custodisce sul grande tavolo centrale un libro dei tessuti dei primi '900 di grande valore simbolico. Qui la filosofia di "Cook the Mountain" raggiunge la sua massima espressione grazie ai migliori ingredienti delle montagne circostanti e al rispetto dei loro cicli naturali per preservarne sapori e nutrienti. La cena si apre con deliziosi appetizer serviti nel salottino che, a piacimento, possono essere accompagnati dall'aperitivo. Quindi, al termine di questo delizioso preludio, ci si trasferisce in sala oppure al bancone con sgabelli direttamente in cucina. In ogni caso si continua con l'unico menu degustazione proposto: una sequenza di leccornie che confermano lo chef della Valle Aurina come uno dei maestri della cucina italiana contemporanea.

✿ *L'impegno dello chef:* Nel trasferimento dall'Alta Badia a Brunico la filosofia Cook the Mountain di Niederkofler ha preso ancora più slancio: "scendendo" dalle montagne è stato infatti possibile avvicinarsi ad un numero maggiore di produttori e allevatori. Grande sinergia con il territorio, attenzione massima alla stagionalità, tecniche virtuose di conservazione degli alimenti e scarto prossimo allo zero: un approccio che lo chef condivide con passione con i suoi ospiti e che diffonde attraverso libri e conferenze.

🕸 ⇦ **P** – Prezzo: €€€€

Via Walther Von der Vogelweide 17 – ☎ 0474 646629 – ateliernorbertniederkofler.com/moessmer – Chiuso lunedì, martedì, a mezzogiorno da mercoledì a venerdì e domenica sera

ALPINN

ALPINA • DESIGN Si trova in cima a Plan de Corones ad oltre 2000 m di altezza: si sale in funivia da Riscone e - in inverno - si cammina per circa 150 metri sulla neve, quando non si opta direttamente per gli sci. Eccellente progetto del celebre chef Norbert Niederkofler che qui porta la sua filosofia Cook the Mountain; modernità e tradizioni alpine si sposano alla perfezione in piatti ricchi di sapore, che nascono nelle stagioni e puntano ad un utilizzo completo (senza scarti!) della materia prima. Attenzione, ultima funivia alle 17!

⇖ – Prezzo: €€

Plan de Corones (alt. 2275) – ☎ 0474 431072 – alpinn.it – Chiuso la sera

BRUSAPORTO

✉ 24060 – Bergamo (BG) – Carta regionale n° **5**–C1

❀❀❀ **DA VITTORIO**

Chef: Enrico e Roberto Cerea

ITALIANA CONTEMPORANEA • ELEGANTE C'è una scelta alla carta, ma assecondando la gestione da sempre piacevolmente familiare del ristorante, non perdete l'opportunità di discutere l'ordinazione con gli chef, che vi consiglieranno eventuali fuori menù secondo gli arrivi del giorno. Se alla base vi è un'accurata selezione dei migliori ingredienti, le preparazioni si caratterizzano per il loro forte impatto scenico e per una costante ricerca di sapori ricchi ed intensi, tradizione e materia prima. Da Vittorio si è coccolati fino alle battute finali, con lo strepitoso carrello dei formaggi e delle sucrerie.

❀ 🍴♿🎴🏡🅿 – Prezzo: €€€€

Via Cantalupa 17 – ☎ 035 681024 – davittorio.com – Chiuso mercoledì a mezzogiorno

BRUSCIANO

✉ 80031 – Napoli (NA) – Carta regionale n° **17**–B2

❀❀ **TAVERNA ESTIA**

Chef: Francesco Sposito

CREATIVA • ELEGANTE Varcato l'ingresso, sarete accolti da un giardino di erbe aromatiche, da dove, se il tempo lo consente, si passa a nicchie di pergolati di gelsomini per una romantica cena; se invece preferite mangiare all'interno, ecco l'elegante sala, tra cantina e cucina a vista. È il ristorante di Mario e Francesco, i due fratelli Sposito, il primo in sala, il secondo in cucina. Insieme rappresentano l'anima e il coraggio di un ristorante ereditato dai genitori, ma che hanno portato a livelli ormai noti anche fuori dalla regione. La loro proposta si articola intorno a diversi menu degustazione, con piatti tuttavia estraibili alla carta, se così preferite. Sussurri di influenze campane accompagnano percorsi rimarchevoli ed emozionanti. Più di mille etichette di vini - con il reparto francese particolarmente fornito - mettono il suggello su un grande pasto.

❀ 🍴🎴🏡🅿 – Prezzo: €€€€

Via Guido De Ruggiero 108 – ☎ 081 519 9633 – tavernaestia.it – Chiuso a mezzogiorno da lunedì a venerdì e domenica sera

BRUSSON

✉ 11022 – Aosta (AO) – Carta regionale n° **3**–B2

☺ **LAGHETTO**

VALDOSTANA • FAMILIARE Sapori di una solida cucina valdostana e piatti più moderni, ma sempre d'ispirazione regionale, in una bella sala rivestita in legno e dalle cui vetrate si può ammirare l'incantevole paesaggio della natura circostante. Non ripartite senza aver visitato la bella cantina! Prelibatezza delle prelibatezze: ravioli di coniglio, olive e pomodori.

 🍴♿🏡🅿 – Prezzo: €€

Rue Trois Villages 291 – ☎ 0125 300179 – hotellaghetto.it

BUSCA

✉ 12022 – Cuneo (CN) – Carta regionale n° **1**–B3

SAN QUINTINO RESORT

ITALIANA CONTEMPORANEA • **ROMANTICO** Una romantica casa di campagna a conduzione squisitamente familiare, dove i clienti vengono ricevuti in un bel giardino d'inverno e una sala più interna. A dispetto della tradizionalità della struttura, la cucina, pur partendo spesso da ingredienti locali (ma c'è anche qualche piatto di pesce), si fa più inventiva proponendo qualche brillante e inusitato accostamento. Camere e un centro equestre completano il resort.

 & 𝕄 🍴 **P** – Prezzo: €€

Via Vigne 6 – ✆ 0171 933743 – sanquintinoresort.com – Chiuso lunedì e martedì a mezzogiorno

BUSTO ARSIZIO

✉ 21052 – Varese (VA) – Carta regionale n° **5**–A1

I 5 CAMPANILI

MODERNA • **ELEGANTE** Cucina contemporanea, ma soprattutto mediterranea e in sintonia con le stagioni, per questo elegante ristorante ospitato in un edificio del '900. Il pesce regna sovrano, con una particolare predilezione per crudi e crostacei.

🕸 🛋& 𝕄 🍴 – Prezzo: €€€

Via Maino 18 – ✆ 0331 630493 – i5campanili.com – Chiuso lunedì

MIRÒ IL RISTORANTE

MODERNA • **CONTESTO STORICO** All'interno di un piccolo edificio del '700, accomodandosi nelle sue raffinate salette o nel piacevole dehors estivo, ci si dimentica di essere in pieno centro storico cittadino. Cucina fantasiosa e ricercata su basi mediterranee e regionali.

🍴 ✥ – Prezzo: €€

Via Roma 5 – ✆ 0331 623310 – ristorantemiro.it – Chiuso lunedì e a mezzogiorno da martedì a sabato

BUTTRIO

✉ 33042 – Udine (UD) – Carta regionale n° **7**–B2

🙂 TRATTORIA AL PARCO

DEL TERRITORIO • **ACCOGLIENTE** Nelle sale personalizzate e accoglienti di questa graziosa casa in pietra e mattoni con parco alberato e vicina cantina va in scena una cucina del territorio che vede nelle cotture alla brace il suo punto di forza. La scelta enoica si limita a poche etichette, ma di produzione propria, mentre ottimi dessert completano l'offerta.

🛋 𝕄 🍴 ✥ **P** – Prezzo: €€

Via Stretta 7 – ✆ 0432 674025 – delparcohotel.eu – Chiuso a mezzogiorno martedì e mercoledì

ENOTECA DI BUTTRIO

PESCE E FRUTTI DI MARE • **SEMPLICE** All'interno di un bell'edificio storico, al bar-enoteca con cui fu inaugurata l'attività si è aggiunta successivamente la ristorazione, ecco spiegato il nome. Si serve solo pesce, quasi tutto dell'alto Adriatico, in piatti con qualche contenuto tocco creativo che hanno la meglio sulla tradizione.

𝕄 🍴 **P** – Prezzo: €€

Via Cividale 38 – ✆ 0432 674131 – enotecadibuttriorestaurant.com – Chiuso lunedì e a mezzogiorno da martedì a giovedì

CABRAS – Cagliari (CA) ➜ Vedere Sardegna in fondo alla Guida

CAGLI
✉ 61043 – Pesaro e Urbino (PU) – Carta regionale n° **14**-B1

 LA GIOCONDA

DEL TERRITORIO • **CONTESTO STORICO** In pieno centro storico, il menu omaggia il territorio di Cagli e l'entroterra marchigiano, che viene raccontato coi suoi migliori ingredienti – a partire dal tartufo bianco e nero – e con un dessert in memoria dello scultore locale Eliseo Mattiacci (si tratta della "Fabbrica del cosmo" a base di yogurt, wafer e fragole). La carta dei vini è molto forte sulle Marche, ma interessante anche sul resto.

🕸 🏠 – Prezzo: €

Via Brancuti – ℰ 0721 781549 – ristorantelagioconda.it – Chiuso lunedì

CAGLIARI – Cagliari (CA) ➜ Vedere Sardegna in fondo alla Guida

CAIOLO
✉ 23010 – Sondrio (SO) – Carta regionale n° **4**-B1

SOLTOJO

MODERNA • **ELEGANTE** All'interno di un antico mulino in sasso e legno, atmosfera molto curata e romantica con un'elegante saletta dalle ampie vetrate affacciate su un ruscello e la sua vegetazione. La cucina molto personalizzata del talentuoso chef-patron alterna piatti di mare e di terra elaborandoli in chiave moderna e inserendo qua e là alcuni tocchi asiatici.

🅰️ 🏠 – Prezzo: €€

Via Caiolo Alto 45 – ℰ 345 737 3948 – soltojo.com – Chiuso lunedì e a mezzogiorno da martedì a venerdì

CALA GONONE – Nuoro (NU) ➜ Vedere Sardegna in fondo alla Guida

CALAMANDRANA
✉ 14042 – Asti (AT) – Carta regionale n° **2**-B2

 VIOLETTA

PIEMONTESE • **FAMILIARE** Cortesia e ospitalità sono di casa in questo storico ristorante familiare in cui è piacevolissimo ritrovare la più tradizionale e autentica cucina piemontese: dal peperone farcito con tonno e acciughe agli agnolotti monferrini, dalla finanziera al bonet, Violetta è un posto dove, oltre a mangiare bene, ci si sente accolti come a casa.

♿ 🅰️ 🏠 🛎 🅿️ – Prezzo: €€

Via Valle San Giovanni 1 – ℰ 0141 769011 – ristorantevioletta.com – Chiuso mercoledì e la sera martedì e domenica

CALDÈ
✉ 21010 – Varese (VA) – Carta regionale n° **4**-A2

SOUL KITCHEN

CONTEMPORANEA • **ACCOGLIENTE** Molto ben ubicato sulla piccola e pittoresca piazzetta fronte lago, i suoi tavoli a ridosso del porticciolo offrono un dehors molto rilassato, curato e con ampia vista panoramica. Tre le linee di cucina con pesce di lago, mare e terra. Il titolare: un ottimo professionista del settore!

≤ & 🔲 🏠 – Prezzo: €€

Località Caldè di Castelveccana – ☎ 0332 521091 – soulkitchencalde.it – Chiuso mercoledì

CALDOGNO

✉ 36030 – Vicenza (VI) – Carta regionale n° **8**–B2

MOLIN VECIO

CUCINA DI STAGIONE • RUSTICO Il vecchio mulino affonda le proprie radici nel Cinquecento e i successivi eventi storici non ne hanno alterato il carattere. Ancor oggi si è ospiti in un caratteristico contesto rurale e la cucina si rifà a tre grandi fili conduttori: erbe e verdure dell'orto di casa (visitabile in stagione), pesce d'acqua dolce, tradizione vicentina. Nella bella stagione, piacevole aperitivo in giardino dalle h 17.

🍴 & 🏠 ⇄ 🅿 – Prezzo: €€

Via Giaroni 116 – ☎ 0444 585168 – molinvecio.it – Chiuso lunedì e martedì

CALESTANO

✉ 43030 – Parma (PR) – Carta regionale n° **9**–B2

🐵 LOCANDA MARIELLA

EMILIANA • FAMILIARE Bisogna prenotare con almeno 24h di anticipo inviando una mail e scegliendo fra tre menu: tradizione, terra o pesce. Il resto è storia, se non leggenda, per quella che dagli anni Sessanta è una delle migliori trattorie della provincia (ma azzardiamo anche della regione). In un angolo dell'Appennino parmense, Mariella continua a deliziare i clienti con la stessa gestione familiare.

🏠 🅿 – Prezzo: €€

Località Fragnolo 29 – ☎ 0525 52102 – locandamariella.it – Chiuso lunedì e martedì

CALTAGIRONE – Catania (CT) → Vedere Sicilia in fondo alla Guida

CALTANISSETTA – Caltanissetta (CL) → Vedere Sicilia in fondo alla Guida

CALTIGNAGA

✉ 28010 – Novara (NO) – Carta regionale n° **1**–C2

CRAVERO - OSTERIA CONTEMPORANEA

CLASSICA • ACCOGLIENTE In una bella sala dai colori vivaci e arredi contemporanei, lo storico locale di Giampiero Cravero propone una cucina curata, che reinterpreta la tradizione piemontese e spazia tra le cucine di altre regioni, di terra e di mare. Interessante la passione per i vini dell'Alto Piemonte e la ricerca di nuove realtà.

🍴 🔲 🏠 ⇄ 🅿 – Prezzo: €€

Via Novara 8 – ☎ 0321 652696 – gianpierocravero.it

CALUSO

✉ 10014 – Torino (TO) – Carta regionale n° **1**–B2

☼ ### GARDENIA

Chef: Mariangela Susigan

MODERNA • **ELEGANTE** La casa che ospita il ristorante anticipa il "cuore" dei piatti... un bel carretto in legno con fiori ed erbe aromatiche dà il benvenuto e prelude alla cucina di Mariangela Susigan. Concreta, regionale e con quell'afflato verde che esprime un amore incondizionato per la natura, suggellato in particolare in ricette con ingredienti provenienti dall'orto di proprietà e insaporite con le erbe spontanee raccolte da questa antesignana del foraging. Gli interni sono molto confortevoli, soprattutto le consigliatissime salette al primo piano: gioielli di arte povera e spazi perfetti per momenti di convivialità. In questa casa di fine Ottocento immersa nella campagna, la bella serra in vetro e ferro offre un'interessante esperienza dedicata al mondo vegetale e alla coltivazione di specie rare. Non mancatela!

☼ *L'impegno dello chef:* Capofila nell'uso dell'orto di proprietà come spunto principale per i suoi piatti, da oltre 20 anni Mariangela Susigan raccoglie le erbe spontanee e i fiori eduli che costituiscono il fulcro della sua cucina e la cui profonda conoscenza deve, tra l'altro, alle magistre d'erbe della Valchiusella.

🕸 ⅋ 🅰 🛋 ⇔ 🅿 – Prezzo: €€€

Corso Torino 9 – ☏ 011 983 2249 – gardeniacaluso.com – Chiuso martedì e mercoledì

CALVISANO

✉ 25012 – Brescia (BS) – Carta regionale n° **4**–C2

☼ ### AL GAMBERO

Chef: Mariapaola Geroldi

LOMBARDA • **ACCOGLIENTE** Antonio e Mariapaola, affiancati già dalla giovane generazione, hanno raggiunto risultati eccellenti conquistando e mantenendo la stella per decenni. La coppia ripercorre senza esitazioni una strada che abbraccia le ricette della tradizione, facendole rivivere con una nuova anima e con il tocco originale della chef. I suoi piatti rivelano una mano personale e delicata nell'elaborare le selezionate materie prime, alcune delle quali non di facile impatto come cacciagione e selvaggina. Ottime anche le ricette a base di pesce. Servizio e mise en place riportano alla grande scuola della classicità, così come la carta dei vini.

🕸 🅰 ⇔ – Prezzo: €€€

Via Roma 11 – ☏ 030 968009 – algamberoristorante.it – Chiuso mercoledì

FIAMMA CREMISI

MODERNA • **FAMILIARE** Cucina italiana che riesce a mediare su più fronti: tra gli ingredienti utilizzati si spazia - infatti - dal territorio sino al mare, mentre cotture e presentazioni sono perfettamente a metà strada tra stile classico e moderno. Il servizio estivo si svolge anche all'aperto sotto un gazebo; nella stagione fredda la sala principale è allietata da un caminetto. A pranzo carta più ridotta ed economica e menu business.

🛋 🅿 – Prezzo: €€

Via De Gasperi 37, loc. Viadana – ☏ 030 968 6300 – ristorantefiammacremisi.it – Chiuso martedì, sabato a mezzogiorno e lunedì sera

CAMIGLIATELLO SILANO

✉ 87052 – Cosenza (CS) – Carta regionale n° **19**–B2

LA TAVERNETTA

CALABRESE • **COLORATO** Il giovane cuoco Emanuele Lecce porta avanti il discorso gastronomico già iniziato dal padre e lo fa utilizzando la miglior materia montana, da egli stesso ricercata nel territorio della Sila: fragranti ingredienti che diventano piatti ispirati alle tradizioni e alle ricette del passato ma cucinati con garbo e piglio contemporanei (usufruendo - in stagione - anche delle verdure dell'orto privato).

※ ⇐ ⇐ Ⓚ ⇔ 🅿 – Prezzo: €€€

Contrada campo San Lorenzo 14 – ℰ 0984 452630 – sanlorenzosialberga.it – Chiuso lunedì

CAMPAGNA LUPIA
✉ 30010 – Venezia (VE) – Carta regionale n° **8**-C3

✿✿ ANTICA OSTERIA CERA

Chef: Daniele, Lionello e Lorena Cera

PESCE E FRUTTI DI MARE • ELEGANTE Uno dei punti di riferimento più celebrati da chi ama la cucina di mare. L'ampia carta snocciola una serie di proposte dove si alternano i piatti storici di questo locale elegante, moderno e minimalista (nulla a che vedere con un'osteria) e quelli più moderni, nati stagione dopo stagione, nonché il capitolo "Solo Verde" per i vegetariani. Da sempre forte sul crudo di mare e sulla cottura alla brace, la cucina propone anche piatti più tradizionali, regionali come la granseola alla veneziana, oppure più classicamente italiani come l'insalata calda di pesce al vapore e il fritto misto. Su tutto domina la qualità della materia prima, sempre eccellente. C'è anche una bella selezione enoica, particolarmente forte sui bianchi.

※ Ⓚ 🅿 – Prezzo: €€€€

Via Marghera 24, loc. Lughetto – ℰ 041 518 5009 – osteriacera.it – Chiuso lunedì e domenica

CAMPAGNOLA CREMASCA
✉ 26010 – Cremona (CR) – Carta regionale n° **5**-C2

LA FORTUNA

MODERNA • CONTESTO CONTEMPORANEO Ambiente caratterizzato da un certo fascino minimalista, per una cucina sempre in evoluzione. Se la sera l'estro è al top, in settimana e a pranzo vi si trova una offerta più light che strizza l'occhio alla tradizione.

Ⓚ 🏡 – Prezzo: €€

Via Ponte Rino 6 – ℰ 0373 74711 – la-fortuna.it – Chiuso la sera lunedì e martedì

CAMPIANI
✉ 25060 – Brescia (BS) – Carta regionale n° **4**-C1

CARLO MAGNO

MEDITERRANEA • ELEGANTE In una casa di campagna dell'800 circondata dai vigneti della Franciacorta, il ristorante propone piatti mediterranei di carne e di pesce, serviti in suggestivi ambienti d'epoca.

※ Ⓚ 🏡 ⇔ 🅿 – Prezzo: €€€

Via Campiani 9 – ℰ 030 251 1107 – carlomagno.it – Chiuso lunedì, martedì e a mezzogiorno mercoledì e giovedì

CAMPOBASSO
✉ 86100 – Campobasso (CB) – Carta regionale n° **15**-B2

⊕ ACINIELLO

TRADIZIONALE • FAMILIARE Schietta trattoria (dal 1948!) a carattere familiare rinnovata in un grazioso stile shabby: due salette, una delle quali più raccolta, e un bel dehors estivo. I tanti habitué e la convivialità dei titolari rendono l'ambiente allegro, mentre la cucina riflette le tradizioni molisane. Ottima la frisella con pomodori, burrata e alici!

🅰🅲 🛋 ❖ – Prezzo: €

Via Torino 4 – 𝒞 328 558 5484 – ristoranteaciniello.com – Chiuso domenica

EMOZIONI 🆕

CONTEMPORANEA • ELEGANTE In pieno centro storico, il ristorante svela il meglio di sé all'interno in virtù di un ambiente raccolto, pareti in sasso e soffitti in legno. In un'atmosfera piacevolmente elegante e rilassata, lo chef è particolarmente attento ai sapori locali che reinterpreta in chiave moderna e con un tocco molto personale.

🅰🅲 ❖ – Prezzo: €€

Via Guglielmo Marconi 129 – 𝒞 328 875 1903 – ristoranteemozioni.com – Chiuso martedì

MISERIA E NOBILTÀ

MOLISANA • FAMILIARE In un palazzo di fine '700 dai piacevoli pavimenti e lampadari di Murano, la miseria allude alle tradizioni contadine, nobilitate in piatti ricercati e personalizzati. Ottime paste fatte in casa, vegetali e carni tra cui il coniglio disossato con porri e mele annurche; presenti, in stagione, anche tartufi bianchi e neri, di cui è ricco il Molise.

🅰🅲 – Prezzo: €

Via Sant'Antonio Abate 16 – 𝒞 0874 94268 – Chiuso lunedì e domenica sera

CAMPOGALLIANO

✉ 41011 - Modena (MO) – Carta regionale n° **9**–B2

😊 MAGNAGALLO

EMILIANA • AMBIENTE CLASSICO All'ingresso sarà la tipica ospitalità locale ad accogliervi insieme ad un goloso tavolo di torte. Ma prima, spazio ai tortellini in brodo di cappone e al fritto misto all'emiliana!

🛏 ⓗ 🅰🅲 🛋 🅿 – Prezzo: €

Via Magnagallo Est 7 – 𝒞 059 528751 – magnagallo-hotel.com – Chiuso domenica sera

CANALE

✉ 12043 – Cuneo (CN) – Carta regionale n° **2**–A1

🏵 ALL'ENOTECA

Chef: Davide Palluda

PIEMONTESE • AMBIENTE CLASSICO All'inizio del grazioso corso Roma, il salotto cittadino con le sue raffinate botteghe di squisitezze alimentari, il ristorante si trova al primo piano di un palazzo ottocentesco, in una sala sobria e raffinata, dove Davide Palluda continua ad incantare anno dopo anno. Sono i piatti a parlare per lui, di gran livello, talvolta indimenticabili. Basi piemontesi interpretate fedelmente, come negli ottimi plin al sugo d'arrosto, o rivisitate con intelligenza ma senza mai strafare: la soddisfazione del cliente è il traguardo. Una menzione a parte meritano la qualità del pane e soprattutto la focaccia alle patate, nonché, quando ormai si è appagati con il dessert, l'arrivo del carrello con ulteriori dolci squisitezze. Col bel tempo si può mangiare in terrazza di fronte ad un glicine, mentre al piano terreno c'è l'Osteria, con piatti più semplici ed economici, in un'atmosfera comunque piacevole ed originale.

🕸 🅰🅲 🍴 ⇆ – Prezzo: €€€€

Via Roma 57 – 🌳 0173 95857 – davidepalluda.it – Chiuso domenica e lunedì a mezzogiorno

VILLA TIBOLDI

PIEMONTESE • ELEGANTE Splendido connubio tra cucina e ristrutturazione di un antico casolare in posizione collinare, la proposta gastronomica prende spunto dalla tradizione e viene elaborata in chiave contemporanea. La superba cartolina si completa di un bellissimo dehors con vista suggestiva, dove concedersi magari un aperitivo e, nella bella stagione, una passeggiata post prandiale tra i vigneti (vivamente consigliata!).

🚗 🅰🅲 🍴 🅿 – Prezzo: €€

Via Case Sparse 127, loc. Tiboldi – 🌳 0173 970388 – villatiboldi.com – Chiuso lunedì e martedì a mezzogiorno

CANALE D'AGORDO

✉ 32020 – Belluno (BL) – Carta regionale n° **8**–B1

ALLE CODOLE

MODERNA • FAMILIARE Lo chef Oscar Tibolla prepara una cucina gustosa fortemente legata al territorio, a cui affianca alcune ricette più innovative, realizzate con tocco personale. Il fratello Diego si muove agile tra sala e cantina, proponendo il migliore wine pairing. Complimenti per questi 50 anni di felice attività familiare, che comprende anche una decina di camere!

🕸 ⇆ 🅿 – Prezzo: €€

Via XX Agosto 27 – 🌳 0437 590396 – allecodole.eu

CANAZEI

✉ 38032 – Trento (TN) – Carta regionale n° **6**–B2

ALLA LOCANDA Ⓝ

ITALIANA CONTEMPORANEA • COLORATO Ambiente colorato e contemporaneo all'interno della Locanda degli Artisti Art Hotel, nuovo albergo caratterizzato dall'importante collezione di opere d'arte disseminate nei vari ambienti. La cucina segue la stagionalità dei prodotti in piatti declinati in menù degustazione o scelta alla carta, caratterizzati da una buona dose di personalizzazione e fantasia. Interessante anche la lista vini soprattutto per ciò che concerne il Trentino-Alto Adige.

♿ – Prezzo: €€€

Strada Roma 23 – 🌳 0462 888023 – locandadegliartisti.art/ ristorante-alla-locanda

WINE & DINE

REGIONALE • ROMANTICO Nel centro di Canazei, è il ristorante dell'albergo Croce Bianca, benché da esso indipendente; ricavato in sale ricche di legno e atmosfera, ha anche qualche graziosa nicchia in cui sono sistemati alcuni tavoli. Cucina del territorio e buon assortimento di vini al bicchiere.

🕸 🚗 🅿 – Prezzo: €€

strèdà Roma 5 – 🌳 0462 601111 – hotelcrocebianca.com

CANDIA CANAVESE

✉ 10010 – Torino (TO) – Carta regionale n° **1**-B2

RESIDENZA DEL LAGO

CLASSICA • FAMILIARE In una tipica casa colonica, Federico e Nella vi accoglieranno nella bella sala dai toni rustico-eleganti. La cucina ripercorre i migliori piatti del Piemonte con alcune aperture sui sapori più genericamente italiani, mentre la carta dei vini è addirittura cosmopolita: un doveroso occhio di riguardo è dato alla regione con Barolo e Barbaresco raccontati anno dopo anno. A sorpresa, oltre 100 etichette dalla Francia.

🕸 ♨🏠❄ – Prezzo: €

Via Roma 48 – ☎ 011 983 4885 – residenzadelago.it – Chiuso domenica e a mezzogiorno

CANELLI

✉ 14053 – Asti (AT) – Carta regionale n° **2**-B2

ENOTECA DI CANELLI - CASA CRIPPA

MODERNA • CONTESTO STORICO In un palazzo di fine Ottocento, negli ambienti che furono di una storica cantina attiva fino agli anni '60, questo ristorante dalla solida conduzione familiare propone una cucina territoriale con qualche inserto di stagione (come non citare il cardo gobbo della zona!) e ricette scaturite da una moderata creatività.

🅰 – Prezzo: €€

Corso Libertà 65/a – ☎ 0141 832182 – casacrippa.it – Chiuso lunedì e domenica sera

SAN MARCO

PIEMONTESE • FAMILIARE Insegna storica dell'astigiano contraddistinta da una cucina del territorio, servizio impeccabile e una calda accoglienza. Nella sala d'impostazione classica il camino è sempre acceso a creare l'atmosfera.

🕸 🅰❄ – Prezzo: €€

Via Alba 136 – ☎ 0141 823544 – sanmarcoristorante.it – Chiuso lunedì e martedì

CANNARA

✉ 06033 – Perugia (PG) – Carta regionale n° **13**-B2

🙂 PERBACCO - VINI E CUCINA

UMBRA • COLORATO Semplice ma colorata trattoria familiare nel bel centro storico di Cannara, la cui cucina celebra la pregiata cipolla omonima, corredata da frittate, paste fresche, gnocchi e carni.

– Prezzo: €

Via Umberto I 14 – ☎ 0742 720492 – Chiuso lunedì e a mezzogiorno da martedì a sabato

CANNETO SULL'OGLIO

✉ 46013 – Mantova (MN) – Carta regionale n° **4**-C3

🏵🏵🏵 DAL PESCATORE

Chef: Nadia e Giovanni Santini

ITALIANA CONTEMPORANEA • LUSSO Tristellato dal 1996 - è il record italiano - nonché prossimo a festeggiare un secolo di vita: per conoscere la storia della ristorazione italiana bisogna venire a Runate, poche decine di abitanti nella campagna tra Cremona e Mantova, dove una straordinaria coppia ha trasformato l'antica osteria familiare in un tempio di eleganza e accoglienza. Parliamo di Antonio

Santini, in sala, e di sua moglie Nadia, ai fornelli, con i figli Giovanni e Alberto. In un raffinatissimo mix di antico e moderno, dove spazio, luce e colori lasciano rapiti, vi verranno serviti piatti memorabili che hanno attraversato i decenni, con sottili evoluzioni e miglioramenti anno dopo anno, senza tuttavia mai piegarsi a mode effimere, privilegiando sempre il gusto e il piacere di stare a tavola. Un pasto Dal Pescatore ha il sapore di una fiaba, ambientata nel mondo incantato di una splendida casa di campagna nel parco del fiume Oglio.

🍀 *L'impegno dello chef:* I Santini hanno da sempre esaltato la campagna come luogo dell'anima e parlato di un'ospitalità fondata sull'etica e sul benessere degli ospiti e dei dipendenti. Tutto ciò ora ha preso forma concreta con il progetto "Cascina Runate": 1000 mq di orti e frutteti a cui si aggiungono 6 famiglie di api, una ventina di alberi da frutta, 14 scottone di razze e incroci diversi, 50 galline ovaiole e un bosco di oltre 6 ettari. Il risultato è una cucina sempre più sostenibile e a km 0.

🕃 🍴♿🅰🏠🅿 – Prezzo: €€€€

Località Runate 15 – 𝒞 0376 723001 – dalpescatore.com – Chiuso lunedì, martedì e mercoledì a mezzogiorno

CAPANNORI

✉ 55012 – Lucca (LU) – Carta regionale n° **11**–B1

SERENDEPICO

FUSION • MINIMALISTA Lo chef giapponese si diverte a reinterpretare i sapori dello Stivale, in maggior modo quelli delle regioni dove lui stesso si è fatto le ossa (Marche, Piemonte, Toscana), ma lo fa con una delicatezza tutta nipponica, in punta di piedi o meglio di forchetta! Cucina della tradizione, quindi, che porge il destro ad abbinamenti insoliti ed intriganti.

🅰🏠♿🅿 – Prezzo: €€

Via della Chiesa di Gragnano 36 – 𝒞 366 415 9677 – serendepico.com – Chiuso martedì e a mezzogiorno da lunedì a venerdì

CAPODACQUA

✉ 06034 – Perugia (PG) – Carta regionale n° **13**–B2

🍀 **UNE** 🆕

Chef: Giulio Gigli

CREATIVA • RUSTICO In una frazione di Foligno attraversata dall'acqua (questo il significato di UNE nell'antica lingua umbra), il ristorante si trova in un ex mulino seicentesco. Gli interni conservano tutto il fascino agreste e romantico della vecchia destinazione, prima legata alla macina dei cereali e successivamente alla produzione dell'olio. Oggi ci pensa il giovane Giulio Gigli a portare una sferzata di modernità. Forte di importanti esperienze anche all'estero, lo chef parte da ingredienti locali, in buona parte allevati e coltivati nel raggio di una ventina di chilometri dal ristorante, per giungere ad un risultato molto elaborato e personalizzato, ricorrendo talvolta anche ad ingredienti più esotici, il tutto proposto e articolato in due menu degustazione.

♿ – Prezzo: €€€

Via Fiorenzuola 37 – 𝒞 334 885 1903 – ristoranteune.com – Chiuso martedì, mercoledì e a mezzogiorno giovedì e venerdì

CAPOLAGO

✉ 21100 – Varese (VA) – Carta regionale n° **5**–A1

DA ANNETTA

TRADIZIONALE • ELEGANTE In un elegante caseggiato del '700 ubicato alle porte di Varese, eleganti e raffinati interni accolgono gli ospiti per una sosta gastronomica all'insegna della tradizione rivisitata. Ampio camino acceso nel periodo invernale, mentre in estate si gode di un bel giardino per cene a lume di candela.

 – Prezzo: €€

Via Fè 25 – ℰ 0332 490230 – ristoranteannetta.it

CAPOLONA
✉ 52010 – Arezzo (AR) – Carta regionale n° **11**–D2

✿ ### TERRAMIRA
Chef: Filippo Scapecchi

CONTEMPORANEA • INTIMO I fratelli Scapecchi, di ritorno sulla sponda aretina dell'Arno – che si offre dalle finestre della bella sala a luci basse – dopo aver arricchito il proprio bagaglio di esperienze si raccontano attraverso due menu degustazione (ma il cliente è libero di incrociare i piatti a proprio piacimento) che sanno esaltare ingredienti di territorio e materia prima stagionale con forme moderne, precise e dal sapore convincente. Un plauso particolare per il piccione, accompagnato con salse e contorni di stagione, dove lo chef Filippo mostra di aver appreso magistralmente la lezione del grande maestro Trovato di Arnolfo di Colle di Val d'Elsa. Buona la proposta enoica in abbinamento.

⫷ 🄰🄲 ⇔ – Prezzo: €€€€

Piazza della Vittoria 13 – ℰ 0575 420989 – terramira.it – Chiuso lunedì, martedì, a mezzogiorno da mercoledì a sabato e domenica sera

CAPOTERRA – Cagliari (CA) ➡ Vedere Sardegna in fondo alla Guida

CAPRAROLA
✉ 01032 – Viterbo (VT) – Carta regionale n° **12**–A2

TRATTORIA DEL CIMINO DA COLOMBO DAL 1895

LAZIALE • FAMILIARE Lungo la salita che porta a Palazzo Farnese, il ristorante si trova nell'edificio più antico del paese (1370) con una splendida terrazza per il servizio estivo, mentre la famiglia Calistri è qui dal 1895. Tanti record ed ancora una gran passione nel coccolarvi con gustosi sapori laziali: ottimi salumi, paste fresche (celebre l'amatriciana), carni alla brace, lepre e cinghiale del viterbese, nonché un goloso semifreddo alla nocciola quale dessert. Proposta enologica e distillati di gran livello.

 – Prezzo: €€

Via Filippo Nicolai 44 – ℰ 0761 646173 – trattoriadelcimino.jimdofree.com – Chiuso lunedì e la sera martedì, mercoledì, domenica

Isola di CAPRI
✉ 80071 – Napoli (NA) – Carta regionale n° **17**–B2

Anacapri

✿✿ ### L'OLIVO
Chef: Andrea Migliaccio

CREATIVA • LUSSO Siamo nella verde e residenziale Anacapri, lontano dalla folla turistica di Capri. Sarà il riservato Capri Palace, uno degli alberghi più lussuosi dell'isola, ad aprirvi le sue porte e accompagnarvi al ristorante bistellato. In una sorta di vasto e raffinato salotto arrivano piatti in cui lo chef Andrea Migliaccio fa gran sfoggio della cucina italiana e campana in particolare, talvolta rivisitata, ma sempre generosa nei sapori e sferzante nei colori. Un vero piacere per il palato, con primi piatti esplosivi, dalle eliche con pesci di scoglio al risotto al ragù napoletano. Il servizio è numeroso e impeccabile.

🖾 🏠 – Prezzo: €€€€

Via Capodimonte 14 – 𝒸 081 978 0111 – jumeirah.com – Chiuso a mezzogiorno

IL RICCIO

PESCE E FRUTTI DI MARE • STILE MEDITERRANEO A pochi metri dalla Grotta Azzurra, ristorante a strapiombo sul mare in stile mediterraneo, di gran gusto e raffinatezza, Il Riccio è la quintessenza dello stile gastronomico balneare italiano ad alti livelli. Cucina esclusivamente marina, è indubbiamente una delle icone capresi. Che amiate o no i dolci, una visita alla stanza delle tentazioni per la scelta del dessert è imperdibile!

🍃 🏠 – Prezzo: €€€€

Via Gradola 4/11 – 𝒸 081 837 1380 – jumeirah.com – Chiuso la sera da lunedì a mercoledì

Capri

☸ ### MAMMÀ

CAMPANA • STILE MEDITERRANEO Non lontano dalla piazzetta, fulcro della vita mondana di Capri, vi si arriva camminando lungo un tunnel stretto e buio, parte della Capri medioevale, che non prepara alla sorpresa che riserva la sala del ristorante, luminosa e con affaccio sul Golfo di Napoli. Il cuoco Raffaele Amitrano allestisce una cucina dai due volti: a pranzo la scelta verte su proposte più tradizionali campane, mentre i piatti della carta serale, pur sempre con riferimenti territoriali, sono più elaborati e creativi.

🍃 🖾 – Prezzo: €€€€

Via Madre Serafina 6 – 𝒸 081 837 7472 – ristorantemamma.com

☸ ### LE MONZÙ

CREATIVA • LUSSO Il ristorante si trova nell'albergo Punta Tragara, un edificio disegnato da Le Corbusier in una strepitosa posizione panoramica, davanti a Marina Piccola e ai promontori a strapiombo. Una vista che si propone anche al ristorante, insieme ad una cucina articolata su diversi menù degustazione (tra cui vegetariano e a sorpresa) con la possibilità di scegliere anche tre piatti liberamente. Qualunque sia la vostra opzione, troverete una cucina creativa e convincente, opera di Luigi Lionetti, in una cornice da favola.

🍃 🖾 🏠 – Prezzo: €€€€

Via Tragara 57 – 𝒸 081 837 0844 – manfredihotels.com/le-monzu – Chiuso a mezzogiorno

DA TONINO

CAMPANA • STILE MEDITERRANEO Mettete in conto una passeggiata circa mezz'ora dalla Piazzetta per raggiungere questo piacevole ristorantino, con un'arieggiata terrazza dove accomodarsi nelle giornate più calde. La cucina calca il solco della tradizione locale con dei primi piatti imperdibili. Ottima anche la selezione enoica.

🕸 🏠 – Prezzo: €€€

Via Dentecala 14 – 𝒸 081 837 6718 – ristorantedatonino.com – Chiuso lunedì

GENNARO AMITRANO

MODERNA • CONTESTO CONTEMPORANEO Recenti lavori di restyling hanno reso questo simpatico ristorante ancora più accogliente. Le ampie vetrate offrono - infatti - superbi scorci del mare, mentre le ricette ricche di fantasia e di sapori inneggiano al sud.

🍃 – Prezzo: €€€

Via Marina Piccola 120 – 𝒸 081 218 7550 – gennaroamitrano.it

TERRAZZA TIBERIO

MODERNA • ELEGANTE Non lontano dalla piazzetta, nell'hotel Tiberio, se è già un piacere cenare nella sua elegante sala interna (a pranzo la proposta gastronomica è più semplice), appena il tempo si fa bello sarà la terrazza affacciata sui tetti di Capri ad esprimersi alla grande. Non meno del cuoco, che sforna piatti creativi, ma su risorse prevalentemente campane e, nella panificazione, uno strepitoso casatiello.

&. 🎩 🌿 – Prezzo: €€€€

Via Croce 11 – ☏ 081 978 7850 – capritiberiopalace.it

CAPRI LEONE - Messina (ME) ➔ Vedere Sicilia in fondo alla Guida

CAPRIATA D'ORBA

✉ 15060 – Alessandria (AL) – Carta regionale n° **1**–C3

😊 IL MORO

PIEMONTESE • FAMILIARE In un palazzo del Seicento in pieno centro, al Moro va in scena la cucina alessandrina in tutto il suo splendore: gnocchi porri e zafferano, bollito di lingua, zucca in autunno e tartufo in stagione... il tutto accompagnato da vini selezionati da una carta completa. Camino rigorosamente acceso nella stagione fredda e una accoglienza schietta e gioviale.

&. 🎩 🌿 😊 – Prezzo: €

Piazza Garibaldi 7 – ☏ 0143 46157 – ristoranteilmoro.it – Chiuso lunedì

CAPRIATE SAN GERVASIO

✉ 24042 – Bergamo (BG) – Carta regionale n° **5**–C1

😊 KANTON RESTAURANT

CINESE • DI TENDENZA È la "cuCina che non ti aspetti", come ama definirla Zhu Weikun, lo chef-patron che vi accompagnerà in un percorso di sapori d'Oriente rivisitati in chiave moderna e personale. Piatti che sorprendono per gusto ed equilibrio, in cui tradizione e innovazione si armonizzano a meraviglia.

&. 🎩 🌿 – Prezzo: €€

Via Antonio Gramsci 17 – ☏ 02 9096 2671 – kantonrestaurant.it – Chiuso lunedì

OSTERIA DA MUALDO

MODERNA • AGRESTE Nel villaggio operaio dichiarato patrimonio mondiale dall'Unesco, tra la fabbrica tessile, le abitazioni e il castello della famiglia di cotonieri Crespi, un piacevole casale è stato convertito in ristorante dai tratti signorili. Appena varcata la soglia sarete tentati dalle prelibatezze (salumi e formaggi!) del banco di Mualdo, ma le leccornie non si esauriscono qui: piatti di terra e di mare, preparati con gusto moderno, senza eccessi e ricchi di concretezza. Molto più di una cascina!

🚗 🎩 🌿 😊 🅿 – Prezzo: €€

Via Privata Crespi 6 – ☏ 02 9093 7077 – osteriadamualdo.com – Chiuso lunedì e domenica sera

CAPRIVA DEL FRIULI

✉ 34070 – Trieste (TS) – Carta regionale n° **7**–B2

TAVERNETTA AL CASTELLO

REGIONALE • RUSTICO Il verde dei vigneti e del vicino campo da golf (con club house e osteria!) allieta la taverna di tono rustico-elegante con l'immancabile camino, dove gustare piatti regionali prevalentemente di terra, ma anche mare (visto che non è – poi – così distante). Camere confortevoli per un soggiorno di tranquillità.

🕭 🖫🖢🔣🗌 **ℙ** – Prezzo: €€

Via Spessa 7 – ☏ 0481 808228 – castellodispessa.it – Chiuso lunedì, martedì a mezzogiorno e domenica sera

CARAMANICO TERME
✉ 65023 – Pescara (PE) – Carta regionale n° **15**–B1

😋 LOCANDA DEL BARONE

ABRUZZESE • **CASA DI CAMPAGNA** In una frazione di Caramanico, una tipica casa in pietra ospita un piacevole ristorante, tappa ideale per andare alla ricerca delle tipicità gastronomiche abruzzesi, a cominciare dai prodotti regionali, elaborati in piatti gustosi e di sostanza.

🖢🖫🗌 – Prezzo: €

Località San Vittorino – ☏ 085 92584 – locandadelbarone.it – Chiuso lunedì-giovedì

CARAVAGGIO
✉ 24043 – Bergamo (BG) – Carta regionale n° **5**-C2

CUT

ITALIANA CONTEMPORANEA • **VINTAGE** In zona residenziale, su un piacevole viale che porta direttamente al Santuario, Cut è cucina di pesce che si esprime, senza fronzoli, con ricette schiette e promuovendo prodotti di alto livello come i gamberi crudi adagiati sulla burrata che accompagnano degli ottimi tagliolini fatti in casa e cucinati in un sugo di melanzane. Qualche buona etichetta con indicazione dei vini naturali e un ambiente ovattato, moderno, di quartiere.

🖢🖫 – Prezzo: €€€

Via Amilcare Bietti 28 – ☏ 0363 52650 – cutristorante.com – Chiuso lunedì, sabato a mezzogiorno e domenica sera

CARDANO
✉ 39053 – Bolzano (BZ) – Carta regionale n° **6**-A2

EGGENTALER

CARNE • **BRASSERIE** È il riferimento locale per tutti gli appassionati di carne cotta alla griglia con carbonella, che tuttavia non è la sola specialità di questo ottimo ristorante, che propone anche piatti di pesce. Buona la carta dei vini e camere confortevoli.

🖢🖫🗌 **ℙ** – Prezzo: €€

Via Val d'Ega 47 – ☏ 0471 365294 – eggentaler.com – Chiuso lunedì e martedì a mezzogiorno

CARLOFORTE - Cagliari (CA) ➜ Vedere Sardegna in fondo alla Guida

CARNELLO
✉ 03033 – Frosinone (FR) – Carta regionale n° **12**-B2

😋 MINGONE

LAZIALE • **CONTESTO REGIONALE** Da oltre un secolo intramontabile rappresentante della cucina locale, ai consueti piatti laziali si aggiungono specialità di mare e di fiume (ottima la trota al cartoccio). Si può scegliere fra un ambiente più informale, "Il Bistro" o la classica ed elegante sala affrescata. La cantina nasconde piccole rarità.

🕸 ♿ 🎦 🛋 ⇔ 🅿 – Prezzo: €

Via Pietro Nenni 96 – ☎ 0776 869140 – mingone.it

CARONA

✉ 24010 – Bergamo (BG) – Carta regionale n° **4**–B2

LOCANDA DEI CANTÙ

DEL TERRITORIO • CONTESTO REGIONALE In fondo a una valle chiusa da pareti scoscese, una locanda con la "L" maiuscola, che propone una bella cucina molto rinomata in zona per il pesce. Lo chef-titolare ama infatti proporlo avvicinandolo al menu montano, a base di polenta e primi piatti rustici.

⇔ – Prezzo: €€

Piazza Vittorio Veneto 3 – ☎ 0345 77044 – locandadeicantu.com

CAROVIGNO

✉ 72012 – Brindisi (BR) – Carta regionale n° **16**–D2

❀ GIÀ SOTTO L'ARCO

Chef: Teresa Galeone Buongiorno

CREATIVA • ELEGANTE Storico ristorante gourmet, come storica è la scenografica collocazione: una piazza elegante su cui affaccia il signorile ristorante, al primo piano di un pregevole palazzo barocco. Con una bella scala si raggiunge la sala di raffinata sobrietà, abilmente gestita da padre e figlia, a cui si aggiunge anche il figlio quando gli impegni di medico glielo consentono. Dalla cucina, curata dalla mamma, la signora Teresa, arrivano succulenti piatti di pesce e di carne. La chef inserisce, oltre ai dovuti richiami al territorio, anche qualche prodotto e combinazione di natura più ampia, riallacciandosi ad un filone di cucina creativa-nazionale. Ottima anche la scelta enoica, in virtù della grande passione del patron, che da alcuni anni ha avviato una sua produzione, che si affianca a quella dell'olio. Interessante anche la selezione di distillati.

🕸 🎦 ⇔ – Prezzo: €€€

Corso Vittorio Emanuele 71 – ☎ 0831 996286 – giasottolarco.it – Chiuso lunedì e domenica sera

OSTERIA CASALE FERROVIA

PUGLIESE • STILE MEDITERRANEO Nasce in quella che fu l'abitazione novecentesca di un antico frantoio, questo locale dagli interni eleganti, pochi mobili antichi di famiglia e tavoli costruiti su disegno Art Déco e qualche bell'esemplare delle celebri ceramiche pugliesi. La titolare-cuoca sforna dalla cucina sapori del territorio con fare leggero e moderno; la Puglia ritorna protagonista anche nella bella cantina. Come il nome lascia intuire, sul retro, ci sono le rotaie e passano i treni, ma niente paura: poco rumore e nessun disturbo!

🕸 🍴 ♿ 🎦 🛋 ⇔ 🅿 – Prezzo: €€

Via Stazione 1, sulla SP 34 – ☎ 0831 990025 – casaleferrovia.it – Chiuso lunedì e domenica sera

CARPANETO PIACENTINO

✉ 29013 – Piacenza (PC) – Carta regionale n° **9**–A1

NIDO DEL PICCHIO

MODERNA • ELEGANTE Atmosfera sobria e sussurrata, l'ambiente è quello di una dimora privata arredata con buon gusto: camino acceso nella stagione invernale, fresco e accogliente dehors in quella più calda. Il ristorante si è costruito una nomea per il pesce, sicuramente meritata, ma la proposta ittica è comunque equamente divisa con la carne. C'è qualche omaggio alla tradizione come gli anolini in brodo, sebbene la maggior parte delle proposte siano fondamentalmente creative. Di origini inglesi, la moglie del titolare gestisce la sala con grande amabilità, competenza e simpatia. Più di 700 etichette della miglior tradizione vinicola italiana e internazionale riposano in cantina, con una curiosa propensione per i vini delle zone fredde.

綣 ⚕ 𝄁 ⇄ – Prezzo: €€€

Viale Patrioti 6 – ☏ 0523 850909 – ristorantenidodelpicchio.it – Chiuso lunedì

CARPI

✉ 41012 – Modena (MO) – Carta regionale n° **9**–B1

IL 25

MODERNA • CONTESTO STORICO In un palazzo di fine '800, il locale si è fatto più piccolo e raccolto per accogliere clienti abituali e non, in cerca di sapide specialità: soprattutto di mare, ma non solo.

綣 ⅅ ⚕ 𝄁 – Prezzo: €€

Via San Francesco 20 – ☏ 059 645248 – il25.it – Chiuso lunedì e domenica sera

IL BAROLINO

EMILIANA • ACCOGLIENTE Piatti unicamente del territorio e conduzione strettamente familiare per questo locale in posizione periferica, ma con piccolo e piacevole dehors sulla strada. Propone anche vendita di vini e di prodotti alimentari.

⚕ 𝄁 – Prezzo: €

Via Giovanni XXIII 110 – ☏ 059 654327 – ilbarolinoristorante.com – Chiuso domenica e sabato a mezzogiorno

CARRARA

✉ 54033 – Massa-Carrara (MS) – Carta regionale n° **11**–B1

EXTRA

CUCINA MODERNA • CONTESTO CONTEMPORANEO Alle spalle di Marina di Carrara, verso l'entroterra, Extra (un riferimento alla qualità del marmo della zona, celebre in tutto il mondo), è un ristorante moderno e luminoso, la cui carta ruota in prevalenza attorno alla tradizione gastronomica marinara. La proposta è parzialmente più elaborata la sera e il sabato anche a pranzo, come il coperto, più ricercato.

ⅅ ⚕ 𝄁 ⇄ – Prezzo: €€

Viale Turigliano 13 – ☏ 0585 74741 – extracarrara.it – Chiuso domenica e sera lunedì e martedì

IL NARCISO

ITALIANA CONTEMPORANEA • CLASSICO I bagni Polda a ridosso della Marina ospitano da poco un piccolo ristorante sulla spiaggia che propone una cucina tra il contemporaneo e il classico rivisitato. Qui trovano spazio un'ottima panificazione, paste fatte in casa, cotture tradizionali come il galletto al coccio e dessert creativi. Una sosta da consigliare, soprattutto per il terrazzo estivo direttamente sul mare!

≼க்圏̃命P – Prezzo: €€€
Viale Amerigo Vespucci 32 – ℰ 351 002 5490 – ristoranteilnarciso.it – Chiuso mercoledì

CARRÙ
✉ 12061 – Cuneo (CN) – Carta regionale n° **1**–B3

🫕 **VASCELLO D'ORO**

PIEMONTESE • **CONTESTO TRADIZIONALE** In attività dal 1887 nel paese che ha legato il proprio nome al bue grasso - che qui troverete indicativamente da novembre a Pasqua - con le sue accoglienti salette il Vascello d'Oro rievoca il calore del tempo che fu. La carta snocciola i piatti più tipici e amati della tradizione piemontese, eseguiti con fedeltà e perizia, come l'insalata russa, i ravioli di carne e verdura, la finanziera, la frittura e naturalmente il carrello dei bolliti. Torta alla nocciola e bonet per il gran finale di una trattoria che soddisferà tanto il palato quanto il cuore.
圏 – Prezzo: €
Via San Giuseppe 9 – ℰ 0173 75478 – vascellodoro.it – Chiuso lunedì e la sera mercoledì, giovedì, domenica

CARSOLI
✉ 67061 – L'Aquila (AQ) – Carta regionale n° **15**–A2

AL CAMINETTO

ABRUZZESE • **FAMILIARE** Sulla brace del caminetto lo chef si diletta con bistecche, arrosticini e altre leccornie locali, a cui si aggiungono prelibatezze come il prosciutto abruzzese, le paste fatte in casa come i corducej e l'agnello. Interessante selezione di vini per gli amanti di prodotti particolari e dessert fatti in casa consigliatissimi per i più golosi.
ふ 圏 ⇔ – Prezzo: €
Via degli Alpini 416 – ℰ 0863 995105 – alcaminettocarsoli.it – Chiuso martedì a mezzogiorno

L'ANGOLO D'ABRUZZO

ABRUZZESE • **AMBIENTE CLASSICO** Per gli appassionati della cucina abruzzese, i migliori prodotti e i più autentici sapori della gastronomia regionale sotto la supervisione e la cura della famiglia Centofanti: carni, paste, salumi, formaggi, nonché funghi e tartufi . Una fuorviante scritta "sagrestia" indica di fatto una fornitissima cantina, che diventa anche location ideale per piccoli eventi.
ふ க்圏命⇔ – Prezzo: €€
Piazza Aldo Moro 8 – ℰ 0863 997429 – langolodabruzzo.com – Chiuso martedì sera

CARTOSIO
✉ 15015 – Alessandria (AL) – Carta regionale n° **1**–C3

CACCIATORI

PIEMONTESE • **FAMILIARE** Un bel paesaggio collinare vi porterà a Cartosio, dove, in una tipica casa di campagna in parte recentemente rinnovata, troverete questo caposaldo della cucina locale. In esercizio da nove generazioni, la formula è cambiata di poco: piatti piemontesi (ricorrendo, laddove possibile, a prodotti della zona e cotture nella stufa a legna) e due menù degustazione; elencati a voce eventuali piatti fuori carta. Semplici, ma gradevoli camere se desiderate fermarvi dopo cena.
ふ 命P – Prezzo: €€
Via Moreno 30 – ℰ 0144 40123 – cacciatoricartosio.com – Chiuso mercoledì e giovedì

CASAGLIA

⊠ 06126 – Perugia (PG) – Carta regionale n° **13**–A2

☺ STELLA

DEL TERRITORIO • **FAMILIARE** D'estate è piacevole cenare sulla terrazza con vista sul circondario, d'inverno la sala interna vi accoglierà con un tono da ospitale bistrot. Noi abbiamo apprezzato soprattutto le linguine alle uova di carpa e il piccione ripieno.
🕸 🅰🅲 🏠 – Prezzo: €

Via dei Narcisi 47/a – ☏ 075 692 0002 – stellaperugia.it – Chiuso a mezzogiorno da lunedì a sabato e domenica sera

CASALE MONFERRATO

⊠ 15033 – Alessandria (AL) – Carta regionale n° **1**–C2

☺ ACCADEMIA RISTORANTE

DEL TERRITORIO • **CONTESTO STORICO** Il pensiero dell'Ispettore è stato: peccato che non sia sotto casa, ci verrei più spesso! In un palazzo storico, si accede al primo piano con sale affrescate e ambienti d'epoca, per poi trovare una cucina piemontese semplice ma ben personalizzata in ogni preparazione e sorprendentemente moderna. L'istrionico titolare vi accoglierà con garbo e vi fornirà consigli sui vini pertinenti e appassionati.
⇩ – Prezzo: €€

Via Mameli 29 – ☏ 0142 452269 – accademiaristorante.it – Chiuso mercoledì

FALETTA 1881

PIEMONTESE • **RUSTICO** Immersa nei vigneti di proprietà e nel paesaggio collinare del Monferrato, una cascina dalla lunga storia, sapientemente restaurata da mani appassionate. Con l'ingresso in società del bravo chef Andrea Ribaldone, il ristorante ora spinge ancor più verso una cucina da osteria gastronomica. Tra i piatti moderni su base locale e nazionale, imperdibile è il giro degli antipasti. A disposizione accoglienti camere e una piscina di acqua salata.
🛏&🅰🅲 🅿 – Prezzo: €€

Regione Mandoletta – ☏ 0142 670068 – faletta.it – Chiuso lunedì, martedì e a mezzogiorno da mercoledì a venerdì

CASALGRANDE

⊠ 42013 – Reggio Emilia (RE) – Carta regionale n° **9**–B2

BADESSA

EMILIANA • **CONTESTO STORICO** Sorprendente collocazione all'interno di un ex caseificio ottocentesco, dove per tanto tempo si è prodotto parmigiano reggiano, oggi la destinazione è mutata, ma non l'amore per il territorio: il cuoco svolge un'ammirevole ricerca di prodotti locali, per servire i tradizionali piatti emiliani, talvolta in versione rivista. Uno dei migliori ristoranti della campagna reggiana.
🅰🅲 🏠 🅿 – Prezzo: €€

Via Case Secchia 2 – ☏ 0522 989138 – ristorantebadessa.it – Chiuso lunedì

CASANOVA DI TERRICCIOLA

⊠ 56030 – Pisa (PI) – Carta regionale n° **11**–B2

✿ CANNAVACCIUOLO VINEYARD

MODERNA • **CONTESTO CONTEMPORANEO** Lo chef Antonino Cannavacciuolo piazza la bandierina della sua ospitalità in una Toscana meno celebre ma affascinante e verdeggiante. Il resort occupa una parte totalmente rinnovata del piccolissimo borgo; la sala dell'area ristorativa mostra confort contemporanei, così come attuale è la visione della cucina, precisa, presentata con garbo e sempre in equilibrio tra sapore ed eleganza. I gesti quasi chirurgici con cui il resident chef Marco Suriano rifinisce le portate sono ammirabili dal pass della cucina a vista sulla sala stessa. Il servizio non è da meno, anche perché formato da professionisti con alle spalle esperienze importanti ed internazionali. Molto confortevoli e ampi gli appartamenti a disposizione, con colazione servita direttamente in camera.

 ♿ ⌷ 🍴 🅿 – Prezzo: €€€€

Via del Teatro 8 – ☎ 0587 346782 – laquaresorts.it/vineyard – Chiuso lunedì e martedì a mezzogiorno

CASERTA

✉ 81100 – Caserta (CE) – Carta regionale n° **17**–B1

ANTICA LOCANDA

CAMPANA • **SEMPLICE** Di fronte all'ingresso del Belvedere di San Leucio, una piacevole trattoria dove si mangia in due caratteristiche sale separate da un arco in mattoni. Cucina di influenza partenopea e molto pesce.

⌷ 🍴 – Prezzo: €

Piazza della Seta, loc. San Leucio – ☎ 0823 305444 – Chiuso lunedì e domenica sera

LE COLONNE

CAMPANA • **ELEGANTE** Tra colonne e pavimenti in marmo, i sapori intensi e travolgenti delle proposte della chef Rosanna Marziale – allieva di Gianfranco Vissani e Martin Berasategui - fornirebbero un immediato indizio della zona geografica anche se vi conducessero qui bendati! Una cucina originale nella sua composizione ed esecuzione, che trova nella mozzarella di bufala la sua migliore alleata, presente addirittura in un dessert: mozzarella cake, deliziosa reinterpretazione del celebre dolce, che vede come protagonista della singolare ricetta la bufala.

⌷ ♻ 🅿 – Prezzo: €€€

Viale Giulio Douhet 7/9 – ☎ 0823 467494 – lecolonnemarziale.it – Chiuso martedì e la sera tranne il sabato

CASOLE D'ELSA

✉ 53031 – Siena (SI) – Carta regionale n° **11**–C2

TOSCA

MEDITERRANEA • **ELEGANTE** Stile accattivante che fonde classica eleganza e tipicità toscana, archi e pareti in pietra, eleganti divanetti o comode poltroncine. La cucina mediterranea utilizza materie prime stagionali, ma non mancano proposte della tradizione. Servizio estivo nella bella corte dell'albergo.

⌷ 🍴 – Prezzo: €€€

Località Querceto – ☎ 0577 961501 – belmond.com

CASSINO

✉ 03043 – Frosinone (FR) – Carta regionale n° **12**–B2

EVAN'S

CLASSICA • **CONTESTO CONTEMPORANEO** Gestito con passione dalla famiglia Evangelista – da cui l'abbreviazione Evan's – il tutto iniziò nel lontano 1960 negli USA, dove rimangono alcuni parenti attivi nel settore. Il locale propone una cucina classica, di mare e di terra, con qualche ricetta regionale; gli ortaggi provengono dall'azienda agricola biologica di famiglia.

⌷ 🍴 – Prezzo: €

Via Gari 1/3 – ☎ 0776 26737 – evans1960.it – Chiuso lunedì e domenica sera

CASTEGGIO

✉ 27045 – Pavia (PV) – Carta regionale n° **4**–A3

HOSTERIA LA CAVE CANTÙ ⓝ

ITALIANA • **CONTESTO CONTEMPORANEO** All'interno della Certosa Cantù, complesso monacale settecentesco che oggi accoglie anche un museo e una biblioteca, un locale dal tono moderno con sale e cantina conviviale, ma che può usufruire anche di affascinanti spazi all'aperto. La cucina di Damiano Dorati è personalizzata, con qualche tocco esotico (la signora Maria Neña, che cura l'accoglienza e la bella cantina, è ecuadoriana) e si esprime in piatti colorati, generosi, gustosi, ben curati anche nelle presentazioni.

&🅐🍷⇄🅿 – Prezzo: €€€

Via Circonvallazione Cantù 62 – ☏ 0383 191 2171 – lacavecantu.it – Chiuso martedì e a mezzogiorno

CASTEL DEL PIANO

✉ 58033 – Grosseto (GR) – Carta regionale n° **11**–C3

🏵 **ANTICA FATTORIA DEL GROTTAIONE**

TOSCANA • **RUSTICO** C'era una volta... una fattoria, oggi divenuta trattoria, piacevolmente rustica e variopinta nella sala interna, ma con un appuntamento imperdibile sulla terrazza panoramica nella bella stagione. In menu, tante ricette della tradizione toscana elaborate con serietà ed ottimi prodotti stagionali. Accoglienza famigliare impeccabile.

⇷&🅐🍷 – Prezzo: €

Via della Piazza, loc. Montenero d'Orcia – ☏ 0564 182 7081 – anticafattoriadelgrottaione.it – Chiuso lunedì

CASTEL DI SANGRO

✉ 67031 – L'Aquila (AQ) – Carta regionale n° **15**–B2

🌸🌸🌸 **REALE**

Chef: Niko Romito

CREATIVA • **MINIMALISTA** Sulle prime pendici collinari che circondano il paese, tra vigneti e giardini, la sobria essenzialità dell'ex monastero cinquecentesco preannuncia lo stile di una delle cucine più riconoscibili e identitari fra i cuochi italiani. Da anni caratterizzata da uno stile minimalista, con pochi ingredienti nel piatto, salse reinventate con un carattere più italiano rispetto a quelle classiche d'Oltralpe, Niko Romito non cessa tuttavia di fare ricerca ed evolversi. È l'ora di una maggiore attenzione ai prodotti e alle ricette del suo Abruzzo, ma soprattutto di dare più spazio al mondo vegetale, con tanti piatti che vi stupiranno per intensità di sapori. Come sempre, proposte solo apparentemente semplici, ma che nascondono un lavoro complesso e straordinario, che lascia spesso incantati.

🕸 ⇷🛏🅐🅿 – Prezzo: €€€€

Contrada Santa Liberata, loc. Casadonna – ☏ 0864 69382 – nikoromito.com/reale – Chiuso lunedì, martedì e mercoledì a mezzogiorno

MATERIA PRIMA

MODERNA • **CONTESTO CONTEMPORANEO** Gradevole terrazza affacciata su un laghetto artificiale per attività sportive, le vetrate offrono la stessa vista anche dalle sale interne, semplici e moderne. Cucina creativa e talvolta elaborata, in prevalenza di carne, con un ottimo finale sui dolci.

🛏&🅐🍷🅿 – Prezzo: €€€

Località Piana Santa Liberata – ☏ 0864 238030 – ristorantemateriaprima.eu – Chiuso lunedì e martedì

CASTEL GANDOLFO

✉ 00073 – Roma (RM) – Carta regionale n° **12**–A2

ANTICO RISTORANTE PAGNANELLI

CLASSICA • **ELEGANTE** Una sosta al Pagnanelli, in attività dal 1882 e splendidamente affacciato sul piccolo lago Albano, è da mettere sui propri taccuini di viaggio soprattutto per gli amanti di pesce e dei grandi vini. Il primo è freschissimo e servito in modo classico e molto saporito, i secondi racchiusi in due tomi che rappresentano la storia di questa attività. Non mancano comunque piatti di terra e un menu dedicato ai porcini in stagione. Da non perdere le magnifiche cantine scavate nella roccia con il piccolo museo del vino. Un consiglio: i pochi tavoli in terrazza vanno a ruba.

🕸 ⪕ 🅰 🏠 ⇔ – Prezzo: €€€

Via Gramsci 4 – ℰ 06 936 0004 – pagnanelli.it

CASTEL GIORGIO

✉ 05013 – Terni (TR) – Carta regionale n° **13**–A2

RADICI

CREATIVA • **ELEGANTE** Tra sinuose e verdi vallate, all'interno del lussuoso hotel Borgo La Chiaracia, in una sala elegante o nella bella terrazza esterna, la cucina affonda le radici nel territorio, in piccoli, ottimi produttori locali e nella creatività dello chef. Gli ispettori sono rimasti colpiti dal menu Origini 20: quattro portate da materie prime in un raggio di massimo 20 km.

🛏 ⪕ 🅰 🏠 🅿 – Prezzo: €€€

Località Borgo La Chiaracia – ℰ 0763 627123 – borgolachiaracia.it – Chiuso lunedì e martedì

CASTEL MAGGIORE

✉ 40013 – Bologna (BO) – Carta regionale n° **9**–C2

❀ **IACOBUCCI**

Chef: Agostino Iacobucci

ITALIANA CONTEMPORANEA • **CONTESTO STORICO** Tavoli grandi e distanziati in un contesto storico di gran fascino: è il ristorante per le grandi occasioni, dalle più romantiche a quelle prettamente gourmet. Lo chef padroneggia una serie di specialità classiche e irrinunciabili, dalle interpretazioni del crudo di pesce fino al suo celebre babà. Il ristorante è ospitato a Villa Zarri, incantevole dimora tardo cinquecentesca immersa in un parco secolare, con la presenza di un orto da cui si attinge a piene mani per le preparazioni dei piatti e del menu vegetariano.

🕸 🛏 ⪕ 🅰 – Prezzo: €€€

Via Ronco 1, Villa Zarri – ℰ 051 459 9887 – agostinoiacobucci.it – Chiuso lunedì e domenica sera

CASTEL MELLA

✉ 25030 – Brescia (BS) – Carta regionale n° **4**–C2

CHICCO DI GRANO

LOMBARDA • **FAMILIARE** Un rustico caseggiato ospita questo locale dai toni signorili, la cui cucina prende spunto dalla tradizione che viene poi elaborata in modo personalizzato.

⪕ 🅰 🏠 🅿 – Prezzo: €€

Viale dei Caduti del Lavoro 5 – ℰ 030 358 2055 – ristorantechiccodigrano.it – Chiuso lunedì e domenica sera

CASTEL SAN PIETRO TERME

✉ 40024 – Bologna (BO) – Carta regionale n° **9**-C2

IL GRIFONE ⓝ

CONTEMPORANEA • LUSSO All'interno del lussuoso e composito complesso del Palazzo di Varignana, comprendente anche un'azienda agricola con produzione di olio, vino e frutta, l'offerta legata al fine dining è affidata al Grifone (simbolo di tutto il complesso) ospitato all'interno del settecentesco palazzo Bentivoglio Bargellini. La proposta di cucina si articola, alla sera, in due menu degustazione oppure scelta alla carta sia di mare che di terra. Ricette di gusto moderno con un attento mix di sapori e colori.

🛏️🎠🎪🅿 – Prezzo: €€€

Via Ca' Masino 611/a, loc. Varignana – ☏ 051 1993 8300 – palazzodivarignana.com – Chiuso domenica e a mezzogiorno

CASTEL TOBLINO

✉ 38076 – Trento (TN) – Carta regionale n° **6**-A2

CASTEL TOBLINO ⓝ

MODERNA • ROMANTICO Ristorante e bar in due ambienti distinti nel contesto di un affascinante castello medioevale (di cui si può anche organizzare la visita) proteso sull'omonimo lago in questa bucolica zona dove si produce un ottimo Vino Santo (consigliato almeno l'assaggio della sua grappa a fine pasto). La cucina è generosa e d'impostazione moderna, sia di terra che di acqua, con diverse formule di menù degustazione e un'esaustiva carta. Nella bella stagione non mancate di prenotare un tavolo sulla suggestiva terrazza affacciata sul blu.

🎠🎪🅿 – Prezzo: €€

Località Castel Toblino 1 – ☏ 0461 864036 – casteltoblino.com

CASTELBELLO

✉ 39020 – Bolzano (BZ) – Carta regionale n° **6**-A1

❀ KUPPELRAIN

Chef: Kevin Trafoier

MODERNA • ROMANTICO I Trafoier sono una famiglia unica. I loro talenti si concentrano tutti nella coinvolgente e spontanea accoglienza che dedicano agli ospiti, conducendoli con professionalità e calore dentro l'esperienza Kuppelrain. Chef Kevin, figlio del bravissimo Jorg che oggi segue la sala, in cucina mette in mostra precisione e tecnica, alla ricerca di sapori buoni e rassicuranti, senza inutili orpelli, ma esaltando la fragranza di ingredienti di prossimità. Molta frutta e verdura vengono per esempio dal proprio orto, carni e pesci dalla regione; i dessert, come le creative praline, sono merito della sorella Natalie. Gli amanti del vino avranno anche loro di che godere: la cantina è ottima, addirittura eccellente il servizio al calice, spesso effettuato dalla bravissima Sonya Egger (premiata nel 2022 con il Michelin Sommelier Award!) da bottiglie Magnum (quando non Jeroboam da 3 litri), creando dei wine pairing come solo lei sa fare. A pranzo solo servizio bistrot. Benvenuti al Kuppelrain!

🐌 ⇆🛗🎪🅿 – Prezzo: €€€

Via Stazione 16, loc. Maragno – ☏ 0473 624103 – kuppelrain.com – Chiuso a mezzogiorno

CASTELBIANCO

✉ 17030 – Savona (SV) – Carta regionale n° **10**–A2

SCOLA

CREATIVA • **ACCOGLIENTE** Ci si aspetterebbe piatti semplici e ruspanti, e invece dalla cucina arrivano proposte elaborate e di ottimo livello: un ottimo motivo per far la strada fin qui!

🕸 🏡 ♿ **P** – Prezzo: €€€€

Via Pennavaire 166 – ☏ 0182 77015 – scola1926.it – Chiuso martedì e lunedì a mezzogiorno

CASTELBUONO - Palermo (PA) ➜ Vedere Sicilia in fondo alla Guida

CASTELFRANCO EMILIA

✉ 41013 – Modena (MO) – Carta regionale n° **9**–C3

LA LUMIRA

EMILIANA • **CONTESTO REGIONALE** La leggenda identifica in Castelfranco Emilia il paese in cui nacquero i celebri tortellini in brodo: vero o no che sia, qui ne assaggerete di ottimi, insieme ad altri piatti regionali di gran qualità, sorretti da un'ottima materia prima.

♿ **P** – Prezzo: €€

Corso Martiri 74 – ☏ 059 926550 – ristorantelumira.com – Chiuso lunedì e domenica sera

CASTELFRANCO VENETO

✉ 31033 – Treviso (TV) – Carta regionale n° **8**–B2

FEVA

CREATIVA • **CONTESTO CONTEMPORANEO** Nel centro storico di Castelfranco Veneto, se la corte è d'epoca, lo stile del locale si ispira invece ad un minimalismo contemporaneo, intimo ed elegante, con la sala al primo piano sotto travi di legno originali. La cucina di Nicola Dinato si esprime in percorsi degustazione (con piatti estraibili alla carta e una proposta aggiuntiva per il business lunch) sostenuti da una buona presenza di frutta e verdura, mentre pane, grissini e pasta sono realizzati a partire da cereali prodotti in proprio. Molto bello il piccolo dehors estivo.

♿ 🅰 🏡 **P** – Prezzo: €€€€

Borgo Treviso 62 – ☏ 0423 197565 – fevaristorante.it – Chiuso lunedì e domenica sera

CASTELLAMMARE DEL GOLFO - Trapani (TP) ➜ Vedere Sicilia in fondo alla Guida

CASTELLAMMARE DI STABIA

✉ 80053 – Napoli (NA) – Carta regionale n° **17**–B2

PIAZZETTA MILÙ

Chef: Maicol Izzo

CREATIVA • **ELEGANTE** Amanti degli Champagne fatevi avanti! La carta dei vini che annovera quasi 5000 etichette, è presentata su tablet, ma è Emanuele il vero istrione che vi farà entrare nel suo mondo di piccoli produttori RM (recoltant manipulant) con un'etichetta per tutti i palati. L'esperienza inizia in cantina dove si svolge la prima parte del pasto, immersi in una seducente atmosfera, attorniati dalle migliori etichette del mondo intero. Tutta la famiglia è coinvolta nella gestione di questo locale che iniziò come pizzeria, fino a diventare uno dei migliori ristoranti della regione, grazie alla passione e devozione della giovane generazione: Maicol in cucina, a creare piatti che spaziano dalla Campania a suggestioni più esotiche ed internazionali, i fratelli Valerio ed Emanuele a gestire mirabilmente la sala.

🦞 ♿ Ⓜ – Prezzo: €€€€

Corso Alcide De Gasperi 23 – 𝒞 081 871 5779 – piazzettamilu.it – Chiuso martedì, a mezzogiorno da lunedì a sabato e domenica sera

CASTELLETTO DI BRENZONE

✉ 37010 – Verona (VR) – Carta regionale n° **8**–A2

ALLA FASSA

PESCE E FRUTTI DI MARE • CONTESTO CONTEMPORANEO Già dall'ampia vetrata della sala si può ammirare la bellezza del lago - da cui è diviso soltanto dalla pista ciclabile - e delle montagne sulla sponda opposta, ma con il bel tempo è tutta una corsa verso i tavoli a pochi metri dall'acqua (da godersi anche dalle poche camere). La cucina sa essere all'altezza: in bilico tra classico e moderno, è a proprio agio sia con il pesce d'acqua dolce (come nel classico antipasto "Il lago in un piatto") sia con quello di mare.

⮜ ♿ 🍽 ♻ 🅿 – Prezzo: €€

Via Nascimbeni 13 – 𝒞 045 743 0319 – ristoranteallafassa.com – Chiuso martedì

CASTELLETTO SOPRA TICINO

✉ 28053 – Novara (NO) – Carta regionale n° **1**–C1

ROSSO DI SERA

MODERNA • BISTRÒ Varcata la soglia troverete un'atmosfera giovanile e contemporanea, così come moderne sono le proposte del menu, che mantengono comunque un legame con il territorio. Bella selezione di vini, offerti anche al bicchiere.

🦞 ♿ Ⓜ 🍽 ♻ – Prezzo: €€

Via Pietro Nenni 2 – 𝒞 338 815 6754 – osteriarossodisera.it – Chiuso mercoledì e giovedì

CASTELLINA IN CHIANTI

✉ 53011 – Siena (SI) – Carta regionale n° **11**–D1

ALBERGACCIO DI CASTELLINA

TOSCANA • FAMILIARE In una delle zone più celebri d'Italia, quella del Chianti Classico, tra paesaggi collinari e vinicoli mozzafiato si celebra la cucina toscana, attualizzata quel che basta per renderla più adatta ad un gusto contemporaneo. La gestione è squisitamente familiare, con il simpatico Francesco in sala e la moglie Sonia e il figlio Pietro ai fornelli.

♿ 🍽 🅿 – Prezzo: €€

Via Fiorentina 63 – 𝒞 0577 741042 – ristorantealbergaccio.com – Chiuso domenica

TAVOLA DI GUIDO

TOSCANA • ELEGANTE All'interno di Locanda Le Piazze, un boutique hotel immerso in vigneti e uliveti in un edificio del Cinquecento, il ristorante di Guido Haverkock propone una cucina del territorio a base di prodotti toscani, molti dei quali (frutta, verdura e olio extravergine) provenienti dall'azienda agricola di proprietà.

⮜ 🛏 Ⓜ 🍽 🅿 – Prezzo: €€€

Località Le Piazze 41 – 𝒞 0577 743192 – tavoladiguido.com – Chiuso mercoledì e a mezzogiorno da lunedì a sabato

CASTELMEZZANO

85010 – Potenza (PZ) – Carta regionale n° **18**–A2

AL BECCO DELLA CIVETTA

LUCANA • FAMILIARE Nell'incantevole borgo cinto dalle suggestive Dolomiti Lucane, Antonietta Santoro si occupa della cucina, dove fa rivivere le ricette delle sue muse ispiratrici, la mamma e la nonna. Imperdibile l'agnello alle erbe e la mousse di ricotta e cioccolata, morbida e spumosa. Chi soggiorna, godrà dalle camere della maestosa scenografia naturale.

AC – Prezzo: €€

Vico I Maglietta 7 – ☏ 0971 986249 – beccodellacivetta.it

CASTELNOVO DI BAGANZOLA

43126 – Parma (PR) – Carta regionale n° **9**–A3

LE VIOLE

MODERNA • ACCOGLIENTE Notevole scelta anche fuori dalla carta per una cucina a base regionale, ma con notevoli spunti di creatività, in questo simpatico indirizzo alle porte di Parma. Ospitalità schietta e genuina, con un bel salotto all'entrata ad evocare la calda accoglienza di una casa privata.

AC ⇔ 🅿 – Prezzo: €

Strada nuova di Castelnuovo 60/a – ☏ 0521 601000 – trattorialevioleparma.com – Chiuso lunedì e martedì

CASTELNOVO DI SOTTO

42024 – Reggio Emilia (RE) – Carta regionale n° **9**–B3

DA POLI ALLA STAZIONE

CLASSICA • ACCOGLIENTE In un'antica stazione ferroviaria d'inizio '900, una solida gestione famigliare per una cucina che si rifà alla tradizione regionale. La specialità è la cottura alla griglia di carbone.

🍸 AC 🏠 🅿 – Prezzo: €€

Viale della Repubblica 10 – ☏ 0522 682342 – hotelpoli.it – Chiuso lunedì e martedì e domenica sera

CASTELNUOVO BERARDENGA

53019 – Siena (SI) – Carta regionale n° **11**–C2

L'ASINELLO

Chef: Senio Venturi

TOSCANA • INTIMO L'incanto del piccolo e tipico borgo toscano, se la stagione lo permette, è raddoppiato dal fascino dei tavoli sistemati nel giardino, un piccolo paradiso nel cuore di una delle zone più belle della regione. E dalla Toscana parte anche la cucina del cuoco, nella scelta di diversi prodotti e nell'amore per sapori intensi, per poi muoversi verso proposte più creative.

🛬 AC 🏠 – Prezzo: €€€

Via Nuova 6, loc. Villa a Sesta – ☏ 0577 359279 – asinelloristorante.it – Chiuso lunedì e a mezzogiorno da martedì a sabato

POGGIO ROSSO

Chef: Quintero Juan Camilo

CREATIVA • ELEGANTE Vi si arriva attraversando un paesaggio fiabesco di colline punteggiate di cipressi, ulivi, boschi e vigneti, per trovare infine Borgo San Felice, lussuoso albergo che ospita il ristorante Poggio Rosso. Ai fornelli il colombiano

Juan Quintero, l'enfant prodige della scuderia del pluristellato Enrico Bartolini. Ma non fatevi ingannare: qua e là c'è qualche spunto di cucina sudamericana, ma aspettatevi piatti creativi con frequenti riferimenti regionali. Juan è innamorato della Toscana e ne interpreta lo stile gastronomico con grande raffinatezza e gusto contemporaneo. Il tutto in un contesto lussuoso, ma non ingessato, a cominciare dal servizio, inappuntabile e sorridente.

🕸 *L'impegno dello chef:* Sostenibilità a Poggio Rosso significa anche partecipare a progetti di agricoltura sociale, come l'Orto Felice, che si propone di migliorare la qualità della vita di ragazzi con disabilità e ne promuove l'integrazione attraverso le attività di orticoltura svolte in campo, con il coinvolgimento degli anziani del territorio. I prodotti a km 0 si fanno protagonisti di tante ricette di stagione.

🕸 ⇆ 🖭 🎏 🅿 – Prezzo: €€€€

Località San Felice – ℰ 0577 3964 – borgosanfelice.it – Chiuso lunedì e a mezzogiorno

🕸 IL VISIBILIO

CONTEMPORANEA • ELEGANTE Al termine di una strada bianca, che porta dal borgo di arte contemporanea di Pievasciata alle colline coltivate, si troverà l'imponente cancello dell'albergo The Club House. Il Visibilio è il piccolo ristorante gourmet che vede la felice collaborazione tra l'impronta toscana dello chef Canella e la consulenza del cuoco bistellato Iannotti del Krèsios di Telese Terme. Quest'ultimo porta nel senese una formula simile a quella proposta nella sua maison, ovvero un unico menu degustazione alla cieca, un lunghissimo percorso gastronomico fatto di piatti a sorpresa dove si alternano ingredienti di terra e di mare, con ampio utilizzo di verdure. Tante intuizioni tecniche per un pasto di gran livello, già e soprattutto a partire dai finger food iniziali. Affrettatevi, quindi, a prenotare perché i tavoli a disposizione sono solo cinque! I fortunati ospiti godranno di un viaggio gastronomico accompagnati dal tramonto di un sole rosso che sprofonda dolcemente tra i sinuosi rilievi senesi.

⇆ 🖭 – Prezzo: €€€€

SP 9 di Pievasciata 32 – ℰ 0577 357503 – ilvisibilio.com – Chiuso lunedì, domenica e a mezzogiorno

LA BOTTEGA DEL 30

TOSCANA • ROMANTICO Dietro il nome, un racconto: il 30 di ogni mese un venditore ambulante faceva tappa in questo piccolo e incantevole borgo di poche anime. Nel frattempo (siamo alla fine degli anni Ottanta), dalla Francia arrivava una giovane parigina, Hélène Stoquelet, che s'innamorò del Chianti e della sua cucina. Dedicò il suo ristorante a quel venditore e il nome è ancora lì a ricordarlo. In ambienti tipici fatti di muri in pietra e oggetti di vita contadina, la cucina già da anni è passata dalle mani di Hélène, in sala a consigliare i suoi ospiti, a quelle di Nadia Mongiat, nel segno di una certa continuità improntata alla toscanità e alla semplicità. Gli ingredienti sono infatti lavorati alla ricerca dei sapori della tradizione, come per il fegato di maiale (si usa la parte più sottile), cotto a bassa temperatura e poi messo sotto strutto con finocchietto per qualche giorno, quindi, riscaldato sotto vuoto a bagnomaria per essere servito tiepido, morbido e goloso su letto di fagiolini toscani.

🎏 ⇔ – Prezzo: €€€

Via Santa Caterina 2, loc. Villa a Sesta – ℰ 0577 359226 – labottegadel30.com – Chiuso martedì e a mezzogiorno tranne domenica

IL CONVITO DI CURINA

TOSCANA • ACCOGLIENTE Cucina toscana, nonché ampia scelta enologica con vini regionali e champagne di piccoli produttori, in un ambiente rustico-signorile, dove (meteo permettendo) vi consigliamo di optare per la terrazza panoramica.

🕸 ⇆ 🖭 🎏 🅿 – Prezzo: €€

SP 62, loc. Curina – ℰ 0577 355647 – ilconvitodicurina.it – Chiuso mercoledì e a mezzogiorno

CASTELVETRO DI MODENA

✉ 41014 – Modena (MO) – Carta regionale n° **9**–B2

LOCANDA DEL FEUDO

TRADIZIONALE • ROMANTICO Nella parte alta e antica del pittoresco borgo, un romantico nido di cucina fantasiosa e colorata con la degustazione dei migliori salumi locali, nonché sei eleganti suite recentemente rinnovate per un soggiorno immerso nella storia. Piccolo e suggestivo dehors lungo la via centrale.

🅰️🅲 🍴 – Prezzo: €€

Via Trasversale 2 – 𝒞 059708711 – locandadelfeudo.it – Chiuso lunedì e a mezzogiorno da martedì a venerdì

CASTIGLIONE DEL LAGO

✉ 06061 – Perugia (PG) – Carta regionale n° **13**–A2

😊 L'ACQUARIO

UMBRA • FAMILIARE Nel centro storico di questo gradevole borgo sopra al lago, una buona tappa per conoscere la cucina umbra e, soprattutto, la tradizione di piatti a base di pesce d'acqua dolce, come il luccio, la carpa, la tinca, l'anguilla e i gamberi, nonché la celebre fagiolina del Trasimeno.

🅰️🅲 🍴 – Prezzo: €

Via Vittorio Emanuele 69 – 𝒞 075 965 2432 – ristorantelacquario.it – Chiuso martedì e mercoledì

CASTIGLIONE DELLA PESCAIA

✉ 58043 – Grosseto (GR) – Carta regionale n° **11**–C3

⭐ LA TRATTORIA ENRICO BARTOLINI

MEDITERRANEA • ELEGANTE Percorso un maestoso ingresso da cartolina, un lungo viale che alterna cipressi e pini marittimi, tra vigneti e bovini maremmani, si arriva infine al ristorante, che della trattoria vuole cogliere i sapori intensi e ruspanti, familiari e rassicuranti, ma che per il resto si svolge tra eleganti sale con qualche tocco rustico e un servizio di gran livello, con accenti di piacevole informalità e simpatia. Benvenuti nel ristorante di Bartolini declinato in salsa maremmana! Qui, il resident chef Bruno De Moura Cossio propone una scelta che si basa su un unico comune denominatore: la brace, ogni piatto servito ha un elemento che ha "incontrato" questo tipo di cottura, conferendo quell'originale profumo ai piatti. Se le origini brasiliane del cuoco si evincono da svariati richiami, i prodotti sono – invece - rigorosamente locali, alcuni addirittura dell'azienda di proprietà. Degna di lode è inoltre la panificazione nelle sue più svariate declinazioni: goloso fil rouge di tutto il pranzo! La formalità leggera del servizio farà sentire gli ospiti a casa, coccolati da un'ottima selezione di vini; vivamente consigliato l'assaggio di quelli prodotti nella tenuta.

⭐ 🛋️🅰️🅲🍴🅿️ – Prezzo: €€€€

Località Badiola – 𝒞 0564 944322 – enricobartolini.net/ristorante-la-trattoria-castiglione – Chiuso lunedì e a mezzogiorno

OSTERIA DEL MARE GIÀ IL "VOTAPENTOLE"

MODERNA • COLORATO In pieno centro, grazioso locale dalle tinte colorate per un'atmosfera gioviale e rilassata; il vicino mare contribuisce a portare in tavola delizie ittiche proposte con estro e personalità. Particolarmente apprezzato il crudo e l'immancabile caciucco.

⭐ 🅰️🅲 🍴 – Prezzo: €€

Via IV Novembre 15 – 𝒞 0564 934763 – osteriadelmarecdp.it – Chiuso lunedì e a mezzogiorno

CASTIGLIONE DELLE STIVIERE

✉ 46043 – Mantova (MN) – Carta regionale n° **4**–D1

HOSTARIA VIOLA

MANTOVANA • **FAMILIARE** Non lontano dal lago di Garda ma ancora in provincia di Mantova, questo ristorante dalla sala semplice e dalla gestione familiare propone diverse specialità del capoluogo gonzaghesco. Dal luccio ai tortelli di zucca, dal riso alla pilota alla sbrisolona (ma c'è anche il bresciano manzo all'olio), il pasto è una festa per il palato.

& AC ✿ P – Prezzo: €€

Via Verdi 32 – ☏ 0376 670000 – hostariaviola.com – Chiuso lunedì e domenica

HOSTARIA DEL TEATRO

MODERNA • **ROMANTICO** In un'accogliente sala terminante sulla cucina a vista vengono serviti piatti che talvolta prendono spunto dalle tradizioni mantovane e venete, talaltra sono invece frutto della creatività del cuoco, aiutato in sala dalla gentilissima moglie. Quando il tempo lo permette, si mangia in un grazioso giardino.

& AC 🛋 – Prezzo: €€

Via Ordanino 5b – ☏ 0376 670813 – hostariadelteatro.it – Chiuso giovedì

OSTERIA DA PIETRO

CLASSICA • **ELEGANTE** Nel centro storico, in un elegante edificio d'epoca, il ristorante è condotto da una simpatica coppia: la moglie in cucina, il marito in sala ad occuparsi con abilità del servizio. Tra i piatti imperdibili i tortelli di zucca e la torta delle rose con zabaglione al moscato.

AC 🛋 – Prezzo: €€

Via Chiassi 19 – ☏ 0376 673718 – osteriadapietro.it – Chiuso mercoledì e domenica sera

TRATTORIA PAOLA

LOMBARDA • **FAMILIARE** Cucina regionale mantovana con un pizzico di estro nelle presentazioni ed una formula più semplice a pranzo, sebbene sia sempre disponibile anche la carta. Per gli amanti della grappa la proposta è davvero ampissima.

AC P – Prezzo: €€

Via Porta Lago 23 – ☏ 0376 638829 – trattoriapaola.it – Chiuso mercoledì e sera lunedì e martedì

CASTIGLIONE FALLETTO

✉ 12060 – Cuneo (CN) – Carta regionale n° **2**–A2

L'ARGAJ

CREATIVA • **SEMPLICE** Argaj in piemontese significa soddisfazione e mai nome di un ristorante è parso più appropriato. In una sala semplice con finestre sulle colline, tutta l'attenzione si concentra sulla cucina, che si districa con abilità tra classici locali e proposte più creative, gli uni e le altre di gran livello, nonché, considerata la qualità offerta, anche a prezzi ragionevoli.

🌿 🛋 – Prezzo: €€

Via Alba-Monforte 114 – ☏ 0173 62882 – argajristorante.it – Chiuso giovedì e mercoledì sera

CASTROCARO TERME

✉ 47011 – Forlì-Cesena (FC) – Carta regionale n° **9**–D2

ESSENTIA ⓝ

DEL TERRITORIO • SEMPLICE Nel centro storico di Castrocaro, ai piedi della fortezza, troverete le proposte di Andrea Giacchini, giovane cuoco di grande interesse. I piatti, riferibili alla tradizione gastronomica locale ma non solo, sono sorretti da una rimarchevole abilità tecnica, mai ostentata o fine a se stessa, ma posta al servizio di prodotti e sapori sapientemente valorizzati.

&. 🅐🅐 🏠 – Prezzo: €€

Piazza San Nicolò 2 – ℰ 0543 768260 – essentiaristorante.it – Chiuso lunedì, martedì e a mezzogiorno da mercoledì a venerdì

CATANIA – Catania (CT) ➡ Vedere Sicilia in fondo alla Guida

CATANZARO

✉ 88100 – Catanzaro (CZ) – Carta regionale n° **19**–B2

🕸 **ABBRUZZINO**

Chef: Luca Abbruzzino

DEL TERRITORIO • ELEGANTE Elegante ed accogliente, Abbruzzino è sempre un valido indirizzo per chi cerca i sapori del territorio - sia a livello di prodotti che di memoria personale dello chef - reinterpretati in chiave moderna. Ai fornelli Luca (figlio del patron Antonio) propone piatti che ben rappresentano l'incontro tra creatività e tradizione calabra; la carta dei vini è ben strutturata con una dichiarata passione per i vini locali. Servizio professionale a cui la presenza della mamma in sala aggiunge una piacevole e genuina nota familiare.

🕸 🖼🅐🅐 🏠 🄿 – Prezzo: €€€

Via Fiume Savuto, loc. Santo Janni – ℰ 0961 799008 – abbruzzino.it – Chiuso lunedì, a mezzogiorno da martedì a sabato e domenica sera

CAVA DE' TIRRENI

✉ 84013 – Salerno (SA) – Carta regionale n° **17**–B2

CASA RISPOLI

MODERNA • ACCOGLIENTE Nel locale affacciato su una piazza da cui partono i pittoreschi portici del centro storico (una passeggiata è vivamente consigliata!), la famiglia Rispoli continua a portare avanti la tradizione della buona tavola. Benché in carta ci sia anche qualche piatto di carne, le proposte di pesce - in buona parte tradizionali tipo il tonno con le cozze ammollicate e le melanzane in scapece, nonché qualche ricetta più fantasiosa come la cheesecake, mou e lampone - sono particolarmente invitanti.

🅐🅐 🏠 – Prezzo: €€

Piazza San Francesco 7 – ℰ 089 995 1261 – casarispoli.it – Chiuso lunedì

CRUB

PESCE E FRUTTI DI MARE • BISTRÒ Lungo la passeggiata pedonale del centro, un locale moderno con arredi eleganti e contemporanei. Qui vengono serviti un'ottima serie di crudi, nonché una buona selezione di ostriche e caviale; in bella vista anche il buffet del pesce fresco, dove attingere per piatti più elaborati e di stampo attuale. Le bollicine hanno un posto d'onore...

🅐🅐 – Prezzo: €€

Corso Umberto I 125 – ℰ 089 344715 – Chiuso martedì

CAVAGLIÀ

✉ 13881 – Vercelli (VC) – Carta regionale n° **1**–C2

OSTERIA DELL'OCA BIANCA

PIEMONTESE • **RUSTICO** Nel cuore della piccola località, di fronte alla chiesa, osteria di paese a simpatica conduzione familiare diretta, piatti della tradizione piemontese, e ovviamente tanta oca, serviti in un locale rustico ed accogliente; ottima lista vini con cantina visitabile, nonché graziosa veranda a vetrate utilizzata anche in inverno. Tre belle camere a disposizione esclusivamente dei clienti che cenano qui.

⅋ ♿ 🅰 ⇔ – Prezzo: €€

Via Umberto I 2 – ℰ 0161 966833 – osteriadellocabianca.it – Chiuso martedì e mercoledì

CAVAION VERONESE

✉ 37010 – Verona (VR) – Carta regionale n° **8**–A2

❀   ### OSELETA

CREATIVA • **ELEGANTE** A pochi chilometri dal Garda, su pendici collinari appena accennate e ornate da vigneti, l'ingresso di Villa Cordevigo, al cui interno si trova l'Oseleta, si dipana sontuoso tra due filari di cipressi. Solo nove tavoli nell'ex fienile divenuto veranda, l'atmosfera è elegante e il tempo scorre piacevolmente grazie ad un servizio impeccabile. Lo chef Marco Marras padroneggia con abilità una carta che alterna proposte di mare, vegetariane, lacustri e di carne, tutte presentate con precisione chirurgica e abilità scenografica. Gli appassionati apprezzeranno anche il piccolo, ma ben gestito carrello dei formaggi italiani.

🍴 ♿ 🅰 🏠 ⇔ 🅿 – Prezzo: €€€

Località Cordevigo – ℰ 045 723 5287 – ristoranteoseleta.it – Chiuso martedì e a mezzogiorno da lunedì a venerdì

CAVALESE

✉ 38033 – Trento (TN) – Carta regionale n° **6**–B2

❀   ### EL MOLIN

Chef: Alessandro Gilmozzi

CREATIVA • **ROMANTICO** Lo scricchiolio del legno antico del pavimento vi darà il benvenuto in questo antico mulino del Seicento, dove chef-patron Gilmozzi - guida alpina gastronomica - presenta lungo un unico menu degustazione (ma si può optare per una versione leggermente più corta) tutto il suo amore per la montagna e la passione che animano il suo cuore: affumicature realizzate al momento, un incredibile utilizzo di erbe autoctone, cortecce, licheni, resine accanto a formaggi unici, l'intenso sapore della selvaggina, pesci d'acqua dolce, mentre creatività e ricerca lo guidano verso cotture particolari. Una cucina d'artista!

❀ *L'impegno dello chef:* Oltre ad un piccolo orto di proprietà con piante spontanee, El Molin dispone di un vivaio di fiducia ad alta quota - Mas Vinal – per l'approvvigionamento di fiori eduli ed erbe di montagna. Vero e proprio animatore territoriale di sostenibilità, il punto di forza di chef Gilmozzi è anche la capacità di coinvolgere ricercatori e fornitori in progetti di recupero di varietà antiche, nonché di produzioni totalmente ecosostenibili.

⅋ – Prezzo: €€€€

Via Muratori 2 – ℰ 0462 340074 – alessandrogilmozzi.it

CAVALLINO

✉ 30013 – Venezia (VE) – Carta regionale n° **8**–C2

AI DO CAMPANILI

PESCE E FRUTTI DI MARE • **INTIMO** Una raccolta saletta al 1° piano accoglie questo locale che propone una cucina di qualità e una gestione giovane e dinamica. In carta non mancano mai crudi e variazioni moderne sul tema del pesce. Interessante selezione di vini, da acquistare anche per asporto.

🅰️ 🍴 – Prezzo: €€€

Via Marco Polo 2 – ☎ 041 530 1716 – aidocampanili.it – Chiuso mercoledì

CAVATORE

✉ 15010 – Alessandria (AL) – Carta regionale n° **1**–C3

😊 DA FAUSTO

PIEMONTESE • **CONVIVIALE** All'interno di una cascina ristrutturata in splendida posizione collinare e panoramica (nelle giornate più limpide lo sguardo spazia sino alle Alpi) si celebra la cucina piemontese. Tanta carne, quindi, ma anche ottime paste fresche (come i celebri agnolotti) e dolci golosi. La cantina accoglie le degustazioni – produzione in proprio di pinot nero locale spumantizzato con etichetta personalizzata – e per prolungare il soggiorno ci sono delle belle camere provviste di sauna.

🛏️ 🌿 🍴 ♿ 🅿️ – Prezzo: €€

Località Valle Prati 1 – ☎ 0144 325387 – relaisborgodelgallo.com – Chiuso lunedì e martedì

CAVAZZO CARNICO

✉ 33020 – Udine (UD) – Carta regionale n° **7**–A2

😊 BORGO POSCOLLE

TRADIZIONALE • **AGRESTE** Cucina casalinga legata al territorio in una gradevole trattoria familiare, con orto biologico e fattoria didattica per la pet therapy, dove la ricerca del prodotto locale - possibilmente a km 0 - si è trasformata in piacevole ossessione. I dolci sono la passione della titolare e non occorre aggiungere altro! Un posto incantevole per andare alla scoperta dei sapori della Carnia.

♿ 🍴 🅿️ – Prezzo: €

Via Poscolle 21/a – ☎ 366 491 5854 – Chiuso lunedì-mercoledì

CAVERNAGO

✉ 24050 – Bergamo (BG) – Carta regionale n° **5**–C1

✿ IL SARACENO

Chef: Roberto Proto

MODERNA • **CONTESTO CONTEMPORANEO** In ambienti accoglienti e raffinati, in cui lo stile spazia con nonchalance dal design al classico, la cucina di gusto mediterraneo si vuole seria, capace di accostamenti creativi, realizzata con prodotti di ottimo valore qualitativo, ma sobria, come ama definirla lo chef-patron Roberto Proto. Il pesce è il grande protagonista del menu, al pari di tanti ingredienti campani: un omaggio alla memoria personale e alla terra natale dei genitori del cuoco. Ricca e ben articolata, la selezione enoica tradisce un debole per bollicine e vini bianchi. In alternativa alla carta, a pranzo è possibile approfittare di un menu business.

🅰️ 🅿️ – Prezzo: €€€€

Piazza Don Verdelli 2 – ☎ 035 840007 – ristorante-ilsaraceno.it – Chiuso lunedì e martedì

CAVI DI LAVAGNA

✉ 16030 – Genova (GE) – Carta regionale n° **10**–C2

⌘ IMPRONTA D'ACQUA

Chef: Ivan Maniago

CREATIVA • CONTESTO CONTEMPORANEO Sul lungo rettilineo che costeggia mare e ferrovia, un ristorante open space dallo stile minimal-contemporaneo, caldo e intimo. La cucina predilige i prodotti del territorio, che associa a nuove tecniche in proposte audaci, che esaltano i sapori del mare antistante contrapponendoli a suggestioni di alloro, timo, cicerbita, raperonzolo... È un tributo ai profumi e ai colori delle colline dietro a Lavagna, dove lo chef-patron Ivan Maniago acquista olio EVO e carni di altissima qualità, valorizzando il lavoro di piccole realtà locali. Quattro percorsi degustazione – Pensieri, Vege "Table", Quinto Quarto e Inedito in Liguria –, da cui si possono estrarre piatti alla carta.

⛓ Ⓜ – Prezzo: €€€

Via Aurelia 2121 – ☎ 375 529 1077 – improntadacqua.com – Chiuso martedì e mercoledì a mezzogiorno

⌘ RAIEÜ

PESCE E FRUTTI DI MARE • FAMILIARE Raeiü è il fondatore di questa trattoria, sorta nei locali di deposito delle reti da pesca. Ora, dopo oltre 60 anni di attività, è ancora una solida certezza per qualità, prezzo e location. Vini naturali accompagnano la fragrante cucina dove molti prodotti provengono dalla fattoria di famiglia che produce ortaggi, ma soprattutto olio e vini bio. Mandilli al pesto e fritto misto tra i piatti iconici e la possibilità di accomodarsi sia nei classici spazi interni che nel dehors affacciato sul caratteristico vicolo.

Ⓜ 🛋 – Prezzo: €€

Via Milite Ignoto 23 – ☎ 0185390145 – Chiuso lunedì

CAVOUR

✉ 10061 – Torino (TO) – Carta regionale n° **1**–B3

LA NICCHIA

PIEMONTESE • RUSTICO All'interno di un edificio di fine '700 arriva in tavola il meglio delle materie prime locali in ricette regionali tradizionali, benevolmente aperte ad intrusioni moderne. Due menu degustazione (di cui uno vegetariano) e scelta alla carta. In cantina un'ottima selezione di vini, mentre il locale si sdoppia con la Vineria, dove si servono piatti più semplici ed economici.

❀ 🛋 – Prezzo: €€

Via Roma 9 – ☎ 0121 600821 – lanicchia.net – Chiuso mercoledì

LA POSTA Ⓝ

PIEMONTESE • CONTESTO TRADIZIONALE Ambienti classici che si rifanno agli inizi del secolo scorso con suggestive foto e documenti che raccontano la storia del locale e tante salette caratterizzate da soffitti in legno. Nella proposta culinaria di stampo tradizionale spiccano le buone paste fatte a mano e il carrello dei bolliti. Un classico della casa è il coniglio stufato servito con un abbondante accompagnamento di peperoni di Carmagnola. Produzione propria di leccornie come la giardiniera, le conserve e la pasticceria.

❀ ⛓ Ⓜ ⟷ – Prezzo: €€

Via dei Fossi 4 – ☎ 0121 69989 – locandalaposta.it – Chiuso venerdì

CECINA

✉ 57023 – Livorno (LI) – Carta regionale n° **11**–B2

IL DORETTO

CLASSICA • FAMILIARE Nella gradevole atmosfera di un cascinale alle spalle della località, fuori dalla calca del litorale, il cuoco, appassionato di Champagne di cui serve una discreta selezione, reinterpreta i classici toscani, sia di terra sia soprattutto di mare (in estate quasi solamente!). Concretezza di sapori e freschezza delle materie prime ne sanciscono il successo.

♿ Ⓚ 🏠 **P** – Prezzo: €€

Via Pisana Livornese 32 – ☎ 0586 668363 – Chiuso mercoledì e domenica sera

CEFALÙ – Palermo (PA) → Vedere Sicilia in fondo alla Guida

CEGLIE MESSAPICA

✉ 72013 – Brindisi (BR) – Carta regionale n° **16**–C2

CIBUS

PUGLIESE • CONTESTO TRADIZIONALE Il ristorante si trova nel dedalo di viuzze del centro storico di Ceglie e particolarmente suggestivo è accomodarsi ai tavoli della piccola corte interna. Il ristorante è da tempo e giustamente celebre per l'attenta ricerca delle tradizioni gastronomiche regionali e una tappa imperdibile per chi vuole scoprire la Puglia nel piatto. Squisito il "marretto di agnello da latte con patate al forno" e interessante la generosa proposta enoica regionale.

🐶 Ⓚ 🏠 – Prezzo: €

Via Chianche di Scarano 7 – ☎ 0831 388980 – ristorantecibus.it – Chiuso martedì

CELLE LIGURE

✉ 17015 – Savona (SV) – Carta regionale n° **10**–B2

META RISTORANTE

MODERNA • CONTESTO TRADIZIONALE Piccolissima sala dai tavoli ravvicinati, moderna ma semplice, ricavata da un ex rimessa per le barche a due passi dal mare. La cucina si divide tra terra e mare, prendendo spunto dai sapori liguri per allargare lo spettro verso preparazioni più contemporanee.

♿ Ⓚ – Prezzo: €€

Via Generale Pescetto 5 – ☎ 019 994222 – ristorantemeta.it – Chiuso lunedì e a mezzogiorno da martedì a giovedì

CÉRES

✉ 10070 – Torino (TO) – Carta regionale n° **1**–B2

VALLI DI LANZO

PIEMONTESE • AGRESTE "Ristourànt Valàdess at Lanss con Oubèrgi" recita l'insegna di questo locale nel centro del caratteristico paesino di Céres. Cucina di stampo regionale, ma personalizzata: i prodotti della valle sono il fulcro delle specialità, accompagnate da una ben strutturata selezione di vini regionali, nazionali ed esteri. Nella bella stagione, tavoli anche all'aperto.

Ⓚ 🏠 ⇔ – Prezzo: €€

Via Roma 11 – ☎ 0123 53180 – ristorantevallidilanzo.eu – Chiuso martedì

CERIGNOLA

✉ 71042 – Foggia (FG) – Carta regionale n° **16**–B2

U' VULESCE

PUGLIESE • ACCOGLIENTE Sulla base della salumeria aperta più di 60 anni fa (che ora serve anche aperitivi con piccoli piatti d'accompagnamento), la famiglia Di Donna ha impostato un valido ristorante dove propone i migliori prodotti di questa generosa regione. Tra terra e mare, salumi e formaggi, il tutto si accompagna a buoni vini.

🎔 🏠 – Prezzo: €

Via Cesare Battisti 3 – ☏ 0885 425798 – uvulesce.it – Chiuso lunedì e domenica sera

CERMES

✉ 39010 – Bolzano (BZ) – Carta regionale n° **6**–A1

MIIL

CONTEMPORANEA • ELEGANTE Nel contesto dell'azienda vinicola Kränzelhof, il mulino quattrocentesco è stato trasformato in un ameno ristorante assai curato, soprattutto negli spazi esterni. Lo chef propone una carta non amplissima, che però viene aggiornata frequentemente con il meglio degli ingredienti di stagione, composta da piatti d'ispirazione contemporanea. Buona selezione enoica.

🎔 🏠 ✿ **P** – Prezzo: €€€

Via Palade 1 – ☏ 0473 563733 – miil.it – Chiuso lunedì e domenica

CERNOBBIO

✉ 22012 – Como (CO) – Carta regionale n° **5**–A1

❀ **MATERIA**

Chef: Davide Caranchini

CREATIVA • CONTESTO CONTEMPORANEO "Mi sono formato nella ristorazione classica poi è arrivata l'esperienza al Noma di Copenaghen, che ha cambiato completamente le mie idee e percezioni, riportandomi un po' alle origini nelle valli del lago di Como – racconta Caranchini – dove mia nonna raccoglieva le cose selvatiche d'estate per poi mangiarle d'inverno, quando da noi non cresce quasi niente". Cucina di contaminazione italiana, asiatica e altro ancora, in carta troverete molte verdure, spezie ed erbe aromatiche, che lo chef mette al servizio del suo credo: sgrassare i piatti estraendo e concentrando i sapori. Chi ama la sperimentazione e gli accostamenti originali troverà qui il suo ristorante: molti dei piatti in carta - dolci compresi - sono una sfida al già visto, senza timore di esplorare gusti talvolta più difficili da proporre, come l'acido e l'amaro. Il tutto servito con cordialità e competenza da un'equipe giovane e preparata.

♿ 🎔 – Prezzo: €€€

Via Cinque Giornate 32 – ☏ 031 207 5548 – ristorantemateria.it – Chiuso lunedì e martedì

CASA PERROTTA RESTAURANT

ITALIANA CONTEMPORANEA • FAMILIARE Pochi coperti in questo accogliente e piccolo locale piuttosto minimalista, la cui cucina cerca di uscire dall'ordinario con piatti personalizzati di terra e di mare, declinati in tre formule degustazione o alla carta. A proporli una brigata familiare di giovani campani trasferitisi qui dopo importanti esperienze pregresse.

🎔 – Prezzo: €€€

Via Cinque Giornate 72 – ☏ 351 524 2095 – casaperrottarestaurant.it – Chiuso lunedì

LA VERANDA

ITALIANA CONTEMPORANEA • LUSSO Una splendida vista nella bella stagione con i tavoli in riva al lago, perfetta cornice per momenti di relax gustando i piatti che valorizzano la tradizione italiana ma anche soddisfano i palati internazionali. Se il tempo non lo permette starete altrettanto bene nella elegante sala interna con vista in parte sul lago - la più richiesta! - o vista giardino. Dress code: per la sera è richiesta una certa eleganza (non per niente siamo all'interno del lussuoso hotel Villa d'Este).

⬅ 🛏 Ⓜ 🌣 🅿 – Prezzo: €€€€

Via Regina 40 – 𝒞 031 348400 – villadeste.com

CERRETO GUIDI

✉ 50050 – Firenze (FI) – Carta regionale n° **11**–C1

PS RISTORANTE

Chef: Stefano Pinciaroli

CONTEMPORANEA • AGRESTE Nella splendida campagna di Cerreto Guidi, Villa Petriolo è una magnifica residenza medicea che dispone anche di 36 lussuose camere. Oltre al fascino della casa e del suo giardino, su cui dà il dehors del ristorante, grandi possibilità sono offerte dalle fragranti produzioni interne: olio EVO, vino, allevamento di cinta senese, carni e galline per le uova, e poi ancora l'orto e i grani antichi, integrati da ingredienti km 0, che lo chef reinterpreta con stile moderno. Più tradizionale l'offerta dell'Osteria Golpaja.

❀ *L'impegno dello chef:* PS Ristorante si trova all'interno di un'azienda agricola biologica. L'offerta gastronomica si basa su due concetti chiave indissolubilmente legati tra loro: "prossimità" e "coerenza". Qui vengono allevati polli, capre, pecore, cinte senesi; vi sono orti e frutteti, produzione in proprio di olio, vino e cereali antichi. Il ristorante aderisce al progetto "Forest for the Planet" con la donazione di 5 ettari dei propri boschi per contrastare gli effetti dannosi causati dall'anidride carbonica.

⬅ 🛏 ♿ Ⓜ 🌣 🅿 – Prezzo: €€€

Via di Petriolo 7 – 𝒞 0571 182 6068 – ps-ristorante.it – Chiuso domenica e a mezzogiorno

CERRETTO LANGHE

✉ 12050 – Cuneo (CN) – Carta regionale n° **2**–A2

FÀULA

PIEMONTESE • CASA DI CAMPAGNA Il Fàula (favola in piemontese) è la proposta gourmet all'interno di Casa Langa, struttura che si apre come un anfiteatro con vista panoramica sulla vallata. Il giovane chef Daniel Zeilinga propone una cucina che miscela con estro tradizione piemontese e interpretazioni moderne. Una buona selezione dei cru della zona e un orto biodinamico supportano sala e cucina nel soddisfare il cliente.

⬅ 🛏 ♿ Ⓜ 🌣 🔄 🅿 – Prezzo: €€€

Località Talloria 1 – 𝒞 0173 520520 – casadilanga.com – Chiuso a mezzogiorno da lunedì a venerdì

TRATTORIA DEL BIVIO

PIEMONTESE • ROMANTICO A 700 metri d'altitudine, in Alta Langa, trovate una cucina tradizionale realizzata ad ottimi livelli e servita in sale dagli accenti rustici ma contemporanei. Tra gli ingredienti più rappresentativi ricordiamo i funghi, i tartufi, le paste fresche come i tajarin e i ravioli del plin, nonché le eccellenti carni della regione. La qualità del pane e della focaccia con lievito naturale meritano una menzione particolare.

⚜ 🏠 ⇄ 🅿 – Prezzo: €€

località Cavallotti 9 – ☏ 0173 520383 – trattoriadelbivio.it – Chiuso lunedì e martedì

CERVERE

✉ 12040 – Cuneo (CN) – Carta regionale n° 1–B3

🕸 🕸 ANTICA CORONA REALE

Chef: Gian Piero Vivalda

PIEMONTESE • CONTESTO TRADIZIONALE Storico indirizzo tra Langhe e Monviso, che ha celebrato alcuni anni fa il suo duecentesimo anniversario, il ristorante gestito dalla famiglia Vivalda da cinque generazioni nasce come cascina, per ottenere poi i riconoscimenti culinari che tutti conoscono. Lo chef-patron Gian Piero dà vita a menu vocati all'eccellenza, proponendo una cucina colorata, profumata, contraddistinta da esecuzioni di alto livello. Punto di riferimento per gourmet italiani ed internazionali, il ristorante lo è anche per numerose aziende del territorio, che forniscono capponi, faraone, vitelli, peperoni di Carmagnola, funghi porcini, e altro ancora. La carta è un invito a lasciarsi andare al sapore e al godimento del palato: si perde sempre qualche minuto nel momento della sua consultazione e della scelta perché si vorrebbe assaggiare tutto. L'unica via di salvezza è la consapevolezza che comunque, prima o poi, ci si potrà tornare! Nella bella stagione ci si può accomodare all'ombra di un bel pergolato, fra fiori variopinti e una piccola fontanella, mentre per cene intime due salette private sono a disposizione degli ospiti, di cui una in cantina circondati da etichette leggendarie. Possibilità di acquisto di alcuni prodotti da forno.

⚜ ♿ 🅰🅲 🏠 ⇄ 🅿 – Prezzo: €€€€

Via Fossano 13 – ☏ 0172 474132 – anticacoronareale.com – Chiuso mercoledì e martedì sera

CERVIA

✉ 48015 – Ravenna (RA) – Carta regionale n° 9–D2

LOCANDA DEI SALINARI

PESCE E FRUTTI DI MARE • CONTESTO TRADIZIONALE Locale raccolto ed accogliente nell'antico borgo dei Salinari: lo chef-patron propone una cucina pacatamente moderna usufruendo dei migliori prodotti della Romagna, sia di terra sia di mare.

🅰🅲 🏠 – Prezzo: €€

Via XX Settembre 67 – ☏ 0544 971133 – locandasalinari.it – Chiuso mercoledì

CESENATICO

✉ 47042 – Forlì-Cesena (FC) – Carta regionale n° 9–D2

🕸 LA BUCA

PESCE E FRUTTI DI MARE • MINIMALISTA Lungo il pittoresco Porto Canale e le sue case d'epoca, alcuni tavoli sono sistemati proprio a ridosso dell'acqua, ma se preferite la sala interna, vi aspetta un'atmosfera moderna ed elegante con la cucina a vista. In carta quasi esclusivamente pesce, perlopiù proveniente da pescatori locali. Aperta

da un'ampia selezione di crudi, la proposta del cuoco prosegue con piatti piuttosto elaborati e ricercate presentazioni, per un pasto a cui non mancherà certo lo stile.
さ 画 余 – Prezzo: €€€
Corso Garibaldi 45 – ℰ 0547 675649 – labucaristorante.com – Chiuso lunedì e martedì a mezzogiorno

😊 OSTERIA BARTOLINI

PESCE E FRUTTI DI MARE • STILE MEDITERRANEO Se desiderate mangiare all'aperto, lungo l'incantevole Porto Canale sono installati dei tavoli, mentre dentro vi aspetta un semplice ma piacevole ambiente nello stile di una trattoria marinara. Sulle tovagliette di carta sono elencati i piatti – tra cui diverse proposte di fritto – integrati da alcuni fuori menu; solo mare, in preparazioni gustose e tradizionali.
さ 画 余 – Prezzo: €€
Corso Garibaldi 41 – ℰ 0547 82474 – osteriabartolini.com

12 RISTORANTE

PESCE E FRUTTI DI MARE • DI TENDENZA Situato in bella posizione sul Porto Canale leonardesco che ospita i battelli storici del Museo della marineria, il 12 è un omaggio al mare e ai suoi prodotti. Cucina di pesce freschissimo, a km 0, in ricette concrete, gustose e curate. La sala è personalizzata con opere d'arte realizzate dal titolare.
画 余 – Prezzo: €€
Via Armellini 12/a – ℰ 0547 82093 – 12ristorante.com – Chiuso giovedì e a mezzogiorno

MARÉ

MODERNA • ALLA MODA Un'inaspettata tappa gastronomica in un tipico stabilimento balneare della riviera romagnola, con la sala che si apre sulla spiaggia e un'interminabile fila di ombrelloni. E invece arrivano piatti curati, talvolta creativi, di buon livello. Un suggerimento su tutti: i monfettini (pasta fresca all'uovo) mantecati alle seppie, vongole, canocchie e inchiostro, si presenta come un risotto ed è golosissimo. Bene anche per la carta dei vini, in particolare la selezione di Champagne.
畿 さ 余 – Prezzo: €€€
Via Molo di Levante 74 – ℰ 331 147 6563 – mareconlaccento.it

VERANDA 🄽

PESCE E FRUTTI DI MARE • ELEGANTE È Alberto Faccani, cuoco bistellato del ristorante Magnolia sulle prime colline dell'entroterra, a sovraintendere alla cucina di questo ristorante. Privi di particolari elaborazioni, i piatti rispecchiano fedelmente le ricette della tradizione marinara dell'Adriatico, con il pescato al centro dell'attenzione. Quindi spazio a crudi, gratinati, insalata di mare, paste e risotti, mentre i secondi vertono su cotture alla griglia, al forno e in tegame.
さ 画 余 – Prezzo: €€€
Viale Giosuè Carducci 140 – ℰ 0547 401898 – ristoranteveranda.it – Chiuso lunedì e a mezzogiorno

CETARA

✉ 84010 – Salerno (SA) – Carta regionale n° **17**-B2

😊 AL CONVENTO - CASA TORRENTE

CAMPANA • CONTESTO CONTEMPORANEO Dopo il rinnovo, la sala affrescata ha assunto un look più moderno da osteria contemporanea e la terrazza sulla piazzetta del pittoresco borgo è sempre piacevole. La carta è per lo più dedicata ai prodotti del mare locale: crudi, tartare, fritti come le classiche alici ripiene di provola affumicata, cotture alla brace e paste tra cui lo spaghetto alla locale colatura di alici. Alle proposte di mare si affiancano alcuni piatti di carne (tomahawk e bistecca).

Si spende un filo di più col pescato dalla ghiacciaia dedicata o con la novità del pesce frollato.

🅰🅲 🍴 – Prezzo: €€

Piazza San Francesco 16 – ✆ 089 261039 – alconvento.net

⊛ LA DISPENSA DI ARMATORE ⓝ

PESCE E FRUTTI DI MARE • **CONVIVIALE** Piccolissimo locale, atipico, quasi un bistrot con soli tavoli all'aperto, al bancone con sgabelli vista mare oppure nel più classico dehors. La carta non è ampia ma la qualità del pesce ottima! Troverete tonno rosso, alici, totani... d'altra parte i proprietari da quattro generazioni si occupano di pesca. I golosi sappiano che viene proposto un unico dessert, lo spumone, realizzato per loro da una vicina gelateria artigianale. Non viene nemmeno servito il caffè: qui si viene proprio per le ottime proposte ittiche che in quanto a prezzi, trovandoci in Costiera, rendono l'indirizzo più unico che raro.

🍴 – Prezzo: €

Via Cantone 1 – ✆ 089 262034 – armatorecetara.it – Chiuso mercoledì

CETONA

✉ 53040 – Siena (SI) – Carta regionale n° **11**–D3

DA NILO

TOSCANA • **ACCOGLIENTE** Affacciato sulla pittoresca piazza principale di Cetona, che si può ammirare dai tavoli del dehors, il ristorante propone una cucina tipica della regione, quasi esclusivamente di terra.

🅰🅲 🍴 ♿ – Prezzo: €€

Piazza Garibaldi 31 – ✆ 0578 239040 – iltigliodipiazza.it – Chiuso martedì

LA FRATERIA DI PADRE ELIGIO

DEL TERRITORIO • **ELEGANTE** Ospitata in un convento fondato da San Francesco nel 1212, la Frateria nasce per volontà di Frate Eligio all'interno della comunità di recupero Mondo X. Si mangia nel vecchio carcere conventuale, in un'atmosfera curata e sobria al tempo stesso. Il menu segue le stagioni e i prodotti provengono dagli orti di varie sedi della comunità. Tra suggestioni mistiche, ci si lascia andare a peccati di gola, ma bisogna prenotare con un certo anticipo. Immancabile la visita alla straordinaria cantina.

🐾 🍴 ♿ 🅿 – Prezzo: €€€

Via San Francesco 2 – ✆ 0578 238261 – lafrateria.it

CHERASCO

✉ 12062 – Cuneo (CN) – Carta regionale n° **1**–B3

⊛ OSTERIA LA TORRE

PIEMONTESE • **SEMPLICE** Il fascino di Cherasco, le sue strade ortogonali, la sua atmosfera pittoresca, meritano già una visita, ma alla bellezza del borgo - tra l'altro centro di eccellenza dell'allevamento di lumache - si aggiunge la qualità di questa osteria, dove, in un'atmosfera piacevolmente informale, troverete una straordinaria interpretazione delle tradizioni piemontesi.

♿ 🅰🅲 🍴 – Prezzo: €€

Via dell'Ospedale 22 – ✆ 0172 488458 – Chiuso lunedì e domenica sera

CHIARAMONTE GULFI – Ragusa (RG) ➡ Vedere Sicilia in fondo alla Guida

CHIAVARI

✉ 16043 – Genova (GE) – Carta regionale n° **10**–C2

DA FELICE

LIGURE • MINIMALISTA Ambiente moderno dai toni caldi e dallo stile minimalista, con cucina a vista e dehors estivo, questo storico ristorante è presente nella località dal 1903. Il menu propone essenzialmente pesce del mercato giornaliero in diverse preparazioni.

🅰️🏠♿ – Prezzo: €€

Corso Valparaiso 136 – ☏ 0185 308016 – ristorantefelice.com

DUO

MODERNA • CONTESTO CONTEMPORANEO Nella ricerca di un loro locale, Lucia e Marco si sono imbattuti nella storica tipografia di Chiavari ed è stato amore a prima vista. Il palazzo con la sua storia e i suoi spazi unisce la bellezza strutturale del luogo alla valorizzazione dell'artigianato locale voluta dai giovani proprietari. Anche la cucina, sebbene moderna, sembra voler raccontare una storia che spesso giunge da molto lontano.

♿🅰️🏠 – Prezzo: €€

Via Senatore Dallorso 10 – ☏ 0185 475658 – Chiuso lunedì, domenica e a mezzogiorno

LORD NELSON

PESCE E FRUTTI DI MARE • VINTAGE Un tuffo nel passato: direttamente sul lungomare, gli interni ricordano le ammiraglie inglesi con legno lucidato a specchio e ambienti classici. La cucina è mediterranea, i prodotti di qualità e la carta dei vini ricca di etichette anche con qualche anno di invecchiamento. Vi è anche una zona american bar per intrattenersi nel periodo invernale a sorseggiare svariati cocktail.

🍸 – Prezzo: €€

Corso Valparaiso 27 – ☏ 0185 302595 – thelordnelson.it – Chiuso lunedì, martedì e a mezzogiorno mercoledì e giovedì

CHIENES

✉ 39030 – Bolzano (BZ) – Carta regionale n° **6**–B1

😋   **GASSENWIRT**

DEL TERRITORIO • SEMPLICE Appena in disparte all'inizio della val Pusteria, questa semplice risorsa si trova accanto alla chiesa del piccolo borgo ed ha radici antichissime che risalgono al 1602. Origini onorate con una cucina saporita, a tratti casalinga, fortemente sudtirolese e familiare. Qualche esempio: Schlutzkrapfen - i ravioli tipici - in cui la ricetta degli avi prevedeva farcia con patate e ricotta (senza spinaci), poi Pressknödel di Graukäse (il formaggio grigio), crostini di milza, le carni dei masi circostanti. Anche la carta vini - seppur ristretta - è una buona presentazione della viticoltura regionale.

🅿️ – Prezzo: €

Via Paese 42 – ☏ 0474 565389 – gassenwirt.it – Chiuso lunedì

CHIERI

✉ 10023 – Torino (TO) – Carta regionale n° **1**–B2

CASCINA LAUTIER

MODERNA • CASA DI CAMPAGNA Adagiato su una bella collina poco fuori la cittadina, è un ristorante dall'atmosfera signorile, la cui cucina dialoga principalmente con il territorio, ma concedendosi qualche rivisitazione.

☖ ♿ Ⓜ 🛋 ♻ 🅿 – Prezzo: €€
Strada Baldissero 121 – ☏ 011 942 3450 – cascinalautier.it – Chiuso lunedì-mercoledì

DE GUSTIBUS

MEDITERRANEA • AMBIENTE CLASSICO Signorile e piacevolmente vintage nell'atmosfera, qui assaggerete una cucina dai connotati mediterranei, elaborata in chiave moderna con un bel menu esposto a voce, in base agli acquisti giornalieri. Servizio molto cordiale e attento.
♿ Ⓜ – Prezzo: €€
Via Martiri della Libertà 9 – ☏ 011 940 0713 – degustibuschieri.it – Chiuso lunedì, domenica e a mezzogiorno

CHIES D'ALPAGO

✉ 32010 – Belluno (BL) – Carta regionale n° **8**–C2

LOCANDA SAN MARTINO Ⓝ

CUCINA DI STAGIONE • SEMPLICE Questa locanda fondata nel 1952 è ancora gestita dalla stessa famiglia, soprattutto nella componente femminile. Ai fornelli vanta la presenza di uno chef la cui lunga esperienza si percepisce nella proposta e nelle preparazioni. Molte delle carni, tra cui l'agnello, sono allevate nell'azienda di famiglia nei pressi del ristorante, e i piatti, legati alla classicità, sono presentati con gusto attuale, seguendo le stagioni. Quando il clima lo permette, approfittate dell'ampia terrazza con vista sul tramonto in Alpago.
Ⓜ 🛋 – Prezzo: €€
Via Don Ermolao Barattin 23 – ☏ 334 139 0806 – locandasanmartino.com – Chiuso martedì e mercoledì e lunedì sera

CHIESA IN VALMALENCO

✉ 23023 – Sondrio (SO) – Carta regionale n° **4**–B1

MALENCO

LOMBARDA • CONVIVIALE Un ristorante dal taglio famigliare e dagli interni accoglienti, con vista panoramica sulla vallata, per una cucina d'ispirazione regionale e qualche specialità giornaliera di pesce fresco.
♻ 🅿 – Prezzo: €€
Via Funivia 22 – ☏ 0342 452182 – ristorantemalenco.wixsite.com/valmalenco – Chiuso martedì

CHIETI

✉ 66100 – Chieti (CH) – Carta regionale n° **15**–B1

FUTURA Ⓝ

CONTEMPORANEA • CONTESTO STORICO Nel cuore del centro storico, sulla monumentale piazza San Giustino, le pareti in mattoni delle sale del ristorante, disposto su due piani, testimoniano il passato, mentre la cucina di Alessandra Di Paolo, in prevalenza di carne, volge lo sguardo verso piatti più contemporanei, con qualche interessante risvolto tecnico e creativo.
Ⓜ – Prezzo: €€
Piazza San Giustino 7 – ☏ 327 326 3310 – futuraristorante.it – Chiuso lunedì, a mezzogiorno martedì e mercoledì e domenica sera

CHIOGGIA

✉ 30015 – Venezia (VE) – Carta regionale n° **8**-C3

EL GATO

PESCE E FRUTTI DI MARE • **ACCOGLIENTE** Chioggia è famosa per essere uno dei porti pescherecci più riforniti della zona e in questo ristorante ne troverete un ottimo saggio. Si trova lungo il viale centrale di passeggio della pittoresca cittadina e la qualità dei prodotti è veramente rimarchevole, mentre le preparazioni sono quelle tradizionali dell'Adriatico, soprattutto a base di pesce azzurro.

♿ 🅰 🍽 – Prezzo: €€€

Corso del Popolo 653 – ☎ 041 400265 – ristoranteachioggia.it – Chiuso lunedì e martedì

CHIUSDINO

✉ 53012 – Siena (SI) – Carta regionale n° **11**-C2

SAPORIUM Ⓝ

Chef: Ariel Hagen

TOSCANA • **LUSSO** Saporium è il nuovo fine dining ricavato all'interno dello stupendo Relais Borgo Santo Pietro, una casa antica i cui interni mostrano una cura rara e raffinata che la sera, all'ora di cena, diviene quanto mai romantica avvolta com'è dal gioco di luci soffuse e ombre realizzato da mille candele. Col bel tempo ci si accomoda sotto ad un elegante portico del 1200 affacciato sul giardino e sulla Valle Serena, che comprende gli oltre 100 ettari di proprietà. Ed è proprio da lì, dagli ulivi, dalle vigne, dagli orti e dai frutteti, che prende vita la cucina impostata dall'executive chef Ariel Hagen e realizzata da Luca Ottogalli: piatti moderni e delicati. La volontà è infatti quella di raccontare le stagioni di questo territorio straordinario: il dessert con la variazione di noci degli alberi del Borgo ne è un esempio perfetto! La selezione vini con oltre 1000 referenze permette qualsiasi tipo di pairing.

🌱 **L'impegno dello chef:** I 120 ettari di Borgo Santo Pietro, coltivati in biologico, comprendono orti, giardini botanici, vigneti, foreste e una fattoria dove si allevano galline, ovini, maiali, tacchini e conigli. All'interno della tenuta trovano posto anche un hotel di lusso, un centro benessere e vari ristoranti, tra cui il Saporium, che è coperto per quasi l'80% del suo fabbisogno. Nell'impegno verso la sostenibilità si iscrive anche il laboratorio di fermentazione che trasforma gli esuberi di produzione stagionale.

🛎 🤵 ♿ 🅰 🍽 🅿 – Prezzo: €€€€

Località Palazzetto 110 – ☎ 0577 751222 – saporium.com – Chiuso lunedì e a mezzogiorno

CHIUSI

✉ 53043 – Siena (SI) – Carta regionale n° **11**-D3

😊 OSTERIA LA SOLITA ZUPPA

TOSCANA • **FAMILIARE** Nel centro storico di Chiusi, l'atmosfera è quella di una tipica trattoria toscana sotto un suggestivo soffitto con volte a botte. L'amore per la cucina regionale diventa recupero di ricette tradizionali - alcune eseguite con l'ausilio di un forno a legna - accompagnate da quella pienezza di sapori che c'è da queste parti.

🛎 🅰 🍽 – Prezzo: €

Via Porsenna 21 – ☎ 0578 21006 – lasolitazuppa.it – Chiuso martedì

I SALOTTI

CREATIVA • **ELEGANTE** In estate gli spazi esterni come il gazebo del giardino sono perfetti per una cena a lume di candela in totale armonia con la natura, mentre in inverno ci si accomoda all'interno, in una residenza nobiliare del XIX secolo di

squisita raffinatezza e pochi tavoli (da prenotare con largo anticipo). Cucina creativa, elaborata partendo da diversi prodotti provenienti dalla stessa azienda agricola e una cantina storica che - nel corso degli anni - si è arricchita notevolmente e
oggi può vantare oltre duemila etichette, molte delle quali di elevatissimo pregio,
sia della regione sia dell'intero Paese.

&& 🖧 ᕻ 🅐 🍴 🅿 – Prezzo: €€€€

*Località Querce al Pino, SS 146 – 𝒞 0578 274407 – ilpatriarca.it – Chiuso lunedì,
martedì e a mezzogiorno*

CICOGNOLO

✉ 26030 – Cremona (CR) – Carta regionale n° **4**-C3

OSTERIA DE L'UMBRELEÈR

LOMBARDA • AMBIENTE CLASSICO Immaginate la Bassa padana, in autunno:
nebbiolina mattutina e l'atmosfera classica dai toni rustici di un ristorante tradizionale che propone i must della cucina lombarda: primi piatti e carni di qualità, in primis. Siamo a Cigognolo, il consiglio dell'ispettore è per la zuppa di cipolle bianche
gratinata o per le lumache (stile bourguignonne). A pranzo è disponibile anche un
menu più semplice e per le serate estive, un giardinetto con dehors.

🅐 🍴 – Prezzo: €€

Via Mazzini 13 – 𝒞 0372 830509 – umbreleer.it – Chiuso lunedì e martedì

CIMA

✉ 22018 – Como (CO) – Carta regionale n° **4**-A2

LA MUSA RESTAURANT & ROOFTOP TERRACE

MODERNA • MINIMALISTA Sei intimi tavoli in una moderna sala dalle ampie
vetrate che offre una bella vista sul lago e il panorama si fa ancora più suggestivo
nel servizio estivo all'aperto. Ingredienti dal nord al sud per una cucina italiana
contemporanea: un fine dining per serate romantiche.

🅐 🍴 🅿 – Prezzo: €€€

*Località Cini 29 – 𝒞 0344 629132 – ristorante-la-musa.com – Chiuso lunedì e a
mezzogiorno*

CITTÀ DELLA PIEVE

✉ 06062 – Perugia (PG) – Carta regionale n° **13**-A2

ZAFFERANO 🆕

CLASSICA • ROMANTICO Nelle sale interne o sulla bella veranda estiva, questo
accogliente ristorante ospitato in un hotel raccolto e signorile propone sapori a
cavallo tra Umbria e Toscana. Al termine dell'esperienza gastronomica, vi consigliamo una passeggiata nella bella Città della Pieve, famosa per lo zafferano e per il
vicolo Baciadonne, uno dei più stretti d'Italia con i suoi 80 cm di larghezza massima.

🖧 ᕻ 🅐 🍴 – Prezzo: €€

*Viale Vanni 1 – 𝒞 0578 298063 – hotel-vannucci.com – Chiuso martedì e
mercoledì e la sera lunedì, giovedì, venerdì*

CIVIDALE DEL FRIULI

✉ 33043 – Udine (UD) – Carta regionale n° **7**-B2

🫕 AL MONASTERO

REGIONALE • CONTESTO TRADIZIONALE Ottimi salumi locali ed altre golosità
del territorio in un ristorante dalle sale accoglienti: originale quella con il tipico
fogolar furlan o quella con l'affresco celebrativo di Bacco. Da segnalare, tempo
permettendo, anche un romantico servizio nella corte interna del palazzo storico.
Servizio al femminile attento e preparato.

AC 🛋 – Prezzo: €
Via Ristori 9 – ☏ 0432 700808 – almonastero.com – Chiuso lunedì e domenica sera

CIVITANOVA MARCHE
✉ 62012 – Macerata (MC) – Carta regionale n° **14**-C2

ANASTASIA
PESCE E FRUTTI DI MARE • BISTRÒ Fronte mare, cocktail bar e ristorante con specialità di pesce freschissimo e proposto sia in maniera classica - come le tartare – sia in ricette più elaborate. L'ambiente moderno e arioso lascia il posto nella bella stagione al servizio all'aperto. Stanze ed appartamenti di lusso per chi volesse prolungare la sosta e piscina sul roof.
🛋 – Prezzo: €€
Via Bainsizza 3 – ☏ 366 200 9550 – anastasiapiccolamaesta.com – Chiuso lunedì e domenica sera

GALILEO
PESCE E FRUTTI DI MARE • STILE MEDITERRANEO Sala interna affacciata sulla spiaggia, Galileo è il classico ristorante di pesce dell'Adriatico con le ricette che conosciamo e amiamo tutti: dall'insalata di mare alla degustazione di antipasti, dalle paste con vari condimenti marini al fritto di paranza e la grigliata mista. Insomma, piatti golosi e tradizionali, con il pescato al centro dell'attenzione senza troppe elaborazioni.
AC 🛋 – Prezzo: €€€
Via IV Novembre conc. 25 – ☏ 0733 817656 – ristorantegalileo.it – Chiuso martedì

CIVITAVECCHIA
✉ 00053 – Roma (RM) – Carta regionale n° **12**-A2

🐵 FORMA
ITALIANA CONTEMPORANEA • INTIMO Non sul mare, ma ai piedi di un quartiere medievale, intimo ristorante dove i muri storici sono intervallati da dettagli moderni quali il parquet nero e i tubi industrial. Anche la cucina dello chef Gianluca Formichella unisce tradizione e gioco moderno, in piatti di pesce e di carne fantasiosi e risolti con ispirazioni personali. Optando per i menu degustazione, il rapporto qualità-prezzo è davvero ottimo.
AC 🛋 – Prezzo: €€
Via Trieste 9 – ☏ 0766 672647 – Chiuso lunedì e a mezzogiorno da martedì a venerdì

CIVITELLA CASANOVA
✉ 65010 – Pescara (PE) – Carta regionale n° **15**-B1

❀ LA BANDIERA
Chef: Marcello e Mattia Spadone
ABRUZZESE • AMBIENTE CLASSICO Se si viene qui in primis per gustare prelibatezze del territorio creativamente reinterpretate, la posizione, immersa nel verde (meglio farsi consigliare la strada per arrivarci) non è da meno... Fu una grande passione per la cucina e per questi luoghi che nel 1977 spinse Anna D'Andrea a riconvertire in trattoria una rivendita di sali e tabacchi. Da qui è stato un crescendo di successo, supportato da un'incessante ricerca che ha portato il locale ad essere un'indiscussa bandiera della migliore cucina abruzzese di terra, firmata dal figlio di Anna, Marcello Spadone, e dai suoi figli. Gli aromi delle erbe aromatiche coltivate nell'orto danno ulteriore lustro alle specialità della casa. La cantina è in continua evoluzione e si confermano la buona selezione al calice e i prezzi davvero corretti.
❀ *L'impegno dello chef:* Se un orto tradizionale e uno sinergico danno vita ad un'eccellente produzione di olio EVO e alla preparazione di squisite conserve, La Bandiera è decisamente al passo con i tempi anche per quanto riguarda la

que–stione energetica: impianto fotovoltaico, sistema di accumulo per climatizzazione con pompa di calore, colonnina a ricarica rapida per auto elettriche.

🕸 ≼ �& 🕮 🛱 **P** – Prezzo: €€€

Contrada Pastini 4 – ℰ 085 845219 – labandiera.it – Chiuso martedì e mercoledì

IL RITROVO D'ABRUZZO

MODERNA • AMBIENTE CLASSICO Se non siete già in zona, arrivarci può richiedere tempo, ma è tempo ben speso attraverso una delle pagine paesaggistiche più incantevoli dell'Abruzzo rurale e collinare. Ristorante familiare (i due fratelli Di Tillio, uno in sala, l'altro in cucina) con gradevole servizio esterno estivo, la cucina vi condurrà attraverso le tradizioni gastronomiche del territorio, sovente proposte con i prodotti del proprio orto e qualche piatto più creativo.

≼ ⇔ & 🕮 🛱 **P** – Prezzo: €€

Contrada Bosco 16 – ℰ 085 846 0019 – ilritrovodabruzzo.com – Chiuso martedì

CIVITELLA DEL LAGO

✉ 05023 – Terni (TR) – Carta regionale n° **13**–A2

TRIPPINI

UMBRA • CONTESTO CONTEMPORANEO Pochi tavoli e una spettacolare vista sul lago di Corbara: ecco il ristorante Trippini, dal 1964 nelle mani della stessa famiglia. Nei piatti un'emozionante cucina della memoria, territoriale e familiare, ricordi di piatti della domenica e tanto altro, rivisti in chiave contemporanea per un'ottima tappa gastronomica di sapori intensi.

≼ 🕮 – Prezzo: €€€

Via Italia 14 – ℰ 0744 950316 – paolotrippini.it – Chiuso lunedì

CIVITELLA DEL TRONTO

✉ 64010 – Teramo (TE) – Carta regionale n° **15**–B1

ZUNICA 1880

ABRUZZESE • CONTESTO TRADIZIONALE A Civitella del Tronto, la città fortezza, tra palazzi d'epoca e belvedere mozzafiato, Zunica è orgogliosamente alfiere della gastronomia abruzzese. Al di là del pesce, antiche paste, molta carne – a partire dal celebre agnello – pecorini e tartufo sono solo alcune delle eccellenze locali preparate con tocco attuale.

🕮 🛱 – Prezzo: €€€

Piazza Filippi Pepe 14 – ℰ 0861 91319 – zunica1880ristorantehotel.it – Chiuso lunedì

CLUSANE D'ISEO

✉ 25049 – Brescia (BS) – Carta regionale n° **5**–D1

DA NADIA

PESCE E FRUTTI DI MARE • RUSTICO Nella nuova location presso il Relais Mirabella di Clusane d'Iseo, il ristorante di Nadia Vincenzi, chef di lungo corso dalla forte personalità, si arricchisce di una bella posizione panoramica, mentre le proposte gastronomiche continuano a trovare nelle specialità ittiche la loro migliore espressione. La zuppa di pesce è certamente tra i piatti più amati.

& 🕮 🛱 ⇔ – Prezzo: €€€

Via Mirabella 34 – ℰ 338 756 5732 – ristorantedanadia.com – Chiuso lunedì e a mezzogiorno da martedì a venerdì

CLUSONE

✉ 24023 – Bergamo (BG) – Carta regionale n° **4**–B2

RISTORANTE MAS-CÌ

CLASSICA • FAMILIARE Nel grazioso centro storico, albergo e ristorante sono – ormai -giunti alla terza generazione. Accoglienti sale con camino per una cucina che, avvalendosi dei prodotti del territorio, abbraccia il resto d'Italia. Proverbiali le specialità al tartufo nero!

♻ 🅿 – Prezzo: €€

Piazza Paradiso 1 – ☏ 0346 21267 – mas-ci.it – Chiuso giovedì

CODIGORO

✉ 44021 – Ferrara (FE) – Carta regionale n° **9**–D1

❀ ### LA CAPANNA DI ERACLIO

Chef: Maria Grazia Soncini

PESCE E FRUTTI DI MARE • VINTAGE Una strana e meravigliosa sensazione ci coglie quando veniamo alla Capanna di Eraclio, quella di sentirci a casa. Aperta nel 1922 e giunta alla quarta generazione della famiglia Soncini, ogni volta notiamo con sollievo che poco è cambiato da quando alla preesistente osteria fu affiancata la cucina. Un'atmosfera nostalgica e familiare, semplice, ma con inaspettati tocchi di raffinatezza. La cucina è un repertorio di quanto di meglio offra il delta del Po, dei cui prodotti il titolare in sala è un grande esperto. I piatti, tradizionali e aggiornati quel che basta, ripercorrono la memoria e con schiettezza e naturalezza parlano di paesaggi agricoli e di acqua. Armonia è la parola che vi resterà in mente abbandonando, con riluttanza, questo posto incantevole.

🅼 🎋 ♻ 🅿 – Prezzo: €€€

Località per Le Venezie 21 – ☏ 0533 712154 – Chiuso mercoledì e giovedì

❀ ### LA ZANZARA

Chef: Sauro Bison

PESCE E FRUTTI DI MARE • ROMANTICO La sosta fiabesca nel ristorante della famiglia Bison, un casone di pesca settecentesco ospitato nell'oasi naturalistica di Porticino, all'interno del Parco del Delta del Po, inizia con una passeggiata tra alberi e ponticelli. Nella raffinata sala con camino dall'atmosfera romantica e rétro si gusta una cucina di pesce, in prevalenza dell'alto Adriatico; la specialità della casa resta l'anguilla, servita anche grigliata su braci di legna. Notevole la carta dei vini, non solo per vastità, ma anche per le dettagliate descrizioni che accompagnano le bottiglie.

🐾 🅼 🎋 ♻ 🅿 – Prezzo: €€€

Via per Volano 52, loc. Porticino – ☏ 347 036 7841 – ristorantelazanzara.com – Chiuso lunedì e martedì

COGNE

✉ 11012 – Aosta (AO) – Carta regionale n° **3**–A2

BAR À FROMAGE

VALDOSTANA • RUSTICO Una tipica casera di montagna, calda ed elegante, dove il servizio è in costume regionale e la cucina strizza l'occhio a ricette della tradizione valdostana. Non fatevi trarre in inganno dal nome: oltre al grandioso carrello di formaggi alpini, le proposte di carne e pesce sono numerose. Un ambiente molto caratteristico completamente in legno, con arredi curati e personalizzati, in cui sarete accolti con calore e coccolati dalle prelibatezze dello chef.

🛖 🅿 – Prezzo: €€

*Rue Grand Paradis 20 – ☎ 0165 749696 – hotelbellevue.it – Chiuso giovedì,
sabato a mezzogiorno e la sera martedì e mercoledì*

COEUR DE BOIS

CLASSICA • **ELEGANTE** È nel soffitto ligneo dell'elegante sala ristorante che si
svela il significato del suo nome, "cuore di legno" ... Tra boiserie in abete del '700
e mobili e dipinti antichi, la cucina propone piatti classici di stile nazionale con
qualche richiamo al territorio, con uno stile volutamente ingentilito e alleggerito.
Ottima tappa gourmet, resa ancor più piacevole dalla posizione privilegiata nel
Parco nazionale del Gran Paradiso.

🍃 � – Prezzo: €€

Viale Cavagnet 31 – ☎ 0165 74030 – miramonticogne.com

LOU RESSIGNON

VALDOSTANA • **STILE MONTANO** Simpatica tradizione di famiglia sin dal 1966!
La cucina semplice e genuina valorizza i prodotti del territorio valdostano, nonché
ottime carni di provenienza per lo più non italiana. Oltre alla sala al piano terra, ci si
potrà accomodare nella storica taverna, mentre quattro accoglienti camere sono a
disposizione per chi volesse prolungare la sosta.

🅿 – Prezzo: €€

Via des Mines 22 – ☎ 0165 74034 – louressignon.it – Chiuso martedì e mercoledì

LE PETIT BELLEVUE

ITALIANA CONTEMPORANEA • **INTIMO** È il piccolo gioiello di uno dei più celebri
e romantici alberghi della regione: pochissimi tavoli, da quelli d'epoca nella saletta
interna ai due affacciati sulla valle, scenograficamente chiusa dal Gran Paradiso. Il
cuoco propone diversi menu degustazione imperniati su prodotti di montagna, che
sia carne o pesce d'acqua dolce, ma vi consigliamo di lasciare uno spazio anche per lo
straordinario carrello di formaggi. Monumentale carta dei vini con circa 1600 referenze.

🕸 🚓♿🛖🅿 – Prezzo: €€€€

*Rue Grand Paradis 22 – ☎ 0165 74825 – hotelbellevue.it – Chiuso martedì,
mercoledì e lunedì a mezzogiorno*

COL SAN MARTINO

✉ 31010 – Treviso (TV) – Carta regionale n° **8**-C2

😊 ### LOCANDA DA CONDO

VENETA • **CONTESTO TRADIZIONALE** Nello splendido paesaggio vinicolo del
prosecco, Condo è una trattoria storica plurigenerazionale, fedele alle tradizioni
gastronomiche venete. Nelle sale interne troverete un'atmosfera tipica e accogliente, a cui si aggiunge in estate un grazioso servizio in una veranda con rampicanti: entrambi gli ambienti ravvivati da opere di artisti locali. La cucina non è solo
di buon livello, ma anche a prezzi ragionevoli: insomma, tanti motivi per venirci a
mangiare!

🛖 ♻ – Prezzo: €€

*Via Fontana 134 – ☎ 0438 898106 – locandadacondo.it – Chiuso mercoledì e
martedì sera*

COLLE

✉ 39040 – Bolzano (BZ) – Carta regionale n° **6**-A1

TENNE LODGES

ALPINA • **STILE MONTANO** A ridosso delle piste da sci, all'interno del Tenne
Lodges & Chalets, una struttura completamente rivestita in legno; la grande sala da
pranzo è protagonista di una cucina moderna, saporita, di matrice locale, ma con

notevoli spunti tratti dalle passate esperienze professionali dello chef. Una carta dei vini molto fornita ed una cantina in pietra: suggestiva location per un aperitivo.
&. ⇄ **P** – Prezzo: €€€

Strada Racines di Dentro 51 – ☏ 0472 433300 – tenne-suedtirol.com

COLLE DI VAL D'ELSA

✉ 53030 – Siena (SI) – Carta regionale n° **11**–C2

  ARNOLFO

Chef: Gaetano Trovato

CREATIVA • DESIGN Un edificio modernissimo, dalle linee nitide con ferro e vetro disegnati affinché il panorama possa avvolgere i clienti seduti a qualsiasi tavolo, mentre alle spalle, nella grande cucina a vista incorniciata da una stupenda parete di marmo giallo Siena, sono all'opera Gaetano e la sua brigata. Tre sono i menu degustazione proposti, uno dei quali vegetariano, ma tutti i piatti potranno a piacimento essere scelti a la carte. Tanto si potrebbe dire sulla cucina di Arnolfo: citiamo almeno la panificazione, da sempre al centro del progetto in ricordo degli esordi di gioventù, sua maestà il piccione (perfetto!) e il gelato, che non può mai mancare nei dolci. La carta dei vini è - inoltre - veramente notevole, sia per la qualità che per la capacità di coprire non solo Italia e Francia in modo capillare, ma anche Paesi più lontani; la cantina custodisce ormai 7000 bottiglie. L'ispettore ha apprezzato: le tre tipologie di pane servite in momenti differenti del pasto e i grissini, tra cui spiccano quelli a sfoglia. La parte dolce, un programma a sé!

❀ ≼ 🖴 &. 🄰 🛖 ⇄ **P** – Prezzo: €€€€

Viale della Rimembranza 24 – ☏ 0577 920549 – arnolfo.com – Chiuso martedì e mercoledì

IL FRANTOIO

ITALIANA CONTEMPORANEA • RUSTICO Nella splendida Colle di Val d'Elsa, si mangia tra pietre, mattoni antichi e soffitti a botte, mentre macina, pressa e cisterne sono ancora qui a testimoniare la storia di quest'edificio e le sue funzioni di frantoio ottocentesco. Con il bel tempo, poi, si possono sfruttare i tavolini all'aperto in piazza. Invece di una cucina semplice e rustica, come ci si aspetterebbe, lo chef sorprende con piatti tecnici e spesso creativi: il fegatino, ad esempio, è proposto con amarene e pistacchio e lo spaghetto con colatura di alici, capperi, crema di aglio nero e affumicatura finale.

🛖 – Prezzo: €€

Via del Castello 40 – ☏ 0577 923652 – ilfrantoiorestaurant.com – Chiuso giovedì e a mezzogiorno tranne domenica

COLLOREDO DI MONTE ALBANO

✉ 33010 – Udine (UD) – Carta regionale n° **7**–A2

LA TAVERNA

CLASSICA • RUSTICO Orangerie, serre e suggestivi ambienti d'epoca in un castello del Trecento, con immancabili camini e testimonianze storiche e una confortevole terrazza affacciata sul rigoglioso giardino. La cucina è un'esecuzione a quattro mani di una giovane coppia di chef cosmopoliti, che arricchiscono le materie e le tradizioni del territorio con tocchi internazionali. La cantina propone una grande varietà di vini italiani, francesi e spagnoli insieme alle eccellenze provenienti da terre lontane come Cile, Cina e Australia.

❀ ≼ 🖴 🄰 🛖 **P** – Prezzo: €€

Piazza Castello 2 – ☏ 0432 889045 – ristorantelataverna.it – Chiuso lunedì, martedì, a mezzogiorno mercoledì e giovedì e domenica sera

COLOGNE

✉ 25033 – Brescia (BS) – Carta regionale n° **5**–D2

CAPPUCCINI CUCINA SAN FRANCESCO

CREATIVA • **CONTESTO STORICO** In un'elegante sala ricca di fascino storico all'interno dell'omonimo resort, fra candide fiandre e candelabri, ricercatezza enologica (con l'ovvio omaggio alla Franciacorta, terra vocata che rivaleggia con la bella selezione di Champagne) e cucina moderna, a volte più vicina alla tradizione, altre più creativa, ma sempre in sintonia con le stagioni.

⌘ 🅐🅒 **P** – Prezzo: €€€

Via Cappuccini 54 – ✆ 030 715 7254 – cappuccini.it – Chiuso lunedì

COLOGNOLA AI COLLI

✉ 37030 – Verona (VR) – Carta regionale n° **8**–B3

STILLA Ⓝ

CONTEMPORANEA • **ALLA MODA** Una giovane coppia che ha lasciato la città per ristrutturare completamente la vecchia casa del nonno di lui, circondata dai vigneti e immersa nella tranquillità. La cucina di Silvia Banterle è originale, generosa, colorata, organizzata in una carta misurata, con piatti che cambiano spesso. Noi abbiamo apprezzato la "palamita appena scottata, spinacino selvatico, ciliegie in agro, salsa barbecue di ciliegie". L'ambiente e il servizio di Tommaso sono signorili e in estate ci si trasferisce in terrazza.

& 🅐🅒 🏠 **P** – Prezzo: €€

Località Casette 1 – ✆ 045 482 6046 – stillaverona.com – Chiuso lunedì, martedì e a mezzogiorno da mercoledì a venerdì

COLORETO

✉ 43026 – Parma (PR) – Carta regionale n° **9**–A3

🙂 TRATTORIA AI DUE PLATANI

EMILIANA • **TRATTORIA** In uno dei locali più famosi del Parmense (è necessario prenotare con larghissimo anticipo) troverete tutta l'atmosfera avvolgente delle trattorie locali, insieme ad una tipica cucina del territorio. Rimarchevole la selezione di salumi, le paste fresche - dai tortelli di erbetta a quelli di zucca - sono leggendarie, così come il gelato alla crema mantecato al momento.

🅐🅒 🏠 ⇄ – Prezzo: €

Via Budellungo 104/a – ✆ 0521 645626 – aidueplatani.com – Chiuso mercoledì e martedì sera

LA MAISON DU GOURMET

CONTEMPORANEA • **CONTESTO TRADIZIONALE** In un podere antico completamente ristrutturato, un ritrovo gourmet nella campagna parmense, dove gustare una cucina creativa, di ottima qualità e non necessariamente legata alle tradizioni locali, sia di carne che di pesce. Gli antipasti sono deliziosi.

& 🅐🅒 🏠 **P** – Prezzo: €€

Strada Budellungo 96 – ✆ 0521 645310 – lamaisondugourmet.it – Chiuso lunedì e a mezzogiorno da martedì a giovedì

COMMEZZADURA

✉ 38020 – Trento (TN) – Carta regionale n° **6**–A2

MASO BURBA

CUCINA DI STAGIONE • **STILE MONTANO** Dopo aver fatto interessanti esperienze in vari ristoranti, Gianpaolo – con la compagna Paola che segue la sala - è tornato a casa nel locale di famiglia, ben noto in Val di Sole. Nei piatti, oltre alla passione che lo guida, traspaiono tutte le tecniche e le competenze accumulate, messe al servizio degli ingredienti del territorio. Le sale, tra cui una veranda coperta, sono luminose ed elegantemente rustiche.

⇔ 🅿 – Prezzo: €€

Via Bernardelli 32, loc. Piano – ☎ 0463 979991 – masoburba.com

COMO

✉ 22100 – Como (CO) – Carta regionale n° **5**–B1

✿ KITCHEN

ITALIANA CONTEMPORANEA • CONTESTO CONTEMPORANEO Immerso nel verde di un parco privato, Kitchen è un elegante ristorante con proposte di cucina creativa su base nazionale e stagionale, che può vantare tre elementi in perfetto equilibrio tra loro: prodotto, tecnica e sapore. Lo chef crea i suoi piatti utilizzando erbe ed ortaggi presenti nell'orto biodinamico della risorsa, situato proprio di fronte all'ingresso del locale. Ed è proprio a questi doni della natura che il menu Green è dedicato; l'altro percorso degustazione è invece Experience, a cui si aggiunge un menu A mano libera a scelta dello chef e la proposta alla carta. Servizio attento e buona scelta enologica.

🅰🅲 🍴 – Prezzo: €€€

Via per Cernobbio 41/a – ☎ 031 516460 – kitchencomo.com – Chiuso lunedì e martedì a mezzogiorno

COMI 107

CONTEMPORANEA • FAMILIARE Non distante dal lago, all'inizio di una stretta via con diverse attività commerciali, un piccolo dehors per la bella stagione e un locale altrettanto minuto ma contemporaneo nello stile e negli arredi. Una giovane coppia lo conduce con capacità, lei in sala con modi gentili, lui in cucina dove sforna piatti con una certa dose di personalizzazione.

🅰🅲 🍴 – Prezzo: €€€

Via Borgo Vico 107 – ☎ 031 249 5982 – comi107.com – Chiuso lunedì, domenica e a mezzogiorno tranne domenica

FEEL COMO

MODERNA • BISTRÒ Materie prime selvatiche del territorio, selvaggina e pesce d'acqua dolce locale sono gli ingredienti d'elezione di questo elegante e raffinato ristorante che, nonostante l'ubicazione in pieno centro, celebra la natura, come nel menu degustazione dedicato agli ingredienti selvatici del bosco. I piatti sono elaborati con tocco moderno dallo chef Federico Beretta, mentre Elisa mostra tutta la sua competenza di sommelier sfoderando un'interessante selezione. Al calice anche un vino del lago di Como: un ottimo Sauvignon Occhi Blu della Cantina Angelinetta, enologia eroica sulle pendici circostanti.

🅰🅲 – Prezzo: €€€

Via Diaz 54 – ☎ 334 726 4545 – feelcomo.com – Chiuso lunedì, martedì e a mezzogiorno da mercoledì a venerdì

SOTTOVOCE

ITALIANA CONTEMPORANEA • CONTESTO CONTEMPORANEO Gli ambienti di Sottovoce, uno dei primi ristoranti rooftop della città, si caratterizzano per la loro eleganza contemporanea. La cucina gourmet di Stefano Mattara parte dalla ricchezza d'ingredienti di cui il Bel Paese va fiero ma con uno sguardo sempre più attento alle materie prime locali e con l'obbiettivo di rendere spesso protagonista il pesce di lago in ricette dall'impronta creativa. Saletta intima e raccolta con balconcino privato per gruppi al massimo di otto persone e spettacolare Infinity Bar all'aperto per aperitivi davanti al blu del lago.

♿ Ⓜ ✦ – Prezzo: €€€€
Piazza Cavour 24 – ℰ 031 537 5241 – vistalagodicomo.com – Chiuso lunedì sera

CONCA DEI MARINI
✉ 84010 – Salerno (SA) – Carta regionale n° **17**–B2

❉ ### IL REFETTORIO

MEDITERRANEA • STILE MEDITERRANEO All'interno del Monastero Santa Rosa, uno degli alberghi più originali ed iconici della Costiera (la sua storia religiosa inizia nel 1600 e ancora oggi ne rimangono diverse tracce), i tavoli del ristorante occupano una terrazza mozzafiato, con la vista che spazia dal giardino alla piscina fino al mare, nel silenzio di un luogo incantato. A magnificare la cucina ci pensa la mano di Alfonso Crescenzo, grande interprete delle tradizioni campane, che lo chef rilegge a modo suo in piatti di grande impatto. Dalla mozzarella in carrozza alla millefoglie di melanzana, passando per la mafalda ripiena, la sua cucina è una grande festa, di colori e sapori, con l'inevitabile omaggio alla sfogliatella Santa Rosa, un tempo preparata proprio qui, dalle suore del convento.

➔ ♻ Ⓜ 🍽 🍂 **P** – Prezzo: €€€€
Via Roma 2 – ℰ 089 988 6212 – monasterosantarosa.com – Chiuso martedì sera

CONCESIO
✉ 25062 – Brescia (BS) – Carta regionale n° **4**–C1

❉❉ ### MIRAMONTI L'ALTRO
Chef: Philippe Léveillé

ITALIANA CONTEMPORANEA • ELEGANTE Una coppia italo-francese è al comando di questa bella villetta d'atmosfera classica alle porte di Brescia, con alcuni tavoli disposti nei bovindi affacciati sul giardino. Lei di spumeggiante simpatia e grande esperienza in sala, lui di origine bretone tra i fornelli: ecco spiegati i diversi riferimenti alla cucina e ai prodotti d'oltralpe, come in un romantico e proustiano ritorno all'infanzia, accanto ad altre proposte più marcatamente italiane e mediterranee, avvicinate tra loro dalla costante della golosità e della generosità che sono la firma di tutte le portate. I carrelli dei formaggi offrono una scelta davvero rara per ampiezza e quantità ed è qui che la signora ha la meglio: l'Italia, infatti, furoreggia! Interessante anche la scelta enologica con tanta Franciacorta, ottimi vini nazionali suddivisi per regione, e francesi soprattutto della Borgogna.

♬ Ⓜ 🍽 **P** – Prezzo: €€€€
Via Crosette 34, loc. Costorio – ℰ 030 275 1063 – miramontilaltro.it – Chiuso lunedì e martedì

CONTIGLIANO
✉ 02043 – Rieti (RI) – Carta regionale n° **12**–B2

DELICATO

DEL TERRITORIO • ELEGANTE Nel reatino, ma ai confini con l'Umbria e quindi in una zona dove la cucina mescola più territori e influenze, il ristorante si trova all'interno di un pittoresco borgo medioevale appollaiato su una collina. Sale essenziali tra mura in pietra, ma col bel tempo vi consigliamo di approfittare del fascino di Contigliano e mangiare all'aperto, ai piedi della chiesa. La chef Carlotta Delicato punta ad interpretare al meglio i prodotti del territorio, senza inutili fronzoli o complicazioni, per mettere al centro del piatto i sapori degli ingredienti.

🍽 – Prezzo: €€
Via Umberto I 2 – ℰ 0746 249202 – ristorantedelicato.it – Chiuso lunedì, martedì, a mezzogiorno da mercoledì a venerdì e sabato sera

CONVERSANO

✉ 70014 – Bari (BA) – Carta regionale n° **16**–C2

🏵 **PASHÀ**

MODERNA • **CONTESTO STORICO** All'interno di uno dei palazzi storicamente più importanti nel patrimonio monumentale della città, il Seminario Vescovile, l'architettura austera e maestosa dell'edificio cede il passo ad interni di contemporanea eleganza, mentre la cucina rimane saldamente ancorata a basi regionali, concedendosi giusto, qua e là, il vezzo della modernità. È lo chef Antonio Zaccardi a mettere in mostra – attraverso diversi menu degustazione – tutta la tecnica e la precisione apprese negli anni passati, e lo fa concentrandosi su pochi elementi che riesce ogni volta a far esplodere nel piatto con generosità ed intensità di sapore. Altrettanto brava è la moglie Angelica Giannuzzi, la cui pasticceria svela personalità e soluzioni mai banali. Mentre in sala Antonio Magistà fa gli onori di casa con garbo ed eleganza, potendo contare anche su una cantina molto valida, dove primeggiano Puglia, Bordeaux e Champagne.

🐾 ⇔ 🖫 🛗 – Prezzo: €€€€

Via Morgantini 2 – 𝒸 080 495 1079 – ristorantepasha.com – Chiuso martedì e domenica a mezzogiorno

CORCIANO

✉ 06073 – Perugia (PG) – Carta regionale n° **13**–A2

ALDÌVINO

ITALIANA CONTEMPORANEA • **CHIC** Le sale interne, arredate con tante bottiglie di vino alle pareti, hanno uno stile da bistrot bon ton, mentre per la bella stagione c'è un raccolto servizio all'aperto. La cucina è contemporanea e creativa, con una proposta articolata in tre menù degustazione da cui si possono estrarre singoli piatti alla carta. Noi vi consigliamo l'assaggio dei due piatti iconici dello chef: Calamaro dripping e Spaghettone burro affumicato, ostrica e lampone. Dopodiché sbizzarritevi tra le proposte di Terra, Acqua o Vegetale.

🖫 🛗 **P** – Prezzo: €€

Via Antonio Gramsci 201 – 𝒸 075 928 1711 – aldivinoristorante.it – Chiuso lunedì e a mezzogiorno da martedì a sabato

OSTERIA DEL POSTO

UMBRA • **OSTERIA** Se si è a piedi vale la pena percorrere l'ultimo, minimo, strappo di salita per raggiungere questo ristorante, dove sarete accolti con simpatia e competenza. A voi scegliere, con l'aiuto di un servizio al femminile gentile e disponibile, tra piatti ispirati al mercato e alle stagioni, elaborati con gusto e fantasia. Noi abbiamo scelto bene, optando per il Piccione di tutto un po' accompagnato da un calice di rosso Gamay del Trasimeno Opra 2021: all'olfatto frutta rossa e al gusto setoso e con un sentore finale di ciliegia. Attenzione alla gradazione però, 14,5%!

🛗 – Prezzo: €€

Via Calderini 15, loc. Chiugiana – 𝒸 075 517 3778 – osteriadelposto.it – Chiuso martedì, mercoledì, a mezzogiorno da lunedì a sabato e domenica sera

CORIANO

✉ 47853 – Rimini (RN) – Carta regionale n° **9**–D2

VITE

Chef: Davide Pontoriere

ROMAGNOLA • **DI TENDENZA** La proposta ristorativa parte dal cuore del "progetto San Patrignano", e cioè i prodotti della filiera locale (salumi di mora romagnola, formaggi, ortaggi, vino...), ma si amplia con apporti esterni per mettere a

215

punto una cucina gourmet. Accomodatevi e passerete dei momenti piacevoli, con un servizio professionale e un'atmosfera piena di energie positive.

L'impegno dello chef: Circa 280 ettari di terreno ospitano le coltivazioni, gli allevamenti, la norcineria e tutte le eccellenze di San Patrignano, dal vino ai formaggi. Al Vite, entra in scena una virtuosa organizzazione volta a coinvolgere l'ospite nell'intero progetto.

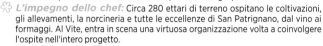 – Prezzo: €€

Via Montepirolo 7, loc. San Patrignano – 𝒞 0541 759138 – ristorantevite.it – Chiuso martedì e a mezzogiorno

CORIANO VERONESE

✉ 37050 – Verona (VR) – Carta regionale n° **8**–B3

LOCANDA DELL'ARCIMBOLDO

CLASSICA • CONTESTO TRADIZIONALE Una gradevole locanda ricavata all'interno di un'antica casa colonica dell'Ottocento, la cui gestione diretta presta buona attenzione nella ricerca della materia prima: base per piatti classici e dalle porzioni generose, soprattutto - seppur non solo - a base di pesce.

 – Prezzo: €€

Via Gennari 5 – 𝒞 045 702 5300 – locandadellarcimboldo.it – Chiuso lunedì e martedì sera

CORMONS

✉ 34071 – Trieste (TS) – Carta regionale n° **7**–B2

❁ ### TRATTORIA AL CACCIATORE - LA SUBIDA

REGIONALE • ROMANTICO In un incantevole paesaggio collinare punteggiato di vigneti, chi è alla ricerca dell'autentica tradizione gastronomica friulana troverà qui uno dei ristoranti più interessanti della regione, proprio per l'attenta ricerca di piatti e ingredienti del territorio che, in una zona di confine con la Slovenia e storicamente legata all'Austria imperiale, è quanto mai ricca e variegata. La famiglia Sirk saprà guidarvi con simpatia e generosità tra erbe di campo, rane, funghi, radicchi, pesci di fiume, polenta e selvaggina, per nominare solo alcune delle leccornie del menu. Tra i secondi piatti, merita una menzione lo stinco cotto nel forno del pane, superbamente presentato e affettato in sala, che ai nostri ispettori è apparso ben simboleggiare la generosità e la concretezza di questa cucina. In alternativa, l'Osteria della Subida ha una proposta giornaliera anche a pranzo, con ricette classiche della tradizione friulana. L'aceto e il vino di loro produzione sono acquistabili anche online e la parte di ospitalità offre delle sistemazioni incantevoli immerse nel bosco.

 – Prezzo: €€€

Via Subida 52 – 𝒞 0481 60531 – lasubida.it – Chiuso mercoledì e giovedì

CORNAREDO

✉ 20007 – Milano (MI) – Carta regionale n° **5**–A2

❁❁ **D'O**

Chef: Davide Oldani

CREATIVA • DESIGN In una graziosa piazza con un olmo e una chiesa seicentesca, su cui si affacciano i tavoli di 2 delle 3 sale, chef Davide Oldani è ormai personalità matura della cucina italiana. Il suo stile preciso e riconoscibile riassume, oltre ai due decenni di duro lavoro in proprio, tutte le grandi esperienze passate, di cui ricordiamo solamente – si fa per dire! – i passaggi iniziali presso i grandi Marchesi e Ducasse. Belle idee creative radicate nel gusto italiano, tecnica sopraffina, presentazioni azzeccate e sinteticamente pop, sapori convincenti. Anno dopo anno, i dettagli si fanno sempre più rifiniti, come per farinacei e lievitati, ad esempio, a cui è riservato un laboratorio ad hoc. La sala sostiene con professionalità e passione la cucina.

🌱 *L'impegno dello chef:* L'impegno di Davide Oldani per una ristorazione più sostenibile parte dall'educazione dei ragazzi. In qualità di direttore tecnico dell'Istituto Professionale di Stato per l'Enogastronomia e l'Ospitalità Alberghiera di Cornaredo ha l'obiettivo di avvicinare i giovani alla conoscenza e al rispetto del prodotto come fondamento dell'esperienza di cuoco. Dalla sua filosofia POP una pillola suggerisce: la spesa va sempre fatta a stomaco pieno... per evitare sprechi!

🕸 ♿ ⇔ – Prezzo: €€€€

Piazza della Chiesa 14, loc. San Pietro all'Olmo – ☎ 02 936 2209 – cucinapop. do – Chiuso lunedì e domenica

CORRUBBIO

✉ 37029 – Verona (VR) – Carta regionale n° **8**–A3

✿ AMISTÀ

ITALIANA CONTEMPORANEA • ELEGANTE All'interno del bellissimo hotel Byblos, il ristorante ne condivide il mondo variopinto ed onirico, dove antico e contemporaneo convivono felicemente al ritmo della vera musa ispiratrice, l'Arte! La cucina mostra, allo stesso modo della casa, un gioco di citazioni tra passato e modernità: a volte, lo chef cita infatti ricette della tradizione su cui però innesta soluzioni e varianti creative, lungo tre menu degustazione in cui carne e pesce si alternano, ma che possono, di fatto, essere incrociati a piacimento dando all'ospite più libertà. Interessante anche la carta dei vini, con una speciale offerta di prestigiose etichette al calice.

🕸 🛏 ♿ 🅰️ 🅿️ – Prezzo: €€€

Via Cedrare 78 – ☎ 045 685 5583 – byblosarthotel.com – Chiuso a mezzogiorno

CORTE DE' CORTESI

✉ 26020 – Cremona (CR) – Carta regionale n° **4**–B3

☺ GABBIANO 1983

LOMBARDA • FAMILIARE Quasi 40 anni di storia per questa attività che mostra ancora grande attualità e verve nell'accoglienza. La cucina celebra il territorio, soprattutto l'oca e i volatili, accostandoli a verdure di stagione. L'appassionato sommelier propone il vino migliore scegliendolo da una selezione ampia e per tutte le tasche, mentre il piccolo cortile darà un tocco di refrigerio nelle calde serate estive.

🕸 🅰️ 🍴 – Prezzo: €€

Piazza Vittorio Veneto 10 – ☎ 0372 95108 – gabbiano1983.it – Chiuso giovedì

CORTINA D'AMPEZZO

✉ 32043 – Belluno (BL) – Carta regionale n° **8**–C1

✿ SANBRITE

Chef: Riccardo Gaspari

ALPINA • STILE MONTANO Pochissimi coperti, tra legni vecchi riutilizzati con grazia, mentre una grande finestra regala scorci sulle spettacolari Dolomiti ampezzane. L'inizio è memorabile: in sala sfilano i camerieri con una montagna di cremosissimo burro, che verrà poi servito su tutti i tavoli in abbinamento all'ottimo pane, un prodotto goloso dalla consistenza difficilmente emulabile. Lo chef-patron Riccardo Gaspari attinge a piene mani dalle proprie produzioni e dal territorio; prelibatezze dove il ricordo e le tradizioni montane vengono rinfrescati con tocchi moderni, come per la parte finale e dolce del pasto (squisiti dessert realizzati senza l'aggiunta di ulteriori zuccheri). SanBrite: malga sana, quando il nome introduce alla qualità della sua cucina.

🌱 *L'impegno dello chef:* Riccardo Gaspari porta avanti una cucina che ama definire rigenerativa, ovvero una cucina in cui ogni elemento della filiera si muove in modo circolare e costante. "Quando da noi mangiate carni, formaggi e in massima

parte anche verdure, state assaggiando nostre produzioni, che coltiviamo ed alle-
viamo in maniera sostenibile" afferma lo chef. Un equilibrio costante e perfetto tra
uomo, terra e natura, in cui nulla viene sprecato.

⇌ &. 🅼 🕭 🅿 – Prezzo: €€€€

Località Alverà – ☏ 0436 863882 – sanbrite.it – Chiuso mercoledì

✿ TIVOLI

Chef: Graziano Prest

MODERNA • CONTESTO TRADIZIONALE Lungo la strada per passo Falzarego,
ai piedi delle Tofane, in una bella casa alpina fuori dal centro, Graziano Prest dimostra di trovarsi a proprio agio con la tradizione, così come con piatti dal leggero
tocco moderno. Partendo da ottime materie prime del territorio montano o utilizzando il pesce fresco che giunge quotidianamente dai mercati ittici di Venezia
e Chioggia, lo chef dà vita a piatti saporiti e generosi. Altra passione di Graziano
è il vino: molte aziende di prima fascia, annate storiche e grandissimi vini francesi
riposano in cantina. La terrazza panoramica regala immagini da cartolina del centro
di Cortina, la stessa vista di cui poter godere anche in sala, ma solo prenotando per
tempo i due tavoli accanto alla finestra.

🕸 ⇌ 🕭 🅿 – Prezzo: €€€€

*Località Lacedel 34 – ☏ 0436 866400 – ristorantetivolicortina.it – Chiuso lunedì
e martedì a mezzogiorno*

AL CAMIN

DEL TERRITORIO • ACCOGLIENTE Sulla strada per il lago di Misurina, questo
accogliente locale in stile alpino moderno propone piatti legati al territorio (tra
cui la cacciagione), con piccole rivisitazioni. Lo chef e sommelier Fabio Pompanin
cura una carta dei vini con circa 200 etichette. Nella bella stagione approfittate
del servizio all'aperto.

&. 🕭 – Prezzo: €€

Località Alverà 99 – ☏ 0436 862010 – ristorantealcamin.it – Chiuso mercoledì

ALAJMO CORTINA ⓝ

CONTEMPORANEA • STILE MONTANO Nei locali rinnovati dello storico El Toulà,
l'offerta parte con il bar al piano d'ingresso per svilupparsi poi su due piani (solo
scale) con le sale del ristorante, condotto da un'equipe giovane e appassionata.
La cucina, declinata in formule degustazione o alla carta, è decisamente legata al
territorio ma con alternative di pesce e piatti elaborati con fantasia.

⇌ ✿ 🅿 – Prezzo: €€€

*Località Ronco 123 – ☏ 0436 061040 – alajmo.it – Chiuso lunedì, martedì e
mercoledì a mezzogiorno*

BAITA FRAINA

CLASSICA • CONTESTO REGIONALE Immersa in un paesaggio dolomitico a
circa quattro chilometri dal centro di Cortina, questa baita tradizionale è suddivisa
in salette tipo stube impreziosite da oggetti d'antan. Se la gestione ha superato
ormai i 40 anni d'esperienza a suon di cucina del territorio, accompagnata da una
fornita cantina, per intrattenersi più a lungo nel silenzio e nel profumo dei monti,
Baita Fraina dispone anche di deliziose e accoglienti camere.

🕸 ⇌ 🛏 🕭 ✿ 🅿 – Prezzo: €€

Località Fraina 1 – ☏ 0436 3634 – baitafraina.it

BAITA PIÈ TOFANA

MODERNA • RUSTICO Alle pendici del Tofana e affacciata direttamente sulle piste da
sci, una caratteristica e romantica baita dal tocco contemporaneo, il cui design in grado
di combinare tradizione e attualità si fa ispirazione anche della linea di cucina. Piatti
di gusto contemporaneo preparati con grande utilizzo della brace, sia in estate che in
inverno, e ampio uso di materie prime locali. A chi ama i sapori decisi consigliamo il

maiale grigio del Casentino e salsa 'Nduja: maiale in tre servizi (filetto, costina e chorizo) ben presentato e assai gustoso. In compagnia provate l'esperienza conviviale al tavolo Larin, con camino centrale incorporato attorno a cui si dispongono le sedute.

𝕤 ⌂ ♻ **P** – Prezzo: €€€

Località Rumerlo – ☏ 0436 4258 – baitapietofana.it – Chiuso lunedì e martedì

EL BRITE DI LARIETO

Chef: Riccardo Gaspari

ALPINA • STILE MONTANO Questo curato agriturismo, circondato dalle spettacolari Dolomiti, è sorto in un lariceto nel 2002. Qui si propone una cucina di montagna, che fa vivere e rivivere il ricordo delle genti delle Alpi con cura, rispetto e gusto: carni, salumi, formaggi, burro cremoso, gelato al latte, oltre che erbe aromatiche, frutti di bosco e altro ancora.

🍃 *L'impegno dello chef:* El Brite di Larieto è l'agriturismo di famiglia, dove da più di vent'anni Flavio, il papà di Riccardo Gaspari, lo chef dello stellato Sanbrite, coltiva vegetali e alleva mucche, capre e maiali nel totale rispetto degli animali. Ciò che viene prodotto viene poi utilizzato nei due ristoranti, creando circolarità in azienda.

≤ ⌂ ⌂ **P** – Prezzo: €€€

Località Larieto, Strada per Passo Tre Croci – ☏ 368 700 8083
– elbritedelarieto.com – Chiuso mercoledì

EL CAMINETO

CLASSICA • STILE MONTANO Menu ampio e ben orchestrato con piatti essenzialmente a base di carne, ma c'è anche qualche proposta di pesce ed alcuni piatti veg in porzioni extra large! L'indirizzo è raggiungibile anche con gli sci direttamente dalle piste e la vista merita di essere ammirata, sia d'estate che d'inverno, dai tavoli all'aperto.

≤ ⌂ **P** – Prezzo: €€€

Località Rumerlo 1 – ☏ 0436 4432 – ilmeloncino.it – Chiuso martedì

CORTINA VECCHIA

✉ 29010 – Piacenza (PC) – Carta regionale n° **9**–A1

DA GIOVANNI

MODERNA • AGRESTE La settecentesca stufa in ceramica e l'arredo d'epoca potranno far volare la fantasia degli avventori più romantici. Le certezze in ogni caso vengono dalla cucina, ispirata alla tradizione piacentina, ma con molta attenzione anche alle ricette di pesce.

𝕤 ⌂ ♻ **P** – Prezzo: €€

Via Cortina 1040 – ☏ 0523 948304 – dagiovanniacortina.com – Chiuso lunedì e martedì

CORTONA

✉ 52044 – Arezzo (AR) – Carta regionale n° **11**–D2

🍃 IL FALCONIERE

Chef: Silvia Regi Baracchi

TOSCANA • LUSSO Esclusivo buen retiro nella campagna alle pendici di Cortona, al Falconiere si arriva guidando in un paesaggio idilliaco fatto di stradine tra muretti a secco e campi di proprietà dell'azienda agricola Baracchi, proprietaria del ristorante e del magnifico omonimo relais. In tavola troverete vino, olio e altri prodotti dell'azienda. Il legame con il territorio è evidente: dalla chianina all'aglione, passando per i pici, per fare solo alcuni esempi, la Toscana entra nei piatti con sapori intensi e un frequente uso di erbe aromatiche. Riqualificata in tempi recenti, la zona esterna è ora disponibile in ogni stagione, grazie alle ampie vetrate che la cingono apribili sul bel panorama.

🅰🅒 ⌂ ♻ **P** – Prezzo: €€€€

Località San Martino a Bocena 370 – ☏ 0575 612679 – ilfalconiere.it

🍴 LA BUCACCIA

TOSCANA • CONTESTO TRADIZIONALE Un ottimo indirizzo per scoprire la cucina toscana e aretina in particolare, in un favoloso rincorrersi di sapori intensi e stuzzicanti, con una parte del menu dedicata esclusivamente alle tartare, da gustare ai pochi tavoli sistemati lungo la strada o nelle due salette rustiche e romantiche. Una parola per il titolare Romano: simpatico e travolgente, tra un piatto e l'altro con lui il divertimento è assicurato.

🐝 🍤 – Prezzo: €

Via Ghibellina 17 – ℰ 0575 606039 – labucaccia.it – Chiuso lunedì

ENOTECA MEUCCI

CONTEMPORANEA • CONTESTO STORICO Enoteca con spazio anche per gli aperitivi tra le mura che ricordano l'antico casale al pian terreno; sale più classiche ed eleganti al primo piano dove si serve una cucina contemporanea, tecnica e colorata, su base regionale. In estate, ci si trasferisce nel bellissimo dehors.

🐝 🅺 🖨 ⇩ – Prezzo: €€

Località Riccio 71, 6,5 km a sud – ℰ 333 196 5439 – enotecameucci.it

LOCANDA DEL MOLINO

TOSCANA • CASA DI CAMPAGNA Bella locanda gestita dalla famiglia Baracchi: se le camere sfoggiano l'elegante semplicità della campagna toscana, il vecchio mulino di famiglia rinasce nella veste di ristorante rustico, ma vezzoso. La tradizione campeggia nel menu elaborato dalla chef Simona Zucchini.

🅺 🍤 🅿 – Prezzo: €€

Località Montanare 10 – ℰ 0575 614016 – locandadelmolino.com – Chiuso lunedì-mercoledì e a mezzogiorno da giovedì a sabato

OSTERIA DEL TEATRO

TOSCANA • CONTESTO STORICO Cucina della tradizione in diverse sale che spaziano dall'eleganza cinquecentesca di ambienti con camino ad angoli più conviviali in stile trattoria, ma sempre accomunate dal tema teatrale. Le ricette rispettano le tradizioni locali ma anche la stagionalità di prodotti e preparazioni confezionando piatti sempre gustosi, colorati, compositi e ben presentati. Pochi i posti sul terrazzino d'ingresso che si affaccia sul passaggio pedonale: da prenotare quindi ancora più in anticipo dei posti all'interno.

🐝 🅺 ⇩ – Prezzo: €€

Via Maffei 2 – ℰ 0575 630556 – osteria-del-teatro.com – Chiuso mercoledì

CORVARA IN BADIA

✉ 39033 – Bolzano (BZ) – Carta regionale n° **6**–B1

❁ LA STÜA DE MICHIL

CREATIVA • ROMANTICO Nella parte più incantevole di Corvara, si sale verso la chiesetta per trovare sulla sinistra l'albergo La Perla, icona dell'hôtellerie della valle. Varcato l'ingresso vi accompagneranno a La Stüa (stube in ladino), cioè una sala avvolta nel legno, intima e romantica. Se l'atmosfera è tipicamente locale, la cucina di Simone Cantafio vi conduce, invece, verso sorprendenti viaggi gastronomici. Di origini calabresi, ha lungamente lavorato in Giappone, per citare solo una delle sue tappe formative. I suoi piatti si nutrono quindi dei contributi gastronomici più diversi e hanno spesso alla base una rilevante componente vegetale. Il nome del ristorante allude al proprietario e direttore Michele Costa: straordinario e instancabile inventore del turismo e del mondo ladino.

🐝 ⇩ 🅿 – Prezzo: €€€€

Strada Col Alt 105 – ℰ 0471 831000 – lastuademichil.it – Chiuso domenica e a mezzogiorno

BISTROT LA PERLA

ITALIANA • STILE MONTANO Si sviluppa attorno al bancone in legno ove i barman sono all'opera per gli ottimi cocktail che completano l'importante offerta enoica. È il Bistrot del celebre hotel La Perla: vita di montagna, manifestata attraverso accattivanti e allegre decorazioni in un'atmosfera vivace e avvolgente. La carta è un invito a provare piatti golosi ispirati ai classici sapori italiani. In sottofondo, eccellente musica dal vivo.

🕸 🅿 – Prezzo: €€€
Strada Col Alt 105 – ℰ 0471 831000 – laperlacorvara.it

BURJÈ 1968

CONTEMPORANEA • CHIC Piatti ambiziosi di matrice italiana, con qualche ispirazione francese, a cui partecipano in maniera creativa anche ingredienti più esotici. Se avete difficoltà a scegliere à la carte, optate per il menu degustazione di 5 o 7 portate.

🕸 ♿ – Prezzo: €€€
Strada Burje 11 – ℰ 0471 836043 – burje1968.it – Chiuso la sera lunedì e domenica

KELINA FINE DINE

MODERNA • MINIMALISTA Aperto solo a pranzo. Da Corvara ci si arriva con la modernissima cabinovia Boè (o con gli sci ai piedi): subito all'uscita, a destra, troverete il Piz Boè Alpine Lounge, di cui il KELINA rappresenta, tra le varie proposte gastronomiche, un'inaspettata tappa gourmet. La sala è volutamente minimal per lasciare la scena alla vista mozzafiato su Sassongher, Santa Croce e La Varella che si apre dalle ampie vetrate. Ristretta la scelta dei piatti, sempre creativi e basati su ingredienti montani con qualche incursione in Sicilia, terra d'origine dello chef. Ottima carta vini.

🕸 ⬳ – Prezzo: €€€
Strada Lech de Boà s.n. – ℰ 0471 188 8166 – boealpinelounge.it – Chiuso la sera

LADINIA ⓝ

DEL TERRITORIO • ROMANTICO Calda atmosfera alpina vintage al Berghotel Ladinia e nell'omonimo ristorante: varcata la soglia sembra che i legni raccontino la storia quasi centenaria della casa, pensione dal 1930. Oggi rimane quasi tutto invariato e grazie all'accoglienza e alla cura dei dettagli della famiglia Costa ci si ritorna sempre volentieri! La cucina richiama le tradizioni con una strizzatina d'occhio al presente. Poche camere dallo stile ladino a tutto legno.

🍽 🅿 – Prezzo: €€
Strada Pedercorvara 10 – ℰ 0471 836010 – berghotelladinia.it

L'OSTÌ

MODERNA • MINIMALISTA In una sala minimalista realizzata con legni ma caratterizzata da tante bottiglie a vista, da alcune finestre vi si concede una vista parziale - sebbene splendida - delle vette dolomitiche. Lo chef presenta una cucina creativa esaltata da ingredienti locali e da prodotti di altre regioni. La cantina privilegia i vini cosiddetti naturali.

🅿 – Prezzo: €€€
Strada Col Alt 10 – ℰ 333 819 4890 – ristorantelosti.it – Chiuso lunedì

RIFUGIO COL ALT

CLASSICA • SEMPLICE Si raggiunge con comodità dal paese con l'ovovia, pochi minuti di salita per accedere ad una vista mozzafiato sulle Dolomiti; la sera (quando il servizio è più attento, mentre a pranzo i ritmi sono molto veloci) si sale - invece - con il gatto delle nevi. Del rifugio sono rimasti posizione e nome, perché la proposta è da ristorante: la cucina presenta infatti alcuni piatti più calorici legati alla montagna, ma non mancano alcune ricette moderne ed altre a base di pesce (ostriche comprese). Ultimo, ma non ultimo: bella la selezione di vini.

✎ ㊟ – Prezzo: €€

Strada Col Alt – ☏ 0471 836324 – rifugiocolalt.it

COSTERMANO

✉ 37010 – Verona (VR) – Carta regionale n° **8**–A2

LA CASA DEGLI SPIRITI

MODERNA • ROMANTICO La famiglia Chignola vi accoglie da quasi trent'anni in un bellissimo casolare ristrutturato: una lussuosa dimora panoramica che regala una delle più belle viste sul lago di Garda. Chiamano "Veranda" la sala vera e propria, con la parete a vetri che in estate si apre quasi totalmente, dove lo chef patron esalta ottimi ingredienti locali e nazionali, mentre "Terrazza" è il classico dehors con cucina ed atmosfera leggermente più easy. Nella valida selezione vini emerge la passione per gli Champagne.

๛ ✎ ⌂ ㊿ 🅿 – Prezzo: €€€

Via Monte Baldo 28 – ☏ 045 620 0766 – casadeglispiriti.it – Chiuso martedì e mercoledì

COURMAYEUR

✉ 11013 – Aosta (AO) – Carta regionale n° **3**–A2

L'ARMADILLO ⓝ

VALDOSTANA • WINE-BAR Ai piedi del Monte Bianco, in frazione La Palud, piccolo wine-bar con una cucina interessante, eseguita da un bravo cuoco giapponese che personalizza i buoni prodotti della valle. Ecco, quindi, una tempura delicatissima accostata a lingua o manzo, seguita da dolci squisiti. Il vino si sceglie direttamente dagli scaffali. Ambiente raccolto, meglio prenotare soprattutto in alta stagione.

㊟ – Prezzo: €€

Strada La Palud 27 – ☏ 340 961 0226 – Chiuso a mezzogiorno

PIERRE ALEXIS 1877

TRADIZIONALE • CONVIVIALE Questa casa intrattiene l'ospite con ricette della tradizione ma rivisitate con creatività e gusto. I prodotti sono soprattutto del territorio, con qualche erba spontanea per insaporire il tutto. Accoglienza calda e location perfetta nel cuore antico di Courmayeur.

– Prezzo: €€€

Via Marconi 50/a – ☏ 0165 846700 – pierrealexiscourmayeur.it – Chiuso lunedì e martedì a mezzogiorno

CRANDOLA VALSASSINA

✉ 23832 – Sondrio (SO) – Carta regionale n° **4**–B2

DA GIGI

LOMBARDA • FAMILIARE Per gustare le specialità della Valsassina, un simpatico locale in posizione panoramica con sale di tono rustico e una cucina attenta ai prodotti del territorio (molti di origine biologica) e a quelli dell'orto di casa. Al piano inferiore il laboratorio di pasticceria sforna fragranti prelibatezze. Nel fine settimana prenotare è più che consigliato, anche per assicurarsi un tavolo con bella vista su monti.

✎ 🅰🅲 ✿ – Prezzo: €€

Piazza IV Novembre 4 – ☏ 0341 840124 – dagigicrandola.it – Chiuso mercoledì

CREMA

 26013 – Cremona (CR) – Carta regionale n° **5**-C2

🌼 VITIUM

Chef: Michele Minchillo

CREATIVA • ACCOGLIENTE In un palazzo storico del centro si è installato il giovane chef pugliese Michele Minchillo. In carta troverete solo qualche accenno cremasco e della sua terra d'origine, più spesso invece i piatti sono ispirati ad un'ottima cucina creativa, con possibilità di optare per un percorso degustazione tra i tre a disposizione (di cui uno vegetariano), a cui si aggiunge la scelta à la carte. Interessanti le preparazioni in stile asiatico e un suggerimento su tutti: la cacio e pepe, gamberi crudi e lime. Tranquillo dehors sul retro per la bella stagione.

&. 🅰️ 🛋️ – Prezzo: €€€

Via del Ginnasio 4 – ℰ 0373 225703 – vitiumrestaurant.it – Chiuso martedì e a mezzogiorno lunedì, mercoledì, giovedì

BOTERO

MODERNA • DI TENDENZA A ridosso del centro cittadino e a pochi passi dal Duomo, il ristorante si trova all'interno di un bel palazzo storico. La cucina è fragrante e il menu alterna proposte ittiche - a seconda della disponibilità del mercato - e qualche ricetta più tradizionale come i tortelli dolci o gli ottimi gnudi di ortica e pescatrice. Accoglienza gioviale e servizio snello spiegano il motivo della grande affluenza sia a pranzo che a cena. Meglio prenotare!

🐾 &. 🅰️ 🛋️ – Prezzo: €€

Via Giuseppe Verdi 7 – ℰ 0373 87911 – ristorantebotero.it – Chiuso lunedì, sabato a mezzogiorno e domenica sera

CREMOLINO

✉️ 15010 – Alessandria (AL) – Carta regionale n° **1**-C3

MIREPUÀ FOOD LAB

TRADIZIONALE • AMBIENTE CLASSICO In collina, nel Monferrato, in un pittoresco borgo medievale con castello, la cucina ripercorre le classiche tappe della gastronomia piemontese, a cominciare dell'abbondanza di carni, ma pensando alle origini liguri del cuoco si trova spiegazione di qualche proposta più rivierasca. Crudo di pescato, fritto misto alla piemontese e grigliata di carni e verdure su prenotazione.

🅰️ 🛋️ – Prezzo: €€

Via Umberto I 69 – ℰ 0143 344702 – mirepua.it – Chiuso martedì

CREMONA

✉️ 26100 – Cremona (CR) – Carta regionale n° **4**-B3

KANDOO NIPPON

GIAPPONESE • STILE ORIENTALE Colori scuri e look moderno per questo locale disposto su due piani, consigliato per una pausa gourmet a base di ottime specialità – crude e cotte – del Sol Levante. A pranzo (solo in settimana) sono proposti piatti unici accompagnati da vari contorni.

&. 🅰️ 🛋️ – Prezzo: €€

Piazza Cadorna 15 – ℰ 0372 21775 – sushikandoo.it – Chiuso lunedì

CREVALCORE

✉ 40014 – Bologna (BO) – Carta regionale n° **9**-C3

BOTTEGA ALEOTTI

ITALIANA CONTEMPORANEA • FAMILIARE In una via defilata del centro, gestito da una coppia che vi accoglie in una sala dai tratti eleganti valorizzata da un bel parquet scuro, il ristorante è un bell'esempio di come dare un leggerissimo tocco moderno a specialità del territorio e a ricette dal sapore italiano. In fondo alla carta trovano spazio anche alcuni piatti a base di pesce. Imperdibili le paste fatte in casa!

    ♿ Ⓜ 🍽 – Prezzo: €€

Via Paltrinieri 62 – ☎ 051 981651 – ristorantebottegaaleotti.it – Chiuso lunedì e domenica sera

CRISPIANO

✉ 74012 – Taranto (TA) – Carta regionale n° **16**-C2

😻   LA CUCCAGNA

PUGLIESE • FAMILIARE Il ristorante nasce nel 1969 per volontà di Martino Marsella come attività legata alla tipica macelleria con fornello pugliese. Ancora oggi il locale è gestito dalla famiglia e le carni continuano a rimanere centrali in molte proposte. Ad esse si affiancano però verdure fresche e squisiti primi piatti (ottimi i troccoli freschi con cicorielle selvatiche, pomodorini giallorossi e fave). Grande importanza viene riservata anche al vino: oltre 500 etichette sostano nella bella cantina in attesa di essere aperte.

    ℥ Ⓜ 🍽 – Prezzo: €

Corso Umberto I 168 – ☎ 099 616087 – lacuccagnagirodivite.com – Chiuso martedì e a mezzogiorno

CROTONE

✉ 88900 – Catanzaro (CZ) – Carta regionale n° **19**-B2

DA ERCOLE

PESCE E FRUTTI DI MARE • AMBIENTE CLASSICO Sul lungomare della località, Da Ercole è un'istituzione per tutti quelli che amano il buon pesce, in attività da quasi 40 anni. Il sapore e il profumo dello Ionio vengono esaltati nei piatti di una carta generosa numericamente, ma se volete divertirvi lasciatevi guidare a voce direttamente da Ercole Villirillo, anfitrione d'altri tempi che non mancherà di farvi iniziare con l'ottimo crudo d mare.

    Ⓜ 🍽 🛒 – Prezzo: €€

Viale Gramsci 122 – ☎ 0962 901425 – ristorantedaercole.com – Chiuso domenica

RURIS WAVES Ⓝ

PESCE E FRUTTI DI MARE • CONTESTO CONTEMPORANEO Gemello del Ruris di Isola di Capo Rizzuto, la versione "Waves" è aperta dall'estate del 2023 all'interno del piccolo albergo Palazzo Foti sul lungomare di Crotone, di cui si gode la vista dal piccolo dehors, mentre la sala interna rimane più classica. È soprattutto dal mare che lo chef-patron Natale Pallone prende ispirazione per i suoi piatti: alcuni più classici, altri decisamente fantasiosi, come la parmigiana di polpo.

    Ⓜ 🍽 – Prezzo: €€€

Viale Cristoforo Colombo 79 – ☎ 339 737 2712 – ruris.it

CUASSO AL MONTE

✉ 21050 – Varese (VA) – Carta regionale n° **4**-A2

☺ AL VECCHIO FAGGIO

LOMBARDA • CONTESTO TRADIZIONALE Un edificio rustico e una calorosa e cortese accoglienza famigliare. La cucina si basa molto su prodotti locali e regionali e per la scelta del vino lasciatevi consigliare dal competente e appassionato patron-sommelier. Tra i classici della casa il petto d'anatra alle amarene o il coniglio al moscato.

&♿ 🏠 🅿 – Prezzo: €€

Via Garibaldi 8, loc. Borgnana – ℰ 0332 938040 – vf85.it – Chiuso mercoledì

CUNEO

✉ 12100 – Cuneo (CN) – Carta regionale n° **1**-B3

☺ OSTERIA DELLA CHIOCCIOLA

PIEMONTESE • AMBIENTE CLASSICO Nel centro storico, a pochi passi dall'elegante via Roma, al piano terra troverete l'enoteca, mentre per il ristorante si sale al primo, dove viene servita una cucina tradizionale piemontese nei suoi piatti più conosciuti, con le carni che ovviamente la fanno da padrona.

🐌 – Prezzo: €

Via Fossano 1 – ℰ 0171 66277 – osteriadellachiocciola.it – Chiuso domenica

4 CIANCE

PIEMONTESE • CONTESTO TRADIZIONALE Nella calorosa atmosfera di due sale tradizionali, 4 Ciance vi dà appuntamento con una delle migliori cucine della zona. Lavora su basi tradizionali, ma con un occhio più contemporaneo, è la ricerca dei prodotti, spesso della provincia, è ad alti livelli. Tanti i piatti memorabili, in stagione, i golosi non si perderanno "Il nostro Monte Bianco".

&♿ 🏠 – Prezzo: €€

Via Dronero 8/c – ℰ 0171 489027 – 4cianceristorante.it – Chiuso giovedì e a mezzogiorno lunedì, martedì, mercoledì, venerdì

BOVE'S

CARNE • VINTAGE Gli amanti della carne - in particolare bovina - troveranno qui il loro paradiso. Una delle più rinomate macellerie d'Italia, Martini di Boves, ha in via Dronero la sua vetrina cuneese, dove serve i suoi prodotti in un ristorante dallo stile originale e piacevolmente retrò. La carta spazia da varie versioni di carne cruda a cotta di fassona piemontese, dai salumi ad una bella selezione di hamburger ed altro ancora.

🏠 – Prezzo: €€

Via Dronero 2/b – ℰ 0171 692624 – boves1929.it – Chiuso domenica

I 5 SENSI

CONTEMPORANEA • AMBIENTE CLASSICO Dalla mamma ai quattro figli, giovani e appassionati, è tutta la famiglia Carlevero che si divide il lavoro, in un ambiente classico con tocchi di modernità. Il posto giusto per degustare una cucina di alto livello che talvolta esce dalla tradizione e, pur usando spesso ingredienti locali, propone qualche piatto più creativo. La cantina vanta circa 700 etichette.

🐌 🆎 – Prezzo: €€

Via Dronero 4 – ℰ 0171 325145 – i5sensiristorante.com – Chiuso lunedì e martedì a mezzogiorno

OSTERIA VECCHIO BORGO

DEL TERRITORIO • FAMILIARE Il territorio è fonte di ispirazione in cucina, ma accostamenti ed elaborazioni anche personalizzate in chiave moderna risultano apprezzate dai più. Ricerca ed attenta selezione anche per i vini con una carta curata e ben presentata.

&. – Prezzo: €€

Via Dronero 8/b – ℰ 0171 950609 – osteriavecchioborgo.com – Chiuso lunedì e domenica

CUORGNÈ

✉ 10082 – Torino (TO) – Carta regionale n° **1**–B2

😊 ROSSELLI 77

PIEMONTESE • VINTAGE L'impressione è quella di accomodarsi nel salotto di una casa privata, dove un vero oste di altri tempi, lo chef-patron Ivano, con sincera ospitalità propone una fragrante cucina piemontese: piatti che variano giornalmente in base alla disponibilità del mercato.

🅰️ ⇄ 🅿️ – Prezzo: €

Via F.lli Rosselli 77 – ℰ 0124 651613 – Chiuso sabato-lunedì e la sera

CUREGGIO

✉ 28060 – Novara (NO) – Carta regionale n° **1**–C2

LA CAPUCCINA

PIEMONTESE • CASA DI CAMPAGNA Una cascina cinquecentesca immersa nella campagna, nonché un'azienda agricola a tutto tondo (allevamenti, ortaggi, vigneti...); gestione familiare appassionata, che porta in tavola produzioni proprie o - in alternativa - materie prime locali di ottima qualità.

🐝 🛏️🅰️🏠🅿️ – Prezzo: €€

Via Novara 19/b, loc. Capuccina – ℰ 0322 839930 – lacapuccina.it – Chiuso a mezzogiorno

CUSAGO

✉ 20090 – Milano (MI) – Carta regionale n° **5**–A2

BRINDO

LOMBARDA • TRATTORIA Servizio personalizzato da un piccolo team coeso e cordiale nell'accogliere l'ospite nella propria piccola dimora. Brindo by Orlando è una realtà informale dove si propone una cucina divertente, coinvolgente, non solo territoriale: crudi, tartare e pescato del giorno tra i top!

🅰️ – Prezzo: €

Via Libertà 18 – ℰ 02 9039 4429 – brindo.it – Chiuso domenica e sabato a mezzogiorno

DA ORLANDO

ITALIANA • CONTESTO CONTEMPORANEO Già arrivare a Cusago mette di buon umore: un piccolo centro alle porte di Milano con un bel castello che domina la scena. La cucina di questo ristorante storico (40 anni di solida gestione) si divide equamente tra pesce di ottima qualità, come il "Bollito di mare", e piatti di terra per intenditori, come le "lumache ai funghi trombetta" o il "petto di anatra allo zenzero". Due sale eleganti adatte anche a serate romantiche e un piacevole dehors per la bella stagione.

🅰️🏠 – Prezzo: €€

Piazza Soncino 19 – ℰ 02 9039 0318 – daorlando.com – Chiuso domenica e sabato a mezzogiorno

CUTIGLIANO

✉ 51024 - Pistoia (PT) – Carta regionale n° **11**–B1

⊛ TRATTORIA DA FAGIOLINO

TOSCANA • CONTESTO TRADIZIONALE Si accede alla sala passando davanti alla cucina, e questo è già un bel biglietto da visita: fuochi accesi e cuochi al lavoro! È il classico indirizzo che si vorrebbe sotto casa per una cucina fragrante e tradizionale, in un contesto semplice e familiare. I piatti sono rigorosamente toscani, la qualità delle materie prime ottima.

⤳ – Prezzo: €

Via Carega 1 – ✆ 0573 68014 - trattoriadafagiolino.com – Chiuso lunedì-mercoledì

DELEBIO

✉ 23014 - Sondrio (SO) – Carta regionale n° **4**–B1

OSTERIA DEL BENEDET

MODERNA • ELEGANTE Ristorante che fu antica osteria, si sviluppa oggi in verticale: wine-bar al piano terra e sale a quello superiore per una cucina d'ispirazione tradizionale rivisitata con personalità e in chiave contemporanea. L'ottima scelta dei vini ne fa una tappa anche per gli amanti del buon bere.

⅋ 🆔 ⇔ – Prezzo: €€

Via Roma 2 – ✆ 0342 696096 - osteriadelbenedet.com – Chiuso domenica

DERUTA

✉ 06053 - Perugia (PG) – Carta regionale n° **13**–A2

I RODELLA 🆕

INNOVATIVA • CHIC Il complesso, che comprende anche sette camere e due junior suites, risale all'inizio del 1600 e fu voluto dalla Chiesa come stazione di posta sulla strada verso Roma. Da tanti anni la gestione è in mano a una famiglia di origini venete, con due fratelli gemelli dal curriculum significativo in cucina e un terzo, sommelier, in sala. La loro proposta, che va oltre l'ispirazione locale, è stata concepita con una visione moderna sia nell'accostamento di gusti (erbe del loro orto) e sapori, sia nella presentazione dei piatti, sempre generosi e gustosi. Il consiglio è fare come abbiamo fatto noi, cioè lasciarsi consigliare dal capace Samuele e assaggiare ciò che Stefano e Andrea prepareranno per voi con passione e competenza.

🛏🕭🍴🅿 – Prezzo: €€

Strada esterna vicinale della Rocca 2 – ✆ 075 972 4314 - ristoranteirodella.it – Chiuso lunedì

DESENZANO DEL GARDA

✉ 25015 - Brescia (BS) – Carta regionale n° **4**–D1

✽ ESPLANADE

Chef: Massimo Fezzardi

MODERNA • ELEGANTE Un grande classico della ristorazione del Garda, di cui è uno dei migliori e più longevi indirizzi: Stella dal 1992! Per il giardino lussureggiante e la posizione panoramica sul lago il dehors è unico, ma altrettanto incantevoli sono gli ambienti interni, raffinati ed eleganti. Il tutto reso ancora più piacevole dalla grande simpatia del titolare. La carta mostra una scelta molto ampia, in cui il pesce (proveniente per lo più dalla Sardegna) e la carne si dividono gli spazi, ma non c'è da preoccuparsi di tanta varietà: ingredienti, precisione tecnica e presentazioni sono sempre curatissimi. La generosità delle porzioni è un'ulteriore caratteristica che lo contraddistingue, rara a questi livelli. Senza scordare una carta dei vini importante, che piacerà soprattutto a chi ama le bollicine: italiane, francesi (più di 200 etichette di Champagne) e anche inglesi.

🕸 ⊰ 🖐 🅰🅒 🛋 🅿 – Prezzo: €€€€

Via Lario 3 – 𝒞 030 914 3361 – ristorante-esplanade.com – Chiuso mercoledì

MOS

CONTEMPORANEA • RUSTICO Dopo importanti esperienze anche all'estero Stefano Zanini ha dato nuova vita a una vecchia trattoria nel centro storico di Desenzano, proprio di fronte al porticciolo. Cucina personalizzata di mare, lago e terra, stagionalità dei prodotti e riutilizzo degli scarti fin dove è possibile sono le sue linee guida. Nella bella stagione i tavoli all'aperto si affacciano sulle imbarcazioni ormeggiate.

🅰🅒 🛋 – Prezzo: €€

Via Porto Vecchio 28 – 𝒞 030 914 3339 – ristorantemos.it – Chiuso a mezzogiorno da lunedì a mercoledì

DIOLO

✉ 43019 – Parma (PR) – Carta regionale n° **9**–B1

OSTERIA ARDENGA

DEL TERRITORIO • TRATTORIA Un'autentica trattoria, che scalda il cuore a mangiarvi, dove il tempo sembra essersi fermato decenni orsono. Al confine tra due province, la cucina predilige le specialità parmigiane con diversi prodotti coltivati in proprio e piccola rivendita di sott'aceti e confetture.

🅰🅒 🅿 – Prezzo: €

Via Maestra 6 – 𝒞 0524 599337 – osteriardenga.com – Chiuso mercoledì, a mezzogiorno da venerdì a domenica e sera lunedì, martedì, giovedì

DOBBIACO

✉ 39034 – Bolzano (BZ) – Carta regionale n° **6**–B1

🕸 TILIA

Chef: Chris Oberhammer

MODERNA • INTIMO È dal 2010 che lo scrigno di acciaio e vetro fa originale mostra di sé al centro del parco dell'ex Grand Hotel di Dobbiaco. Ancora più intima di prima è la sala, ai cui 5 tavoli possono accedere solo 12 coperti. Chef Chris Oberhammer presenta una carta invitante nonostante sia composta da poco meno di 20 piatti: la sua è una linea di cucina moderna, legata al territorio. Molti ingredienti (come le farine ed alcune carni) provengono dal maso Klaude, con il cui proprietario, amico d'infanzia, il cuoco ha stretto un bel rapporto. Non manca, inoltre, l'aggiunta di alcuni ingredienti lussuosi da fuori regione ad impreziosire il risultato finale: è il caso del caviale o in stagione del tartufo, e magari anche di uno scampo. Con garbo e professionalità, Anita Mancini si occupa della sala e della selezione di vini internazionale.

🅰🅒 🛋 🅿 – Prezzo: €€€€

Via Dolomiti 31/b – 𝒞 335 812 7783 – tilia.bz – Chiuso lunedì, a mezzogiorno da martedì a giovedì e domenica sera

GRATSCHWIRT

DEL TERRITORIO • CONTESTO TRADIZIONALE Casa con origini cinquecentesche in condivisione con l'omonimo hotel, per un ristorante tipico all'ombra delle Tre Cime: la stube è molto classica nel suo genere, così come la cucina altoatesina proposta, semplice ed abbondante. Oltre a canederli in brodo, agnello in crosta di erbe e strudel di mele, vi suggeriamo l'ottima tartare di manzo, meno tradizionale di altri piatti e condita direttamente in sala.

🖐 🛋 ♻ 🅿 – Prezzo: €€

Via Grazze 1 – 𝒞 0474 972293 – gratschwirt.com – Chiuso a mezzogiorno da lunedì a sabato e domenica sera

DOGLIANI

✉ 12063 – Cuneo (CN) – Carta regionale n° **2**–A2

IL VERSO DEL GHIOTTONE

PIEMONTESE • **CONTESTO CONTEMPORANEO** In un palazzo settecentesco, tavoli neri con coperto all'americana e bei quadri alle pareti: ne risulta un ambiente giovanile, ma elegante, dove l'accoglienza è informale ma al tempo stesso molto professionale. La cucina simpatizza con le ricette del territorio, che rivisita e alleggerisce. Non mancano interessanti proposte di pesce.

& 斎 ✿ – Prezzo: €€

Via Demagistris 5 – ℰ 0173 742074 – ilversodelghiottone.it – Chiuso lunedì, martedì e a mezzogiorno da mercoledì a venerdì

DOLCEDO

✉ 18020 – Imperia (IM) – Carta regionale n° **10**–A3

CASA DELLA ROCCA

LIGURE • **CONTESTO STORICO** Nella pittoresca Dolcedo, all'interno di un mulino d'inizio Novecento con torchio e macina, in questo ristorante troverete una delle più interessanti proposte di quella cucina ligure che si nutre di terra e mare con eguale soddisfazione, talvolta anche combinati nello stesso piatto. Qualche tocco creativo, alcuni richiami piemontesi, insomma, un ottimo motivo per una gita nell'entroterra!

斎 – Prezzo: €€

Via Ripalta 3 – ℰ 0183 682648 – ristorantecasadellarocca.it – Chiuso martedì, mercoledì e a mezzogiorno tranne domenica

EQUILIBRIO ⓝ

CONTEMPORANEA • **ROMANTICO** Torna nella sua Imperia il giovane Jacopo Chieppa, forte di belle esperienze, come al Mirazur di Mentone e presso l'Antica Corona Reale a Cervere. Ha quindi deciso di aprire questo bel ristorante in un luogo a lui caro sin dall'infanzia: un antico mulino sapientemente ristrutturato, dove propone pochi piatti di cucina creativa, leggera, colorata e saporita. Lo spaghetto con i limoni e i gamberi liguri ne è un esempio perfetto.

⊜ ▣ – Prezzo: €€€

Località Martin 13 – ℰ 0183 684685 – equilibrioristorante.com – Chiuso lunedì e a mezzogiorno tranne domenica

DOLEGNA DEL COLLIO

✉ 34070 – Trieste (TS) – Carta regionale n° **7**–B2

✿ L'ARGINE A VENCÒ

Chef: Antonia Klugmann

CREATIVA • **ELEGANTE** In un edificio moderno contiguo ad un mulino del '600, Antonia Klugmann esprime una cucina originale che evidenzia l'attaccamento alla propria terra e una rimarchevole presenza di prodotti del proprio orto: in primis le erbe aromatiche che ritornano in svariate preparazioni come caratteristica identitaria della maison. La casa si trova in una piacevole zona incontaminata a ridosso del confine con la Slovenia e al centro di due grandi aree vinicole: i Colli Orientali del Friuli e il Collio, egregiamente rappresentati nella fornita carta dei vini.

⊛ & ▥ 斎 ▣ – Prezzo: €€€€

Località Vencò 15 – ℰ 0481 199 9882 – largineavenco.it – Chiuso lunedì, martedì e mercoledì a mezzogiorno

DOMODOSSOLA

✉ 28845 – Novara (NO) – Carta regionale n° **1**–C1

 ATELIER

Chef: Giorgio Bartolucci

DEL TERRITORIO • CONTESTO CONTEMPORANEO La storica struttura, dal 2020 prima stella in assoluto della Val d'Ossola, è un solido punto di riferimento gastronomico. Lo chef-patron Giorgio Bartolucci, affiancato dall'intraprendente sorella Elisabetta, ha saputo rinnovare con passione e competenza la tradizione familiare dei genitori fondatori dell'attività, mentre la moglie Katia accudisce la sala con garbo e professionalità. La cucina a vista, costruita artigianalmente e grande quasi quanto la sala, è un elemento distintivo voluto dall'energico cuoco per corroborare il rapporto tra brigata e commensali. Gusto, varietà ed estetica delle proposte sono gli architravi della cucina di Atelier, ristorante che convince per le intriganti rivisitazioni di molte ricette ossolane. Tra i piatti che più abbiamo apprezzato i Tajarin al vino Prünent, ragù di lepre, marroni e mirtilli, riuscita rielaborazione di ingredienti locali dal sapore ben equilibrato.
P – Prezzo: €€€

Piazza Matteotti 36 – ☏ 0324 481326 – eurossola.com – Chiuso lunedì, a mezzogiorno da martedì a sabato e domenica sera

LA MERIDIANA

PESCE E FRUTTI DI MARE • ACCOGLIENTE Locale centrale di lunga tradizione che ha superato i 50 anni di gestione, rifacendosi nel tempo il look e proponendo ora anche un dehors estivo nel bel centro cittadino. Oggi è un moderno bistrot, dove lo chef-patron William Vicini propone pesce in due versioni: secondo la tradizione italiana o ispirandosi a quella spagnola, terra d'origine materna. La paella è tra i must! Il servizio in sala è coadiuvato con garbo da Barbara, che vi consiglierà anche sulla scelta del vino.
🅰🅲 ⇔ – Prezzo: €€

Via Rosmini 11 – ☏ 0324 240858 – ristorantelameridiana.it – Chiuso lunedì e domenica

DOSSOBUONO

✉ 37062 – Verona (VR) – Carta regionale n° **8**–A3

CAVOUR

VENETA • AMBIENTE CLASSICO È dal 1980 che il Cavour rappresenta un valido esempio di ottima ristorazione e la famiglia proprietaria, i Marchiori, partirono nel settore già a metà anni Cinquanta: tanta esperienza è garanzia di serietà e solidità. Nei piatti assaggerete sapori generosi: da non perdere il carrello dei bolliti e degli arrosti (oltre che quello golosissimo dei dolci), e poi ancora le carni cotte al camino e le paste fresche.
🅰🅲 ⌂ ⇔ **P** – Prezzo: €€

Via Cavour 40 – ☏ 045 513038 – ristorantecavourverona.it – Chiuso domenica

DOSSON

✉ 31030 – Treviso (TV) – Carta regionale n° **8**–C2

 ALLA PASINA

VENETA • AMBIENTE CLASSICO In questa bella e accogliente casa di campagna dall'atmosfera piacevolmente familiare, le paste fresche occupano uno spazio importante e - a nostro avviso - ben meritato, in ricette tradizionali e altre più creative, che seguono pur sempre la stagionalità delle materie prime. Ma non fermatevi qui: il celebre radicchio, il pesce e la carne arricchiscono l'ottima proposta. Ci sono anche camere per completare il soggiorno.
⌂ ⌸ ♿ 🅰🅲 ⌂ ⇔ **P** – Prezzo: €€

Via Marie 3 – ☏ 0422 382112 – pasina.it – Chiuso lunedì e domenica

DOVERA

✉ 26010 – Cremona (CR) – Carta regionale n° **5**–C2

LA KUCCAGNA

ITALIANA • **CONTESTO CONTEMPORANEO** La Kuccagna è una proposta fresca e di qualità, forte di una gestione sempre giovane e ricca di energia; i menu spaziano tra terra e mare, mentre la griglia è sempre pronta per accogliere i tagli di carni più adatti. Buona scelta di vini a cominciare dalle etichette d'Oltralpe. La location è squisitamente bucolica, mentre gli interni sono moderni e confortevoli.

🅰🅲 🍴 🅿 – Prezzo: €€

Via Milano 14, loc. Barbuzzera – ℰ 0373 978457 – lakuccagna.it – Chiuso lunedì, martedì e a mezzogiorno mercoledì e giovedì

EBOLI

✉ 84025 – Salerno (SA) – Carta regionale n° **17**–C2

✿ IL PAPAVERO

MODERNA • **COLORATO** Il Papavero è figlio dell'eccellente e duraturo sodalizio tra il proprietario Maurizio Somma e lo chef Fabio Pesticcio, che qui iniziò a cucinare nel 2006, quando aveva ancora "i calzoncini corti". È il fiore gastronomico di Eboli, dove occupa il primo piano di un palazzo semi-centrale. Una volta entrati, tra salottini, divanetti e quadri colorati alle pareti, ci si sente accolti in una bella casa privata. Gli ingredienti presenti in carta descrivono al meglio le produzioni alimentari del territorio circostante (la Piana del Sele e il Golfo di Salerno) e sono utilizzati nella loro interezza, con l'obiettivo di ridurre al minimo gli sprechi. Nascono così piatti mediterranei contemporanei, semplici e leggeri, costruiti con pochi ingredienti e con la nettezza tipica dei sapori del Sud. Gradevole servizio all'aperto nel verdeggiante terrazzino sul retro, sotto un romantico gelsomino. Un posto del cuore, anche in virtù dell'assoluta correttezza dei prezzi.

🅰🅲 🍴 ✿ – Prezzo: €€

Corso Garibaldi 112/113 – ℰ 0828 330689 – ristoranteilpapavero.it – Chiuso lunedì, a mezzogiorno martedì e mercoledì e domenica sera

EGNA

✉ 39044 – Bolzano (BZ) – Carta regionale n° **6**–A2

JOHNSON & DIPOLI

MEDITERRANEA • **BISTRÒ** Sotto ai pittoreschi portici del centro di Egna, in questo intimo bistrot ci si affida volentieri all'esuberante professionalità di Vincenzo Degasperi, sia per il cibo, una gustosa cucina italiana preparata col meglio degli ingredienti di giornata, sia per i vini, scelti da una cantina ideata con intelligenza e da cui si potrà anche optare per intriganti abbinamenti al calice.

🕸 🍴 ✿ – Prezzo: €€

Via Andreas Hofer 3 – ℰ 0471 820323 – johnson-dipoli.it

Isola d'ELBA

✉ 57033 – Livorno (LI) – Carta regionale n° **11**–B3

Marciana Marina

SALEGROSSO

PESCE E FRUTTI DI MARE • **CONTESTO CONTEMPORANEO** Situato in un angolo della graziosa piazzetta "di sotto" di Marciana Marina, a pochi metri dal Cotone, uno degli scorci più antichi e suggestivi del paese, cucina mediterranea e più specificatamente elbana con piccole reinterpretazioni personali. Il Bollito di mare, con caviale e crema di pomodoro confit è imperdibile! Piacevolissimo il dehors che rende la cena più rilassante, fra il "paseo" di turisti e la bella vista sull'orto della località.

🏧 – Prezzo: €€

Piazza della Vittoria 14 – 𝒞 0565 996862 – salegrossoelba.it – Chiuso lunedì

SCARABOCI

CREATIVA • CONVIVIALE A pochi metri dall'incantevole lungomare di Marciana, ecco uno dei gioielli gastronomici dell'isola: di terra, o più spesso di mare, i piatti esaltano i prodotti, intrigano per gli accostamenti e seducono con le presentazioni. Terrazza privé per cene intime nel periodo estivo (da prenotare con largo anticipo!), e se nella selezione enoica manca la proposta al calice, si può sempre optare per una mezza bottiglia di qualità.

🐚 🏧 – Prezzo: €€

Via XX Settembre 27 – 𝒞 0565 996868 – Chiuso a mezzogiorno

Marina di Campo

AL MORO Ⓝ

MEDITERRANEA • CONVIVIALE Fuori dal grande flusso turistico, in un rustico edificio che si fa notare per il suo bel dehors sotto un fresco ed invitante gazebo in legno, atmosfera rilassata e informale per una cucina mediterranea di spiccata personalità ed ottimi ingredienti. Piccola lista di ostriche per gli amanti del mollusco.

🏧 🏠 🅿 – Prezzo: €€€

Via Pietri 1277 – 𝒞 392 443 0495 – ristorantealmoro.it – Chiuso lunedì e a mezzogiorno

Porto Azzurro

SAPERETA

MODERNA • AGRESTE All'interno di una storica cantina, un ambiente rustico e sobrio e un'aia ben curata. L'atmosfera bucolica non lascia presagire la cucina toscana di stampo contemporaneo di Sante Vaiti, che si avvale di tecniche e cotture all'avanguardia.

♿ 🏠 🅿 – Prezzo: €€€

Via Provinciale Ovest 73, loc. Mola – 𝒞 0565 95033 – ristorantesapereta.it

EMPOLI

✉ 50053 – Firenze (FI) – Carta regionale n° **11**-C2

20 POSTI

MODERNA • CONTESTO CONTEMPORANEO In uno stretto vicolo del centro, un piccolo locale in stile bistrot, con lounge bar serale; la giovane gestione propone piatti di fantasiosa cucina mediterranea, sia di carne che di pesce, arricchita da tanti ingredienti ben selezionati.

♿ 🏧 – Prezzo: €€€

Via della Murina 4/a – 𝒞 0571 152 0082 – ristorante20posti.it – Chiuso domenica e lunedì a mezzogiorno

ERBUSCO

✉ 25030 – Brescia (BS) – Carta regionale n° **5**-D2

LEONEFELICE VISTA LAGO

ITALIANA • CONTESTO CONTEMPORANEO All'intero di un contesto di assoluta raffinatezza quale il resort L'Albereta, un ristorante dove assaporare una cucina contemporanea che trae ispirazione dalla tradizione. Atmosfera curata e molto rilassata per una sosta di grande romanticismo.

🕸 ≼ 🖨 ⅏ 🛋 ⇔ 🅿 – Prezzo: €€€

Via Vittorio Emanuele 23 – ℰ 030 776 0550 – albereta.it

ESINE

✉ 25040 – Brescia (BS) – Carta regionale n° **4**–C2

😋 DA SAPÌ

CONTEMPORANEA • **CONVIVIALE** Cucina piuttosto contemporanea su base regionale, con un'attenta ricerca dei prodotti locali, e molti piatti green con verdure e ortaggi di stagione; passione per i gelati artigianali senza alcun semi-lavorato, ma solo ingredienti naturali. Siamo alla quarta generazione: una garanzia!

♿ ⅏ ⌂ – Prezzo: €€

Via Giuseppe Mazzini 36 – ℰ 0364 46052 – ristorantesapi.com – Chiuso lunedì e domenica sera

ESTE

✉ 35042 – Padova (PD) – Carta regionale n° **8**–B3

INCÀLMO

CONTEMPORANEA • **AMBIENTE CLASSICO** Ai piedi del castello Carrarese e all'interno dell'albergo Beatrice, gli appassionati di una cucina di ricerca e di originali accostamenti troveranno qui la loro meta. Fantasia e originalità sono servite nel piatto da due bravi cuochi.

♿ ⅏ ⌂ 🅿 – Prezzo: €€€

Viale Rimembranze 1 – ℰ 0429 176 1472 – incalmoristorante.com – Chiuso lunedì, a mezzogiorno da martedì a sabato e domenica sera

FABBRICO

✉ 42042 – Reggio Emilia (RE) – Carta regionale n° **9**–B1

CLAUDIO RISTORANTE ⓝ

PESCE E FRUTTI DI MARE • **CONTESTO CONTEMPORANEO** Un'inaspettata sorpresa nel cuore della bassa: in aperta campagna, in un grazioso casolare, Claudio prepara una cucina quasi esclusivamente di mare di ottima qualità, con qualche accento meridionale, in particolare pugliese, sua terra d'origine. Nei pranzi infrasettimanali c'è anche un menù più semplice ed economico.

🖨 ⅏ ⌂ 🅿 – Prezzo: €€

Via Ferretti 109 – ℰ 0522 660065 – claudioristorante.it – Chiuso lunedì, sabato a mezzogiorno e domenica sera

FAENZA

✉ 48018 – Ravenna (RA) – Carta regionale n° **9**–C2

😋 LA BAITA

EMILIANA • **TRATTORIA** Nel centro storico, trattoria e negozio di specialità gastronomiche sono uniti nello spirito della tradizione e della qualità. Seduti ai tavoli in un'atmosfera semplice ed informale, la selezione di formaggi e salumi balza all'occhio per vastità, completata da paste fresche e piatti di carne.

🕸 ♿ ⅏ ⌂ ⇔ – Prezzo: €

Via Naviglio 25/c – ℰ 0546 21584 – labaitaosteria.it – Chiuso lunedì e domenica

IL FENICOTTERO ROSA GOURMET

CONTEMPORANEA • ELEGANTE Troverete proprio dei fenicotteri ad accogliervi nel parco del ristorante, all'interno di Villa Abbondanzi, il lussuoso hotel che lo ospita. In sale raffinate ed eleganti, anche la cucina spicca il volo verso piatti tecnici ed elaborati, ricchi di fantasia. La coccola continua con la selezione enoica: da una carta con notevoli etichette naturali il bravo sommelier troverà la bottiglia più adatta al vostro palato. Un vino che ci è particolarmente piaciuto è stato il Sauvignon altoatesino Weingut In Der Eben: un 2019 ricco e complesso, perfetto per tutto il pasto anche con un menu di carattere.

🛬 🎬 🎍 ⇦ 🅿 – Prezzo: €€€

Via Emilia Ponente 23 – ☎ 0546 622672 – villa-abbondanzi.com – Chiuso martedì, mercoledì e a mezzogiorno lunedì, giovedì, venerdì

FAGAGNA

✉ 33034 – Udine (UD) – Carta regionale n° **7**–A2

SAN MICHELE

MODERNA • RUSTICO Attiguo alle antiche rovine del castello e alla chiesetta intitolata a San Michele, questo edificio del XIII secolo - che fu probabilmente sede del corpo di guardia - ospita un ristorantino caratteristico con piatti legati al territorio e alle stagioni in chiave moderna. Durante la settimana, a pranzo, svariati "cicchetti" accompagnati da proposte alla carta. Alcune camere per prolungare il soggiorno.

🛬 ♿ 🎍 🅿 – Prezzo: €€

Via Castello di Fagagna 33 – ☎ 0432 810466 – sanmichele.restaurant – Chiuso lunedì, martedì, domenica

FAGNANO

✉ 37060 – Verona (VR) – Carta regionale n° **8**–A3

TRATTORIA ALLA PERGOLA

TRADIZIONALE • CONTESTO TRADIZIONALE Trattoria d'altri tempi, semplice e familiare, dove si arriva da tutta la provincia per gustare una cucina classica del territorio, senza fronzoli e incurante delle mode. La carta è ristretta ma non mancano i celebri i risotti (siamo in terra di risaie!) e soprattutto il carrello dei bolliti.

🎬 – Prezzo: €

Via Nazario Sauro 9 – ☎ 045 735 0073 – Chiuso lunedì e domenica

FAGNANO OLONA

✉ 21054 – Varese (VA) – Carta regionale n° **5**–A1

✿ ACQUERELLO

Chef: Silvio Salmoiraghi

CREATIVA • ACCOGLIENTE La parola chiave è: cucina moderna. Ma il ristorante è molto di più. All'interno di un'antica corte lombarda, Acquerello non propone una tavolozza di colori, ma una girandola di sapori. A concertare il tutto, uno chef defilato dai riflettori, che ancora ama stare dietro ai fornelli. Sebbene vi sia una carta, gli ispettori consigliano di affidarsi alla degustazione: scoprirete un percorso calibrato di note ricercate e combinazioni originali in straordinaria armonia, oltre che accenni all'Oriente con piacevoli contrasti di cotture e temperature. La proposta enoica rispecchia i gusti del padrone di casa: leggermente sbilanciata sulle bollicine d'Oltralpe, annovera comunque di tutto un po'.

🎬 🎍 – Prezzo: €€€€

Via Patrioti 5 – ☎ 0331 611394 – ristoranteacquerello.com – Chiuso lunedì e martedì a mezzogiorno

MENZAGHI

MODERNA • FAMILIARE In una saletta dai toni tradizionali si è cordialmente accolti dal titolare, grande appassionato dei suoi vini, e da un servizio informale ma competente. Cucina di sostanza e grande attenzione alle materie prime stagionali e locali. Consigliamo di considerare anche le proposte speciali del giorno.

🔢 ⇔ – Prezzo: €€

Via San Giovanni 74 – ℰ 0331 361702 – ristorantemenzaghi.it – Chiuso lunedì e martedì e domenica sera

FALZES

✉ 39030 – Bolzano (BZ) – Carta regionale n° **6**–B1

SICHELBURG

CREATIVA • ROMANTICO Regalatevi un grande pasto in un contesto da sogno: in paese, il ristorante si trova al primo piano di un castello di origini trecentesche. Romantiche sale avvolte nel legno, la cucina è creativa, ma fortemente legata ai prodotti della montagna.

🛏 🏠 ⇔ 🅿 – Prezzo: €€

Via Castello 1 – ℰ 0474 055603 – sichelburg.it – Chiuso mercoledì e giovedì

FANO

✉ 61032 – Pesaro e Urbino (PU) – Carta regionale n° **14**–B1

😊 CILE'S

PESCE E FRUTTI DI MARE • AGRESTE Non lontano dal mare, questo fresco ristorantino dallo stile quasi shabby mette in mostra legni, tanto bianco e azzurro: quasi un angolo di Provenza in piena Fano! La cucina rimane decisamente nel territorio con ricette semplici a base di pesce (a prezzi davvero onesti) e di ispirazione marchigiana. Divertenti i fantasiosi nomi dati ai piatti stessi: "Ma che fritto fa...", "Si salvia chi può"...

🔢 🏠 – Prezzo: €€

Viale Cesare Battisti 35 – ℰ 0721 803390 – ristoranteciles.it – Chiuso lunedì

ALLA LANTERNA

PESCE E FRUTTI DI MARE • AMBIENTE CLASSICO Il miglior pesce dell'Adriatico, cucinato in maniera estremamente classica. Al primo boccone, la fragranza e la freschezza della materia prima farà dimenticare la posizione non proprio tra le più affascinanti, lungo una statale dominata dal traffico. Buona anche la selezione enoica.

🔢 🏠 🅿 – Prezzo: €€

SS Adriatica Sud 78 – ℰ 0721 884748 – allalanterna.com – Chiuso lunedì e domenica sera

IL GALEONE

PESCE E FRUTTI DI MARE • ELEGANTE Marco Veglio, lo chef-patron di questo riferimento gastronomico fanese situato al pianterreno dell'albergo Elisabeth Due, negli ultimi anni ha intensificato gli sforzi per reperire pesce e ingredienti stagionali del territorio, per proporre ai propri clienti preparazioni che riescono a collocarsi in perfetto equilibrio tra classicità e modernità.

🔢 🏠 🅿 – Prezzo: €€

Piazzale Amendola 2 – ℰ 0721 823146 – ilgaleone.net – Chiuso lunedì

OSTERIA DALLA PEPPA

TRADIZIONALE • VINTAGE Davvero piacevole ed accogliente l'ambiente vintage di questa osteria del centro storico, che - sia nell'atmosfera sia nella proposta decisamente tradizionale - ricorda ed omaggia la lunga storia della "Peppa": aperta già a fine Ottocento. Paste fresche (sfogline all'opera nell'adiacente shop) e tartufi di stagione in primis, mentre solo il venerdì anche cucina di mare.

🍴 – Prezzo: €

Via Vecchia 8 – ☎ 0721 823904 – osteriadallapeppa.it

FARA FILIORUM PETRI

✉ 66010 – Chieti (CH) – Carta regionale n° **15**–B1

CASA D'ANGELO

ABRUZZESE • INTIMO Nella vecchia casa di famiglia, un ambiente intimo e raffinato cui si aggiunge la sapienza di una gestione dalla lunga esperienza, vengono serviti piatti del territorio vivacizzati dalla fantasia dello chef e aromatizzati con olio EVO di produzione propria. La carta dei vini contempla etichette a loro marchio, nonché altre più commerciali.

⅋ 🖭 🍴 ⇔ 🅿 – Prezzo: €€

Via San Nicola 5 – ☎ 0871 70296 – casadangelo.it – Chiuso lunedì, martedì, a mezzogiorno da mercoledì a sabato e domenica sera

FASANO DEL GARDA

✉ 25083 – Brescia (BS) – Carta regionale n° **4**–C2

✿ IL FAGIANO

ITALIANA CONTEMPORANEA • ELEGANTE Maurizio Bufi presenta la sua cucina, stagionale, territoriale e soprattutto gustosa! Nell'ampia carta possibilità di selezionare quattro menu degustazione: Frammenti, con i suoi piatti più iconici, Sensazioni un po' più creativo, Equinozio d'autunno, ça va sans dire, quello più stagionale, e infine Dalla terra, vegetariano e intrigante. Atmosfera di gran classe sia nella bellissima terrazza che nella sala interna, calda e con un suggestivo soffitto a cassettoni che crea atmosfera per la stagione fredda. Un piatto iconico che abbiamo testato è il fusillone, seppia a carpaccio e vellutata di topinambur... dolce e delicato, abbinato ad un Eruzione bianco 1614 di Planeta, da uve Carricante, intenso e di lunga freschezza.

🖣 & 🖭 🍴 🅿 – Prezzo: €€€

Corso Zanardelli 190 – ☎ 0365 290220 – ghf.it – Chiuso a mezzogiorno

✿ LIDO 84

Chef: Riccardo Camanini

CREATIVA • ROMANTICO Lasciata la vettura nel parcheggio, una breve discesa condurrà ad un piccolo angolo di paradiso, di fronte ad uno degli scorci più belli del lago di Garda. In una sala elegante sarete oggetto di tante piccole attenzioni lungo un pasto che vede protagonisti i due fratelli Camanini, Giancarlo in sala e Riccardo ai fornelli. La cucina è golosa, senza paura di essere piena, rotonda e generosa, e lascia l'impressione che ogni pasto sia quello della domenica: gioioso, allegro, complice un'atmosfera rilassata e informale e uno scambio frequente con la brigata di cucina, che porta spesso in tavola i piatti. Per un'occasione speciale prenotate il tavolo nella saletta in pietra all'interno del meraviglioso giardino: vista mozzafiato!

⅋ ⪕ 🖣 & 🍴 ⇔ 🅿 – Prezzo: €€€€

Corso Zanardelli 196 – ☎ 0365 20019 – ristorantelido84.com – Chiuso martedì e mercoledì

FELTRE

✉ 32032 – Belluno (BL) – Carta regionale n° **8**–B2

AURORA

MODERNA • SEMPLICE In un ambiente semplice ma accogliente, recentemente rinnovato, Aurora propone una cucina ben realizzata, che comprende specialità regionali e italiane di carne e di pesce, alleggerite con gusto moderno.

Ⓜ – Prezzo: €€

Via Garibaldi 68 – ℰ 0439 2046 – auroraristorantefeltre.com – Chiuso lunedì e domenica sera

PANEVIN

MODERNA • ACCOGLIENTE In una frazione verdeggiante appena fuori Feltre, la cucina moderna di Gianluca Campigotto si è fatta nel tempo sempre più interessante: gli ingredienti del mare sono presenti in una piccola carta, attenta anche ai sapori del territorio.

& Ⓜ 🛱 🅿 – Prezzo: €€

Via Cart 16 – ℰ 043983466 – ristorantepanevin.com – Chiuso mercoledì e domenica sera

FERMO

✉ 63019 – Ascoli Piceno (AP) – Carta regionale n° **14**–C2

EMILIO

PESCE E FRUTTI DI MARE • ELEGANTE A due passi dal mare, dal 1965 è la famiglia Bei ad occuparsi di questo ritrovo gourmet per cultori del bello e del buono: ricette di pesce secondo la tradizione locale e un'estetica più attuale, con molte sorprese proposte anche a voce. Opere d'arte contemporanea impreziosiscono il locale.

🛱 🅿 – Prezzo: €€

Via Girardi 1, loc. Casabianca – ℰ 0734 640365 – ristoranteemilio.it – Chiuso lunedì e a mezzogiorno

FERRARA

✉ 44121 – Ferrara (FE) – Carta regionale n° **9**–C1

CA' D'FRARA

EMILIANA • CONTESTO CONTEMPORANEO Nel centro storico della bella città estense, la sala sorprende per l'eleganza contemporanea, mentre la carta si divide tra le specialità locali e piatti più creativi. Ma sono proprio i piatti tradizionali che vi consigliamo, dal pasticcio in crosta di pasta frolla alla salama da sugo: grandi piatti a prezzi contenuti.

& Ⓜ – Prezzo: €

Via del Gambero 4 – ℰ 0532 205057 – ristorantecadfrara.it – Chiuso martedì e a mezzogiorno mercoledì e giovedì

CUCINA BACILIERI

MODERNA • INTIMO Pochi tavoli per questo raccolto ristorante del centro, la cui cucina è legata alla stagionalità dei prodotti e alle tradizioni locali. Non può mancare, ad esempio, una citazione per l'anguilla e la proposta può essere integrata da piatti del giorno secondo il mercato. Il servizio è affidato a un'equipe giovane e appassionata.

& Ⓜ – Prezzo: €€€

Via Terranuova 60 – ℰ 0532 243206 – cucinabacilieri.it – Chiuso martedì e domenica sera

DA NOEMI

EMILIANA • CONVIVIALE Fu la madre dell'attuale titolare ad aprire, dandole il proprio nome, questa frequentata trattoria in un vicolo medievale del caratteristico centro storico. La tradizione ferrarese viene riproposta con i suoi grandi piatti storici, in primis la salama da sugo ed il pasticcio di maccheroni. Un vero must per conoscere sapori già in auge ai tempi della famiglia d'Este, tra cui la selvaggina del territorio.

🅰🅲 – Prezzo: €

Via Ragno 31/a – ℰ 0532 769070 – trattoriadanoemi.itit – Chiuso martedì e mercoledì a mezzogiorno

MAKORÈ

ITALIANA CONTEMPORANEA • CONTESTO CONTEMPORANEO Locale con annessa pescheria aperto già da qualche anno, ma che ha deciso di svoltare verso una cucina gourmet basata su piatti di pesce, soprattutto dell'alto Adriatico. Le proposte, presentate con uno spiccato gusto cromatico, sono sempre equilibrate, talvolta con l'aggiunta di un tocco di contenuta acidità. Alle pareti opere moderne di un artista locale aventi come oggetto le vele marinare: makorè è un tipo di legno con cui si costruiscono barche.

♿ 🅰🅲 – Prezzo: €€€

Via Palestro 10 – ℰ 0532 092068 – makore.it – Chiuso lunedì e martedì e la sera mercoledì e giovedì

QUEL FANTASTICO GIOVEDÌ

MODERNA • ACCOGLIENTE Due salette moderne, quadri contemporanei alle pareti, e la prenotazione che si rende indispensabile - anche a pranzo! - per provare i classici ferraresi o i piatti di pesce per i quali la sua cucina è rinomata.

🅰🅲 🍴 – Prezzo: €€

Via Castelnuovo 9 – ℰ 0532 760570 – quelfantasticogiovedi.it – Chiuso mercoledì

LE FERRIERE

✉ 04100 – Latina (LT) – Carta regionale n° **12**-A2

SATRICVM

MODERNA • CHIC Le esperienze raccolte a Londra ed in giro per il mondo tornano nell'atmosfera piacevolmente internazionale che non ci si aspetterebbe in queste lande, ma anche nella capacità di dare il giusto tocco di modernità ai prodotti del territorio. L'Agro Pontino viene, infatti, esaltato da una cucina attuale, ricca di fantasia, con un filo conduttore che rimanda alla tradizione e alle perle del passato.

♿ 🅰🅲 🍴 🅿 – Prezzo: €€€

Strada Nettunense 1227 – ℰ 349 192 3153 – blog.maxcotilli.com – Chiuso martedì, mercoledì, a mezzogiorno lunedì e giovedì e domenica sera

FIDENZA

✉ 43036 – Parma (PR) – Carta regionale n° **9**-B1

😊 PODERE SAN FAUSTINO

EMILIANA • CASA DI CAMPAGNA Il cuore inizia a scaldarsi già all'ingresso della bella sala, che accoglie con la tipica atmosfera delle cascine della bassa, a cui si aggiunge la luminosa veranda affacciata sul giardino. Quante leccornie in carta, paiono tutte irrinunciabili! Specialità che spaziano dal mantovano al parmense e al piacentino, a cui si aggiungono anche piatti di pesce e un'inaspettata proposta di abbinamento con il sakè, di cui la signora Daniela, la proprietaria, è un'esperta.

⌂ ♿ Ⓜ 🍴 🅿 – Prezzo: €
*Via San Faustino 33 (SS Emilia Nord) – ℰ 0524 520184 – poderesanfaustino.it –
Chiuso lunedì, sabato a mezzogiorno e domenica sera*

FIERA DI PRIMIERO
✉ 38054 – Trento (TN) – Carta regionale n° **6**-B2

LA PAJARA
ITALIANA CONTEMPORANEA • **CONTESTO CONTEMPORANEO** Tra le mura
dell'hotel Castel Pietra, un piacevole ambiente che unisce tradizione e modernità,
dove anche la cucina segue questo trend: piatti contemporanei di carne (spesso
legati al territorio) e di pesce. La doppia anima ben descrive le diverse origini dei
titolari: montagna per lei, Salento per lui.
🍴 🅿 – Prezzo: €€
*Via Venezia 28 – ℰ 0439 763171 – lapajaragourmet.it – Chiuso lunedì, martedì e a
mezzogiorno tranne domenica*

FINALBORGO
✉ 17024 – Savona (SV) – Carta regionale n° **10**-B2

AI TORCHI
LIGURE • **CONTESTO STORICO** Nel cuore del grazioso borgo medievale, in un
frantoio del '600 in cui dominano la macina in pietra e il torchio in legno, si serve
una cucina di mare impostata con materia prima locale e un pizzico di fantasia. La
ceviche di pescato del giorno, ad esempio, prende il gusto di un saporito crudo
all'italiana, mentre nel piatto Mare Mare il misto pesce cuoce a forno in terrina con
alloro, pomodorini e zucchine. Per una sosta più semplice all'angolo della stessa
via c'è il bistrot I Torchietti.
– Prezzo: €€€
*Via dell'Annunziata 12 – ℰ 019 690531 – aitorchi.it/ai-torchi – Chiuso martedì,
mercoledì e a mezzogiorno da lunedì a venerdì*

FINALE EMILIA
✉ 41034 – Modena (MO) – Carta regionale n° **9**-C1

😊 ## OSTERIA LA FEFA
EMILIANA • **FAMILIARE** Varcato l'ingresso sotto i portici, si trova una rilassante
atmosfera familiare, con il servizio brillantemente gestito dal figlio della cuoca.
Nell'interminabile carrellata di piatti, le paste fresche e le carni primeggiano, ma
non perdetevi lo gnocco fritto con i salumi! Dulcis in fundo, un'ancora più lunga
e gustosissima lista di dessert. Ampia e profonda la carta dei vini, supportata da
passione e competenza. Piacevoli spazi all'aperto per la bella stagione.
🥂 Ⓜ 🍴 – Prezzo: €€
*Via Trento-Trieste 9/c – ℰ 0535 780202 – osterialafefa.it – Chiuso lunedì e
martedì e domenica sera*

ENTRÀ
DEL TERRITORIO • **CONTESTO TRADIZIONALE** Impostate il navigatore perché
trovare la strada giusta attraverso la campagna potrà non essere facile, ma all'arrivo
sarete confortati da un'atmosfera che vi rimarrà nel cuore. Trattoria figlia di una
rivendita di vini del 1919, oggi l'ambiente si è rinnovato pur conservando piacevoli
tocchi nostalgici. Dalla cucina pochi piatti del territorio di straordinaria fragranza.
♿ 🍴 🅿 – Prezzo: €
*Via Salde Entrà 60, loc. Entrà – ℰ 0535 97105 – trattoriaentra.it – Chiuso lunedì,
martedì, a mezzogiorno da mercoledì a sabato e domenica sera*

FINALE LIGURE

✉ 17024 – Savona (SV) – Carta regionale n° **10**–B2

ROSITA

LIGURE • RUSTICO Stile rustico e semplice, come del resto l'alberghino omonimo in cui si trova, ma vi piacerà la bella terrazza affacciata sul mare e sulla costa, che vi ripaga del tratto di strada un po' stretto e tortuoso necessario a raggiungere il locale (meglio quindi prenotare in anticipo uno dei tavoli meglio posizionati). La cucina è squisitamente all'insegna del territorio, sia di mare, ottimi i calamaretti ripieni serviti col sugo e la patata schiacciata, sia di terra, il coniglio in casseruola di certo va assaggiato.

🛱 🅿 – Prezzo: €€

Via Mànie 67 – ☎ 019 602437 – hotelrosita.it – Chiuso lunedì-mercoledì e a mezzogiorno

FIORANO MODENESE

✉ 41042 – Modena (MO) – Carta regionale n° **9**–B2

ALTO

CREATIVA • DESIGN L'ultimo piano del rinnovato Executive Spa Hotel è dedicato al fine dining dello chef Mattia Trabetti, all'interno di un rooftop le cui pareti di vetro offrono una rilassante vista sulle colline e sul Santuario della Beata Vergine del Castello. La cucina è giovane e innovativa e propone un bel percorso degustazione totalmente "green" legato al territorio e alla stagione. Sempre all'ultimo piano si trova il cocktail bar Aria, dove iniziare o finire la serata.

✦ & 🅼 🅿 – Prezzo: €€€

Via Circondariale San Francesco 2 – ☎ 0536 175 3281 – altoristorante.com – Chiuso lunedì, domenica e a mezzogiorno

EXÉ RESTAURANT Ⓝ

ITALIANA • CONTESTO CONTEMPORANEO Al pian terreno dell'Executive Spa Hotel c'è un piacevole ristorante, contemporaneo ed elegante: ampi gli ambienti così come ampia è la scelta in una carta che sa soddisfare sia gli amanti della carne sia gli amanti del pesce. La carta dei vini si affaccia sul miglior mondo enoico e l'abile sommelier saprà soddisfare i desideri degli appassionati servendo quasi tutti i vini anche al calice.

🕃 & 🅼 ✿ 🅿 – Prezzo: €€

Via Circondariale San Francesco 2 – ☎ 0536 832010 – exerestaurant.com – Chiuso sabato a mezzogiorno

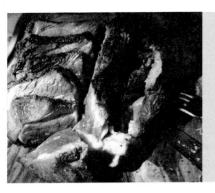

FIRENZE

✉ 50122 – Firenze (FI)
Carta regionale n° **11**–C1

La patria della "bistecca"

La specialità locale per antonomasia è la bistecca alla Fiorentina. Narra la leggenda che in età medicea durante la festa di San Lorenzo in vari punti della città venissero accesi dei falò sui quali si cuocevano grossi tagli di manzo, poi distribuiti alla popolazione in festa. In una di queste celebrazioni, alcuni cavalieri inglesi, riferendosi alla carne arrostita in tal modo, esclamarono "beef-steak!", italianizzato poi in bistecca. Secondo quanto indicato dall'Accademia della Fiorentina, la carne di bovino adulto (tra i 15 e i 19 mesi) deve avere l'osso, il filetto e il controfiletto, essere di razza chianina, marchigiana o romagnola, pesare almeno 1 kg e avere uno spessore minimo di 5 cm. Buon appetito!

✿✿✿ ENOTECA PINCHIORRI

Chef: Riccardo Monco

ITALIANA CONTEMPORANEA • LUSSO Sono passati più di 50 anni da quando, nel 1972, Giorgio Pinchiorri acquistò la storica Enoteca Nazionale. Ancora oggi la sua cucina stupisce con grandiosità, senza mai scadere in eccessi artificiosi o fine a se stessi, ma rincorrendo e centrando i sapori in ogni piatto. La successione delle proposte assomiglia a uno spettacolo pirotecnico: quando l'ultimo botto pare il più grande eccone un altro e poi un altro ancora... Varrebbe il viaggio il solo assistere al servizio in sala, un sussurrato valzer diretto da Alessandro Tomberli, ai vertici tra i direttori di sala in Italia. Annie Féolde, icona della ristorazione, ha ormai lasciato le redini del cucina al bravissimo Riccardo Monco, che continua ad alimentare e far crescere il gusto italiano per la buona tavola. A Giorgio Pinchiorri, infine, il merito di aver creato una cantina conosciuta in tutto il mondo.

🕏 Ⓜ 🛋 ✧ – Prezzo: €€€€

Pianta: D2-1 – *Via Ghibellina 87 - 𝒫 055 26311 - enotecapinchiorri.com – Chiuso lunedì, domenica e a mezzogiorno*

✿✿ SANTA ELISABETTA

Chef: Rocco De Santis

CREATIVA • INTIMO La torre della Pagliazza, probabilmente di origini bizantine, ebbe tante destinazioni: nel XII secolo fu anche carcere femminile, mentre oggi custodisce uno dei più interessanti ristoranti gourmet della città. Protagonista di tanta qualità è lo chef Rocco De Santis, nella cui cucina ci sono alcuni richiami alla Campania, sua regione d'origine, ma anche tanta fantasia, precisione e concretezza di sapori, che si alleano ad un certo slancio creativo ed una predilezione per il mare.

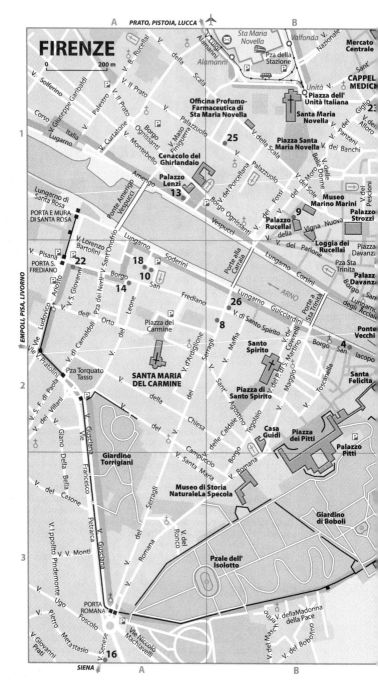

FIRENZE

0 ——— 200 m

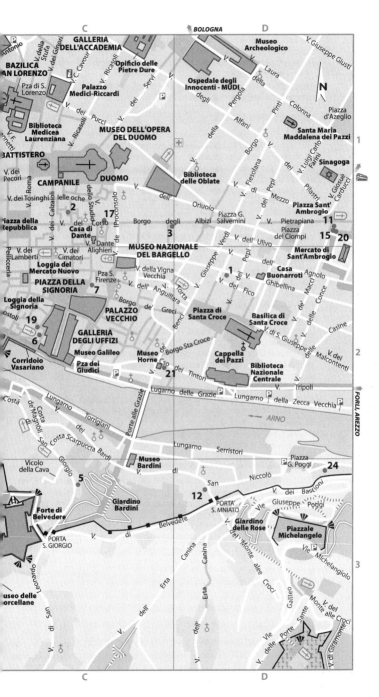

A pranzo è disponibile un menu degustazione "Carte Blanche" di sole 3 portate. I coperti a disposizione sono pochi: si consiglia di prenotare con un certo anticipo. Accattivante servizio cocktail al tavolo, con mixology nazionale e non.

🦟 🅰🅲 – Prezzo: €€€€

Pianta: C1-2 – *Piazza Santa Elisabetta 3* – ☏ *055 273 7673* – *ristorantesantaelisabetta.it* – *Chiuso lunedì e domenica*

🏵 ATTO DI VITO MOLLICA

Chef: Vito Mollica

MODERNA • CONTESTO STORICO A ridosso della cattedrale di Santa Maria del Fiore, questo ristorante gourmet si trova all'interno della Corte degli Imperatori di Palazzo Portinari, già residenza della famiglia Salviati. Qui, lo chef Vito Mollica delizia i suoi ospiti con creazioni che prediligono il mare ed inusitati accostamenti che lasciano piacevolmente sorpresi. I prodotti sono di altissima qualità, dal fragrante pane auto-prodotto ai primi piatti di forte carattere. Eccellenti gli assaggi proposti di olii (umbri e toscani, in primis). Ci si accomoda in un ambiente impreziosito da affreschi originali che riprendono in parte episodi dell'Odissea e scene di vita del '500, mentre il gorgoglio di una fontana fa da piacevole sottofondo. Il servizio altamente professionale mantiene la promessa di una sublime esperienza: dall'arte al palato!

♿ 🅰🅲 ⇆ – Prezzo: €€€€

Pianta: C1-17 – *Via del Corso 6* – ☏ *055 535 3555* – *attodivitomollica.com*

🏵 BORGO SAN JACOPO

MODERNA • ELEGANTE All'interno dell'Hotel Lungarno, tra i più suggestivi alberghi della città, il ristorante ne condivide lo stile elegante ed esclusivo. La sua cucina è guidata da Claudio Mengoni, tornato a Firenze dopo esperienze presso importanti maison pluristellate. L'accurata selezione di prodotti italiani nelle sue mani si trasforma in creazioni raffinate di carne, pesce o vegetali, rispettose della stagionalità e belle da vedere. Eccellente la selezione enoica: il sommelier Salvatore Biscotti cura una carta con circa mille etichette, dove non mancano verticali di grandi vini ma anche sorprese di piccoli produttori. Il privilegio aggiunto a tanta qualità è riuscire a prenotare uno dei due romantici tavoli sul balcone davanti all'Arno.

🦟 🅰🅲 – Prezzo: €€€€

Pianta: B2-4 – *Borgo San Jacopo 62r* – ☏ *055 281661* – *lungarnocollection.com* – *Chiuso lunedì, martedì e a mezzogiorno*

🏵 GUCCI OSTERIA DA MASSIMO BOTTURA

ITALIANA CONTEMPORANEA • CHIC Gli orizzonti cosmopoliti di Firenze acquisiscono echi internazionali in questo moderno e dinamico locale che porta la firma di Massimo Bottura. La cucina, sovraintesa da Karime Lopez e dal marito Takahiko Kondo, si apre al mondo. Insieme gli chef hanno creato un menu che racconta una visione della cucina italiana che si intreccia alle loro identità, messicana e giapponese, e si arricchisce di memorie di viaggio ed esperienze in giro per il mondo. Due sono i menu degustazione, oltre alla carta: I Nostri Souvenirs e Le Nostre Nuove Memorie, a cui a pranzo si aggiunge il Breve Viaggio in Osteria. Vivamente consigliata la visita del Gucci Garden, raffinato museo dedicato alla celebre maison.

🅰🅲 🍴 – Prezzo: €€€€

Pianta: C2-7 – *Piazza della Signoria 10* – ☏ *055 7592 7038* – *gucciosteria.com*

🏵 IL PALAGIO

ITALIANA CONTEMPORANEA • CONTESTO STORICO Al piano terra del palazzo della Gherardesca, che ha nel parco secolare il suo cuore pulsante, Il Palagio è un ristorante gourmet serale dagli ambienti neoclassici, raffinati e signorili. La cucina di Paolo Lavezzini è tesa verso la reinterpretazione della tradizione italiana. Chef "dal cuore italiano e dall'anima rivolta al Brasile" (Paese nel quale ha lavorato per alcuni anni), nei suoi piatti è bello vedere come nonostante i natali emiliani prevalga la tradizione toscana ravvivata da alcuni inserti carioca. Un percorso degustazione è dedicato al vegetale.

⅏ 🖰&🖾🖙 – Prezzo: €€€€

Fuori pianta – *Borgo Pinti 99* – 🕿 *055 262 6450* – *ilpalagioristorante.it* – *Chiuso lunedì, martedì, a mezzogiorno da mercoledì a sabato e domenica sera*

⠿ SAPORIUM FIRENZE Ⓝ

Chef: Ariel Hagen

CREATIVA • **CONTESTO CONTEMPORANEO** Una piccola bomboniera all'interno di un edificio sul lungofiume e a ridosso delle Rampe del Poggi, che in pochi minuti conducono a piazzale Michelangelo. Soffitti a volte e pareti in mattoni concorrono a creare un'atmosfera d'altri tempi, arricchita da piante verdi e arredi signorili. Il talentuoso e giovane chef Ariel Hagen ama stupire con interpretazioni molto personalizzate, utilizzando materie prime stagionali (ad esempio nei tagliolini di pasta fresca con i fiori di sambuco) e fermentati provenienti dall'azienda agricola Borgo Santo Pietro di Chiusdino, a cui appartiene il ristorante. La cantina è in linea con la qualità della cucina: etichette di pregio con una scelta al bicchiere importante e per gli intenditori qualche etichetta degli anni '80 e '90 oramai introvabile. In carta anche gli ottimi vini di Borgo Santo Pietro.

⅏ *L'impegno dello chef:* Tutto il menu ruota attorno all'azienda agricola Borgo Santo Pietro di Chiusdino, a cui appartiene il ristorante: 120 ettari in biologico che comprendono orti, vigneti e frutteti e una fattoria dove si allevano galline, ovini, maiali, tacchini e conigli. Le proposte di Heigel seguono l'andamento giornaliero della tenuta e l'ampio uso dei fermentati riflette l'attività del laboratorio presente al suo interno.

⅏ 🖾🖙 – Prezzo: €€€€

Pianta: D3-24 – *Lungarno Benvenuto Cellini 63r* – 🕿 *055 212933* – *saporium.com* – *Chiuso lunedì e domenica*

⠿ DA BURDE

TOSCANA • **CONVIVIALE** Nato agli inizi del secolo scorso come bottega di alimentari e trattoria, è un indirizzo storico lontano dai soliti circuiti turistici. I due fratelli che attualmente lo gestiscono hanno lasciato tutto com'era in origine: salumi in vendita, banco bar con tabacchi e sul retro le sale del ristorante, aperto solo a pranzo tranne il venerdì (consigliata la prenotazione). La cucina inevitabilmente si rifà alla più schietta e autentica tradizione locale. Imperdibili le numerose serate a tema, spesso dedicate allo Champagne, vera passione dei titolari.

⅏ 🖾 – Prezzo: €

Fuori pianta – *Via Pistoiese 154* – 🕿 *055 317206* – *vinodaburde.com* – *Chiuso domenica e la sera tranne venerdì*

⠿ IL LATINI

TOSCANA • **DI QUARTIERE** Non è forse il ristorante da scegliere se desiderate trascorrere una serata romantica e in intimità, poiché il Latini è spesso stracolmo, con tavoli serrati e un'atmosfera vivace. Ma anche ciò fa parte del fascino di questa storica trattoria, giunta alla quarta generazione familiare nella conduzione e nella sapienza di proporre una cucina tradizionale, fatta di piatti semplici e gustosi.

🖾 – Prezzo: €€

Pianta: B1-9 – *Via dei Palchetti 6r* – 🕿 *055 210916* – *latinifirenze.com* – *Chiuso lunedì e a mezzogiorno da martedì a venerdì*

⠿ L'ORTONE

CUCINA DI STAGIONE • **BISTRÒ** Praticamente un bistrot in stile toscano, adiacente al mercato di Sant'Ambrogio: semplice negli arredi ed anche nell'offerta di cucina che, oltre a qualche citazione di territorio, predilige preparazioni fantasiose su "temi" italiani, partendo da ingredienti stagionali, a cui si aggiungono specialità alla griglia; interessante anche la cantina.

&. 🅰️ 🍴 – Prezzo: €€

Fuori pianta – *Piazza Lorenzo Ghiberti 87r* – ☏ *055 234 0804* – *lortone.it*

🙂 PODERE 39

TOSCANA • BISTRÒ Se desiderate contenere i costi senza rinunciare alla buona cucina, Podere 39 è il vostro indirizzo, dove vi attendono piatti allettanti come i tagliolini fatti in casa con sugo bianco di coniglio, olive taggiasche e pecorino. Alcuni prodotti provengono dalla propria azienda agricola - ecco spiegato il nome del ristorante - e si affiancano a proposte sia di carne che di pesce. Ambiente grazioso e romantico: i coperti sono pochi, meglio prenotare!

🅰️ – Prezzo: €

Pianta: A3-16 – *Via Senese 39r* – ☏ *345 237 6137* – *Chiuso a mezzogiorno ltranne venerdì*

🙂 TRATTORIA CIBRÈO - IL CIBRÈINO

DEL TERRITORIO • SEMPLICE Nella trattoria troverete l'anima più popolare dell'adiacente ristorante Cibrèo, un ambiente semplice e piacevolmente conviviale che dispensa la stessa gustosa cucina e un servizio simpatico ed amichevole. Le proposte sono in prevalenza toscane e puntano sul rispetto e la forza dei sapori. Prenotazione necessaria.

🅰️ – Prezzo: €

Pianta: D1-11 – *Via dei Macci 122r* – ☏ *055 234 1100* – *cibreo.com*

🙂 ZEB

DEL MERCATO • CONVIVIALE Nel delizioso quartiere di San Niccolò, un'antica gastronomia si è trasformata in un originale ristorantino familiare: seduti intorno al banco centrale, come in un sushi bar, si mangia gomito a gomito scegliendo piatti gustosamente casarecci, come le tagliatelle al cinghiale, le trippe, il peposo e infine la zuppa e il bollito che concorrono a creare l'acronimo Zeb. Interessante anche la mescita di vini, con etichette di qualità non solo toscane.

🅰️ – Prezzo: €€

Pianta: D3-12 – *Via San Miniato 2r* – ☏ *055 234 2864* – *zebgastronomia.com* – *Chiuso mercoledì e domenica sera*

CESTELLO RISTOCLUB

PESCE E FRUTTI DI MARE • ROMANTICO Nella bella piazza dominata dall'antica chiesa di San Frediano in Cestello, una cucina di pesce servita in ambienti stilisticamente diversi ma ricchi d'atmosfera, in grado di accogliere una clientela esigente che può scegliere tra i piatti più creativi presenti in carta o avvicinarsi al banco del pesce per selezionare, sotto l'occhio vigile della cucina, quanto preparare in maniera più classica.

🅰️ 🍴 – Prezzo: €€€

Pianta: A2-10 – *Piazza di Cestello 8* – ☏ *055 264 5364* – *cestelloristoclub.com* – *Chiuso a mezzogiorno*

CIBLÈO

ASIATICA CONTEMPORANEA • INTIMO Una cucina che ha molto di orientale nelle idee di base, ma che utilizza spesso materie prime toscane, secondo l'estro e il gusto di una giovane chef coreana, brava nel proporre sue personali elaborazioni. Lungo menu di piccole portate. Piccola intima saletta dove la prenotazione è essenziale.

🅰️ – Prezzo: €€

Pianta: D1-20 – *Via Andrea del Verrocchio 2r* – ☏ *055 247 7881* – *cibreo.com/ cibleo* – *Chiuso lunedì e domenica*

CIBRÈO

TOSCANA • **AMBIENTE CLASSICO** Un'elegante sala - quasi un salotto privato - ed un servizio piacevolmente cordiale e amichevole sono il contorno di una cucina che punta su grandi sapori, seguendo una carrellata di piatti ormai storici. Un'istituzione a Firenze.

🦌 ♿ 🅰🅲 ⇄ – Prezzo: €€€

Pianta: D1-15 – *Via A. Del Verrocchio 8r – ☎ 055 234 1100 – cibreo.com – Chiuso lunedì e domenica*

CUCULIA Ⓝ

CONTEMPORANEA • **ELEGANTE** Un bel locale dai toni molto raffinati e curati, una sorta di elegante bistrot francese con una piccola biblioteca che mette in mostra testi di cucina e non solo. Chef Oliver Betancourt parte dal Venezuela per formarsi in importanti cucine tra Francia, Spagna e Italia; ne scaturisce una cucina dai mille risvolti, contaminata da tradizioni diverse e basata sui prodotti stagionali della nostra terra. In carta sono ben evidenziate le proposte vegetariane e qualche piatto vegano. Fatevi consigliare anche sul vino che arriva da una carta con ampie spiegazioni delle varie etichette, tra cui un ottimo rosso di Bolgheri Acciderba.

♿ 🅰🅲 – Prezzo: €€€

Pianta: B2-8 – *Via dei Serragli 3r – ☎ 055 277 6205 – cuculia.it – Chiuso lunedì e martedì a mezzogiorno*

DEGUSTERIA ITALIANA

ITALIANA CONTEMPORANEA • **CONTESTO TRADIZIONALE** Piccolo e accogliente ristorante nel cuore della città, nei pressi della Galleria degli Uffizi, il cui concept poggia sulla degustazione di tre prodotti tipici della cucina italiana - formaggio, tartufo e selvaggina - in ricette intriganti e succulente.

🅰🅲 – Prezzo: €€€

Pianta: C2-19 – *Via Lambertesca 7r – ☎ 055 493 9867 – degusteriaitalianafirenze.com – Chiuso a mezzogiorno lunedì e mercoledì*

DEL FAGIOLI

TOSCANA • **TRATTORIA** Storico indirizzo cittadino questa trattoria che si è rifatta leggermente il look. Con la cucina a vista a dare il benvenuto in entrata, l'atmosfera particolarmente familiare la rende molto gradita, ragion per cui si consiglia vivamente di prenotare. Ricette schiette e fragranti, ottime fiorentine e tutti i grandi classici della tradizione.

🅰🅲 – Prezzo: €

Pianta: C2-21 – *Corso Tintori 47r – ☎ 055 244285 – Chiuso sabato e domenica*

ESSENZIALE

MODERNA • **MINIMALISTA** Un locale giovane ed essenziale nell'aspetto, ma dalla grande cortesia nell'accoglienza e nel servizio. Simpatica l'idea delle posate nel cassetto del tavolo che rimandano a realtà casalinghe di altri tempi. E i piatti? Mai banali, con abbinamenti piacevolmente contrastanti ma mai troppo aggressivi, come nel Dentice, cacio e pepe, pak choi.

♿ 🅰🅲 – Prezzo: €€

Pianta: A2-18 – *Piazza di Cestello 3r – ☎ 055 247 6956 – essenziale.me – Chiuso lunedì e a mezzogiorno*

GUNÈ SAN FREDIANO

ITALIANA CONTEMPORANEA • **ACCOGLIENTE** Il nome, che viene dal greco antico e significa "donna", omaggia la tradizione casalinga soprattutto della Basilicata, regione di origine del proprietario. Trapiantato da giovane in Toscana, ha finalmente coronato il suo sogno aprendo questo bel locale nel quartiere fashion di

San Frediano. Nel suo "regno gastronomico", propone una cucina che vuole essere un ideale ponte tra queste due regioni: ricette creative e delicate, esteticamente belle. L'interessante carta dei vini annovera etichette regionali con piccoli produttori di qualità (serviti anche al calice). Al tavolo anche un menu di soli cocktail.
🗚 🍴 – Prezzo: €€€

Pianta: A2-14 – *Via del Drago d'Oro 1r – ℰ 055 493 9902 – gunesanfrediano.it – Chiuso lunedì e a mezzogiorno*

L'INSOLITA TRATTORIA TRE SOLDI

CREATIVA • **CONTESTO TRADIZIONALE** Una storica trattoria aperta dai genitori negli anni '50, che ora Lorenzo Romano prosegue proponendo una cucina molto personale,che mette in luce gli ingredienti territoriali. Simpatici i titoli dei piatti: "Amici per la pelle", "Non è un pomodoro", "Solo un chicco di caffè"…
🗚 🍴 ⇔ – Prezzo: €€€€

Fuori pianta – *Via Gabriele d'Annunzio 4r/a – ℰ 055 679366 – insolitatrattoria. it – Chiuso lunedì, domenica e a mezzogiorno*

IO OSTERIA PERSONALE

CREATIVA • **BISTRÒ** Sala di grande semplicità con mattoni e travi a vista, tavoli affiancati, praticamente nient'altro; tutto è concentrato sulla cucina, creativa e personalizzata, per chi vuole sfuggire ai cliché della tradizione fiorentina da trattoria.
🕭 🗚 – Prezzo: €€

Pianta: A2-22 – *Borgo San Frediano 167r – ℰ 055 933 1341 – io-osteriapersonale. it – Chiuso domenica e a mezzogiorno*

KONNUBIO

ITALIANA CONTEMPORANEA • **COLORATO** Caffetteria dalla mattina, formula più facile e veloce a pranzo, cocktail bar dall'ora dell'aperitivo. La sera, invece, la carta propone piatti più curati ed originali. Vivace e moderno, rappresenta un buon indirizzo nel centro storico di Firenze.
🗚 🍴 – Prezzo: €€

Pianta: B1-23 – *Via dei Conti 8r – ℰ 055 238 1189 – konnubio.com – Chiuso la sera da lunedì a venerdì*

LA LEGGENDA DEI FRATI

CREATIVA • **ELEGANTE** Dopo una salita per chi lo raggiunge a piedi, varcata la soglia del complesso museale di Villa Bardini vi attende un'atmosfera elegante ed accogliente. La cucina stupisce con sapori creativi e moderni, molto convincenti. Lo chef Filippo Saporito sperimenta e si perfeziona di continuo. Centro di gravità resta l'interesse verso la cultura gastronomica del territorio, la selezione scrupolosa delle materie prime (la carne, il pane e la pasta), preferibilmente da filiere sostenibili. Differenti menu di cui uno anche vegetariano. Il romantico servizio estivo si svolge su una terrazza avvolta nel verde e nei profumi delle erbe aromatiche, con vista sulla basilica di Santa Croce. Il centro di Firenze non è lontano, ma sembra già di essere sui colli in campagna.
🍴 🅿 – Prezzo: €€€€

Pianta: C3-5 – *Costa San Giorgio 6/a – ℰ 055 068 0545 – laleggendadeifrati.it – Chiuso lunedì e a mezzogiorno da martedì a giovedì*

LOCALE Ⓝ

CONTEMPORANEA • **CHIC** In un palazzo dalla storia antica, che va dal Medioevo del sottosuolo sino al Rinascimento del piano in cui si trova il ristorante, si accede dalla vecchia corte – che ospita un lounge bar con grande banco per mixology – per giungere alle bellissime sale sul retro. Qui assaggerete una cucina spiccatamente creativa e innovativa.
🗚 ⇔ – Prezzo: €€€

Pianta: C1-3 – *Via delle Seggiole 12r – ℰ 055 906 7188 – localefirenze.it – Chiuso a mezzogiorno*

NUGOLO ⓝ

CONTEMPORANEA • **CHIC** Un locale dall'atmosfera conviviale e dagli arredi chic e colorati con una cucina a vista dove il giovane e talentuoso chef propone piatti molto contemporanei dai tocchi fantasiosi e dai prodotti altamente stagionali. Servizio gioviale e attento da parte di un giovane e motivato team di sala.

&. 🏠 – Prezzo: €€

Fuori pianta – *Via della Mattonaia 27r* – *☏ 055 094 4712* – *ilnugolo.com* – *Chiuso domenica e a mezzogiorno*

ORA D'ARIA

CONTEMPORANEA • **ELEGANTE** Dietro gli Uffizi, un indirizzo dotato di una certa originalità, non tanto per la cucina a vista (veramente importante in termini di dimensioni), ma per il desiderio di creare un ideale dialogo tra i clienti e il personale ai fornelli. Il ristorante deve il nome alla vicinanza con il vecchio carcere fiorentino delle Murate e all'intento di offrire ai propri ospiti un momento di relax. Scelta ristretta che oscilla tra i classici del locale e nuove sperimentazioni, con il mondo vegetale che acquista sempre più centralità. Bella carta dei vini ed un'attenzione tutta particolare alla selezione di birre.

🕸 🄺 ⇔ – Prezzo: €€€

Pianta: C2-6 – *Via dei Georgofili 11r* – *☏ 055 200 1699* – *oradariaristorante.com* – *Chiuso domenica e a mezzogiorno*

OSTERIA LA PESCATORIA

PESCE E FRUTTI DI MARE • **COLORATO** Non lontano dalla stazione ferroviaria, rustica e colorata osteria con piatti di pesce preparati secondo una linea classica e mediterranea. Nelle ore canoniche di pranzo e cena anche aperitivi "di mare". Gestione esperta, servizio cortese, una simpatica e valida alternativa alla cucina tradizionale toscana.

🄺 ⇔ – Prezzo: €€

Pianta: B1-25 – *Via Palazzuolo 80r* – *☏ 055 265 7782* – *lapescatoria.it*

IL SANTO BEVITORE

TOSCANA • **RUSTICO** L'atmosfera è semplice e conviviale, quella di una tipica trattoria toscana, e proprio dalla regione parte la cucina per proporvi alcuni dei suoi classici. Sapori intensi e gustosi, è la tradizione gastronomica - talvolta aggiornata in versioni più contemporanee - che ci si aspetta di trovare a Firenze.

⇔ – Prezzo: €€

Pianta: B2-26 – *Via Santo Spirito 64/66r* – *☏ 055 211264* – *ilsantobevitore.com*

VENTUNO BISTROT

CONTEMPORANEA • **BISTRÒ** A 6 km a nord-ovest del centro storico, in un quartiere in cui si dice sia nato Amerigo Vespucci, questo locale di gusto contemporaneo mutua il nome dal suo numero civico. Il giovane chef Simone Gori si destreggia tra cucina e sala portando in tavola squisiti piatti di cucina italiana su base stagionale.

&. 🄺 – Prezzo: €€

Fuori pianta – *Via de' Vespucci 21* – *☏ 331 787 3568* – *ventunobistrot.it* – *Chiuso domenica*

WINTER GARDEN FLORENCE

MEDITERRANEA • **LUSSO** Un tempo vi entravano le carrozze, oggi l'antica e ampia corte del St. Regis, trasformata in signorile giardino d'inverno con divani e poltrone per il cocktail bar, propone ai suoi ospiti una moderna cucina mediterranea attenta alle stagioni e al territorio. È un viaggio in un'altra epoca, tra marmi pregiati e lampadari in vetro di Murano.

&. 🄺 – Prezzo: €€€€

Pianta: A1-13 – *Piazza Ognissanti 1* – *☏ 055 2716 3770* – *wintergardenflorence. com* – *Chiuso venerdì a mezzogiorno*

Galluzzo

TRATTORIA BIBE

TOSCANA • CONTESTO REGIONALE Anche Montale immortalò nei suoi versi questa trattoria, gestita dalla stessa famiglia da quasi due secoli, dove trovare piatti tipici della tradizione toscana - in primis la zuppa di ceci e funghi, ma anche pollo o coniglio fritti - e un piacevole servizio estivo all'aperto: una sorta di delizioso giardino con pergolato.

🌣 🅿 – Prezzo: €

Via delle Bagnese 15 – ☎ 055 204 9085 – trattoriabibe.com – Chiuso mercoledì e a mezzogiorno lunedì, martedì, giovedì, venerdì

FIUMICINO

✉ 00054 – Roma (RM) – Carta regionale n° **12**–A2

❀ PASCUCCI AL PORTICCIOLO

Chef: Gianfranco Pascucci

PESCE E FRUTTI DI MARE • ELEGANTE Il mare: ecco l'elemento portante di tutta la filosofia del ristorante. Lo chef tuttavia, pur consigliando il menu "Come è profondo il mare", valorizza in pari misura le risorse del mare e quelle dell'entroterra. La cucina si fa forte di una materia prima di ottima qualità, che lo chef tratta con precisione quasi orientale, facendo attenzione a non sovrastare mai l'ingrediente principale e a salvaguardarlo con temperature perfette. Tra i nostri preferiti la gallinella cruda con ceviche, caviale Kaluga-Amur e zucchine. L'accoglienza, sotto la valida guida di Vanessa Melis, è una vocazione che tutto il team sente come propria, e la carta dei vini è seguita con classe, professionalità e umiltà dal giovane e bravo Luca Pozzoli.

❀ 🄰 🌣 ⇄ – Prezzo: €€€

Viale Traiano 85 – ☎ 06 6502 9204 – pascuccialporticciolo.it – Chiuso lunedì, a mezzogiorno da martedì a venerdì e domenica sera

❀ IL TINO

Chef: Daniele Usai

CREATIVA • CONTESTO CONTEMPORANEO All'interno del Nautilus, con le finestre sul Tevere e le barche a fare da sfondo, è in questo contesto moderno e dal design minimalista - pochi tavoli assistiti da un servizio attento e puntuale - che lo chef Daniele Usai coltiva il sogno nato da bambino, quando osservava rapito il lavoro di nonna e mamma, entrambe cuoche eccellenti. Grazie a importanti esperienze all'estero e in patria, tra cui quella, fondamentale, all'Albereta con Gualtiero Marchesi, Usai mette a punto una cucina contemporanea di forte stampo territoriale, basata sulla qualità degli ingredienti e la loro stagionalità, arricchita da tecniche di esecuzione all'avanguardia e aperta ad elementi più esotici, come quelli asiatici, del cui gusto estetico si può scorgere un riflesso nell'amore dello chef per la raffinatezza delle presentazioni. L'orto, ben visibile salendo le scale di accesso al locale, fornisce le tante erbe usate con sapienza dallo chef per colorare e rendere ancora più appetibili le sue golose creazioni di mare. Ottima cantina e la possibilità d'iniziare il pasto con un intrigante cocktail: vivamente consigliato!

❀ ♿ 🄰 ⇄ 🅿 – Prezzo: €€€

Via Monte Cadria 127 – ☎ 06 562 2778 – ristoranteiltino.com – Chiuso martedì, mercoledì e a mezzogiorno

❀ QUARANTUNODODICI

PESCE E FRUTTI DI MARE • BISTRÒ In riva al fiume, l'osteria di mare di chef Lele Usai (al piano superiore lo stellato Tino!) parte dalle colazioni di lavoro per proseguire con ottimi pranzi e cene a base di una cucina ittica legata al territorio e alle sue tradizioni. In aggiunta alla carta, c'è anche il "Diario di Bordo" che riassume la selezione di pesce del giorno: una sorta di vetrina col pescato più fresco.

⇤ ♿ 🌣 🅿 – Prezzo: €€

Via Monte Cadria 127 – ☎ 06 658 1179 – quarantunododici.it

L'OSTERIA DELL'OROLOGIO

PESCE E FRUTTI DI MARE • MINIMALISTA E' lo chef Marco Claroni a prestare firma e stile a quest'ottimo indirizzo, dove assaggerete un'interessante linea di pesce, basata su di una meticolosa ricerca del migliore prodotto locale: selezione che talvolta conduce verso varietà meno conosciute. In carta si potrà scegliere tra crudi, cotture classiche marinare (in alcuni casi con echi asiatici), salumi di mare e una bottarga di produzione propria.

🏧 🍷 – Prezzo: €€€

Via di Torre Clementina 114 – ☎ 06 650 5251 – osteriadellorologio.net – Chiuso lunedì e a mezzogiorno martedì e mercoledì

FOGGIA

✉ 71122 – Foggia (FG) – Carta regionale n° **16**-A1

LA KUCINA

ITALIANA CONTEMPORANEA • CONTESTO CONTEMPORANEO Locale accogliente, strutturalmente vocato alla modernità, la cui offerta è varia e si rifà anch'essa ad un certo gusto contemporaneo. A pranzo la carta è integrata da proposte più facili e per tutte le tasche. In sala, una cella per la frollatura delle carni custodisce alcuni pregiati tagli iberici.

🏧 🍷 – Prezzo: €€

Via Giulio De Petra 67 – ☎ 0881 331274 – lakucina.it – Chiuso domenica sera

FOIANA

✉ 39011 – Bolzano (BZ) – Carta regionale n° **6**-A1

KIRCHSTEIGER

CLASSICA • ACCOGLIENTE La carta mostra sicuramente la sua qualità più forte nel saper proporre qualcosa per tutti i gusti: dai piatti più legati al territorio, ad altri a base di pesce. Troverete – inoltre – ricette vegetariane che mostrano un forte legame con la stagionalità, nonché la possibilità di pernotto (tutte le camere sono ormai rinnovate).

🐾 ⛄ 🍷 ↻ 🅿 – Prezzo: €€

Via prevosto Wieser 5 – ☎ 0473 568044 – kirchsteiger.com – Chiuso giovedì

FOLLINA

✉ 31051 – Treviso (TV) – Carta regionale n° **8**-C2

LA CORTE

MODERNA • ELEGANTE Nel lussuoso hotel Villa Abbazia, gli ambienti sontuosi impreziositi da camino, affreschi e decorazioni d'epoca, e l'altrettanto elegante servizio all'aperto per la bella stagione sono la cornice ideale per la cucina di Giuseppe Francica, giovane cuoco quasi allevato in casa. Declinata in menù degustazione scomponibili anche in piatti alla carta, la proposta dello chef è fresca, colorata, con erbe e verdure dall'orto di proprietà e materie prime provenienti da fidati produttori per lo più locali. Ottima scelta enoica con particolare passione per il Riesling. Il risultato è un'esperienza serale a tutto tondo, completata dal bistrot per una sosta più informale a pranzo.

🐾 🏧 🍷 ↻ – Prezzo: €€€

Via Roma 24 – ☎ 0438 971761 – lacortefollina.com – Chiuso martedì e domenica sera

OSTERIA DEI MAZZERI

TRADIZIONALE • FAMILIARE In un edificio del 1704 che fu municipio di Follina, due fratelli propongono i migliori sapori del territorio scanditi dal ritmo delle stagioni; nei mesi più freddi da non perdere lo spiedo, piatto della tradizione locale a base di carni di pollo, vitello e maiale. Un bel gelso, antico simbolo del paese particolarmente attivo nell'allevamento del baco da seta, allieta la sosta nel dehors.

&. 🎨 🍽 ⇔ – Prezzo: €€

Via Pallade 18 – ℰ 0438 971255 – osteriadaimazzeri.com – Chiuso lunedì, martedì e mercoledì a mezzogiorno

FOLLONICA

✉ 58022 – Grosseto (GR) – Carta regionale n° **11**–B3

🍴 IL SOTTOMARINO

PESCE E FRUTTI DI MARE • STILE MEDITERRANEO "Moderno" e "Lungomare" sono i due aggettivi che meglio descrivono strutturalmente questo vivace ristorante. Senza dimenticare la convivialità e l'ottima cucina di pesce per i vostri migliori momenti gastronomici in città. L'ispettore consiglia: risotto carnaroli vintage al tè matcha con anemoni di mare, katsuobuschi e mandarle tostate. Nella bella stagione approfittate della terrazza con vista mare.

≼ &. 🎨 🍽 – Prezzo: €€

Via Fratti 1 – ℰ 0566 40772 – ilsottomarino.it – Chiuso martedì

FONDI

✉ 04022 – Latina (LT) – Carta regionale n° **12**–B3

DA FAUSTO

MODERNA • CONTESTO CONTEMPORANEO Fausto è diventato un "classico" della ristorazione locale grazie alla sua qualità ed al suo stile, che intreccia moderno e richiami al territorio. A fine pasto non mancano mai due passioni dello chef: il cioccolato e il gelato. Grande e fresco dehors davanti all'ingresso.

&. 🎨 🍽 – Prezzo: €€

Piazza Cesare Beccaria 6 – ℰ 0771 531268 – dafausto.it – Chiuso mercoledì

RISO AMARO

MODERNA • ELEGANTE Elegante dai toni classici, questo bel ristorante si ubica nel cuore del centro storico. Sulla carta, oltre a ricchi percorsi gastronomici, anche piatti di cucina moderna che alternano pesce e carne. Uno chef/patron di sicuro talento!

&. 🎨 🍽 – Prezzo: €€

Viale Regina Margherita 22 – ℰ 0771 523655 – ristoranterisoamaro.it – Chiuso lunedì e a mezzogiorno da martedì a venerdì

FONDO

✉ 38013 – Trento (TN) – Carta regionale n° **6**–A2

ALLE CIASPOLE

REGIONALE • STILE MONTANO Il nome di questo ottimo ristorante-albergo è un riferimento alle tipiche racchette da neve utilizzate nelle escursioni invernali. La cucina dello chef, ispirata alla tradizione locale, è precisa nelle cotture classiche così come nella selezione di materie prime a km 0, salvo naturalmente per i piatti a base di pesce che completano la carta. La sala montana di gusto elegante è gestita con garbo dalla moglie dello chef.

🅿 – Prezzo: €€

Località Plazze 4, loc. Tret – ℰ 0463 880117 – alleciaspole.it – Chiuso martedì

FONTANAFREDDA

✉ 33074 – Udine (UD) – Carta regionale n° **7**–A2

OSTERIA BORGO RONCHE

MODERNA • **CONTESTO CONTEMPORANEO** Pochi tavoli (meglio prenotare!) e ambientazione contemporanea per un locale dove lo chef-patron propone una cucina che inneggia al mare, leggermente diversa tra pranzo e cena. I piatti più semplici del mezzogiorno, si arricchiscono - infatti - di creatività, la sera.

🍴 🍷 – Prezzo: €€

Via Silvio Pellico 54 – 𝒞 0434 565016 – Chiuso domenica e sabato a mezzogiorno

FORLÌ

✉ 47121 – Forlì-Cesena (FC) – Carta regionale n° **9**–D2

BENSO

MODERNA • **CONTESTO CONTEMPORANEO** In un giardinetto del centro storico, moderno bistrot particolarmente luminoso in virtù delle sue grandi vetrate, che offre anche il servizio all'aperto nella bella stagione. La giovane brigata di cucina, che ha maturato importanti esperienze, propone piatti personalizzati dall'impostazione contemporanea, che abbracciano terra e mare. Per un semplice aperitivo, ci si dà appuntamento tra le 18 e le 20.

♿ 🍴 🍷 – Prezzo: €€

Piazza Cavour 7 – 𝒞 346 116 7238 – bensofood.com – Chiuso domenica e lunedì a mezzogiorno

TRATTORIA 'PETITO

ROMAGNOLA • **CONVIVIALE** Ai margini del grazioso centro storico di Forlì, un ristorante moderno, semplice, ma piacevole, con una proposta gastronomica eclettica e di tutto rispetto. C'è un filone più tradizionale con un'ottima selezione di salumi e carni alla griglia, oltre a gustosissime tagliatelle al ragù, ma anche qualche piatto più creativo e di pesce.

♿ 🍴 🍷 🅿 – Prezzo: €€

Via Corridoni 14 – 𝒞 0543 35784 – trattoriapetito.it – Chiuso domenica

FORMELLO

✉ 00060 – Roma (RM) – Carta regionale n° **12**–A2

MOGANO

CREATIVA • **DESIGN** Dal desiderio di elevare la birra artigianale a pairing ideale per cucina gourmet, accanto al proprio birrificio Ritual Lab la famiglia Faenza ha aperto Mogano: un ristorante moderno ed elegante, tra legni e luci soffuse, con soli 5 tavoli. Lo chef è uno dei figli, Matteo; lo conoscerete a inizio cena, quando vi verrà offerto l'aperitivo direttamente in cucina. Mettendo a frutto le varie esperienze internazionali, la sua linea gastronomica coniuga sapori italiani e internazionali. La carta dei vini è comunque presente. A pranzo viene proposta la formula business lunch.

🍴 🅿 – Prezzo: €€€

Via del Praticello Alto 7 – 𝒞 327 231 2156 – moganorestaurant.it – Chiuso martedì e mercoledì e domenica sera

FORNACE

✉ 38040 – Trento (TN) – Carta regionale n° **6**–A2

LE TRE COLOMBE

ITALIANA CONTEMPORANEA • **INTIMO** Intimo e romantico ristorante, all'interno di un'antica casa rurale dell'Ottocento situata in una piccolissima frazione della val di Cembra. In due salette vagamente moderne, il marito servirà un solo menu degustazione, da potersi scegliere in due diverse lunghezze a seconda dell'appetito e curiosità, preparato dalla moglie che si esibisce in una gustosa e ben presentata linea di cucina italiana contemporanea.

🅰️ 🅿️ – Prezzo: €€€

Località Santo Stefano 22 – ✆ 333 522 1610 – letrecolombe.com – Chiuso lunedì, a mezzogiorno da martedì a sabato e domenica sera

FORNO DI ZOLDO

✉ 32012 – Belluno (BL) – Carta regionale n° **8**–C1

TANA DE 'L ORS

MODERNA • **BISTRÒ** Vera "tana" per appassionati della buona tavola, a pranzo la carta si fa più easy pur rimanendo fantasiosamente curata (imperdibile l'orsoburger!). La sera il meglio degli ingredienti di giornata sono cucinati con leggero tocco moderno: la carne è protagonista indiscussa, sebbene non manchi qualche proposta di mare. La struttura dispone di mono e bilocali.

– Prezzo: €€

Via Roma 28 – ✆ 0437 794097 – tanadelors.it – Chiuso lunedì

FORTE DEI MARMI

✉ 55042 – Lucca (LU) – Carta regionale n° **11**–B1

☼ BISTROT

PESCE E FRUTTI DI MARE • **DI TENDENZA** Bistrot di nome, ma non di fatto! Ristorante gourmet dove il bravo chef Andrea Mattei sfrutta al meglio due elementi portanti: il primo è la fattoria di proprietà che fornisce al ristorante olio, vegetali, erbe e alcuni animali da cortile; il secondo è la presenza di due forni a legna in cui lo chef si diletta nella produzione di lievitati e nelle cotture di alcune pietanze (in primis l'aragosta). Una casa dove l'ospitalità è elevata ai massimi livelli con un servizio di eccezione e una cantina, da non perdere per ordine e rigore, che custodisce gioielli italiani e internazionali.

🕃 ♿ 🅰️ 🎍 🖐️ – Prezzo: €€€€

Viale Franceschi 14 – ✆ 0584 89879 – ristorantebistrot.it – Chiuso martedì e mercoledì a mezzogiorno

☼ LORENZO

PESCE E FRUTTI DI MARE • **ELEGANTE** Una vera istituzione: da 40 anni Lorenzo è l'emblema della Versilia con la sua qualità immutata nel tempo dal 1981, anno di esordio. Il testimone lentamente passa nelle mani di Chiara, figlia ed esperta sommelier, che assieme allo staff si assicura che la sosta sia la più gradevole possibile. Attorniati da arte contemporanea, una passione che Lorenzo ereditò dall'omonimo bisnonno, si è cullati gustando una cucina che vede nel pescato la sua massima espressione, con una qualità tra le migliori della Penisola. Piatti iconici come gli spaghetti alla Versiliese ne sono un esempio, ma altre prelibatezze presenti nei tre menu degustazione - Cuori, Picche, Quadri – non mancheranno di conquistare l'ospite. Un plauso alla cantina: presentate su due tomi - Italia ed estero - numerose etichette sfidano i migliori intenditori con ottime annate e nomi tra i più blasonati.

⅋ 🄰🄲 🈐 ⚬ – Prezzo: €€€€

Via Carducci 61 – ☎ 0584 874030 – ristorantelorenzo.com – Chiuso lunedì e a mezzogiorno da martedì a venerdì

✿ **LUX LUCIS**

Chef: Valentino Cassanelli

CREATIVA • ELEGANTE All'interno dell'albergo Principe Forte dei Marmi, un ascensore vi condurrà al roof garden, dove, se il tempo lo consente, vi suggeriamo di fermarvi in terrazza per un aperitivo; la vista sul litorale è incantevole e, con un po' di fortuna, lo sono anche i tramonti. Da qui ci si trasferisce in sala, preceduta dalla cucina a vista. Originario delle colline modenesi, lo chef Valentino Cassanelli ama disseminare qua e là qualche inserto emiliano in piatti cromaticamente perfetti. Originale la carta dei vini ordinata per vitigno, ciascuno accompagnato da interessanti descrizioni.

⅋ 🈂🄰🄲 🈐 🄿 – Prezzo: €€€€

Viale A. Morin 67 – ☎ 0584 783636 – luxlucisrestaurant.com – Chiuso martedì-giovedì e a mezzogiorno

✿ **LA MAGNOLIA**

MODERNA • ELEGANTE Nell'albergo Lord Byron, una delle gemme dell'hôtellerie del Forte, nei piatti del Magnolia troverete una cucina tecnica e sofisticata, con presentazioni ricercate e di grande effetto. In menu carne e pesce con riferimenti locali e internazionali, ma anche campani, terra d'origine del cuoco. Il pane merita una particolare menzione per la sua notevole qualità.

⅋ 🈂🄰🄲 🄿 – Prezzo: €€€€

Viale Morin 46 – ☎ 0584 787052 – lamagnoliaristorante.com

✿ **IL PARCO DI VILLA GREY**

MODERNA • ELEGANTE L'impatto del giardino è unico nel suo genere, con piante, gazebo e ombrelloni per ricreare un'atmosfera da pineta bordo mare. Ai fornelli, il giovane chef romano esegue una cucina che vuole dipingere la terra che lo ospita, con pane a lievitazione da farina locale di tipo 1, fragrante e accostato ad un cremosissimo burro al nero di seppia. Due menù rappresentano compiutamente l'estro dello chef: Catarsi e Mimesi. La proposta è creativa, in accostamento al carciofo c'è la liquirizia e il sentore di timo, mentre la sogliola è servita con che verde e taccole. Il servizio è di gran classe e ottima la selezione di vini da cui attingere anche al calice secondo i consigli del sommelier. Noi abbiamo provato una Vernaccia di San Gimignano Riserva di Panizzi del 2016, con note floreali e una struttura davvero carica.

⅋ ♿🄰🄲 🈐 🄿 – Prezzo: €€€€

Viale Italico 84 – ☎ 0584 787496 – ilparcodivillagrey.com – Chiuso a mezzogiorno

FOSDINOVO

✉ 54035 – Massa-Carrara (MS) – Carta regionale n° **11**–B1

LOCANDA DE BANCHIERI

DEL MERCATO • CASA DI CAMPAGNA Una storia di ritorno: dopo alcune esperienze in Valle d'Aosta, lo chef sarzanese Giacomo Devoto ritorna nella sua terra, rileva un vecchio casale del '600 con azienda agricola e lo trasforma in un'intima locanda in cui far degustare le sue creazioni. Il filo conduttore della cucina sono le tradizioni della Lunigiana, realizzate con le produzioni dell'azienda agricola di proprietà e i prodotti del mercato locale. Alcune camere per prolungare una sosta attorniati dal verde.

🈂🄰🄲 🄿 – Prezzo: €€€

Via Porredo 32 – ☎ 333 184 9263 – locandadebanchieri.it/ristorante – Chiuso a mezzogiorno da lunedì a venerdì

FOSSÒ

✉ 30030 – Venezia (VE) – Carta regionale n° **8**-C3

BÀCARO IL GUSTO

VENEZIANA • **SEMPLICE** Locale semplice e moderno, in cui tutta l'attenzione si concentra sulla notevole abilità dello chef Alessio Boldrin. Il nome del ristorante omaggia i bacari veneziani, di cui qui troverete i tipici piccoli assaggi variamente combinati, tra crudo e cotto, tradizionale o creativo. Oltre a ciò, tante altre proposte, da quelle classiche ad altre più estrose. Ottimi anche i dolci.

&. Ⓜ ⇔ – Prezzo: €€

Via Provinciale Nord 30 – ℰ 041 517 0035 – ristorantebacaroilgusto.it – Chiuso lunedì e domenica sera

FOSSOMBRONE

✉ 61034 – Pesaro e Urbino (PU) – Carta regionale n° **14**-B1

🕙 OSTERIA ZANCHETTI

CUCINA DI STAGIONE • **VINTAGE** In cima ad un'erta del bel centro storico di Fossombrone, varcando la soglia di questa romantica osteria si farà un salto negli anni Venti. Dopo anni di gavetta, il bagaglio tecnico appreso dallo chef Luca Zanchetti è messo a disposizione dei migliori ingredienti stagionali che il territorio offre, in ricette in bilico tra tradizione e fantasia. Selezione enoica ristretta, ma attenta ai microproduttori e ai vini naturali.

Ⓜ 🍽 – Prezzo: €

Via Cesare Battisti 1 – ℰ 0721 186 2688 – osteriazanchetti.it – Chiuso mercoledì e giovedì a mezzogiorno

FRAMURA

✉ 19014 – La Spezia (SP) – Carta regionale n° **10**-D2

L'AGAVE Ⓝ

LIGURE • **SEMPLICE** A strapiombo sul porticciolo di Framura, dalle terrazze di questo ristorante si abbraccia una delle viste più suggestive della zona. I piatti del giovane cuoco sono una dichiarazione d'amore per la Liguria - come la carta dei vini del resto - con una rimarchevole selezione delle eccellenze regionali, dal carciofo e asparagi di Albenga ai fagioli di Pigna, passando per i pinoli, il prebugiun, le olive taggiasche, ovviamente il pescato locale e tanto altro.

≼ – Prezzo: €€

Località Chiama – ℰ 328 862 6222 – lagaveframura.it – Chiuso mercoledì e giovedì

FRASCATI

✉ 00044 – Roma (RM) – Carta regionale n° **12**-A2

CACCIANI

LAZIALE • **CONTESTO TRADIZIONALE** Nel 2022 hanno raggiunto un magnifico traguardo: 100 anni di vita e di storia sempre sotto la gestione della stessa famiglia, i Cacciani, uno dei nomi più celebri della ristorazione dei Castelli Romani. La loro proposta è fatta di sapori genuini e fragranti, soprattutto laziali. Sempre amata dai clienti la terrazza panoramica.

🕸 ≼ Ⓜ 🍽 – Prezzo: €€

Via Diaz 15 – ℰ 06 942 0378 – cacciani.it

CONTATTO Ⓝ

LAZIALE • DI QUARTIERE Nella piccola cittadina a pochi chilometri dalla capitale due giovani pieni di passione propongono piatti legati al territorio con spunti attuali, come nelle seppie, asparagi e salsa bernese. Interessante la visita alle cantine in tufo dove lo chef sperimenta conservazioni ancestrali e aromatizzazioni particolari. Annualmente, inoltre, gli ambienti vengono "prestati" ad un gallerista di arte moderna per esposizioni.

🎴 – Prezzo: €€

Via Gioberti 11 – ☎ 06 2170 0957 – contattoristorante.it – Chiuso martedì e a mezzogiorno lunedì, mercoledì, giovedì

FURORE

✉ 84010 – Salerno (SA) – Carta regionale n° **17**–B2

❁ BLUH FURORE Ⓝ

MODERNA • CONTESTO CONTEMPORANEO Con la rinascita dell'albergo Furore Inn, ora in veste mediterraneo contemporanea col nuovo nome di Grand Hotel Furore, si è inaugurato il ristorante gourmet Bluh Furore, minimal bianco con piacevole vista sul mare. Sotto la bandiera di Enrico Bartolini – di cui si propongono un paio di storici signature dish come il gambero mezzo fritto – l'executive chef Vincenzo Russo propone una carta di piatti moderni, quasi sempre ideati e cucinati a partire da ingredienti campani. Non manca un menù degustazione vegetariano.

⟜ 🛏 🎴 🏠 🅿 – Prezzo: €€€€

Via Dell'Amore 2 – ☎ 089 93573 – furoregrandhotel.com – Chiuso domenica e a mezzogiorno

HOSTARIA BACCOFURORE

CAMPANA • FAMILIARE Dalla costa, fra tornanti e piccole frazioni, ci vuole pazienza per arrivare a Furore, comune che si sviluppa lungo la strada reso celebre dalla cantina vini Marisa Cuomo (proprio sull'altro lato rispetto al ristorante). Una volta arrivati quassù, tuttavia, l'ampia vista sul mare avrà ripagato ampiamente il breve viaggio. Anche la cucina vi darà soddisfazione, proponendo la fragranza di ingredienti locali cucinati tra tradizione e un pizzico di fantasia. Le confortevoli camere, quasi tutte panoramiche, sono state recentemente rinnovate.

⟜ 🛏 🎴 🏠 🅿 – Prezzo: €€

Via G.B. Lama 9 – ☎ 089 830360 – baccofurore.it

FUSIGNANO

✉ 48010 – Ravenna (RA) – Carta regionale n° **9**–D2

LA VOGLIA MATTA

CLASSICA • AMBIENTE CLASSICO Al piano terra dell'albergo Ca' Ruffo, una piccola bomboniera dove gustare una saporita cucina divisa tra terra e, soprattutto, mare, accompagnata da un buon vino da scegliere in una carta ricca di sorprese; sarete riconoscenti al titolare di aver dedicato tempo e passione nell'invecchiare le bottiglie giuste!

🐾 🎴 🏠 ⇔ 🅿 – Prezzo: €€

Via Vittorio Veneto 63 – ☎ 0545 954034 – ristorantelavogliamatta.it – Chiuso domenica e sabato a mezzogiorno

GABICCE MONTE

 61011 – Pesaro e Urbino (PU) – Carta regionale n° **14**-B1

✿ DALLA GIOCONDA

Chef: Davide Di Fabio

CREATIVA • DESIGN Tra il cielo azzurro e il mare Adriatico, nel punto più alto di Gabicce Monte, Dalla Gioconda è la raffinata rinascita in veste gourmet di un rinomato dancing della località. Il design è curatissimo, caldo, suadente, ideato e realizzato tenendo sempre a mente la sostenibilità. Non da meno è la cucina del bravissimo Davide Di Fabio: formatosi grazie ad una lunga esperienza all'Osteria Francescana di Bottura, lo chef realizza piatti precisissimi e belli da vedere (le porcellane in questo caso ci mettono del loro), cucinati con le migliori materie prime del territorio, a cui si aggiungono quelle del proprio orto. Senza scordare la cantina, che cela vere chicche, e la terrazza estiva, che regala momenti di vera estasi.

🍀 *L'impegno dello chef:* L'intero progetto di rinascita dello storico ristorante poggia sull'idea di sostenibilità che ne ha accompagnato l'intera ristrutturazione. Ma anche l'organizzazione quotidiana rispetta questa filosofia: basti ricordare il loro impegno plastic free. Quasi tutta la merce arriva priva di imballaggi in plastica, dalla pasta (in cartone) al riso in sacchi di juta o contenitori in vetro.

🏵 ⇐ & 🅐🅒 ⇧ – Prezzo: €€€

Via dell'Orizzonte 2 – ☎ 0541 962295 – dallagioconda.it – Chiuso mercoledì, giovedì, venerdì a mezzogiorno e domenica sera

POSILLIPO

PESCE E FRUTTI DI MARE • ELEGANTE Posizione mozzafiato per questa solida insegna, giunta alla terza generazione: in cima a Gabicce Monte, offre allo sguardo dei suoi ospiti un panorama ampio che disegna quasi per intero la costa romagnola. In carta la specialità che ne ha fatto un must in zona è certamente il pesce, a partire dai crudi passando per le celebri paste della tradizione sino ai deliziosi secondi (tranci, pescati del giorno, fritti, ...), mentre il dessert sarà scelto a vista dal carrello dedicato. Ottima scelta enoica dalla cantina.

🏵 ⇐ 🚗 & 🅐🅒 🛎 🅿 – Prezzo: €€€

Via dell'Orizzonte 1 – ☎ 0541 953373 – ristoranteposillipo.com – Chiuso lunedì

GAETA

 04024 – Latina (LT) – Carta regionale n° **12**-B3

DOLIA GAETA

CONTEMPORANEA • ELEGANTE Atmosfera rilassata e informale in un nuovissimo indirizzo dai toni eleganti e chic. La giovanissima brigata propone una cucina che si concentra sul pescato del golfo (ma non solo) in ricette moderne e creative. Anche la carta dei vini è interessante, con una notevole scelta di Champagne e un occhio di riguardo soprattutto per il Lazio.

🅐🅒 🛎 – Prezzo: €€€

Piazza Conca 22 – ☎ 0771 65129 – doliagaeta.it – Chiuso martedì e mercoledì

GAIBANA

 44040 – Ferrara (FE) – Carta regionale n° **9**-C1

🍸 TRATTORIA LANZAGALLO

PESCE E FRUTTI DI MARE • CONVIVIALE Non fatevi ingannare dall'ambiente semplice e privo di fronzoli, la Trattoria Lanzagallo è uno dei punti di riferimento in provincia per la qualità del pesce in preparazioni generose, schiette e gustose elencate in una carta che si distingue per l'onestà dei prezzi praticati.

🅐🅒 🅿 – Prezzo: €

Via Ravenna 1048 – ☎ 0532 718001 – Chiuso lunedì e domenica sera

GAIOLE IN CHIANTI

✉ 53013 – Siena (SI) – Carta regionale n° **11**–C2

🐛 **IL PIEVANO**

MODERNA • CONTESTO STORICO Nell'affascinante, romantica atmosfera di un convento millenario, che ceniate all'interno nella sala dei papi o ai tavoli sistemati nella suggestiva corte sarete nelle rassicuranti mani del bravo chef di origine greca Stelios Sakalis. Da tempo innamorato della cucina toscana, vi offrirà un brillante saggio del suo talento, tra raffinate presentazioni, una rimarchevole ricerca di prodotti (soprattutto tra gli allevatori della zona) e la capacità di tradurre il tutto in maniera equilibrata, con un delicato tocco mediterraneo. Da provare anche i vini della cantina del Castello fatti con uve di produzione propria.

⊛ 🏧 🛋 ⇔ 🅿 – Prezzo: €€€€

Località Spaltenna 13 – ☎ 0577 749483 – spaltenna.it – Chiuso a mezzogiorno

GAIONE

✉ 43100 – Parma (PR) – Carta regionale n° **9**–A3

🐾 **TRATTORIA ANTICHI SAPORI**

EMILIANA • TRATTORIA Qualche chilometro fuori dalla città, ma già in aperta campagna, troverete la classica trattoria parmense, atmosfera semplice ma calorosa e familiare, e soprattutto un'ottima cucina incentrata sulle specialità del territorio. Lo chef patron è spesso in sala, approfittate dei suoi ottimi consigli.

🏧 🛋 ⇔ 🅿 – Prezzo: €

Via Montanara 318 – ☎ 0521 648165 – trattoria-antichisapori.com – Chiuso martedì e mercoledì a mezzogiorno

GALEATA

✉ 47010 – Forlì-Cesena (FC) – Carta regionale n° **9**–C2

🐾 **LA CAMPANARA**

REGIONALE • FAMILIARE In una frazione vicino a Galeata, l'ingresso si apre su un piccolo e grazioso cortile interno, dal quale d'estate si passa ai tavoli all'aperto, a fianco alla chiesa, tra gli alberi e di fronte alle colline: un idillio. Cucina del territorio, che qui non vuol dire solo Romagna, ma anche echi delle vicine Marche e soprattutto Toscana. Se volete prolungare il soggiorno, vicino al ristorante hanno anche le camere.

🛏 🛋 – Prezzo: €€

Via Borgo 24/a, loc. Pianetto – ☎ 0543 981561 – osterialacampanara.it – Chiuso lunedì e a mezzogiorno da martedì a domenica

GALLARATE

✉ 21013 – Varese (VA) – Carta regionale n° **5**–A1

ILARIO VINCIGUERRA

MODERNA • ELEGANTE La bellissima villetta liberty è ristorante, bistrot, lounge bar: un posto ideale per qualsiasi momento di svago dal pranzo di lavoro alla cena romantica. Chiunque si sentirà a proprio agio con la cucina moderna e mediterranea di Ilario e l'atmosfera vagamente privata delle piccole sale. Si viene accolti da un'originale collezione di grappe Romano Levi e la cantina prevede chicche introvabili, per veri appassionati.

⊛ 🛏 🏧 🛋 ⇔ 🅿 – Prezzo: €€€

Via Roma 1 – ☎ 0331 791597 – ilariovinciguerra.it – Chiuso lunedì e a mezzogiorno da martedì a giovedì

RADICI OSTERIA CONTEMPORANEA

MODERNA • CONTESTO CONTEMPORANEO Con il trasferimento nella zona pedonale di Gallarate, Radici Osteria Contemporanea cambia pelle e diventa una sorta di lounge bar per aperitivi e ottimi cocktail in un'atmosfera giovanile e molto alla moda. Rimane, comunque, la sua ottima cucina di stampo moderno e ben personalizzata.

&. 🅰🅲 – Prezzo: €€

Via Giuseppe Mazzini 13 – ☎ 0331 122 4176 – radiciosteriacontemporanea.com – Chiuso lunedì, domenica e a mezzogiorno

GALLIATE

✉ 28066 – Novara (NO) – Carta regionale n° **1**-C2

OSTERIA DEL BORGO

CREATIVA • FAMILIARE Partito con una cucina tipicamente piemontese, l'intraprendente cuoco se ne è via via discostato - sebbene alcuni piatti figurino ancora in menu - per proporre sue personalissime elaborazioni e anche pesce, insieme a dolci e pane fatto in casa: ormai l'attrazione principale del locale!

🅰🅲 – Prezzo: €€

Via Pietro Custodi 5 – ☎ 349 160 3750 – Chiuso lunedì e sabato a mezzogiorno

GALLIERA VENETA

✉ 35015 – Padova (PD) – Carta regionale n° **8**-B2

🏵 AL PALAZZON

VENETA • TRATTORIA In una casa colonica d'inizio Novecento, le sale interne ripercorrono l'atmosfera di una caratteristica trattoria plurigenerazionale, mentre la cucina propone soprattutto classici della tradizione veneta. Tra i piatti più interessanti i bigoli, la zuppa di fagioli, il baccalà alla vicentina e il germano reale.

&. 🅰🅲 🍴 ✧ 🅿 – Prezzo: €€

Via Ca' Onorai 2, loc. Mottinello Nuovo – ☎ 049 596 5020 – alpalazzon.it – Chiuso lunedì e domenica sera

GAMBOLÒ

✉ 27025 – Pavia (PV) – Carta regionale n° **4**-A3

DA CARLA

LOMBARDA • CONTESTO TRADIZIONALE Un tempo mulino, la roggia presta ancor oggi al ristorante un fascino bucolico, ripreso dalla sala, calda e accogliente. Dalla cucina non fatevi mancare i risotti, le rane, le lumache e le portate a base d'oca, salumi compresi. Accoglienti camere completano un grazioso quadro campestre.

🅰🅲 🍴 🅿 – Prezzo: €€

Via Necchi 3/5, fraz. Molino Isella – ☎ 0381 930006 – trattoriadacarla.com – Chiuso mercoledì e domenica sera

GARBAGNATE MILANESE

✉ 20024 – Milano (MI) – Carta regionale n° **5**-A2

LA REFEZIONE

ITALIANA • ELEGANTE Un'elegante club-house all'interno di un centro sportivo dove gustare una cucina classica con impronte toscane, vista l'origine del titolare a cui rivolgersi per qualche consiglio. Nelle giornate più fredde il camino è acceso; in quelle più tiepide ci si può accomodare nel tranquillo giardino.

🔟 🍴 🅿 – Prezzo: €€
Via Milano 166 – 𝄃 02 995 8942 – larefezione.com – Chiuso domenica e lunedì a mezzogiorno

GARDA
✉ 37016 – Verona (VR) – Carta regionale n° **8**-A2

LOCANDA PERBELLINI - AI BEATI

CONTEMPORANEA • ACCOGLIENTE Sulle prime colline alle spalle di Garda, la vista incantevole dalla terrazza immersa nel verde abbraccia la parte meridionale del lago, mentre le sale interne sono state ricavate all'interno di un vecchio frantoio con muri in pietra. Qui chef Perbellini ha impostato una cucina che partendo dal territorio, e dal pesce d'acqua dolce in particolare, si apre a proposte di mare e di terra con gusto contemporaneo.

≼ 🍴 ♿ 🔟 🍴 🅿 – Prezzo: €€€
Via Val Mora 57 – 𝄃 045 657 3114 – locandaperbelliniallago.it – Chiuso martedì e mercoledì a mezzogiorno

REGIO PATIO

MODERNA • ELEGANTE In una luminosa sala interna o, nella bella stagione, nel patio affacciato sul giardino, la cucina creativa di Andrea Costantini dà spazio a materie prime prevalentemente locali, a cui è dedicato anche il menù degustazione Garda 100%, che affianca quello vegetariano e la carta.

🐾 🍴 🔟 🍴 🔄 🅿 – Prezzo: €€€
Via San Francesco d'Assisi 23 – 𝄃 045 725 5977 – regina-adelaide.it – Chiuso mercoledì e a mezzogiorno

GARDONE RIVIERA
✉ 25083 – Brescia (BS) – Carta regionale n° **4**-C2

OSTERIA ANTICO BROLO

MODERNA • ACCOGLIENTE Nella parte alta della località e nei pressi del Vittoriale, rustico edificio del '700 che offre una variegata cucina del territorio elaborata con prodotti stagionali. Grazioso e fresco il cortiletto dove mangiare nella bella stagione; all'interno piccole salette e un tavolo sul balconcino da prenotare con largo anticipo.

🍴 🔄 – Prezzo: €€
Via Carere 10 – 𝄃 0365 21421 – ristoranteanticobrolo.it – Chiuso lunedì e martedì a mezzogiorno

VILLA FIORDALISO

ITALIANA CONTEMPORANEA • ROMANTICO Villa Fiordaliso è una delle belle dimore di inizio '900 che punteggiano il lungolago. Cinta da un verdeggiante parco e protesa sulla distesa blu, la sua cucina si colloca nel solco della modernità. Lo chef è a suo agio sia con il pesce sia con la carne, mentre il tomo della carta dei vini lascia immaginare che non manchi in cantina il vostro preferito. E' possibile raggiungere la struttura anche dall'acqua, grazie al pontile d'attracco.

🐾 ≼ 🍴 🍴 🔄 🅿 – Prezzo: €€€€
Corso Zanardelli 150 – 𝄃 0365 20158 – villafiordaliso.it – Chiuso lunedì e martedì a mezzogiorno

GARGNANO

✉ 25084 – Brescia (BS) – Carta regionale n° **4**-C2

✿✿ **VILLA FELTRINELLI**

Chef: Stefano Baiocco

CREATIVA • LUSSO Villa Feltrinelli era la dimora di vacanza dell'omonima famiglia milanese, che vide in questo angolo di costa lambita dalle acque del Garda e affiancata da irte montagne un luogo dove soggiornare in assoluto relax. Oggi, dopo oltre 100 anni, possiamo tutti godere di tanta bellezza grazie al ristorante gourmet. L'aperitivo è rigorosamente "au bord du lac" poi, al tavolo nella bella terrazza o nell'elegante sala interna, Stefano Baiocco con il suo menu a sorpresa vi conquisterà con pesce di lago, di mare e tagli pregiati di carne italiane, tecnica rigorosa e innumerevoli erbe aromatiche che ingentiliscono le ricette. Preparatevi ad un emozionante salto a ritroso nel tempo, tra architetture eccentriche e bellezza mozzafiato.

🛏🕅🍴🕸🅿 – Prezzo: €€€€

Via Rimembranza 38/40 – ☏ 0365 798000 – villafeltrinelli.com – Chiuso martedì sera

✿ **LA TORTUGA**

Chef: Maria Cozzaglio

CLASSICA • ELEGANTE Il nome evoca onde e spiagge dei Caraibi, tuttavia qui di caraibico c'è solo l'anima corsara di Danilo Filippini, figlio della signora Teresa che aprì il locale alla fine degli anni Sessanta, e la cui famiglia gestisce ancora il ristorante. Nella piccola ed incantevole bomboniera l'atmosfera si fa aggraziata in virtù di cucina e servizio al femminile. La proposta gastronomica non si cura delle mode passeggere, ma punta su cotture semplici e precise, capaci di esaltare il sapore degli ingredienti, soprattutto marini e lacustri. Tra i dessert, vivamente consigliato è lo zabaione al Marsala con frutta fresca e biscottini al burro: una delizia creata da Orietta, la figlia di Danilo, che insieme ai dolci prepara anche il pane. Grande tomo per la carta dei vini, ben articolata, dal respiro internazionale e proposta con garbo. La stella qui brilla da oltre 40 anni!

🕸 🕅 – Prezzo: €€€€

Via XXIV Maggio 5 – ☏ 0365 71251 – ristorantelatortuga.it – Chiuso martedì e a mezzogiorno

VILLA GIULIA

CREATIVA • ROMANTICO A qualche chilometro dal Vittoriale degli Italiani, già residenza di Gabriele D'Annunzio, Villa Giulia è un albergo direttamente sul lago con un angolo gourmet che connazionali e stranieri (in questa zona tanti!) c'invidiano. Se l'atmosfera nella terrazza affacciata sul lago è sicuramente romantica ed impagabile, la cucina si vuole estrosa, ricca di carattere, nonché fantasia, e presenta intriganti viaggi nei prodotti del mare e di lago con ottima precisione nelle cotture e sapori sempre fragranti al palato. A pranzo vi sono anche altre proposte più "tradizionali" o veloci.

⬅ 🛏🕅🍴🅿 – Prezzo: €€€

Viale Rimembranza 20 – ☏ 0365 71022 – villagiulia.it – Chiuso mercoledì

GATTINARA

✉ 13045 – Vercelli (VC) – Carta regionale n° **1**-C2

CUCINE NERVI

MODERNA • CONTESTO CONTEMPORANEO All'interno delle Cantine Nervi, locale di gusto contemporaneo dove la cucina è totalmente a vista e si può scegliere se mangiare sull'ampio bancone o su tavoli più classici. Ambiente molto chic e linea gastronomica fantasiosa e creativa; ampio raggio per la selezione enoica, sebbene i vini della maison siano caldamente consigliati.

🗚 – Prezzo: €€€

Corso Vercelli 117 – ☏ 333 182 4123 – cucinenervi.com – Chiuso lunedì e domenica sera

OSTERIA CONTEMPORANEA 🆕

ITALIANA CONTEMPORANEA • ELEGANTE È un'osteria contemporanea che propone una cucina piemontese con qualche traccia trentina, luogo d'origine della giovane chef, ed un insolito menu dedicato alle frattaglie. Ambiente molto minimal: le romantiche luci soffuse creano una piacevole intimità.

🗚 – Prezzo: €€€

Via Francesco Mattai 4 – ☏ 339 462 1463 – osteriacontemporanea.it – Chiuso mercoledì e giovedì

GAVI

✉ 15066 – Alessandria (AL) – Carta regionale n° **1**-C3

LA GALLINA

DEL TERRITORIO • CASA DI CAMPAGNA Il ristorante si fa forte di una location molto suggestiva all'interno del Villa Sparina Resort, dove trova posto anche un'elegante e romantica sala ricavata nell'antico fienile, mentre nella bella stagione ci si trasferisce all'aperto con vista su colline e vigneti. I piatti raccontano con tocco moderno la vita professionale di Caccioppoli: campano, oltre ad aver lavorato nella propria regione, lo chef ha fatto esperienze anche in Piemonte ed in Liguria. I piatti della carta traggono – infatti - a piene mani da queste regioni, mentre la carta dei vini si apre con le produzioni proprie, proseguendo poi in altri territori, mostrando infine un particolare amore per gli Champagne.

🐾 ⪡ 🛏 🗚 🏠 ♻ 🅿 – Prezzo: €€€

Località Monterotondo 56 – ☏ 0143 685132 – villasparinaresort.it – Chiuso a mezzogiorno da lunedì a venerdì

LOCANDA LA RAIA

PIEMONTESE • CASA DI CAMPAGNA La magnifica azienda agricola biodinamica La Raia, oasi incantata tra Novi Ligure e Gavi, nei suoi 180 ettari comprende una fondazione di arte contemporanea, la tenuta vinicola della famiglia Rossi Cairo, una scuola steineriana per i figli dei dipendenti, una zona riservata all'accoglienza e questo ristorante, che gode di un ecosistema privilegiato che lo rifornisce di prodotti a km 0. La cucina è legata alle tradizioni locali, rivisitate alla luce di un gusto più attuale. A cena, e anche a pranzo nel week end, una scelta tra menu alla carta, un menu degustazione che parte dai vini delle tenute di proprietà tra Gavi e Langhe e uno sfizioso menu Sei mezze, con piccoli assaggi dei piatti più iconici della carta.

⪡ 🛏 ♿ 🗚 🏠 🅿 – Prezzo: €€

Località Lomellina 26 – ☏ 0143 642860 – locandalaraia.it

GAVIRATE

✉ 21026 – Varese (VA) – Carta regionale n° **4**-A2

😊 TIPAMASARO

CLASSICA • FAMILIARE A poche decine di metri dal lago, una gradevole villa con fresco dehors ospita un ristorante a conduzione familiare. La cucina spazia dal pesce di acqua dolce a quello di mare, dalle carni ai piatti tradizionali; riservate – comunque - un po' di appetito per gli squisiti dessert.

🏠 🅿 – Prezzo: €

Via Cavour 31 – ☏ 0332 743524 – Chiuso lunedì e domenica sera

GENAZZANO

✉ 00030 – Roma (RM) – Carta regionale n° **12**–B2

✿ **MARCO BOTTEGA RISTORANTE**

Chef: Marco Bottega

CREATIVA • ELEGANTE Tra colline disseminate di ulivi e prodotti agricoli, lungo un bel percorso che dai confini della Ciociaria conduce ai suggestivi altipiani di Arcinazzo, il casolare ottocentesco è la casa di uno dei più interessanti cuochi della campagna romana: Marco Bottega. Oltre alla possibilità di pernottare in confortevoli camere, Aminta Resort è la principale fornitrice di frutta, verdura e animali da cortile in virtù dei cinquanta ettari dell'azienda agricola di proprietà coltivata senza alcuna traccia di pesticidi. E dalla terra alla tavola, gli ingredienti vanno ad alimentare una cucina laziale aperta a divagazioni di ogni genere, sempre all'insegna di piatti autentici e gustosi proposti in tre menu degustazione: vegetale con prodotti della propria tenuta, stagionale, e un terzo con i soli nomi dell'ingrediente principale elaborato secondo la fantasia del cuoco. Interessante anche la carta dei vini con un particolare accento posto sugli champagne; in un edificio separato dal corpo della struttura lo chef ha infatti creato una zona-degustazione per aperitivi e percorsi enologici.

🐖 *L'impegno dello chef:* Da anni sono proprietari di un'azienda agricola certificata biologica, da cui attingono molte materie prime. Oltre a noci, ulivi, frutteti e ortaggi, ci sono l'orto e le erbe aromatiche. Nei 50 ettari ad est di Roma si trovano animali da cortile e maiali, mentre il bosco circostante la proprietà accoglie cinghiali e alcuni alveari. Un'ambientazione bucolica che dà grande ispirazione.

🐖 🛏 🆔 🏡 🅿 – Prezzo: €€€

Via Trovano 3 – ☎ 06 957 8661 – amintaresort.it – Chiuso lunedì e martedì e domenica sera

GENOVA

✉ 16121 – Genova (GE)
Carta regionale n° **10**–C2

L'oro verde della Liguria

Profumato, colorato, goloso: come parlare della cucina genovese senza citare il pesto? Il suo ingrediente principale è il basilico genovese DOP, caratterizzato da foglioline più piccole e da un aroma intenso ma privo di quei sentori di menta che affiorano nel basilico comune. Lo si prepara pestando (possibilmente in un mortaio di marmo e con un pestello di legno) basilico, sale, pinoli e aglio, il tutto condito con Parmigiano Reggiano, Fiore Sardo e olio EVO. Particolarmente indicato per condire trofie e trenette, viene ormai usato per insaporire anche insalate e secondi piatti di pesce.

ॐ **IL MARIN**

PESCE E FRUTTI DI MARE • CONTESTO CONTEMPORANEO Al Porto Antico, nell'edificio e allo stesso piano che ospita Eataly, la sala punta sulla semplicità per enfatizzare il panorama che si apprezza attraverso le pareti vetrate. La cucina si basa sul territorio ma lo rinnova con tecniche e idee attuali; ecco, ad esempio, lo spaghetto Martini cocktail, shakerato in sala dallo chef Marco Visciola con bitter Martini e olive in crema e un gin extra virgin alle taggiasche nebulizzato per aromatizzare, oppure i tortelli sostenibili con interiora, lische e testa di pesce in salsa e brodo, con un piacevole tocco di maggiorana a completare il tutto.

≼ & 🎞 🛱 – Prezzo: €€€

Pianta: B2-5 – Porto Antico, Edificio Millo – ☏ 010 869 8722 – ilmarin.it – Chiuso martedì e a mezzogiorno lunedì, mercoledì, giovedì, venerdì

ॐ **SAN GIORGIO**

MODERNA • CONTESTO TRADIZIONALE In un locale raffinato e curato nei minimi particolari, piatti prevalentemente basati su di un ottimo pescato locale e alcune specialità di terra come foie gras e maialino. La cucina del giovane Samuele Di Murro è mediterranea, colorata, profumata e gode dell'ottimo sostegno della professionalità e della solida gestione familiare dei fratelli Scala. Ottima carta dei vini, con uno spazio particolare dedicato alle bollicine

& & 🎞 – Prezzo: €€€

Pianta: D3-7 – Viale Brigate Bisagno 69r – ☏ 010 595 5205 – ristorantesangiorgiogenova.it – Chiuso domenica

---

ॐ **THE COOK**

Chef: Ivano Ricchebono

MODERNA • CONTESTO STORICO All'interno del trecentesco palazzo Branca Doria, di cui occupa una sala dallo straordinario soffitto affrescato da Bernardo

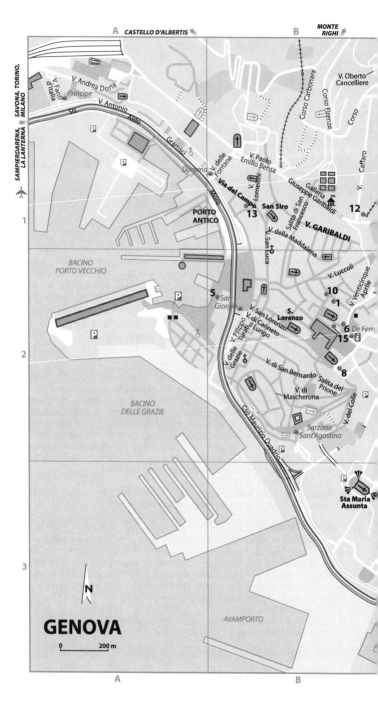

GENOVA

A CASTELLO D'ALBERTIS

B MONTE RIGHI

SAMPIERDARENA, SAVONA, TORINO, MILANO
LA LANTERNA

V. Andrea Doria
V. Fanti d'Italia
Principe
V. Antonio
Gramsci
Aldo

V. Oberto Cancelliere
Corso Carbonara
Corso Firenze
Corso
V. Caffaro

V. delle Fontane
V. Paolo Emilio Bensa
Lomellini
Galleria Giuseppe Garibaldi
V. Caffaro
V. del Campo
San Siro
13
V. della Maddalena
Salita di San Francesco
V. GARIBALDI
12

PORTO ANTICO

BACINO PORTO VECCHIO

V. San Luca
V. Luccoli
10
V. Venticinque Aprile
1
5
San Giorgio
V. San Lorenzo
V. di Canneto Il Lungo
S. Lorenzo
6 De Ferro
15
V. Filippo Turati
V. delle Grazie
V. di San Bernardo
8
V. di Mascherona
Salita del Prione
V. del Colle
Sarzano Sant'Agostino

BACINO DELLE GRAZIE

Cso Maurizio Quadrio
Sta Maria Assunta

AVAMPORTO

N

0   200 m

A

B

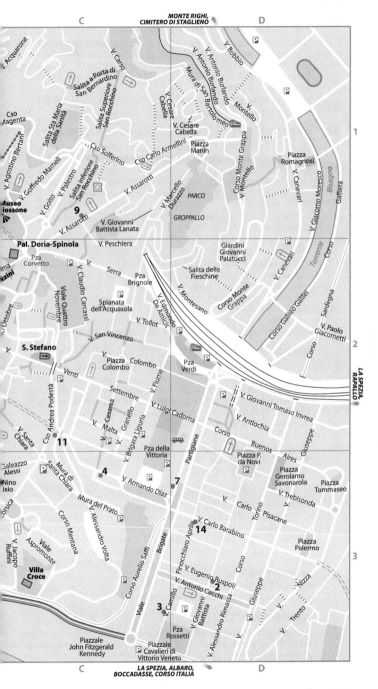

Strozzi nel 1618, il ristorante si trova nel centro storico più tipico, quello dei carrugi e della Genova popolare che, alla prima svolta, sa diventare aristocratica. La cucina di Ivano Ricchebono propone due menu degustazione, lasciando poi la libertà di ridurre e incrociare i piatti da un percorso all'altro. Le proposte sono creative e si dividono tra mare e terra.

🅐🅒 ↩ – Prezzo: €€€€

Pianta: B2-1 – *Vico Falamonica 9r – ☎ 375 500 4773 – thecookrestaurant.com – Chiuso martedì e a mezzogiorno*

(😊) ## ROSMARINO ⓝ

LIGURE • **TRATTORIA** A pochi metri da piazza De Ferrari, tavoli all'aperto e una piacevole ed informale atmosfera nelle tre sale interne. Ecco il Rosmarino, dove su tutto trionfa la qualità della cucina: un'intelligente proposta di classici liguri, sia di carne che di pesce, sorretta da ottimi ingredienti. Imperdibile il baccalà "brandacujun", ma anche i raviolini di borragine al tocco e la trippa alla "sbira".

🅐🅒 ↩ – Prezzo: €€

Pianta: B2-15 – *Salita del Fondaco 30r – ☎ 010 251 0475 – trattoriarosmarino.it – Chiuso domenica a mezzogiorno*

20TRE

LIGURE • **CONTESTO CONTEMPORANEO** Nel cuore del centro storico, il locale si propone con un look contemporaneo ed una linea di cucina basata su pochi piatti, quasi tutti di pesce, presentati anch'essi in maniera moderna e con porzioni generose. Stagionalità dei prodotti e mercato del giorno tra le linee guida.

🅐🅒 ↩ – Prezzo: €€

Pianta: B2-10 – *Via David Chiossone 20r – ☎ 010 247 6191 – ristorante20tregenova.it – Chiuso domenica e sabato a mezzogiorno*

LE CICALE IN CITTÀ

PESCE E FRUTTI DI MARE • **ACCOGLIENTE** Gli ambienti classici con specchi e argenteria in bella vista lasciano spazio ad una cucina che propone il mare con ottimi risultati nei crudi, mupa (pesce poco diffuso che vive nelle profondità del Mar Mediterraneo), gamberi (in stagione), e primi piatti fatti in casa con condimenti succulenti: i plin di gallina con fondo bruno ne sono un esempio. Per un momento speciale consigliamo il tavolo in fondo alla saletta con la vicina dispensa in arte povera. Servizio gioviale e tanta simpatia!

🅐🅒 ↩ – Prezzo: €€€

Pianta: C3-4 – *Via Macaggi 53r – ☎ 010 592581 – lecicalegenova.it – Chiuso domenica e sabato a mezzogiorno*

HOSTARIA DUCALE

MODERNA • **ACCOGLIENTE** A ridosso della bella piazza De Ferrari, un locale di grande personalità con ambienti molto raccolti ed arredati elegantemente. La cucina prende spunto dal territorio e viene elaborata con tecniche moderne e spunti fantasiosi; molta attenzione anche ai vini con etichette di grande pregio. Pochi, ambiti, tavoli sul vicolo per chi ama stare all'aperto e a pranzo anche business lunch.

🅐🅒 🛋 – Prezzo: €€€

Pianta: B2-6 – *Salita di San Matteo 29r – ☎ 010 455 2857 – hostariaducale.it – Chiuso mercoledì e giovedì a mezzogiorno*

IPPOGRIFO

PESCE E FRUTTI DI MARE • **ELEGANTE** Un po' fuori dal centro, in zona fiera, una cucina di impronta classica a base di pesce – soprattutto del Tirreno – completata da alcuni piatti di carne piemontese. Un locale elegante, aperto nel 1982 dai fratelli Vaccaro, molto frequentato dagli habitué.

Ⓐ ⇔ – Prezzo: €€€
Pianta: C3-3 – *Via Gestro 9r* – ℰ *010 592764* – *ristoranteippogrifo.it*

IL MICHELACCIO

DEL MERCATO • BISTRÒ Centrale, ad un passo da via XX Settembre, un vero e proprio bistrot in stile moderno per una cucina semplice del mercato, menu alla lavagna e solo vini naturali.

& Ⓐ – Prezzo: €€
Pianta: C2-11 – *Via Frugoni 49r* – ℰ *010 570 4274* – *ilmichelaccio.it* – *Chiuso domenica e sabato sera*

OSTERIA DELLA FOCE

DEL MERCATO • CONVIVIALE Deliziosa risorsa che focalizza la sua offerta su una cucina semplice, schietta e gustosa; farinata a disposizone - la sera - per un tuffo nella tradizione, mentre pesce e carne sono presentati senza fronzoli ma con abile tecnica. Carta dei vini interessante e non banale.

🍴 – Prezzo: €€
Pianta: D3-2 – *Via Eugenio Ruspoli 72r* – ℰ *010 302 7696* – *osteriadellafocegenova.it* – *Chiuso domenica e sabato a mezzogiorno*

LE RUNE

LIGURE • RUSTICO Diverse piccole salette con tavoli anche sopra la cucina – apparentemente molto ambiti, sebbene faccia un po' caldo – per una linea gastronomica legata alla regione e al mare: pansoti di burrata e pomodoro - trofie al pesto con fagiolini e patate - trippa accomodata – stoccafisso... Conservate – tuttavia - un po' di appetito per il dessert: la tarte Tatin con gelato alla vaniglia e sfoglia fragrante vale lo strappo alla dieta!

🍴 – Prezzo: €€
Pianta: B1-12 – *Salita Sant'Anna 13r* – ℰ *010 594951* – *ristorantelerune.it* – *Chiuso lunedì, domenica e sabato a mezzogiorno*

SANTA TERESA

LIGURE • SEMPLICE Nel cuore del centro, accoglienti sale e salette dove l'esperta mano dei titolari vi porterà ad apprezzare antiche ricette liguri rivisitate in chiave più contemporanea.

Ⓐ 🍴 ⇔ – Prezzo: €€
Pianta: B2-8 – *Via di Porta Soprana 55r* – ℰ *010 583534* – *ristorantesantateresagenova.it* – *Chiuso domenica e sabato sera*

SANTAMONICA

PESCE E FRUTTI DI MARE • ACCOGLIENTE Sulla spiaggia di un bel quartiere cittadino, con la vista che abbraccia totalmente il mare, la terrazza per la bella stagione è ampia e arieggiata. Qui una coppia di appassionati coniugi propone una cucina basata sulla freschezza dei prodotti ittici, valorizzati e trattati con il dovuto rispetto.

⇐ Ⓐ 🍴 – Prezzo: €€€
Lungomare Lombardo 27, loc. Albaro – ℰ *010 553 3155* – *santamonicagenova.it* – *Chiuso domenica sera*

SOHO

PESCE E FRUTTI DI MARE • BISTRÒ In pieno centro storico e a pochi passi dall'acquario, un locale di design che mantiene - tuttavia - alcuni dettagli storici del palazzo che lo ospita. Le specialità ittiche spaziano dai crudi a classici come il cappon magro (naturalmente rivisitato); gettonati i menu degustazione a mano libera.

Ⓐ 🍴 ⇔ – Prezzo: €€
Pianta: B1-13 – *Via al Ponte Calvi 20r* – ℰ *010 869 2548* – *ristorantesoho.it*

SPIN RISTORANTE-ENOTECA

LIGURE • BISTRÒ Un piccolo locale stile bistrot, nato come enoteca e poi trasformatosi anche in ristorante: ampia scelta di etichette e una cucina schietta, che
punta sulla qualità della materia prima. In vendita anche prodotti enogastronomici
di qualità, genovesi e non.

🐝 🅰🅲 ↔ – Prezzo: €€

Pianta: D3-14 – *Via Carlo Barabino 120r* – ℰ *010 594513* –
spinristorante-enoteca.com – *Chiuso domenica*

VOLTALACARTA

PESCE E FRUTTI DI MARE • COLORATO "Volta la carta" è una canzone estremamente allegorica di Fabrizio De André: dietro ogni figura si nasconde un personaggio. Dietro la porta di questo locale si cela un ambiente piccolo e simpatico, dove
lo chef patron prepara intriganti specialità di mare, selezionando ottimi prodotti.

🅰🅲 – Prezzo: €€

Pianta: C1-9 – *Via Assarotti 60r* – ℰ *010 831 2046* – *voltalacartagenova.it* –
Chiuso domenica, a mezzogiorno e lunedì sera

San Desiderio

😊 BRUXABOSCHI

LIGURE • AMBIENTE CLASSICO Mettete in conto un po' di tempo per raggiungere nell'entroterra la frazione di San Desiderio, dove Bruxaboschi delizia i clienti
dal 1862 con la stessa gestione familiare, ma ne varrà la pena. Giustamente celebre,
la cucina omaggia le tradizioni locali (quasi esclusivamente carne), a cominciare
da un'ottima cima alla genovese, picagge e pansotti tra le paste, coniglio fritto. In
stagione è immancabile l'appuntamento con i funghi.

🐝 🍴 🅿 – Prezzo: €€

Via Francesco Mignone 8 – ℰ *010 345 0302* – *bruxaboschi.com* – *Chiuso lunedì,
mercoledì, venerdì, a mezzogiorno martedì e giovedì e domenica sera*

Boccadasse

CAPO SANTA CHIARA

MODERNA • ELEGANTE All'estremo della romantica spiaggetta di Boccadasse,
locale moderno ed elegante, dove gustare piatti creativi essenzialmente di pesce,
sebbene non manchi anche qualche ricetta di terra. Da non perdere nella bella
stagione un tavolo sulla terrazza prospiciente il mare.

🍷 ♿ 🅰🅲 🍴 – Prezzo: €€€

Via al Capo di Santa Chiara 69 – ℰ *010 798 1571* – *ristorantecaposantachiara.com*

Struppa

LA PINETA

LIGURE • AMBIENTE CLASSICO In zona isolata e attorniato dalla natura circostante, il suono degli uccelli sarà compagno di viaggio nel confortevole dehors.
All'interno troneggia il camino per le cotture alla brace sia di carne che di pesce,
vera specialità della casa.

🍴 🅿 – Prezzo: €€

Via Gualco 82 – ℰ *010 802772* – *ristorantelapineta.org* – *Chiuso lunedì e
domenica sera*

GIULIANOVA

✉ 64021 - Teramo (TE) - Carta regionale n° **15**-B1

😊 OSTERIA DAL MORO

PESCE E FRUTTI DI MARE • SEMPLICE Vivace locale sul lungomare, sempre molto frequentato (prenotazione vivamente consigliata). Cucina esclusivamente a base di pesce, proposta e illustrata a voce in quanto legata alla disponibilità del mercato. I piatti sono concreti, semplici e fragranti, ordinabili anche in mezze porzioni.
🅰️Ⓒ 🍽 - Prezzo: €
Lungomare Spalato 74 - ℰ 085 800 4973 - Chiuso martedì e mercoledì

APRUDIA

DEL MERCATO • BISTRÒ In un locale del centro storico, in ambienti con volte di mattoni che creano un piacevole contrasto con gli arredi moderni, Enzo Di Pasquale celebra le stagioni impiegando prodotti per lo più locali per seguire una politica no waste. Intriganti menu degustazione di varia durata che mettono in risalto le capacità e la tecnica dello chef.
♿️🅰️Ⓒ 🍽 - Prezzo: €€€
Largo del Forno 16 - ℰ 085 201 1844 - aprudia.com - Chiuso martedì, mercoledì e a mezzogiorno

LUCIA

PESCE E FRUTTI DI MARE • AMBIENTE CLASSICO Conduzione familiare da oltre mezzo secolo per questo ristorante (con hotel) che offre ospitalità e buona tavola. Le specialità sono prevalentemente di pesce, proveniente dal vicino mare Adriatico. Tre le proposte troverete sia le classiche del luogo, sia ricette d'ispirazione moderna.
🅰️Ⓒ ↩ - Prezzo: €€
Via Lampedusa 12 - ℰ 085 800 5807 - hlucia.it - Chiuso lunedì e domenica sera

GIUSTINO

✉ 38086 - Trento (TN) - Carta regionale n° **6**-A2

MILDAS

REGIONALE • CONTESTO STORICO Originariamente cappella di un convento medievale, la cucina oltre ai classici trentini elenca una serie di piatti ideati da Mirko, compianto fondatore del locale, ed ora riproposti dal figlio. Carta dei vini illustrata e descritta.
↩ 🅿️ - Prezzo: €€
Via Rosmini 7, loc. Vadaione - ℰ 0465 502104 - ristorantemildas.com - Chiuso lunedì, martedì e a mezzogiorno da mercoledì a venerdì

GLORENZA

✉ 39020 - Bolzano (BZ) - Carta regionale n° **6**-A1

FLURIN

DEL MERCATO • DI TENDENZA Glorenza è un piccolo borgo della val Venosta, protetto da un muro di cinta di epoca medievale. Allo stesso periodo risale la costruzione della vecchia torre che ospita il Flurin. Sotto le volte antiche l'arredo è moderno, così come moderna è la cucina. Lo chef-patron Thomas Ortler si impegna con passione nella ricerca della miglior materia prima stagionale e di territorio, che poi racconterà, con estro e fantasia, in piatti quali la ceviche di salmerino alpino con pompelmo, cetriolo e sesamo. Bar e suites completano la proposta.

🏧 🍴 ⇔ – Prezzo: €€

Laubengasse 2 – 𝒞 0473 428136 – flurin.it – Chiuso lunedì e martedì

GRAZIE

✉ 46010 – Mantova (MN) – Carta regionale n° **4**–C3

🥈 **LOCANDA DELLE GRAZIE**

MANTOVANA • CONTESTO REGIONALE Nonostante il passaggio di proprietà avvenuto nel 2020, lo storico ristorante continua ad essere un faro per gli appassionati della cucina mantovana grazie alla qualità delle paste fresche, delle carni e dei salumi. L'esperienza nel delizioso borgo sarà completa pernottando nelle gradevoli camere.

🍴 ⇔ – Prezzo: €€

Via San Pio X 2 – 𝒞 0376 348038 – Chiuso mercoledì

GREVE IN CHIANTI

✉ 50022 – Firenze (FI) – Carta regionale n° **11**–C2

VITIQUE

MODERNA • CONTESTO CONTEMPORANEO Una sferzata di modernità nella zona fiorentina del Chianti; si tratta - infatti - di un locale contemporaneo sia negli arredi sia nella cucina che viene proposta unicamente sotto forma di menu-degustazione, con la libertà di poter scegliere la lunghezza del percorso. Carne e pesce sono cucinati con precisione e proposti sempre con soluzioni creative.

🏧 🍴 – Prezzo: €€€

Via Citille 43/b – 𝒞 055 933 2941 – vitique.it – Chiuso martedì, mercoledì e a mezzogiorno lunedì, giovedì, venerdì

GRINZANE CAVOUR

✉ 12060 – Cuneo (CN) – Carta regionale n° **2**–A2

ALESSANDRO MECCA AL CASTELLO DI GRINZANE CAVOUR ⓝ

MODERNA • CONTESTO STORICO Lo splendido castello con origini nel XI secolo – già dimora di Camillo Benso conte di Cavour – dal 2023 ha nel suo ristorante una nuova gestione: quella di chef Alessandro Mecca, che propone all'interno dei romantici ed eleganti ambienti una linea di cucina moderna, che solo in piccola parte si inserisce nel filone territoriale (il vitello tonnato c'è, per esempio), per aprirsi sovente, invece, a sapori italiani. Un terzo della carta è infatti a base di pesce, spesso rifornito dalla vicina Liguria. Stesso discorso per la selezione enoica: ovviamente ricca di bottiglie piemontesi, non manca di numerose altre etichette nazionali e qualche accenno alla Francia.

🍴 – Prezzo: €€€

Via Castello 5 – 𝒞 375 540 3500 – alessandromecca.it – Chiuso lunedì e martedì

GROSSETO

✉ 58100 – Grosseto (GR) – Carta regionale n° **11**–C3

CANAPONE

MODERNA • FAMILIARE In ambienti eleganti oppure, nella bella stagione, con affaccio sulla splendida piazza Dante, si serve una cucina maremmana di ottima fragranza e basata su di una materia prima ineccepibile. La solida gestione familiare ne fa un valido punto di riferimento. A fianco, l'Osteria Canapino propone una cucina più snella e informale.

🏵 🔠 🗠 – Prezzo: €€

Piazza Dante 3 – ℰ 0564 24546 – Chiuso domenica

GRANTOSCO

TOSCANA • BISTRÒ L'ambiente è personalizzato con mattoni a vista e un imponente banco in stile newyorkese. L'ottima cucina (soprattutto di mare) e la simpatia della chef-titolare Camelia Decu allietano la sosta. Specialità maremmane e prodotti a km 0.

🔠 🗠 – Prezzo: €€

Via Solferino 4 – ℰ 0564 26027 – grantosco.it – Chiuso domenica

L'UVA E IL MALTO 🔘

PESCE E FRUTTI DI MARE • FAMILIARE In pieno centro, è una coppia molto brillante a gestire questo intimo e moderno locale con annesso wine-bar. In carta si trova soprattutto pesce, a voce il meglio del mercato ittico, squisiti i frutti di mare! Per la scelta enoica fatevi consigliare dalla padrona di casa: ampia carta dei vini – soprattutto toscani - a prezzi accessibili.

🏵 🔠 – Prezzo: €€

Via Mazzini 165 – ℰ 0564 411211 – Chiuso domenica

GROTTAFERRATA

✉ 00046 - Roma (RM) - Carta regionale n° **12**–A2

L'OSTE DELLA BON'ORA

ROMANA • ACCOGLIENTE Ambiente classico con dischi 33 giri in vinile a scaldare l'atmosfera, per una cucina che può essere definita contemporanea, tra sapori laziali rivisitati e prodotti di qualità. Gli ambienti raccolti ne fanno un'ottima referenza per una cena romantica.

🔠 🗠 🅿 – Prezzo: €€

Viale Vittorio Veneto 133 – ℰ 06 941 3778 – lostedellabonora.com – Chiuso mercoledì, a mezzogiorno martedì, giovedì, venerdì e domenica sera

TAVERNA DELLO SPUNTINO

LAZIALE • RUSTICO E' tutta all'interno la peculiarità di questa trattoria romana: dagli antichi camminamenti scavati nel tufo trasformati in cantina al di sotto del locale alle scenografiche sale sotto archi in mattoni dove trionfa una coreografica esposizione di prosciutti, fiaschi di vino, frutta e antipasti. Emozionante cantina di cui vi suggeriamo la visita.

🏵 🔠 – Prezzo: €€

Via Cicerone 20 – ℰ 06 9431 5985 – tavernadellospuntino.com

GRUMELLO DEL MONTE

✉ 24064 - Bergamo (BG) - Carta regionale n° **5**–D1

AL VIGNETO

MODERNA • ELEGANTE Elegante ristorante ricavato da un vecchio fienile circondato dai vigneti e frutteti di proprietà, la cui cucina di taglio moderno propone crudità di mare e pesci in arrivo da Mazara del Vallo, oltre che piatti di carne. Vi consigliamo di assaggiare i vini della loro cantina Colle dell'Aia (Valcalepio, Merlot e Chardonnay): vi verrà voglia di portarvene qualche bottiglia a casa.

♿ 🔠 🗠 🅿 – Prezzo: €€€

Via Don Pietro Belotti 1 – ℰ 035 831979 – alvigneto.it – Chiuso martedì

VINO BUONO

LOMBARDA • WINE-BAR In un antico fienile del 1600 adiacente al campanile del Duomo, un'interessante enoteca con circa 400 etichette dove poter assaggiare una cucina semplice, ben fatta e di carattere tradizionale, anche se non mancano alcune ricette di pesce. Salumi, formaggi e ottimi primi piatti, tra i must!

🕭 ♿ 📶 🏠 – Prezzo: €

Via Castello 20 – ☎ 035 442 0450 – vinobuono.net – Chiuso lunedì, martedì e a mezzogiorno da mercoledì a domenica

GUALDO CATTANEO

✉ 06035 – Perugia (PG) – Carta regionale n° **13**–B2

IL GROTTINO Ⓝ

CARNE • OSTERIA Tra le morbide valli che si aprono intorno all'antico borgo medievale di Gualdo Cattaneo, a poca distanza da Foligno, Il Grottino è un palazzetto del gusto, meta ideale per chi è alla ricerca di un'esperienza autentica tra i profumi e i sapori tipici dell'Umbria. Via libera ai tartufi e ai prodotti a km 0, con un'attenzione particolare alla carne, rigorosamente cotta sulla griglia a vista dove sulle braci, oltre ai prodotti di allevamenti locali, viene proposta una selezione pregiata di manzetta prussiana.

📶 🏠 – Prezzo: €€

Piazza Beato Ugolino 5 – ☎ 0742 760228 – residenceilgrottino.com – Chiuso lunedì e a mezzogiorno da martedì a venerdì

GUARDIAGRELE

✉ 66016 – Chieti (CH) – Carta regionale n° **15**–B1

VILLA MAIELLA

Chef: Arcangelo Tinari

ABRUZZESE • ELEGANTE L'Abruzzo: ecco cosa racconta la famiglia Tinari nel suo ristorante dal 1966. Oggi, al limitare del Parco della Maiella, troviamo mamma Angela insieme al figlio Arcangelo in cucina, e Peppino in sala con il figlio Pascal, alle prese con i migliori ingredienti abruzzesi, selezionati al ritmo delle stagioni, mentre i maiali neri (e i salumi che ne derivano) provengono dalla propria fattoria. La storia enogastronomica della regione, insieme agli insegnamenti di mamma e papà, sono la base su cui i fratelli stanno rilanciando l'insegna, costruendo una proposta sempre più avvincente. Una certezza anche per gli amanti del buon bere: in cantina riposano oltre 1000 etichette, nonché un'ampia scelta al bicchiere.

🕭 ♿ 📶 🏠 ⇄ 🅿 – Prezzo: €€€

Via Sette Dolori 30, loc. Villa Maiella – ☎ 0871 809319 – villamaiella.it – Chiuso lunedì e domenica sera

GUARENE

✉ 12050 – Cuneo (CN) – Carta regionale n° **2**–A1

LA MADERNASSA

CREATIVA • ELEGANTE In uno dei paesaggi più fiabeschi del Roero (e la terrazza del ristorante con vista mozzafiato sulle Langhe ci mette del suo!), la cucina di Giuseppe D'Errico rimane fedele al territorio e rafforza il legame con quest'area geografica così prodiga di eccellenze, dove da quasi vent'anni sorge La Madernassa. Le trote e il salmerino arrivano dal fiume Pesio e dalla Valle di Lanzo, la gallina bianca è di Saluzzo e il coniglio grigio proviene da Carmagnola... Ingredienti eccezionali, che mani capaci riescono a tradurre in ricette gourmet per offrire agli ospiti un'esperienza personalizzata e attenta.

🐾 🛏️🅰️🏠🔧🅿️ – Prezzo: €€€€
Località Lora 2 – ☎ 0173 611716 – lamadernassa.it – Chiuso lunedì e martedì a mezzogiorno

GUDON
✉ 39043 – Bolzano (BZ) – Carta regionale n° **6**–B1

UNTERWIRT

MODERNA • **ROMANTICO** Un paio di graziose stube all'interno di un'abitazione privata. Assicuratevi di prenotare quella più romantica del XIII secolo: tra legni antichi vi domanderete se l'abbiano ricostruita con materiali di recupero, mentre invece è qui da secoli. Lo chef-patron Thomas Haselwanter si cimenta in una cucina intelligente, che sa armonizzare precisione e confort classici e piccolissime aperture moderne, riuscendo a sposare alla perfezione richiami al territorio e influenze mediterranee, come nei suoi apprezzati piatti a base di pesce. Accogliente terrazza per la bella stagione.

🛏️🔧🅿️ – Prezzo: €€
Gudon 45 – ☎ 0472 844000 – unterwirtgufidaun.com – Chiuso lunedì, domenica e a mezzogiorno

GUSSAGO
✉ 25064 – Brescia (BS) – Carta regionale n° **4**–C2

DINA

CREATIVA • **INTIMO** Quella che pare una semplice casa di paese ad angolo di strada, rivela all'interno quattro sale, una più originale e confortevole dell'altra, dalla romantica rusticità dell'ex cantina al mix di design e modernariato che le arreda. Tavoli piacevolmente grandi, anch'essi ricercati, ospitano menù degustazione ma con piatti estraibili alla carta. La cucina di Alberto Gipponi, oscillante fra tradizione e creatività, è una delle tappe gastronomiche più interessanti della zona.

♿🅰️🔧 – Prezzo: €€€
Via Santa Croce 1 – ☎ 030 252 3051 – dinaristorante.com – Chiuso lunedì, martedì, mercoledì a mezzogiorno e domenica sera

ILLASI
✉ 37031 – Verona (VR) – Carta regionale n° **8**–B3

LE CEDRARE

CREATIVA • **ROMANTICO** Nella settecentesca villa Perez-Pompei-Sagramoso, nello spazio che un tempo era adibito a serra per la conservazione delle piante di agrumi, cucina regionale reinterpretata creativamente. Il luogo è incantevole, la tavola altrettanto.

🛏️🅰️🏠 – Prezzo: €€
Stradone Roma 8 – ☎ 045 652 0719 – lecedrare.it – Chiuso lunedì e martedì

IMOLA
✉ 40026 – Bologna (BO) – Carta regionale n° **9**–C2

✿✿ SAN DOMENICO

Chef: Massimiliano Mascia

CLASSICA • **LUSSO** Se le cucine sono state recentemente rinnovate con le più moderne attrezzature e uno chef's table permette di ammirare i cuochi all'opera, San Domenico rimane un ristorante dal fascino senza tempo, nella progressione delle sale interne dall'atmosfera vagamente inglese, ma anche nei tavoli all'aperto, affacciati su una bella piazza con i giardini pubblici del centro storico. La cucina di

Massimiliano Mascia si presta volentieri a questo quadro, proponendo una carrellata di specialità che vanno dal locale al nazionale, eseguite senza stravolgimenti, ma in piatti rassicuranti, che puntano innanzitutto a piacere, senza seguire mode e tendenze, sposati ad una cantina di straordinaria ampiezza e qualità. Una tappa della storia gastronomica italiana!

❀ 🅰🏠 – Prezzo: €€€€

Via Sacchi 1 – ☏ 0542 29000 – sandomenico.it – Chiuso lunedì e domenica sera

IMPERIA
✉ 18100 – Imperia (IM) – Carta regionale n° **10**–A3

❀ SARRI

Chef: Andrea Sarri

PESCE E FRUTTI DI MARE • DI TENDENZA Questo bel ristorante gode di una gradevole posizione nell'incantevole Borgo Prino, un'infilata di case dipinte con i tipici colori pastello proprio davanti al mare. La leggendaria mitezza del clima ligure consente di mangiare spesso all'aperto, ma qualora non fosse possibile il fascino della sala interna, un'antica rimessa arredata con ottimo gusto contemporaneo, sarà tutt'altro che un ripiego. Il servizio è elegante e inappuntabile, capeggiato con grazia dalla padrona di casa Alessandra. Dulcis in fundo, la cucina dello chef-patron Andrea Sarri, marito di Alessandra: alle eccellenze del Mar Ligure concede interpretazioni leggere e fantasiose, lasciandosi guidare da un'unica bussola, la qualità straordinaria degli ingredienti, esemplificata alla perfezione dalla "semplice" casseruola di crostacei, così come dal crudo di pescato con aglio nero di Vessalico ai profumi liguri.

❀ ♿🅰🏠♻ – Prezzo: €€€

Lungomare C. Colombo 108, Borgo Prino – ☏ 0183 754056 – ristorantesarri.it – Chiuso mercoledì e a mezzogiorno da lunedì a venerdì

◉ OSTERIA DIDÙ

PESCE E FRUTTI DI MARE • SEMPLICE Lungo una bella strada pedonale bordata di palazzi storici, il ristorante è semplice ma decisamente piacevole e offre un'ottima carrellata sulle specialità liguri. Tra i piatti più riusciti le cozze ripiene e i ravioli di borragine al tocco, il tipico sugo di carne genovese.

♿🅰🏠 – Prezzo: €

Via Felice Cascione 70 – ☏ 0183 273636 – osteriadidu.it – Chiuso martedì e giovedì a mezzogiorno

SALVO CACCIATORI

LIGURE • ELEGANTE Dal 1906, quando i lontani avi iniziarono con una modesta osteria e mescita vini, di strada quest'insegna ne ha fatta tanta: ora è un locale molto invitante, caratterizzato da arredi eleganti e contemporanei. La cucina è legata al mare e alle tradizioni in ricette personalizzate, mentre la ben presentata carta dei vini mette in luce non solo etichette liguri. Piacevole dehors sul passaggio pedonale da prenotare con largo anticipo.

🅰🏠 – Prezzo: €€€

Via Vieusseux 12 , Oneglia – ☏ 0183 293763 – ristorantesalvocacciatori.it – Chiuso lunedì e domenica sera

INDUNO OLONA
✉ 21056 – Varese (VA) – Carta regionale n° **5**–A1

OLONA - "DA VENANZIO" DAL 1922

DEL TERRITORIO • ELEGANTE Un caposaldo per la cucina di queste zone.... Un bel caseggiato con ampio dehors estivo sotto un pergolato e - al suo interno - atmosfera un po' retrò, ma d'indiscusso fascino. Ricette tradizionali, con belle reinterpretazioni personali.

🕸 🍴🍽♿🅿 – Prezzo: €€

Via Olona 38 – ℰ 0332 200333 – davenanzio.com – Chiuso lunedì

Isola d'ISCHIA

✉ 80075 – Napoli (NA) – Carta regionale n° **17**–A2

Forio

IL MIRTO

Chef: Tommaso Luongo

VEGETARIANA • **CONTESTO CONTEMPORANEO** All'interno del Botania resort con un parco di quattro ettari che si estende sino al mare, il Mirto è un ristorante vegetariano e vegano dalle interpretazioni moderne con due menu degustazione dedicati. Grande attenzione al km 0: tutte le verdure e gli ortaggi provengono dall'orto biologico di proprietà, curato direttamente dal giovane e talentuoso chef. Atmosfera signorile, piacevolmente rilassata.

🌿 *L'impegno dello chef:* Un grande orto bio nella tenuta dell'albergo è l'ideale cestino delle delizie a cui il menu di questo ristorante vegetariano e vegano attinge a piene mani. Plastic free dall'inizio dell'attività e nessuno scarto in cucina, Il Mirto ha bandito qualsiasi bottiglietta di plastica e i dipendenti hanno la loro borraccia personale.

🍴🅰🍽🅿 – Prezzo: €€€

Via Provinciale Lacco, 284 – ℰ 081 997978 – ilmirtoristorantevegetariano.it – Chiuso giovedì e a mezzogiorno

UMBERTO A MARE

PESCE E FRUTTI DI MARE • **STILE MEDITERRANEO** Indimenticabili tramonti per cene romantiche dall'ambita terrazza a strapiombo sul mare, ma a completare la magia concorrono anche un attento servizio diretto dai proprietari stessi ed una cucina che, partendo dai sapori e prodotti del territorio, sfocia in preparazioni accattivanti. Fornita cantina visitabile.

🕸 ⋖🍽 – Prezzo: €€€

Via del Soccorso 2 – ℰ 081 997171 – umbertoamare.it – Chiuso martedì

Ischia

✿✿ DANÍ MAISON

Chef: Nino Di Costanzo

CREATIVA • **ELEGANTE** "Casa, famiglia, tradizione" è il sottotitolo di daní maison, il locale aperto da Nino Di Costanzo nella vecchia casa di famiglia inerpicata fra i lussureggianti orti ischitani. Un piccolo, romantico salotto avvolto da una macchia mediterranea che profuma di erbe aromatiche, in cui gustare le specialità che lo hanno reso famoso in virtù di una cucina tecnica e creativa. Fin dagli esordi, Di Costanzo sperimenta abbinamenti capaci di esaltare ogni singolo ingrediente che, pur nella complessità della proposta, dev'essere immediatamente riconoscibile. Il mare da qui non si vede, ma il cuore batte per il pescato locale e procidano, protagonista di tanti piatti, memorabili anche per la presentazione estetica. Prenotate il tavolo dello chef per ammirarlo all'opera in prima linea, sebbene anche la sala offra scorci sul lavoro certosino che viene effettuato dietro le quinte. Salumeria è l'apertura più recente, un piccolo bistrot all'ingresso del giardino, con ricette tradizionali di cucina campana servite anche nella terrazza ombreggiata. Attenzione perché la strada di accesso al ristorante è piuttosto stretta.

🕸 🍴🅰🍽🅿 – Prezzo: €€€€

Via Montetignuso 4 – ℰ 081 993190 – danimaison.it – Chiuso lunedì e martedì a mezzogiorno

Lacco Ameno

INDACO

CREATIVA · LUSSO Inserito in un contesto alberghiero di lunga tradizione (il Regina Isabella fu fondato negli anni Cinquanta da Angelo Rizzoli), Indaco è un ristorante che dà lustro all'isola in virtù di un ambiente di raffinata eleganza – c'è anche un lounge, illuminato dal bagliore di romantiche candele, dove sorseggiare un caffè o un digestivo – e di proposte gastronomiche di alto livello. Su una delle baie più incantevoli dell'isola, lo chef Palamaro, ischitano doc, vi condurrà in un viaggio alla scoperta del suo grande amore: il mare. Il suo percorso personale e la passione per la pesca e per i fondali hanno fatto virare la sua cucina interamente sul pesce. Partendo dall'assaggio dei salumi di mare scoprirete il gusto e il piacere di piatti che uniscono gusto e creatività. Un ideale tuffo... senza aver toccato l'acqua!

🗿 🏠 🅿 – Prezzo: €€€€

Piazza Santa Restituta 1 – ℰ 081 994322 – reginaisabella.com – Chiuso martedì e

ISEO

✉ 25049 – Brescia (BS) – Carta regionale n° **5**–D1

RADICI

MODERNA · CONTESTO CONTEMPORANEO In centro al grazioso paesino lacustre, sotto al Castello Oldofredi e non lontano dal lago stesso, gestione giovane che si propone sia nell'ambiente sia nella linea gastronomica con uno stile contemporaneo leggero. All'interno di un edificio storico, sebbene l'arredo si rifaccia ad un design moderno, la cucina prende spunto da alcune ricette ed ingredienti del territorio per poi allargarsi ad ispirazioni italiane ed internazionali.

🛬 ♿ 🗿 🏠 – Prezzo: €€€

Via Mirolte 53 – ℰ 392 920 6145 – Chiuso mercoledì e a mezzogiorno tranne domenica

ISERA

✉ 38060 – Trento (TN) – Carta regionale n° **6**–A2

CASA DEL VINO DELLA VALLAGARINA

REGIONALE · RUSTICO Sapori, profumi e vini della Vallagarina sono i protagonisti di questa insegna piacevolmente ubicata tra le mura seicentesche di Palazzo de Probizer. La cantina propone praticamente tutti i produttori di vino della zona (anche al bicchiere!), mentre la cucina si affida ad una formula ormai rodata: un singolo menu degustazione, ma che cambia quotidianamente e con la possibilità di optare anche solo per qualche piatto. I manicaretti prendono spunto dalle stagioni, dal territorio e dal gusto italiano, così come dalle fragranze del proprio orto.

🏠 – Prezzo: €€

Piazza San Vincenzo 1 – ℰ 0464 486057 – casadelvino.info

LOCANDA DELLE TRE CHIAVI

DEL TERRITORIO · CONTESTO REGIONALE All'interno di un edificio settecentesco, la solida gestione di Sergio in sala e Annarita in cucina propone con passione e mestiere il meglio degli ingredienti stagionali del Trentino, in preparazioni classiche e gustose da accompagnare con una buona etichetta di vino regionale.

🏠 🅿 – Prezzo: €€

Via Vannetti 8 – ℰ 348 402 0857 – locandadelletrechiavi.it – Chiuso a mezzogiorno da lunedì a venerdì e domenica

ISOLA D'ASTI

✉ 14057 – Asti (AT) – Carta regionale n° **2**-B1

IL CASCINALENUOVO

MODERNA • AMBIENTE CLASSICO Superati i 50 anni di attività e con una brigata di cucina ampiamente rinnovata, Il Cascinalenuovo continua a proporre, sotto lo sguardo vigile di chef Ferretto, prelibatezze classiche e stagionali, glorie e tradizioni, in un carosello dei migliori piatti piemontesi: i famosi plin, al tovagliolo o al sugo di arrosto, la millefoglie di lingua e il piccione in due servizi. Vi sono poi idee più contemporanee come il carciofo e carciofo oppure il pescato del giorno in leggera frittura. Carta dei vini sbilanciatamene piemontese e ben fornita. Nella bella stagione i tavoli nel dehors affacciati su giardino e piscina creano un'atmosfera incantevole. La struttura dispone anche di romantiche camere per un week end rilassante e gourmet.

🕃 ⇜ ℳ 🍴 ⇆ 🅿 – Prezzo: €€€

SS 231 Asti-Alba 15 – ☏ 0141 958166 – walterferretto.com – Chiuso lunedì e domenica sera

ISOLA DELLA SCALA

✉ 37063 – Verona (VR) – Carta regionale n° **8**-A3

L'ARTIGLIERE

MODERNA • ROMANTICO Romantico ristorante ambasciatore di Isola della Scala, località rinomata per la produzione di riso, che lo chef Davide Botta celebra con una "carta dei risotti". Completa l'offerta il menu vero e proprio, che esprime una cucina moderna di mare e di terra. La sosta potrà prolungarsi in camere colorate ed accoglienti all'interno di un mulino del XVII secolo, con un piccolo museo adiacente.

⇜ ♿ 🍴 🅿 – Prezzo: €€€

Via Boschi 5 – ☏ 045 663 0710 – artigliere.net – Chiuso lunedì e martedì sera

ISOLA DI CAPO RIZZUTO

✉ 88841 – Catanzaro (CZ) – Carta regionale n° **19**-B2

PIETRAMARE NATURAL FOOD

CREATIVA • STILE MEDITERRANEO In una raffinata atmosfera di muretti a secco e vegetazione mediterranea, lo spazio del ristorante è elegante e personalizzato in ogni più piccolo dettaglio. Il nuovo cuoco s'impegna in preparazioni moderne che prendono spunto dal territorio ma, più in generale, dai sapori del sud d'Italia, concedendo più spazio al pesce rispetto alla carne, e proponendo anche un menu vegetariano. Intrigante la cigar room con salotti e camino.

⇜ ♿ 🍴 🅿 – Prezzo: €€€€

SS 106, loc. Praialonga – ☏ 0962 376640 – praiaartresort.com – Chiuso lunedì e a mezzogiorno

RURIS

PESCE E FRUTTI DI MARE • ACCOGLIENTE Lo chef-patron Natale Pallone mostra una certa predilezione per il pesce. Non potrebbe essere diversamente, perché sebbene leggermente all'interno rispetto alla costa, in un'atmosfera di fatto rurale, siamo pur sempre a due passi dal mare e nell'Area Marina Protetta Capo Rizzuto. In cantina si custodiscono oltre 200 etichette e più di 60 distillati internazionali pregiati.

♿ 🅿 – Prezzo: €€€

Località Mazzotta – ☏ 339 737 2712 – ruris.it – Chiuso a mezzogiorno da lunedì a sabato

ISOLA DOVARESE

✉ 26031 – Cremona (CR) – Carta regionale n° **4**–C3

CAFFÈ LA CREPA

Chef: Federico Malinverno

LOMBARDA • VINTAGE Affacciato su una scenografica piazza rinascimentale, il caffè risale al primo Ottocento, poco più tarda la trattoria. Oggi vi invita ad un nostalgico viaggio dal Risorgimento alla metà del Novecento, passando per il Liberty. Insomma, un posto del cuore, ma anche del palato: la ricerca dei migliori prodotti del territorio si accompagna a un'eccellente esecuzione di ricette tradizionali, piene di gusto e di sapori (trippa, tortelli, lumache...). E se desiderate portarvi a casa un ricordo gastronomico o enologico c'è anche una bottega con rivendita.

❀ *L'impegno dello chef:* Le mani affondano nel suolo dell'orto e della vigna di proprietà, il cui vino si inserisce in una carta attenta alle produzioni bio. Le materie prime a km 0 del proprio orto sono completate da fornitori della zona. La visione di turismo sostenibile globale comprende, tra molte altre attività, il service point per le biciclette.

🏦 🚏 ♿ – Prezzo: €€

Piazza Matteotti 14 – ☎ 0375 396161 – caffelacrepa.it – Chiuso lunedì e martedì

ISOLA SANT'ANTONIO

✉ 15050 – Alessandria (AL) – Carta regionale n° **1**–C2

DA MANUELA

DEL TERRITORIO • TRATTORIA Le proposte del basso Piemonte e della Lomellina si arricchiscono di pesci d'acqua dolce, mentre sempre presenti restano le rane. Per i più golosi c'è un fornitissimo carrello dei formaggi. Buona anche la selezione enoica.

🏦 🚗🅿 🚏 🅿 – Prezzo: €€

Località Capraglia – ☎ 0131 857177 – ristorantedamanuela.it – Chiuso lunedì

ISSENGO

✉ 39030 – Bolzano (BZ) – Carta regionale n° **6**–B1

TANZER

CREATIVA • ROMANTICO Proprio sotto il campanile della piccola frazione, due romantiche stube del 1600, dove la famiglia intera vi accoglierà e vi accompagnerà in un percorso di piatti regionali, moderni e fantasiosi.

🚗🅿 🚏 ♿🅿 – Prezzo: €€€

Via del Paese 1 – ☎ 0474 565366 – tanzer.it – Chiuso lunedì-mercoledì

IVREA

✉ 10015 – Torino (TO) – Carta regionale n° **1**–B2

LA MUGNAIA

MODERNA • CONTESTO CONTEMPORANEO Piacevole locale nascosto in una viuzza del centro, dallo stile contemporaneo sotto antiche volte di mattoni . È qui che lo chef patron Marco Rossi, appassionato e professionale, propone una linea di cucina moderna, attenta all'estetica, in cui convivono i sapori del territorio con aperture mediterranee. Non manca il pesce e un orto didattico di proprietà.

🚏 ♿ – Prezzo: €€

Via Arduino 53 – ☎ 0125 40530 – mugnaia.com – Chiuso lunedì

JESOLO

✉ 30016 – Venezia (VE) – Carta regionale n° **8**-C2

DA GUIDO

PESCE E FRUTTI DI MARE • ELEGANTE La storia comincia nel 1967, quando Guido e Giovanna Fasan, tuttora presente in sala, si conoscono in Germania e tornando in Italia si stabiliscono qui nei primi anni '90. Se il bianco è il colore dominante delle sale di tono elegantemente contemporaneo, sulla tavola il riflettore è puntato su appetitosi piatti di mare, la cui specialità è la cottura alla griglia. L'atmosfera diventa romantica nel giardino, che d'estate si trasforma in accogliente garden bar. Insieme ad altri ristoratori veneziani, i Fasan gestiscono un orto, condotto con criteri di agricoltura sostenibile, sull'isola veneziana di Sant'Erasmo.

🕸 🏠 ᕀ Ⓜ 🏠 **🄿** – Prezzo: €€€

Via Roma Sinistra 25 – ℰ 0421 350380 – ristorantedaguido.com – Chiuso lunedì e martedì a mezzogiorno

LABICO

✉ 00030 – Roma (RM) – Carta regionale n° **12**-B2

ANTONELLO COLONNA LABICO

Chef: Antonello Colonna

ITALIANA CONTEMPORANEA • MINIMALISTA Sofisticato indirizzo dal grande impatto scenico, il ristorante è un'originale e avveniristica struttura immersa nella campagna di Vallefredda. All'interno l'ambiente austero e moderno crea un'atmosfera da museo contemporaneo, mentre all'esterno, nella bella stagione, si ha quella sensazione da gita fuori porta che vale la sosta, magari in una delle camere del resort, per un soggiorno gourmet in totale relax. La cucina proposta da chef Colonna è di base classica, ma personalizzata con accostamenti talvolta inusuali, il cui filo conduttore è sempre la qualità della materia prima e una tecnica precisa per esaltarla al meglio.

⬭ 🏠 ᕀ Ⓜ 🏠 ⇔ **🄿** – Prezzo: €€€€

Via di Valle Fredda 52 – ℰ 06 951 0032 – antonellocolonna.it – Chiuso lunedì e domenica sera

LADISPOLI

✉ 00055 – Roma (RM) – Carta regionale n° **12**-A2

THE CESAR

CLASSICA • ELEGANTE La terrazza è romanticamente affacciata sulla distesa blu del mar Tirreno, mentre la sala interna garantisce la stessa eleganza che contraddistingue il lussuoso albergo Posta Vecchia in cui ci si trova. La cucina è di stampo classico, legata al territorio e dallo stile fortemente mediterraneo.

⬭ 🏠 Ⓜ 🏠 **🄿** – Prezzo: €€€

Località Palo Laziale – ℰ 06 994 9501 – postavecchiahotel.com

LAGUNDO

✉ 39022 – Bolzano (BZ) – Carta regionale n° **6**-A1

LUISL STUBE

Chef: Luis Haller

CREATIVA • ROMANTICO In una caratteristica dimora del 1500, lo Schlosswirt Forst (questo il nome dell'intero complesso), troverete un ristorante tradizionale, le camere e la Luisl Stube: gioiello per palati gourmet con pochissimi coperti, alloggiata all'interno di una romantica Stube storica, un involucro di legno con decorazioni tradizionali che vi porterà indietro nel tempo. Ma dalla cucina vi arriverà una sferzata più

contemporanea: ai fornelli Luis Haller, grande appassionato e ricercatore di prodotti del territorio, che combina con ingredienti più esotici o di mare. Il vino, lungi dall'essere un mero contorno, è una presenza di grande importanza, grazie agli ottimi consigli del bravo sommelier, a cui vi suggeriamo di affidarvi per scovare i migliori abbinamenti.
&& & 🅿 – Prezzo: €€€€

Via Venosta 4 – ☏ 0473 260350 – schlosswirt-forst.it – Chiuso martedì e mercoledì a mezzogiorno

BLAUE TRAUBE 🆕

MODERNA • FAMILIARE L'antichissimo ristorante "Uva blu", il cui nome pare circolasse già nel Seicento, è ripartito a nuova vita nel 2019 con la gestione del giovane Christoph Huber, che mette a frutto le mirabili esperienze fatte in ristoranti pluristellati. I suoi piatti omaggiano ingredienti e ricette sudtirolesi ma sempre con una chiave di lettura moderna. Gli ospiti vengono accolti in un area lounge per gustare l'aperitivo, quindi accompagnati al tavolo dove viene loro servito il menu degustazione elaborato dallo chef, anche in versione vegetariana.
🍽 ⟷ – Prezzo: €€€€

Strada Vecchia 44 – ☏ 0473 447103 – blauetraube.it – Chiuso lunedì, domenica e a mezzogiorno

OBERLECHNER

REGIONALE • CONTESTO TRADIZIONALE Da Merano si sale fino a mille metri di altitudine, dove lo sguardo abbraccia città e monti in un panorama mozzafiato. La carta si basa soprattutto su ingredienti locali cucinati con precisione e senza troppi svolazzi creativi, il brasato di manzo con salsa al Lagrein (con verdure e riso) ne è un esempio significativo: piatto succulento, goloso e generoso. La vista si offre anche dalle belle camere, tutte con balcone.
⟵ 🛏 🍽 ⟷ 🅿 – Prezzo: €€

Località Velloi 7 – ☏ 0473 448350 – gasthofoberlechner.com – Chiuso mercoledì

LAIGUEGLIA

✉ 17053 – Savona (SV) – Carta regionale n° **10**–B2

SAVÔ 🆕

ITALIANA CONTEMPORANEA • DESIGN La riapertura nel 2022 dell'albergo Windsor, con il suo design dal romantico richiamo vintage, rappresenta una bella sferzata per Laigueglia, soprattutto per la novità del ristorante gourmet, il Savô ("sapore" in dialetto ligure). Nella sala interna contemporanea, o meglio ancora nel dehors vista spiaggia e mare, la cucina è moderna, impostata su ingredienti regionali e stagionali, con molto pesce, ma anche un piatto di terra per ogni portata. Il tutto si accompagna ai vini della carta oppure ai cocktail del grazioso Windsor Bar.
⟵ & 🅰 🍽 – Prezzo: €€€

Piazza XXV Aprile 8 – ☏ 0182 038029 – thewindsor.it

LAINATE

✉ 20045 – Milano (MI) – Carta regionale n° **5**–A2

LA CORTE GOURMET 🆕

ITALIANA • ACCOGLIENTE Interessante scelta di vini con tante possibilità al calice, servizio brillante in ambienti tra il classico ed il contemporaneo, nonché la rassicurante cucina di Roberto Bottini: lo chef-patron propone un menu a base stagionale dove affianca classici come la battuta di fassona e la cotoletta milanese di vitello cotta nel burro a paste intriganti e piatti al tartufo (in stagione). Piacevole l'opportunità di un pasto nella champagneria, attorniati da mattoni a vista e bottiglie attentamente selezionate da Antonella, anima del locale.

😵 Ⓜ️ ⇔ – Prezzo: €€
Piazza Angelo Borroni 1 – 𝒞 333 498 3847 – lacortegourmet.com

LALLIO

✉ 24040 – Bergamo (BG) – Carta regionale n° **5**–C1

BOLLE

MODERNA • CONTESTO CONTEMPORANEO Siamo nello showroom di Agnelli, nota casa di pentole per cucine professionali. Se al pianterreno trova posto il moderno negozio, al primo piano la musica cambia, con una decina di tavoli eleganti in un curato ambiente minimalista e contemporaneo. La cucina è nelle mani di un giovane cuoco bergamasco, con ottime esperienze anche all'estero, che sforna piatti ricchi di equilibrio nei loro ingredienti, talvolta anche esotici: fantasia nelle ideazioni e sapore al palato.
&. Ⓜ️ 🅿️ – Prezzo: €€€
Via Provinciale 30 – 𝒞 035 090 0208 – bollerestaurant.com – Chiuso lunedì e domenica

LAMA MOCOGNO

✉ 41023 – Modena (MO) – Carta regionale n° **9**–B2

VECCHIA LAMA

EMILIANA • SEMPLICE Cordialità e ospitalità sono le padrone di casa, insieme ad un'ottima cucina di sola carne con specialità emiliane e montane, nonché tartufi in stagione. D'estate si pranza sulla terrazza affacciata sul giardino. Sara Ori, figlia del patron, si occupa con grazia e competenza di sala e selezione enoica.
🍴 ⇔ – Prezzo: €
Via XXIV Maggio 24 – 𝒞 0536 44662 – ristorantevecchialama.it

LAMEZIA TERME

✉ 88046 – Catanzaro (CZ) – Carta regionale n° **19**–A2

LUIGI LEPORE

Chef: Luigi Lepore
CREATIVA • CONTESTO CONTEMPORANEO Se all'esterno passa quasi inosservato, aperta la porta si schiude un mondo di eleganza moderna dallo stile vagamente scandinavo: una piccola bomboniera gastronomica in un palazzo ottocentesco a Nicastro, nel centro storico di Lamezia. Lo chef-patron è rientrato nell'amata Calabria dopo ottime esperienze maturate fra Italia e Francia. Tecnica e precisione sono messe al servizio dei migliori ingredienti della regione per dar vita a piatti dai decisi sapori contemporanei con ben gestite punte di amaro ed acido, nonché un intrigante utilizzo degli agrumi. Non c'è carta: tre sono i menu degustazione: Origini (5 portate) e A Mano Libera (che si sdoppia in 7 o 9 portate). La piacevole accoglienza è affidata al sorriso di Stefania, sorella dello chef, che coordina la sala e illustra le creazioni gastronomiche del fratello.
&. Ⓜ️ – Prezzo: €€€
Via Ubaldo de' Medici 50 – 𝒞 0968 407639 – luigilepore.it – Chiuso lunedì, a mezzogiorno da martedì a sabato e domenica sera

LAMPEDUSA – Agrigento (AG) ➔ Vedere Sicilia in fondo alla Guida

LA MORRA

 12064 – Cuneo (CN) – Carta regionale n° **2**–A2

🏵 MASSIMO CAMIA

Chef: Massimo Camia

MODERNA • AMBIENTE CLASSICO In una sala dall'atmosfera e dagli arredi moderni, l'attenzione è rapita dalle ampie finestre affacciate sulle colline e il paese della Morra. La cucina propone piatti divenuti ormai classici del suo repertorio, a cui se ne aggiungono altri di ricerca e qualcuno di pesce. Notevole anche l'ottima selezione di formaggi piemontesi, nonché, nella carta dei vini, la vasta selezione di baroli.

&& 🅺 🈐 🅿 – Prezzo: €€€

SP3 Alba-Barolo 122 – ☏ 0173 56355 – massimocamia.it – Chiuso martedì e mercoledì

COLTIVARE 🔘

Chef: Luca Zecchin

PIEMONTESE • CONTESTO CONTEMPORANEO Accanto all'azienda vinicola Brandini è nato questo piccolo relais, che affida i fornelli allo chef Luca Zecchin, grande conoscitore dei sapori delle Langhe e tra gli ultimi discepoli della "regina" della cucina piemontese, Lidia Alciati. È dal territorio che provengono quasi tutti gli ingredienti utilizzati, in parte prodotti in proprio, come nel caso delle verdure dell'orto e delle uova. I piatti si dividono tra quelli della memoria, veri e propri omaggi alla tradizione (non si possono non assaggiare i plin), e alcune ricette più personali dello chef, in cui emerge anche un certo utilizzo della brace. Quest'ultima si estende anche a un dolce: il pane e cioccolato, che si arricchisce di note affumicate. La carta dei vini mostra lo stesso grande affetto per il Piemonte, oltre che per gli Champagne.

🌱 *L'impegno dello chef:* Si coltiva una filosofia di rispetto e salvaguardia del territorio in questo nuovo ristorante ospitato all'interno dell'azienda vinicola Brandini, biologica già dal 2011. Nella serra germogliano i semi delle verdure scelte personalmente dallo chef, che poi passano nell'orto biologico. Nel pollaio vivono 10 galline ovaiole alimentate naturalmente. L'impegno verso la sostenibilità traspare chiaramente nell'accoglienza e nel menu incentrato unicamente sul territorio.

🛏️ 🅚 🅿 – Prezzo: €€€

Borgata Brandini 16 – ☏ 0173 328231 – coltivarerelais.it – Chiuso lunedì e martedì

OSTERIA ARBORINA 🔘

MODERNA • CONTESTO CONTEMPORANEO L'Arborina Relais è davvero un bel posto, moderno, raffinato ed elegante, eppure vi si verrà soprattutto per la sua cucina intrigante, una cucina che mette in mostra tecnica e diversi passaggi in ogni ricetta. L'ispirazione parte dal Piemonte ma si allarga a citazioni italiane: il nuovo chef napoletano Fernando Tommaso Forino si diverte saltuariamente a giocare con piccoli inserimenti della sua terra, come per le rape rosse alla scapece adagiate sopra al cervo marinato alle rape e accompagnate da un maritozzo salato con farcia di civet di cervo e panna alla cipolla caramellata. L'idea alla base di tutta la carta è il no waste: tutte le parti degli ingredienti sono utilizzate al 100%, senza tralasciare la lisca dei pesci. The Lab è invece il bistrot (aperto anche pranzo) per una cucina più vicina alla tradizione.

🈐 ✥ – Prezzo: €€€

Località Annunziata 27/b – ☏ 0173 500340 – arborinarelais.it – Chiuso lunedì e martedì

OSTERIA VEGLIO

PIEMONTESE • CONTESTO REGIONALE Senza tovagliato e con una sala molto minimalista, la casa costruita negli anni Venti sa di tradizione e di Piemonte, come la cucina - gustosa e avvolgente - che vi racconterà i sapori gastronomici delle Langhe con qualche inserimento di pesce. Nella bella stagione, ci si trasferisce in terrazza, affacciati su vigneti e colline.

≼🖈💠🅿 – Prezzo: €

Località Annunziata 9 – 𝒞 0173 509341 – osteriaveglio.it – Chiuso lunedì e domenica e la sera da martedì a giovedì

LAMPORECCHIO

✉ 51035 – Pistoia (PT) – Carta regionale n° **11**–C1

❀ **ATMAN A VILLA ROSPIGLIOSI**

Chef: Marco Cahssai

CREATIVA • **CONTESTO STORICO** Si salgono le colline fra curve ed ulivi fino al colpo d'occhio mozzafiato finale: la spettacolare villa seicentesca disegnata dal Bernini. Poi, attraverso una successione di sale d'epoca, si viene accompagnati al ristorante, dove ci attende un'altra sorpresa: ambienti moderni con elementi di design e alcuni tavoli che si affacciano sulla cucina a vista, quasi un palcoscenico. Il misterioso nome – Atman – proviene da un termine sanscrito che racchiude significati profondi quali essenza e soffio vitale, ai quali si ispira lo chef Marco Cahssai. Nel singolo, ampissimo menu degustazione ci si può muovere con libertà, optando per diverse lunghezze dello stesso oppure ordinando i piatti preferiti come fossero à la carte. La fantasia e la creatività del bravissimo chef gli permettono di mettere in comunicazione gli ingredienti del territorio con elementi più esotici e lontani. Ottima la cantina, seguita da un competente sommelier che costruisce eccellenti wine pairing.

🕮 ⇛🄼💠🅿 – Prezzo: €€€

Via Borghetto 1, loc. Spicchio – 𝒞 0573 803432 – atmanavillarospigliosi.it – Chiuso lunedì e a mezzogiorno

LANCENIGO

✉ 31020 – Treviso (TV) – Carta regionale n° **8**–C2

❀ **VITE**

CONTEMPORANEA • **DESIGN** All'interno di TAD (Treviso Arts District), concept store di design, si è insediato Vite (Vision Inspired Through Emotions) del giovane Simone Selva, friulano di origine ma in Veneto da diverso tempo. La sua è una cucina di recupero delle tradizioni in chiave moderna, con uno stile riconoscibile nella ricerca di una sapidità sempre equilibrata. Due menu degustazione: La Marca e Frût, rispettivamente di carne e di pesce, oltre a Green Pow, un menu vegetale su prenotazione. Se si opta per il percorso a sorpresa di 10 portate " I'm a pickle, Morty!" (omaggio alla serie Rick and Morty) è possibile estrapolare anche solo alcuni piatti, mentre a pranzo la sosta sarà più veloce con un menu ad hoc.

🕭🄼💠🅿 – Prezzo: €€€

Viale della Repubblica 3 – 𝒞 375 564 4295 – tadtreviso.com/vite – Chiuso lunedì e martedì e domenica sera

LAPIO

✉ 36057 – Vicenza (VI) – Carta regionale n° **8**–B3

☺ **TRATTORIA DA ZAMBONI**

CLASSICA • **ACCOGLIENTE** In un imponente palazzo d'epoca, le sobrie sale al primo piano quasi si fanno da parte per dare spazio al panorama sui colli Berici, mentre la cucina, tradizionale e rivisitata al tempo stesso, ha la forza di 50 anni di storia. Molto valida anche la selezione di bottiglie, per cui gli appassionati chiederanno la carta completa per sbizzarrirsi.

🕮 ≼🕭🄼🖈💠🅿 – Prezzo: €

Via Santa Croce 73 – 𝒞 0444 273079 – trattoriazamboni.it – Chiuso lunedì e martedì

LATINA

✉ 04010 – Latina (LT) – Carta regionale n° **12**–B2

IL FUNGHETTO

PESCE E FRUTTI DI MARE • AMBIENTE CLASSICO A pochi minuti di macchina dalle spiagge, un ristorante dove le specialità ittiche sono le regine del menu. Lo chef patron Michele Lombardi (seconda generazione dal 1973) saprà consigliarvi al meglio anche per quanto concerne la scelta enoica, con una panoramica sull'Italia e non solo. In una sala accogliente o sotto un fresco pergolato in estate.

⅋ 🛬🏠🅿 – Prezzo: €€

Strada Litoranea 11412, loc. Borgo Grappa – ☏ 0773 208009 – ristoranteilfunghetto.it – Chiuso lunedì e domenica sera

LAVARIANO

✉ 33050 – Udine (UD) – Carta regionale n° **7**–B2

AB OSTERIA CONTEMPORANEA

MODERNA • DI QUARTIERE Un piccolo borgo a pochi chilometri da Udine è il palcoscenico di una cucina moderna ricca di spunti locali e molta personalità. Negli spazi rinnovati con estro convivono due anime: una più conviviale all'ingresso, l'altra decisamente formale. C'è anche un ampio dehors, ideale per la bella stagione.

♿🆒🏠 – Prezzo: €€

Via Aquileia 5 – ☏ 0432 184 4110 – abcontempo.it – Chiuso lunedì e martedì

LAVELLO

✉ 85024 – Potenza (PZ) – Carta regionale n° **18**–A1

🍀 DON ALFONSO 1890 SAN BARBATO

CREATIVA • LUSSO Se la consulenza è quella della famiglia Iaccarino, artefice della grande ristorazione mediterranea a Sant'Agata sui Due Golfi e di cui qui troverete riproposti alcuni piatti, bisogna tuttavia rendere onore al merito e al talento del cuoco Donato De Leonardis. La sua è una cucina pienamente riuscita, che spazia con abilità da citazioni lucane a spunti orientali e mantiene equilibrio e armonia, senza mai deragliare, anche nei piatti più originali. Il tutto si svolge al primo piano del San Barbato Resort, un albergo lussuoso, molto impegnato nella gestione sostenibile delle risorse ambientali. La sala è moderna e spaziosa, affacciata sulla fontana illuminata del giardino.

♿🆒🏠🅿 – Prezzo: €€€

SS 93, km 56,300 – ☏ 0972 816011 – sanbarbatoresort.com – Chiuso lunedì, domenica e a mezzogiorno

FORENTUM

DEL TERRITORIO • FAMILIARE Nel centro storico, ristorante rustico e familiare dove si serve una cucina locale alimentata anche dai prodotti del proprio orto. Affascinante la sala all'interno di una grotta naturale di antica origine. Semplici, ma ben attrezzate camere come albergo diffuso tutt'intorno.

🆒🏠 – Prezzo: €

Piazza Plebiscito 16 – ☏ 0972 85147 – forentum.it – Chiuso lunedì a mezzogiorno

LAVENO

✉ 21014 – Varese (VA) – Carta regionale n° **4**–A2

✿ LA TAVOLA

Chef: Riccardo Bassetti

ITALIANA CONTEMPORANEA • AMBIENTE CLASSICO I piatti di Riccardo Bassetti si basano sull'equilibrio e su un'armonia di sapori, profumi e consistenze che esaltano tutto ciò che lo chef ha imparato nelle sue esperienze internazionali. Sono piatti moderni ma rispettosi della tradizione del Bel Paese e, soprattutto, del suo lago e delle sue montagne. Nella sua cucina raffinata ed estrosa, lo chef è a suo agio con tutte le materie prime: pesce di mare o di lago e carne. L'imperdibile appuntamento è sulla terrazza, costruita proprio sull'acqua, con la vista che spazia sulla distesa blu. Scelta enoica molto interessante che abbraccia tutto il mondo.

🏵 ⩽ 🏠 🅿 – Prezzo: €€€€

Via Fortino 40 – ☏ 0332 667257 – ilporticciolo.com – Chiuso martedì e mercoledì

LECCE

✉ 73100 – Lecce (LE) – Carta regionale n° **16**–D3

✿ BROS'

Chef: Floriano Pellegrino e Isabella Potì

CREATIVA • MINIMALISTA Bros' è sinonimo di spirito libero e giovanile, di creatività e di immagine sorretta da qualità: Floriano Pellegrino e Isabella Potì di energia ne hanno da vendere e la usano al meglio nei due menu degustazione da 20 o 25 passi (attenzione, non c'è più la carta) che possono essere "rintracciati" anticipatamente attraverso un QR code. Al tavolo giungono un bel numero di assaggi innovativi e sorprendenti – parecchi dei quali rifiniti con teatralità direttamente in sala – sino alla conclusione del pasto con un dessert di alto livello, campo in cui eccelle Isabella Potì. Gli ospiti sono condotti senza alcun filtro e con sottofondo musicale up-to-date nel mondo gastronomico e personale dei due intriganti chef. Interessante carta dei vini che elenca produzioni anche biologiche e biodinamiche e ottimo servizio.

🕭 🔠 – Prezzo: €€€€

Via degli Acaja 2 – ☏ 351 661 5513 – pellegrinobrothers.it – Chiuso lunedì e martedì

✿ PRIMO RESTAURANT

MEDITERRANEA • INTIMO Pochissimi tavoli in una sala altrettanto piccola e dal caratteristico soffitto a stella in pietra leccese, con la sorpresa del servizio all'aperto a lume di candela: questo è Primo Restaurant, ovvero il luogo dove Solaika Marrocco, classe 1995, nata nella non lontana Gallipoli, esprime la sua personalità di cuoca moderna in piatti belli per la vista, squisiti per il palato. A dispetto della giovanissima età, la chef è già in grado di proporre una cucina di raffinata ed elegante semplicità, mai banale, dove del Salento e della Puglia si citano spesso alcuni ingredienti (particolare predilezione per il pomodoro!), nonché le ricette più antiche e tradizionali che Solaika si diverte a reinventare con uno stile decisamente contemporaneo e originale, se non addirittura audace. Tanta ottima Puglia anche nella carta dei vini con qualche incursione negli Champagne e nelle bollicine italiane.

🔠 🏠 – Prezzo: €€€€

Via 47° Reggimento Fanteria 7 – ☏ 0832 243802 – primorestaurant.it – Chiuso martedì e a mezzogiorno tranne domenica

DUO RISTORANTE

MODERNA • CONTESTO CONTEMPORANEO Intimo e raffinato, è il ristorante ideale per serate gourmet e romantiche a luce soffusa. Il cuoco Fabiano Viva propone vari menu, ma lascia poi liberi gli ospiti di incrociare i piatti secondo i propri gusti. Le ricette, costituite da ingredienti spesso pugliesi, sono per lo più creative e si parte sempre con la generosa sorpresa di numerosi appetizer.

🕮 – Prezzo: €€€

Via Giuseppe Garibaldi 11 – ℰ 0832 520956 – ristoranteduo.it – Chiuso mercoledì e a mezzogiorno

GIMMI RESTAURANT ⓝ

CONTEMPORANEA • MINIMALISTA L'edificio è un ex convento domenicano risalente al 1442, che ospita anche un boutique hotel. Il ristorante è, invece, decisamente moderno e arredato in stile minimalista: pavimento chiaro, possenti colonne in pietra, volte a crociera e sala con vista sulla vetrina dei vini. Il servizio è molto efficiente, attento e cordiale, e la cucina raggiunge alti livelli. Tra le specialità più consigliate ci sono i Capelli d'angelo Benedetto Cavalieri con canocchie, spaghetto di alghe, zafferano del Galateo, sedano e peperone.

🕭 🕮 🛋 ⇆ – Prezzo: €€€

Via San Pietro in Lama 23 – ℰ 0832 700920 – chiostrodeidomenicani.it/ristorante – Chiuso a mezzogiorno lunedì, mercoledì, giovedì, venerdì, sabato

LECCO

✉ 23900 – Sondrio (SO) – Carta regionale n° **5**–B1

NICOLIN

MODERNA • ELEGANTE Gestito dalla stessa famiglia da oltre trent'anni, ma totalmente rinnovato in tempi recenti, ristorante con proposte tradizionali affiancate da piatti più fantasiosi; bella cantina visitabile e ricca di etichette di pregio, nonché servizio estivo in terrazza.

🕭 🕮 🛋 ⇆ 🅿 – Prezzo: €€

Via Paisiello 4, loc. Maggianico – ℰ 0341 422122 – ristorantenicolin.it – Chiuso martedì e domenica sera

LEGNANO

✉ 20025 – Milano (MI) – Carta regionale n° **5**–A2

KOINÈ

MODERNA • CONTESTO CONTEMPORANEO Che siate nella moderna sala interna o, con il bel tempo, nella piccola corte di questo palazzo centrale, Alberto Buratti vi proporrà una serie di menù degustazione con qualche piatto estraibile alla carta. La sua cucina è un mix di piatti locali (tra cui i classici risotto e costoletta alla milanese) e proposte più creative, anche vegetariane.

🕮 🛋 ⇆ – Prezzo: €€€

Vicolo Filippo Corridoni 2/c – ℰ 0331 599384 – koinerestaurant.com – Chiuso martedì

LERICI

✉ 19032 – La Spezia (SP) – Carta regionale n° **10**–D2

IL FICO TRENTACAREGHE

PESCE E FRUTTI DI MARE • AMBIENTE CLASSICO Lungo una delle strade costiere più belle della zona, preceduto da un grazioso giardino di ulivi, è proprio la vista uno dei punti di forza del ristorante, che si apprezza da alcuni tavoli della sala e ancor più dalla terrazza estiva. Naturalmente insieme alla cucina: un omaggio ai prodotti del mare, sovente con richiami alle tradizioni liguri.

⇜ 🕮 🛋 🅿 – Prezzo: €€

Località Fiascherino – ℰ 0187 304242 – ilficotrentacareghe.com

LESA

✉ 28040 – Novara (NO) – Carta regionale n° **1**-C1

BATTIPALO

MODERNA • CONVIVIALE Un locale raccolto e d'atmosfera per una sosta romantica a bordo lago. Atmosfera rilassante per una cucina italiana e di lago rivisitata talvolta in chiave più contemporanea. Pochi manierismi e ottima sostanza con utilizzo di buone materie prime.

🅰🅲 🍴 – Prezzo: €€

Viale Vittorio Veneto 2 – ☏ 0322 76069 – battipalolesa.it – Chiuso lunedì e a mezzogiorno da martedì a giovedì

LESINA

✉ 71010 – Foggia (FG) – Carta regionale n° **16**-A1

🐸 **LE ANTICHE SERE**

MODERNA • INTIMO Piccolo locale di fronte al lago di Lesina, dove tutto ruota attorno alla professionalità ed esperienza dello chef-titolare, che effettua una bella ricerca sui prodotti lagunari, pesci ed erbe aromatiche, producendo in proprio la bottarga di muggine. Sapori del territorio, quindi, cucinati e serviti con tocco moderno.

🅰🅲 🍴 – Prezzo: €

Via P. Micca 22 – ☏ 0882 991942 – leantichesere.it – Chiuso lunedì e domenica sera

LEVANTO

✉ 19015 – La Spezia (SP) – Carta regionale n° **10**-D2

ANTICA TRATTORIA CENTRO

PESCE E FRUTTI DI MARE • FAMILIARE Nel cuore di Levanto e a pochi passi dal mare, gestione quasi ventennale per una trattoria che propone una tradizionale cucina di mare con qualche piatto anche di terra. Ambiente famigliare con un buon servizio; i pochi tavolini nel piccolo dehors vanno prenotati con largo anticipo.

♿ 🅰🅲 – Prezzo: €€

Corso Italia 25 – ☏ 0187 808157 – Chiuso martedì

LA SOSTA DI OTTONE III

LIGURE • ACCOGLIENTE Non proprio dietro l'angolo, fatevi consigliare il percorso alla prenotazione, lasciate l'auto nel parcheggio privato all'inizio del paese e da qui proseguite a piedi sino alla sommità, nella pittoresca cornice di un tipico paesino dell'entroterra ligure, ma con ancora uno scorcio di mare sullo sfondo. Col bel tempo, si mangia sotto un glicine. La cucina propone una scelta ristretta di piatti regionali e anche la carta dei vini è dedicata alla Liguria.

🐸 ⛲ 🅰🅲 🍴 🅿 – Prezzo: €€

Località Chiesanuova 39 – ☏ 0187 814502 – lasosta.com – Chiuso a mezzogiorno

LEVICO TERME

✉ 38056 – Trento (TN) – Carta regionale n° **6**-A2

🐸 **BOIVIN**

REGIONALE • FAMILIARE All'interno di un'antica casa del centro, il locale si basa sulla personalità e le idee dello chef-patron Riccardo Bosco, che mixa con originalità tradizione e ingredienti trentini con inserti provenienti dal mondo intero, come, ad esempio, il kimchi coreano o la tecnica orientale di cottura tataki. La carta dei vini è in gran parte dedicata al territorio.

🛋 ♻ – Prezzo: €€

Via Garibaldi 9 – ☎ 0461 701670 – boivin.it – Chiuso lunedì e a mezzogiorno da martedì a venerdì

LEVIZZANO RANGONE

✉ 41014 – Modena (MO) – Carta regionale n° **9**–B2

OPERA|02

EMILIANA • DESIGN Azienda agricola, camere, spa, bistrot e... ristorante gourmet! La proposta verte sul territorio e gioca con la creatività dello chef, con due menu degustazioni che possono essere modulati. Da non perdere il soufflé al cioccolato con gelato alla nocciola e salsa al caramello. I prodotti della azienda posso essere acquistati.

🡸 🛋 ♿ 🅰 🛋 ♻ 🅿 – Prezzo: €€€

Via Medusia 32 – ☎ 059 741019 – opera02.it

LEZZENO

✉ 22025 – Como (CO) – Carta regionale n° **4**–A2

FILO

ITALIANA CONTEMPORANEA • INTIMO Dalla splendida posizione sul lago la vista raggiunge la costa opposta, l'isola Comacina e Villa Balbianello. L'esperienza non si esaurisce qui, ma continua con la cucina, che con le proposte moderne di un giovane chef campano spazia in tutto lo Stivale, a cominciare dagli stuzzichini iniziali per finire con i dolcetti abbinati al caffè. Ricette sofisticate, ma mai complicate, con la possibilità di scelta tra menu degustazione e carta. È il gusto italiano con i suoi sapori a conquistare il palato, a cui si aggiungono belle presentazioni che appagano il senso estetico.

🡸 🅰 🛋 – Prezzo: €€€

SP 583, loc. Bagnana 96 – ☎ 031 537 5101 – ristorantefilo.it

LICATA – Agrigento (AG) ➜ Vedere Sicilia in fondo alla Guida

LIDO DI CAMAIORE

✉ 55041 – Lucca (LU) – Carta regionale n° **11**–B1

IL MERLO

MEDITERRANEA • CONTESTO CONTEMPORANEO Location direttamente sulla spiaggia con una sala accogliente e dall'eleganza contemporanea; i piatti prediligono il pesce, ma vi sono anche stuzzicanti ricette di carne.

♿ 🅰 🛋 🅿 – Prezzo: €€€

Via Bernardini 660 – ☎ 0584 166 0839 – ilmerlocamaiore.it – Chiuso martedì e mercoledì a mezzogiorno

LIDO DI JESOLO

✉ 30016 – Venezia (VE) – Carta regionale n° **8**–C2

DA OMAR

PESCE E FRUTTI DI MARE • ACCOGLIENTE Affacciato sul passeggio della zona centrale, Omar è il ritrovo degli appassionati di pesce fresco che non amano elaborazioni eccessive, ma prediligono la fragranza dei sapori: qui trovano un porto di sicura qualità.

🅰 🛋 – Prezzo: €€€€

Via Dante Alighieri 21 – ☎ 0421 93685 – ristorantedaomar.com – Chiuso mercoledì

LIDO DI SAVIO

✉ 48125 – Ravenna (RA) – Carta regionale n° **9**–D2

SALSEDINE367

PESCE E FRUTTI DI MARE • **STILE MEDITERRANEO** Sulla spiaggia, il ristorante svolge anche la funzione di lido, si mangia quindi sempre all'aperto gustando una cucina fantasiosa e personalizzata che fa della bontà delle materie prime uno dei suoi tratti fondamentali, ma non l'unico! Degustazione alla cieca secondo l'estro dello chef o scelta à la carte ben variegata con porzioni anche generose.

🍴 – Prezzo: €€

Via Marradi 11 – 𝄞 0544 949400 – salsedine367.it – Chiuso mercoledì sera

LIGNANO SABBIADORO

✉ 33054 – Udine (UD) – Carta regionale n° **7**–B3

RUEDA GAUCHA

GRIGLIA • **CONTESTO TRADIZIONALE** Due sono le specialità per cui il ristorante si è ritagliato una giustificata nomea: l'ampio assortimento di prosciutti, a cominciare naturalmente dai celebri friulani ma non solo, e la cottura alla griglia, di pesce ma soprattutto carni, con un vasto assortimento di razze e provenienze.

🍴 – Prezzo: €€

Viale Europa 18 – 𝄞 0431 70062 – Chiuso mercoledì

LIMITO

✉ 20096 – Milano (MI) – Carta regionale n° **5**–B2

ANTICO ALBERGO

ITALIANA • **CONTESTO TRADIZIONALE** Gli ambienti di questo noto ristorante rimandano alle origini settecentesche dell'edificio, un'atmosfera accogliente sotto soffitti di travi e mattoni a vista, mentre nella bella stagione ci si può accomodare nel gradevole dehors ombreggiato dal glicine. La cucina è decisamente classica, di terra e di mare, con alcune specialità lombarde sempre presenti.

🅰🅲 🍴 ♿ – Prezzo: €€

Via Dante Alighieri 18 – 𝄞 02 926 6157 – anticoalbergo.it – Chiuso domenica e sabato a mezzogiorno

LIMONE PIEMONTE

✉ 12015 – Cuneo (CN) – Carta regionale n° **1**–B3

OSTERIA IL BAGATTO

MODERNA • **STILE MONTANO** Nel centro della bella località alpina e con un ambiente interamente rivestito in legno da stube vera e propria, una cucina attenta ai dettagli, dove ottime materie prime vengono plasmate dalle abili mani dello chef. La carta propone piatti del territorio, ma non solo: ci sono, infatti, proposte di pesce ed altre d'ispirazione contemporanea.

🍴 – Prezzo: €€

Via XX Settembre 16 – 𝄞 0171 927543 – releven11.it – Chiuso mercoledì e giovedì a mezzogiorno

WHITE

MODERNA • **CHIC** Nel grazioso contesto di Limone Piemonte, il White è il ristorante del lussuoso albergo Fiocco di Neve, che vede ai fornelli uno chef ischitano.

Colori e sapori del sud vanno a braccetto con ingredienti più regionali in una ben concertata sinfonia, a cui si accompagna un'interessante selezione enoica.

🐕 ♿ Ⓜ ⌂ ⇔ – Prezzo: €€

Via Roma 2 – ☎ 0171 926352 – fioccodineverelais.com – Chiuso a mezzogiorno

LIMONE SUL GARDA

✉ 25010 – Brescia (BS) – Carta regionale n° **4**–C2

SENSO ALFIO GHEZZI LAKE GARDA

ITALIANA CONTEMPORANEA • **DESIGN** Nel contesto dell'albergo Eala, raffinato hotel moderno ad una passeggiata dall'incantevole centro storico di Limone, il ristorante Senso ne rappresenta l'offerta gourmet. Pochi tavoli affacciati sul Garda, dove il celebre chef stellato a Rovereto Alfio Ghezzi propone una cucina creativa, ma sovente imperniata sulle risorse del territorio, a partire dai pesci d'acqua dolce.

⇔ ♿ Ⓜ Ⓟ – Prezzo: €€€€

Via IV Novembre 86 – ☎ 0365 954613 – ealalakegarda.com

LINGUAGLOSSA – Catania (CT) ➡ Vedere Sicilia in fondo alla Guida

LIPARI – Messina (ME) ➡ Vedere Sicilia in fondo alla Guida

LIVIGNO

✉ 23041 – Sondrio (SO) – Carta regionale n° **4**–C1

AL PERSEF

MODERNA • **STILE MONTANO** All'interno dell'hotel Sporting, in una sala contemporanea e molto signorile con ampie vetrate sull'esterno, la cucina creativa - a tratti orientaleggiante - riserva grande attenzione alle materie prime della zona. Bella carta dei vini.

⌂ Ⓟ – Prezzo: €€€

Via Saroch 1269 – ☎ 0342 996665 – ristorantealperseflivigno.com – Chiuso lunedì e a mezzogiorno da martedì a domenica

CAMANA VEGLIA

MODERNA • **RUSTICO** Un ristorante che è anche un piccolo museo: i suoi interni, infatti, risalgono all'inizio del '900 e provengono da vecchie baite di Livigno. Davvero particolare è la "Stua Mata" nella quale cenare diventa una vera e propria esperienza polisensoriale. In menu, proposte del territorio, ma con spunti di moderna creatività.

⌂ ⇔ Ⓟ – Prezzo: €€

Via Ostaria 583 – ☎ 0342 996310 – camanaveglia.it – Chiuso a mezzogiorno

KOSMO TASTE THE MOUNTAIN Ⓝ

CONTEMPORANEA • **STILE MONTANO** A pochi passi dal centro e raggiungibile anche dalle piste da sci, ambiente alpino di impronta contemporanea con un'ampia sala a grandi vetrate panoramiche. Oltre ad offrire una cucina sostenibile a base di prodotti di montagna di stagione elaborati con tocco moderno, il locale accontenta gli appassionati di mixology in virtù di cocktail a base di erbe, fiori e semi del territorio.

⌂ – Prezzo: €€€

Via Bondi 473/a – ☎ 346 115 2048 – kosmotastethemountain.com – Chiuso lunedì

LOANO

✉ 17025 – Savona (SV) – Carta regionale n° **10**–B2

BAGATTO

LIGURE • **RUSTICO** Nascosta in un carruggio del centro, in cui per altro si mettono i tavoli all'aperto nella bella stagione, questa è una simpatica trattoria dal particolare soffitto con mattoni a vista: un indirizzo indicato per gli amanti della cucina ligure e, soprattutto, di mare, semplice e classica.

🅰 🍴 – Prezzo: €€

Via Ricciardi 24 – ☎ 019 675844 – Chiuso mercoledì

LODI

✉ 26900 – Cremona (CR) – Carta regionale n° **4**–B3

🕸 ## LA COLDANA ⓝ

CONTEMPORANEA • **CASA DI CAMPAGNA** Una cascina di origini settecentesche nella prima periferia cittadina è il regno di due giovani soci che a poco a poco, grazie anche all'arrivo del giovane chef romano Alessandro Proietti Refrigeri, l'hanno trasformata in un ristorante in cui venire a provare una linea gastronomica di qualità e personalità, con alcuni piatti già definiti iconici. Un esempio? "Rape, radici e vegetali", a base di oltre trenta varietà combinate e preparate in mille modi e da accompagnare, su suggerimento della cucina, con kombucha di malva. Possibilità di scegliere tra tre formule degustazione, una delle quali prevede una selezione a mano libera dello chef.

🍴 ♻ 🅿 – Prezzo: €€€

Cascina Coldana, Via del Costino – ☎ 0371 431742 – lacoldana.it – Chiuso lunedì, martedì e a mezzogiorno mercoledì e giovedì

LOMAZZO

✉ 22074 – Como (CO) – Carta regionale n° **5**–A1

🕸 ## TRATTORIA CONTEMPORANEA

Chef: Davide Marzullo

CREATIVA • **DESIGN** Una giovane brigata capitanata dal talentuoso chef Davide Marzullo sorprende per tecnica e cucina di moderna concezione, dove i piatti si fanno ambasciatori di sapori e abbinamenti sia nazionali che internazionali. A pranzo l'offerta si fa più light, tuttavia si potranno gustare anche le specialità à la carte e i tre menu degustazione da 4-7 portate. La riqualificazione industriale di un ex cotonificio offre una valida cornice a tutta questa energia.

🅰 🍴 – Prezzo: €€€

Via del Ronco 10 – ☎ 02 8089 6040 – trattoriacontemporanea.it – Chiuso domenica, sabato a mezzogiorno e mercoledì sera

LONGIANO

✉ 47020 – Forlì-Cesena (FC) – Carta regionale n° **9**–D2

🕸🕸 ## MAGNOLIA

Chef: Alberto Faccani

CREATIVA • **ELEGANTE** Siamo nel raffinato Relais Villa Margherita, villa di origini settecentesche trasformata in elegante dimora con solo sei camere, parco, piscina e naturalmente il ristorante Magnolia, meta gourmet dove brillano le due stelle di Alberto Faccani. La proposta prevede due menu degustazione (ma con piatti estraibili alla carta), uno dedicato ai suoi classici, l'altro ai nuovi piatti di uno chef tanto bravo quanto instancabile nel ricercare ed evolversi. La sua cucina è una sintesi complessa e sofisticata di percorsi ed ingredienti eterogenei, che portano ad un gusto pieno, avvolgente e appagante.

🐝 ⌨ & 🅰 🍴 🅿 – Prezzo: €€€€

Via Pelliciano 37, loc. Montilgallo – ℰ 0547 81598 – magnoliaristorante.it – Chiuso a mezzogiorno da lunedì a venerdì

DEI CANTONI

ROMAGNOLA • FAMILIARE Gli interni tradizionali del ristorante aggiungono ulteriore fascino alla sua collocazione pittoresca in un borgo storico con castello malatestiano. La sorpresa più grande arriva però dalla cucina, gustosissima proposta di specialità romagnole: tra terra e mare, paste al mattarello e dolci golosi, è una tavola imperdibile.

🅰 🍴 – Prezzo: €€

Via Santa Maria 19 – ℰ 0547 665899 – ristorantedeicantoni.it – Chiuso mercoledì

TERRE ALTE

PESCE E FRUTTI DI MARE • ELEGANTE Una delle mete più conosciute in zona per gli appassionati di pesce, le proposte vengono elencate secondo gli arrivi del giorno ed elaborate in piatti relativamente semplici e tradizionali per esaltare la materia prima. Buona carta dei vini, in particolare sugli Champagne, terrazza panoramica.

🅰 🍴 🅿 – Prezzo: €€€

Via Olmadella 11, loc. Balignano – ℰ 0547 666138 – ristoranteterrealte.com – Chiuso lunedì e martedì a mezzogiorno

LONIGO

✉ 36045 – Vicenza (VI) – Carta regionale n° **8**–B3

LA PECA

Chef: Nicola Portinari

CREATIVA • ELEGANTE Ambienti di caldo design contemporaneo, ricercato anche nelle decorazioni, con deliziosi centrotavola realizzati dalla titolare, quadri moderni alle pareti e comode poltroncine che portano la firma di Philippe Starck. È un locale che ha tutto per piacere: non fosse altro che al piano terra c'è un elegante salotto dedicato ai fumatori, dove poter sorseggiare grandi distillati accompagnati da una selezione dei migliori sigari provenienti da tutto il mondo. Per quanto riguarda la cucina, Nicola Portinari propone una linea molto personale, in cui di volta in volta cita il Veneto o svela influenze internazionali, soprattutto nelle tecniche di cottura. Una menzione particolare anche per la carta dei dessert, che mostra un'ampia scelta, rara a questi livelli, per di più completata da una proposta di gelati e sorbetti fatti in casa. Una sosta che diventa esperienza a tutto tondo, rafforzata anche da una grande offerta enoica. In sintesi, un ristorante di lungo corso, che non ha mai perso il legame con la concretezza e il territorio.

🌿 *L'impegno dello chef:* Da anni alla Peca si fa attenzione al green e si utilizza per intero la materia prima per evitare sprechi, anche con raffinate tecniche di elaborazione che aggiungono grande valore gastronomico. L'incremento di pannelli fotovoltaici ha portato ad una produzione di 40 Kw di potenza. Inoltre da tempo si utilizza l'ozono per il lavaggio della biancheria e la pulizia delle attrezzature e dei banchi di lavoro.

🐝 & 🅰 ⇔ 🅿 – Prezzo: €€€€

Via Alberto Giovanelli 2 – ℰ 0444 830214 – lapeca.it – Chiuso lunedì e domenica

LORETO

✉ 60025 – Ancona (AN) – Carta regionale n° **14**–C1

 ANDREINA

Chef: Errico Recanati

MODERNA • ELEGANTE Errico Recanati, ad oltre 60 anni dall'apertura del locale da parte di nonna Andreina, aggiunge un altro splendido tassello alla saga familiare. Con il rinnovo totale degli interni dell'ex casa colonica aumenta ulteriormente il confort delle sale, oggi ancor più eleganti ed accoglienti, dove l'ottimo servizio si muove con un accresciuto garbo, mentre si consolidano le radici culturali di una cucina in cui cacciagione e brace sono sempre state protagoniste. Questo sembrano voler raccontare gli unici elementi rimasti: la brace e il camino! Lo stile distintivo di Recanati porta dritto al fuoco vivo, alla già evocata brace, nonché allo spiedo, che egli conosce come pochi altri ed i cui sentori entrano praticamente in tutti i piatti, rifiniti da soluzioni personali, spesso utilizzando frutta e verdura di produzione propria. Tutto ciò contribuisce alla formazione di quello che lo chef stesso definisce "cucina neorurale"... illuminata magistralmente dai nuovi faretti puntati su ogni tavolo con precisione da set teatrale. Selezione enoica ben strutturata.

🏸 🖾 🏠 ♿ 🅿 – Prezzo: €€€

Via Buffolareccia 14 – ☏ 071970124 – ristoranteandreina.it – Chiuso lunedì e martedì

LORO CIUFFENNA

✉ 52024 – Arezzo (AR) – Carta regionale n° **11**–C2

IL CIPRESSO - DA CIONI

TOSCANA • COLORATO Quadri di arte contemporanea realizzati dal titolare-pittore rallegrano la sala, mentre le migliori specialità del territorio - salumi, pane, paste e le celebri carni toscane - e l'ottimo gelato fatto in casa deliziano gli avventori, che potranno prolungare il piacere dei sapori gustati portandosi a casa prodotti locali acquistabili nella piccola enoteca.

🖾 🅿 – Prezzo: €€

Via Alcide De Gasperi 28 – ☏ 055 917 1127 – Chiuso lunedì-mercoledì

LUCARELLI

✉ 53017 – Siena (SI) – Carta regionale n° **11**–D1

 OSTERIA LE PANZANELLE

TOSCANA • OSTERIA Una cucina del territorio eseguita con gusto e generosità: paste fatte in casa e ottime carni, in una simpatica trattoria di paese informale e sbarazzina, con un piacevolissimo dehors nel giardino ombreggiato. Venerdì pesce fresco dall'Isola d'Elba; lista dei vini che privilegia la Toscana.

🏠 – Prezzo: €€

Località Lucarelli 29 – ☏ 0577 733511 – lepanzanelle.it – Chiuso lunedì e domenica sera

LUCCA

✉ 55100 – Lucca (LU) – Carta regionale n° **11**–B1

 GIGLIO

Chef: Benedetto Rullo, Lorenzo Stefanini e Stefano Terigi

MODERNA • ELEGANTE In un bel palazzo settecentesco, il Giglio esiste dal 1979, ma la gestione è ora in mano a tre giovani. È una storia di squadra quella dei tre amici cuochi riuniti nel rilancio di questo locale, in una delle tante piazze del centro storico dell'incantevole Lucca. Col bel tempo si può mangiare fuori e godere della tipica e vivace atmosfera estiva, mentre chi preferisce un ambiente più austero ed elegante prenoterà un tavolo nella sala interna. Cucina moderna dal gusto italiano, tecniche francesi e utilizzo qua e là di ingredienti internazionali.

🕅 🍽 – Prezzo: €€€

Piazza del Giglio 2 – 𝒞 0583 494058 – ristorantegiglio.com – Chiuso martedì e mercoledì

NIDA

GIAPPONESE • COLORATO Fuori dalle mura cittadine, due raccolte salette dai colori stravaganti costituiscono il regno di questo giovane chef giapponese che propone ricette tradizionali con una precisione impeccabile. Il crudo è fortemente consigliato, ma sono ottimi anche i ravioli, gli spiedini e la tempura. Se siete alla ricerca di un menu sorpresa, optate per l'omakase.

⅁ – Prezzo: €€

Via Nicola Barbantini 338 – 𝒞 375 648 6320 – serendepico.com/nida – Chiuso lunedì, domenica e a mezzogiorno martedì e mercoledì

ALL'OLIVO

TOSCANA • AMBIENTE CLASSICO In una delle caratteristiche piazze del centro storico, quattro sale elegantemente arredate, dove gustare una squisita cucina del territorio di terra e di mare con spunti mediterranei. Piacevole servizio estivo all'aperto.

🕸 🕅 🍽 ⇆ – Prezzo: €€

Piazza San Quirico 1 – 𝒞 0583 493129 – ristoranteolivo.it

BUCA DI SANT'ANTONIO

TOSCANA • CONTESTO TRADIZIONALE A pochi metri da piazza San Michele, nel cuore del bellissimo centro storico di Lucca, la Buca di Sant'Antonio è il gran classico cittadino. All'insegna della tradizione toscana, tra i secondi si serve quasi esclusivamente la carne. In un trionfo di pentole di rame appese sul soffitto, è un ristorante dove sentirsi a casa.

🕸 🕅 🍽 ⇆ – Prezzo: €€

Via della CerVia 3 – 𝒞 0583 55881 – bucadisantantonio.com – Chiuso lunedì e domenica sera

L'IMBUTO

CREATIVA • CONTESTO CONTEMPORANEO Uno degli chef più controversi per l'estro creativo dei suoi piatti e gli originali accostamenti, Cristiano Tomei ha trovato casa nelle antiche scuderie del seicentesco palazzo Pfanner. Si sceglie il numero delle portate, si dichiarano eventuali allergie e poi si è nelle sue mani, che in tutta libertà sforneranno piatti sorprendenti.

🕅 🍽 – Prezzo: €€€€

Piazza del Collegio 8 – 𝒞 331 930 8931 – limbuto.it – Chiuso lunedì e martedì

IL MECENATE

TOSCANA • FAMILIARE Nei locali di una storica tintoria lucchese respirerete l'atmosfera di un'autentica, conviviale trattoria; dal menu una straordinaria carrellata delle eccellenze gastronomiche locali quali i tordelli lucchesi o la tagliata alle erbe aromatiche. Scenografico servizio estivo di fronte alla chiesa di San Francesco e buona scelta enoica a completare l'offerta.

🍽 – Prezzo: €

Via del Fosso 94 – 𝒞 0583 511861 – ristorantemecenate.it – Chiuso martedì

PEPEROSA

MODERNA • SEMPLICE La pittoresca posizione sulla piazza dell'Anfiteatro non ha fortunatamente trasformato questo ristorante in una trappola per turisti, ma in una delle più interessanti destinazioni gastronomiche della città. La cucina omaggia la Toscana con proposte legate alle stagioni, in equilibrio tra terra e mare con più di un tocco creativo.

よ 🅰 – Prezzo: €€

Piazza dell'Anfiteatro 4 – ☎ 0583 082361 – peperosaristorantebistro.it – Chiuso mercoledì e a mezzogiorno martedì e giovedì

Marlia

 BUTTERFLY

Chef: Fabrizio Girasoli

MODERNA • **CASA DI CAMPAGNA** Con il suo giardino perfettamente curato ideale per le giornate estive (ma anche quelle più fredde grazie al dehors riscaldato) e la sala elegante nel bel casolare ottocentesco il Butterfly è un luogo incantevole. La cucina di Fabrizio Girasoli e del figlio Andrea è rassicurante, di qualità: una carta e dei menu degustazione in cui chiunque troverà di che divertirsi, con un accento particolare posto sui primi piatti, davvero creativi. La gestione si distingue per il suo côté squisitamente familiare e il servizio sovrainteso dalla moglie Mariella è dinamico e professionale, in grado di coccolare l'ospite con delicate attenzioni. Tra gli imperdibili, l'ispettore consiglia il "Pozzo dei Desideri": una panna cotta a bassa temperatura accompagnata da una colata di ciliege amarene.

🖙 🅰 🍴 🅿 – Prezzo: €€€€

SS 12 del Brennero 192 – ☎ 0583 307573 – ristorantebutterfly.it – Chiuso mercoledì e a mezzogiorno tranne domenica

LUCERA

✉ 71036 – Foggia (FG) – Carta regionale n° **16**-A1

 COQUUS

CONTEMPORANEA • **COLORATO** Nel centro storico di Lucera, l'accogliente locale contemporaneo del giovane Mirko Esposito, chef con varie esperienze nel ristorante di famiglia e non solo, propone una cucina fresca, stagionale, fragrante, a prezzi assolutamente convenienti in rapporto alla qualità. Servizio professionale e appassionato. Nella bella stagione approfittate del raccolto dehors in zona pedonale.

🅰 🍴 – Prezzo: €

Via Luigi Blanch 19 – ☎ 320 284 6950 – coquusrestaurant.it – Chiuso martedì

LUSIA

✉ 45020 – Rovigo (RO) – Carta regionale n° **8**-B3

TRATTORIA AL PONTE

DEL TERRITORIO • **FAMILIARE** Fragranze di terra e di fiume si intersecano ai sapori di una volta e alla fantasia dello chef per realizzare instancabili piatti della tradizione, come il mitico risotto (in base alla stagione!) o il petto di faraona alla senape. Un'oasi nel verde, al limitare di un ponte, con laghetto illuminato.

🅰 🍴 ♻ 🅿 – Prezzo: €

Via Bertolda 27, loc. Bornio – ☎ 0425 669890 – trattorialponte.it – Chiuso lunedì

MACCHIE

✉ 05022 – Terni (TR) – Carta regionale da n° **13**-A3

TENUTA DEL GALLO

CLASSICA • **ROMANTICO** Negli ambienti interni della tenuta, ricchi di charme e romanticismo oppure seduti all'aperto davanti ad un bucolico panorama, la cucina prende spunto dalla tradizione locale senza dimenticare i classici nazionali. Gli ispettori hanno apprezzato: l'ottimo carpaccio di manzo al tartufo e la faraona nostrana ai ceci. Confortevoli camere per prolungare il soggiorno.

⪻ 🖳 🍴 **P** – Prezzo: €€

Via Ortacci 34 – ℰ 0744 987112 – tenutadelgallo.com – Chiuso lunedì

MACERATA

✉ 62100 – Macerata (MC) – Carta regionale n° **14**–B2

SIGNORE TE NE RINGRAZI

 MARCHIGIANA • ACCOGLIENTE Nell'incantevole centro storico, il cuoco Biagiola vi presenterà i suoi piatti ispirati alle tradizioni contadine d'una volta, con le erbe raccolte nei campi a farla da protagonista in alcune proposte. Considerate che la carta più gourmet ed elaborata è servita a pranzo, la sera c'è una versione più semplice ed economica.

🕸 ♿ 🅰🅺 🍴 – Prezzo: €€

Via Pescheria Vecchia 26 – ℰ 0733 222273 – signoreteneringrazi.it – Chiuso martedì e mercoledì e domenica sera

MADESIMO

✉ 23024 – Sondrio (SO) – Carta regionale n° **4**–B1

🌼 **IL CANTINONE E SPORT HOTEL ALPINA**

Chef: Stefano Masanti

DEL TERRITORIO • STILE MONTANO Stagionalità, natura e territorialità sono gli architravi della cucina dello chef-patron Stefano Masanti. Grande attenzione viene, infatti, riservata ai piccoli produttori locali – dal mirtillo rosso di Madesimo ai maiali e manzi locali – ma c'è anche un'eccellente bresaola fatta in casa e molte leccornie acquistabili nella boutique gastronomica in paese. Appuntamento a Madesimo, dunque, con due imperdibili tappe: il famigerato canalone per gli sciatori esperti e Il Cantinone, un angolo gourmet in cui si viene coccolati dall'ottima accoglienza di Raffaella, abile maître e sommelier di lunga data.

🌼 *L'impegno dello chef:* Fonti rinnovabili producono energia elettrica e termica grazie ai pannelli solari, mentre l'illuminazione è garantita da led a basso consumo energetico. Per quanto riguarda il consumo idrico, l'intera struttura è collegata alla rete di riciclo della Comunità Montana della Valchiavenna, che recupera totalmente le acque utilizzate, sia bianche che nere.

🕸 ♿ **P** – Prezzo: €€€

Via A. De Giacomi 39 – ℰ 0343 56120 – ristorantecantinone.com

MADONNA DI CAMPIGLIO

✉ 38086 – Trento (TN) – Carta regionale n° **6**–A2

🌼 **DOLOMIEU**

 CONTEMPORANEA • STUBE Dolomieu è un'intima stube in legno di rovere con soli sei tavoli (da prenotare per tempo!), ovvero l'angolo più tradizionale dell'hotel DV Chalet, che per il resto invece interpreta con gusto contemporaneo il concetto di albergo di montagna. Il menu degustazione è un percorso tra le valli che circondano la località, mentre la carta propone interessanti proposte che stuzzicano il palato come i ravioli di cagliata di capra, gamberi di Sicilia crudi e tartufo nero, rifiniti con un brodo delicato di gallina. Al calice sempre proposte differenti selezionate dal maître-sommelier, amante di accostamenti anche d'Oltralpe.

♿ **P** – Prezzo: €€€€

Via Castelletto Inferiore 10 – ℰ 0465 443191 – dvchalet.it – Chiuso martedì

✿ **IL GALLO CEDRONE**

CREATIVA • ELEGANTE Superati i primi 15 anni di vita, il Gallo Cedrone dell'hotel Bertelli non mostra segni di stanchezza! Anzi, la cucina di Sabino Fortunato con più sicurezza che mai si esprime sia nel celebrare la montagna - con selvaggina, pesci d'acqua dolce, a volte cotture al fieno, formaggi - sia nelle aperture mediterranee al resto d'Italia, sino al mare. I suoi piatti sono sempre ben strutturati, congegnati a partire da molti ingredienti amalgamati con tecnica e perizia alla ricerca del migliore sapore. Sempre ottima la selezione dei vini in cantina: oltre 800 etichette selezionate con cura dal patron Marco Masè insieme allo storico sommelier Giuseppe Greco, ed una passione per i gin tonic.

⅋ & 🅿 – Prezzo: €€€

Via Cima Tosa 80 – ℰ 0465 441013 – ilgallocedrone.it – Chiuso lunedì e a mezzogiorno

✿ **STUBE HERMITAGE**

CREATIVA • STUBE In posizione tranquilla ed isolata, all'interno del Biohotel Hermitage, il ristorante occupa una stube di inizio Novecento, uno scrigno di legno con pochi tavoli in cui cullarsi per una serata all'insegna del romanticismo e dell'alta gastronomia. Dalla stagione invernale 2022-2023 il giovane Antonio Lepore, già qui come sous-chef, ha preso in mano le redini della cucina, organizzata ora con vari menù degustazione in cui esprime la sua personalità con nuove idee. L'eleganza qui è la regola e vi avvolgerà, dai piatti all'atmosfera. Da segnalare anche una bella selezione di formaggi

🛏 & 🅿 – Prezzo: €€€€

Via Castelletto Inferiore 69 – ℰ 0465 441558 – stubehermitage.it – Chiuso lunedì e a mezzogiorno

DUE PINI

CONTEMPORANEA • RUSTICO I Due Pini, all'interno dell'hotel Chalet del Sogno, è un accogliente ristorante dai toni montani, con tanto legno e stufa ad olle, la cui cucina sa essere eclettica: piatti dedicati al bosco, al pascolo, a pesci di fiume e di lago, ma anche di mare. Originali reinterpretazioni di ricette tradizionali e classiche. – Prezzo: €€€

Via Spinale 37/bis – ℰ 0465 441033 – ristoranteduepini.com – Chiuso a mezzogiorno

MADONNA DI SENALES

✉ 39020 – Bolzano (BZ) – Carta regionale n° **6**–A1

☺ **OBERRAINDLHOF**

TRADIZIONALE • ROMANTICO Storia familiare e territorio si intrecciano da sempre: tutto è nato attorno ad un maso citato per la prima volta addirittura nel Cinquecento. L'ospitalità arriverà successivamente, in ogni caso siamo ormai giunti alla quinta generazione della stessa famiglia, con il desiderio mai sopito di far assaggiare ai propri ospiti il meglio degli ingredienti e delle ricette della Val Senales. Eccellente esempio è l'arrosto d'agnello allevato nel proprio maso, stufato con le ossa e le patate e servito al tavolo direttamente nel paiolo di rame. Altri motivi per venirci sono la bella carta dei vini, nonché l'accoglienza tipica dell'albergo.

⅋ ≤ 🛋 🅿 – Prezzo: €€

Raindl 49 – ℰ 0473 679131 – oberraindlhof.com – Chiuso mercoledì

GOLDENE ROSE KARTHAUS ⓝ

DEL TERRITORIO • ROMANTICO Gestiti con il cuore dai due titolari, che proseguono una lunga tradizione familiare, albergo e ristorante "Rosa d'Oro" sono una delle più belle fotografie della Val Senales. In ambienti romantici assai curati, lo chef prepara pochi piatti, a partire soprattutto da ingredienti locali, tra cui la carne di agnello, a cui aggiunge qualche richiamo mediterraneo per rendere il risultato finale ancora più intrigante.

& 🅿 – Prezzo: €€

Località Certosa 29 – ℰ 0473 679130 – goldenerose.it

MAGLIANO ALFIERI

✉ 12050 – Cuneo (CN) – Carta regionale n° **2**–A1

STEFANO PAGANINI ALLA CORTE DEGLI ALFIERI

MODERNA • **CONTESTO STORICO** Una serata romantica, la storia e una rimarchevole cucina: qui, in questo castello seicentesco che svetta su Magliano Alfieri con adiacente belvedere, tutto si dà appuntamento. Ai fornelli Stefano Paganini, che allestisce due menu degustazione di notevole qualità e sapori intensi.

✿ – Prezzo: €€

Piazza Raimondo 2 – ℰ 0173 66244 – stefanopaganini.it – Chiuso martedì

MAGLIANO SABINA

✉ 02046 – Rieti (RI) – Carta regionale n° **12**–A2

DEGLI ANGELI

LAZIALE • **ELEGANTE** Ci sono l'esperienza e la passione di oltre cento anni di storia nella famiglia che gestisce questa valida risorsa affacciata sulla campagna. La carta è da sempre legata ai sapori laziali e grandi attenzioni sono riservate ai vini e agli oli EVO locali. L'ospitalità si completa grazie all'albergo ed alla Bottega delle Delizie dove è possibile acquistare prodotti fatti in casa.

🕸 ⇐ 🅰🅲 🏠 ✿ 🅿 – Prezzo: €€

Località Madonna degli Angeli – ℰ 0744 91377 – ristorantedegliangeli.it – Chiuso lunedì e domenica sera

LA PERGOLA

ROMANA • **RUSTICO** Hanno superato brillantemente i primi 50 anni di vita alla Pergola! Più di mezzo secolo interamente dedicato ai sapori del territorio, tra cui le carni alla griglia, da gustare in ambienti rustico-classici sotto volte in mattoni e da abbinare ad una delle tante etichette della fornita cantina. La presenza di camere rende la struttura un'ideale risorsa anche per una sosta più lunga.

& 🅰🅲 🏠 🅿 – Prezzo: €

Via Flaminia km 63,900 – ℰ 0744 919841 – lapergola.it

MAGLIE

✉ 73024 – Lecce (LE) – Carta regionale n° **16**–D3

BEL AMI

PESCE E FRUTTI DI MARE • **CONTESTO STORICO** In un palazzo ottocentesco rinnovato con gusto moderno, la cucina predilige il mare e i crudi, accompagnati da una buona selezione di Champagne. La qualità del pescato è eccellente: è il posto giusto in cui venire se si ama il pesce.

& 🅰🅲 🏠 – Prezzo: €€

Via Roma 86 – ℰ 0836 312930 – hotelbelami.it

MAIORI

✉ 84010 – Salerno (SA) – Carta regionale n° **17**–B2

⦙⦙ IL FARO DI CAPO D'ORSO - ANDREA APREA

CREATIVA • **ELEGANTE** Lasciata la vettura e discesi dei gradini si raggiunge la sala affacciata su uno dei panorami più mozzafiato della Costiera, che abbraccia

Ravello, Amalfi e, nelle giornate più limpide, persino i faraglioni di Capri. I tre percorsi degustazione propongono piatti tecnici, complessi, sperimentali se non avanguardistici, partendo spesso da risorse locali, regionali o della Costiera stessa. La cucina si fa forte della consulenza del noto chef campano Andrea Aprea, ma la qualità è assicurata dal resident chef Salvatore Pacifico. La sala è gestita mirabilmente da Bonny, quarta generazione della proprietà del Faro. Menu alla carta a mezzogiorno.

舘 ⪦ 🅼 🅿 – Prezzo: €€€€

SS 163 Amalfitana 44 – ℰ 089 877022 – ilfarodicapodorso.it – Chiuso martedì

OLTREMARE

CONTEMPORANEA • ELEGANTE All'ultimo piano dell'hotel Due Torri, il ristorante occupa un roof-garden con vista mozzafiato su Maiori, Ravello e un buon tratto della Costiera. Il panorama varrebbe già la cena. La cucina si propone con idee creative, partendo quasi sempre da citazioni ed interpretazioni dei sapori campani: vedi l'utilizzo del pomodoro in mille modi, tra cui la distillazione della sua acqua con piccolo alambicco. Le ricette di chef Crisci sono arzigogolate e sempre ricche di molti ingredienti ed il risultato finale è molto colorato. Il fine pasto della pasticceria stupirà per la generosità che non permetterà di chiamarla "piccola".

⪦ 🅼 🍴 🅿 – Prezzo: €€€

Via Diego Taiani 3 – ℰ 089 877699 – oltremarerooftop.com – Chiuso lunedì e a mezzogiorno

MALCESINE

✉ 37018 – Verona (VR) – Carta regionale n° **8**–A2

🟔 **VECCHIA MALCESINE**

Chef: Leandro Luppi

CREATIVA • ELEGANTE Si gode di una bella vista su un'ampia parte di lago, nella più totale tranquillità data dalla posizione defilata e appena rialzata rispetto al centro di Malcesine. È il locale di Leandro Luppi, origini altoatesine, da oltre 20 anni sulla cresta dell'onda del lago di Garda per le sue riconosciute doti di chef capace e fantasioso. Oggi affida la sua proposta, creativa e personale, a tre menu degustazione, di cui uno interamente vegetariano. La maggior parte degli ingredienti provengono dalla zona, mentre continua ad essere proverbiale la sua bravura nel cucinare grandi piatti a base di pesci d'acqua dolce.

⪦ 🍴 🍴 ⟷ – Prezzo: €€€€

Via Pisort 6 – ℰ 335 637 7699 – vecchiamalcesine.com – Chiuso mercoledì e giovedì a mezzogiorno tranne domenica

MALNATE

✉ 21046 – Varese (VA) – Carta regionale n° **5**–A1

CROTTO VALTELLINA

VALTELLINESE • RUSTICO I crotti sono anfratti tipici delle Alpi lombarde, arieggiati da correnti naturali e dunque ideali per la maturazione del vino e la stagionatura dei salumi. Questi ambienti suggestivi sono spesso diventati affascinanti location di ristoranti, come nel caso di questo locale, che propone una cucina di rigida osservanza valtellinese in un quadro rustico ed elegante al tempo stesso.

舘 🅼 🍴 ⟷ 🅿 – Prezzo: €€

Via Fiume 11, loc. Valle – ℰ 0332 427258 – crottovaltellina.it – Chiuso martedì e a mezzogiorno da lunedì a venerdì

OSTERIA DEGLI ANGELI

MEDITERRANEA • AMBIENTE CLASSICO Un bel ristorante dai tratti famigliari per quanto riguarda l'accoglienza e il servizio, ma – al tempo stesso – signorile in virtù dei suoi arredi classici e personalizzati. La cucina si fa portavoce di un certo gusto mediterraneo, sottolineato da prodotti stagionali e locali. Chef autodidatta animato da una grande passione.

🖭 🍽 – Prezzo: €€

Via Giuseppe Brusa 5 - 𝄢 0332 427614 – osteriadegliangeli.net – Chiuso lunedì e martedì

MALO

✉ 36034 – Vicenza (VI) – Carta regionale n° **8**–B2

 ⚜ LA FAVELLINA

Chef: Federico Pettenuzzo

ITALIANA CONTEMPORANEA • **ELEGANTE** Caterina Gianello, innamoratasi di questo delizioso borgo di fine '800 situato nel verde delle basse colline a nord di Vicenza, nel 1999 acquista un locale e lo ristruttura con gusto femminile e raffinato. Gestito insieme ai due figli, Riccardo in sala e Federico ai fornelli con la mamma (solida e tenace addetta ai primi), il ristorante propone una linea di cucina prevalentemente italiana contemporanea, basata su di un'ottima materia prima, spesso proveniente dalle zone limitrofe. Castagne, olio EVO, corbezzoli, erbe aromatiche e spontanee vengono ricercate personalmente nei dintorni. L'Ispettore consiglia: tortelli alla crema di Parmigiano Reggiano 24 mesi insaporiti ai germogli di artemisia e riduzione di vermouth.

🍽 ⇄ 🅿 – Prezzo: €€€€

Via Cosari 4/6, loc. San Tomio - 𝄢 0445 605151 – lafavellina.it – Chiuso lunedì, martedì e a mezzogiorno da mercoledì a sabato

MANCIANO

✉ 58014 – Grosseto (GR) – Carta regionale n° **11**–C3

LA FILANDA

TOSCANA • **CONTESTO TRADIZIONALE** Nel cuore del centro storico, in un'antica casa colonica completamente ristrutturata mantenendo il suo fascino originario, l'autodidatta Barbara Cannarsa propone piatti della tradizione rivisitati con estro, come nell'involtino di ciaffagnone ripieno con manzo di Maremma su fondente di pecorino e porro croccante. La selezione di vini toscani, presentata dal marito, completa il pasto.

♿ 🖭 – Prezzo: €€

Via Marsala 8 - 𝄢 0564 625156 – lafilanda.biz – Chiuso mercoledì e a mezzogiorno tranne domenica

MANDELLO DEL LARIO

✉ 23826 – Sondrio (SO) – Carta regionale n° **4**–B2

IL GIARDINETTO

CLASSICA • **AMBIENTE CLASSICO** Affacciato sul blu delle calme acque lacustri, un locale con proposte di cucina tradizionale e qualche venatura di fantasia. Alcuni piatti di lago ma ci sono anche mare e terra a soddisfare gli appetiti di una clientela che può sfruttare la bella terrazza come piccolo salotto o per un momento di relax a fine pasto.

⇚ ♿ 🍽 – Prezzo: €€

Piazza Garibaldi 10 - 𝄢 0341 700487 – ristoranteilgiardinetto.it – Chiuso lunedì

TEXTURE 🆕

ITALIANA CONTEMPORANEA • INTIMO Piccolo, raccolto e minimale in inverno, moderno e di atmosfera conviviale nel periodo estivo con il dehors e i tavoli nel cortile interno. Una cucina moderna, concentrata sui sapori e sulla texture delle abili creazioni dello chef Stefano Binda. Vini ben selezionati con attenzione al rapporto qualità-prezzo.

🅰🍴 – Prezzo: €€€

Piazza Roma 14 – ☏ 371 429 0689 – ristorantetexture.it – Chiuso lunedì e a mezzogiorno da martedì a venerdì

MANDURIA

✉ 74024 – Taranto (TA) – Carta regionale n° **16**-D3

❀ CASAMATTA

Chef: Pietro Penna

DEL TERRITORIO • ELEGANTE Pochi chilometri fuori Manduria, la capitale del vino Primitivo, il ristorante si trova all'interno del Vinilia Wine Resort, aperto in un imponente castello d'inizio Novecento circondato da uno splendido giardino di ulivi secolari. Il ristorante è il fiore all'occhiello di questa bella struttura. La sala è molto luminosa con ampie vetrate che si affacciano sul dehors (vivamente consigliato in stagione), gli arredi sono di moderna concezione e l'illuminazione – sapientemente studiata – contribuisce al fascino degli spazi. Dopo significative esperienze presso grandi tavole, lo chef Pietro Penna torna in patria e rende omaggio alla sua terra con una cucina che attinge ai prodotti locali (talvolta nel vero senso della parola, visto che frutta e verdura provengono spesso dall'orto di proprietà) con gusto moderno e fantasioso. L'offerta si declina in tre menu degustazione, di cui uno interamente vegetariano.

❀ *L'impegno dello chef:* L'impianto fotovoltaico li ha resi indipendenti dal punto di vista energetico, mentre per gli arredi degli interni è interessante l'uso di materiali di recupero, come le belle luminarie. In aggiunta al proprio fragrante olio EVO e alla produzione del proprio orto, il ristorante ha costruito una rete di fornitori di carne e di pesci locali, attenti alle stagionalità. A completare il contesto eco friendly c'è la piscina realizzata con cemento osmotico, altamente impermeabilizzante.

🛏🅰🍴🅿 – Prezzo: €€€€

Contrada Scrasciosa – ☏ 099 990 8013 – viniliaresort.com – Chiuso domenica e a mezzogiorno

MANERBA DEL GARDA

✉ 25080 – Brescia (BS) – Carta regionale n° **4**-D1

❀ CAPRICCIO

Chef: Giuliana Germiniasi

MODERNA • ELEGANTE Questo ristorante situato sulle sponde del Lago di Garda è famoso fin dagli anni Sessanta per la gran passione della cucina per i prodotti ittici del mar Mediterraneo. Freschezza e aromi vengono esaltati in ricette di impostazione classica, in cui è ben riconoscibile il sapore degli ingredienti. Il menu prevede anche qualche specialità di terra. Tra i piatti storici ricordiamo le melanzane alla parmigiana - in carta dal 1965 - e la zuppetta di frutti rossi marinati al mosto cotto, gelato al latte e meringa all'italiana. In sala, la gentile Francesca accompagna gli ospiti alla scoperta delle prelibatezze di mamma Giuliana Germiniasi, consigliando il giusto abbinamento da un'interessante carta dei vini che non deluderà gli appassionati di Champagne e di riesling tedeschi. Nella bella stagione, approfittate del piacevole servizio all'aperto che svela davanti ai vostri occhi il bucolico giardino con il lago sullo sfondo.

❀ ≼🅰🍴🅿 – Prezzo: €€€

Piazza San Bernardo 6, loc. Montinelle – ☏ 0365 551124 – ristorantecapriccio.it – Chiuso martedì e a mezzogiorno lunedì, mercoledì, giovedì

🌸 DALIE E FAGIOLI

MODERNA • COLORATO Lo chef patron Fabio Mazzolini mette al servizio del suo locale tutta l'esperienza appresa in un percorso di ristoranti stellati, interrotto una decina di anni fa proprio per aprire Dalie e Fagioli. Qui la sua abilità tecnica valorizza ingredienti del territorio e ricette locali, preparate con un tocco di fantasia e da accompagnarsi con una discreta carta dei vini.

  & 🅰 ⛲ 🅿 – Prezzo: €€

Via Campagnola 45 – ☎ 0365 190 3311 – dalieefagioli.it – Chiuso giovedì e a mezzogiorno lunedì a venerdì

MANFREDONIA

✉ 71043 – Foggia (FG) – Carta regionale n° **16**–B1

COPPOLA ROSSA

PESCE E FRUTTI DI MARE • FAMILIARE Nel centro storico e non lontano dal mare, un locale caratteristico con soffitto a volta e mattoni vivi in cui gustare una cucina di mare preparata secondo ricette tradizionali e servita in porzioni generose. Il menu è quasi sempre integrato da piatti del giorno raccontati a voce, in un ambiente squisitamente familiare.

  & 🅰 ⛲ – Prezzo: €€

Via Maddalena 28 – ☎ 0884 582522 – coppolarossamanfredonia.it – Chiuso lunedì e domenica sera

OSTERIA BOCCOLICCHIO

PUGLIESE • FAMILIARE In pieno centro storico, con salette e dehors, un locale raccolto il cui patron, dopo essersi "fatto le ossa" in diversi ristoranti europei, esprime la sua passione per il mare con ricette classiche che mettono al centro gusto e freschezza.

  🅰 ⛲ – Prezzo: €€

Via Arco Boccolicchio 15 – ☎ 0884 090317 – Chiuso mercoledì e domenica sera

MANOPPELLO SCALO

✉ 65024 – Pescara (PE) – Carta regionale n° **15**–B1

TRITA PEPE

ABRUZZESE • SEMPLICE Lungo la strada che attraversa Manoppello Scalo, trovate il parcheggio proprio davanti al ristorante, all'interno un'ampia e semplice sala. È l'indirizzo che vi consigliamo in zona se siete alla ricerca della tipica cucina abruzzese. Solo carne tra i secondi (eccetto il baccalà); tra le proposte segnaliamo l'ottimo gnocco fritto con salumi e formaggi del territorio.

  & 🅰 🅿 – Prezzo: €

Via Gabriele D'Annunzio 4 – ☎ 085 856 1510 – trattoriatritapepe.it – Chiuso mercoledì sera

MANTELLO

✉ 23016 – Sondrio (SO) – Carta regionale n° **4**–B1

❀ LA PRESÉF

Chef: Gianni Tarabini

CREATIVA • RUSTICO Affacciata sul giardino interno, un'accogliente stua valtellinese in legno di pino cembro dal profumo arboreo, dove gustare raffinatezze locali e verdure provenienti dall'orto di proprietà. Ingredienti a km zero – la struttura consta di mangiatoia (preséf, in dialetto), nonché caseificio propri! - e sperimentazione visiva sensoriale sono i tratti distintivi della sua cucina estremamente legata al territorio con cacciagione, bitto DOP e perfino un tartufo valtellinese. Due sono i percorsi degustazione: uno più creativo di 7 portate e uno più tradizionale di 4. Ottima selezione enoica ed accoglienti camere dotate di ogni confort.

✻ *L'impegno dello chef:* Sul tetto della stalla di proprietà del ristorante è attivo un impianto che supporta la produzione di energia elettrica per il 36% circa del fabbisogno. Ma sostenibilità è anche attenzione nei confronti degli animali. Le vacche sono a stabulazione libera: calpestano una lettiera in sabbia salvaguardando gli zoccoli e sono libere di uscire dai paddock.

🛏 ⅙ 🅰 ⌂ ▣ – Prezzo: €€€€

Via Lungo Adda 12 – ✆ 0342 680846 – lapresef.com – Chiuso lunedì, martedì, domenica e sabato a mezzogiorno

MANTOVA

✉ 46100 – Mantova (MN) – Carta regionale n° **4**-C3

IL CIGNO TRATTORIA DEI MARTINI

MANTOVANA • **CONTESTO TRADIZIONALE** Lunga tradizione familiare in una casa del Cinquecento, mentre il pozzo attorno cui si predispone il servizio estivo è addirittura del Quattrocento. L'atmosfera che vi si respira è classica e deliziosamente retro. Le proposte partono dal territorio mantovano e si affidano al ritmo delle stagioni.

⅙ 🅰 ⌂ ⅙ – Prezzo: €€

Piazza Carlo d'Arco 1 – ✆ 0376 327101 – ristoranteilcignomantova.it – Chiuso lunedì e martedì

SÜCAR BRÜSC

CONTEMPORANEA • **BISTRÒ** Nel pieno centro storico della città dei Gonzaga una novità interessante: il Sücar Brüsc, ovvero zucchero "aspro" in dialetto locale. Cucina di territorio ma moderna, presentata in ambienti informali con divertenti scritte sui soffitti a riprendere comuni detti mantovani. La cantina accompagna il menu con una buona selezione di etichette più e meno famose.

🅰 ⌂ – Prezzo: €€

Via Cavour 49 – ✆ 333 184 8730 – sucarbrusc.it

MARANELLO

✉ 41053 – Modena (MO) – Carta regionale n° **9**-B2

CAVALLINO

EMILIANA • **DI TENDENZA** Il Cavallino, locale storico in omaggio alla Ferrari simbolo di Maranello e dell'Italia nel mondo, ora si avvantaggia della vena creativa di Massimo Bottura. La cucina regionale più ortodossa viene quindi rappresentata con fini personalizzazioni: il filetto alla Rossini diventa – ad esempio – un cotechino alla Rossini, coronato da un tartufo minerale e da una salsa alle amarene di Modena per addolcire il palato. Il tutto in un ambiente alla moda e un giardino fiorito.

⅙ 🅰 ⌂ ⅙ – Prezzo: €€

Via Abetone Inferiore 1 – ✆ 0536 944877 – ristorantecavallino.com – Chiuso domenica sera

MIKELE

PESCE E FRUTTI DI MARE • **ELEGANTE** In zona periferica e residenziale, un'inaspettata ed elegante parentesi ittica tra tanti bolliti modenesi. Dalla cucina arrivano piatti di mare fragranti e ben realizzati, con qualche tocco creativo.

🅰 – Prezzo: €€€

Via Flavio Gioia 1 – ✆ 0536 941027 – ristorantemikele.com – Chiuso lunedì, sabato a mezzogiorno e domenica sera

MARANO LAGUNARE

✉ 33050 – Udine (UD) – Carta regionale n° **7**–B2

ALLA LAGUNA - VEDOVA RADDI

PESCE E FRUTTI DI MARE • **AMBIENTE CLASSICO** Una nuova ed esperta gestione, nella persona di un ex dipendente, continua la tradizione del pescato locale in preparazioni classiche e di grande freschezza. Il ristorante è situato sul porto, di fronte al mercato ittico.

🅰 🏠 ↔ – Prezzo: €€

Piazza Garibaldi 1 – 𝒞 0431 67019 – Chiuso lunedì e la sera sabato e domenica

MARATEA

✉ 85046 – Potenza (PZ) – Carta regionale n° **18**–A2

TAVERNA ROVITA

LUCANA • **CONTESTO STORICO** A pochi metri dalla piazza centrale della vecchia Maratea, la taverna è uno storico e caratteristico locale con un angolo cucina del '700, ceramiche di Vietri, ma soprattutto un grande entusiasmo nel farvi conoscere le produzioni gastronomiche di nicchia lucane.

🅰 ↔ – Prezzo: €€

Via Rovita 13 – 𝒞 0973 876588 – tavernarovitamaratea.it – Chiuso a mezzogiorno

MARIANO COMENSE

✉ 22066 – Como (CO) – Carta regionale n° **5**–B1

LA PIEMONTESE 🅝

PIEMONTESE • **CONTESTO CONTEMPORANEO** Cucina soprattutto di carne, sebbene non manchino in stagione selvaggina e tartufo fresco in questo locale semplice e familiare di gusto moderno, tipo bistrot. Una buona esperienza a prezzi ragionevoli in rapporto alla qualità e generosa proposta business a pranzo.

♿ 🏠 – Prezzo: €€

Via San Martino 48 – 𝒞 031 412 4745 – lapiemontesemariano.it – Chiuso lunedì, sabato a mezzogiorno e domenica sera

MARIANO DEL FRIULI

✉ 34071 – Trieste (TS) – Carta regionale n° **7**–B2

😊 ### AL PIAVE

FRIULANA • **FAMILIARE** In una frazione immersa nella campagna friulana, una curata ed accogliente trattoria a gestione familiare composta da due intime salette che condividono un bel camino in pietra e un gradevole giardino per il servizio estivo. In menu i piatti del territorio si avvicendano a seconda delle stagioni, con una prevalenza di carne e tra i secondi diverse proposte alla griglia.

♿ 🅰 🏠 – Prezzo: €

Via Cormons 6, loc. Corona – 𝒞 0481 69003 – trattoriaalpiave.it – Chiuso martedì

MARINA DI ARBUS – Cagliari (CA) ➜ Vedere Sardegna in fondo alla Guida

MARINA DI BIBBONA

✉ 57020 – Livorno (LI) – Carta regionale n° **11**–B2

 LA PINETA

Chef: Daniele Zazzeri

PESCE E FRUTTI DI MARE • **AMBIENTE CLASSICO** Con la vettura, attraversata una pineta si arriva quasi sulla battigia e quello che sembra un ordinario stabilimento balneare svela all'interno lo storico ristorante di pesce della famiglia Zazzeri. Le ampie vetrate della sala offrono lo spettacolo dell'inseguirsi delle onde, in estate a pranzo anche ombrelloni aperti e bagnanti, sullo sfondo però il mare rimane sempre, in movimento, spumeggiante, regalando un orizzonte piratesco e onirico. Le preparazioni sono classiche, tra citazioni toscane e italiane, così come le tecniche utilizzate, che comprendono griglia, forno e cottura al vapore. La qualità del pesce è di prim'ordine. Sul fronte enoico, si possono scegliere anche vini pregiati al bicchiere grazie all'uso del Coravin. Un'atmosfera di totale relax che invoglia a prolungare la sosta.

ಜ ≼よ்⩗ **P** – Prezzo: €€€

Via dei Cavalleggeri Nord 27 – ℰ 0586 600016 – lapinetadizazzeri.it – Chiuso lunedì e martedì a mezzogiorno

MARINA DI CASAL VELINO

✉ 84040 – Salerno (SA) – Carta regionale n° **17**–C3

ALESSANDRO FEO

CAMPANA • **CONTESTO TRADIZIONALE** Il giovane chef-patron Alessandro Feo lascia il segno in questa zona meno avvezza rispetto ad altre alla ristorazione gastronomica e lo fa in virtù di una cucina che sa sposare con equilibrio i richiami alla tradizione nonché ai classici campani con l'estro individuale e la ricerca creativa; partendo da una materia prima locale e stagionale, appoggiandosi prevalentemente sul proprio orto. Tra le mura di pietra di un locale di origini seicentesche.

– Prezzo: €€

Via Angelo Lista 24 – ℰ 328 893 7083 – alessandrofeoristorante.it – Chiuso lunedì-mercoledì

MARINA DI CECINA

✉ 57023 – Livorno (LI) – Carta regionale n° **11**–B2

DA ANDREA

PESCE E FRUTTI DI MARE • **ELEGANTE** Lungo la passeggiata pedonale, moderno, bianco e lineare, su tutto prevale la vista del Tirreno attraverso la parete vetrata, ma ancor di più dalla terrazza estiva. E sempre il mare ritorna nel piatto, con un menu ricco di crudi e proposte del giorno elencate a voce.

よ⩗் – Prezzo: €€

Viale della Vittoria 68 – ℰ 0586 620143 – ristorantedaandrea.net – Chiuso martedì

MARINA DI GIOIOSA IONICA

✉ 89046 – Reggio Calabria (RC) – Carta regionale n° **19**–A3

 GAMBERO ROSSO

Chef: Riccardo Sculli

PESCE E FRUTTI DI MARE • **CONTESTO CONTEMPORANEO** Il Gambero Rosso nasce negli anni Settanta dal desiderio di Anna Maria e Giuseppe Sculli di rendere omaggio al mare che avevano lasciato anni prima da emigranti. Da allora questo ristorante è diventato il luogo attorno a cui gira tutta la vita della famiglia e oggi un nuovo capitolo è scritto dai figli Riccardo e Francesco. Gli amanti del pesce troveranno uno dei più gettonati locali della regione: sulla tavola, infatti, arriva il meglio che i pescatori trovano quotidianamente lungo la costa jonica, da gustare nelle proposte di crudo (ottimi gli antipasti!) che attirano clienti da ogni angolo della Calabria, ma anche nelle imperdibili paste o nei secondi in cui il mare incontra la campagna. Encomiabile lo sforzo di creare sempre nuove sinergie con i produttori e i fornitori locali.

𝔅 ⒶⒸ ⇦ – Prezzo: €€€

Via Montezemolo 65 – ℰ 0964 415806 – gamberorosso.net – Chiuso lunedì

MARINA DI GROSSETO

✉ 58100 – Grosseto (GR) – Carta regionale n° **11**–C3

🕸 GABBIANO 3.0

CREATIVA • ELEGANTE Si cena con vista sulla marina sottostante, sia dalle eleganti sale interne che dalla veranda per le serate estive. Si ammireranno i tramonti sull'Elba, Pianosa e persino la Corsica nelle giornate più limpide. In cucina la mano gentile dello chef vi porterà in un viaggio culinario dove al centro ci sono il sapore e il contrasto, spesso raggiunti con abbinamenti inusuali. I percorsi degustazione potranno essere accostati a vini di spessore e il servizio giovane e professionale saprà consigliarvi al meglio.

ⒶⒸ 🍷 – Prezzo: €€€€

Porto turistico 11 – ℰ 0564 337812 – ilgabbianotrepuntozero.it – Chiuso martedì

MARINA DI MASSA

✉ 54100 – Massa-Carrara (MS) – Carta regionale n° **11**–B1

LA PÉNICHE

PESCE E FRUTTI DI MARE • ROMANTICO Un angolo di Francia lungo il canale Brugiano. Si mangia in una palafitta dagli originali e romantici ambienti che sposano stile coloniale e modello parigino con un risultato molto caldo e romantico. Crudità di mare (ostriche comprese) fra le specialità e una ben strutturata selezione enoica con ottima scelta anche di bollicine d'Oltralpe. D'estate sono ambitissimi i tavoli sulla zattera, che richiamano ancora di più le péniche sulla Senna. Meglio prenotare con largo anticipo.

ⒶⒸ 🍷 – Prezzo: €€

Via Lungo Brugiano 3 – ℰ 0585 240117 – lapeniche.com

MARINA DI PIETRASANTA

✉ 55044 – Lucca (LU) – Carta regionale n° **11**–B1

🕸 FRANCO MARE

PESCE E FRUTTI DI MARE • STILE MEDITERRANEO Dal parcheggio al mare è un tutt'uno: il salotto d'ingresso, l'elegante sala del ristorante, la piscina, un altro salotto e infine la spiaggia... in sintesi, un raffinato stabilimento balneare tipicamente versiliano con una ristorazione a grandi livelli. A pranzo la proposta gastronomica è più semplice, salvo che alla prenotazione, in bassa stagione, si richieda la carta gourmet, che viene altrimenti servita solo la sera. La cucina è in prevalenza di mare, con i classici della cucina ittica riletti in versione moderna, con un occhio particolarmente attento alle presentazioni.

𝔅 ♿ ⒶⒸ 🍷 🅿 – Prezzo: €€€€

Via Lungomare Roma 41 – ℰ 0584 20187 – ristorantefrancomare.com

ALEX

MEDITERRANEA • STILE MEDITERRANEO Piatti moderni e personalizzati con proposte equilibrate tra pesce e carne: tre menu degustazione che ben rappresentano l'idea di cucina dello chef, in un ambiente dal sapore etnico. La selezione di vini è uno dei punti di forza, ricca di ottime etichette internazionali, tutte acquistabili presso l'enoteca.

🕸 ⅆ 𝕄 𝕣 – Prezzo: €€

Via Versilia 157/159 – ℰ 0584 746070 – ristorantealex.eu – Chiuso martedì e a mezzogiorno

MARINA DI PISA

✉ 56128 – Pisa (PI) – Carta regionale n° **11**–B2

FORESTA

PESCE E FRUTTI DI MARE • **AMBIENTE CLASSICO** Affacciato sul mar Tirreno, che si scorge da tutti i tavoli, sia in inverno all'interno, sia nella bella stagione ai tavoli all'aperto, in cucina puntano molto - e giustamente - sulla qualità del pescato e su di uno stile classico, fil rouge di tutto: dagli ambienti alla musica in sottofondo, dalla carta dei vini alle cotture del pesce stesso. I dolci si concedono una maggiore fantasia.

≼ ⅆ 𝕄 𝕣 – Prezzo: €€€

Via Litoranea 2 – ℰ 050 35082 – ristoranteforesta.com – Chiuso giovedì a mezzogiorno

MARINA DI PULSANO

✉ 74026 – Taranto (TA) – Carta regionale n° **16**–C3

⊛ **LA BARCA**

PESCE E FRUTTI DI MARE • **STILE MEDITERRANEO** Incastonato tra splendidi lidi e baie, il mare è protagonista anche al ristorante, nel panorama e soprattutto nei piatti. Il patron Saverio Galeone è il punto di riferimento in sala e dalla cucina arriva un'offerta di grande generosità e abbondanza. Le ricette sono quelle classiche, che consentono di apprezzare l'ottimo pescato.

≼ 𝕄 𝕣 𝗣 – Prezzo: €€

Litoranea Salentina – ℰ 099 533 3335 – Chiuso lunedì

MARINA DI RAGUSA - Ragusa (RG) ➜ Vedere Sicilia in fondo alla Guida

MARINA DI SAN VITO

✉ 66035 – Chieti (CH) – Carta regionale n° **15**–B1

L'ANGOLINO DA FILIPPO

PESCE E FRUTTI DI MARE • **ACCOGLIENTE** A pochi metri dal mare, affacciato sul molo, un ristorante accogliente dove la lunga tradizione di specialità ittiche è arrivata alla terza generazione. La ricerca del miglior pescato locale è un dogma: ingrediente che viene lavorato con passione e modernità.

𝕄 ✧ – Prezzo: €€

Via Sangritana 1 – ℰ 0872 61632 – Chiuso lunedì e domenica sera

MARLENGO

✉ 39020 – Bolzano (BZ) – Carta regionale n° **6**–A1

OBERWIRT

REGIONALE • **CONTESTO TRADIZIONALE** Romantici ambienti tirolesi nelle diverse stube in cui potrete sedervi, la cucina dell'albergo Oberwirt è decisamente classica, con un occhio di riguardo per stagionalità e territorio, sebbene un paio di

proposte a base di pesce siano sempre presenti in menu. Gli appassionati troveranno una bella selezione enoica.

🏖 🛏 ⇆ **🅿** – Prezzo: €€€

Vicolo San Felice 2 – 𝒞 0473 222020 – oberwirt.com

MAROSTICA

✉ 36063 – Vicenza (VI) – Carta regionale n° **8**-B2

😊 OSTERIA MADONNETTA

TRADIZIONALE • TRATTORIA Una semplice realtà familiare accogliente e simpatica. All'interno di un palazzo storico dietro la piazza con la famosa scacchiera,
soffitti antichi a grosse travi, pochi tavoli in legno e uno scoppiettante camino; un
gradevole dehors lascia intravedere parte delle mura cittadine. La cucina è impostata dalla signora Annamaria, ambasciatrice di un sapere casalingo di cucina
veneta, rispettosa della stagionalità. Un locale molto gettonato: meglio prenotare!

🅰 🛏 – Prezzo: €

Via Vajenti 21 – 𝒞 0424 75859 – osteriamadonnetta.it – Chiuso giovedì

LA ROSINA

CLASSICA • AMBIENTE CLASSICO Con oltre 100 anni di storia, un ottimo ristorante in bella posizione sui colli attorno a Marostica; la carta alterna in egual misura
carne e pesce con ricette che prendono spunto dalla tradizione veneta e mediterranea. Dalle camere si gode di una gradevole vista sui colli circostanti.

⩽ 👐 🅰 🛏 ⇆ **🅿** – Prezzo: €€

Via Marchetti 4 – 𝒞 0424 470360 – larosina.it – Chiuso martedì e lunedì sera

MAROTTA

✉ 61032 – Pesaro e Urbino (PU) – Carta regionale n° **14**-B1

😊 BURRO & ALICI

PESCE E FRUTTI DI MARE • STILE MEDITERRANEO Separato dalla spiaggia
solo dalla strada, un locale semplice, non tanto differente dai molti che affollano
il lungomare di Marotta. Il motivo per venirci è la cucina: piatti a base di pesce
dell'Adriatico, colorati e abbondanti, spesso classici, a volte rifiniti da un tocco
personale fantasioso.

🛏 – Prezzo: €€

*Lungomare Colombo 98 – 𝒞 0721 961200 – ristoranteburroealici.it – Chiuso
lunedì, martedì e a mezzogiorno mercoledì e giovedì*

MARZAMEMI – Siracusa (SR) ➜ Vedere Sicilia, in fondo alla Guida

MASIO

✉ 15024 – Alessandria (AL) – Carta regionale n° **2**-B1

😊 TRATTORIA LOSANNA

PIEMONTESE • SEMPLICE Piatti e vini della tradizione monferrina sono accompagnati da un servizio attento e cortese: un caposaldo della ristorazione locale, in
un rustico edificio dall'ambiente molto familiare.

🅰 **🅿** – Prezzo: €

Via San Rocco 40 – 𝒞 0131 799525 – Chiuso lunedì e domenica sera

MASSA

✉ 54100 – Massa-Carrara (MS) – Carta regionale n° **11**–B1

IL TRILLO

DEL TERRITORIO • ELEGANTE Sulle colline che dominano la cittadina, un'antica residenza che oggi ospita anche la cantina dell'azienda vinicola di proprietà accoglie gli ospiti in un'atmosfera elegante, che si fa incantevole nella bella stagione, quando si cena nella romantica limonaia: terrazza panoramica, luci soffuse e tutt'intorno limoni, aranci, bergamotti e mandarini. La cucina prende spunto dal territorio: ingredienti di terra e di mare preparati secondo una linea classica ma non priva di fantasia, e presentazioni curate.

⪇ 🅰 🍴 🅿 – Prezzo: €€

Via Bergiola Vecchia 30 – ℰ 0585 46755 – iltrillo.net – Chiuso lunedì e a mezzogiorno tranne domenica

MASSA LUBRENSE

✉ 80061 – Napoli (NA) – Carta regionale n° **17**–B2

❀ RELAIS BLU

MEDITERRANEA • ROMANTICO Una breve discesa dalla strada conduce al relais e, da qui, ad una terrazza mozzafiato, con lo sguardo che abbraccia Capri e i faraglioni, Ischia, Procida, Napoli e il Vesuvio: tutto sembra specchiarsi nello splendido Golfo partenopeo. Di fronte a tanta bellezza, la cucina coniuga ricerca e tradizione, territorio e creatività. Il territorio è ispirazione costante e gli chef coltivano l'orto di proprietà nei terreni che circondano l'albergo. Agrumi ed erbe aromatiche e selvatiche profumano le ricette. Ricca scelta di etichette della regione e una bella offerta anche di vini al bicchiere; pregevole, infine, la selezione di liquori e sigari cubani.

⪇ 🍽 ♿ 🅰 🍴 🅿 – Prezzo: €€€

Via Roncato 60 – ℰ 081 878 9552 – relaisblu.com – Chiuso martedì e mercoledì a mezzogiorno

TERRAZZA FIORELLA

ITALIANA CONTEMPORANEA • CONTESTO CONTEMPORANEO Nella cornice del Villa Fiorella Art Hotel, la posizione rialzata e strategica della terrazza offre un'incantevole vista sul Golfo e sulle isole. La cucina omaggia frequentemente il territorio campano e le sue eccellenze gastronomiche, che il cuoco rilegge con piatti piuttosto creativi e personalizzati.

⪇ 🍴 🅿 – Prezzo: €€€

Via Vincenzo Maggio 5 – ℰ 081 878 9832 – arthotelvillafiorella.com – Chiuso a mezzogiorno

MASSA MARITTIMA

✉ 58020 – Grosseto (GR) – Carta regionale n° **11**–C2

❀ BRACALI

Chef: Francesco Bracali

CREATIVA • ELEGANTE Locale di inaspettata eleganza nella piccola frazione di Ghirlanda, nel cuore delle Colline Metallifere. È qui che la cucina dello chef si concretizza in due menu degustazione (i cui piatti possono essere ordinati anche alla carta), tra proposte classiche e continue innovazioni, molta carne e anche un po' di pesce. Della cantina e dell'accoglienza si occupa con grande competenza Luca, fratello dello chef: ampissima e ben strutturata è la proposta enoica, suddivisa in due blocchi ben precisi, Italia e resto del mondo. Particolare attenzione e passione sono riservate alle verticali.

⅋ Ⓚ – Prezzo: €€€€

Via di Perolla 2, loc. Ghirlanda – ☏ 353 423 1425 – mondobracali.it – Chiuso lunedì, domenica e martedì a mezzogiorno

MATERA

✉ 75100 – Matera (MT) – Carta regionale n° **18**-B2

✿ VITANTONIO LOMBARDO

Chef: Vitantonio Lombardo

CREATIVA • **ROMANTICO** La storia del ristorante coglie l'essenza dell'anima di Matera: un'antica grotta abbandonata è stata trasformata in un'elegante sala, diventata l'indirizzo gourmet della città dopo un impegnativo recupero. Si trova proprio nella zona dei sassi, inutile suggerirvi di prendervi il tempo per una passeggiata attraverso uno dei centri storici più suggestivi d'Italia, in particolare dopo cena, se ci andate la sera, quando l'illuminazione regala all'insieme un'atmosfera struggente, specialmente dal belvedere di piazza Duomo. Il cuoco vi darà ampia dimostrazione del suo legame con il territorio, scegliendo spesso ricette e ingredienti lucani, ma che poi interpreta con molta libertà giungendo a risultati personalizzati e creativi. Eleganza e professionalità non mancano nel servizio in sala, l'insieme sarà l'occasione per un'esperienza di gran livello.

⅋ Ⓚ – Prezzo: €€€€

Via Madonna delle Virtù 13/14 – ☏ 0835 335475 – vlristorante.it – Chiuso martedì e mercoledì a mezzogiorno

BACCANTI

MODERNA • **CONTESTO STORICO** In una delle zone più suggestive dei Sassi, di fronte allo scenografico dirupo che accoglie le chiese rupestri, il ristorante occupa gli spazi di antiche grotte, ma la cucina, pur ispirata alle tradizioni locali, si fa moderna, a volte creativa, e sempre di ottimo livello.

⅋ 🛋 – Prezzo: €€

Via Sant'Angelo 58/61 – ☏ 0835 333704 – baccantiristorante.com – Chiuso lunedì e domenica sera

LE BUBBOLE

LUCANA • **ELEGANTE** In un raffinato ristorante tra le mura di Palazzo Gattini, dimora storica nel cuore di Matera, una cucina di territorio che si apre anche a qualche contaminazione esterna, firmata dallo chef Nicola Stella. La cena sulla terrazza affacciata sui Sassi sarà indimenticabile.

♿ Ⓚ 🛋 – Prezzo: €€€

Via San Potito 57/a – ☏ 0835 334358 – palazzogattini.it – Chiuso lunedì

DIMORA ULMO

LUCANA • **CONTESTO STORICO** Piatti che recuperano le tradizioni locali in chiave moderna in un antico palazzo sapientemente restaurato, la cui splendida terrazza estiva offre un'incantevole vista sui suggestivi Sassi. Cucina e sala sono affidate a due giovani con importanti esperienze pregresse; tre menu ed un'interessante selezione enoica della regione.

Ⓚ 🛋 – Prezzo: €€€

Via Pennino 28 – ☏ 0835 165 0398 – dimoraulmo.it

EGO

CREATIVA • **CONTESTO CONTEMPORANEO** A pochi passi dagli storici Sassi, un angolo contemporaneo dove gustare la cucina creativa proposta da Nicola Popolizio, giovane chef con importanti esperienze alle spalle.

&Ↄ 🅰 – Prezzo: €€€
*Via Stigliani 44 – ℰ 392 903 0963 – egogourmet.it – Chiuso martedì e a
mezzogiorno da mercoledì a venerdì*

MAZZARÒ – Messina (ME) ➜ Vedere Sicilia in fondo alla Guida

MEDUNO
✉ 33092 – Udine (UD) – Carta regionale n° **7**–A2

LA STELLA

REGIONALE • **FAMILIARE** In questa graziosa trattoria di paese dalla brillante e
simpatica gestione familiare, la cucina - proposta a voce come il vino - è fedele alla
tradizione e ai prodotti regionali, nonché alla stagionalità. Annessa gastronomia
per asporto e degustazione (in piedi) di piatti più semplici.
🗊 ↔ – Prezzo: €€
*Via Principale 38 – ℰ 0427 86124 – Chiuso lunedì-giovedì, a mezzogiorno
venerdì e sabato e domenica sera*

MELFI
✉ 85025 – Potenza (PZ) – Carta regionale n° **18**–A1

😊   **LA VILLA**

LUCANA • **ACCOGLIENTE** Sulle prime colline intorno a Melfi, è una simpatica
gestione familiare che vi accoglierà e guiderà alla scoperta delle specialità lucane.
Due fratelli si dividono il timone, uno in cucina, l'altro in sala, professionalità e sorrisi
per un pasto di ottimo livello.
🅰 ↔ 🅿 – Prezzo: €
*Contrada Cavallerizza, SS 303 verso Rocchetta Sant'Antonio – ℰ 0972 236008 –
lavillamelfi.it – Chiuso lunedì*

MELIZZANO
✉ 82030 – Benevento (BN) – Carta regionale n° **17**–B1

LOCANDA RADICI

MODERNA • **CONTESTO CONTEMPORANEO** Un lussureggiante giardino con
olivi secolari anticipa il bel casolare dagli interni moderni e luminosi. La cucina
di Angelo D'Amico valorizza i prodotti locali con leggiadra fantasia. Particolare
attenzione è data alla sostenibilità del piatto, calcolata con un modello matematico
messo a punto dal fratello Giuseppe - che si occupa della sala - e riportata sul menù.
⟵ 🗄 🅰 🗊 🅿 – Prezzo: €€
*SP 21 Contrada San Vincenzo – ℰ 0824 944506 – locandaradici.it – Chiuso
lunedì, martedì, mercoledì a mezzogiorno e domenica sera*

MENAGGIO
✉ 22017 – Como (CO) – Carta regionale n° **4**–B2

IL RISTORANTE DI PAOLO 🆕

PESCE E FRUTTI DI MARE • **ELEGANTE** Ospitato in un bel palazzo di gusto
Liberty, il locale gode di una posizione privilegiata su una piazza a ridosso del
lungolago con ampio servizio estivo per la bella stagione. Cucina di terra, di mare
e di lago, piatti preparati con generosità e, talvolta, un pizzico di fantasia seguendo
anche la stagionalità dei prodotti.
🅰 🗊 – Prezzo: €€€
Largo Cavour 5 – ℰ 0344 32133 – ilristorantemenaggio.it – Chiuso martedì

MENFI – Agrigento (AG) ➔ Vedere Sicilia in fondo alla Guida

MERANO
✉ 39012 – Bolzano (BZ) – Carta regionale n° **6**–A1

✿ **PREZIOSO**

CREATIVA • ROMANTICO Lasciata Merano, una strada tra i boschi conduce a Castel Fragsburg, una dimora da favola, con ambienti e camere traboccanti d'atmosfera. Se il tempo lo consente, si può mangiare su una delle terrazze più spettacolari d'Italia, a strapiombo sulla valle, altrimenti nelle raffinate sale interne. In cucina Egon Heiss, che esprime il suo talento attraverso un menu degustazione che propone piatti creativi, ma il più delle volte basati su risorse montane, dal pesce d'acqua dolce alla cacciagione. Un'attenzione particolare meritano i dolci, veramente di ottimo livello.

⇐ ⏃ 🏠 ✿ **P** – Prezzo: €€€€

Via Fragsburg 3 – ℰ 0473 244071 – fragsburg.com – Chiuso lunedì, domenica e a mezzogiorno

✿ **SISSI**

Chef: Andrea Fenoglio

MODERNA • LIBERTY Appena fuori dal centro pedonale della bella Merano, il cui Liberty si esprime anche nella calda e accogliente sala principale del ristorante, Sissi è il regno dello chef-patron Andrea Fenoglio, che durante il servizio si divide tra sala e cucina per meglio coinvolgere i suoi ospiti. La sua è una proposta dalle solide basi classiche, come dimostra il fatto di presentare una carta con ampia scelta, culminante nel menù Settepiatti a sorpresa, che cambia annualmente (ceramiche di servizio comprese). Si tratta di una linea gastronomica generosa nei sapori e rassicurante, a cui Fenoglio sa dare una leggera nota moderna, nella scelta di un abbinamento o nella presentazione finale. Qualunque sia la vostra scelta, non mancherà il perfetto abbinamento enologico, potendo contare su una carta dei vini ben strutturata.

🕸 🅼 ✿ – Prezzo: €€€

Via Galilei 44 – ℰ 0473 231062 – sissi.andreafenoglio.com – Chiuso lunedì e martedì a mezzogiorno

MERCATO SAN SEVERINO
✉ 84085 – Salerno (SA) – Carta regionale n° **17**–B2

CASA DEL NONNO 13 🆕

CAMPANA • RUSTICO Ha riaperto i battenti con una nuova gestione questo affascinante ristorante che si snoda di sala in sala fino ad arrivare – e il colpo d'occhio è incantevole – nelle vecchie cantine del palazzo. La cucina proposta ha un forte legame territoriale, ben descritto da una carta invitante con alcuni temi cari, dai salumi alle verdure passando per le paste, il pomodoro San Marzano, la preponderanza data alla carne, le cotture alla brace. Un grande omaggio alla Campania.

🕸 🅼 🏠 – Prezzo: €€€

Via Caracciolo 13, loc. Sant'Eustachio – ℰ 089 894399 – casadelnonno13.it – Chiuso a mezzogiorno da lunedì a venerdì e domenica sera

MERCENASCO
✉ 10010 – Torino (TO) – Carta regionale n° **1**–B2

DARMAGI

PIEMONTESE • FAMILIARE Villetta in posizione defilata caratterizzata da una calda atmosfera familiare, soprattutto nella bella sala con camino. La cucina è ricca di proposte della tradizione piemontese e canavesana, nel fine settimana imperdibili il fritto misto e la bagna caoda. Piacevole dehors nel verde per la bella stagione.

🕸 🅰 🍴 ♿ 🅿 – Prezzo: €€

Via Rivera 7 – ☏ 0125 710094 – ristorantedarmagi.it – Chiuso lunedì e martedì

MERGOZZO

✉ 28924 – Novara (NO) – Carta regionale n° **1**–C1

✿✿ PICCOLO LAGO

Chef: Marco Sacco

CREATIVA • LUSSO Marco Sacco è lo chef-patron di questo delizioso ristorante sospeso nel tempo. Lasciato il brulicante lago Maggiore, il tranquillo specchio d'acqua di Mergozzo si offre ai tavoli del locale come una pittoresca cartolina. La cucina tecnica e creativa vede il ritorno della carta con i piatti iconici dello chef e nuove proposte; il menu degustazione "Una piccola Spirale..." (di 7 portate) parte dal Piccolo Lago per abbracciare prodotti e tradizioni del mondo. L'imperdibile per l'ispettore: Carbonara au Koque.

🕸 ⇐ 🛏 🅰 ♿ 🅿 – Prezzo: €€€€

Via Turati 87, loc. Fondotoce – ☏ 0323 586792 – piccololago.it – Chiuso lunedì, martedì e mercoledì a mezzogiorno

LA FUGASCINA RISTORANTE

ITALIANA CONTEMPORANEA • BISTRÒ Direttamente sulla piazzetta con piacevole dehors, il menu punta sempre più sul pesce di lago e sulla stagionalità delle materie prime, abbinate a tecniche di lavorazione moderne o ripescate dal passato, ma di estrema attualità; materia prima locale e il più possibile a Km0.

🍴 – Prezzo: €€

Piazza Vittorio Veneto 8 – ☏ 0323 800970 – lafugascinaristorante.it – Chiuso lunedì, martedì a mezzogiorno e domenica sera

LA QUARTINA

CLASSICA • AMBIENTE CLASSICO Un locale dalla gestione seria e cordiale che propone una solida cucina mediterranea con pesce anche lacustre. Nella bella stagione imperdibile è la bella terrazza fronte lago. La struttura dispone di accoglienti camere per un soggiorno a tutto relax, grazie anche alla spiaggetta privata.

⇐ ♿ 🍴 🅿 – Prezzo: €€

Via Pallanza 20 – ☏ 0323 80118 – laquartina.com

MESE

✉ 23020 – Sondrio (SO) – Carta regionale n° **4**–B1

CROTASC

VALTELLINESE • STILE MONTANO Dal 1928 il fuoco del camino scalda le giornate più fredde e le due sale in pietra svelano la storia del crotto e una cordiale accoglienza. In estate, invece, sono i boschi a far da cornice ai tavoli delle terrazze all'aperto. In cucina la tradizione rivive con creatività e la notevole carta dei vini annovera etichette del territorio molto interessanti.

🕸 🍴 ♿ 🅿 – Prezzo: €€

Via Don Primo Lucchinetti 63 – ☏ 0343 41003 – ristorantecrotasc.com – Chiuso lunedì-mercoledì

MESSINA – Messina (ME) ➜ Vedere Sicilia in fondo alla Guida

MESTRE

✉ 30173 – Venezia (VE) – Carta regionale n° **8**–C2

ALL'OMBRA DEL GABBIANO Ⓝ

ITALIANA CONTEMPORANEA • BISTRÒ Un simpatico locale, tipo bistrot mediterraneo, nato una ventina di anni fa come osteria-cicchetteria, ma che recentemente si è convertito ad un'offerta totalmente gluten free. La proposta comprende anche piatti vegani, senza alcun compromesso sulla qualità, sulla bontà e neppure sulla bella presentazione di ciò che si trova nella carta ben articolata. Servizio attento e cordiale e tavoli all'aperto in zona pedonale nella bella stagione.
🅺 🍴 – Prezzo: €€

Via Caneve 2 – ☏ 041 611905 – allombradelgabbiano.eatbu.com – Chiuso a mezzogiorno da martedì a giovedì e domenica sera

MIANE

✉ 31050 – Treviso (TV) – Carta regionale n° **8**–C2

DA GIGETTO

MODERNA • AMBIENTE CLASSICO Ristorante di lungo corso e di rinomata fama, tutto merito dell'ospitalità di una famiglia appassionata ed ovviamente della validità della cucina proposta. La carta, infatti, è ben impostata e pur nell'omogeneità di uno stile classico, riesce a divagare sulla tradizione del territorio, concedersi tocchi contemporanei e perfino alcune aperture verso le specialità a base di pesce. Ottima cantina: ben oltre le mille referenze, con numerose sorprese e varie verticali.
🅑 🅺 ⇔ 🅿 – Prezzo: €€

Via De Gasperi 5 – ☏ 0438 960020 – ristorantedagigetto.it – Chiuso martedì e lunedì sera

MILANO

✉ 20121 – Milano (MI)
Carta regionale n° 5-B2

Consacrata capitale del food dall'Expo 2015, evento
che ha acceso sulla città i riflettori internazionali del
mondo della gastronomia (per finanza, moda e design
non ce n'era bisogno), Milano ha goduto negli anni
a seguire di un dinamismo eccezionale nel settore
turistico e gastronomico, che ne ha fatto "the place
to be", attirando investimenti e nuove aperture a cui
la pandemia ha messo un freno solo momentaneo.
Oggi la scena gastronomica milanese vede fine dining
blasonati, una bella offerta di cucina etnica che spazia
dai locali più semplici agli stellati, bistrot moderni
che recuperano la tradizione e cucine di giovani e
talentuosi chef che continuano a subire il fascino della
città più cosmopolita del Bel Paese.

Nella "Milano da bere" non si può non cedere alla
tentazione dell'happy hour, l'aperitivo che spesso
prevede un drink e buffet libero, divenuto rito sociale
irrinunciabile per giovani e meno giovani. Per una bella
esperienza, accomodatevi in una terrazza panoramica
e godetevi lo spettacolo. Menzione speciale anche per
le proposte di mixology di molti ristoranti, che spesso
abbinano la carta dei cocktail all'offerta gastronomica.

Tra le tradizionali architetture di Brera e dei Navigli
o tra i più avveniristici grattacieli di Porta Nuova, a
ciascuno la sua tavola e la sua personale esperienza
nella città più vibrante della Penisola.

A TAVOLA, SECONDO I VOSTRI GUSTI

RISTORANTI DALLA A ALLA Z

BEST-OF

RISTORANTI PER TIPO DI CUCINA

MILANO

MILANO

TAVOLI ALL'APERTO

A
B

MILANO

1

2

3

ABBIATEGRASSO

V. Ludovico di Breme
V. Carlo Espinasse
Vie Console Marcello
V. degli Imbriani
V. Privata Angiolo Maffucci
V.P. Carone
V. Giuseppe Guerzoni
Livigno
V.
Maciachi
Jenner
Vie Edoardo

Vie Certosa Gallarate
V. Cesare Airaghi
Vareina
V. Monte Generoso
Serra
Vie Luigi Bodio
V. Bernina
Stel

Vie Certosa
V. Principe Eugenio
V. dell'Aprica
V. Valtellina
Carl

V. Francesco De Lemene
Vie Certosa
Renato Bartolini
V. Lorenzo
V. Mac
V. Mahon
Giuseppe Govone
Lancetti

Monte Stella
V. Alcide De Gasperi
84
Pza Firenze
voir plan II
V. Giovanni Battista Fauchè
V. Nicolò Tartaglia
Cenisio
V. Luigi Nono
V. Carlo Farini

Parco del Portello
Soprelevata
V. Collec Chio
Casa Milan
Cso.
V. Giulio Cesare Procaccini
Monumentale
Gariba
F.S.

Q.T.8
V. Diomede
Fiera Milano City
VELDROMO VIGORELLI
Domodossola
PORTA VOLTA
V. Paolo Sarpi
Fondazione Feltrinelli

Vie Federico Caprilli
V. Paolo Onorato Vigliani
Portello
Tre Torri
Sempione
QUARTIERE CINESE
Bramante
V. Legnano

Vie Giovanni Migliara
Lotto
V. Monte Bianco
V. Domenico Cirillo
Vie Elvezia

V. Monreale
CITY LIFE
62
V. Antonio Canova
Parco Sempione
Foro Buonaparte

Vie Murillo
Amendola Fiera
V. Nicolò Machiavelli
V. Vincenzo Monti
CASTELLO SFORZESCO

Gaetano Previati
Monte Rosa
V. Tiziano
V. Gabriele Rossetti
Vie Molière

V. Dante Ranzoni
V. Correggio
V. San Siro
Buonarroti
V. Giorgio Pallavicino
Lodovico Ariosto
Giacomo Leopardi
Foro Buonaparte

V. Caccialepori
61
Wagner
V. 20 Settembre
V. Giosuè Carducci

V. Rembrandt
De Angeli
83
Cso. Vercelli
Cso. Magenta
V. S. Michele del Carso
V. S. Vittore

Vie Pisa
Gambara
Vie Ergisto Bezzi
Washington
Vie di Pta Vercellina
V. S. Vittore

Bande Nere
V. Sardegna
V. Olona
Maurii
To

V. S. Gimignano
V. Luigi Soderini
Vie Misurata
V. Romolo Gessi
V. Giorgio
V. Vincenzo Foppa
Vie Papiniano
V. Ausonio

Lorenteggio
V. Enrico Stendhal
V. Andrea Solari
V. Savona
Cso. Genova
V. Mo delle A

V. Lorenteggio
V. Vespri Siciliani
V. Giambellino
V. Savona
V. Voghera
Vie Gabriele D'Annunzio
Vie Gia Galeazz

V. Giambellino
V. Gentile Bellini
V. Carlo Troya
Tortona
Valenza
V. Vigevano

Ripa di Pta Ticinese
70
NAVIGLI

Cavalcavia Don Lorenzo Milani
Moro
48
V. G. Segantini
V. Cardinale Ascanio Sforza
V.O. Tabacc
Auditorium

V. Giambellino
V. Morimondo
V. Giacomo Watt
V. Cassala
Romolo
Vie Liguria
46

V. Lodovico
V. Privata Parenzo
V. Ettore Ponti
V. Bonaventura Zumbini
Santander
V. Franco Russoli
V. Rimini
V. Spezia
Alzaia Naviglio Pavese
55
V. Giuseppe Meda
Vie Tibal
V. G.
Pezzotti

N

0 — 1 km

MILANO

BRESCIA

BOLOGNA, FIRENZE

C

D

V. Cufra
V. Taormina
Istria
Turro
Veglia
V. Zara
V. Arbe
Vle Marche
Marche
V. Torquato Taramelli
V. Edolo
V. Melchiorre Gioia
V. Gianfranco Zuretti
V. Giovanni Battista Sammartini
V. Ferrante Aporti
Rovereto
V. Palmanova
Camia
Udine
Pordenone
V. Ronchi
S. Maria la Fontana
V. Nazario Sauro
Zara
Sondrio
V. Tonale
V. Giovanni Battista Sammartini
V. Marco Aurelio
V. Ruggero Leoncavallo
V. Padova
Pizzo
22
V. Natale Battaglia
Pasteur
V. Alfredo Catalani
V. Accademia
Teodosio
LAMBRATE
Palazzo Lombardia
Isola
Vle Brianza
87
Piazzale Loreto
V. Giovanni Pacini
Averardo Buschi
ISOLA
Bosco Verticale
Pirellone
Stazione Centrale
Caiazzo
Loreto
Abruzzi
Vle Gran Sasso
Piola
V. Edoardo Bassini
V. Celeste Clericetti
V. Camillo Golgi
Torre Unicredit
Pza Gae Aulenti
V. Vitruvio
V. Donatello
V. Galileo Galilei
V. Vittor Pisani
Vle Tunisia
V. Felice Casati
V. Panfilo Castaldi
Vle Città di Fiume
Corso Buenos Aires
Benedetto Marcello
Lima
V. Antonio Stoppani
Casa Museo Boschi Di Stefano
V. G. Pascoli
V. Bronzino
V. Pinturicchio
Vle Abruzzi
Vle Romagna
V. Luigi Mangiagalli
V. della Moscova
Giardini Pubblici Indro Montanelli
V. Carlo Pisacane
V. Filippo Juvara
V. Sandro Botticelli
V. Carlo Forlanini
V. Beato Angelico
V. Giovanni Antonio Amadeo
Vle Luigi Majno
Vle Piave
V. A. Kramer
V. Carlo
V. Ciro Menotti
V. Castel Morrone
Vle dei Mille
Goldoni
Vle Argonne
V. Ferdinando Marescalchi
V. A. Manzoni
Cso. Monforte
V. Pietro Mascagni
Vle Bianca Maria
V. Premuda
V. Pasquale Sottocorno
Dateo
Cso. Plebisciti
V. Francesco Reina
Lomellina
Negroli
V. Cardinale Mezzofanti
DUOMO
V. Gaetano Donizetti
V. Fratelli Bronzetti
V. Piceno
V. Campania
V. Marcona
V. Larga
V. Francesco Sforza
Cso. di Pta Romana
S. Barnaba
Cso. 22 Marzo
V. Cadore
V. Augusto Anfossi
Vle Umbria
82
Vle Corsica
V. Giovanni Battista Piranesi
V. Mugello
74
Via Alfonso Lamarmora
V. Spartaco
V. A. Fogazzaro d'Orsenigo
V. Simone
V. Friuli
Ple Martini
Molise
75
V. Cesare Lombroso
V. Orti
V. Emilia Caldara
Vle Monte Nero
V. Lazio
V. Carlo Bottari
Vle Cirenaica
V. Ennio
V. Tito Livio
Vle
Vle Beatrice d'Este
V. A. Filippetti
Porta Romana
Cso. di Pta Vigentina
V. Friuli
Umbria
V. Tertulliano
V. Monte Cimone
Varsavia
Roberto Sarfatti
V. Carlo Vittadini
V. Cesare Balbo
88
V. Giulio Romano
Lodi
V. Puglie
V. Giuseppe Ripamonti
V. Trebbia
Vle Isonzo
PTA ROMANA
V. Zama
V. G. Spadolini
V. Pompeo Leoni
Lodi Tibb
Cso. Lodi
V. Sulmona
V. Vincenzo Toffetti
V. Giovanni Lorenzini
Fondazione Prada
Orobia
Brenta
V. Enrico Caviglia
Vle Ortles
Vle Brenta
Corvetto
72

E F

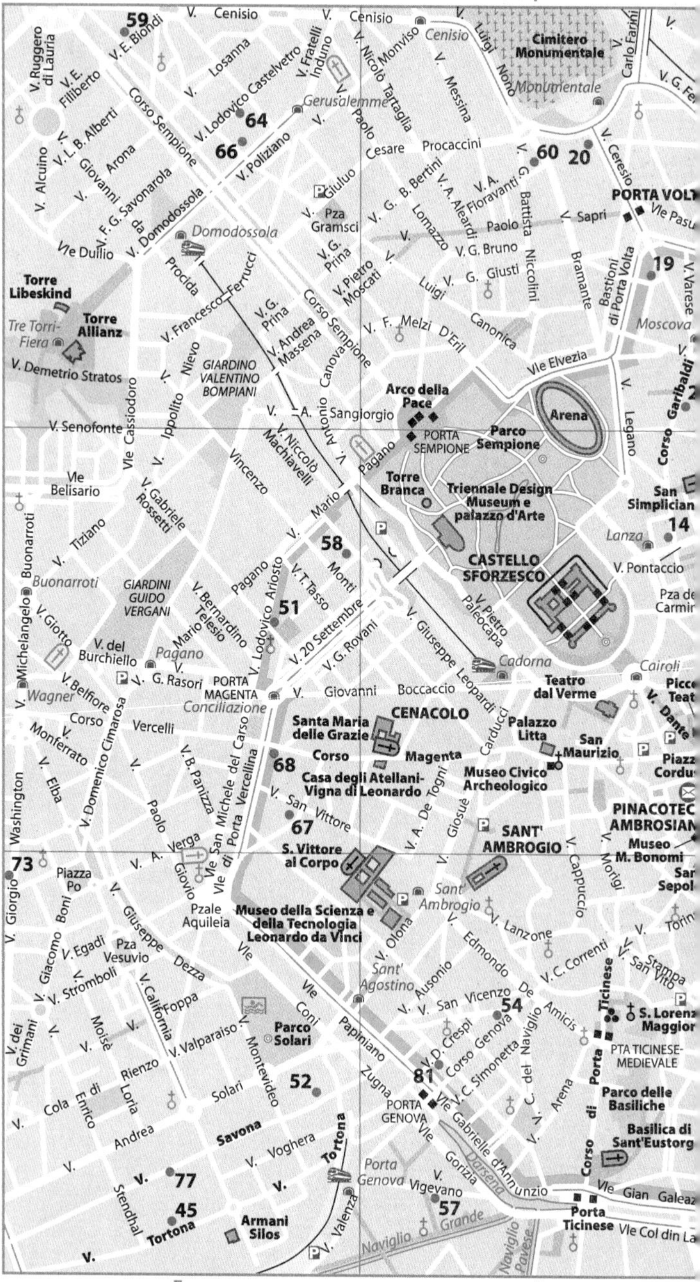

Cimitero Monumentale
Monumentale
Cenisio
Gerusalemme
PORTA VOLTA
Torre Libeskind
Torre Allianz
Tre Torri-Fiera
Domodossola
GIARDINO VALENTINO BOMPIANI
Arco della Pace
PORTA SEMPIONE
Parco Sempione
Arena
Torre Branca
Triennale Design Museum e palazzo d'Arte
CASTELLO SFORZESCO
San Simpliciano
Moscova
Lanza
Buonarroti
GIARDINI GUIDO VERGANI
Pagano
Wagner
PORTA MAGENTA
Conciliazione
Cadorna
Cairoli
Teatro dal Verme
Santa Maria delle Grazie
CENACOLO
Casa degli Atellani-Vigna di Leonardo
Palazzo Litta
San Maurizio
Museo Civico Archeologico
PINACOTECA AMBROSIANA
Museo M. Bonomi
S. Vittore al Corpo
SANT' AMBROGIO
Sant' Ambrogio
Museo della Scienza e della Tecnologia Leonardo da Vinci
Pzale Aquileia
Piazza Po
Pza Vesuvio
Sant' Agostino
Parco Solari
S. Lorenzo Maggiore
PTA TICINESE-MEDIEVALE
Parco delle Basiliche
Basilica di Sant'Eustorgio
PORTA GENOVA
Porta Genova
Darsena
Naviglio Grande
Naviglio Pavese
Porta Ticinese
Armani Silos
Corso Sempione
Corso Magenta
Corso Vercelli
Corso Genova
Corso di Porta Ticinese
Vle Elvezia
V. Sapri
V. Cenisio
59 64 66 60 20 19 14 58 51 68 67 73 54 81 52 77 45 57

1 2 3

E F

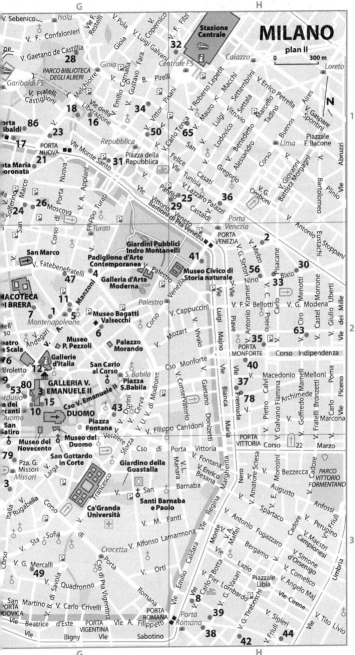

CENTRO STORICO

✿✿ SETA BY ANTONIO GUIDA

Chef: Antonio Guida

CONTEMPORANEA • ELEGANTE All'interno del Mandarin Oriental, frequentato da una raffinata clientela internazionale, la cucina riflette il gusto cosmopolita della città. Tre menu degustazione danno spazio ai classici dello chef Antonio Guida nel primo, alla stagione nel secondo e a un prodotto a scelta nel terzo. In primavera, ad esempio, grande protagonista è il pesce azzurro con acciughe, pesce bandiera e palamita con garusoli, rognoni e salicornia: semplicemente eccezionale! L'articolata selezione di vini, che al calice può regalare ottime emozioni, dà anche grandi soddisfazioni a tavoli più numerosi, grazie a svariate etichette in Magnum anche di importanti annate del passato.

🏵 ♿ 🅰🅺 🍽 – Prezzo: €€€€

Pianta: G2-1 – *Via Andegari 9* – Ⓜ *Montenapoleone* – ☏ *02 8731 8897* – *mandarinoriental.com* – *Chiuso lunedì e domenica*

✿✿ VERSO CAPITANEO Ⓝ

Chef: Mario e Remo Capitaneo

CREATIVA • DESIGN I due fratelli Capitaneo, uniti dalla grande passione per la cucina, ma con caratteri differenti, dopo importanti esperienze in blasonati ristoranti stellati hanno aperto il loro locale in piazza Duomo. Il concept informale prevede la possibilità di accomodarsi sui grandi banconi che circondano la cucina o ai tavoli in vetro nero: osservare così da vicino il lavoro degli chef è già di per sé un divertimento. Nel piatto, materia prima di stagione, freschissima, lavorata con tecniche che ne esaltano caratteristiche e sapori senza inutili orpelli. Intrigante l'astice blu con zucchine gialle e il "benvenuto" della casa: rosa di petali di barbabietola rossa e caviale... Una delle specialità più instagrammate!

🅰🅺 ✂ – Prezzo: €€€€

Pianta: G2-10 – *Piazza Duomo 21* – Ⓜ *Duomo* – ☏ *02 8975 0929* – *ristoranteverso.com* – *Chiuso martedì*

✿ CRACCO IN GALLERIA

Chef: Carlo Cracco

MODERNA • ELEGANTE La Galleria Vittorio Emanuele II è uno dei posti più iconici di Milano e come tale può fregiarsi di una vera stella della ristorazione italiana, il cui percorso professionale è tra i più importanti in Italia (tra i suoi maestri Ducasse in cucina e Pinchiorri in cantina). Assieme al patron Carlo, il resident chef Luca Sacchi esegue una cucina di prodotto e tecnica impeccabili, abbracciando le tradizioni meneghine e allargandosi a tutta l'area mediterranea, con il pesce ligure in primo piano. La cantina è un viaggio a sé, con una delle migliori selezioni di vini francesi in Italia per ampiezza e profondità, arricchita da un ottimo servizio al calice e dall'opportunità di degustare i vini dell'azienda biologica Vistamare, di proprietà dello chef, situata sulle colline romagnole. I tavoli più ambiti sono quelli vicino alle finestre con vista sull'Ottagono della Galleria, da prenotare per tempo.

🏵 ♿ 🅰🅺 ✂ – Prezzo: €€€€

Pianta: G2-3 – *Galleria Vittorio Emanuele II* – Ⓜ *Duomo* – ☏ *02 876774* – *ristorantecracco.it* – *Chiuso domenica e a mezzogiorno lunedì e sabato*

✿ HORTO Ⓝ

Chef: Alberto Toè

MODERNA • DESIGN Norbert Niederkofler arriva a Milano portando con sé il suo impegno verso la sostenibilità. La cucina, nelle sapienti mani di Alberto Toè, propone due percorsi degustazione dove la ricerca di prodotti di prossimità (non più di un'ora dal capoluogo) è un must. Nella bella stagione, le terrazze con la vista che spazia dalle guglie del Duomo al Castello Sforzesco costituiscono un ulteriore plus del locale, che diventa anche la meta ideale per un aperitivo grazie ad un'ampia lista di cocktail. Gli interni con tavoli in legno naturale creano un ambiente sobrio e curato adatto sia al fine dining che ad un pranzo casual, in questo caso, però, la proposta si fa più semplice.

L'impegno dello chef: La filosofia Cook the Mountain di Niederkofler arriva a Milano nella formula 1 Hour: tutti i fornitori delle materie prime del ristorante (naturali e biologiche) si trovano a meno di 1 ora di viaggio (traffico permettendo!), un bel sostegno alla tradizione delle cascine lombarde! Altrettanto efficace è la politica 100% no waste attraverso fermentazioni, garum, disidratazioni e compostaggio. Il palazzo Medelan che ospita Horto, infine, è stato certificato per la sostenibilità ambientale.

🕸 ♿ Ⓜ 🌿 – Prezzo: €€€€

Pianta: G2-9 – *Via San Protaso 5* – Ⓜ *Cordusio* – 🕾 *02 3651 7496* – *hortorestaurant.com* – *Chiuso domenica*

❄ SADLER

Chef: Claudio Sadler

CREATIVA • **CONTESTO CONTEMPORANEO** Da trent'anni baluardo dell'alta cucina meneghina, lo chef ha ora una nuova location presso l'hotel Casa Baglioni, bellissimo edificio in stile Liberty del 1913. Al suo interno, l'atmosfera si fa molto contemporanea, con una sala raffinata dove accomodarsi su poltroncine colorate per gustare una cucina dall'impronta ben precisa e riconoscibile, in perfetto equilibrio fra tradizione e innovazione, supportata da impeccabili materie prime. Anche la cantina è all'altezza del suo blasone: etichette nazionali e internazionali di pregio con rarità anche interessanti. A mezzogiorno interessante business lunch.

🕸 Ⓜ ♿ – Prezzo: €€€€

Pianta: G2-47 – *Via dell'Annunciata 14* – Ⓜ *Romolo* – 🕾 *02 5810 4451* – *ristorantesadler.it* – *Chiuso domenica sera*

AIMO E NADIA BISTRO

ITALIANA CONTEMPORANEA • **CHIC** Il celebre ristorante stellato presenta qui la sua versione più informale, in una sala tanto piccola quanto graziosa ed originale. Il motto della maison non muta: in prima fila troverete i prodotti italiani, evidenziati da una cucina rispettosa dei loro sapori e integrità. Molto raffinato anche il dehors estivo: relax e tranquillità in pieno centro cittadino.

Ⓜ – Prezzo: €€€

Pianta: E2-67 – *Via Matteo Bandello 14* – Ⓜ *Conciliazione* – 🕾 *02 4802 6205* – *bistroaimoenadia.com* – *Chiuso lunedì e domenica*

ARMANI/RISTORANTE

ITALIANA CONTEMPORANEA • **LUSSO** Al settimo piano dell'Armani Hotel Milano - con spettacolare vista sulla città - ricercatezza estetica, contemporaneità ed essenzialità sono i tratti salienti della proposta gastronomica dello chef Francesco Mascheroni, che armonizza la tradizione italiana con suggestioni di cucine internazionali. Particolare attenzione è riservata alla stagionalità; non manca un menu degustazione vegetariano.

⪙ ♿ Ⓜ ♿ – Prezzo: €€€€

Pianta: G2-5 – *Via Manzoni 31* – Ⓜ *Montenapoleone* – 🕾 *02 8883 8702* – *armanihotels.com* – *Chiuso lunedì-mercoledì, domenica e a mezzogiorno*

CAFÉ CRACCO

CLASSICA • **ELEGANTE** Bar-pasticceria sul salotto cittadino per eccellenza, il Café del celebre chef (il suo ristorante gourmet è al primo piano dello stesso edificio) è una piacevole tappa gastronomica, con una carta che passa con disinvoltura dalle specialità milanesi a piatti internazionali, passando per la pizza. I dessert si scelgono da una vetrina e sono di notevole raffinatezza. Tavoli anche all'esterno, nella straordinaria cornice della galleria.

♿ 🌿 – Prezzo: €€€

Pianta: G2-80 – *Galleria Vittorio Emanuele II* – Ⓜ *Duomo* – 🕾 *02 876774* – *ristorantecracco.it* – *Chiuso domenica e a mezzogiorno lunedì e sabato*

MILANO

CORTECCIA 🔟

MODERNA • CONTESTO CONTEMPORANEO Passato e futuro si mescolano in questo piacevole ristorante a due passi dal Duomo. Famoso per il suo estro in cucina, lo chef Cristiano Tomei (proprietario del ristorante L'Imbuto, Lucca) vuole riportare la ristorazione ad un autentico momento di piacere, condivisione e divertimento: ci riesce nella città meneghina con una cucina italiana giocosa, non priva di un'equilibrata fantasia.

&♿ Ⓜ – Prezzo: €€€

Pianta: G2-43 – *Corso Europa 12* – Ⓜ *San Babila* – 𝒞 *02 3056 2158 – corteccimilano.it – Chiuso domenica*

FRADES PORTO CERVO

PESCE E FRUTTI DI MARE • CONTESTO CONTEMPORANEO È l'avventura di tre fratelli, già ristoratori con bottega a Porto Cervo, che sbarcano a Milano per portare la loro idea di ospitalità sarda a due passi da Piazza Duomo. Un locale elegante e molto contemporaneo per i grandi classici della cucina regionale in chiave moderna.

&♿ Ⓜ – Prezzo: €€€

Pianta: G3-79 – *Via Giuseppe Mazzini 20* – Ⓜ *Missori* – 𝒞 *391 386 3232 – frades.eu – Chiuso a mezzogiorno*

IL MARCHESE - OSTERIA MERCATO LIQUORI 🔟

ROMANA • LIBERTY In un sontuoso ambiente art déco che stride piacevolmente con la cucina popolare che viene proposta, lo spin off milanese dell'omonimo locale romano, omaggio al Marchese del Grillo di Alberto Sordi, è anche il primo amaro bar d'Europa, con una selezione di oltre 600 amari. La filosofia del locale è basata sulla tradizione romana interpretata in chiave contemporanea. Preparatevi dunque ad una deliziosa carrellata di carbonara, matriciana, gricia, filetto di vitello come saltimbocca, pancia di maiale e tanto altro ancora!

&♿ Ⓜ ⇧ – Prezzo: €€€

Pianta: G2-76 – *Via dei Bossi 3* – Ⓜ *Cordusio* – 𝒞 *02 5812 4986 – ilmarchesemilano.it*

PELLICO 3

MODERNA • ELEGANTE A pochi metri dalla Galleria, nel lussuoso albergo Park Hyatt, il giovane cuoco propone una cucina raffinata e talvolta complessa, con salse e tradizioni delle sue esperienze francesi insieme ad una frequente presenza vegetale, nonché piatti d'ispirazione mediterranea.

&♿ Ⓜ ⇧ – Prezzo: €€€€

Pianta: G2-53 – *Via Silvio Pellico 3* – Ⓜ *Duomo* – 𝒞 *02 8821 1236 – pellico3milano.it – Chiuso lunedì, domenica e a mezzogiorno*

IL RISTORANTE - NIKO ROMITO

ITALIANA CONTEMPORANEA • DI TENDENZA All'interno dell'hotel Bulgari, strategicamente posizionato nel cuore di Milano e di fronte ad un esclusivo giardino, il cuoco tristellato abruzzese continua a curarne la cucina, all'insegna di una linea italiana, contemporanea e alleggerita. Atmosfera trendy e spazio bar.

🍴&♿ Ⓜ 🍸 – Prezzo: €€€€

Pianta: G2-7 – *Via Privata Fratelli Gabba 7/b* – Ⓜ *Montenapoleone* – 𝒞 *02 805 8051 – bulgarihotels.com*

ROVELLO 18

ITALIANA • VINTAGE Vivace ed accogliente bistrot dai curati arredi in legno, per una cucina che punta su un'attenta selezione delle materie prime, presentate senza troppe elaborazioni. Dal menu fanno capolino alcune specialità milanesi, sebbene la maggior parte dei piatti sia d'impronta mediterranea. Interessante scelta di vini anche a bicchiere.

🅱 Ⓜ – Prezzo: €€€

Pianta: F2-14 – *Via Tivoli 2* – Ⓜ *Lanza* – 𝒞 *02 7209 3709 – rovello18.it – Chiuso lunedì*

SPAZIO NIKO ROMITO MILANO

MODERNA • DESIGN All'ultimo piano del Mercato del Duomo, con vista sulla piazza e sulla Galleria Vittorio Emanuele II, Spazio porta a Milano un'offerta gastronomica contemporanea e italiana, nata dall'incontro tra la creatività di Niko Romito e la passione della chef Gaia Giordano. Accoglienti sale dal sobrio design, la più richiesta è naturalmente quella con vista sulle guglie.

🅰 – Prezzo: €€€

Pianta: G2-15 – *Galleria Vittorio Emanuele II* – ⓜ *Duomo* – ☏ *02 878400 – nikoromito.com/spazio-niko-romito – Chiuso domenica*

TANO PASSAMI L'OLIO

CREATIVA • AMBIENTE CLASSICO In zona residenziale di grande eleganza, la capacità di Tano Simonato è quella d'interpretare la cucina moderna con ventagli di sapori e consistenze nello stesso piatto. L'ispettore consiglia: il filetto di maialino in crosta d'orzo, la sua salsa, asparagi glassati, tuorlo d'uovo marinato allo zucchero di canna, nonché lingotto di pistacchio, pan di spagna allo yogurt e bergamotto, cioccolato e carbone vegetale al pepe. Sarà sempre lo chef-patron a consigliarvi il miglior accostamento dalla ricca carta dei vini, facendovi scoprire realtà interessanti e inusuali.

&🅰 ✧ – Prezzo: €€€€

Pianta: E2-58 – *Via Francesco Petrarca 4* – ⓜ *Cadorna* – ☏ *02 839 4139 – tanopassamilolio.it – Chiuso domenica e a mezzogiorno*

UOVODISEPPIA MILANO

MEDITERRANEA • BISTRÒ Mutua il nome da uno dei piatti più rappresentativi dello chef Pino Cuttaia, pluristellato chef siciliano, che sbarca a Milano con questo moderno bistrot nel contesto di un nuovissimo spazio polifunzionale (appartamenti, wellness club e concept store oltre al ristorante) in una signorile zona cittadina. Sicilia e stagionalità delle materie prime trattate con cura sono il suo marchio di fabbrica.

&🅰 🛋 – Prezzo: €€€

Pianta: E2-51 – *Via Lodovico Ariosto 22* – ⓜ *Conciliazione* – ☏ *02 4962 1255 – uovodiseppiamilano.it – Chiuso a mezzogiorno da lunedì a sabato e domenica sera*

VISIONNAIRE BISTROT ⓝ

ITALIANA CONTEMPORANEA • DESIGN Piccolo bistrot nascosto all'interno di una galleria di stupendi arredi design, con un ambiente moderno e dinamico e una linea gastronomica firmata dal bravo chef Filippo Gozzoli. L'intento è quello di proporre una cucina capace di creare sinergie tra le prelibate materie prime e la curiosità di sperimentare nuovi gusti e accostamenti. Argomento di scottante attualità, la sostenibilità è citata nel lunch "plant-based to share": una proposta di business lunch conviviale, che esalta appieno i sapori del mondo vegetale.

&🅰 – Prezzo: €€€

Pianta: G2-4 – *Piazza Cavour 3* – ⓜ *Turati* – ☏ *02 6413 5929 – visionnaire-bistrot.com – Chiuso lunedì, domenica e sabato a mezzogiorno*

VOCE AIMO E NADIA

ITALIANA CONTEMPORANEA • DI TENDENZA Nel cuore di Milano, l'ingresso si apre sul bar pasticceria con uno spazio bistrot per chi desidera scegliere tra una selezione ristretta di piatti più semplici, da qui si passa alla sala del ristorante con cucina a vista, dove l'insegna storica e bistellata Aimo e Nadia di via Montecuccoli porta il suo credo: ricerca di eccellenze gastronomiche italiane interpretate in chiave contemporanea. Oasi verde nel cuore della città, Voce in Giardino è lo spazio en plein air di cui approfittare nella bella stagione, circondati da sculture.

🅰 ✧ – Prezzo: €€€€

Pianta: G2-12 – *Piazza della Scala 6* – ⓜ *Duomo* – ☏ *349 327 3374 – voceaimoenadia.com – Chiuso domenica*

MILANO

WICKY'S INNOVATIVE JAPANESE CUISINE

GIAPPONESE • DESIGN L'atmosfera, contemporanea ed essenziale, è quella tipica dei ristoranti giapponesi, ma la cucina vi sorprenderà, proponendo un magico matrimonio tra classici nipponici ed ingredienti mediterranei, tra estetica e sapori. Due sale: una con vetrine sulla strada, l'altra con cucina a vista e banco sushi, dove la sera Wicky Pryan serve un menu degustazione per chi vuole affidarsi al suo estro creativo.

&. ᴀ⾧ ⇄ – Prezzo: €€€

Pianta: G3-13 – *Corso Italia 6* – Ⓜ *Missori* – 𝒞 *02 8909 3781 – wicuisine.it – Chiuso domenica e a mezzogiorno lunedì e sabato*

ZELO

MODERNA • LUSSO L'eleganza di ZELO è incorniciata dal bellissimo giardino della corte quattrocentesca interna, dove si allestisce la bella terrazza estiva. Linea di cucina moderna, grazie allo chef che utilizza il fior fiore dei prodotti italiani per preparare piatti contemporanei e creativi, oltre ad alcune "icone" nazionali come il vitello tonnato o la milanese. Se a pranzo la carta si alleggerisce di qualche proposta per lasciare spazio ad alcune insalate, la sera ecco trionfare i plateau di crudi.

◠ ᴀ ⾧ ⇄ – Prezzo: €€€€

Pianta: G2-6 – *Via Gesù 6/8* – Ⓜ *Montenapoleone* – 𝒞 *02 7708 1478 – fourseasons.com*

ZERO MILANO

GIAPPONESE • MINIMALISTA "Zero" compromessi su attenzione e qualità: la cucina, infatti, si basa su ottime materie prime e sulla tecnica e la disciplina giapponesi. Gli chef, guidati da Hide Shinohara, propongono una cucina nipponica in purezza, concentrata sulla massima qualità e l'arte della forma. In sala troverete i pannelli di onice bianca, minimalismo e luci soffuse, mentre al classico bancone, oltre a poter sbirciare la destrezza dei cuochi all'opera, c'è anche l'opportunità di una degustazione creata al momento.

ᴀ – Prezzo: €€€

Pianta: E2-68 – *Corso Magenta 87* – Ⓜ *Conciliazione* – 𝒞 *02 4547 4733 – zero-milano.it – Chiuso a mezzogiorno*

ISOLA - PORTA NUOVA

❀ ### AALTO

FUSION • CONTESTO CONTEMPORANEO Nel cuore della Milano verticale di Porta Nuova, all'interno della Torre Solaria, in una sala in cui pietra, legno e vetro creano una calda ed elegante atmosfera di ricercato design si svela la cucina dello chef Takeshi Iwai, che si autodefinisce "libera di essere italiana, giapponese, entrambe le cose o nessuna delle due". La contaminazione tra ingredienti e suggestioni dei due paesi è comunque evidente nei menu degustazione da cui estrarre anche piatti alla carta. "Ristorante nel ristorante" il banco sushi IYO Omakase condivide l'ingresso con AALTO, ma gli spazi sono distinti e la proposta gastronomica porta la firma del sushi master Masashi Suzuki.

❀ &. ᴀ ⇄ – Prezzo: €€€€

Pianta: G1-18 – *Piazza Alvar Aalto* – Ⓜ *Repubblica* – 𝒞 *02 2506 2888 – aalto-restaurant.com – Chiuso martedì e a mezzogiorno*

❀ ### ANIMA

CONTEMPORANEA • DESIGN All'interno del prestigioso hotel Milano Verticale | UNA Esperienze, in zona corso Como, Enrico Bartolini firma questo locale in cui eleganza, confort e design sono le parole chiave per interpretare il concept e le linee raffinate degli spazi, ispirati alla città del secondo Novecento, quella di Gio Ponti. Il resident chef Michele Cobuzzi con mano precisa crea piatti dai sapori moderni, esaltati dall'ottima materia prima proveniente principalmente dalla sua terra di origine, la Puglia. Degna di nota la proposta enoica non ampissima, ma con etichette sia italiane che straniere. Sul fronte mixology, oltre ai classici cocktail, in lista troverete anche dei signature accattivanti e originali, che vi porteranno in giro per il mondo.

🕸 📶 – Prezzo: €€€€

Pianta: G1-86 – *Via Gaspare Rosales 4* – 🔵 *Garibaldi* – 𝒞 *02 6227 8500* – *enricobartolini.net/ristorante-milano-verticale – Chiuso domenica e a mezzogiorno*

❀ BERTON

Chef: Andrea Berton

CREATIVA • **DESIGN** Nel cuore di Porta Nuova, un'intera parete vetrata filtra luce su una sala di eleganza contemporanea e raffinata, in linea con i caratteri del nuovo e avveniristico quartiere. La cucina ruota intorno a pochi ingredienti in piatti accattivanti, essenziali ma non minimalisti, in percorsi degustazione che abbinano carne e pesce, a cui si aggiunge una proposta interamente vegetariana. L'impostazione è creativa e moderna; i prodotti provengono da diverse parti d'Italia senza un riferimento territoriale preciso, come del resto la ben articolata lista dei vini che annovera etichette da ogni dove. Business lunch in settimana.

🕸 ♿ 📶 – Prezzo: €€€€

Pianta: G1-16 – *Via Mike Bongiorno 13* – 🔵 *Gioia* – 𝒞 *02 6707 5801* – *ristoranteberton.com – Chiuso lunedì, domenica e martedì a mezzogiorno*

❀ VIVA VIVIANA VARESE

Chef: Viviana Varese

CREATIVA • **DESIGN** Al secondo piano di Eataly, le postazioni più ambite sono il tavolo social in legno fossile affacciato sulla cucina a vista e i tavoli sistemati lungo la parete a vetrata con vista sulla piazza. Piatti vibranti ed originali: il desiderio di stupire si allea al talento di Viviana Varese, che assicura presentazioni precise, belle e dai colori intriganti, servite da uno staff giovane e competente. La cucina è sempre più vitale anche grazie anche al nuovo orto. A pranzo carta semplice o menu degustazione gourmet. La lista dei cocktail è meritevole d'attenzione.

♿ 📶 – Prezzo: €€€€

Pianta: G1-17 – *Piazza XXV Aprile 10* – 🔵 *Garibaldi* – 𝒞 *02 4949 7340* – *vivavivianavarese.it – Chiuso domenica*

⊛ SERENDIB

INDIANA • **STILE ORIENTALE** Serendib, l'antico nome dello Sri Lanka, significa "rendere felici": attraverso un locale accogliente e una cucina che propone piatti tipici cingalesi e indiani la sfida è vinta! Si consiglia il menù degustazione per esplorare - almeno la prima volta - le varie specialità.

📶 – Prezzo: €

Pianta: F1-19 – *Via Pontida 2* – 🔵 *Moscova* – 𝒞 *02 659 2139 – serendib.it*

CERESIO 7

MODERNA • **DESIGN** Chi è interessato a trovare la Milano elegante e di tendenza, qui individuerà uno dei locali faro della città: pool bar, ristorante e piscina, tutto al quarto piano del civico 7 di via Ceresio. Se l'interior design gioca con ottone, marmo e legno, in un riuscito mix di colori suadenti e stile vintage, lo sguardo corre libero dalle due terrazze sempre aperte che regalano uno scorcio suggestivo sui grattacieli di Porta Garibaldi. Sulla tavola, i grandi classici della cucina italiana rivisitati con guizzo moderno. Non mancano mai i crudi di pesce.

🔻 📶 🍴 – Prezzo: €€€

Pianta: F1-20 – *Via Ceresio 7* – 🔵 *Monumentale* – 𝒞 *02 3103 9221 – ceresio7.com*

MILANO

DANIELCANZIAN

CREATIVA • **CONTESTO CONTEMPORANEO** Nel cuore di Brera, questo ristorante si presenta come un luogo che valorizza l'alta artigianalità italiana, grazie ad arredi realizzati su misura per trasmettere la filosofia culinaria di Canzian anche attraverso lo spazio. Chi ama i classici italiani con qualche divagazione più estrosa troverà nel piatto solo il meglio delle materie prime. Tanto Veneto, terra d'origine di Canzian, nelle varie proposte e un menu dedicato all'Alta Cucina Veneta di 4-6 portate.

&. 🎟 🛱 – Prezzo: €€€

Pianta: G1-21 – *Via Castelfidardo 7 –* 🅜 *Moscova –* ℰ *02 6379 3837 – danielcanzian.com – Chiuso lunedì, martedì a mezzogiorno e domenica sera*

FINGER'S GARDEN

FUSION • **ALLA MODA** Locale dall'atmosfera orientale con luci soffuse e un deciso target mondano. Lo chef-patron Roberto Okabe si destreggia con disinvoltura fra proposte di pesce crudo e originali creazioni fusion, in cui inserisce qualche tocco brasiliano. I più gourmet si affideranno al suo menu a mano libera.

🛦 🎟 🛱 – Prezzo: €€€

Pianta: C1-22 – *Via Keplero 2 –* 🅜 *Sondrio –* ℰ *02 606544 – fingersrestaurants.com – Chiuso a mezzogiorno da lunedì a sabato*

IL LIBERTY

CREATIVA • **ACCOGLIENTE** All'interno di un palazzo Liberty, poco distante dal quartiere di Porta Nuova, ambiente accogliente e ricercato, con una sala principale, una romantica balconata, una saletta con cucina a vista e un social table. Il menu, di stampo mediterraneo, comprende mare e terra.

🎟 – Prezzo: €€€

Pianta: G1-23 – *Viale Monte Grappa 6 –* 🅜 *Garibaldi –* ℰ *02 2901 1439 – il-liberty.it – Chiuso domenica e sabato a mezzogiorno*

LOCANDA PERBELLINI

ITALIANA • **CONVIVIALE** Il pluristellato chef Giancarlo Perbellini: una certezza nella sua Verona e altrettanto nella città della Madonnina. Anche qui si propone una cucina fatta di tradizione italiana da nord a sud, ma che strizza l'occhio a nuove tecniche e a tendenze contemporanee, con in più qualche citazione meneghina. Nella centralissima Brera, il locale è accogliente e piacevolissimo, piccolo, discreto ed elegante.

&. 🎟 – Prezzo: €€

Pianta: G1-26 – *Via Moscova 25 –* 🅜 *Moscova –* ℰ *02 3663 1450 – locandaperbellini.it – Chiuso lunedì e domenica*

OSAKA

GIAPPONESE • **MINIMALISTA** Sull'animato corso Garibaldi, ma nascosto in una piccola galleria, un locale di atmosfera sobrio-minimalista e dal cui banco si potrà apprezzare l'abilità e l'ossequioso rispetto nel taglio del pesce. Se a pranzo prevale la formula set menu, la sera contempla la carta, tra cui segnaliamo il sukiyaki. Piatto festivo e conviviale per eccellenza, è una sorta di bourguignonne in cui carne e verdure vengono cotte in brodo in una pentola posta sul tavolo stesso e utilizzata da tutti i commensali.

🎟 – Prezzo: €€€

Pianta: F1-27 – *Corso Garibaldi 68 –* 🅜 *Moscova –* ℰ *02 2906 0678 – milanoosaka.com – Chiuso lunedì*

PACIFICO

PERUVIANA • **BISTRÒ** Luci soffuse e atmosfera cool nella zona mixology, ambiente moderno nella sala dining e una cucina che strizza l'occhio ad una linea gastronomica connotata da sapori peruviani contaminati da influenze asiatiche. Ottima la scelta di tacos e ceviche e le proposte di carne e pesce alla griglia.

🅰️ – Prezzo: €€€

Pianta: G1-24 – *Via Moscova 29* – Ⓜ *Moscova* – 𝒸 *02 8724 4737* – *wearepacifico.com* – *Chiuso lunedì e a mezzogiorno*

RATANÀ

CLASSICA • **VINTAGE** Ritmo e dinamismo all'interno di un edificio ristrutturato che fu cinema e poi rimessa tramviaria, di fronte al celebre complesso del Bosco Verticale. La materia prima è protagonista, declinata in preparazioni dove il sapore italiano veste i panni dell'attualità. Il dehors sul parco pubblico è un atout in più. A mezzogiorno, easy lunch ed alcuni simpatici posti direttamente al bancone e, da aprile a ottobre, picnic da asporto nel week-end, per godere ancora di più di quest'angolo di verde cittadino.

🅰️ 🍴 – Prezzo: €€

Pianta: G1-28 – *Via G. de Castilla 28* – Ⓜ *Gioia* – 𝒸 *02 8712 8855* – *ratana.it*

STAZIONE CENTRALE

MILANO

🌼🌼 ## ANDREA APREA

Chef: Andrea Aprea

CREATIVA • **ELEGANTE** Posto all'ultimo piano della Fondazione Luigi Rovati - in un magnifico edificio storico che ospita il Museo d'Arte della fondazione, dedicato al mondo etrusco - il talentuoso Andrea Aprea corona il sogno di un suo ristorante: uno spazio dal grande impatto scenografico, dove una bella vetrata panoramica offre scorci del parco di Porta Venezia e dello skyline cittadino. Nella grande sala centrale le pareti rivestite di bucchero (la caratteristica ceramica nera con cui gli etruschi realizzavano i loro vasi) corrono inclinate per indirizzare lo sguardo verso la cucina a vista. È qui che potrete ammirare lo chef e la sua brigata intenti a preparare i piatti dei tre menu degustazione: Contemporaneità, un percorso di 4 portate dedicato al rapporto tra memoria e innovazione; Partenope, viaggio in 6 portate nelle suggestioni della Campania e Signature, esperienza assoluta nella filosofia dello chef in 8 portate. Ottima la scelta enoica, valida anche nelle proposte al calice. Nella segreta corte verde del palazzo di corso Venezia 52 trova posto il Caffè Bistrot, per il quale lo chef ha ridefinito i canoni della cucina popolare attraverso una selezione di grandi classici.

🌿 ♿ 🅰️ ⇄ – Prezzo: €€€€

Pianta: H2-41 – *Corso Venezia 52* – Ⓜ *Porta Venezia* – 𝒸 *02 3827 3030* – *andreaaprea.com* – *Chiuso lunedì, domenica e a mezzogiorno*

🌼 ## FELIX LO BASSO HOME & RESTAURANT

Chef: Felix Lo Basso

CREATIVA • **CONTESTO CONTEMPORANEO** Il format del vulcanico Felix Lo Basso si ispira al Nord Europa: un unico menu che cambia con regolarità seguendo forniture e mercato del momento ed orario comune di inizio cena per tutti i commensali, previa indispensabile prenotazione. Le proposte, benché creative e talvolta piuttosto elaborate, pescano sovente nelle ricette e negli ingredienti della Puglia, regione d'origine dello chef, che ne propone originalissime rivisitazioni, non disdegnando pur tuttavia qualche citazione orientale. Al di là delle salette dedicate a cene private, la sala principale prevede un elegante banco, lungo il quale si è fatti sedere con gli altri clienti di fronte ai cuochi al lavoro, con Felice che

335

cucina e intrattiene come un abile e simpatico presentatore. Sul dessert vogliamo mantenere il mistero, fornendovi solo un indizio: Nuvola…

&. 🅰️ ⇆ – Prezzo: €€€€

Pianta: H2-63 – *Via Carlo Goldoni 36 –* 🅜 *Tricolore –* 𝒞 *02 4540 9759 – felixlobassorestaurant.it – Chiuso sabato, domenica e a mezzogiorno*

⣿ JOIA

Chef: Pietro Leemann

VEGETARIANA • MINIMALISTA Siamo in casa dello chef che per primo ha introdotto la cucina vegetariana e naturale nel panorama del fine dining italiano. Dietro all'etichetta di "ristorante vegetariano", con un menu per l'80% vegano e senza glutine, c'è un filosofo: Pietro Leemann. I suoi piatti al limite dell'onirico sono testimonianza concreta del percorso spirituale e della consapevolezza raggiunta nel corso degli anni. Ricette che lasciano sempre trasparire la loro essenza nel colore, nel gusto, nella consistenza e nella presentazione. Due i percorsi degustazione da 6 o 8 portate, mentre a pranzo fa capolino un interessantissimo e più easy "Piatto Quadro": 5 assaggi per una sosta decisamente veloce. Le linee architettoniche del locale si rifanno ad un'elegante essenzialità e la parallela Joia Academy ha lo scopo di divulgare questa filosofia a tutto tondo.

⣿ *L'impegno dello chef:* Pietro Leeman ha fatto della sua visione della vita la stella polare per una cucina sostenibile: il pianeta e i suoi abitanti visti come entità in armonia. Più filosofia che gastronomia? Tuttavia dalla scelta vegetariana scaturiscono scelte pratiche, come l'utilizzo di materie prime da micro-produttori mai troppo distanti da Milano. Il contributo all'ambiente è anche di tipo culturale e divulgativo, attraverso la creazione di bellissimi libri a tema.

⣿ 🅰️ ⇆ – Prezzo: €€€€

Pianta: H1-29 – *Via Panfilo Castaldi 18 –* 🅜 *Repubblica –* 𝒞 *02 2952 2124 - joia.it – Chiuso lunedì e domenica*

⣿ DA GIANNINO - L'ANGOLO D'ABRUZZO

ABRUZZESE • CONTESTO TRADIZIONALE Fedele a se stessa da molti anni, è la vera trattoria molto semplice, con i tavolini ravvicinati, ma allo stesso tempo vivace e sempre frequentata: il piacere consiste nel riscoprire, in piatti dalle abbondanti porzioni, la tipica cucina abruzzese proposta con prezzi davvero contenuti per gli standard milanesi. A pranzo, vari menu a prezzo fisso per pasti molto easy e veloci.

🅰️ – Prezzo: €

Pianta: H2-30 – *Via Pilo 20 –* 🅜 *Porta Venezia –* 𝒞 *02 2940 6526 – Chiuso lunedì*

ACANTO

MODERNA • LUSSO Grandi spazi luminosi ed eleganti sono le vesti di questo moderno ristorante, dove sarete coccolati da un ottimo servizio e potrete gustare piatti dai sapori classico-contemporanei.

&. 🅰️ ⇆ – Prezzo: €€€€

Pianta: G1-31 – *Piazza della Repubblica 17 –* 🅜 *Repubblica –* 𝒞 *02 6230 2026 – dorchestercollection.com*

BITES

INTERNAZIONALE • MINIMALISTA In un locale raccolto, semplice negli arredi e nel confort, una proposta dalle influenze francesi, nordiche ma soprattutto giapponesi, con marinature, fermentazioni e cotture alla brace. I tanti piccoli assaggi (bites, appunto) che formano il menu permettono di avere una bella panoramica della cucina. Ancora più accattivante la carrellata di 6, 8 o 12 portate scelte dallo chef.

🅰️ – Prezzo: €€€

Pianta: H2-2 – *Via Lambro 11 –* 🅜 *Porta Venezia –* 𝒞 *351 866 8452 - bitesmilano. net – Chiuso martedì, mercoledì e a mezzogiorno lunedì, giovedì e venerdì*

LA CANTINA DI MANUELA

CLASSICA • BISTRÒ Si mangia circondati da bottiglie di vino in un ambiente giovane e dinamico. Ad una carta di piatti particolarmente elaborati si aggiungono la

MILANO

sera gli antipasti, sostituiti a pranzo da insalate assortite per una clientela business orientata a proposte veloci. I tavoli nel piacevole dehors sono da prenotare con largo anticipo.

🕸 𝖠𝖢 – Prezzo: €€

Pianta: H2-35 – *Via Carlo Poerio 3 –* ❶ *Tricolore* – ☏ *02 7631 8892 – lacantinadimanuela.it – Chiuso domenica*

DIM SUM

CANTONESE • **CONTESTO CONTEMPORANEO** In un ambiente ovattato e signorile, con parte della cucina a vista, avrete la golosa opportunità di gustare specialità cantonesi e del sud della Cina. I dim sum, tradizionali ravioli e piattini di carne, pesce, verdura e uova, che caratterizzano questa tradizione gastronomica, sono appena ingentiliti da un vago tocco contemporaneo. Per un'esperienza asiatica a tutto tondo.

🕭 𝖠𝖢 ⇔ – Prezzo: €€€

Pianta: H2-33 – *Via Nino Bixio 29 –* ❶ *Porta Venezia* – ☏ *02 2952 2821 – dimsummilano.com – Chiuso lunedì*

GIANNINO DAL 1899

MEDITERRANEA • **ELEGANTE** Un nome storico per la città, con una linea di cucina mediterranea che non trascura una sezione dedicata alla tradizione milanese. Bell'ambiente retrò, ma di recente rinnovo, e alle pareti vecchie fotografie del bel mondo che ha frequentato il locale nel corso di oltre un secolo.

🕭 𝖠𝖢 ⇔ – Prezzo: €€€

Pianta: G1-50 – *Via Vittor Pisani 6 –* ❶ *Repubblica* – ☏ *02 3651 9520 – gianninoristorante.it – Chiuso domenica e sabato a mezzogiorno*

MOEBIUS SPERIMENTALE

CREATIVA • **DI TENDENZA** Da un vecchio magazzino tessile si è ricavato uno dei locali più belli di Milano, di gusto moderno industrial-chic e articolato in tre parti: cocktail-bar con imponente selezione di gin, tapas-bistrot e ristorante sperimentale. Quest'ultimo è ospitato in una sala vetrata, scenograficamente sospesa al centro del ristorante. La cucina di Enrico Croatti, creativa e intrigante, si basa sulla condivisione, con una serie di piatti in stile tapas.

𝖠𝖢 – Prezzo: €€€€

Pianta: H1-65 – *Via Cappellini 25 –* ❶ *Centrale FS* – ☏ *02 3664 3680 – moebiusmilano.it – Chiuso lunedì e a mezzogiorno*

MU DIMSUM

CINESE CONTEMPORANEA • **ALLA MODA** Atmosfera orientale, bella ed elegante, in questo ristorante diretto dalla titolare Suili Zhou, che con raffinatezza e determinazione racconta le tradizioni più autentiche della cultura gastronomica del suo Paese. Interessante carta del tè - serviti con rito tradizionale al tavolo - e selezione di bollicine nazionali e Champagne.

🕭 𝖠𝖢 – Prezzo: €€

Pianta: G1-34 – *Via Aminto Caretto 3 –* ❶ *Centrale FS* – ☏ *338 358 2658 – mudimsum.it*

REMULASS

MODERNA • **BISTRÒ** "Cucina con le radici", da cui anche il nome in dialetto milanese, per un locale piccolo, vivace e molto frequentato la sera, la prenotazione è particolarmente consigliata. I piatti accattivamene moderni e colorati contengono sempre una forte componente vegetale, tra radici ed erbe aromatiche. Un esempio? Pinzimonio di verdure fermentate con ricotta infornata e dressing al gin.

🕭 𝖠𝖢 – Prezzo: €€

Pianta: H2-56 – *Via Nino Bixio 21 –* ❶ *Porta Venezia* – ☏ *02 5251 7356 – remulass.it – Chiuso sabato e domenica*

MILANO

LA RISACCA BLU

PESCE E FRUTTI DI MARE • CONVIVIALE Nei pressi della Stazione Centrale, sarà un grande e ricco buffet di fresco pescato giornaliero a darvi il benvenuto! A seguire, piatti marinari in preparazioni schiette e d'impostazione classica, con un posto di riguardo riservato a sua maestà il crudo. Atmosfera rilassata e gioviale per un ristorante a gestione famigliare.

– Prezzo: €€€

Pianta: H1-36 – *Via Tadino 13* – Ⓜ *Porta Venezia* – ℰ *02 2048 0964 – larisaccablu.com – Chiuso lunedì*

LA SOCIETÀ MILANO Ⓝ

MODERNA • DI TENDENZA Non lontano da Porta Venezia e dai suoi lussureggianti giardini, il locale di Giulia e Andrea vi accoglierà nella sua calda e originale atmosfera. Tre sale arricchite da tappezzerie e all'ingresso il bel camino in marmo bianco per una cucina dai sapori mediterranei con qualche accento esotico. Imperdibile la caponata di ricciola dove la ceviche si stempera nella dolcezza della melanzana fritta nel pane.

♿ Ⓜ 🍴 – Prezzo: €€€

Pianta: H1-25 – *Via Panfilo Castaldi 19* – Ⓜ *Porta Venezia* – ℰ *02 2940 1119 – lasocietamilano.it – Chiuso lunedì e a mezzogiorno da martedì a sabato*

TERRAZZA GALLIA

ITALIANA CONTEMPORANEA • LUSSO Al settimo piano dell'Hotel Gallia, con vista panoramica sulla città e soprattutto sulla maestosa Stazione Centrale, il ristorante si propone come luogo d'elezione per un pranzo leggero, un cocktail o una cena informale. La cucina verte su alcuni classici italiani, rivisitati all'insegna di un gusto personalizzato e partenopeo.

♿ Ⓜ 🍴 ⇆ – Prezzo: €€€€

Pianta: H1-32 – *Piazza Duca d'Aosta 9* – Ⓜ *Centrale FS* – ℰ *02 6785 3514 – terrazzagallia.com – Chiuso lunedì, domenica e a mezzogiorno*

PORTA ROMANA - PORTA VITTORIA

✿ L'ALCHIMIA

MODERNA • CONTESTO CONTEMPORANEO Il calore del parquet, il soffitto a travi e qualche mattone a vista per sdrammatizzare l'ambiente: benvenuti a L'Alchimia. Locale luminoso di giorno, vibrante di romanticismo la sera grazie alle luci soffuse, la sua cucina, guidata da Giuseppe Postorino, sorprende per solidità e concretezza. Le materie prime eccellenti della tradizione italiana sono elaborate con estro e fantasia, a volte trasformate nella loro densità o intensità. Seppur non grandissima, la bellissima cantina con volte in mattoni è anche visitabile. Per un pranzo veloce o un buon aperitivo, ci si accomoda nel bar-bistrot adiacente.

❀ Ⓜ ⇆ – Prezzo: €€€

Pianta: H2-37 – *Viale Premuda 34* – Ⓜ *Tricolore* – ℰ *02 8287 0704 – ristorantelalchimia.com*

🙂 DONGIÒ

CALABRESE • FAMILIARE Se volete contenere i costi e amate la cucina calabrese, al Dongiò uno più uno fa due! In un ambiente semplice e conviviale, il menu propone una bella carrellata di specialità regionali, in un susseguirsi di sapori intensi ed appaganti.

🖾 ⌂ – Prezzo: €
Pianta: H3-38 – *Via Corio 3* – ⓜ *Porta Romana* – ☏ *349 276 1011 – dongio.it –
Chiuso domenica e sabato a mezzogiorno*

😋 TRIPPA

ITALIANA • **TRATTORIA** In un locale semplice, informale e con un tocco rétro, la
trippa è una delle proposte di quinto quarto che troverete spesso in una carta che
si amplia a piatti di ogni regione, di immediata forza e comprensibilità, senza inutili
fronzoli. La qualità dei prodotti e le capacità di un grande interprete, il bravo Pietro
Caroli, ne fanno una delle migliori trattorie della città. Motivo per cui è indispensabile prenotare con largo anticipo.
🛆 🖾 ⌂ – Prezzo: €€
Pianta: H3-39 – *Via Giorgio Vasari 1* – ⓜ *Porta Romana* – ☏ *327 668 7908 –
trippamilano.it – Chiuso mercoledì, domenica e a mezzogiorno*

AUTEM ⓝ

DEL MERCATO • **ELEGANTE** Lo chef Luca Natalini ha optato per una piccola carta
scritta a mano, decisa la mattina e a volte già diversa la sera stessa. L'idea è che
il miglior prodotto reperibile entra in tempo reale nel menu, senza compromessi
sulla qualità e con una forte attenzione alla sostenibilità dei fornitori a cui ci si affida.
Notevole la seppia scottata con gamberi rosa crudi e salsa alla mugnaia, ma l'Ispettore sa che difficilmente ritroverà lo stesso piatto la prossima volta...
🛆 🖾 ⟷ – Prezzo: €€€
Pianta: H3-8 – *Via Lattuada 2* – ⓜ *Porta Romana* – ☏ *351 278 0368 – autem-
milano.com – Chiuso martedì e mercoledì a mezzogiorno*

LA CUCINA DE' MIBABBO

TOSCANA • **TRATTORIA** Il nome parla chiaro: i sapori toscani (origine familiare
del titolare) e le eccellenze dei suoi prodotti vengono serviti con piccole e attuali
rivisitazioni. Se la sera il menu è ampio con tante specialità toscane - carni alla
brace o forno a legna - a pranzo vi è una carta più ridotta che strizza l'occhio a una
cucina più nazionale.
🛆 🖾 – Prezzo: €€
Pianta: C3-88 – *Corso Lodi 19 (ingr. da via Papi)* – ⓜ *Porta Romana* – ☏ *02
4548 8997 – mibabbo.it – Chiuso domenica e sabato a mezzogiorno*

GONG

CINESE • **STILE ORIENTALE** L'Oriente incontra l'Occidente in un'armoniosa
fusione di sapori: questo è il Gong, che oltre a prestare il nome al locale dissemina
imponenti gong nella sala moderna ed elegante. Un servizio attento e premuroso,
sempre disponibile a spiegare le varie prelibatezze, porta in tavola ricette cinesi
libere e all'avanguardia. L'attenzione all'estetica e la rigorosa selezione delle materie prime raccontano in ogni piatto lo spirito internazionale di questo tipo di cucina,
di cui Gong è un indiscusso ambasciatore.
🐾 🛆 🖾 – Prezzo: €€€€
Pianta: H2-40 – *Corso Concordia 8* – ⓜ *Dateo* – ☏ *02 7602 3873 –
gongoriental.com – Chiuso lunedì e martedì a mezzogiorno*

ICHIKAWA

GIAPPONESE • **SEMPLICE** Ichikawa è uno dei maestri che più hanno contribuito
ad introdurre e a far conoscere la cucina giapponese in Italia. Le opzioni proposte
sono due: menu degustazione (servito al banco, di conseguenza maggiore interazione con lo chef!) oppure à la carte. Nel primo caso il menu omakase contempla
creazioni del maestro in base all'estro della giornata; in alternativa le "costanti"
della carta. Il servizio cortese e professionale ben conosce le tecniche e i segreti
dello chef.
🛆 🖾 – Prezzo: €€€
Pianta: H3-42 – *Via Lazzaro Papi 18* – ⓜ *Porta Romana* – ☏ *02 4775 0431 –
ichikawa.it – Chiuso lunedì, domenica e a mezzogiorno tranne sabato*

MILANO

MATER BISTROT

MODERNA • BISTRÒ Un bistrot informale dove l'estrosa cucina dello chef Alex Leone poggia sulle eccellenze italiane, ma si apre anche a contaminazioni dal mondo: gusti insoliti, estremi e accattivanti. Si può scegliere una selezione di piccoli piatti da condividere, tuttavia per scoprire la vera essenza del locale consigliamo di optare per il menu guidato.

⊠ – Prezzo: €€

Pianta: H2-78 – *Via Pasquale Sottocorno 1 –* ⓜ *Tricolore –* ℰ *02 9132 1602 – materbistrot.it – Chiuso lunedì e a mezzogiorno da martedì a giovedì*

SINE BY DI PINTO

MODERNA • CONTESTO CONTEMPORANEO Sine è un ristorante "gastrocratico", come ama definirlo il suo chef-patron: "potere alla cucina" allora, per piatti contemporanei e di moderna ispirazione, che si rifanno alla regione natale dello chef, la Campania. Ambiente raccolto ed elegantemente arredato, arricchito da un vivace e spesso sold out - dehors.

⊠ 🛋 – Prezzo: €€€

Pianta: D2-82 – *Viale Umbria 126 –* ⓜ *Dateo –* ℰ *02 3659 4613 – sinerestaurant. com – Chiuso domenica e a mezzogiorno da lunedì a venerdì*

UN POSTO A MILANO

DEL MERCATO • CASA DI CAMPAGNA All'interno della Cascina Cuccagna, che ospita un mercato agricolo, un laboratorio di falegnameria e tante altre attività, questo ristorante è il posto ideale per passare qualche ora all'aperto tra i palazzi di Milano. Piatti della tradizione italiana (talvolta rivisitati), realizzati con materie prime fresche e stagionali, e per quanto possibile biologiche. A pranzo il menu è più semplice.

⊠ 🛋 – Prezzo: €€

Pianta: H3-44 – *Via Cuccagna 2 –* ⓜ *Lodi –* ℰ *02 545 7785 – unpostoamilano.it*

MILANO

NAVIGLI

🏵🏵🏵 ENRICO BARTOLINI AL MUDEC

Chef: Enrico Bartolini

CREATIVA • CONTESTO CONTEMPORANEO Raggiunte le tre Stelle nella sede milanese, il ristorante di punta della galassia Bartolini, lungi dal prendere fiato il grande chef, coadiuvato dal resident Davide Boglioli, continua ad elaborare piatti nuovi, sempre all'insegna della pienezza e dell'intensità dei sapori, per nulla cerebrali, anche se volendo ci si può addentrare nel gioco delle stratificazioni, delle citazioni e dei rimandi, oppure semplicemente godersi l'equilibrio perfetto del risultato. Due i menu degustazione proposti: il Mudec Experience o il Best of, con i grandi classici dello chef; in entrambi i piatti possono essere estrapolati e serviti alla carta. L'iconico risotto alle rape rosse e salsa gorgonzola Evoluzione è un ricordo indelebile! Il tutto al terzo piano del Mudec, il Museo delle Culture, in uno spazio-salotto di raffinata e contemporanea eleganza.

🌸 ♿ ⊠ 🅿 – Prezzo: €€€€

Pianta: E3-45 – *Via Tortona 56 –* ⓜ *Porta Genova –* ℰ *02 8429 3701 – enricobartolini.net – Chiuso lunedì e domenica*

🏵 CONTRASTE

Chef: Matias Perdomo

MODERNA • ELEGANTE Alla prenotazione si è invitati a scegliere tra due menù degustazione, non esplicitati nei dettagli, se non per linee generali d'ispirazione.

La sorpresa continua a tavola, in splendide sale con elementi storici, dove i piatti arrivano non preannunciati, in una lunga carrellata, con ingredienti che imitano altri ingredienti, imbastendo una cucina giocosa e sorprendente per chi vuole uscire dall'ordinario. In alcuni secondi invece il cuoco Matias Perdomo recupera la tradizione sudamericana della cottura alla griglia con risultati particolarmente convincenti e ricchi di sapore. Gran finale con una strepitosa torta di rose, mentre chi ama i distillati troverà una scelta particolarmente assortita.

⊗ 🅰️ 🍴 – Prezzo: €€€€

Pianta: B3-46 – *Via Meda 2 – ☎ 02 4953 6597 – contrastemilano.it – Chiuso a mezzogiorno da lunedì a venerdì*

[BU:R]

CREATIVA • **CONTESTO CONTEMPORANEO** 100% italiana è la proposta di Eugenio Boer, realizzata partendo da prodotti nostrani con l'obiettivo di omaggiare le grandi ricette della tradizione e sostenere i piccoli produttori. Una connotazione nazionale che non pone tuttavia freni alla mano creativa dello chef. Nascono così la piccola carta e i quattro percorsi: I Classici (a base di carne), Lo Stagionale (a base di pesce), L'Italia Vegetale (a base di verdure), Per mano... (variabile a seconda dell'estro dello chef). L'ambiente richiama il design degli anni '60-'70.

♿ 🅰️ – Prezzo: €€€€

Pianta: G3-49 – *Via Giuseppe Mercalli 22 – Ⓜ Crocetta – ☎ 02 6206 5383 – restaurantboer.com – Chiuso lunedì, martedì e a mezzogiorno da mercoledì a venerdì*

ACQUADA

MODERNA • **CONTESTO CONTEMPORANEO** Ambienti moderni, colori tenui e buona privacy per questo ristorante in una location tranquilla, nel caratteristico quartiere dei Navigli. La cucina della chef Sara Preceruti è cristallina, incentrata su prodotti selezionati che combina in ricette altamente personalizzate per gusti, profumi e colori.

♿ 🅰️ ⇔ – Prezzo: €€€

Pianta: B3-48 – *Via Eugenio Villoresi 16 – ☎ 02 3594 5636 – acquada.com – Chiuso domenica e a mezzogiorno*

BELÈ Ⓝ

MODERNA • **CONTESTO CONTEMPORANEO** Un nome che già conquista: in milanese belè è un tenero complimento, che ben caratterizza il locale. Il lampadario old fashion, con gocce di cristallo che creano giochi di luce che sembrano un pizzo luminoso e mobile, è un bel viatico alla sala dai colori contemporanei, con sedie super comode e un'acustica perfetta per la conversazione. Cucina italiana dal mood moderno.

⊗ 🅰️ 🍴 ⇔ – Prezzo: €€

Pianta: B3-70 – *Via Angelo Fumagalli 3 – Ⓜ Porta Genova – ☎ 02 3664 2933 – beleristorante.com – Chiuso lunedì*

BENTŌTECA

FUSION • **CONTESTO CONTEMPORANEO** Grande successo per questo locale del bravo chef Yoji Tokuyoshi, che dopo aver conquistato 1 Stella con il suo fine dining nel 2020 ha virato verso una proposta più smart. I piatti armonizzano con grande sapienza sapori nipponici, aromi italiani e creatività. Tra i classici della chef il Katsusando, il panino giapponese servito con la lingua fritta. Buona, buonissima cucina preparata con ritmo, servizio molto informale e vini naturali anche al bicchiere.

♿ 🅰️ – Prezzo: €€

Pianta: F3-54 – *Via San Calocero 3 – Ⓜ Sant'Agostino – ☎ 340 835 7453 – bentoteca.com – Chiuso lunedì, martedì e a mezzogiorno mercoledì e giovedì*

BORGIA MILANO

CONTEMPORANEA • **ELEGANTE** Un giovane chef di talento per questo locale milanese che propone anche colazioni mattutine, bistrot a pranzo e wine-bar la

MILANO

sera. Nella riservata ed elegante zona gourmet, l'estro dello chef si esprime al meglio in piatti e ricette in stile mediterraneo-nazionale proposti attraverso tre menu degustazione, di cui uno vegetariano. Interessante scelta enoica che spazia in tutto il globo con vere e proprie rarità.

🕸 🏧 ⇔ – Prezzo: €€€

Pianta: E3-73 – *Via Giorgio Washington 56 –* Ⓜ *Wagner –* 🕾 *02 4802 1442 – borgiamilano.com – Chiuso domenica e sabato a mezzogiorno*

CHIC'N QUICK

MODERNA • BISTRÒ Chic'n'Quick è l'interpretazione di trattoria moderna all'italiana dello chef Sadler. Si tratta di uno spazio informale e dinamico con una proposta di cucina tradizionale quanto basta ma con un tocco moderno; il tutto in un ambiente casual/chic.

🏧 – Prezzo: €€

Pianta: B3-55 – *Via Ascanio Sforza 77 –* Ⓜ *Romolo –* 🕾 *02 8950 3222 – chicnquick.it – Chiuso lunedì e domenica*

DRY AGED

CONTEMPORANEA • COLORATO Due soci con importanti esperienze alle spalle hanno aperto questo locale vivace: gli ambienti uniscono moderno e classico in uno stile industrial-newyorkese decorato con opere di importanti street artists. All'ingresso, la vetrina mette in mostra pregiate carni in affinamento, che tuttavia non costituiscono le sole protagoniste del menu, che comprende anche verdure e pesce proposti in chiave contemporanea e accattivante.

♿ 🏧 – Prezzo: €€

Pianta: F3-81 – *Via Cesare Da Sesto 1 –* Ⓜ *Sant Agostino –* 🕾 *02 5810 7932 – thedryaged.it – Chiuso lunedì e a mezzogiorno da martedì a venerdì*

HAZAMA

GIAPPONESE • CONTESTO CONTEMPORANEO Cucina nipponica in un piccolo ristorante dal mood minimalista a cui fa eco la sua cucina. È qui che il giovane Satoshi Hazama propone un percorso kaiseki elaborato con prodotti di altissima qualità. Nella cucina kaiseki sono presenti cinque tecniche basilari da applicare alle materie prime stagionali: crudo, grigliato, fritto, lessato e al vapore, in un crescendo di intensità che racconta l'alta cucina giapponese (prenotazione anticipata necessaria).

🏧 – Prezzo: €€€€

Pianta: E3-77 – *Via Savona 41 –* Ⓜ *Porta Genova –* 🕾 *02 0995 5972 – ristorantehazama.com – Chiuso lunedì*

LANGOSTERIA

PESCE E FRUTTI DI MARE • DI TENDENZA Uno degli indirizzi cittadini di riferimento per gli amanti delle pesce, che arriva in preparazioni perlopiù classiche e con ampia scelta di crudi. L'atmosfera del ristorante aggiunge un côté molto milanese, raffinato e di tendenza, in una successione di salette con possibilità di mangiare anche al banco.

🕸 🏧 – Prezzo: €€€€

Pianta: E3-52 – *Via Savona 10 –* Ⓜ *Porta Genova –* 🕾 *02 5811 1649 – langosteria. com – Chiuso domenica e a mezzogiorno lunedì e martedì*

IYO

GIAPPONESE • DESIGN La cucina proposta dal raffinato Iyo si rifà alla cultura gastronomica nipponica ma la oltrepassa in rivisitazioni che tengono conto dei gusti e delle contaminazioni nazionali. La carta particolarmente ampia elenca le classiche proposte che ci si aspetterebbe in un ristorante del Sol Levante - sushi nelle più celebri declinazioni, sashimi e tempura per citarne solo alcune - affiancate da ricette più creative o fusion, frutto di originali combinazioni tra elementi giapponesi, europei e altro ancora. Buona selezione enoica con circa 500 etichette e possibilità di scelta al bicchiere.

🕸 ⅋ 🕭 🛱 – Prezzo: €€€€

Pianta: E1-59 – *Via Piero della Francesca 74* – **⓿** *Gerusalemme* – *☏ 02 4547 6898* – *iyo-experience.com* – *Chiuso lunedì e martedì a mezzogiorno*

ALTRIMÉNTI

MODERNA • CONTESTO CONTEMPORANEO Atmosfera informale e contemporanea, in stile bistrot, per questo locale dall'appeal elegante che si avvale della consulenza di Eugenio Boer. La proposta gastronomica, molto attenta alla stagionalità di una materia prima proveniente da piccoli produttori, si articola in tre percorsi – Verdure, Carni e Pesci – all'interno dei quali si può disegnare il proprio personale viaggio, monotematico o no.

🖒 – Prezzo: €€

Pianta: A2-62 – *Via Monte Bianco 2/a* – **⓿** *Amendola-Fiera* – *☏ 02 8277 8751* – *altrimenti.eu* – *Chiuso lunedì e domenica*

BA

CINESE • CONTESTO CONTEMPORANE In un ambiente sobrio ed essenziale, con pareti in cemento grezzo e grandi lampadari rossi che rappresentano le lanterne cinesi, tradizione e design si fondono per accompagnare una bella esperienza gastronomica nel cuore della Cina, riletta con un tocco contemporaneo.

🕭 – Prezzo: €€€

Pianta: A2-61 – *Via Raffaello Sanzio 22* – **⓿** *Wagner* – *☏ 02 469 3206* – *ba-restaurant.com* – *Chiuso lunedì e martedì a mezzogiorno*

BON WEI

CINESE • STILE ORIENTALE La Cina è in tavola! Oltre alla piacevolezza del locale, intrigante connubio tra eleganza e modernità con richiami di gusto asiatico, Bon Wei propone un'ampia scelta di specialità cinesi. Molti gli antipasti, ravioli e paste, carni di differenti generi, ma soprattutto una finestra con piatti tipici di otto regioni dalle caratteristiche differenti: dal piccante del Sichuan a quelli delicati e vellutati del Zhejiang.

⅋ 🕭 – Prezzo: €€

Pianta: E1-64 – *Via Castelvetro 16/18* – **⓿** *Gerusalemme* – *☏ 02 341308* – *bon-wei.it* – *Chiuso lunedì*

BOTTEGA LUCIA

CONTEMPORANEA • BISTRÒ Il locale propone una linea sostanzialmente italiana, a cui si aggiungono alcuni piatti della vicina penisola iberica e di altre realtà geografiche. Carta volutamente ridotta di paste fatte in casa, carne e pesce, in un ambiente dall'accattivante stile bistrot newyorkese. American bar serale e cucina sempre disponibile con alcune simpatiche e deliziose "tentazioni" in accompagnamento.

⅋ 🕭 🛱 – Prezzo: €€

Pianta: A2-83 – *Via Carlo Ravizza 4* – **⓿** *Wagner* – *☏ 02 481 4295* – *bottegalucia.eu*

MILANO

MORELLI

CREATIVA • DESIGN All'interno del bellissimo hotel di design VIU, la proposta gourmet di cucina creativa dello chef viene offerta solo la sera nell'elegante sala a luci soffuse o allo chef's table in cucina. Tutta la giornata, invece, il Bulk, mixology and food bar, è disponibile per pranzi veloci, aperitivi o cene più semplici, nella bella stagione anche all'aperto.

&. Ⓚ – Prezzo: €€€

Pianta: F1-60 – *Via Aristotile Fioravanti 4* – Ⓜ *Cenisio* – ℰ *02 8001 0918* – *morellimilano.it* – *Chiuso domenica e a mezzogiorno*

LA ROSA DEI VENTI

PESCE E FRUTTI DI MARE • CLASSICO Un buon Indirizzo per chi ama una cucina di mare semplice e tradizionale, interpretata da ricette che si ispirano alla Sardegna ma non solo. Lasciatevi condurre dal titolare con alcuni fuori carta legati ai prodotti del mercato giornaliero. Particolare attenzione per le intolleranze al glutine.

Ⓚ – Prezzo: €€

Pianta: E1-66 – *Via Piero della Francesca 34* – Ⓜ *Gerusalemme* – ℰ *02 347338* – *ristorantelarosadeiventi.it* – *Chiuso lunedì e sabato a mezzogiorno*

ZONA URBANA NORD-OVEST

INGALERA

CLASSICA • COLORATO Si volta pagina da un passato difficile in questo ristorante nato per offrire agli ospiti della casa circondariale di Bollate un'opportunità di riscatto e competenze atte al reinserimento nel mondo del lavoro una volta scontata la pena. La cucina è semplice, ben fatta e dai contenuti nobili, il servizio è attento. A pranzo la carta è più easy e prevede anche dei piatti unici.

Ⓚ 🍽 🄿 – Prezzo: €€

Fuori pianta – *Via Cristina Belgioioso 120* – ℰ *334 308 1189* - *ingalera.it* – *Chiuso lunedì e domenica*

INNOCENTI EVASIONI Ⓝ

MODERNA • CONTESTO CONTEMPORANEO Bella la nuova location di chef Arrigoni! Una moderna sala di ampio respiro con luminose vetrate sul grande giardino mediterraneo, che non farà rimpiangere quello zen del locale precedente. La variopinta cucina si sviluppa in tre menu degustazione, con la possibilità di comporre una propria carta. Interessante il menu delle Mezze che consente di assaggiare più portate in porzioni ridotte.

🖙 Ⓚ 🍽 ✧ – Prezzo: €€€

Fuori pianta – *Via Giuseppe Candiani 66* – Ⓜ *Portello* – ℰ *02 3300 1882* – *innocentievasioni.com* – *Chiuso domenica*

MI VIEW

CONTEMPORANEA • ELEGANTE Al ventesimo piano del World Join Center, il ristorante vanta una meravigliosa vista su Milano e dintorni: non per nulla il suo nome è MI View! Ai fornelli, uno chef dalla mano sicura vi farà viaggiare da Nord a Sud e oltre i confini nazionali con piatti che esaltano i prodotti di eccellenza. A pranzo, proposta light di carta e un menu degustazione ridotto, mentre la sera alla carta completa si affiancano due menu degustazione, di cui uno a mano libera dello chef.

≲ &. Ⓚ – Prezzo: €€€

Pianta: A1-84 – *Viale Achille Papa 30* – Ⓜ *QT8* – ℰ *02 7861 2732* – *miview.it* – *Chiuso lunedì e domenica*

☺ ## LE NOVE SCODELLE

CINESE • **ACCOGLIENTE** La cucina etnica presente ormai lungo tutto lo Stivale entra qui nel dettaglio, come mostrano le specialità di questo indirizzo che attingono alla ricchezza gastronomica della provincia di Sichuan, nella Cina sud-occidentale. Piatti speziati e piccanti, segnalati in carta con il "grado" di piccantezza.

&. 🅼 ⇔ – Prezzo: €

Pianta: D1-87 – *Viale Monza 4 –* 🅜 *Loreto –* 🕾 *331 800 1116 – lenovescodelle.com – Chiuso lunedì*

ALTATTO BISTROT

VEGETARIANA • **CONTESTO CONTEMPORANEO** In un angolo della vecchia Milano, un'ex panetteria è stata trasformata in un minuscolo locale dall'atmosfera contemporanea con proposte di cucina vegetariana e vegana in due menu degustazione che cambiano mensilmente. Indispensabile la prenotazione: i tavoli sono solo 4 (in base al numero dei commensali, il vostro potrebbe essere un tavolo conviviale).

&. 🅼 – Prezzo: €€

Fuori pianta – *Via Comune Antico 15 –* 🅜 *Istria –* 🕾 *328 664 1670 – altatto.com – Chiuso sabato, domenica e a mezzogiorno*

MILANO

☺ ## LA CUCINA DEI FRIGORIFERI MILANESI

MODERNA • **CONTESTO CONTEMPORANEO** Location intrigante nel contesto artistico-culturale dei Frigoriferi Milanesi per questo ristorante dai toni moderni, sia nell'ambiente sia nella cucina di terra e di mare, a base di prodotti legati alla stagionalità e al mercato . Sempre disponibile il menu degustazione che comprende quattro specialità scelte dalla carta.

&. 🍸 – Prezzo: €

Pianta: D3-74 – *Via Piranesi 10 –* 🕾 *02 3966 6784 – lacucinadeifrigoriferimilanesi.it – Chiuso lunedì e domenica sera*

ANTICA OSTERIA IL RONCHETTINO

MILANESE • **ELEGANTE** Il nome pare tragga origine dallo zoccolo rotto (il ronchetto) di Napoleone, che nel 1800 vi si sarebbe fermato per pernottare: qui, infatti, sorgeva una stazione di posta dove venivano ferrati i cavalli. Trasformatasi successivamente in panetteria, macelleria, ma anche trattoria con annessa bocciofila, è oggi un ristorante di eleganza rustica, ai cui tavoli vengono serviti piatti soprattutto della tradizione milanese, ma non solo.

🅼 🍸 🅿 – Prezzo: €€

Fuori pianta – *Via Lelio Basso 9 –* 🕾 *342 564 3955 – ronchettino.it – Chiuso lunedì e a mezzogiorno da martedì a venerdì*

IL CAPESTRANO

ABRUZZESE • **FAMILIARE** Il nome viene dalla misteriosa statua di un guerriero del VI sec. a.C. rinvenuta a Capestrano, non lontano da L'Aquila. Nessun mistero invece circa il genere di cucina di questo locale: schietti sapori abruzzesi, con salumi e formaggi selezionati in loco da piccoli artigiani del gusto, carni di pecora e agnello, ma anche manzo, arrosticini e tante altre golosità...

& 🍷 – Prezzo: €€

Fuori pianta – *Via Gian Francesco Pizzi 14 – ☏ 02 569 3345 – ilcapestrano.it – Chiuso domenica sera*

TRATTORIA DEL NUOVO MACELLO

MODERNA • **TRATTORIA** Battezzata con questo nome nel 1927 - quando di fronte ad essa sorse il nuovo macello - trent'anni dopo il nonno di uno degli attuali soci la prese in gestione, fiutando il "buon affare" in base all'usura della soglia. Non si sbagliò affatto! Piatti fedeli ai sapori di un tempo, con la tradizione regionale alleggerita e rielaborata in chiave più contemporanea. Imperdibile è la cotoletta alla milanese, alta e con carne frollata 40 giorni: inutile chiedere l'orecchia di elefante!

🍷 – Prezzo: €€

Pianta: D3-75 – *Via Cesare Lombroso 20 – ☏ 02 5990 2122 – trattoriadelnuovomacello.it – Chiuso domenica e sabato a mezzogiorno*

ZONA URBANA SUD-OVEST

IL LUOGO DI AIMO E NADIA

Chef: Alessandro Negrini e Fabio Pisani

ITALIANA CONTEMPORANEA • **DESIGN** Lo storico locale, che ha festeggiato nel 2022 i 60 anni di attività, propone un corposo menu degustazione in cui il territorio italiano viene esaltato in chiave moderna, elargendo alcuni indizi sulle origini dei due dinamici chef – Alessandro Negrini e Fabio Pisani – uno lombardo e l'altro pugliese. Intriganti anche il menu L'Orto, che valorizza la componente vegetale, e quello dedicato ai percorsi di stagione. Molto apprezzato l'Omaggio a Milano: tortelli farciti di ossobuco di fassona e midollo nel suo ristretto allo zafferano sardo e parmigiano. Il servizio attento e premuroso farà da accompagnamento alla serata. Riservatevi un po' di tempo per consultare sul tablet la generosa scelta enoica, che svela qualche chicca oramai pressoché introvabile.

🌿 & 🍷 – Prezzo: €€€€

Fuori pianta – *Via Montecuccoli 6 – Ⓜ Primaticcio – ☏ 02 416886 – illuogoaimoenadia.com – Chiuso domenica e a mezzogiorno*

28 POSTI

MODERNA • **MINIMALISTA** Piccolo e dal fascino informale, 28 Posti pone l'accento sulle buone pratiche di una cucina sostenibile, dove l'attenzione agli sprechi ed una selezione di materie prime scelte da piccole realtà sono tra i must. Le stagioni si susseguono con i loro prodotti in piatti ricchi di tecnica e fantasia, generosi di elementi fushion e fermentazioni. Di solito, ci si affida ai menu a sorpresa degli chef Franco Salvatore e Andrea Zazzara, con numero di portate differenti, ma non manca una piccola carta.

🍷 – Prezzo: €€€

Pianta: F3-57 – *Via Corsico 1 – Ⓜ Porta Genova – ☏ 02 839 2377 – 28posti.org – Chiuso lunedì, domenica e a mezzogiorno*

ANTICA OSTERIA DEL MARE

PESCE E FRUTTI DI MARE • **FAMILIARE** Lungo il Naviglio ma defilato rispetto alla movida serale, un ristorante dai toni rustici con una cucina di mare. Tanti antipasti per stuzzicare l'appetito e invitanti vassoi di crudi spesso serviti in condivisione allo stesso tavolo, prima di passare a paste e grigliate in elaborazione tradizionali e ricche di gusto.

&. – Prezzo: €€

Fuori pianta – *Via Ascanio Sforza 105 –* Ⓜ *Famagosta –* ☏ *02 8954 6534 – anticaosteriadelmare.it – Chiuso domenica e lunedì a mezzogiorno*

MOTELOMBROSO

MODERNA • DESIGN Questo ristorante moderno e signorile è il risultato della riuscita riqualificazione di un'ex casa cantoniera sull'Alzaia Naviglio Pavese, dove Alessandra e Matteo accolgono gli ospiti con garbo ed elegante informalità. Cucina contemporanea di terra e di mare accompagnata da una buona selezione enoica. Se vi incuriosisce il nome dell'insegna, chiedete lumi; noi vi suggeriamo che è in parte legato alla saletta privata...

AC 🜏 ✧ – Prezzo: €€€

Fuori pianta – *Alzaia Naviglio Pavese 256 –* ☏ *333 185 5267 – motelombroso. it – Chiuso lunedì e a mezzogiorno da martedì a venerdì*

MILANO

MILANO MARITTIMA

✉ 48015 – Ravenna (RA) – Carta regionale n° **9**–D2

😊 OSTERIA BARTOLINI

PESCE E FRUTTI DI MARE • **CONVIVIALE** Nella zona del porto canale, dei cantieri e del centro velico, la struttura è stata completamente rinnovata e ora gode di
un accogliente spazio interno, oltre a due terrazze completamente aperte sul mare:
la vista sulla costa spazia da Cattolica fino al promontorio di Ravenna. Il ristorante
vanta una vincente combinazione tra qualità del pescato, simpatica convivialità e
conto finale senza sorprese.

🍴 – Prezzo: €

Via A. Boito 26 – 📞 0544 974348 – osteriabartolini.com – Chiuso lunedì

SALE GROSSO

PESCE E FRUTTI DI MARE • **ACCOGLIENTE** Se quasi tutti gli ortaggi e le verdure
utilizzati nel menu sono prodotti in agricoltura biologica e con sistemi di coltivazione rispettosi del consumo di acqua ed energia, Sale Grosso è decisamente un
ristorante di pesce diventato un autentico punto di riferimento in città. Ambiente
gradevole dai colori chiari e decorazioni d'ispirazione marinara; cucina con tanti
crudi ed un tocco di modernità.

🅰🅒 🍴 – Prezzo: €€

Viale II Giugno 15 – 📞 0544 971538 – ristorantesalegrosso.it – Chiuso lunedì,
martedì e a mezzogiorno da mercoledì a venerdì

TERRAZZA BARTOLINI

PESCE E FRUTTI DI MARE • **ROMANTICO** Fronte mare, spiaggia e porticciolo,
dopo la riapertura del 2020 oggi si può optare per la sala interna o meglio ancora -
in stagione - per la panoramica terrazza: meglio portarsi avanti con la prenotazione,
in quanto sempre molto gettonata! La cucina è esclusivamente a base di pesce,
semplice, "pulita"; non mancano i crudi e le cotture che vedono protagonista il sale
di Cervia. Quotidianamente – elencati a voce - si aggiungono i piatti del mercato.

≼ 🅰🅒 🍴 – Prezzo: €€€

Via A. Boito 30 – 📞 0544 954235 – terrazzabartolini.com – Chiuso mercoledì e a
mezzogiorno da lunedì a venerdì

MILAZZO – Messina (ME) ➜ Vedere Sicilia in fondo alla Guida

MINERVINO DI LECCE

✉ 73027 – Lecce (LE) – Carta regionale n° **16**–D3

OSTERIA ORIGANO Ⓝ

CONTEMPORANEA • **AMBIENTE CLASSICO** Nel centro del paese, all'entrata del
ristorante una piccola enoteca mostra i vini di loro produzione acquistabili anche
da asporto e vivamente consigliati durante il pasto. Sul retro una bella veranda
chiusa e un dehors sono gli spazi dove gustare una ricca cucina della tradizione
che spazia dalle carni allo spiedo, passando per i taglieri di salumi locali e le paste
rigorosamente fatte in casa. Qualche proposta anche di pesce.

🅰🅒 – Prezzo: €€€

Via Giuseppina Scarciglia 18 – 📞 0836 190 5996 – menhirsalento.com

MINERVINO MURGE

✉ 70055 – Bari (BA) – Carta regionale n° **16**–B2

LA TRADIZIONE - CUCINA CASALINGA

PUGLIESE • **RUSTICO** Celebre trattoria del centro storico, accanto alla chiesa dell'Immacolata. Ambiente piacevole in stile rustico, foto d'epoca alle pareti e piatti del territorio. Imperdibile la serie di assaggi di antipasto composti da salumi e formaggi locali con numerose altre proposte stagionali tipiche. I pochi tavolini del dehors vanno prenotati con largo anticipo.

🅰 🍴 – Prezzo: €

Via Imbriani 11/13 – ℰ 0883 691690 – osterialatradizione.net – Chiuso giovedì e domenica sera

MIRA

✉ 30034 – Venezia (VE) – Carta regionale n° **8**–C3

TRATTORIA DALL'ANTONIA

PESCE E FRUTTI DI MARE • **AMBIENTE CLASSICO** Sulla piazza da 50 anni con la medesima gestione familiare, ora in una graziosa casetta ottocentesca affacciata sul Naviglio del Brenta, gli interni sono stati completamente rinnovati per far spazio ad un accogliente ristorante, dove i prodotti del mare regnano protagonisti. Realizzate fin dove possibile con pescato locale, le ricette sono quelle semplici e tradizionali della tradizione marina italiana e veneta.

🅰 – Prezzo: €€

Riviera Silvio Trentin 8 – ℰ 041 567 5618 – trattoriadallantonia.it – Chiuso giovedì e domenica sera

MIRANO

✉ 30035 – Venezia (VE) – Carta regionale n° **8**–C2

DA FLAVIO E FABRIZIO "AL TEATRO"

PESCE E FRUTTI DI MARE • **CONTESTO CONTEMPORANEO** Adiacente al cinema-teatro, la sala più raccolta all'ingresso si presta a pasti veloci; per occasioni più importanti salite al primo piano. In ogni caso, cucina tradizionale veneta di mare, tra cui spiccano i tagliolini bianchi e neri con calamari, scampi e zucchine. Dulcis in fundo, semifreddo al miele con caramello.

🅰 🍴 – Prezzo: €

Via della Vittoria 75 – ℰ 041 440645 – ristorantedaflavioefabrizio.it – Chiuso lunedì e martedì

MISANO ADRIATICO

✉ 47843 – Rimini (RN) – Carta regionale n° **9**–D2

LE VELE

PESCE E FRUTTI DI MARE • **MODERNO** Sorge sulla sabbia, dove per altro si predispongono alcuni tavolini per uno dei due dehors estivi, mentre la vista da una parte attende, la sera, il tramonto, e davanti cerca il mare alla fine degli ombrelloni. Le Vele è un ottimo ristorante di pesce, i cui piatti oscillano tra ricette classiche ed altre più moderne, in modo particolare nei dolci.

≼ 🅰 🍴 – Prezzo: €€

Via Litoranea Sud 71 Bagni 70 – ℰ 349 241 8018 – ristorantelevele.net – Chiuso martedì e a mezzogiorno lunedì, mercoledì, giovedì

MODENA

✉ 41121 – Modena (MO) – Carta regionale n° **9**–B2

✿✿✿ OSTERIA FRANCESCANA

Chef: Massimo Bottura

CREATIVA • CONTESTO CONTEMPORANEO Arrivati in via Stella, di tanti orpelli e medaglie il ristorante sembra liberarsi volentieri in favore di una sobria eleganza contemporanea, messa in risalto dalle notevoli opere d'arte di cui Massimo Bottura è appassionato. Una cifra di understatement che si ritrova anche nella cucina, dove la grandezza si traduce in misura, controllo e padronanza di ogni mezzo, oltre ad una grande visione che partendo da Modena e dall'Emilia - parmigiano, aceto balsamico, tagliatelle e tortellini tra gli elementi imprescindibili - arriva a classici internazionali, che lo chef cita e rilegge con giocosa leggerezza, per ricordarvi che il cibo non è una noiosa liturgia, ma divertimento, memoria e cultura. Se nella carta dei vini ci sono molte eccellenze, non mancano tuttavia anche etichette meno famose, frutto della ricerca di piccoli produttori che riescono a raccontare una "storia" a molti sconosciuta.

✿ *L'impegno dello chef:* Massimo Bottura ha fondato con la moglie Lara Gilmore Food for Soul, un'associazione ideata per combattere lo spreco alimentare e favorire l'inclusione sociale. I pasti donati nei Refettori a persone con vulnerabilità vengono preparati utilizzando eccedenze alimentari raccolte da mercati e super-mercati locali. L'intento è dimostrare l'efficacia della cultura come approccio per migliorare le condizioni di persone ed ecosistemi alimentari.

🕸 ♿ ⅗ ⇔ – Prezzo: €€€€

Via Stella 22 – ☎ 059 223912 – osteriafrancescana.it

✿ L'ERBA DEL RE

Chef: Luca Marchini

CREATIVA • CONTESTO CONTEMPORANEO Adiacente ad una delle chiese più antiche di Modena - Santa Maria della Pomposa risalente al periodo medioevale (facciata) e ricostruita nel 1717 - questo locale essenziale, luminoso, con quadri contemporanei alle pareti si trova in un palazzo d'epoca. L'abile chef Luca Marchini propone piatti dall'impronta prevalentemente creativa, ma gli appassionati della tradizione troveranno comunque qualche proposta di cucina emiliana; il bravo sommelier consiglia interessanti rarità che provengono da piccoli produttori (talvolta stranieri), spesso anche al calice. Pochi e distanziati tavoli in un'atmosfera sobria e moderna.

🕸 ♿ ⅗ 🌿 ⇔ – Prezzo: €€€

Via Castelmaraldo 45 – ☎ 059 218188 – lerbadelre.it – Chiuso domenica e a mezzogiorno lunedì e giovedì

🎏 TRATTORIA POMPOSA - AL RE GRAS

EMILIANA • CONVIVIALE Nel bel centro storico della città, il ristorante è la diretta espressione di chef Marchini, che ha reso omaggio alla più pura tradizione emiliana in tutta la sua tipica semplicità; ricette del territorio e grande attenzione alla qualità. All'ingresso, il banco su cui si tira la sfoglia e si prepara la pasta fresca lascia presagire le emozioni che verranno...

⅗ 🌿 – Prezzo: €

Via Castel Maraldo 57 – ☎ 059 214881 – trattoriapomposa.it – Chiuso lunedì a mezzogiorno

ANTICA MOKA

MODERNA • ELEGANTE Eleganti sale all'interno di una ex scuola d'inizio Novecento lungo la via Emilia est; la carta è ampia ed invitante, non mancano i sapori regionali come le celebri paste fresche all'uovo, ma anche alcune portate più moderne a base di pesce. Centinaia di bottiglie dalla voluminosa lista dei vini.

ɂ Ⓚ ⌂ **P** – Prezzo: €€€

Via Emilia Est 1496 – ℰ 059 284008 – anticamoka.it – Chiuso lunedì e martedì a mezzogiorno

FRANCESCHETTA 58

CLASSICA • SEMPLICE In cucina si parte dalle tradizioni territoriali, in particolare emiliane, per poi approdare a piatti più creativi. La Franceschetta 58 è anche un modo per entrare nel fantastico mondo di Bottura, a prezzi più abbordabili.

♿ Ⓚ ⌂ – Prezzo: €€

Strada Vignolese 58 – ℰ 059 309 1008 – franceschetta.it – Chiuso domenica

HOSTERIA GIUSTI

EMILIANA • VINTAGE Nel retrobottega di un'elegante ed antica salumeria, troverete solo quattro tavoli in una sala gustosamente retrò. In carta poche proposte, ma di gran qualità e imperniate sulle tradizioni emiliane. La sera è aperto solo su prenotazione e per gruppi di almeno 12 persone con menu concordato.

ɂ Ⓚ ⌂ – Prezzo: €€€

Via Farini 75 – ℰ 059 222533 – hosteriagiusti.it – Chiuso lunedì e domenica

LA MASSERIA

PUGLIESE • CONTESTO REGIONALE Un angolo di Puglia dove trovare piccoli capolavori di una cucina solare e saporita, nonché un titolare di grande simpatia e competenza. Paste fresche, imperdibili e fantasiose torte di verdure, nonché grigliate di carne.

⌂ ⇄ **P** – Prezzo: €

Via Chiesa 61, loc. Marzaglia – ℰ 059 389262 – ristorantemasseria.com – Chiuso lunedì e domenica sera

MODICA – Ragusa (RG) → Vedere Sicilia in fondo alla Guida

MOENA

✉ 38035 – Trento (TN) – Carta regionale n° **6**–B2

❃ **MALGA PANNA**

Chef: Paolo Donei

REGIONALE • STILE MONTANO La storia della famiglia Donei è la storia di questa storica malga, divenuta ristorante negli anni Cinquanta, quando i genitori dell'attuale chef-patron Paolo preparavano gustosi manicaretti ai primi villeggianti, fino a divenire una delle migliori tavole della val di Fassa. Della malga oggi c'è giusto il nome e la panoramica posizione sopra la località e la valle, godibilissima dalla recente sala veranda, minimal alpina, a tutto vetro. Il resto, invece, è alta ristorazione grazie alla bravura del padrone di casa, cuoco dal talento naturale che sa come destreggiarsi con modi attuali in piatti ispirati al territorio. In carta si propone anche un menu degustazione, dove lo stile trentino si sposa con gusti mediterranei. Non mancano alcune ricette più semplici, che omaggiano la lunga tradizione dell'insegna e la location silvestre.

ɂ ✶ ⇄ **P** – Prezzo: €€€

Strada de Sort 64, loc. Sorte – ℰ 0462 573489 – malgapanna.it – Chiuso lunedì

ⓘ **AGRITUR EL MAS**

Chef: Stefano Croce

REGIONALE • RUSTICO Sopra il paese, un vero e proprio agriturismo con allevamento di mucche, cavalli, maiali e produzione di carne, salumi e formaggi, in vendita nel proprio shop (anche online). Il tutto da gustare insieme ad altre prelibatezze della valle, spesso d'ispirazione ladina, in un bell'ambiente tra legni antichi. Nello stesso edificio, costruito secondo i criteri della bioedilizia, ci sono anche delle gradevoli camere.

🌿 *L'impegno dello chef:* Gran parte degli ingredienti arriva da molto vicino, praticamente da dietro l'angolo: dalla stalla, dove trovano ricovero mucche, capre, asinelli e maiali, e dall'orto privato. Senza dimenticare la variegata proposta di latticini e formaggi del caseificio di proprietà, in vendita presso la bottega El Cajelo. Ma non è tutto. Fervido sostenitore dell'importanza della divulgazione, l'Agritur El Mas è anche fattoria didattica.

🛏🍴🅿 – Prezzo: €€

Strada de Saslonch 176, loc. Col de Soldai – ☎ 0462 574221 – agriturelmas.it – Chiuso lunedì

FORESTA ❀

REGIONALE • STILE MONTANO Appena fuori dal centro del paese, alle spalle di una fitta abetaia in cui val di Fiemme e val di Fassa si scambiano la mano, all'interno dell'omonimo hotel la famiglia Schacher vi accoglie con calore e passione. Le proposte sono quelle tipiche del territorio, da accompagnare con uno dei tanti vini che forniscono la bella cantina, in cui primeggiano quelli del Trentino.

🍴 🅿 – Prezzo: €€

Strada de la Comunità de Fiem 42 – ☎ 0462 573260 – hotelforesta.it

OSTARIA TYROL ❀ ⓝ

DEL TERRITORIO • FAMILIARE Cucina del territorio con paste e dolci fatti in casa, nonché carni e salumi di produzione propria nel maso di famiglia e arredi caratteristici con le bellissime composizioni in legno di un famoso artista locale. Nel pieno centro della località, nel complesso del Post Hotel e all'interno della ZTL, il servizio si svolge dalle 11 alle 22 (non è possibile prenotare).

🅰🍴 – Prezzo: €€

Piaz de Ramon 8 – ☎ 0462 573760 – posthotelmoena.it – Chiuso martedì

INALTO ALFIO GHEZZI DOLOMITES ⓝ

REGIONALE • STILE MONTANO A Col Margherita, 2550 metri raggiungibili in inverno tramite funivia (da Moena si parte dal passo San Pellegrino), un nuovo ski bar griffato Alfio Ghezzi, chef stellato al Mart di Rovereto. Varie proposte: hamburger o una scelta più articolata e creativa con una serie di piatti imperdibili dello chef. Nella bella stagione è raggiungibile anche a piedi o – per i più allenati – in bicicletta (due colonnine di ricarica per le e-bike).

🍴 – Prezzo: €€

Via San Pellegrino 32, stazione a monte della funivia Col Margherita – ☎ 344 049 1503 – inaltocolmargherita.it – Chiuso la sera

MALGA RONCAC

REGIONALE • STILE MONTANO Caratteristica malga in pietra e legno in splendida posizione panoramica al limitare del bosco; la cucina, punta su di un menu ristretto, a volte più legato al territorio, altre volte con slanci nazionali, ma pur sempre attento alla stagionalità degli ingredienti elaborati con un pizzico di fantasia. Non dimenticate di prenotare uno dei pochi tavoli nella piccola veranda, la vista sulla valle è compresa nel prezzo!

🍴🛏🍴🅿 – Prezzo: €€

Strada de Roncac 7 – ☎ 334 222 1135 – malgaroncac.it – Chiuso martedì e mercoledì

MOGGIONA

✉ 52014 – Arezzo (AR) – Carta regionale n° **11**–D1

🐸 ### IL CEDRO

TOSCANA • **TRATTORIA** A pochi chilometri dall'eremo di Camaldoli, al Cedro si celebra una cucina toscana casalinga, semplice e saporita, con due sorelle al comando, una in cucina e l'altra in sala. Con simpatia tutta locale, quest'ultima vi elencherà le proposte del giorno, privilegiando arrivi freschi e specialità del Casentino.
– Prezzo: €
Via di Camaldoli 20 – 𝒸 0575 556080 – Chiuso lunedì-mercoledì e la sera giovedì e domenica

MATER

CREATIVA • **ELEGANTE** La natura qui è in primo piano, che si tratti della location ai piedi dell'Eremo di Camaldoli o della linea gastronomica in sintonia con le stagioni e il territorio casentinese. Menu degustazione In profondità e una scelta libera dalla carta di 3 portate e un dessert.
🅺 🅿 – Prezzo: €€€
Via di Camaldoli 52 – 𝒸 366 503 5127 – ristorantemater.it – Chiuso martedì, mercoledì e a mezzogiorno tranne domenica

MOIRAGO

✉ 20080 – Milano (MI) – Carta regionale n° **5**–B2

ANTICA OSTERIA MOIRAGO

ITALIANA CONTEMPORANEA • **ROMANTICO** Nella frazione di Moirago, affacciato sul Naviglio Pavese, nel 1250 nacque un convento, che già nel 1478 funzionava come osteria. Sono passati secoli, ma oggi la tradizione continua, nel portico chiuso e dipinto, così come nelle due sale interne, piene di calore e atmosfera. La cucina lascia ampio spazio a verdure e crudità di pesce, in aggiunta a ricette locali un po' più "invernali".
🖢 🏠 🅿 – Prezzo: €€
Via Pavese 4 – 𝒸 02 9000 2174 – anticaosteriamoirago.it – Chiuso lunedì e domenica sera

MOLINI

✉ 39030 – Bolzano (BZ) – Carta regionale n° **6**–B1

🌺 ### SCHÖNECK

Chef: Karl Baumgartner

REGIONALE • **ELEGANTE** Con oltre 30 anni di carriera alle spalle, i fratelli Baumgartner sono un confortevole classico della buona cucina in Alto Adige. Il menu appare decisamente incentrato sui sapori del territorio, sebbene non manchino alcuni piatti a base di pesce. Le specialità sono cucinate partendo da valide materie prime (spesso di provenienza locale), trattate da chef Karl con tecniche canoniche, senza inseguire nessun tipo di moda o spinta contemporanea. Il tutto in ambienti che mostrano gli arredi lignei del territorio interpretati con eleganza: molto bello è il salotto fronte bar con tanto di pianoforte, ma ci si può anche accomodare in una delle stube o nella sala-veranda, mentre in estate è da preferirsi la fresca terrazza. La cantina è sempre un punto forte.
🕊 ≤ 🅺 🏠 ⇔ 🅿 – Prezzo: €€€
Via Schloss Schöneck 11 – 𝒸 0474 565550 – schoeneck.it – Chiuso lunedì e martedì

MOLTRASIO

✉ 22010 – Como (CO) – Carta regionale n° **5**–B1

IMPERIALINO

CREATIVA • **ELEGANTE** Lasciatevi coccolare in questo contesto elegante e suggestivo direttamente sul lago, che in estate, dal bel giardino, sembra letteralmente a portata di mano. Piatti dal sapore mediterraneo sia di terra che di acqua, dolce o salata, in un'offerta fantasiosa declinata in due menu degustazione o nella generosa scelta alla carta.

≼ 🗩 ⴵ 🕮 🈂 – Prezzo: €€€

Via Regina 26 – ℰ 031 346600 – imperialino.it – Chiuso lunedì e a mezzogiorno

LA VERANDA

DEL TERRITORIO • **AMBIENTE CLASSICO** A pochi metri dal lago, nel cuore della piccola località, una sala da pranzo che nella bella stagione si apre in veranda e servizio all'aperto, per una cucina classica e sempre generosa a base di pesce di lago e non solo; il tutto in un ambiente accogliente di lunga tradizione familiare.

≼ 🕮 🈂 ⇄ – Prezzo: €€

Piazza San Rocco 5 – ℰ 031 290444 – hotel-posta.it

MOMO

✉ 28015 – Novara (NO) – Carta regionale n° **1**–C2

MACALLÈ

PIEMONTESE • **ELEGANTE** Uno dei ristoranti che hanno fatto la storia in provincia. Un rustico caseggiato - in centro paese - con ambienti classici e curati: i piatti seguono la stagionalità dei prodotti in elaborazioni concrete e ben equilibrate. Qualche suggestione di pesce e un'ottima carta dei vini che propone una bella panoramica di etichette del territorio.

🕮 ⇄ 🅿 – Prezzo: €€

Via Boniperti 2 – ℰ 0321 926064 – macalle.it – Chiuso mercoledì

MONASTIER DI TREVISO

✉ 31050 – Treviso (TV) – Carta regionale n° **8**–C2

MENEGALDO

PESCE E FRUTTI DI MARE • **FAMILIARE** Una storia di oltre 100 anni: una volta, dopo la grande guerra, i carrettieri si fermavano qui con i cavalli e così venne soprannominata "l'osteria dei cava'i". Successivamente, si specializzò in crostacei e pesci dell'Adriatico. A tutt'oggi, Menegaldo è un punto di riferimento in zona!

🕮 ⇄ 🅿 – Prezzo: €€

Via Pralongo 216 – ℰ 0422 898802 – ristorantemenegaldo.it – Chiuso mercoledì e martedì sera

MONCALIERI

✉ 10024 – Torino (TO) – Carta regionale n° **1**–B2

LA MAISON DELFINO

PESCE E FRUTTI DI MARE • **ELEGANTE** Sono i due fratelli Delfino, Pino e Luigi, a gestire con passione e capacità questo elegante locale ricavato da un'antica cascina e dotato di raffinato portico per il dehors. Due menu: uno semplice, l'altro più creativo, dai quali è possibile scegliere anche solo alcuni piatti, ma tutti rigorosamente di pesce.

🅺 🍽 ♿ – Prezzo: €€
Via Lagrange 4, Borgo Mercato – 𝒞 011 642552 – lamaisondelfino.com – Chiuso lunedì, a mezzogiorno da martedì a sabato e domenica sera

MONDOVÌ
✉ 12084 – Cuneo (CN) – Carta regionale n° **1**–B3

CAFFÈ BERTAINA OSTERIA
PIEMONTESE • **VINTAGE** Sulla pittoresca piazza del rione più antico della città, di origini medioevali, attraverso i portici si entra nelle due salette dai soffitti affrescati a inizio Novecento e dall'atmosfera piacevolmente retrò. L'ottima cucina verte in prevalenza su proposte locali, ma c'è anche qualche piatto più creativo.
🅺 🍽 – Prezzo: €€
Piazza Maggiore 6 – 𝒞 0174 330396 – Chiuso lunedì e domenica sera

MONEGLIA
✉ 16030 – Genova (GE) – Carta regionale n° **10**–D2

❀ ## ORTO BY JORG GIUBBANI
CONTEMPORANEA • **AMBIENTE CLASSICO** Nell'albergo Villa Edera, il nome del ristorante è il miglior biglietto da visita per illustrarne la cucina, fortemente improntata al mondo vegetale, di cui la Liguria è ricca e generosa. Jorg Giubbani, di Sestri Levante, ne è l'interprete, con piatti spesso tecnici, complessi ed elaborati, che partono dai prodotti regionali per giungere a proposte molto fantasiose. Benché esista anche una ristretta scelta alla carta, è forse consigliabile affidarsi ad uno dei tre menu degustazione, dedicati rispettivamente alla Liguria, al mondo vegetale (il ristorante dispone di diversi orti nella regione) e ad un percorso a sorpresa pensato dal cuoco. Alla riuscita della cena contribuisce anche un ottimo servizio, in particolare del giovane e bravissimo sommelier.
🕸 🅺 🍽 🅿 – Prezzo: €€€€
Via Venino 12 – 𝒞 0185 49291 – villaedera.com – Chiuso mercoledì e a mezzogiorno da lunedì a venerdì

LA RUOTA
PESCE E FRUTTI DI MARE • **ACCOGLIENTE** I lampadari in sala scendono sui tavoli contribuendo ad apparecchiarli, le luci sono soffuse e paiono richiamare i lampioni serali del lungomare di Moneglia che si riflettono nel mare. Ma è Edoardo la vera anima del locale: premuroso chef e anfitrione, con grande passione racconta cibo e vino, accompagnando l'ospite lungo il menu degustazione - a sorpresa - a base di pesce fresco. Il tutto cucinato con fantasia e semplicità, incurante delle mode del momento.
🍃 ♿ 🅿 – Prezzo: €€
Località Lemeglio 6, alt. 200 – 𝒞 0185 49565 – laruotamoneglia.it – Chiuso mercoledì e a mezzogiorno da lunedì a venerdì

MONFALCONE
✉ 34074 – Trieste (TS) – Carta regionale n° **7**–B2

AI CAMPI DI MARCELLO
PESCE E FRUTTI DI MARE • **FAMILIARE** Non lontano dai cantieri navali, piacevole atmosfera in un locale a conduzione familiare dalle valide proposte di mare. Tra le tante specialità, noi consigliamo la zuppa fredda con pesce crudo e cotto. Nota curiosa: la passione del titolare per il rum si traduce in un'intrigante ed inaspettata selezione di tale liquore.
🍴 🍽 🅿 – Prezzo: €€
Via Napoli 11 – 𝒞 0481 481937 – ristorante.aicampi.it – Chiuso lunedì, a mezzogiorno da martedì a venerdì e domenica sera

MONFORTE D'ALBA

✉ 12065 – Cuneo (CN) – Carta regionale n° **2**–A2

❀ **BORGO SANT'ANNA**

Chef: Pasquale Laera

DEL TERRITORIO • ELEGANTE Pasquale Laera, di origini pugliesi, lavora ormai da anni in Piemonte e della cucina regionale ha imparato regole e codici. Il risultato è una carta piuttosto personalizzata che mostra contributi gastronomici locali ma anche proposte più creative. Il ristorante si trova in un affascinante contesto collinare, che si apprezzerà soprattutto d'estate mangiando in terrazza o, nella stagione meno bella, attraverso le pareti vetrate della sala in veranda. Ci sono altri tavoli di fronte alle cucine per chi desidera vedere la brigata all'opera.

🕸 ⇐ ⅊ 🅰 ⚗ ✿ **P** – Prezzo: €€€

Località Sant'Anna 84 – ℰ 0173 195 0332 – borgosantanna.it – Chiuso lunedì, martedì a mezzogiorno e domenica sera

❀ **FRE**

CREATIVA • ELEGANTE A meno di quattro chilometri dal delizioso borgo di Monforte e immerso in un campo da golf a nove buche, il nome allude al fabbro (in piemontese fre) che lavorava qui prima che l'edificio diventasse il moderno ed elegante Réva Resort. Dei tempi passati rimane il chiodo ricurvo su cui si poggiano le posate. La cucina nasce dalla collaborazione con il celebre chef francese Yannick Alléno, presso cui ha lavorato il resident chef Francesco Marchese. I piatti attingono al territorio in preparazioni articolate, in cui si mettono in mostra tecnica, competenze e citazioni d'Oltralpe, sempre alla ricerca di una piacevole dose di golosità, anche quando la ricetta prevede molti ingredienti. È il caso del risotto cucinato sostituendo il tradizionale brodo con l'estrazione di prosciutto crudo, poi condito con midollo gratin al parmigiano e caviale. Tempo permettendo, optate per il servizio all'aperto sulla stupenda terrazza affacciata sui vigneti. Cucina più easy al Piccolo Fre Bistrot.

🕸 ⅊ 🅰 ✿ **P** – Prezzo: €€€€

Località San Sebastiano 68 – ℰ 0173 789269 – revamonforte.com – Chiuso mercoledì, giovedì e a mezzogiorno lunedì, martedì, venerdì

LE CASE DELLA SARACCA

PIEMONTESE • ALLA MODA Si sviluppa su molti livelli nel suggestivo scenario delle Case della Saracca, questo locale dalla doppia anima con wine-bar per aperitivi e la cucina che propone piatti della regione e non. Ottima - ovviamente - la lista dei vini e l'atmosfera con salette intime ed accoglienti.

🕸 – Prezzo: €€

Via Cavour 5 – ℰ 0173 789222 – saracca.com – Chiuso mercoledì e a mezzogiorno

GENNARO DI PACE ⓝ

CONTEMPORANEA • COLORATO Le origini calabresi dello chef-patron sono ben percepibili in un menu che, utilizzando estetica e tecnica contemporanee, crea un piacevole dialogo tra sapori mediterranei (anche dal mare) ed ovvi rimandi territoriali piemontesi. In un piccolo locale moderno all'ombra del Castello di Perno, aperto anche a pranzo ma solo con prenotazione anticipata.

🅰 – Prezzo: €€

Vicolo della Chiesa 8, loc. Perno – ℰ 379 113 0854 – gennarodipace.it – Chiuso lunedì e domenica sera

GIARDINO - DA FELICIN

PIEMONTESE • ELEGANTE Bastione della classicità piemontese, il ristorante è ospitato all'interno di un bel palazzo d'epoca con terrazza panoramica e un romantico giardino per i pasti all'aperto. Le sale riflettono lo stesso gusto per una sontuosa atmosfera tradizionale, che trova poi la sua massima espressione nei piatti, precisa e gustosa esecuzione dell'intramontabile cucina regionale. Albergo diffuso con camere nell'edificio stesso e altre sparse per il paese.

🐾 ⬦🏵️✧🅿️ – Prezzo: €€€

Via Vallada 18 – ☏ 017378225 – felicin.it – Chiuso lunedì e a mezzogiorno tranne sabato

REPUBBLICA DI PERNO

PIEMONTESE • FAMILIARE Un piccolo e rinnovato locale ubicato nel cuore del centro abitato; come da tradizione piemontese vi si accede scorgendo - per prima - la cucina a vista, per poi passare al primo piano con soli cinque tavoli disponibili. Ambiente curato con un'atmosfera di rustico bistrot famigliare ed un menu giornaliero con piatti rigorosamente regionali.

🏵️ – Prezzo: €€

Vicolo Cavour 5, loc. Perno – ☏ 0173 78492 – repubblicadiperno.it – Chiuso martedì, mercoledì, domenica e la sera lunedì e giovedì

TRATTORIA DELLA POSTA

PIEMONTESE • ELEGANTE Nel contesto di un bel paesaggio collinare, il ristorante si trova in una tipica cascina ottocentesca: all'interno due sale che rievocano l'atmosfera di una raffinata casa piemontese con qualche arredo d'epoca. Coerente sino in fondo, anche la cucina rispecchia il territorio.

🐾 ♿🏵️🅿️ – Prezzo: €€

Località Sant'Anna 87 – ☏ 0173 78120 – trattoriadellaposta.it – Chiuso giovedì e venerdì a mezzogiorno

MONFUMO

✉️ 31010 – Treviso (TV) – Carta regionale n° **8**–B2

DA GERRY

CLASSICA • FAMILIARE Carne e pesce si contendono la carta di questo ristorante nel centro del paese, dotato anche di camere spaziose e confortevoli. Piacevolissimo il dehors esterno con ampia vista sulle colline circostanti.

♿Ⓜ️🏵️✧ – Prezzo: €€

Via Chiesa 6 – ☏ 0423 945750 – ristorantedagerry.com – Chiuso lunedì e martedì a mezzogiorno

OSTERIA ALLA CHIESA

MODERNA • RUSTICO Una giovane coppia ha ridato vita alla vecchia osteria di paese; se l'ambiente mantiene ancora le rustiche caratteristiche, la cucina parla invece di creatività e innovazione. Claudio con originalità e fantasia abbina, divide e ricompone carne, pesce e verdure, nel contesto di una formula basata su tre menu degustazione.

Ⓜ️🏵️ – Prezzo: €€€

Via Chiesa Monfumo 14 – ☏ 0423 969584 – osteriaallachiesa.com – Chiuso martedì-giovedì, venerdì a mezzogiorno e domenica sera

MONIGA DEL GARDA

✉️ 25080 – Brescia (BS) – Carta regionale n° **4**–D1

L'OSTERIA H20

CREATIVA • MINIMALISTA Posizione stradale, ma sala rivolta verso il lago - la cui bella terrazza estiva offre un incantevole panorama - per una cucina piacevolmente moderna che unisce estro e leggerezza, lago, mare e terra, in proposte sempre interessanti e con notevole personalizzazione negli accostamenti.

⬦Ⓜ️🏵️🅿️ – Prezzo: €€€

Via Pergola 10 – ☏ 0365 503225 – losteriah2o.it – Chiuso lunedì

MONOPOLI

✉ 70043 – Bari (BA) – Carta regionale n° **16**-C2

ORTO

CONTEMPORANEA • **STILE MEDITERRANEO** Come ci fosse una linea d'intenti diretta tra Abruzzo e Puglia, Orto nasce all'interno del bel resort Nina Trulli quando la brava chef Cinzia Mancini, della Bottega Culinaria di San Vito Chietino, nel 2020 prende le redini del progetto. Nella bella corte mediterranea si assaggeranno piatti personali e ben presentati in cui pesce e carne sono protagonisti non più di frutta e verdure, in gran parte provenienti dal proprio orto e frutteto.

🍴🏠🅿 – Prezzo: €€

Contrada Tortorella, 14 km a sud – ☎ 080 222 6831 – ortoilristorante.com – Chiuso lunedì

MONSELICE

✉ 35043 – Padova (PD) – Carta regionale n° **8**-B3

LA TORRE

TRADIZIONALE • **AMBIENTE CLASSICO** In una piazza del centro in cui svetta una torre medioevale, questo ristorante è l'indirizzo da consigliare a chi cerca una cucina classica e tradizionale, con la cottura alla griglia come specialità tra i secondi piatti.

🅰🅲 – Prezzo: €€

Piazza Mazzini 14 – ☎ 0429 73752 – ristorantelatorremonselice.it – Chiuso lunedì e domenica sera

MONSUMMANO TERME

✉ 51015 – Pistoia (PT) – Carta regionale n° **11**-B1

OSTERIA IL MAIALETTO

TOSCANA • **FAMILIARE** Accanto alla macelleria di famiglia, vivace osteria dallo spirito giovanile dove gustare una schietta cucina toscana; la specialità sono ovviamente le carni ed i prosciutti di allevamenti propri, un must la bistecca che viene proposta direttamente con il carrello in sala.

🅰🅲 🍴 – Prezzo: €

Via Della Repubblica 348 – ☎ 0572 953849 – ilmaialetto.com – Chiuso lunedì e a mezzogiorno mercoledì e giovedì

MONTÀ

✉ 12046 – Cuneo (CN) – Carta regionale n° **2**-A1

MARCELIN

DEL TERRITORIO • **ELEGANTE** Le proposte sono spesso creative ma mantengono il più delle volte un legame con il territorio, i suoi prodotti, le sue ricette, che vengono riletti dal cuoco con fantasia.

🕸 ♿🅰🅲🍴 – Prezzo: €€€

Piazzetta della Vecchia Segheria 1 – ☎ 0173 975569 – marcelin.it – Chiuso lunedì e martedì e domenica sera

MONTALCINO

✉ 53024 – Siena (SI) – Carta regionale n° **11**-C2

✿ CAMPO DEL DRAGO

CONTEMPORANEA • **ELEGANTE** Armatevi di pazienza per arrivarci lungo una strada bianca e polverosa, per quanto affascinante, circondata dal tipico paesaggio toscano. Accolti da un ottimo servizio, troverete un incantevole borgo di origini medioevali con torre e chiesetta affrescata, nonché le splendide camere dell'albergo. Ma soprattutto uno dei migliori ristoranti della zona: lo chef Matteo Temperini offre una delle letture più interessanti e creative della cucina toscana, con diversi prodotti vegetali che crescono nell'orto della struttura. I piatti sono serviti in una sala dall'eleganza contemporanea con terrazza panoramica, mentre l'offerta enologica elenca anche diversi vini della casa, tra cui il cru di Brunello di Montalcino Campo del Drago che dà il nome al ristorante.

⫞ & 🅰 🍽 🅿 – Prezzo: €€€€

Località Castiglion del Bosco – ☏ 0577 191 3001 – rosewoodhotels.com – Chiuso lunedì, domenica e a mezzogiorno

✿ LA SALA DEI GRAPPOLI

MODERNA • ROMANTICO L'emozione inizia chilometri prima di arrivarci, guidando tra vigneti, cipressi e ulivi, nella più tipica campagna toscana, una cartolina che culmina con l'arrivo all'imponente Castello Banfi, di origini medioevali, che si erge maestoso davanti al ristorante. Le viti affrescate nelle sale interne ne chiariranno il nome, ma, appena il tempo lo consente, cenare in terrazza sarà un'esperienza indimenticabile, per il panorama, la qualità del servizio e ovviamente la cucina. Lo chef Domenico Francone è di origini pugliesi e dalla sua regione porta qualche stuzzicante contributo, dai taralli ai piccoli ma squisiti panzerotti. Ha tuttavia abbondantemente sposato la cucina toscana, spesso maremmana, che interpreta con creatività, rivedendone in modo personale alcuni dei più celebri classici. Dalla cantina, tra le proposte del bravissimo sommelier, ovviamente anche i grandi Brunelli di Castello Banfi.

🕬 & 🅰 🍽 🅿 – Prezzo: €€€€

Castello di Poggio alle Mura – ☏ 0577 877505 – castellobanfiwineresort.it – Chiuso domenica e a mezzogiorno

☺ TAVERNA DEL GRAPPOLO BLU

TOSCANA • RUSTICO Si accede direttamente da una stretta e ripida scalinata, a due salette dall'atmosfera tradizionale e famigliare; cucina ruspante toscana, i pici al ragù e la trippa sono tra i più gettonati, oltre ad un'interessante selezione di vini, tra cui spiccano i Brunelli suddivisi per annata. Non mancheranno anche vecchie bottiglie di alta qualità per i più appassionati. Il patron assicura un servizio informale, ma attento.

🅰 🍽 – Prezzo: €

Scale di via Moglio 1 – ☏ 0577 847150 – grappoloblu.com

BOCCON DIVINO

TOSCANA • CONTESTO TRADIZIONALE Una casa colonica alle porte della località, si può scegliere fra la curata sala rustica o la terrazza estiva con vista. Nel piatto, i sapori del territorio leggermente rivisitati in chiave moderna ed alcuni evergreen come il peposo e la zuppa di cipolle. La carta dei vini annovera rossi locali quali il Brunello, alcuni datati di qualche decade.

🏵 ⫞ 🍽 – Prezzo: €€

Via Traversa dei Monti 201, loc. Colombaio Tozzi – ☏ 0577 848233 – boccondivinomontalcino.it – Chiuso martedì

MONTALDO SCARAMPI

✉ 14040 – Asti (AT) – Carta regionale n° **2**–B1

CA' DEL PROFETA

CONTEMPORANEA • ELEGANTE Nel mezzo di una bellissima conca, con vista su dolci colline per metà a vigneto di proprietà, Ca' del Profeta si trova nella campagna astigiana, a pochi chilometri dal capoluogo. Interni moderni e una terrazza panoramica fanno da contorno ad una cucina piemontese decisamente innovativa. Degni di nota sono il carciofo con gli asparagi, in varie consistenze, e la bagna cauda proposta anch'essa con gli asparagi. In cantina si consiglia un assaggio del vino di punta dell'azienda vinicola omonima, l'Efraim, Barbera d'Asti DOCG ampia e armonica. Servizio professionale ma amichevole. Camere moderne e una piscina panoramica completano l'offerta.

�e 🎨 🍴 🅿 – Prezzo: €€€

Via Montaldino 19 – ℰ 0141 196 7229 – cadelprofeta.com – Chiuso lunedì-mercoledì e giovedì a mezzogiorno

MONTALLEGRO - Agrigento (AG) ➔ Vedere Sicilia in fondo alla Guida

MONTE PORZIO CATONE
✉ 00078 – Roma (RM) – Carta regionale n° **12**–A2

IL MONTICELLO

LAZIALE • RUSTICO Poco fuori dal centro, cucina romano-laziale con sapiente uso dei sapori e, come chicca, le verdure del proprio orto, in un ristorante dal piacevole e caldo ambiente rustico.

🍴 🅿 – Prezzo: €

Via Romoli 27 – ℰ 06 944 9353 – Chiuso lunedì e domenica sera

MONTE SANT'ANGELO
✉ 71037 – Foggia (FG) – Carta regionale n° **16**–B1

LI JALANTUÙMENE

PUGLIESE • ROMANTICO La travolgente passione dello chef vi guiderà alla scoperta dei tesori gastronomici pugliesi in un piccolo e romantico ristorante, affacciato su un'incantevole piazzetta. La formula prevede un light lunch a mezzogiorno, mentre la sera si offre un ventaglio di tre menu degustazione di cui uno vegetariano. Il tutto completato da adorabili camere.

🍴 – Prezzo: €€€

Piazza de Galganis 9 – ℰ 0884 565484 – li-jalantuumene.it – Chiuso martedì

MONTEBELLUNA
✉ 31044 – Treviso (TV) – Carta regionale n° **8**–C2

NIDABA

MODERNA • DI TENDENZA L'esperienza di Andrea e Daniela, con l'entusiasmo dei giovani collaboratori, dà corpo ad un locale realmente moderno, frutto di una visione cosmopolita nonostante si trovi in provincia. Cucina moderna, ma anche fritti accanto a sandwich, nonché hamburger gourmet. E poi il nuovo angolo dei cocktail con un'ampia scelta di whisky e l'importante mescita di birre: in un anno girano circa 200 tipi diversi alla spina, molte di queste utilizzate anche nelle preparazioni culinarie (marinature, salse, fondi, gelati).

🎨 🍴 🅿 – Prezzo: €€

Via Argine 15 – ℰ 0423 609937 – nidabaspirit.it – Chiuso lunedì, domenica e a mezzogiorno

MONTEBENICHI
✉ 52021 – Arezzo (AR) – Carta regionale n° **11**–C2

OSTERIA L'ORCIAIA

TOSCANA • CONTESTO STORICO Caratteristico localino rustico all'interno di un edificio cinquecentesco, con un raccolto dehors estivo. Cucina tipica toscana elaborata partendo da ottimi prodotti.

🛖 – Prezzo: €
Via Capitan Goro 10 – 📞 055 991 0067 – osterialorciaia.it – Chiuso martedì e a mezzogiorno

MONTECALVO VERSIGGIA

✉ 27047 – Pavia (PV) – Carta regionale n° **4**–B3

PRATO GAIO

DEL TERRITORIO • **AMBIENTE CLASSICO** La ristorazione è nel Dna di famiglia: osti già nell'Ottocento, ci si ispira ancora oggi alla tradizione dell'Oltrepò, talvolta riproposta come si faceva un tempo, talvolta corretta con personalità e attualità. Una tappa obbligatoria per gli amanti dei sapori locali: ottime le paste fatte in casa!
🖼 🛖 🅿 – Prezzo: €€
Località Versa, bivio per Volpara – 📞 0385 99726 – ristorantepratogaio.it – Chiuso lunedì e martedì

MONTECARLO

✉ 55015 – Lucca (LU) – Carta regionale n° **11**–B1

ANTICO RISTORANTE FORASSIEPI

MEDITERRANEA • **ACCOGLIENTE** In uno dei panorami più suggestivi della provincia di Lucca, questo ristorante è il luogo giusto per gli amanti dei sapidi sapori toscani, a cui si aggiungono proposte ittiche legate alla grande passione dello chef-patron per il mare. Il servizio attento e cordiale completa la piacevolezza dell'esperienza.
🍃 🛗 🖼 🛖 🅿 – Prezzo: €€
Via della Contea 1 – 📞 0583 229475 – ristoranteforassiepi.it – Chiuso martedì e a mezzogiornoda lunedì a venerdì

MONTECATINI TERME

✉ 51016 – Pistoia (PT) – Carta regionale n° **11**–B1

LA PECORA NERA

MEDITERRANEA • **ELEGANTE** Ci sono i lampadari di Murano e gli eleganti pavimenti d'epoca, ma in ambienti freschi e rivisitati con un gusto attuale e soprattutto un'ottima cucina fantasiosa, divisa tra terra e mare.
🖼 🛖 – Prezzo: €€
Via San Martino 18 – 📞 0572 70331 – ercoliniesavi.it – Chiuso a mezzogiorno da lunedì a sabato

MONTECCHIO PRECALCINO

✉ 36030 – Vicenza (VI) – Carta regionale n° **8**–B2

LA LOCANDA DI PIERO

MODERNA • **ELEGANTE** In una villetta di campagna che evoca l'atmosfera di una raffinata residenza privata, nella sala riscaldata dal camino in inverno o nella veranda illuminata dai raggi del sole si gusta una cucina che mostra un'impronta moderna dalla matrice decisamente italiana. Nel 2022 ha festeggiato i 30 anni di attività.
🖼 🛖 ♻ 🅿 – Prezzo: €€€
Via Roma 34, Strada per Dueville – 📞 0445 864827 – lalocandadipiero.it – Chiuso lunedì, martedì a mezzogiorno e domenica sera

MONTEFALCO

✉ 06036 – Perugia (PG) – Carta regionale n° **13**–B2

🍴 **CAMIANO PICCOLO** ⓝ

UMBRA • **BISTRÒ** In un casale del XVI secolo con piscina all'aperto, l'agriturismo Camiano Piccolo si trova su una collina che domina la campagna umbra, a 1 km da Montefalco. Sulla tavola, lo chef Giuseppe Fabrizi porta il meglio del territorio: verdure e olio dell'orto di proprietà, vini locali, carni prelibate. Grande spazio in tavola è dedicato al tartufo nero.

≼ 🖛 🎫 🍴 **P** – Prezzo: €€

Via Camiano Piccolo 5 – ☎ 0742 379492 – camianoagriturismo.com – Chiuso a mezzogiorno

MONTEFIORINO

✉ 41045 – Modena (MO) – Carta regionale n° **9**–B2

LUCENTI

EMILIANA • **AMBIENTE CLASSICO** In questa piccola casa a gestione familiare trova posto un locale di taglio classico, arredato in caldi colori pastello, dove gustare una cucina fedele al territorio declinata però con estetica e accostamenti moderni; ancora più semplice e tradizionale nel servizio dell'Enoteca, la versione più giovane e "facile" del locale.

≼ 🖫 – Prezzo: €€

Via Mazzini 38 – ☎ 0536 965122 – lucenti.net – Chiuso martedì

MONTEGROSSO

✉ 70031 – Bari (BA) – Carta regionale n° **16**–B2

🍴 **ANTICHI SAPORI**

PUGLIESE • **RUSTICO** Bella e solida realtà che da trent'anni propone una cucina regionale e delle Murge elaborata partendo da ottime materie prime, in un contesto grazioso e curato. Dolci assolutamente deliziosi, quindi da provare! Visto il seguito che ha in zona si consiglia vivamente di prenotare.

♿ 🖫 – Prezzo: €€

Piazza Sant'Isidoro 10 – ☎ 0883 569529 – pietrozito.it – Chiuso domenica e sabato sera

MONTEMAGNO

✉ 14030 – Asti (AT) – Carta regionale n° **1**–C2

LA BRAJA

PIEMONTESE • **ELEGANTE** Classica ospitalità piemontese, dove il titolare Giuseppe Palermino accoglie con savoir faire da grande scuola in un ambiente elegante. Le specialità sono legate alla regione, ma vi è anche uno sguardo esterno. Consigliati i tajarin al ristretto di coniglio e lo strepitoso carrello di formaggi.

🖫 🖬 **P** – Prezzo: €€

Via San Giovanni Bosco 11 – ☎ 0141 653925 – ristorantelabraja.it

MONTEMARCELLO

✉ 19030 – La Spezia (SP) – Carta regionale n° **10**–D2

PESCARINO-SAPORI DI TERRA E DI MARE

CONTEMPORANEA • **RUSTICO** Atmosfera calda e accogliente con pareti e soffitto in legno, la cucina, relativamente semplice in alcune elaborazioni, più creativa in altre, punta ad evidenziare la qualità del prodotto, in prevalenza di mare, con spunti liguri ma anche di altre regioni. Considerando la posizione isolata, può essere una buona idea approfittare delle camere.

🔟 🍴 **P** – Prezzo: €€

Via Borea 52 – ☎ 366 122 3749 – lefigarole.it – Chiuso a mezzogiorno da lunedì a venerdì

MONTEMARCIANO
✉ 52028 – Arezzo (AR) – Carta regionale n° **11**–C2

LA CANTINELLA

TOSCANA • **AMBIENTE CLASSICO** Ristorantino di campagna dagli interni piacevolmente personalizzati, si mangia nella sala veranda con vista sul verde o, in stagione, in una bella terrazza affacciata sulle balze. La cucina rivisita la tradizione toscana con piatti solo di terra.

 – Prezzo: €

Località Montemarciano 70/g – ☎ 055 917 2705 – Chiuso lunedì e a mezzogiorno da martedì a sabato

MONTEMERANO
✉ 58050 – Grosseto (GR) – Carta regionale n° **11**–C3

❀❀ **CAINO**

Chef: Valeria Piccini

DEL TERRITORIO • **ELEGANTE** Al centro di un grazioso borgo toscano, Caino è il centro gravitazionale della cucina maremmana e Valeria Piccini la sua migliore interprete. Capace ricercatrice della migliore materia prima del territorio rielaborata senza che un grammo di sapore vada perduto, la chef eleva tradizioni e sapori contadini a vera e propria esperienza gastronomica nei due menu degustazione "Piatti Storici" e "Idee in Movimento", quest'ultimo un viaggio immaginario intorno al mondo. In sala è ben supportata dal figlio Andrea, custode di una cantina vini fornitissima. In estate in terrazza si apre Il Giardino di Caino: forma più semplice in stile bistrot, con ricette ancor più legate a tradizioni antiche e di famiglia.

🐝 🔟 – Prezzo: €€€€

Via della Chiesa 4 – ☎ 0564 602817 – dacaino.com – Chiuso mercoledì e a mezzogiorno da lunedì a venerdì

MONTEMONACO
✉ 63088 – Ascoli Piceno (AP) – Carta regionale n° **14**–B2

❀ **IL TIGLIO**

Chef: Enrico Mazzaroni

MODERNA • **CONTESTO CONTEMPORANEO** Abbarbicato su pendii scoscesi alle falde del Monte Sibilla, dopo una parentesi di un paio di anni a Porto Recanati, Il Tiglio è tornato a casa: in una specie di transumanza imposta dalla ferocia del terremoto. La sede attuale è adiacente a quella storica distrutta dal sisma nel 2016: veste moderna e di design, che tuttavia incorpora volutamente alcuni pezzi dell'originaria struttura. Lo chef si autodefinisce "cuoco di montagna". Il cuore batte per il proprio territorio ed i suoi ingredienti, molti dei quali autoprodotti nel proprio agriturismo, mentre la mente conosce tecniche moderne di cucina e introduce creatività e ingredienti dal mare, non di rado uniti a sapori dell'entroterra; emblematico il piatto in cui si sposano la tradizione locale del cervello fritto con i gamberi crudi. Ottimo servizio, grazie ad un mix riuscito di esperienza e gioventù.

♿ 🔟 🍴 **P** – Prezzo: €€€

Via Isola San Biagio 34 – ☎ 0736 856441 – ristoranteiltiglio.it

MONTEPAGANO

✉ 64026 – Teramo (TE) – Carta regionale n° **15**–B1

✿ D.ONE RESTAURANT

Chef: Davide Pezzuto

DEL TERRITORIO • ELEGANTE La location è sui generis: differenti ambienti per vari momenti, dall'aperitivo alla cena, passando per le degustazioni. Per quanto riguarda la linea gastronomica, lo chef salentino Davide Pezzuto oscilla tra semplicità e sperimentazione creativa, attingendo dal vicino Adriatico ma soprattutto dall'azienda agricola di proprietà, che produce ortaggi, vino, olio, grano macinato con mulino ad acqua e allevamento ovaiolo. Con lodevole coinvolgimento personale, la proprietà si fa infatti paladina della divulgazione di tradizioni gastronomiche storiche della piccola località. Singolare è anche la proposta enoica, che oltre alla presentazione tradizionale, mette in bella evidenza alcuni produttori "eroici" del territorio.

✿ *L'impegno dello chef:* L'azienda agricola di proprietà ha aderito per prima al progetto "Famiglie Custodi della Gallina Nera". Con amore si alleva e si cerca di tutelare questa varietà, probabilmente la più antica d'Italia, che qui viene alimentata anche con avanzi organici del ristorante: un ulteriore passo in avanti sulla strada del recupero e della valorizzazione del territorio.

⅛ 🅰️ ✿ – Prezzo: €€€

Via del Borgo 1 – ☎ 085 894 4508 – donerestaurant.it – Chiuso lunedì, a mezzogiorno da martedì a sabato e domenica sera

MONTEPULCIANO

✉ 53045 – Siena (SI) – Carta regionale n° **11**–D2

✿ OSMOSI

MODERNA • CONTESTO CONTEMPORANEO In aperta campagna, dove è tutto un inseguirsi di vigneti, all'interno di una villa storica che ospita la Fattoria Svetoni – accoglienza con belle camere e produzione di vino sin dal 1865 – il ristorante si sviluppa in parte all'interno, tra muri antichi, e in parte nella modernissima veranda vetrata che si apre su di un bel panorama verdeggiante. La cucina di Mirko Marcelli, pur non mancando qualche richiamo al territorio, naviga per il mondo sulla rotta della creatività, per cui accanto ad un piatto con protagonista la locale carne di chianina ecco comparire gli gnocchi con la bagna cauda e i ricci di mare. E ancora, se il pecorino entra in alcune preparazioni, spuntano anche a sorpresa il miso che rifinisce il piccione o, in un dessert, la spuma di wasabi nel cilindro di meringa insieme alla variazione di fragole. Il risultato finale è ottimo, supportato anche da un servizio piacevole ed efficiente.

🍴 🅰️ 🌿 🅿️ – Prezzo: €€€

Via Umbria 65 – ☎ 0578 773533 – osmosimontepulciano.it – Chiuso mercoledì

LA GROTTA

TOSCANA • AMBIENTE CLASSICO In visita a Montepulciano, la chiesa di San Biagio - capolavoro rinascimentale - è una tappa imperdibile e La Grotta si trova proprio dinnanzi. In ambienti tipici e accoglienti, la cucina ripercorre le specialità toscane.

🍴 🅰️ 🌿 – Prezzo: €€

Località San Biagio 15 – ☎ 0578 757479 – lagrottamontepulciano.it – Chiuso mercoledì

LE LOGGE DEL VIGNOLA

TOSCANA • CONTESTO TRADIZIONALE Un piccolo locale curato e accogliente nel centro storico di Montepulciano, che in un ambiente piacevolmente classico propone una cucina regionale con spunti innovativi, preparata con materie prime di qualità. Interessante anche la carta dei vini.

🕸 🅰 ⛱ – Prezzo: €€

Via delle Erbe 6 - ☎ 0578 717290 - leloggedelvignola.com - Chiuso martedì

MONTERIGGIONI

✉ 53035 – Siena (SI) – Carta regionale n° **11**–D1

😊 ### FUTURA OSTERIA

TOSCANA • OSTERIA "Lungo la Via Francigena, nei pressi di Monteriggioni sorge il piccolo borgo medievale di Abbadia Isola, con la splendida chiesa romanica e gli antichi edifici che costituivano il monastero e le sue dipendenze. Futura Osteria si trova nelle cantine dove i monaci tenevano i vini; è qui che gusterete una saporita cucina di ispirazione toscana, semplice e assolutamente stagionale, con un ottimo rapporto qualità-prezzo. La raffinata selezione enoica, il servizio piacevole e una terrazza appartata completano il quadro."

♿ 🅰 ⛱ 🅿 – Prezzo: €€

Largo Garfonda 10, loc. Abbadia Isola - ☎ 0577 301240 - futuraosteria.it – Chiuso lunedì e martedì e domenica sera

MONTEROSSO AL MARE

✉ 19016 – La Spezia (SP) – Carta regionale n° **10**–D2

L'ANCORA DELLA TORTUGA

PESCE E FRUTTI DI MARE • STILE MEDITERRANEO Locale in stile marina letteralmente aggrappato alla scogliera (una parete è di roccia viva): dal dehors superiore la vista è mozzafiato, mentre la cucina onora il mare, ma non dimentica la terra.

🌊 🅰 ⛱ – Prezzo: €€

Salita Cappuccini 4 - ☎ 0187 800065 - ristorantetortuga.it – Chiuso lunedì e a mezzogiorno martedì e venerdì

DA MIKY

PESCE E FRUTTI DI MARE • ALLA MODA Pescato di qualità e una mano che lo valorizza, oltre a un bel forno a legna per alcune cotture speciali, sono i segni distintivi di Miky a Monterosso. In una location da favola, a ridosso della spiaggia, calda accoglienza e possibilità anche di accomodarsi all'esterno (pochi tavoli, meglio arrivare con debito anticipo!); buona selezione di vini.

🕸 🅰 ⛱ – Prezzo: €€€

Via Fegina 104 - ☎ 0187 817608 - ristorantemiky.it – Chiuso martedì

MONTEROTONDO

✉ 00015 – Roma (RM) – Carta regionale n° **12**–A2

ANTICA TRATTORIA DEI LEONI

LAZIALE • COLORATO La cucina laziale servita in ambienti semplici nei pressi del duomo: oltre ai celebri e saporiti piatti di pasta, la griglia è da annoverarsi tra le specialità della casa. Le camere dell'annesso albergo sono state ricavate da un antico convento del XVII secolo.

🅰 ⛱ – Prezzo: €€

Piazza del Popolo 11/15 - ☎ 06 9062 3591 - albergodeileoni.it

MONTESCUDAIO

✉ 56040 – Pisa (PI) – Carta regionale n° **11**–B2

SAQUA BY IL FRANTOIO ⓝ

TOSCANA • **CONTESTO CONTEMPORANEO** La nuova sede farà velocemente dimenticare che si è usciti dal centro, dove invece si trovava prima (quando si chiamava solo "il Frantoio"): in primis, perché la cucina più grande permette ai cuochi una maggiore precisione nella preparazione di una linea toscana moderna, e poi - nella bella stagione - per il servizio all'aperto a favore di panorama e tramonto.
🅰️ 🍽️ – Prezzo: €€
Viale Vittorio Veneto 40 – ℰ 0586 650381 – saqua.it – Chiuso a mezzogiorno da lunedì a sabato

MONTEU ROERO

✉ 12040 – Cuneo (CN) – Carta regionale n° **2**–A1

😊 CANTINA DEI CACCIATORI

PIEMONTESE • **CONTESTO REGIONALE** L'insegna originale dipinta sulla facciata ammicca alla storia ultracentenaria del locale. Nato dal recupero di una vecchia trattoria fuori paese - fra castagni e rocce di tufo - il ristorante propone piatti tipici piemontesi. Incantevole dehors per la bella stagione e cantina interrata d'inizio '900 (visitabile).
🐖 🅰️ 🍽️ ⇔ 🅿️ – Prezzo: €
Località Villa Superiore 59 – ℰ 0173 90815 – cantinadeicacciatori.com – Chiuso lunedì e martedì

MONTEVECCHIA

✉ 23874 – Sondrio (SO) – Carta regionale n° **5**–B1

😊 LA PIAZZETTA

LOMBARDA • **CONTESTO TRADIZIONALE** Nella gradevolissima parte alta e storica del paese, che domina sulla circostante e laboriosa Brianza, un locale all'interno di un edificio ristrutturato con due sale luminose per una cucina dalle interessanti proposte classiche e della tradizione. Intimo nei giorni feriali, diventa indispensabile prenotare in quelli festivi.
🍽️ ⇔ 🅿️ – Prezzo: €
Largo Agnesi 3 – ℰ 039 993 0106 – ristolapiazzetta.it – Chiuso lunedì e martedì a mezzogiorno

MONTICELLI BRUSATI

✉ 25040 – Brescia (BS) – Carta regionale n° **5**–D1

HOSTARIA UVA RARA

DEL TERRITORIO • **ACCOGLIENTE** Gestione professionale in un antico cascinale del '400 con arredi di gusto e caratteristici soffitti sorretti da volte in pietra. La cucina si divide equamente tra terra, lago e mare. Bel dehors estivo per un pasto en plein air.
♿ 🅰️ 🍽️ – Prezzo: €€
Via Foina 42 – ℰ 030 685 2643 – hostariauvarara.it – Chiuso mercoledì

MONTICELLI D'ONGINA

✉ 29010 – Piacenza (PC) – Carta regionale n° **9**–A1

😊 ANTICA TRATTORIA CATTIVELLI

DEL TERRITORIO • **FAMILIARE** L'indirizzo non mente: siamo proprio su un'isola formata dalle anse del Po. Qui, dal 1947, la famiglia Cattivelli celebra a grandi livelli la cucina della bassa piacentina in un paesaggio tra acqua e campagna che più tipico non potrebbe essere. In carta molti piatti del territorio a base di proposte avvolgenti e gustose, come i pisarei e fasò, irrinunciabili, ma anche gli anolini in brodo di terza, la frittura d'anguilla e pesce piccolo, nonché il guancialino di vitello brasato al Gutturnio.

🎟 🛱 🅿 – Prezzo: €€

Via Chiesa di Isola Serafini 2 – 🕾 0523 829418 – trattoriacattivelli.it – Chiuso mercoledì e martedì sera

MONTICHIARI

✉ 25018 – Brescia (BS) – Carta regionale n° **4**–D1

DAL DOSSO SALAMENSA

DEL TERRITORIO • CONVIVIALE Un open space con molteplici servizi, dal bar per le prime colazioni al ristorante classico con pizze a lievitazione naturale. Se l'ambientazione è molto moderna minimal-conviviale, l'attenzione riservata alla scelta delle materie prime e alle preparazioni è di ottimo livello. Anche la proposta enoica riserva delle piacevolezze.

♿ 🎟 – Prezzo: €

Via Monsignor Oscar Romero – 🕾 030 961025 – daldossogroup.it

MARAGONCELLO

PESCE E FRUTTI DI MARE • CONTESTO CONTEMPORANEO In questa piccola frazione nella bassa bresciana, un ristorante inaspettatamente a base di pesce dove spiccano i crudi di mare e menu degustazione dal buon rapporto qualità/prezzo; tanta fragranza e cucina personalizzata in ambienti moderni e conviviali.

🎟 🛱 – Prezzo: €€

Via San Giovanni 1, loc. Vighizzolo – 🕾 030 962304 – ristorantemaragoncello.it – Chiuso lunedì e domenica sera

MONTOGGIO

✉ 16026 – Genova (GE) – Carta regionale n° **10**–C2

😊 ### ROMA

LIGURE • FAMILIARE Dal 1870, "tradizione e fragranza" sono le parole d'ordine dello chef, oltre alla rilassante atmosfera nella sala ariosa di stampo classico. Siamo alla quinta generazione di gestione famigliare, elemento che rafforza la piacevole ospitalità.

🛋 🎟 – Prezzo: €

Via Roma 15 – 🕾 010 938925 – romamontoggio.it – Chiuso giovedì e la sera da lunedì a mercoledì

MONTONE

✉ 06014 – Perugia (PG) – Carta regionale n° **13**–A1

😊 ### LOCANDA DEL CAPITANO & TIPICO OSTERIA

UMBRA • ELEGANTE Locanda del Capitano e Tipico Osteria sono un interessante esperimento di sharing restaurant: due diverse atmosfere - una più elegante e una più rustica - ma la stessa proposta gastronomica legata alla tradizione umbra e la stessa carta dei vini, ricca di oltre 400 etichette. Anche gli oli hanno trovato una loro dimensione grazie ad una carta ad hoc con i migliori referenze della regione.

🍴 🎟 🛱 – Prezzo: €€

Via Roma 7 – 🕾 075 930 6521 – ilcapitano.com – Chiuso lunedì e a mezzogiorno tranne domenica

MONTOPOLI IN VAL D'ARNO

✉ 56020 – Pisa (PI) – Carta regionale n° **11**–B2

QUATTRO GIGLI

TOSCANA • **CONTESTO REGIONALE** Nel centro del caratteristico borgo, in un palazzo del Quattrocento, l'atmosfera è calda e accogliente, mentre la cucina presenta agli ospiti piatti regionali, sia di terra sia di mare, serviti in ceramiche disegnate ad hoc. La struttura comprende anche alcune camere, tra cui le migliori regalano un bel panorama, così come la vista è garantita dalla terrazza per il servizio ristorativo estivo.

🍴🛏⇔ – Prezzo: €€

Piazza Michele da Montopoli 2 – ℰ 0571 466878 – quattrogigli.it – Chiuso martedì a mezzogiorno

MONTORO

✉ 83025 – Avellino (AV) – Carta regionale n° **17**–B2

CASA FEDERICI

CONTEMPORANEA • **MINIMALISTA** Il paese di Montoro, già celebre per la cipolla ramata, diventa ora anche una tappa gourmet grazie al giovane cuoco Francesco Cerrato, la cui cucina prende spunto dalle risorse locali, spesso dall'entroterra ma allungandosi in parte anche sino al mare, per poi decollare verso proposte creative ben ingegnate e raccontate da un servizio di sala agile e giovane, come l'ambiente minimal contemporaneo in cui ci si accomoda.

🅰🄲 – Prezzo: €€€

Via Pellegrino Federici – ℰ 0825 457211 – casafederici.com – Chiuso lunedì e domenica sera

MONTRIGIASCO

✉ 28041 – Novara (NO) – Carta regionale n° **1**–C1

🕸 CASTAGNETO

PIEMONTESE • **FAMILIARE** Sulle prime alture del lago Maggiore, un edificio rustico e particolarmente panoramico; internamente si respira un'atmosfera famigliare e di lunga tradizione (il ristorante è in attività dal 1969), mentre la cucina spazia su tutta la Penisola anche se rimane prevalentemente locale e regionale.

🕸 ⇐🍴🄰🄲🄿 – Prezzo: €

Via Vignola 14 – ℰ 0322 57201 – ristorantecastagneto.com – Chiuso lunedì e martedì

MONTÙ BECCARIA

✉ 27040 – Pavia (PV) – Carta regionale n° **4**–B3

LA LOCANDA DEI BECCARIA

TRADIZIONALE • **CONTESTO TRADIZIONALE** All'interno della Cantina Storica un ristorante rustico e curato dai caratteristici soffitti in legno, dove assaporare una linea di cucina fedele al territorio con qualche incursione nel mare.

🄰🄲⇔ – Prezzo: €€

Via Marconi 10 – ℰ 0385 262310 – lalocandadeibeccaria.it – Chiuso lunedì, martedì e a mezzogiorno da mercoledì a venerdì

MONZA

✉ 20900 – Milano (MI) – Carta regionale n° **5**-B2

IL CIRCOLINO Ⓝ

MODERNA • **CONTESTO CONTEMPORANEO** Recente apertura che si propone con un'interessante cucina ideata da Claudio Sadler ed eseguita dal bravo resident chef Lorenzo Sacchi. All'ingresso c'è la caffetteria col bistrot (aperto anche a pranzo), mentre nascosta da una porta a soffietto ecco la sala serale, contemporanea ed elegante, dove entra in scena la proposta gourmet: una carta basata su piatti creativi, di carne e di pesce, talvolta insieme nello stesso piatto, come per la tartare di agnello con scampi, a cui si aggiungono alcune ricette tradizionali lombarde rivisitate. Il risotto alla milanese, ad esempio, dalla cottura tradizionale, viene rifinito poggiando nel mezzo una terrina tiepida di ossobuco, a sua volta completata con una salsa al midollo. Se amate vedere i cuochi all'opera, prenotate il tavolo di fronte al pass.

🅰️ – Prezzo: €€€

Via Anita Garibaldi 4 – ☎ 039 636 3374 – il-circolino.it – Chiuso lunedì e domenica

DERBY GRILL

ITALIANA CONTEMPORANEA • **CLASSICO** Di fronte alla Villa Reale, la sala del ristorante condivide l'atmosfera classica e vagamente British dell'Hotel de la Ville in cui si trova, mentre alcuni tavoli sono sistemati in un'elegante veranda annessa alla struttura. In cucina ai piatti più creativi di carne e pesce, molto ben realizzati, si aggiunge qualche proposta della tradizione lombarda, dal risotto con la luganega di Monza all'ossobuco in gremolata con riso allo zafferano, passando per una cotoletta alla milanese veramente ottima.

🅰️ 🍴 🅿️ – Prezzo: €€€

Viale Cesare Battisti 1 – ☎ 039 39421 – derbygrill.it – Chiuso sabato a mezzogiorno e domenica sera

PUNTO G

MODERNA • **CONTESTO CONTEMPORANEO** A due passi dal centro storico, un locale con due anime: bistrot e ristorante gourmet, entrambi molto raccolti e arredati con sobria raffinatezza. Un giovane chef campano, con belle esperienze anche all'estero, propone una cucina moderna, raffinata e contemporanea. Al bistrot la scelta di una pizza gourmet rimanda alle origini dello chef.

🅰️ ↔ – Prezzo: €€€

Via Gian Francesco Parravicini 34 – ☎ 039 321592 – ristorantepuntog.com – Chiuso lunedì e martedì

MORCIANO DI ROMAGNA

✉ 47833 – Rimini (RN) – Carta regionale n° **9**-D2

CONTROCORRENTE

PESCE E FRUTTI DI MARE • **CONTESTO CONTEMPORANEO** Tra tocchi piacevolmente rustici e un design più contemporaneo, anche se siamo nell'entroterra romagnolo la cucina va controcorrente e rimane legata al mare. Il menu propone specialità ittiche in bilico tra stile classico e giochi creativi, in un contesto informale e accogliente.

🅰️ 🍴 – Prezzo: €€

Via XXV Luglio 23 – ☎ 0541 988036 – ristorantecontrocorrente.com

MORGEX

✉ 11017 – Aosta (AO) – Carta regionale n° **3**–A2

CAFÉ QUINSON

VALDOSTANA • RUSTICO Agostino Buillas, chef di lunga esperienza molto conosciuto in valle, vi accoglie per farvi assaporare il territorio e i suoi ingredienti (molti provenienti dall'orto di proprietà) con fantasia e attualità. La sala rustico-elegante impreziosita da pietre e legni di vecchie baite fa da sfondo a questo moderno "Restaurant de Montagne". Enciclopedica carta dei vini quasi tutti anche al calice. Camere confortevoli nell'adiacente residenza.

ॐ 🎮 ⇄ – Prezzo: €€€€

Piazza Principe Tomaso 10 – ✆ 0165 809499 – cafequinson.it – Chiuso a mezzogiorno

MORIMONDO

✉ 20081 – Milano (MI) – Carta regionale n° **5**–A2

TRATTORIA DI CORONATE

TRADIZIONALE • CASA DI CAMPAGNA Accogliente, caldo, intimo e familiare, ma potrebbero sprecarsi gli aggettivi per descrivere questo ristorante all'interno di una cascina di origini cinquecentesche. È qui che si viene per gustare una proverbiale cucina di matrice territoriale, accompagnata da una carta dei vini altrettanto degna di nota. Una visita alla cantina è vivamente consigliata.

ॐ 🎮 ⇄ 🅿 – Prezzo: €€

Cascina Coronate – ✆ 02 945298 – trattoriadicoronate.it – Chiuso lunedì e domenica sera

MORNAGO

✉ 21020 – Varese (VA) – Carta regionale n° **5**–A1

ALLA CORTE LOMBARDA

LOMBARDA • FAMILIARE In un bel rustico ai margini del paese, un vecchio fienile ristrutturato racchiude un locale suggestivo: cucina tradizionale rivisitata, ricca carta dei vini ed ottima selezione di birre. Ogni settimana, specificati nel menu, cinque dischi che hanno fatto la storia della musica o quelli che per il proprietario rappresentano il meglio del momento.

ॐ ⇄ 🅿 – Prezzo: €€

Via De Amicis 13 – ✆ 0331 904376 – allacortelombarda.it – Chiuso lunedì e martedì e domenica sera

MORRANO NUOVO

✉ 05018 – Terni (TR) – Carta regionale n° **13**–A2

😊 DA GREGORIO

UMBRA • SEMPLICE Trattoria familiare dove la semplicità non fa tuttavia mancare la professionalità e una grande cortesia verso gli ospiti. In prevalenza piatti della tradizione umbra, paste fresche, brace e una buona componente vegetale caratterizzano la carta.

⇄ – Prezzo: €€

SP 101 136 – ✆ 0763 215011 – Chiuso mercoledì e giovedì a mezzogiorno

MORTARA

✉ 27036 – Pavia (PV) – Carta regionale n° **4**–A3

GUALLINA

DEL TERRITORIO • TRATTORIA Nella generosa campagna della Lomellina, circondata da acacie e sambuchi, una bella trattoria che si presenta con due salette intime ed uno spazio esterno per il piacevole servizio estivo. La cucina è smaccatamente del territorio: lumache, paste fatte in casa e fragranti dessert. Imperdibili le proposte a base di oca, la regina della zona, presente in salume, primi e secondi.

❀ 🅰 🍴 🅿 – Prezzo: €€

Via Molino Faenza 19, loc. Guallina – ☎ 338 726 1869 – trattoriaguallina.it –
Chiuso martedì e lunedì sera

MORTEGLIANO

✉ 33050 – Udine (UD) – Carta regionale n° **7**–B2

DA NANDO

REGIONALE • ELEGANTE È l'intera famiglia Uanetto a gestire questa trattoria tipica, diventata ormai un portabandiera della regione. In ambienti di tono classico-signorile, i piatti rivelano influenze territoriali: ottimi prosciutti, buon pesce e, in stagione, anche il tartufo. Con le sue 120 000 bottiglie, la vasta cantina riuscirà a soddisfare qualunque desiderio.

❀ 🅰 🍴 🅿 – Prezzo: €€

Via Divisione Julia 14 – ☎ 0432 760187 – danando.it – Chiuso lunedì e martedì e
domenica sera

MOSCIANO SANT'ANGELO

✉ 64023 – Teramo (TE) – Carta regionale n° **15**–B1

😊 ### BORGO SPOLTINO

ABRUZZESE • CASA DI CAMPAGNA Tra colline e campi di ulivi, con un orizzonte di mare e monti, Borgo Spoltino nasce in un casolare dell'Ottocento. Luminoso e con ampi spazi anche all'aperto, è il luogo ideale per assaporare ricette locali, specialità tradizionali come la pizza dolce o il "piatto delle virtù" (un omaggio alla generosità della primavera), nonché alcune fantasiose creazioni accompagnate dai tanti prodotti dell'orto di casa. La carta dei vini si rivela una sorpresa nel modo con cui fotografa la regione, segnalando il meglio provincia per provincia. A completare l'offerta, una bella selezione di oli EVO abruzzesi.

❀ 🍴 🅰 🍴 🅿 – Prezzo: €

Strada Selva Alta – ☎ 085 807 1021 – borgospoltino.it – Chiuso lunedì, martedì, a
mezzogiorno da mercoledì a sabato e domenica sera

MOZZO

✉ 24030 – Bergamo (BG) – Carta regionale n° **5**–C1

LA CAPRESE

PESCE E FRUTTI DI MARE • ELEGANTE All'interno di una curata villetta, un elegante locale a conduzione familiare dove ospitalità e cucina rendono omaggio all'isola di Capri, terra d'origine dei proprietari. Piatti di pesce schietti, freschissimi e gustosi.

🍴 🅰 🍴 – Prezzo: €€€

Via Garibaldi 7, loc. Borghetto – ☎ 035 437 6661 – ristorantelacaprese.com –
Chiuso lunedì, martedì a mezzogiorno e domenica sera

MULES

✉ 39040 – Bolzano (BZ) – Carta regionale n° **6**–B1

🌣🌣 GOURMETSTUBE EINHORN

Chef: Peter Girtler

CREATIVA • ROMANTICO Quella che sul finire del XIII secolo era una stazione di posta, si è trasformata oggi nell'elegante hotel Stafler. Presso l'intimo ristorante gourmet, solo cinque tavoli nella romantica atmosfera di una stube in legno di origine medioevale. Chef Peter Girtler si presenta con un solo menù degustazione, dando però la possibilità all'ospite di scegliere la lunghezza preferita (4, 5 o 6 portate): una sequenza di piatti creativi dai molti ingredienti e molteplici colori, con la presenza di carne, pesce e verdure.

🏵 🖾 🅿 – Prezzo: €€€€

Campo di Trens – ☏ 0472 771136 – stafler.com – Chiuso martedì, mercoledì e a mezzogiorno

GASTHOFSTUBE STAFLER

REGIONALE • STUBE Nella cornice dello splendido Stafler hotel, sulla rotta verso l'Austria, la cordiale accoglienza dello staff vi darà il benvenuto per una cena romantica nella comoda stube o, nelle belle giornate, nel giardino interno. La cucina è tradizionale tirolese, con richiami soprattutto agli ingredienti della Valle Isarco, ma non mancano intriganti personalizzazioni dello chef.

🖾🖾🅿 – Prezzo: €€

Campo di Trens – ☏ 0472 771136 – stafler.com – Chiuso a mezzogiorno da lunedì a venerdì

MUTIGNANO

✉ 64038 – Teramo (TE) – Carta regionale n° **15**–B1

BACUCCO D'ORO

ABRUZZESE • FAMILIARE Dalla costa si sale lungo la strada a tornanti per trovare questa trattoria familiare e rivedere nuovamente il mare dalla terrazza. La cucina però è di terra (fatta eccezione per il baccalà) e si snoda lungo il percorso della cucina abruzzese tradizionale, dagli arrosticini alle tipiche mazzarelle teramane, involtini di coratella d'agnello avvolti in indivia e lattuga.

🖾🅿 – Prezzo: €

Via del Pozzo 10 – ☏ 085 936227 – Chiuso mercoledì e domenica sera

NALLES

✉ 39010 – Bolzano (BZ) – Carta regionale n° **6**–A2

😊 APOLLONIA

TRADIZIONALE • CONTESTO REGIONALE Dopo una serie di tornanti, inizialmente cinti da vigne e frutteti poi dal bosco, si sale sino a 900 metri per raggiungere la famiglia Geiser, da tre generazioni baluardo di una cucina semplice e fragrante, decisamente regionale, con l'aggiunta di qualche proposta nazionale. La materia prima è per lo più stagionale e altoatesina: provate il salmerino della Val Passiria con polenta di Termeno e salsa allo zafferano di Sirmiano. Molto bella la vista con Terlano al centro della valle e sullo sfondo le maestose Dolomiti: Sciliar, Catinaccio e Latemar.

🖾🖾🅿 – Prezzo: €€

Via Sant'Apollonia 3, loc. Sirmiano Sopra – ☏ 0471 155 0562 – restaurant-apollonia.it – Chiuso lunedì

NAPOLI

✉ 80121 – Napoli (NA)
Carta regionale n° **17**-B2

Un patrimonio dell'Umanità

La città partenopea è inscindibile dall'immagine di una pizza fumante. Ma cosa rende "napoletana" una pizza? Secondo il disciplinare dell'Associazione Verace Pizza Napoletana, la definizione è riservata a due tipi di pizza: la marinara (pomodoro, olio, origano e aglio) e margherita (pomodoro, olio, mozzarella di bufala o fior di latte, formaggio grattugiato e basilico) realizzate con un impasto di farina 0 o 00. Il diametro non deve superare i 35 cm e con un bordo rialzato (il famoso "cornicione") di 1-2 cm. Nel 2017 "l'arte del pizzaiolo napoletano", che comprende il processo di produzione e le persone coinvolte, è entrata a far parte del Patrimonio immateriale dell'Umanità Unesco.

 GEORGE RESTAURANT

Chef: Domenico Candela

CONTEMPORANEA • ELEGANTE Ristorante roof-garden di uno degli alberghi più lussuosi della città, il Grand Hotel Parker's, alle vostre spalle c'è la cucina a vista e davanti a voi la vista, mozzafiato, che abbraccia il Vesuvio, il Golfo e la splendida Napoli, che si stende ai piedi dell'hotel in un brulichio di luci. Il confronto con tanta bellezza è un percorso in salita per il cuoco Domenico Candela, ma il giovane chef ne esce vincente. Nei suoi piatti troverete una delle espressioni gastronomiche più straordinarie della città e non solo. Grandioso matrimonio tra eccellenze in prevalenza campane – sia in termini di prodotti che di ricette – e la tecnica appresa in Francia, Domenico rivisita la cucina regionale con risultati emozionanti.

🕸 ⟨ 🅰🅲 🍴 – Prezzo: €€€€

Pianta: A3-1 – *Corso Vittorio Emanuele 135* – ✆ *081 761 2474 – georgerestaurant.it*
– Chiuso lunedì, domenica e a mezzogiorno

 ARIA

CONTEMPORANEA • ELEGANTE Abbandonata la frenetica vita dell'elegante zona, l'atmosfera all'interno del ristorante non può essere più diversa, ovattata, discreta e soffusa. Nella penombra di sale di eleganza minimalista, i lampadari spioventi sui tavoli illuminano l'essenziale, i piatti di Paolo Barrale. Originario di Cefalù e campano d'adozione, la sua cucina mette radici in entrambe le tradizioni, reinterpretandole a piacimento, talvolta intraprendendo percorsi più personali. Con grande generosità, dal saluto della cucina fino alla piccola pasticceria, aiutato da un personale preparato e professionale, Paolo mette a segno una cena di ottimo livello.

♿ 🅰🅲 ⟷ – Prezzo: €€€€

Pianta: C2-9 – *Via Loggia dei Pisani 2* – ✆ *081 843 0195 – ariarestaurant.it* –
Chiuso domenica e a mezzogiorno

373

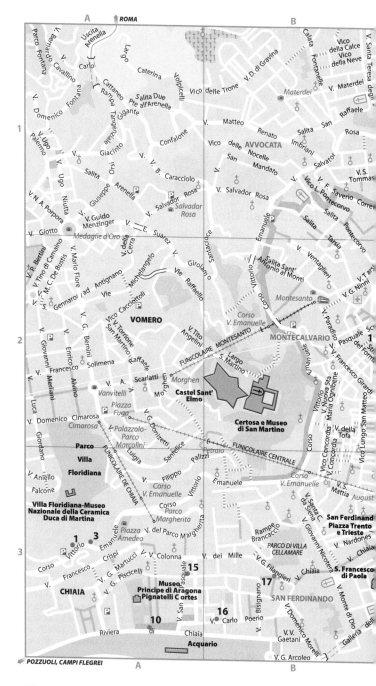

POZZUOLI, CAMPI FLEGREI

374

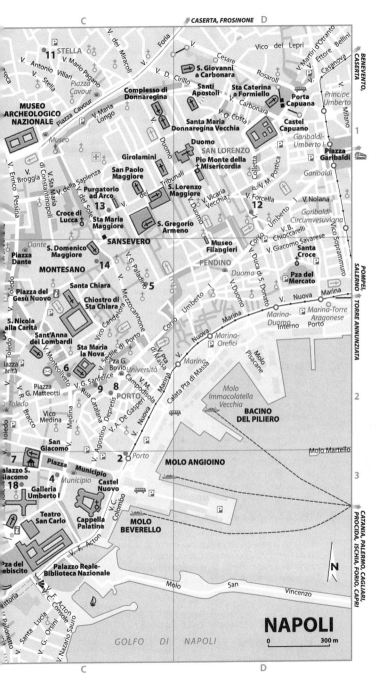

IL COMANDANTE

CREATIVA • DESIGN Il Comandante era il soprannome di Achille Lauro, fondatore della flotta omonima, la cui sede era situata dove oggi sorge l'hotel Romeo Napoli. Al nono piano dell'hotel, la vista sul golfo e il Vesuvio regala tramonti e colori che difficilmente si dimenticheranno, ma i moderni interni in total black - per un'atmosfera molto soffusa ed elegante - non sono meno scenografici. Ai fornelli, lo chef Salvatore Bianco con la giovane brigata sforna piatti che sorprendono per la sofisticata semplicità e le raffinate presentazioni. Originario di Torre del Greco, il cuoco si rifà ai sapori e alla ricchezza ittica del Mediterraneo. Partendo da questi presupposti, le sue ricette accolgono contaminazioni internazionali e gusti acidi, che le rendono uniche ed originali. Solo menu degustazione da 5, 7 o 9 portate.

கீ ⇐ & 🅰🄺 🖼 – Prezzo: €€€€

Pianta: C3-2 – *Via Cristoforo Colombo 45* – ☏ *081 017 5001* – *theromeocollection.com* – *Chiuso lunedì, domenica e a mezzogiorno*

PALAZZO PETRUCCI

CREATIVA • CONTESTO CONTEMPORANEO A pochi passi dallo storico Palazzo Donn'Anna, in una moderna struttura con la vista che spazia dal mare al Vesuvio, dalla penisola Sorrentina sino a Capri e Ischia, lo spirito si predispone al meglio per una sosta gastronomica di alto livello. Sapori freschi e tecniche moderne sono la cifra distintiva di Lino Scarallo, chef-patron che porta Napoli e il suo mare in tavola; la scelta verte su due menu degustazione ad ispirazione mediterranea, sia nei piatti di pesce che nelle carni proposte. Un aperitivo nel lounge con romantico panorama sul golfo introdurrà l'esperienza.

கீ ⇐ & 🅰🄺 – Prezzo: €€€

Fuori pianta – *Via Posillipo 16 b/c* – ☏ *081 575 7538* – *palazzopetrucci.it* – *Chiuso a mezzogiorno da lunedì a mercoledì*

VERITAS

CAMPANA • ACCOGLIENTE I sapori della napoletanità rielaborati in una cucina semplice e convincente: la tradizione si articola in menu degustazione spesso composti da specie ittiche differenti in ricette di pesce ricche di umami. Tra i piatti che più ci sono piaciuti il gambero in ceviche con lingua di vitello, con un piacevole abbinamento freddo/caldo tra gamberi e lingua, a cui il l'accompagnamento con senape, misticanza e mela verde dà freschezza e vivacità. Al primo gradone verso il Vomero, un locale accogliente con un ottimo servizio in sala ed un sommelier che saprà consigliarvi anche piccoli, intriganti, produttori campani.

கீ 🅰🄺 – Prezzo: €€€

Pianta: A3-3 – *Corso Vittorio Emanuele 141* – ☏ *081 660585* – *veritasrestaurant. it* – *Chiuso lunedì, a mezzogiorno da martedì a sabato e domenica sera*

LA LOCANDA GESÙ VECCHIO

CAMPANA • CONVIVIALE In pieno centro storico, questo ristorante si fa interprete della vera anima partenopea grazie all'atmosfera familiare accompagnata dalla calorosa accoglienza del giovane titolare. Qui si può assaggiare il meglio del repertorio gastronomico di Napoli, con la Genovese, il ragù bianco che a dispetto del nome è una specialità campana, in cima alla top list. Interessante anche la carta dei vini.

🅰🄺 🖼 – Prezzo: €

Pianta: C2-5 – *Via Giovanni Paladino 26* – ☏ *081 461 3928* – *lalocandagesuvecchionapoli.it* – *Chiuso lunedì*

177 TOLEDO Ⓝ

ITALIANA • DESIGN In via Toledo 177, al 5° piano, vi attende una delle creature napoletane di Giuseppe Iannotti, lo chef bistellato del Krèsios di Telese. Opere di artisti contemporanei sono esposte all'ingresso della raffinata sala e il fascino dell'artigianalità campana non risparmia il menu, che utilizza carta fatta a mano di Amalfi e nella grafica ricorda il gioco della Tombola. Il menu, firmato dal resident Antonio Grazioli, offre un'interpretazione creativa e moderna della tradizionale cucina napoletana. Tra i nostri piatti preferiti gli gnocchi ripieni di ragù, serviti bolliti e alla griglia, golosi nella loro semplicità.

AC – Prezzo: €€€€
Pianta: C3-7 – *Via Toledo 177 – ℰ 081 1818 1380 – giuseppeiannotti.it/177-toledo – Chiuso lunedì, domenica e a mezzogiorno*

3.0 CIRO CASCELLA

PIZZA • **CONVIVIALE** Chiamata 3.0 per i tre tipi di farina usati, la pizza di Ciro Cascella è eccellente, frutto di una lunga fermentazione e lievitazione dell'impasto - che portano all'estremo la dimensione e la morbidezza del cornicione - e della qualità della materia prima usata.

AC – Prezzo: €
Pianta: A3-15 – *Via San Pasquale 68 – ℰ 081 497 6322 – cirocascella.it*

50 KALÒ

PIZZA • **MODERNO** Tra gergo di pizzaioli e cabala napoletana, il nome di questo locale si potrebbe tradurre con "impasto buono": qui troverete una formula nuova con solide radici nella tradizione, anche perché il patron, Ciro Salvo, è figlio d'arte. A voi scegliere tra pizze tradizionali o personalizzate con prodotti di stagione; c'è anche una piccola selezione di vini. Ambiente moderno ed ampio dehors per il servizio all'aperto.

AC 🍴 – Prezzo: €
Fuori pianta – *Piazza Sannazzaro 201/b – ℰ 081 1920 4667 – 50kalo.it*

L'ANTICA PIZZERIA DA MICHELE

PIZZA • **SEMPLICE** La pizzeria dei record: qui dal 1870 - con i numeri distribuiti all'esterno per regolare l'affluenza - è anche una delle migliori di Napoli. La scelta è presto fatta: solo due tipi, "marinara" e "margherita". Orario continuato dalle 10 alle 23.

Prezzo: €
Pianta: D1-12 – *Via Cesare Sersale 1/7 – ℰ 081 553 9204 – damichele.net*

CASA A TRE PIZZI

MODERNA • **DI TENDENZA** In un ambiente intimo e raffinato all'interno di un palazzo seicentesco, piatti di carne e pesce per una cucina moderna e di chiara comprensione, che gioca su colori e contrasti, ma senza eccessi. Ci penseranno i due fratelli titolari ad orientarvi nella degustazione.

AC – Prezzo: €€€
Fuori pianta – *Via Mergellina 1a/b – ℰ 376 191 4453 – casatrepizzi.com – Chiuso lunedì, a mezzogiorno da martedì a sabato e domenica sera*

CRUDORE

PESCE E FRUTTI DI MARE • **CHIC** Un restaurant/lounge dall'atmosfera molto contemporanea ed elegante. La cucina offre spunti interessanti con crudi di pesce in varie declinazioni come i plateau, i marinati, le ostriche e il caviale, oltre che un sushi dalle contaminazioni partenopee. Al primo posto sempre la qualità delle materie prime. La carta contempla anche piatti cucinati più classici.

AC – Prezzo: €€€
Pianta: B3-16 – *Via Carlo Poerio 45/46 – ℰ 081 1916 8806 – crudore.it – Chiuso lunedì e a mezzogiorno da martedì a venerdì*

DA ATTILIO ⓝ

PIZZA • SEMPLICE In una delle zone più animate e popolari del centro storico troverete le classiche pizze alla napoletana, con alcune divagazioni come quella a forma di stella a 8 punte. In attività dal 1938 e ormai alla terza generazione, Da Attilio ha pochi coperti distribuiti in due salette e non accettando prenotazioni, nei giorni e negli orari di punta può capitare di dover attendere, ma ne vale la pena!
🔤 – Prezzo: €
Pianta: B2-19 – *Via Pignasecca 17 – ℰ 081 552 0479 – pizzeriadaattilio.com – Chiuso domenica e lunedì a mezzogiorno*

DA CONCETTINA AI TRE SANTI

PIZZA • COLORATO Nel cuore del rione Sanità: antico, vivace, popolare, spesso folle. La famiglia Oliva da oltre 60 anni gestisce questo valido locale che ha saputo rinnovarsi con un bel restyling, senza smarrire il legame con la tradizione; oggi anche pizze più fantasiose e moderne, oltre ai fritti e al menu degustazione.
🔤 – Prezzo: €
Pianta: C1-11 – *Via Arena alla Sanità 7 bis – ℰ 081 290037 – pizzeriaoliva.it*

DI MARTINO SEA FRONT PASTA BAR

MEDITERRANEA • BISTRÒ Un format originale: il rinomato pastificio Di Martino ha creato il suo shop, il take-away e la zona ristorante al piano superiore. Solo pasta, naturalmente, e vi consigliamo il menu degustazione per mantenere il giusto rapporto qualità/prezzo.
🔤 🍴 – Prezzo: €€
Pianta: C3-4 – *Piazza Municipio 1 – ℰ 081 1849 6287 – pastadimartino.it – Chiuso lunedì e domenica sera*

ESSENCIA RESTAURANT

MEDITERRANEA • AMBIENTE CLASSICO Superato l'ingresso con la cucina a vista, la sala si trova al primo piano di un palazzo affacciato su una graziosa piazzetta. Il nome spagnolo non è stato scelto casualmente: lo chef ha lavorato a Barcellona ed ora, nel cuore storico di Napoli, propone una cucina creativa di ottimo livello con qualche reminiscenza dell'esperienza iberica.
🔤 – Prezzo: €€
Pianta: C2-6 – *Piazza Santa Maria la Nova 9 – ℰ 081 1822 9709 – essenciarestaurant.eatbu.com – Chiuso martedì e a mezzogiorno*

GINO SORBILLO

PIZZA • CONVIVIALE Nella "via della pizza", un nome storico propone ambienti semplici e ricchi di energia sia partenopea sia internazionale, sempre con pizze ottime e prodotti D.O.P. Armatevi di pazienza all'arrivo in orario di punta: se scegliete il tavolo in condivisione la convivialità è unica!
🔤 ⇔ – Prezzo: €
Pianta: C1-13 – *Via dei Tribunali 32 – ℰ 081 446643 – sorbillo.it*

J CONTEMPORARY JAPANESE RESTAURANT

GIAPPONESE • ALLA MODA Un raccolto ed elegante indirizzo a luci soffuse, minimal come richiede la tipologia del locale con – all'ingresso - un bel banco per cocktail da gustare quali aperitivo o da abbinare ai tanti piatti del Sol Levante presenti in menu. Servizio attento e competente nello spiegare le specialità.
🔤 ⇔ – Prezzo: €€€
Pianta: C2-8 – *Via Agostino Depretis 24 – ℰ 081 580 0543 – j-japaneserestaurant.com – Chiuso domenica e a mezzogiorno*

MICHELASSO

CONTEMPORANEA • **ELEGANTE** In pieno centro, un locale raffinato dagli interni elegantemente classici per una cena romantica e intima. La cucina spazia fra terra e mare; la tradizione è rivisitata dal talento e dall'ottima esperienza dello chef. Nella bella stagione, optate per il piacevole dehors nella vivace via Santa Brigida.

&. 📠 🍴 – Prezzo: €€€

Pianta: C3-18 – *Via Santa Brigida 14/16 – ℰ 081 1865 8804 – michelasso.it – Chiuso lunedì, a mezzogiorno da martedì a giovedì e domenica sera*

NOA

FUSION • **CONTESTO CONTEMPORANEO** Contemporaneo e alla moda, il locale ha nella sua terrazza con banco sushi a vista un angolo davvero ameno. Ovviamente la linea di cucina è prevalentemente giapponese, sebbene vi sia spazio anche per tapas e pesci marinati, mentre l'ampia lista dei vini riserva un occhio di riguardo alle bollicine. La struttura si sviluppa su tre livelli: al piano terra il cocktail lounge, al primo piano il ristorante invernale e infine l'ambito rooftop, aperto da maggio a settembre.

📠 🍴 – Prezzo: €€€

Pianta: B3-17 – *Via Gaetano Filangieri 16/a – ℰ 081 1957 8001 – noarestaurant.it – Chiuso domenica e a mezzogiorno*

LA NOTIZIA

PIZZA • **SEMPLICE** Quando si parla di pizza il locale che fa "notizia" è proprio questo: il suo impasto, i suoi ingredienti... sono tra più apprezzati dai napoletani e non. Al civico 53 la prima storica insegna, che ha raddoppiato con lo spazio al 94/a (a circa 500 m). Onde evitare lunghe attese, la prenotazione è vivamente consigliata!

📠 – Prezzo: €

Fuori pianta – *Via Caravaggio 53/55 – ℰ 081 714 2155 – pizzarialanotizia.com – Chiuso lunedì e a mezzogiorno*

PALAZZO PETRUCCI PIZZERIA

PIZZA • **CONTESTO CONTEMPORANEO** Della stessa proprietà dell'omonimo ristorante gourmet, l'ambiente è contemporaneo e minimalista e non manca un bel dehors sull'incantevole piazza. Oltre alle buone pizze dagli ingredienti selezionati troverete anche quelle ideate dal giovane e capace pizzaiolo, quelle "stagionali", nonché la pizza firmata dallo chef Scarallo del ristorante Palazzo Petrucci.

📠 🍴 – Prezzo: €

Pianta: C2-14 – *Piazza San Domenico Maggiore 5 – ℰ 081 551 2460 – palazzopetrucci.it*

URUBAMBA

FUSION • **CONTESTO CONTEMPORANEO** Nel cuore di Chiaia, un locale di cucina Nikkei di stile elegante e contemporaneo. Materie prime eccellenti miste a colori e sapori esotici tra ceviche, spezie e marinature, a cui si aggiungono sushi e sashimi. Atmosfera giovane e bella lista di cocktail.

&. 📠 🍴 – Prezzo: €€€

Pianta: A3-10 – *Riviera di Chiaia 205 – ℰ 349 813 9574 – urubamba.it – Chiuso lunedì e a mezzogiorno da martedì a venerdì*

NE

✉ 16040 – Genova (GE) – Carta regionale n° **10**–C2

😊 ## LA BRINCA

LIGURE • **FAMILIARE** Con 30 anni di attività di strada ne ha fatta la famiglia Circella, creando una proposta di qualità con pochi eguali dentro e fuori i confini regionali. Le ricette tradizionali sono presentate con semplicità e rispetto, sebbene qualcuna abbia ceduto alle lusinghe dell'elaborazione. Nel menù trovate anche i "piatti dell'anno" dal 2010 in poi, mentre al piano inferiore è doverosa una visita alla cantina: fornitissima, composita e custode di singolari chicche.

🏵 ⓀⒶ 🛆 🅿 – Prezzo: €€

Via Campo di Ne 58 – ℰ 0185 337480 – labrinca.it – Chiuso lunedì e a mezzogiorno da martedì a venerdì

NEGRAR

✉ 37024 – Verona (VR) – Carta regionale n° **8**–A3

🐣 TRATTORIA ALLA RUOTA

VENETA • ACCOGLIENTE Trattoria nel nome... ristorante nell'anima! Che vi accomodiate nella sala interna con camino, nella graziosa veranda o ancor meglio in terrazza nella bella stagione, la calda accoglienza alla Ruota vi porterà nel mondo di una cuoca che valorizza il territorio, ma che non esita ad accogliere anche idee moderne. La carta vini dedica molte pagine al territorio veronese mentre l'offerta di servizio al calice è davvero ampia.

≼ ♿ ⓀⒶ 🛆 🅿 – Prezzo: €€

Via Proale 6, loc. Mazzano – ℰ 045 752 5605 – trattoriaallaruota.com – Chiuso lunedì e martedì

LOCANDA '800

PESCE E FRUTTI DI MARE • ACCOGLIENTE Nella sala interna o nella luminosa veranda, per non dire delle cene organizzate in cantina con barricaia visitabile e vini dell'azienda, la cucina si è ritagliata una nomea in zona per la qualità del pesce, sebbene non manchi qualche piatto di carne e del territorio.

🛆 🅿 – Prezzo: €€

Via Moron 46 – ℰ 045 600 0133 – locanda800.it – Chiuso lunedì

NERANO

✉ 80061 – Napoli (NA) – Carta regionale n° **17**–B2

🏵🏵🏵 QUATTRO PASSI

Chef: Fabrizio Mellino

MEDITERRANEA • CONTESTO CONTEMPORANEO Quarant'anni di storia. A cominciare dal nonno di Fabrizio Mellino, l'attuale chef-patron, che aveva una piccola rivendita di uova autoprodotte da un allevamento di galline. Poi si decise di aprire una pizzeria "A Quattro Passi" dal mare; nel tempo Antonio ed ora il figlio Fabrizio hanno creato questo tempio della cucina mediterranea, dove gusti, tecniche e prodotti si fondono per dare vita ad una danza del palato che termina con una serie di piccole uova di cioccolato dai gusti molto particolari, dal roquefort, alla rucola, dal peperoncino al limone. In mezzo ci sono il mare, il Sannio, la Francia, il Giappone, il San Marzano, lo sfusato Amalfitano... ecco alcuni degli elementi che fanno della cucina di Fabrizio un viaggio all'insegna della semplicità, del gusto, del piacere. Un viaggio un po' impegnativo fino a Marina del Cantone, ma una volta arrivati, abbandonatevi all'emozionante accoglienza di Raffaele e del suo staff, per passare un momento indimenticabile di vera cucina.

🏵 ≼ 🚪 ⓀⒶ 🛆 ♻ 🅿 – Prezzo: €€€€

Via Vespucci 13/n, loc. Marina del Cantone – ℰ 081 808 1271 – ristorantequattropassi.it – Chiuso martedì sera e mercoledì

🏵 TAVERNA DEL CAPITANO

Chef: Alfonso Caputo

CREATIVA • STILE MEDITERRANEO In un'insenatura remota e verdeggiante, più vicino al mare di così non si può! Siamo nell'incantevole baia di Nerano e dalla sala del ristorante i tavoli sembrano sospesi come su una palafitta sulla striscia ghiaiosa della spiaggia, per poi congiungersi con il blu del mare. Sulla destra, i Tre Pizzi a chiudere la baia e le barche ormeggiate, tra cui quella del pescatore di fiducia della famiglia, che assicura tutto il suo pescato per gli ospiti di questa maison, che fa del mare il suo principale attore a tavola. Una selezione enoica che rivaleggia con le migliori e la simpatia della famiglia Caputo completano l'offerta. Comode camere se si vuole godere appieno dell'esperienza "Marina del Cantone": un tuffo in mare la mattina presto, un giro in barca fino a Positano, per poi rientrare, la sera, per una cena romantica e gourmet.

⬡ ⬡ ⬡ – Prezzo: €€€€

Piazza delle Sirene 10/11, loc. Marina del Cantone – ☏ 081 808 1028 – tavernadelcapitano.com

NERVIANO
✉ 20014 – Milano (MI) – Carta regionale n° **5**–A2

ANTICA LOCANDA DEL VILLORESI

MEDITERRANEA • ACCOGLIENTE In questo ristorante dalla sala moderna, le cui ampie vetrate si affacciano sul canale Villoresi, la cucina prende una deriva decisamente mediterranea, prediligendo il pesce in grandi classici quali il fritto e l'astice alla catalana.

⬡ ⬡ ⬡ – Prezzo: €€

Via Sempione 4 – ☏ 0331 559450 – locandavilloresi.eu – Chiuso lunedì e domenica sera

NETTUNO
✉ 00048 – Roma (RM) – Carta regionale n° **12**–A2

LA TAVERNA DI BACCO

MODERNA • CONVIVIALE Piccolo ristorante a due passi dal mare si farà ricordare per i suoi interni chic e l'intima atmosfera. La cucina crea un ponte tra tradizione e innovazione portando in tavola piatti ambiziosi, creativi e moderni, come nella rana pescatrice con scaglie di cioccolato o l'entrecôte con salsa di ostriche e rabarbaro. La carta dei vini merita un'attenzione particolare.

⬡ ⬡ ⬡ ⬡ – Prezzo: €€

Largo Luigi Trafelli, 5 – ☏ 366 905 3795 – latavernadibacconettuno.it – Chiuso domenica e a mezzogiorno da lunedì a venerdì

TERRAMADRE

CONTEMPORANEA • DESIGN Questo piccolo ristorante - moderno e mini-malista - rimane defilato nei vicoli del centro storico. La predominanza di nero o comunque di colori scuri conferisce un tono elegante al locale, mentre la cucina si fa portavoce di una linea contemporanea e creativa, basata interamente su prodotti regionali.

⬡ – Prezzo: €€

Via del Baluardo 7 – ☏ 06 5513 5169 – terramadrenettuno.com – Chiuso martedì e a mezzogiorno tranne domenica

NIBBIAIA
✉ 57016 – Livorno (LI) – Carta regionale n° **11**–B2

LOCANDA MARTINELLI

MODERNA • CHIC Vale la pena lasciare la costa, salire le prime colline, ed acco-modarsi in questo ristorantino per gustare i suoi piatti di grande spessore. In un caseggiato rustico con arredi personalizzati, quasi fosse la saletta di una dimora privata, il menu elenca specialità di carne e di pesce elaborate con fantasia nei loro richiami ad ingredienti regionali e non. La padrona di casa – oltre ad essere un'esperta di vini – raccoglie erbe, fiori e bacche che andranno ad insaporire le ricette.

🅰️🅲 – Prezzo: €€

Piazza Mazzini 11 – ℰ 0586 740161 – locandamartinelli.it – Chiuso martedì

NIZZA MONFERRATO
✉ 14049 – Asti (AT) – Carta regionale n° **2**–B1

LE DUE LANTERNE

PIEMONTESE • CONTESTO REGIONALE In pieno centro, classica trattoria con gestione famigliare molto frequentata dagli habitué del luogo e con un ottimo rapporto qualità-prezzo. Coniglio all'Arneis e battuta piemontese tra i piatti più iconici; l'offerta enoica è importante. Consiglio: richiedere un tavolo nella prima sala, più confortevole.

🕸 🅰️🅲 – Prezzo: €

Piazza Garibaldi 52 – ℰ 0141 702480 – ristoranteleduelanterne.it – Chiuso martedì e lunedì sera

NOCERA SUPERIORE
✉ 84015 – Salerno (SA) – Carta regionale n° **17**–B2

😊 ### LA FRATANZA

CAMPANA • FAMILIARE Seguendo il navigatore satellitare si giunge agilmente in questo edificio privato fuori paese. Il locale è familiare e gli arredi classici, la sala veranda assai piacevole in quanto protetta dal proprio giardino. Il simpatico titolare propone una cucina regionale davvero ben fatta, partendo da ottime materie prime locali e potendo sfruttare la fragranza dei propri frutteti ed orto. In particolare, da qui provengono deliziosi limoni e l'eccellente pomodoro San Marzano che entrano in parecchie ricette.

🚗🅰️🍴🅿️ – Prezzo: €€

Via Garibaldi 37 – ℰ 081 936 8345 – lafratanzaristorante.it – Chiuso lunedì e la sera martedì, mercoledì, domenica

NOCI
✉ 70015 – Bari (BA) – Carta regionale n° **16**–C2

FÈ RISTORANTE

PUGLIESE • DESIGN Appena fuori dal centro, il ristorante di chef Francesco Laera si presenta all'interno di un piccolissimo nucleo di trulli sapientemente ristrutturati. Molto raccolto, con una ventina di posti a sedere distribuiti nelle salette di queste piccole costruzioni, offre un ambiente elegante e suggestivo. Attraverso alcuni menu degustazione la cucina ripercorre la tradizione regionale con stile personale e un tocco moderno.

♿ 🅰️🅲 💠 – Prezzo: €€€

Via Giulio Pastore 2 – ℰ 080 321 5963 – feristorante.it – Chiuso martedì, a mezzogiorno da lunedì a sabato e domenica sera

NOLA
✉ 80035 – Napoli (NA) – Carta regionale n° **17**–B2

❄ ### RE SANTI E LEONI

CONTEMPORANEA • ELEGANTE In un palazzo dell'Ottocento nel centro della località, ambienti lucenti ed eleganti con alti soffitti e una cucina a vista sul fondo. Il servizio curato vi attende per farvi assaggiare una cucina che vede nel mare il maggior fornitore, con sapori e accostamenti eccezionalmente puliti, preparazioni che prediligono il crudo e una certa finezza anche nelle colorate presentazioni. Ai fornelli c'è Luigi Salomone, chef noto ai buongustai, che dopo varie prestigiose esperienze torna a casa, a pochi chilometri da Saviano, sua città natale. Fornita cantina con oltre 550 etichette e tre menu degustazione: Re, Santi e Leoni.

&. 〔AC〕 – Prezzo: €€€

Via Anfiteatro Laterizio 92 – ℰ 081 278 1526 – resantieleoni.com – Chiuso martedì e domenica sera

❀ REAR RESTAURANT

ITALIANA CONTEMPORANEA • CHIC Uno chef di talento in un ambiente poliedrico dà vita ad una proposta gastronomica unica nel suo genere, che spazia dai classici crudi di mare alle carni alla brace. La sala, moderna e confortevole, mostra gli chef al lavoro nella bellissima cucina a vista, nella quale si scorgono anche i tagli di carni in frollatura e un paio di piccole vasche con freschissimi crostacei pronti a concorrere alla preparazione di gustose ricette. Il servizio professionale e una buona selezione di vini concorrono a fare del Rear un'imperdibile tappa gourmet sulla strada per l'Irpinia.

⅋ &. 〔AC〕〔P〕 – Prezzo: €€€

SS 7bis km 50 – ℰ 333 211 1322 – rearrestaurant.com – Chiuso domenica sera

LE BACCANTI

CAMPANA • FAMILIARE Piatti della tradizione regionale elaborati con fantasia e buone materie prime locali, dove il pesce ha la meglio. Il servizio informale cede il passo ad una superba carta dei vini che annovera circa 1.000 referenze, quasi tutte italiane.

⅋ 〔AC〕〔㑒〕 – Prezzo: €€

Via Puccini 5 – ℰ 081 512 2117 – Chiuso domenica sera

NOLI

✉ 17026 – Savona (SV) – Carta regionale n° **10**-B2

❀ VESCOVADO

Chef: Giuseppe Ricchebuono

MODERNA • ROMANTICO La famiglia Ricchebuono si distingue da tempo per ottima cucina e squisita accoglienza, a maggior ragione oggi che i genitori sono coadiuvati in sala da due figli appassionati. Papà Giuseppe naturalmente è il perno: chef capace e preciso, sa dare bella forma, minimal e raffinata, a fragranti ingredienti di prossimità, come il pescato di Noli citato in carta con il nome in dialetto (la "cicetta", ad esempio, è la rana pescatrice), mentre i figli si adoperano in sala con la madre. Martina ormai ha il preciso controllo della carta dei vini suddivisa in tre tomi (Liguria, resto del mondo e proposta al calice) e il fratello Elia, tra le altre cose, suggerisce e descrive il carrello dei formaggi dedicato esclusivamente alla regione. In stagione, optate per la splendida terrazza panoramica sul piccolo golfo di Noli. A Palazzo Vescovile, complesso architettonico quattrocentesco che ospita il ristorante, si può anche pernottare.

⅋ 〔㑒〕 ⇔ – Prezzo: €€€€

Piazzale Rosselli – ℰ 019 7499059 – ricchebuonochef.it – Chiuso lunedì e martedì

CONTROCORRENTE

MODERNA • DESIGN Nell'incantevole centro storico, ai piedi della torre medievale di San Giovanni, un locale moderno e minimal, il cui chef-patron Davide Pastorino propone una linea di cucina moderna, elaborata partendo quasi sempre da ingredienti liguri, sia di mare (come l'interessante tartare di gamberi viola di Sanremo con maionese al sedano, crema al limone e chips soffiate al plancton) che di terra (l'agnello col suo fondo di cottura e i carciofi di Albenga è da provare).

&. 〔AC〕〔㑒〕 – Prezzo: €€

Via Colombo 101 – ℰ 349 220 8133 – ristorantecontrocorrente.it – Chiuso martedì-giovedì

NORCIA

 06046 – Perugia (PG) – Carta regionale n° **13**–B2

✿ VESPASIA

Chef: Fabio Cappiello

UMBRA • ELEGANTE Nel centro storico di Norcia, il ristorante si trova all'interno del raffinato albergo Palazzo Seneca. Un moltiplicarsi di salotti conduce all'elegante sala del Vespasia, dove la conduzione di Fabio Cappiello si avvale delle eccellenze gastronomiche umbre - olio, salumi, lenticchie, cipolla di Cannara, gamberi e pesci di fiume, agnello dei monti Sibillini e naturalmente l'eccellenza del tartufo nero – per dar vita a piatti creativi e accattivanti. L'offerta è declinata in quattro menù degustazione (Vespasia, Terra, Acqua, Orto) da scegliere all'atto della prenotazione o comunque almeno un giorno prima della cena, anche per favorire una corretta politica anti-spreco. La descrizione non sarebbe completa senza una parola spesa per l'eccellente accoglienza della famiglia Bianconi, storici albergatori e ristoratori di Norcia, e un ottimo servizio che coniuga professionalità e familiarità.

✿ *L'impegno dello chef:* Il Vespasia si adopera in ogni modo per attuare pratiche sostenibili. Le materie prime provengono da produttori della zona selezionati con attenzione e dall'azienda agricola di proprietà, che fornisce lenticchie, ceci, cicerchia, grano e farro (utilizzati in cucina anche per lievitati e farinacei) e che comprende delle tartufaie naturali. Possiedono inoltre 3 impianti fotovoltaici dislocati in diverse zone di Norcia e una lavanderia che opera ad osmosi inversa per il recupero dell'acqua.

🍴&🅺🍹✪ – Prezzo: €€€€

Via Cesare Battisti 10 – ☎ 0743 817434 – vespasianorcia.com – Chiuso mercoledì e a mezzogiorno

NOTARESCO

 64024 – Teramo (TE) – Carta regionale n° **15**–B1

3 ARCHI

ABRUZZESE • RUSTICO Cucina abruzzese in un locale caldo e accogliente con spazio per la cottura alla griglia. Tanta carne in menu, servita in piatti schietti e generosi. Carta dei vini a prezzi molto interessanti.

🅺🅿 – Prezzo: €

Via Antica Salara 25 – ☎ 085 898140 – trearchi.net – Chiuso mercoledì e martedì sera

NOTO – Siracusa (SR) ➜ Vedere Sicilia in fondo alla Guida

NOVA LEVANTE

 39056 – Bolzano (BZ) – Carta regionale n° **6**–B2

✿ JOHANNESSTUBE

MODERNA • INTIMO È un'intima nicchia all'interno dell'ottimo Hotel Engel, gestito con stile dalla famiglia Kohler: un'elegante stube avvolta dal legno, dalla boiserie antica delle pareti sino al pavimento e al soffitto. È il regno della cucina moderna, ma estremamente ancorata al territorio, dello chef Theodor Falser, che fa dello slogan "Taste Nature" il proprio motto. Orgoglioso ricercatore di materia prima locale, per il 90% utilizza ingredienti acquistati in Alto Adige e presentati in piatti creativi, a volte con cotture contemporanee e qualche fermentazione. Le porcellane del servizio sono pezzi unici realizzati nel Renon da un amico. Ottima selezione di vini, la cui massima espressione è riservata alla regione.

🏵 &🅺🅿 – Prezzo: €€€

Via San Valentino 3 – ☎ 0471 613131 – johannesstube.com – Chiuso lunedì, martedì, domenica e a mezzogiorno

NOVAFELTRIA

✉ 47863 – Rimini (RN) – Carta regionale n° **9**–D2

🅰 DA MARCHESI

DEL TERRITORIO • FAMILIARE La strada che si inerpica sull'appennino tra Romagna e Marche ospita questa piccola risorsa dove gustare la tradizione romagnola al meglio della sua semplicità e bontà: sfoglie fatte in casa per le paste, secondi con carni locali e piatti del giorno sempre rispettosi della stagionalità. Tra i must il formaggio di fossa di Perticara e i tortelloni al burro fuso e tartufo. Una delle trattorie preferite dagli Ispettori!
🛋 ⇔ 🅿 – Prezzo: €
Località Ca' Gianessi 7 – ℰ 0541 920148 – damarchesi.com – Chiuso martedì

NOVARA

✉ 28100 – Novara (NO) – Carta regionale n° **1**–C2

✿ CANNAVACCIUOLO CAFÈ & BISTROT

MODERNA • BISTRÒ All'interno dello storico Teatro Coccia, al pianterreno ci s'imbatte nel Café, che propone soste dolci e salate frugali ma appetitose; al mezzanino e al piano superiore, invece, trova posto il Bistrot, bello e curato, con una "perla": la balconata per il servizio estivo con tavoli e divanetti. Sapori mediterranei in chiave moderna, per una cucina che gioca a ricongiungere gli opposti in maniera creativa, con un'attenzione particolare alle cotture. Il menu Ad Occhi Chiusi è vivamente consigliato dai nostri Ispettori: degustazione di sette portate a discrezione dello chef Vincenzo Manicone, un "gigante buono" dalle mani d'oro!
🅰 🛋 – Prezzo: €€€€
Piazza Martiri della Libertà 1 – ℰ 0321 612109 – cannavacciuolobistrot.it/novara – Chiuso lunedì e martedì

✿ TANTRIS

Chef: Marta Grassi
CREATIVA • ELEGANTE Un'unica elegante sala per un menu che invita ad un viaggio gastronomico creativo firmato Marta Grassi: il territorio è onnipresente in carta, ma viene costantemente interpretato con soluzioni moderne e accostamenti originali, che spesso travalicano i confini regionali. La selezione enoica vanta oltre 600 etichette.
♿ 🅰 – Prezzo: €€€
Corso Risorgimento 384 – ℰ 0321 657343 – ristorantetantris.com – Chiuso lunedì e domenica sera

LA RIMA

CONTEMPORANEA • FAMILIARE In pieno centro cittadino, un locale dai connotati signorili dove assaggiare un'ottima cucina contemporanea d'impronta mediterranea. Di certo, ben personalizzata da parte del bravo chef. Servizio e accoglienza, entrambi squisitamente al femminile!
🅰 – Prezzo: €€
Viale Dante Alighieri 11/c – ℰ 0321 158 8260 – ristorantelarima.it – Chiuso lunedì e martedì

TRE SCALINI

DEL TERRITORIO • BISTRÒ La cucina di Marcello Gado si esprime attraverso proposte che prediligono la carne e i prodotti di stagione, in ricette personalizzate e dalle cotture contemporanee. Tre menu degustazione: il principale consta di otto portate a mano libera da parte dello chef. Il locale ricorda un moderno bistrot con un servizio attento e una calda accoglienza.
🅰 – Prezzo: €€
Via Sottile 23 – ℰ 0321 151 3303 – trescalininovara.com – Chiuso lunedì e domenica sera

NOVENTA

✉ 35027 – Padova (PD) – Carta regionale n° **8**–B3

BOCCADORO

VENETA • **AMBIENTE CLASSICO** Alle porte di Padova, ristorante di classica eleganza, molto amato dalla clientela locale e a buona ragione: piatti in prevalenza della tradizione veneta ben realizzati - dai bigoli al baccalà passando per il fegato alla veneziana - a cui si aggiunge una selezione di piatti "soe bronse" (alla brace).
ॐ ᴬᶜ ⇔ – Prezzo: €€

Via della Resistenza 49 – ℰ 049 625029 – boccadoro.it – Chiuso mercoledì e martedì sera

NUMANA

✉ 60026 – Ancona (AN) – Carta regionale n° **14**–C1

CASA RAPISARDA

ITALIANA CONTEMPORANEA • **ELEGANTE** Come nel salotto di un'abitazione privata lungo la scalinata della Costarella, chef Rapisarda propone una cucina creativa dalle sfumature delicate, in cui il pesce viene rispettato nella sua freschezza e sovente è accompagnato da verdure ed erbe aromatiche dell'orto di proprietà. Il menu mostra una predilezione particolare per i moscioli, una cozza selvatica locale presidio Slow Food a cui lo chef è affezionato. Soprattutto in estate la prenotazione è indispensabile.
ᴬᶜ 🏠 – Prezzo: €€€

Via IV Novembre 35 – ℰ 071 969 6138 – ristorantecasarapisarda.it – Chiuso mercoledì

ODERZO

✉ 31046 – Treviso (TV) – Carta regionale n° **8**–C2

ॐ **GELLIUS**

Chef: Alessandro Breda

MODERNA • **CONTESTO STORICO** L'ambientazione è originalissima e di grande suggestione. Gellius si trova, infatti, all'interno del sito museale dell'antica Opitergium, tra mura e reperti che raccontano una storia iniziata in epoca romana. Da questo lontano passato al presente il passo è breve, grazie allo chef Alessandro Breda. Anche se diversi prodotti provengono dal territorio circostante e dall'Adriatico, la cucina – di terra e di mare (integrata ora da un menu degustazione vegetariano) – si allontana da vincoli territoriali con una visione creativa che si affranca dalla tradizione. La stessa atmosfera intrigante avvolge il bistrot Nyù, che propone pranzi leggeri e cene più elaborate. Per un cocktail a regola d'arte o un buon bicchiere di vino vi attende il Lounge Bar, affacciato sulla Piazza Grande.
ॐ ᴬᶜ – Prezzo: €€€

Calle Pretoria 6 – ℰ 0422 713577 – ristorantegellius.it – Chiuso lunedì e martedì e domenica sera

OFFIDA

✉ 63073 – Ascoli Piceno (AP) – Carta regionale n° **14**–C2

🕲 **OSTERIA OPHIS**

MARCHIGIANA • **ACCOGLIENTE** Nel bel centro storico di Offida, il ristorante è stato ricavato nelle ex stalle di un antico palazzo con volte di mattoni. Il confort è moderno e accogliente e all'entrata una finestrella offre subito uno scorcio sulla cucina. La linea gastronomica di matrice territoriale è rivisitata con personalità dallo chef e prevede una carta rivista frequentemente (con tanto tartufo compatibilmente alla stagionalità del tubero) e due menu degustazione, a cui se ne aggiunge uno "low cost" destinato agli under 25.

🕓 🕼 – Prezzo: €€

Corso Serpente Aureo 54/b – ℰ 0736 889920 – osteriaophis.com – Chiuso martedì e a mezzogiorno da lunedì a venerdì

OGGIONO

✉ 23848 – Sondrio (SO) – Carta regionale n° **5**–B1

❀ BIANCA SUL LAGO BY EMANUELE PETROSINO

CREATIVA • ELEGANTE All'interno di un albergo di gran classe, gli ambienti sono minimal e moderni e le ampie vetrate vi regaleranno i più bei tramonti della regione, magari accompagnati da un aperitivo al lounge bar. Ed è proprio alla poesia di questi momenti che lo chef dedica un piatto. Cucina mediterranea ricca di citazioni campane, fantasiosa e molto tecnica, in cui gli ingredienti prendono vita in composizioni belle di forma e di colore. Il tutto supportato da una buona selezione di vini.

🕓 🕼 🅿 – Prezzo: €€€€

Via Dante Alighieri 18 – ℰ 0341 183 1110 – biancarelais.com – Chiuso lunedì-mercoledì

OLBIA - Sassari (SS) ➡ Vedere Sardegna in fondo alla Guida

OLEVANO ROMANO

✉ 00035 – Roma (RM) – Carta regionale n° **12**–B2

SORA MARIA E ARCANGELO

LAZIALE • RUSTICO Scendete le scale per raggiungere le sale ricche di atmosfera, situate negli stessi spazi in cui un tempo si trovavano i granai. Dal 1949, la cucina sforna piatti legati alle tradizioni con un'attenta ricerca di prodotti genuini e di qualità. Tra gli imperdibili: Cannelloni della Sora Maria ripieni al pasticcio di vitellone, gratinati al sugo di pomodoro San Marzano e fior di latte.

🕼 🕓 🕼 🕼 – Prezzo: €€

Via Roma 42 – ℰ 06 956 4043 – soramariaearcangelo.com – Chiuso lunedì e mercoledì e la sera martedì e domenica

OLGIATE OLONA

✉ 21057 – Varese (VA) – Carta regionale n° **5**–A1

ACQUA 🆕

PESCE E FRUTTI DI MARE • ELEGANTE La tradizione familiare della famiglia Possoni continua in questo locale contemporaneo situato di fronte allo storico Ma.Ri.Na. Qui la proposta è giocata sulla materia prima, sempre al centro delle attenzioni: pesci, crostacei e molluschi sono di gran qualità e vengono impiegati in preparazioni talvolta più semplici e tradizionali, talaltra più complesse e creative.

🕓 🕼 🕓 – Prezzo: €€€

Via Filippo Corridoni 1 – ℰ 351 730 2292 – acquarestaurant.it – Chiuso martedì e a mezzogiorno tranne domenica

IDEA VERDE

PESCE E FRUTTI DI MARE • ALLA MODA Immerso nel verde con un bel dehors estivo, Idea Verde propone un'accattivante cucina mediterranea che alterna pesce e carne in egual misura. A mezzogiorno, per chi ha poco tempo, menu business.

🕼 🕓 🕼 🕓 🅿 – Prezzo: €€€

Via San Francesco 17/19 – ℰ 0331 629487 – ristoranteideaverde.it – Chiuso domenica e sabato a mezzogiorno

MA.RI.NA.

PESCE E FRUTTI DI MARE • ELEGANTE Ristorante dalla classica e intramontabile eleganza, il Ma.Ri.Na è da decenni una delle roccaforti per gli appassionati di cucina di mare. Le proposte oscillano tra ricette che si rifanno alla tradizione gastronomica italiana e altre più creative, con ampio spazio per i crudi, ma anche gustose paste e risotti di mare. Ottima è anche la scelta enoica, che comprende una bella selezione di vini al bicchiere.

🕱 ⇔ 🅿 – Prezzo: €€€€

Piazza San Gregorio 11 – ℰ 0331 640463 – ristorante-marina.it – Chiuso mercoledì e a mezzogiorno tranne domenica

---

OLIENA – Nuoro (NU) → Vedere Sardegna in fondo alla Guida

OLIVOLA

✉ 15030 – Alessandria (AL) – Carta regionale n° **1**–C2

I DUE BUOI ⓝ

PIEMONTESE • CONTESTO STORICO Carta o tre menu degustazione, Stile Libero, Tradizione e Territorio e il curioso Quinto Quarto, in cui lo chef si diverte in preparazioni anche creative di tagli e cotture particolari di frattaglie. La carta racchiude tutto il resto con ampio spazio ai prodotti locali e una buona panificazione. Selezione di vini di rilievo, soprattutto di Asti e zone limitrofe e delle Langhe.

🅿 – Prezzo: €€

Via Vittorio Veneto 23 – ℰ 366 254 9251 – iduebuoi.it – Chiuso martedì, mercoledì e giovedì a mezzogiorno

OLTRESSENDA ALTA

✉ 24020 – Bergamo (BG) – Carta regionale n° **4**–B2

✿ CONTRADA BRICCONI

Chef: Michele Lazzarini

MODERNA • CASA DI CAMPAGNA Lasciata la Val Seriana si sale lungo tornanti fino a trovare un piccolo borgo in pietra di origini quattrocentesche e un panorama mozzafiato. Qui un gruppo di giovani ha dato corpo al sogno di far rivivere questo angolo isolato di montagna recuperando le tradizioni locali e avviando un sistema di coltivazioni e allevamenti improntato sulla qualità e sul benessere animale. Interprete di tutto ciò in cucina è il giovane Michele Lazzarini, che propone una straordinaria lettura gastronomica delle sue vette natie in un lungo ed emozionante menu degustazione.

✿ *L'impegno dello chef:* Si nota un grande sforzo quotidiano per sostenere il territorio che circonda l'agriturismo e lavorare i suoi prodotti in modo sostenibile, il più possibile in sintonia con le stagioni, promuovendo così uno stile di vita sano per gli animali e per gli ospiti della struttura. L'installazione di una caldaia a biocompensazione assicura energia 100% green.

🍴 ⇔ 🅿 – Prezzo: €€€€

Via Bricconi 3 – ℰ 351 548 9493 – contradabricconi.it – Chiuso martedì, mercoledì, venerdì a mezzogiorno e lunedì sera

OPPEANO

✉ 37050 – Verona (VR) – Carta regionale n° **8**–A3

✿ FAMIGLIA RANA

Chef: Giuseppe D'Aquino

CONTEMPORANEA • ACCOGLIENTE Nella campagna a sud di Verona, dove zone industriali si alternano a paradisi verdeggianti come l'oasi naturalistica del Feniletto, la celebre famiglia Rana porta in tavola la cucina gourmet dello chef Giuseppe

D'Aquino. Se il territorio e la stagionalità della materia prima sono un punto di partenza, i piatti si aprono poi a contaminazioni con ingredienti e tecniche internazionali, per cui un crudo di mare all'italiana viene marinato con del leche de tigre, mentre tra gli antipasti compare un inedito nigiris di panzanella e calamaro. L'elemento che rende sempre piacevole questo viaggio gustativo in giro per il mondo è la mano precisa e attenta all'estetica dell'esperto chef di origine campana, ormai veneto d'adozione. Molto valida anche l'offerta della cantina, ulteriormente ampliata.

🐙 ⌂ ♿ Ⓜ ㊟ 🄿 – Prezzo: €€€

Via Feniletto 2, loc. Vallese – ☎ 045 713 0047 – ristorantefamigliarana.it – Chiuso lunedì e domenica sera

ORBASSANO

✉ 10043 – Torino (TO) – Carta regionale n° **1**–B2

CASA FORMAT

Chef: Vincenzo Castronuovo

MODERNA • **DESIGN** Una struttura ecosostenibile, l'orto di proprietà, la cucina moderna e molta passione sono gli elementi che contraddistinguono questo ristorante di grande qualità. Il moderno edificio è caratterizzato da ampissime vetrate che sfruttano al meglio l'energia solare. La cucina è autentica, gustosa e con idee originali: il gelato alla crema mantecato con una macchina Carpigiani prima del servizio è un goloso esempio.

❀ *L'impegno dello chef:* Casa Format è totalmente autosufficiente dal punto di vista del fabbisogno energetico e per questo completamente sostenibile; a ciò si aggiunge il contenimento dello spreco e il riciclo mirato. Alla costruzione ad impatto zero fa eco un orto naturale di 2000 mq.

♿ Ⓜ ♻ 🄿 – Prezzo: €€

Via Tetti Valfrè – ☎ 011 903 5436 – credenzagroup.it – Chiuso martedì e mercoledì

ORBETELLO

✉ 58015 – Grosseto (GR) – Carta regionale n° **11**–C3

🐙 L'OSTE DISPENSA ⓝ

DEL TERRITORIO • **CONVIVIALE** L'accento è posto sui prodotti locali, sul mare e sul pesce pescato in modo sostenibile. Il menu a prezzo fisso cambia con le stagioni e con la disponibilità degli ingredienti, mentre la carta dei vini è assolutamente eccellente nella sua proposta di etichette biologiche e biodinamiche. Se scorci della cantina sono visibile attraverso il pavimento in prossimità della cassa, la vista del mare si offre generosa davanti a voi.

≼ Ⓜ – Prezzo: €€

Strada provinciale Giannella 113 – ☎ 0564 820085 – ostedispensa.it – Chiuso a mezzogiorno

ORIGGIO

✉ 21040 – Varese (VA) – Carta regionale n° **5**–A2

EL PRIMERO

SUDAMERICANA • **MINIMALISTA** All'interno di quello che fu il padiglione Uruguay di Expo 2015, struttura di design dall'ottimo impatto scenico soprattutto in virtù delle prime montagne che si scorgono in prospettiva, una grande sala ospita una cucina sudamericana che ha nella griglia a vista il suo punto di forza. Ambiente semplice e approccio cordiale.

㊟ 🄿 – Prezzo: €

Largo Umberto Boccioni 3 – ☎ 393 884 8423 – elprimero.it – Chiuso sabato a mezzogiorno

ORTA SAN GIULIO

✉ 28016 – Novara (NO) – Carta regionale n° **1**–C1

✿✿✿ VILLA CRESPI

Chef: Antonino Cannavacciuolo

CREATIVA • **LUSSO** Ad una passeggiata dal fiabesco borgo e dal suo affaccio da cartolina sul lago e sull'isola San Giulio, la sede di questo tre stelle non è meno sfolgorante: una villa di fine Ottocento in stile moresco, tanto nell'imponente aspetto esterno, quanto nelle sale interne, un'aristocratica dimora dove si svolgeva la vita della famiglia Crespi. Oggi la star della villa è Antonino Cannavacciuolo, ormai a capo di un piccolo impero di ristoranti stellati, che qui a Orta San Giulio ha l'ammiraglia, il locale più premiato e celebrato. Campano, di Vico Equense, benché i suoi piatti prendano ispirazione da tante parti d'Italia e non solo, in tutte le sue proposte troverete la passione, i colori e l'intensità di sapori della sua regione d'origine. Un'esperienza emozionante, con il lago che torna a far da sfondo nell'incantevole giardino della villa.

🏵 ⇦♿🎦⇆🅿 – Prezzo: €€€€

Via Fava 18 – ℰ 0322 911902 – villacrespi.it – Chiuso lunedì e martedì

✿ ANDREA MONESI - LOCANDA DI ORTA

Chef: Andrea Monesi

DEL TERRITORIO • **ROMANTICO** Nel centro storico di uno dei borghi lacustri più romantici d'Italia, una cartolina d'altri tempi, questo piccolo edificio ospita un ristorante dal design moderno - recentemente è stato realizzato anche un piccolo privé - ed un romantico tavolino sul terrazzino esterno per soli due coperti. La cucina si vuole creativa, precisa, attenta a coniugare pesce di acqua salata con le ottime carni piemontesi. Ogni ricetta è personalizzata ed il contrasto dei sapori e delle consistenze spesso esaltato; per quanto concerne la proposta enoica una brava sommelier saprà orientarvi nella minuziosa carta dei vini. Degni di nota, infine, i dessert: divertenti ed intriganti!

🏵 🎦 – Prezzo: €€€€

Via Olina 18 – ℰ 0322 905188 – andreamonesi.com

ORTISEI

✉ 39046 – Bolzano (BZ) – Carta regionale n° **6**–B1

✿ ANNA STUBEN

CREATIVA • **STILE MONTANO** Tante sono state le signore "Anna" che si sono avvicendate nella famiglia che gestisce il ristorante; da oltre 10 anni, però, c'è un brillante cuoco, Reimund Brunner. Il romanticismo delle due stube è celebre ed è uno di quei punti fissi che si vuol ritrovare al ritorno in Val Gardena. La cucina parte decisa dall'Alto Adige ma non si priva di alcune fughe fuori regione e verso il mare, virando verso una linea gastronomica più leggera e fresca, che comporta dosi ridotte di burro e zucchero. Ottimo il servizio, prodigo di attenzioni, con il competente sommelier che dispensa i suoi consigli con garbo. Il ristorante si trova all'interno dell'albergo Gardenia, dallo stile tipicamente montano e destinato a chi preferisce un'eleganza classica senza sussulti modaioli.

🏵 ⇆ – Prezzo: €€€€

Via Vidalong 3 – ℰ 0471 796315 – gardena.it – Chiuso domenica e a mezzogiorno da lunedì a sabato

TUBLADEL

DEL TERRITORIO • **ROMANTICO** Pare di essere in una baita ma siamo a pochi passi dal centro di Ortisei. Si tratta di un ristorante storico (con alcuni cambi gestione negli anni): si mangia avvolti nel legno, in un'atmosfera tra il rustico ed il romantico, non a caso "tubladel" in ladino significa fienile. I piatti ovviamente si adeguano all'impronta regionale, le divagazioni extra territoriali sono poche, tra cui alcune specialità di pesce; tanta cura è dedicata alle presentazioni. Della scelta enologica si apprezzerà in particolare il numero delle bottiglie aperte al bicchiere.

🍽 🅿 – Prezzo: €€€

Via Trebinger 22 – ☎ 0471 796879 – tubladel.com – Chiuso martedì

ORVIETO

✉ 05018 – Terni (TR) – Carta regionale n° **13**–A2

LA PALOMBA

UMBRA • FAMILIARE Nel centro storico, in attività dal 1965 e oggi alla terza generazione della famiglia Cinti, nella tipica e piacevole atmosfera di una trattoria all'italiana troverete alcune delle classiche specialità umbre. Tra le paste, consigliamo gli ottimi umbrichelli fatti in casa, variamente conditi.

🆎 🍽 – Prezzo: €

Via Cipriano Manente 16 – ☎ 0763 343395 – Chiuso mercoledì

I SETTE CONSOLI

MODERNA • AMBIENTE CLASSICO Locale sobrio, dotato di un bel servizio estivo in giardino con splendida vista sul Duomo. Le proposte di Anna Rita Simoncini poggiano su di un'accurata selezione di ingredienti del territorio, ma non solo. Imperdibili: l'uovo morbido, zucchine e cipollotti in padella, crumble di pecorino o il morbido scamone di vitello, salsa topinambur e giardiniera casalinga. La carta dei vini e dei distillati darà più di un motivo agli appassionati per un passaggio (consiglio per il dessert: Orvieto Classico Superiore DOC "Vendemmia Tardiva").

🐝 🕭 🆎 🍽 – Prezzo: €€

Piazza Sant'Angelo 1/a – ☎ 0763 343911 – isetteconsoli.it – Chiuso mercoledì e domenica sera

OSIO SOTTO

✉ 24046 – Bergamo (BG) – Carta regionale n° **5**–C1

LA BRASERIA

CARNE • ACCOGLIENTE Ristorante rustico-elegante in pieno centro, che funge anche da macelleria gourmet con pregevoli varietà di carni (la selezione di fiorentine è notevole). Lo chef Luca Brasi, già stellato nel ristorante La Lucanda di Cavenago, ha abbandonato il filone fine dining per seguire una profonda passione per la carne, di cui conosce e controlla a fondo l'intera filiera sino alla frollatura. Ne scaturiscono preparazioni alla griglia e ricette di gusto contemporaneo molto interessanti.

🆎 🍽 – Prezzo: €€€

Via Risorgimento 15/17 – ☎ 035 808692 – la-braseria.com

OSPEDALETTO

✉ 37026 – Verona (VR) – Carta regionale n° **8**–A3

ALLA COÀ

VENETA • FAMILIARE Lungo una strada piuttosto trafficata, la vecchia casa di paese è stata arredata in stile country e un pizzico di romanticismo e propone ai suoi avventori piatti quasi esclusivamente di carne; baccalà alla vicentina e gamberi tra le poche proposte di pesce.

🆎 🍽 🅿 – Prezzo: €€

Via Ospedaletto 70 – ☎ 045 676 7402 – Chiuso lunedì e domenica

OSPEDALETTO D'ALPINOLO

✉ 83014 – Avellino (AV) – Carta regionale n° **17**–B2

😊 OSTERIA DEL GALLO E DELLA VOLPE

CAMPANA • FAMILIARE Conduzione famigliare da parte dei Silvestro, padre e figlio, per questo ristorante del piccolo centro cittadino (in estate conviene prenotare per assicurarsi uno dei tavoli nel piacevole dehors sulla piazza). La cucina s'ispira alla tradizione locale con alcune personalizzazioni, mentre assai valida è la selezione dei vini, soprattutto (ma non solo) sull'Irpinia di cui offre verticali e ottime cantine: Aglianico e grande Taurasi, in primis.

⅋ 🅰️🅲 🈺 – Prezzo: €

Piazza Umberto I 14 – ☎ 0825 691225 – osteriadelgalloedellavolpe.it – Chiuso lunedì, a mezzogiorno da martedì a venerdì e domenica sera

OSSANA

✉ 38026 – Trento (TN) – Carta regionale n° **6**–A2

😊 ANTICA OSTERIA

REGIONALE • ROMANTICO Al centro di un bel paesino all'imbocco della Val di Peio e ai piedi del gruppo della Presanella, piacevole ristorante diviso in tre salette ricche di antico fascino montano. Tutta la famiglia è dedita all'attività, con risultati eccellenti: sapori regionali in ricette sfiziose, nelle quali si utilizza il meglio degli ingredienti stagionali della zona, carne e cacciagione in primis.

🔄 – Prezzo: €€

Via Venezia 11 – ☎ 0463 751713 – ristoranteanticaosteria.it – Chiuso mercoledì

OSTUNI

✉ 72017 – Brindisi (BR) – Carta regionale n° **16**–C2

😊 OSTERIA PIAZZETTA CATTEDRALE

PUGLIESE • ELEGANTE A pochi metri dalla cattedrale, moglie in cucina e marito in sala gestiscono questo locale come una piccola bomboniera; dai pavimenti ai lampadari, tutto è elegante e con il sapore di un raffinato salotto di una casa privata, complici anche i pochi tavoli a disposizione (per cui, soprattutto in alta stagione, è consigliabile prenotare). I piatti omaggiano i tanti prodotti regionali.

🅰️🅲 – Prezzo: €€

Largo Arcidiacono Trinchera 7 – ☎ 0831 335026 – piazzettacattedrale.it – Chiuso martedì

CIELO

CREATIVA • LUSSO Nella città bianca con i gradini in pietra calcarea, proprio in cima alla località, ricavato in un'antica magione nel rispetto dell'architettura originaria, troverete uno splendido relais che – non a caso – si chiama La Sommità. Il suo ristorante gourmet, Cielo, offre romantiche cene estive, tra gli agrumi della piccola corte interna oppure ospiti della sala dal soffitto a botte. La cucina parte dal territorio ma evolve poi verso una linea più creativa. L'offerta si articola in diversi menu degustazione, uno anche vegetariano, o nella carta ben strutturata, suddivisa tra carne e pesce.

🅰️🅲 🈺 – Prezzo: €€€

Via Scipione Petrarolo 7 – ☎ 0831 305925 – lasommita.it

RESTAURANT 700

CONTEMPORANEA • ALLA MODA All'inizio del centro storico, il ristorante si trova nel lussuoso albergo Paragon 700. Affascinanti interni recuperano elementi storici sposandoli a qualche decorazione più moderna, c'è anche un esclusivo giardino con tavoli se il tempo lo consente e infine la cucina, una scelta piuttosto ristretta di piatti classici nazionali.

🛬 🎧 🍴 – Prezzo: €€€

Largo Michele Ayroldi Carissimo 14 – ☏ 0831 369219 – restaurant700.com

OTRANTO

✉ 73028 – Lecce (LE) – Carta regionale n° **16**–D3

RETROGUSTO

DEL TERRITORIO • FAMILIARE Ambiente classico con arredo semplice, ma di qualità, musica di sottofondo ed atmosfera informale: leggermente arretrato rispetto al lungomare, è solo una piccola deviazione di pochi metri compensata da una cucina di qualità dai tipici sapori salentini. Molto grande e piacevole il dehors che - in estate - diventa la "sala principale" davanti allo struscio cittadino.

🎧 🍴 – Prezzo: €€€

Via Tenente Eula 7 – ☏ 320 777 6406

OVADA

✉ 15076 – Alessandria (AL) – Carta regionale n° **1**–C3

L'ARCHIVOLTO - OSTERIA NOSTRALE

PIEMONTESE • TRATTORIA Sulla piazza principale del paese, l'atmosfera è quella tipica e piacevolmente familiare di una trattoria, ma non sottovalutatene la cucina: dagli antipasti rustici al fassone, passando per i ravioli di carne fatti a mano. Qui troverete uno straordinario viaggio nel cuore gastronomico del Piemonte, a cui si aggiunge l'enoteca/bottega con tante bottiglie e prodotti alimentari in vendita; aperitivi all'ora di pranzo e cena.

🐝 🛴 🎧 – Prezzo: €€

Piazza Garibaldi 25/26 – ☏ 0143 835208 – archivoltoosterianostrale.com – Chiuso mercoledì

OVIGLIO

✉ 15026 – Alessandria (AL) – Carta regionale n° **1**–C2

BISTROT DONATELLA

PIEMONTESE • ELEGANTE Il benvenuto lo dà il grazioso cortile interno che - nella stagione più mite - è un vero tesoro di romanticismo e piacevolezza. La cucina piemontese pone grande attenzione alla qualità della materia prima. Tanta simpatia nell'accoglienza per una bella esperienza gastronomica nel cuore del piccolo paese dominato dal campanile.

🛴 🎧 🍴 – Prezzo: €

Piazza Umberto I 1 – ☏ 0131 776907 – donatellabistrot.it – Chiuso lunedì, martedì e a mezzogiorno da mercoledì a venerdì

PACENTRO

✉ 67030 – L'Aquila (AQ) – Carta regionale n° **15**–B2

🏠 TAVERNA DEI CALDORA

ABRUZZESE • CONTESTO STORICO Un curioso intrico di stradine disegna il centro storico di Pacentro, uno dei Borghi Storici più belli d'Italia. Nel cuore della località, in un palazzo del '500, si celebra la cucina regionale con particolare attenzione a sua maestà la cottura alla brace, che dà il meglio di sé nelle costolette di agnello e negli arrosticini. Il piccolo terrazzo offre una vista impareggiabile sulla valle Peligna.

🎧 🍴 – Prezzo: €

Piazza Umberto I 13 – ☏ 0864 41139 – Chiuso lunedì e martedì e domenica sera

PADENGHE SUL GARDA

✉ 25080 – Brescia (BS) – Carta regionale n° **4**–D1

AQUARIVA

PESCE E FRUTTI DI MARE • DI TENDENZA Un locale storico molto rinomato e frequentato per le sue proposte di pesce, classiche, fragranti e ben realizzate. Tra i must la lunga serie di crudi e il plateau royal. L'ambiente, di recente ristrutturazione, è signorile e dai toni rilassati e dalla grande sala con ampie vetrate si gode dell'incantevole panorama sul porticciolo e sul lago di Garda.

🕸 ⅃ 🅰 🖼 ⇔ 🅿 – Prezzo: €€€
Via Marconi 57 – ☏ 030 999 5814 – aquariva.it

IL RIVALE - L'OSTERIA DI PALAZZO

MEDITERRANEA • AMBIENTE CLASSICO Cucina mediterranea, con più carne in inverno e più proposte di pesce in estate, in un locale accogliente distribuito su diversi ambienti. Due punti forti: la saletta in cantina con tante bottiglie a fare da arredo (tra cui molti Champagne) e l'ampio dehors con vista sul lago e il curato giardino.

🍽 ⅃ 🅰 🖼 ⇔ 🅿 – Prezzo: €€€
Via Marconi 93 – ☏ 030 999 5813 – ilrivale.it

PADERNO DEL GRAPPA

✉ 31017 – Treviso (TV) – Carta regionale n° **8**–B2

OSTERIA BELLAVISTA

ITALIANA CONTEMPORANEA • FAMILIARE Ottima osteria di moderna concezione dalla calda accoglienza familiare. La cucina asseconda l'estro, il mercato e le tradizioni, orientandosi equamente su carne e pesce.

🅰 🖼 🅿 – Prezzo: €€€
Via Piovega 30, loc. Farra – ☏ 0423 949329 – osteriabellavista.tv.it – Chiuso mercoledì e martedì a mezzogiorno

PADOVA

✉ 35121 – Padova (PD) – Carta regionale n° **8**–B3

AI PORTEGHI BISTROT ⓝ

CONTEMPORANEA • AMBIENTE CLASSICO Sotto i pittoreschi portici di via Cesare Battisti, il giovane cuoco propone una cucina che spesso parte da basi tradizionali e ricette conosciute, finendo poi però per rielaborarle con personalità, aggiungendovi qualcosa di suo e arrivando ad un risultato molto interessante. A pranzo c'è anche una scelta più semplice ed economica.

🅰 🖼 ⇔ – Prezzo: €€
Via Cesare Battisti 105 – ☏ 347 759 8738 – aiporteghibistrot.it – Chiuso lunedì e domenica

BELLE PARTI

CLASSICA • ROMANTICO In un grazioso vicolo porticato del centro pedonale, al pianterreno dello storico Palazzo Prosdocimi, il romanticismo caldo e accogliente della sala vi convincerà di essere nel posto giusto. Quadri, specchi e boiserie rivaleggiano con il bellissimo soffitto di travi a vista, mentre la carta si accorda con le stagioni, proponendo una rassegna di gustosi e classici piatti di carne ma soprattutto di pesce, di provenienza per lo più regionale.

🅰 ⇔ – Prezzo: €€
Via Belle Parti 11 – ☏ 049 875 1822 – ristorantebelleparti.it – Chiuso domenica

ENOTAVOLA

PESCE E FRUTTI DI MARE • **WINE-BAR** L'ingresso attraverso il wine-bar può trarre in inganno, ma da qui vi accompagneranno alle sale del ristorante, semplici ma piacevoli, per gustare ottimi piatti di cucina marinara dalle interpretazioni sovente creative. Per gli appassionati del pesce è un indirizzo interessante nel cuore di Padova. Particolarmente ampia la scelta di vini al bicchiere.

🍴 🏧 – Prezzo: €€

Via dell'Arco 37 – ☏ 049 876 2385 – enotavola.com – Chiuso lunedì e domenica a mezzogiorno

RADICI RESTAURANT

CONTEMPORANEA • **DI QUARTIERE** In una graziosa villetta di inizio Novecento, uno spazio poliedrico che combina la zona informale del bar bistrot con un ristorante gourmet. Due menu degustazione e un'ampia carta per soddisfare tutte le preferenze; un servizio professionale e personalizzati consigli sul vino completano il quadro.

♿ 🏧 – Prezzo: €€€

Via Andrea Costa 18/a – ☏ 049 232 0525 – radicirestaurant.it – Chiuso domenica e a mezzogiorno da lunedì a venerdì

STEFANO MOCELLIN AL PADOVANINO

CREATIVA • **ACCOGLIENTE** Nel centro storico, il ristorante è il palcoscenico della creativa personalità di Mocellin, che nei piatti rilegge le più significative esperienze della sua formazione gastronomica, come quella milanese, combinata con l'ispirazione che gli trasmette la vicina Venezia per la parte ittica e passando per la sua grande passione: le cotture alla brace! Il risultato è una delle esperienze culinarie più interessanti della città. A pranzo è aperto su prenotazione.

🏧 🍸 – Prezzo: €€€

Via Santa Chiara 1 – ☏ 375 619 7434 – padovanino.com – Chiuso lunedì e sera da martedì a venerdì

TOLA RASA

MODERNA • **DESIGN** In un ristorante dal design elegante ed essenziale la cui sala gourmet si trova al primo piano, mentre l'annessa enoteca con proposta stuzzichini sta al piano terra, lo chef - forte di una tecnica appresa in importanti strutture - rivisita con successo i sapori italiani con l'aggiunta di qualche ingrediente e condimento etnico, spesso dall'Oriente. Per vederlo all'opera prenotate un tavolo di fronte alla cucina!

♿ 🏧 🍴 ⇆ 🅿 – Prezzo: €€€

Via Vicenza 7 – ☏ 049 723032 – tolarasa.it – Chiuso mercoledì e a mezzogiorno martedì e giovedì

PAESTUM

✉ 84063 – Salerno (SA) – Carta regionale n° **17**–C3

✿✿ TRE OLIVI

Chef: Giovanni Solofra

CREATIVA • **ELEGANTE** Giovanni Solofra è l'artefice della grande cucina gastronomica dei Tre Olivi, salotto gourmet all'interno del Savoy Beach Hotel. Il suo è un percorso di ricerca continua del miglioramento: originario di Torre Annunziata, lo chef parte più tardi rispetto ai colleghi, avendo inizialmente intrapreso studi universitari. Poi si innamora di questo mestiere e cresce alla velocità della luce, soprattutto grazie ad esperienze in ristoranti al top, come nel caso degli anni passati al servizio di Heinz Beck alla Pergola. Ai Tre Olivi mette in pratica le tecniche e la maniacale precisione apprese in passato, per esaltare ingredienti di prossimità, con l'intelligente aggiunta (quando necessario) di qualche dettaglio prezioso preso da fuori, come per il "fior d'acqua", dove le aragostelle locali incontrano la delicata sapidità del caviale. Una particolare menzione va a Roberta Merolli, compagna dello chef ma soprattutto pasticcera: merito suo la qualità dei lievitati e della parte dolce (e anche dei disegni sul menu!).

🕸 🛏 ⅋ 🔠 🅿 – Prezzo: €€€€

Via Poseidonia 41 – ☏ 0828 720023 – treolivi.com – Chiuso lunedì, martedì, mercoledì a mezzogiorno e domenica sera

✿ OSTERIA ARBUSTICO

Chef: Cristian Torsiello

MODERNA • ELEGANTE Nel contesto dell'Hotel Royal Paestum, ci si accomoda in una sala elegante, contemporanea, piacevolmente sobria, dove protagonista è la cucina di Cristian Torsiello, quarantenne di Valva, comune salernitano dove mosse i primi passi l'Osteria. Lo chef mette in mostra tecnica e idee creative alla ricerca continua della sintesi perfetta, di una sobrietà che permetta agli ingredienti, quasi sempre locali, di sublimare la propria carica di sapore. Tutto ciò è ben rappresentato dal suo piatto iconico: lo spaghettino allo zafferano. La pasta secca di Gragnano è "risottata" (cotta come un risotto) con uso di brodo per 1/3 di manzo, 1/3 di parmigiano ed 1/3 di cipolla, quindi viene mantecata con burro acido e zafferano abruzzesi, per un risultato davvero molto goloso, solo apparentemente semplice. La cantina mostra continui spunti di crescita: giunta alle 600 etichette circa, nasconde alcune rarità di territorio.

🕸 🛏 ⅋ 🔠 🅿 – Prezzo: €€€

Via Francesco Gregorio 40 – ☏ 0828 851525 – osteriaarbustico.it – Chiuso mercoledì e giovedì

✿ LE TRABE

Chef: Marco Rispo

CAMPANA • CONTESTO STORICO La fonte dell'omonimo fiume Trabe si trova proprio nello splendido parco del ristorante, dove crea un laghetto per poi scorrere silenziosamente accanto ai tavoli all'aperto, cornice di un incantevole servizio estivo. Altrettanto d'atmosfera sono anche le curate sale interne e tanta bellezza si trasforma in sensibilità per l'ambiente, incarnata in diverse iniziative a sua difesa. Più di ogni altra cosa, tuttavia, sarà la cucina di Marco Rispo a colpirvi. Qualunque menù degustazione scegliate, l'esperienza gastronomica inizierà nella bella cantina con l'aperitivo e i canapè di benvenuto. Quindi, una volta seduti al tavolo, vi divertirete con una sequenza di piatti raffinati e saporiti, felicemente ispirati alle tradizioni campane con un ampio utilizzo di ingredienti stagionali territoriali, tra cui non mancano mai i celebri prodotti di bufala, come nel caso dello spaghettone chiamato "Bufala, bufala, bufala". Ottima anche la scelta enoica così come il servizio di sala.

✿ *L'impegno dello chef:* Il contesto bucolico dell'oasi di Tenuta Capodifiume è splendido. In mezzo scorre il fiume omonimo, che fornisce energia pulitissima: tra la centrale idroelettrica e i pannelli fotovoltaici, la produzione supera di gran lunga il fabbisogno del ristorante, che diviene così esempio virtuoso di gestione energetica. In linea con tanta attitudine green, in cucina si utilizzano esclusivamente ingredienti di prossimità, a partire dai propri orti.

🕸 🛏 🔠 ⌖ 🅿 – Prezzo: €€€

Via Capo di Fiume 4 – ☏ 0828 724165 – letrabe.it – Chiuso lunedì, a mezzogiorno da martedì a venerdì e domenica sera

CASA COLONI

CONTEMPORANEA • ROMANTICO Dinnanzi all'area archeologica, una splendida dimora ottocentesca è stata trasformata nel raffinato albergo Tenuta di Marigliano: il ristorante si trova all'interno dell'adiacente casa colonica, e col bel tempo è impossibile sottrarsi al fascino dei tavoli sistemati sotto un pergolato di canne nel romantico giardino. Assistito da un servizio impeccabile, lo chef Luigi Coppola, di Paestum, riporta alla luce la cucina del territorio, rivedendola in forma personalizzata in pietanze a base di carne, di pesce e anche vegetariane.

🚪🅰🍴🅿 – Prezzo: €€€
Via Tavernelle 86 – ☎ 0828 721297 – tenutaducamarigliano.it – Chiuso lunedì e a mezzogiorno da martedì a domenica

DA NONNA SCEPPA

CAMPANA • **AMBIENTE CLASSICO** La famiglia Chiumento porta avanti la tradizione culinaria sin dagli anni Sessanta, cioè dalla fondazione da parte di nonna Giuseppa: il menù è un racconto dei sapori del Cilento, cucinati in modo classico e porzioni generose. I prezzi, salvo che per certi piatti a base di pescato un po' più costosi (esempio il branzino al sale o il rombo al forno), sono assai corretti!
🅰🍴🅿 – Prezzo: €€
Via Laura 45 – ☎ 0828 851064 – nonnasceppa.com – Chiuso giovedì e la sera tranne sabato

PAGAZZANO
✉ 24040 – Bergamo (BG) – Carta regionale n° **5**-C2

LOCANDA VIOLA

MODERNA • **CONTESTO CONTEMPORANEO** Due giovani di queste parti che insieme hanno girato il mondo (lei in sala, lui in cucina) all'inizio del 2019 hanno aperto il loro locale in quello che fu un mobilificio della nonna di lui. In un ambiente frizzante e moderno, con un attento servizio tutto al femminile, viene servita una cucina di qualità venata di tutto l'Oriente in cui la coppia ha vissuto. Esperienza esotica d'alto livello in piena Pianura Padana!
♿🅰 – Prezzo: €€
Via Morengo 164 – ☎ 0363 703956 – locandaviola.com – Chiuso mercoledì, a mezzogiorno da lunedì a sabato e domenica sera

PALAIA
✉ 56036 – Pisa (PI) – Carta regionale n° **11**-B2

ANTICA FARMACIA

TOSCANA • **INFORMALE** Il nome fa riferimento all'antico utilizzo del locale come farmacia fino agli anni Settanta. Nel 2010 lo chef patron Juri Zanobini ne ha ricavato il proprio ristorante, in cui propone una cucina che prende spunto dal territorio toscano. Ingredienti e ricette locali sono rielaborati con leggerezza, mentre ai piatti non manca mai una buona dose di sapore, come nel caso del midollo al forno o del peposo al Chianti.
🅰 – Prezzo: €€
Via del Popolo 51 – ☎ 339 792 6995 – ristoranteanticafarmacia.it – Chiuso martedì, mercoledì e a mezzogiorno

PALAU – Sassari (SS) ➜ Vedere Sardegna in fondo alla Guida

PALAZZO SAN GERVASIO
✉ 85026 – Potenza (PZ) – Carta regionale n° **18**-A1

BRAMEA

CREATIVA • **ACCOGLIENTE** E' il laboratorio gourmet con pochissimi coperti di due giovani amici, divenuti soci nella gestione del Bramea, uno in sala, l'altro in cucina. Articolati lungo diversi menu degustazione, propongono piatti creativi e originali, sovente partendo da ingredienti lucani. Il risultato è avvincente e di ottimo livello.
🅰🍴 – Prezzo: €€
Viale Villa d'Errico 10 – ☎ 0972 209498 – bramearistorante.it – Chiuso martedì, a mezzogiorno lunedì, mercoledì, giovedì, venerdì, sabato e domenica sera

PALAZZOLO ACREIDE – Siracusa (SR) → Vedere Sicilia in fondo alla Guida

PALAZZOLO SULL'OGLIO

✉ 25036 – Brescia (BS) – Carta regionale n° **5**-D2

OSTERIA DELLA VILLETTA

LOMBARDA • **VINTAGE** Da oltre cent'anni baluardo della tradizione, arredi liberty e atmosfera retrò sono il contorno a classici bresciani e ricette familiari: sempre sulla base di ingredienti stagionali, come nel caso delle molte verdure del proprio orto, da cui provengono anche l'olio Evo ed una buona bollicina. E' il classico indirizzo che si vorrebbe sotto casa!

🛱 ✿ – Prezzo: €

Via Marconi 104 – ℰ 030 740 1899 – osteriadellavilletta.it – Chiuso lunedì e domenica e sera da martedì a giovedì

LA CORTE

CLASSICA • **ROMANTICO** Profuma di Mediterraneo la cucina di questo bel ristorante che alterna piatti di carne e pesce; stagionale nella scelta dei prodotti. Una visita nella fornitissima cantina è vivamente consigliata!

🕸 & ﷼ ✿ 🅿 – Prezzo: €€

Via San Pancrazio 41 – ℰ 030 740 2136 – ilristorantelacorte.com – Chiuso lunedì, sabato a mezzogiorno e domenica sera

PALERMO – Palermo (PA) → Vedere Sicilia in fondo alla Guida

PALLANZA

✉ 28922 – Novara (NO) – Carta regionale n° **1**-C1

MILANO

MODERNA • **CONTESTO STORICO** E' uno storico locale con un'affascinante veranda affacciata direttamente sul lago, nonché attracco privato. Lo chef patron, erede di una lunga tradizione familiare, presenta piatti ispirati a un gusto contemporaneo senza dimenticare la classicità, forte delle ottime materie prime sia di terra che di acqua, ovviamente anche dolce.

⇐ 🖙 & ﷼ 🛱 🅿 – Prezzo: €€€€

Corso Zanitello 2 – ℰ 0323 556816 – ristorantemilanolagomaggiore.it – Chiuso martedì e lunedì sera

PALMI

✉ 89015 – Reggio Calabria (RC) – Carta regionale n° **19**-A3

DE GUSTIBUS - MAURIZIO

PESCE E FRUTTI DI MARE • **ACCOGLIENTE** Cucina di pesce fragrante, semplice e moderna, per questa gestione familiare nel grazioso centro storico. Tra i crudi, irrinunciabile è il carpaccio di pesce del giorno condito con una delicata vinaigrette della casa rifinita con pomodorini. Chi non ama il pesce non si preoccupi, nel menu compaiono 4 "Intrusi": antipasto, primo piatto e 2 secondi a base di carne. Tra i dolci, raccontati a voce, non manca mai il cannolo scomposto nei suoi ingredienti. Selezione di vini nazionale con una concessione estera per gli Champagne.

& ﷼ 🛱 – Prezzo: €€

Viale delle Rimembranze 58/60 – ℰ 0966 25069 – degustibuspalmi.it – Chiuso lunedì e domenica sera

PANICALE

✉ 06064 – Perugia (PG) – Carta regionale n° **13**–A2

LILLOTATINI

UMBRA • **RUSTICO** Nel cuore di un borgo-castello di origini medioevali, caratteristici interni e piacevole dehors nella storica piazza; dalla cucina tutte le specialità della zona, compreso il pesce d'acqua dolce e il tartufo in stagione. Nella stessa piazza che lo ospita, appena entrati nel cuore della località, c'è anche l'enoteca con vendita di prodotti tipici e ampia selezione di vini, come nella bella carta su cui i famigliari sapranno darvi i giusti consigli.

🕸 🕱 ⇔ – Prezzo: €€

Piazza Umberto I 13-14 – ℰ 075 837771 – lillotatini.it – Chiuso lunedì e domenica sera

PANTELLERIA – Trapani (TP) ➜ Vedere Sicilia in fondo alla Guida

PANTIERA

✉ 61029 – Pesaro e Urbino (PU) – Carta regionale n° **14**–B1

URBINO DEI LAGHI

MODERNA • **ALLA MODA** Splendido il contesto che circonda questa bella struttura dall'arredo curato e originale. Piatti stuzzicanti che si legano al territorio con molti prodotti provenienti dall'azienda di proprietà.

⪕ 🕮 🕱 – Prezzo: €€

Via San Giacomo in Foglia 15 – ℰ 0722 580305 – tenutasantigiacomoefilippo. it – Chiuso a mezzogiorno

PANZANO

✉ 50020 – Firenze (FI) – Carta regionale n° **11**–D1

ANTICA MACELLERIA CECCHINI - SOLOCICCIA

CARNE • **CONVIVIALE** Uno dei più celebri macellai d'Italia diventa anche cuoco! Al Solociccia o all'Officina della Bistecca il menu è unico e servito ad un orario preciso con una proposta di carne o un percorso vegetariano. Il Solociccia è aperto solo per pranzo.

🆎 🕱 – Prezzo: €€

Via Chiantigiana 5 – ℰ 055 852020 – dariocecchini.com – Chiuso la sera

PARADISO DI POCENIA

✉ 33050 – Udine (UD) – Carta regionale n° **7**–B2

AL PARADISO

REGIONALE • **ROMANTICO** Una piccola bomboniera in un antico cascinale, con decorazioni e tendaggi ovunque. Lunga tradizione familiare di una cucina che segue il territorio, con tanta carne e cacciagione, ma anche cotture alla brace nel grande camino della sala principale.

🆎 🕱 ⇔ 🅿 – Prezzo: €€

Via Sant'Ermacora 1 – ℰ 0432 777000 – trattoriaparadiso.it – Chiuso lunedì, martedì e a mezzogiorno da mercoledì a venerdì

PARAGGI

✉ 16038 - Genova (GE) - Carta regionale n° **10**-C2

LANGOSTERIA PARAGGI

PESCE E FRUTTI DI MARE • **CHIC** Lo spin off stagionale dell'affermato locale milanese trova la sua bella location di fronte all'incantevole baia di Paraggi. All'interno degli storici Bagni Fiore, tanto legno in veste vintage-glamour, il mare davanti e in tavola golose portate a base di pesce fresco, crostacei, ostriche e frutti di mare, serviti crudi o dopo cotture classiche. Langosteria Paraggi è anche beach bar, dal mattino a ben oltre il tramonto.

- Prezzo: €€€€

Via Paraggi a Mare 1 - ✆ 0185 046284 - langosteria.com

PARMA

✉ 43122 - Parma (PR) - Carta regionale n° **9**-A3

INKIOSTRO

CREATIVA • **DESIGN** Lo chef calabrese Salvatore Morello porta una ventata di novità nella città della gastronomia: forte di esperienze internazionali, la sua cucina abbraccia ricette e prodotti molto diversi, ma accomunati da grande finezza, stile e originalità. Un pasto gratificante anche nelle bevande: oltre ad un'ampia selezione enologica, si può scegliere tra birre, sakè, tè e distillati.

- Prezzo: €€€€

Via San Leonardo 124 - ✆ 0521 776047 - ristoranteinkiostro.it - Chiuso lunedì a mezzogiorno

I TRI SIOCHÈTT

EMILIANA • **CASA DI CAMPAGNA** Tipica trattoria alle porte della città, nelle ampie sale troverete un'atmosfera familiare ed informale, mentre dalla cucina arrivano i pilastri della cucina parmense, eseguiti ad ottimo livello, piatti gustosi, per mangiare con vero e grande piacere. Tra le proposte imperdibili, la torta fritta con i salumi misti e la zuppa inglese.

- Prezzo: €

Strada Farnese 74, 2 km a sud-ovest del centro - ✆ 0521 968870 - itrisiochett.it - Chiuso lunedì e domenica sera

COCCHI

EMILIANA • **FAMILIARE** Annessa all'hotel Daniel, una gloria cittadina che, in due ambienti raccolti e rustici, propone la tipica cucina parmigiana con inserti di piatti e prodotti che seguono il succedersi delle stagioni; strepitosi i tortelli alle erbette con parmigiano e burro fuso. Il tutto accompagnato da una ricercata lista dei vini. Attenzione: prenotare con largo anticipo, il ristorante è conosciutissimo e molto frequentato anche dai locali!

- Prezzo: €€

Via Gramsci 16/a - ✆ 0521 981990 - ristorantecocchi.it - Chiuso sabato

MELTEMI

PESCE E FRUTTI DI MARE • **DESIGN** In un ambiente contemporaneo da moderno bistrot urbano, Meltemi propone piatti esclusivamente di pesce, con diverse alternative di crudo tra gli antipasti, ed un'ampia scelta di Champagne, nonché bollicine italiane. Servizio attento e professionale, piacevolmente informale.

- Prezzo: €€

Piazzale Carbone 3 - ✆ 0521 030814 - ristorantemeltemi.com - Chiuso domenica, mercoledì a mezzogiorno e lunedì sera

OSTERIA DEL 36

EMILIANA • **OSTERIA** Cucina in prevalenza locale, a cominciare dalla selezione di salumi tra gli antipasti e le paste all'uovo tra i primi, qualche proposta più creativa, quasi esclusivamente carne tra i secondi, dolci golosi.

💰 ♿ 🅰🅲 – Prezzo: €

Via Saffi 26/a – ☏ 0521 287061 – osteriadel36.it – Chiuso domenica

PARIZZI

CREATIVA • **ELEGANTE** Cucina basata su un'accurata selezione delle materie prime, con grande lavoro di ricerca dei migliori fornitori, al tempo stesso gustosa e leggera. Vi troverete riferimenti parmigiani, ma anche tanta creatività, piatti di terra e di mare con un po' più di slancio per quest'ultimo, e la selvaggina (passione dello chef!). Un simbolo dell'eccellenza emiliana nel campo della ristorazione grazie a Marco Parizzi in cucina e alla gentile consorte in sala, a garantire un servizio al top. Camere per chi vuole pernottare in città.

💰 ♿ 🅰🅲 🔄 – Prezzo: €€€

Strada della Repubblica 71 – ☏ 0521 285952 – ristoranteparizzi.it – Chiuso lunedì

PARMA ROTTA

GRIGLIA • **CONTESTO TRADIZIONALE** Qui, dove un tempo il torrente Parma rompeva gli argini, troverete una bella trattoria con piacevoli sale e soprattutto un'ottima cucina. Ci sono le classiche specialità emiliane, dai salumi alle paste fresche (particolarmente buoni i tortelli di zucca e quelli di ricotta ed erbette), mentre tra i secondi regna è la cottura di diversi tipi di carni su una griglia di legna. Tra i dolci, vi consigliamo il gelato al fior di latte.

💰 🍴 🔄 🅿 – Prezzo: €€

Strada Langhirano 158 – ☏ 0521 966738 – parmarotta.com – Chiuso lunedì e domenica

PASSIGNANO SUL TRASIMENO

✉ 06065 – Perugia (PG) – Carta regionale n° **13**–A2

DA LUCIANO ⓝ

ITALIANA • **SEMPLICE** Se vi accomodate all'esterno, la vista de lago Trasimeno si dispiega in tutta la sua bellezza davanti ai vostri; il menu è composto principalmente da pesce d'acqua dolce come il luccio, l'anguilla e i gamberi, non mancano – tuttavia – anche alcune specie provenienti dal Mar Mediterraneo. Si utilizzano anche ingredienti originali come fagioli e tartufi umbri per creare specialità tipiche quali il tegamaccio.

🍽 🍴 – Prezzo: €€

Via Nazionale 11 – ☏ 075 827210 – ristorantedaluciano.com

IL MOLO

CONTEMPORANEA • **FAMILIARE** Proprio sull'estremità di Passignano, che sembra lanciarsi sul lago Trasimeno (alcuni tavoli della saletta principale – da prenotare per tempo! –ne offrono la vista), dal 1978 il Molo della famiglia Pellegrini è un ottimo approdo per gli appassionati di pesce di lago e/o volatili. Noi ci lecchiamo ancora i baffi dopo aver provato la quaglia farcita, funghi e i suoi fegatini accompagnata da un ottimo calice di rosso, assemblaggio locale biodinamico. Buona scelta di bollicine e Champagne nell'apposita carta.

🅰🅲 🍴 – Prezzo: €€

Via Aganor Pompili 9 – ☏ 075 827151 – ristoranteilmolo.com – Chiuso lunedì

PASTRENGO

✉ 37010 – Verona (VR) – Carta regionale n° **8**–A3

STELLA D'ITALIA

CLASSICA • **ELEGANTE** Se dal 1962 è la stessa famiglia a gestirlo, in realtà il locale esiste addirittura dal 1875: ambienti caldi ed eleganti al suo interno, nonché un bel servizio estivo in giardino che concede uno scorcio del lago di Garda. Cucina classica italiana, con alcune ricette di territorio (le lumache tra le specialità). Interessante anche la selezione enoica.

⇔🐴🏠⇔ – Prezzo: €€

Piazza Carlo Alberto 25 – 𝒞 045 717 0034 – stelladitalia.it – Chiuso mercoledì e giovedì a mezzogiorno

PAVIA

✉ 27100 – Pavia (PV) – Carta regionale n° **4**–A3

🏵 **LINO**

Chef: Andrea Ribaldone

ITALIANA CONTEMPORANEA • **DESIGN** Nel centro storico di Pavia, affacciato sull'omonima ed elegante piazza, all'ingresso l'opzione può essere per il bistrot e la sua proposta gastronomica più semplice, oppure per la sala che ospita il ristorante gourmet e stellato. Sono Andrea Ribaldone e il resident chef Valerio Tafuri ad escogitare una serie di percorsi degustazione tematici, con piatti ordinabili anche singolarmente, generalmente molto creativi ed elaborati, con qualche richiamo ad ingredienti esotici. Per chi lo desidera, uno chef's table permette di osservare il cuoco all'opera.

🅰🏠 – Prezzo: €€€

Piazza del Lino 15 – 𝒞 0382 180 3920 – ristorantelino.com – Chiuso martedì

PEDRACES

✉ 39036 – Bolzano (BZ) – Carta regionale n° **6**–B1

MASO RUNCH-HOF

DEL TERRITORIO • **SEMPLICE** Attraversando il bosco è come fare un viaggio a ritroso nel tempo, verso l'origine di un vero maso del Settecento: accomodatevi tra i legni delle sue stube per partire lungo un unico menù degustazione interamente dedicato a sapori e ricette ladine, servite in porzioni abbondanti e cucinate in maniera squisitamente casalinga: i cajincs t'ega (i ravioli ripieni di spinaci), eccellenti le costine di maiale con la polenta, lo strudel di mele. Di territorio anche la piccola carta dei vini dedicata all'Alto Adige. Da poco hanno a disposizione alcuni chalet spaziosi ed accoglienti.

🅿 – Prezzo: €€

Via Runch 11 – 𝒞 0471 839796 – masorunch.it – Chiuso domenica e a mezzogiorno

PEGLI

✉ 16156 – Genova (GE) – Carta regionale n° **10**–C2

TERESA

MODERNA • **AMBIENTE CLASSICO** Questo storico locale con la seconda generazione ha ormai superato i 50 anni di gestione. Mezzo secolo - per altro - portato benissimo grazie ad un moderno restyling degli interni, che fa seguito alla naturale evoluzione di una cucina - soprattutto a base di pesce – permeata da tocchi di contemporaneità.

&. 🅰️ – Prezzo: €€€
Piazza Lido di Pegli 5 r – 𝒞 010 697 3774 – ristoranteteresa.it – Chiuso martedì

PELLA
✉️ 28010 – Novara (NO) – Carta regionale n° **1**–C1

CASA FANTINI/LAKE TIME

DEL TERRITORIO • DESIGN Sulle sponde del lago d'Orta, un inserto moderno e molto accogliente ricavato dalla ristrutturazione di un vecchio edificio, pensato e arredato affidandosi a un design ricercato e omogeneo. Al ristorante, con un'offerta più leggera a pranzo, si propongono piatti della tradizione interpretati con gusto attuale e presentazioni contemporanee. Lounge, giardino, piscina e 11 camere completano l'esclusiva offerta.

&. 🅰️ 🛎️ – Prezzo: €€€
Piazza Motta – 𝒞 0322 969893 – casafantinilaketime.com

PELLIO INTELVI
✉️ 22024 – Como (CO) – Carta regionale n° **4**–A2

LA LOCANDA DEL NOTAIO

CREATIVA • CASA DI CAMPAGNA Immerso in un rilassante e curatissimo giardino affacciato sulle Alpi Lepontine, è un locale elegante, dalla calda atmosfera impreziosita dal camino centrale. Lo chef Marco Moretto ha fatto un bel percorso in ristoranti di alto livello e qui alla Locanda del Notaio completa l'esperienza con piatti moderni, eleganti ed equilibrati. Si valorizza la stagione, il territorio e non solo: sarete sorpresi da fragranti specialità di mare e - immancabile - qualche prodotto ittico d'acqua dolce.

🛏️&. 🛎️ 🅿️ – Prezzo: €€€
Piano delle Noci 42 – 𝒞 031 842 7016 – lalocandadelnotaio.com – Chiuso lunedì, martedì e mercoledì a mezzogiorno

PENANGO
✉️ 14030 – Asti (AT) – Carta regionale n° **1**–C2

✿✿ LOCANDA SANT'UFFIZIO ENRICO BARTOLINI
Chef: Gabriele Boffa

MODERNA • ELEGANTE In un pittoresco contesto collinare del Monferrato, sotto l'insegna del pluristellato Bartolini troviamo ai fornelli Gabriele Boffa, giovane all'anagrafe, ma straordinario conoscitore della cucina piemontese. Forte di una preparazione che l'ha portato in alcuni dei migliori ristoranti del mondo, Boffa ha accumulato una sorprendente conoscenza e una rimarchevole abilità tecnica. La sua cucina spazia dai classici regionali interpretati in purezza – come gli straordinari agnolotti del plin – a piatti più creativi, in cui si rintraccia comunque un legame con il territorio, che siano prodotti o ricette. Il tutto all'interno di un'antica struttura monastica trasformata in un raffinato albergo, dove si prende posto in un'elegante sala o nella suggestiva limonaia. Viene servito un carosello di piatti che lascerà una memoria indelebile, dalla generosità degli amuse bouche alla bontà del pane e dell'incredibile focaccia, per non dire della qualità delle carni.

🐴 🍴🛏️&. 🅰️ 🅿️ – Prezzo: €€€€
Strada Sant'Uffizio 1, loc. Cioccaro – 𝒞 0141 171 0098 – relaissantuffizio.com – Chiuso martedì e a mezzogiorno a lunedì a venerdì

PENNABILLI

✉ 47864 – Rimini (RN) – Carta regionale n° **9**–D3

🍃 IL PIASTRINO

Chef: Riccardo Agostini

DEL TERRITORIO • **CASA DI CAMPAGNA** È la casa di Claudia e Riccardo, un sogno tra le splendide colline del Montefeltro cullato a lungo, alimentato con le esperienze fatte in grandi ristoranti stellati e concretizzatosi con l'apertura nell'ormai lontano 2007. Abbellito anno dopo anno sino alla splendida forma attuale, al Piastrino il calore e la semplicità della campagna si sposano magnificamente con dettagli e arredi contemporanei. Su tutto svetta la cucina di Agostini che – forte di tecnica e creatività – esprime al meglio ingredienti stagionali e territoriali. I suoi piatti, belli per gli occhi e squisiti per il palato, sono complessi ed elaborati, ma mai inutilmente artificiosi. Tra i nostri preferiti lo Spaghetto al verde, gamberi rosa dell'Adriatico e pecorino: pasta Latini colorata di verde con cavolo nero e cicoria, squisiti gamberi interi, carnosi, che profumano di mare e il giusto tocco sapido del pecorino che lega l'amarognolo della cicoria e la dolcezza dei gamberi.

🍃 *L'impegno dello chef:* Il Parco Begni in cui si trova il ristorante, immerso nelle verdi colline della Valmarecchia, è una fonte di ispirazione per un atteggiamento rispettoso verso il territorio e la sua biodiversità. L'orto di proprietà copre circa il 60% del fabbisogno e il resto proviene da fornitori locali, nel raggio di 50 km. Il foraging completa la rosa delle materie prime. Per il riscaldamento e la cottura alla brace viene usato legname derivante dalle potature e dalle rotture causate dal maltempo.

🕸 🛏👤🍴🅿 – Prezzo: €€€

Via Parco Begni 7 – ☎ 0541 928106 – piastrino.it – Chiuso martedì e mercoledì a mezzogiorno

PERGINE VALSUGANA

✉ 38057 – Trento (TN) – Carta regionale n° **6**–A2

😊 OSTERIA STORICA MORELLI

REGIONALE • **VINTAGE** Lo chef Fiorenzo Varesco gestisce da anni questa semplice trattoria all'inizio della Valle dei Mòcheni. La cucina attinge a piene mani dal territorio trentino ingredienti di stagione, proposti in piatti gustosi e rustici quanto basta per trasmettere autenticità. Piacevole selezione enoica.

🅿 – Prezzo: €

Piazza Petrini 1, loc. Canezza di Pergine – ☎ 0461 509504 – osteriastoricamorelli. it – Chiuso lunedì, martedì e a mezzogiorno da mercoledì a venerdì

PERIGNANO

✉ 56035 – Pisa (PI) – Carta regionale n° **11**–B2

LOCANDA LO SCOPICCIO

CREATIVA • **ACCOGLIENTE** Gestito dalla titolare-chef insieme al marito, Locanda Lo Scopiccio è un delizioso ristorante dove farsi coccolare da un ambiente curato in ogni minimo particolare – c'è anche un luminoso e romantico giardino d'inverno – gustando una cucina del territorio non scevra da spunti creativi. Possibilità di scelta fra due menu a sorpresa o à la carte.

🍴↔🅿 – Prezzo: €€

Via delle Casine 5 – ☎ 370 327 5680 – Chiuso domenica e a mezzogiorno

PERUGIA

✉ 06128 - Perugia (PG) – Carta regionale n° **13**–A2

⁂ L'ACCIUGA

MODERNA • CONTESTO CONTEMPORANEO In una zona commerciale e periferica difficilmente si sospetterebbe la presenza di un ristorante gourmet. Una volta entrati, però, tutto cambia. La sala originale e luminosa ruota intorno alla cucina a vista, mentre i piatti esprimono un'incantevole sintesi tra le esperienze internazionali del cuoco e diversi ingredienti locali, sebbene non manchino ricette anche a base di pesce. La carta raggiunge il massimo dell'essenzialità, con gli ingredienti presentati in estrema sintesi, senza neanche l'orpello di articoli o preposizioni. Un esempio? CALAMARO. PISELLI. Buona selezione di vini, soprattutto naturali e biodinamici.

⍟ ⬥ 🅰 ☂ – Prezzo: €€€

Via Settevalli 217 – ☎ 339 263 2591 – lacciuga.net – Chiuso mercoledì, giovedì e a mezzogiorno martedì e venerdì

⁂ ADA

Chef: Ada Stifani

CREATIVA • ELEGANTE Nel centro storico, a pochi passi dalla cinta muraria etrusca del III sec. a.C., un nuovo locale dal confort contemporaneo dove una cuoca esperta propone la sua cucina fatta di colori e sapori che richiamano questa terra, e le sue acque dolci ma non solo, con una proposta basata su due menù degustazione o una soddisfacente scelta alla carta. Noi abbiamo apprezzato molto l'anguilla alla brace nel suo "tegamaccio" (zuppa locale di pesci d'acqua dolce), così come la visita finale nelle misteriose cantine: un tempo passaggio segreto oggi scrigno di ottime e variegate proposte gestite da un appassionato sommelier.

⬥ 🅰 – Prezzo: €€€

Via del Bovaro 2 – ☎ 349 313 0982 – adagourmet.it – Chiuso domenica e a mezzogiorno da martedì a giovedì

IL GIURISTA

UMBRA • CONTESTO TRADIZIONALE Il giurista del nome (a cui è dedicata anche la via) è Bartolo da Sassoferrato, insigne giureconsulto del XIV secolo. Dalla strada si scende qualche metro per accedere in sale accoglienti, un ambiente storico con volte a mattoni vivi, molto fresco e apprezzato in estate. La cucina è legata alle tradizioni del territorio con una carta tutta dedicata alla terra, che in stagione si arricchisce di una sezione sugli abbinamenti con il tartufo nero. Servizio attento e cortese.

– Prezzo: €€

Via Bartolo 30 – ☎ 075 374 8749 – ristoranteilgiurista.it – Chiuso domenica

L'OFFICINA

CREATIVA • FAMILIARE La cucina creativa ed estrosa di questo bel locale piacerà senz'altro a chi è alla ricerca di una divagazione fantasiosa dagli usuali binari gastronomici locali.

⍟ 🅰 – Prezzo: €€

Borgo XX Giugno 56 – ☎ 075 572 1699 – lofficinaristorante.it – Chiuso lunedì, a mezzogiorno martedì e mercoledì e domenica sera

PESARO

✉ 61121 - Pesaro e Urbino (PU) – Carta regionale n° **14**–B1

⁂ NOSTRANO

Chef: Stefano Ciotti

CREATIVA • CONTESTO CONTEMPORANEO L'accurato rinnovo del Nostrano di chef Stefano Ciotti ci consegna interni più eleganti e - allo stesso tempo – contemporanei; del recente passato rimane il gioco dei tavoli tondi e quadrati alternati, nonché una leggiadra aria "pop" nel piccolo dehors. Lo chef-patron, dal canto suo, continua a proporre il proprio stile "nostrano", elaborando soprattutto ingredienti territoriali (delle Marche e della vicina Romagna) andandoli a cercare sia in mare sia nel generoso entroterra. Servizio giovane e dinamico.

🅐🅒 🏠 – Prezzo: €€€

Piazzale della Libertà 7 – ℰ 0721 639813 – nostranoristorante.it – Chiuso martedì e a mezzogiorno da mercoledì a venerdì

GIBAS

PESCE E FRUTTI DI MARE • ACCOGLIENTE Nel cuore del Parco Naturale Monte San Bartolo, in uno dei punti più belli della strada panoramica che da Pesaro sale verso nord (celebre in tutto il mondo perché su queste curve si fece le ossa il campione di motociclismo Valentino Rossi), la pedana estiva è un terrazzo a strapiombo sull'Adriatico, dei cui pesci si rifornisce la cucina, con impronta contemporanea.

🍃🏠🅿 – Prezzo: €€

Strada Panoramica Adriatica – ℰ 0721 405344 – gibasristorante.it – Chiuso mercoledì

LO SCUDIERO

DEL TERRITORIO • ELEGANTE Nelle suggestive scuderie di un palazzo cinquecentesco interamente ristrutturato, al timone della cucina c'è Daniele Patti, giovane chef molto appassionato che propone piatti creativi, l'intrigante menu Vieni in Sicilia con me - che si rifà alle sue origini - il menu Adriatico e la scelta à la carte, che poggia sulla ricchezza d'ingredienti di cui il territorio è generoso. Gli appassionati di vino chiederanno di visitare la splendida cantina, valorizzata anche da un buon servizio al bicchiere.

🍷 🅐🅒 – Prezzo: €€€

Via Baldassini 2 – ℰ 0721 165 1804 – ristorantescudiero.it – Chiuso martedì

PESCARA

✉ 65122 – Pescara (PE) – Carta regionale n° **15**–B1

😊 ESTRÒ

CONTEMPORANEA • BISTRÒ Nella zona pedonale del centro cittadino, il ristorante di Alfonso Della Croce è semplice e informale, e punta tutto su un'ottima cucina di terra e di mare, su basi per lo più classiche nazionali. Golosa la parmigiana di melanzana rivisitata, cotta al vapore e servita intera, farcita di provola affumicata e cosparsa di polvere di cipolla.

🅐🅒 🏠 – Prezzo: €

Piazza della Rinascita 23 – ℰ 085 62388

😊 NOLE

MODERNA • CONTESTO CONTEMPORANEO A ridosso del lungomare, in una delle vie iconiche di Pescara, Nole è un locale dalla doppia anima, che se da una parte (nel vero senso del termine) offre la possibilità di consumare ottime colazioni, light lunch e merende, dall'altra offre uno spazio gourmet. L'ispettore consiglia: zuppetta di pomodoro, caprino e basilico, tortello cacio e pepe abruzzese con salsa allo zenzero e tonno alla pizzaiola.

♿ 🅐🅒 – Prezzo: €€

Viale Regina Margherita 84 – ℰ 085 445 8925 – Chiuso martedì a mezzogiornodomenica sera

😊 TAVERNA 58

ABRUZZESE • CONTESTO TRADIZIONALE Trattoria dall'ambiente curato, dove un'interessante cucina legata alla tradizione gastronomica abruzzese dà vita a piatti sapidi e generosi, nonché menu dedicati a prodotti locali come le lumache. Visitabili le cantine con vestigia medievali e romane. Una buona tavola che dura da 40 anni!

&. 🅰🅲 ⇔ – Prezzo: €
*Corso Manthoné 46 – ☏ 085 690724 – taverna58.it – Chiuso domenica e a
mezzogiorno venerdì e sabato*

SOMS

ABRUZZESE • AMBIENTE CLASSICO In pieno centro storico, in zona pedonale,
la storica "società operaia di mutuo soccorso" - SOMS - è ora una sala luminosa e
accogliente, dove lo chef propone una cucina legata alle tradizioni abruzzesi ma
decisamente originale nella sua esecuzione. Il punto di forza è la cottura alla brace
di alcune preparazioni. Un arredo che tende al classico e uno spazio esterno per
godere delle piacevoli serate estive.

&. 🅰🅲 🍴 – Prezzo: €€
*Via Piave 61 – ☏ 085 943 0068 – somsristorante.it – Chiuso mercoledì, a
mezzogiorno da lunedì a venerdì e domenica sera*

PESCHICI

✉ 71010 – Foggia (FG) – Carta regionale n° **16**–B1

✿ PORTA DI BASSO

Chef: Domenico Cilenti

PESCE E FRUTTI DI MARE • CONTESTO CONTEMPORANEO Lo chef-patron
Domenico Cilenti si presenta con due menu degustazione: uno dedicato ai classici
che rappresentano la storia del locale e uno alla cieca, costruito giorno per giorno
con i migliori ingredienti del mercato. Qualunque sia la vostra scelta, nei piatti
traspare evidente una ricercata semplicità, alimentata da un intento preciso: esprimere il sapore della vibrante materia prima pugliese. Ogni assaggio è composto da
pochi elementi presentati con cromatismi eleganti, in porcellane ad hoc.

≤& 🅰🅲 🍴 – Prezzo: €€€
*Via Colombo 38 – ☏ 0884 355167 – portadibasso.com – Chiuso martedì,
mercoledì a mezzogiorno*

PESCHIERA BORROMEO

✉ 20068 – Milano (MI) – Carta regionale n° **5**–B2

ASINA LUNA

CONTEMPORANEA • BISTRÒ Un locale d'atmosfera, grazie alla profusione di
legno, luci soffuse e colori contemporanei. La specialità è sua maestà la carne, di
differente provenienza e stagionatura: si va quindi dalla dolce e suadente Vicciola
piemontese nutrita con nocciole, alla tenera e delicata scottona australiana frollata
nel grasso. Non mancano proposte dal gusto più deciso e con importanti frollature.

🅰🅲 – Prezzo: €€€
*Via della Resistenza 23 – ☏ 02 5530 0205 – asinaluna.it – Chiuso domenica e
sabato a mezzogiorno*

PESCOCOSTANZO

✉ 67033 – L'Aquila (AQ) – Carta regionale n° **15**–B2

LA CORNIOLA

MODERNA • ELEGANTE Se la cittadina di Pescocostanzo - tra i borghi più belli
d'Italia e all'interno del Parco della Maiella - è rinomata in tutta Italia per i suoi
merletti al tombolo, La Corniola vi aspetta per farvi viaggiare nei sapori d'Abruzzo,
con prodotti locali e stagionali, trasformati in piatti moderni, eleganti e soprattutto
ricchi di gusto. Ambiente di sobria eleganza.

&. ⇔ – Prezzo: €€
Via dei Mastri Lombardi 24 – ☏ 0864 642470 – lacorniola.com

PETTENASCO

✉ 28028 – Novara (NO) – Carta regionale n° **1**–C1

GIARDINETTO

MODERNA • **AMBIENTE CLASSICO** Sulle rive del lago, all'interno dell'omonimo
ed elegante albergo che con i dovuti adeguamenti si avvicina ai cento anni di vita, la
vista dalle sue sale è bellissima e abbraccia anche l'Isola di San Giulio. Cucina mediterranea con qualche piccola interpretazione fantasiosa, mentre per l'aperitivo o
l'after dinner è consigliata una sosta al Roof Top Bar.

⇐ 🍽 🏠 **P** – Prezzo: €€

Via Provinciale 1 – 𝒞 *0323 89118 – giardinettohotel.com*

PIACENZA

✉ 29122 – Milano (MI) – Carta regionale n° **9**–A1

IO LUIGI TAGLIENTI

CONTEMPORANEA • **DESIGN** In un contesto di gran fascino, in special modo ai
tavoli sistemati nel cortile della chiesa sconsacrata che ospita la galleria Volumnia,
la cucina di Luigi Taglienti si presenta agli ospiti attraverso una serie di piatti ricercati. La carta contiene qualche riferimento locale, ma più spesso le proposte dello
chef amano ripercorrere e rileggere i classici nazionali e internazionali attraverso
uno stile personale decisamente contemporaneo.

AC 🏠 – Prezzo: €€€

Via Pietro Giordani 14 – 𝒞 *0523 604703 – ioristorante.it – Chiuso lunedì e*
domenica

OSTERIA DEL TRENTINO - DA MARCO

EMILIANA • **ACCOGLIENTE** Ristorante storico: il nome allude all'origine di uno dei
primi titolari, ma il locale oggi è la roccaforte di una cucina piacentina con le tipiche
specialità cittadine, ma anche frattaglie (rognoni, fegato e cervella).

AC 🏠 – Prezzo: €€

Via del Castello 71 – 𝒞 *0523 324260 – Chiuso lunedì e domenica*

TRATTORIA SAN GIOVANNI

EMILIANA • **FAMILIARE** Sotto antiche volte a vela, in un ambiente semplice, ma accogliente, qui la cucina lombardo-emiliana rispolvera i suoi cavalli di battaglia: salumi piacentini, pisarei, tortelli "con le code" e le immancabili carni, dalla tartare agli stracotti.

AC – Prezzo: €€

Via Garibaldi 49/a – 𝒞 *0523 321029 – Chiuso lunedì, a mezzogiorno da martedì a*
venerdì e domenica sera

PIADENA

✉ 26034 – Cremona (CR) – Carta regionale n° **4**–C3

😊 DELL'ALBA

LOMBARDA • **TRATTORIA** Qui dal 1850 e ora alla sesta generazione, è una verace
trattoria familiare, mecca degli amanti della cucina della bassa padana. L'atmosfera
semplice, ma autentica, della sala scalda il cuore, mentre al palato ci pensa ciò che
arriva dai fornelli: una straordinaria alleanza tra specialità cremonesi e mantovane.

🌿 AC ⇦ – Prezzo: €

Via del Popolo 31 – 𝒞 *0375 98539 – trattoriadellalba.com – Chiuso lunedì,*
martedì, domenica e a mezzogiorno

PIANIGA

✉ 30030 - Venezia (VE) - Carta regionale n° **8**-C3

🕲 TRATTORIA DA PAETO

DEL TERRITORIO • FAMILIARE Piccola trattoria persa tra canali e campagna, gestita da una coppia di soci che con serietà e impegno porta avanti la tradizione di queste terre. Due suggerimenti dal menu: baccalà in tutte le salse e sfoglia crema con scaglie di cioccolato. Interessante e fornita carta dei vini con particolare attenzione ai prodotti naturali.

🏧 🍴 🅿 – Prezzo: €€

Via Patriarcato 78 - ☏ 041 469380 - Chiuso lunedì e martedì

PIAZZA ARMERINA - Enna (EN) ➜ Vedere Sicilia in fondo alla Guida

PIETRA LIGURE

✉ 17027 - Savona (SV) - Carta regionale n° **10**-B2

BUCA DI BACCO

PESCE E FRUTTI DI MARE • CONTESTO TRADIZIONALE Il mare, il pescato del giorno, l'istrionico titolare: tutti elementi che concorrono a far vivere una piacevole esperienza centrata sulla qualità del prodotto ittico. Ospiti di una classica sala, in zona residenziale.

🏧 🅿 – Prezzo: €€

Corso Italia 149 - ☏ 019 615307 - Chiuso lunedì e la sera martedì, mercoledì, domenica

LOCANDA NELLI

MEDITERRANEA • FAMILIARE Accogliente e simpatico ristorantino di pesce ubicato nel centro storico della località. Le specialità sono piatti di cucina mediterranea valorizzati da materie prime freschissime e il menu viene composto giornalmente in base alla disponibilità del mercato. Il grazioso dehors si compone di tavolini lungo la stradina pedonale.

🏧 🍴 – Prezzo: €€

Via Vittorio Veneto 15 - ☏ 331 338 3326 - locandanelli.metro.biz - Chiuso martedì e a mezzogiorno lunedì, mercoledì, giovedì, venerdì

PIETRASANTA

✉ 55045 - Lucca (LU) - Carta regionale n° **11**-B1

FILIPPO

MODERNA • DI TENDENZA Il ristorante, ricavato in un'ex autorimessa con decorazioni moderne, interpreta bene lo spirito della pittoresca Pietrasanta, in bilico tra storia e gallerie d'arte contemporanea. Dalla cucina a vista escono dei classici irrinunciabili, come i tordelli al ragù, ma anche le proposte più creative sono decisamente da provare. Quale che sia la vostra scelta, un ottimo ristorante!

♿ 🏧 – Prezzo: €€€€

Via Barsanti 45 - ☏ 0584 70010 - filippopietrasanta.it - Chiuso a mezzogiorno da lunedì a venerdì

LA MARTINATICA

ITALIANA • ACCOGLIENTE All'interno di un ex frantoio, il ristorante si presenta con sale dal caldo soffitto in legno e un arredo signorile. Le proposte culinarie spaziano tra carne e pesce con afflati moderni ma mai eccessivi. Piacevole dehors per la bella stagione.

🍴 ♻ 🅿 – Prezzo: €€€

Via della Martinatica 20 - ☏ 0584 178 8946 - martinatica.it - Chiuso martedì e a mezzogiorno da lunedì a venerdì

PIEVE D'ALPAGO

✉ 32010 – Belluno (BL) – Carta regionale n° **8**-C2

❀ **DOLADA**

Chef: Riccardo De Pra

MODERNA • ELEGANTE L'idilliaco paesaggio da cartolina, in posizione panoramica con vista sul lago di Santa Croce, i paesi e le cime circostanti, si tramuta all'interno in un elegante mix di antico e moderno, un raffinato moltiplicarsi di sale e salotti, con un camino dove vengono cucinati alcuni ingredienti. Da oltre un secolo il ristorante racconta la storia della famiglia De Pra e del loro amore per la montagna, che spesso si trasferisce nel piatto. Lo chef Riccardo ha rafforzato questo legame intensificando la ricerca di ingredienti locali (selvaggina, funghi, pesci d'acqua dolce) e coltivando un orto e un vigneto in proprio. Fragrante materia prima preparata con semplicità e la giusta dose di tecnica, alla perenne ricerca del gusto: ecco la ricetta infallibile per un grande risultato. La struttura dispone anche di splendide suite.

🏠 ⬳ 🛏 ⇔ 🅿 – Prezzo: €€€

Via Dolada 21, loc. Plois – ☎ *0437 479141* – *dolada.it* – *Chiuso lunedì e martedì e domenica sera*

PIEVE DI CENTO

✉ 40066 – Bologna (BO) – Carta regionale n° **9**-C3

BURIANI DAL 1967

MODERNA • AMBIENTE CLASSICO Un'insegna familiare nella provincia di Bologna, certezza in quanto a buon cibo! Sia che si tratti di ricette a base di pesce, sia che entri in gioco la carne, i sapori son sempre in equilibrio tra gusto classico e ispirazioni moderne, mentre non manca qualche specialità più legata al territorio.

♿ 🅰 – Prezzo: €€

Via Matteotti 66 – ☎ *051 975177* – *ristoranteburiani.com* – *Chiuso martedì e mercoledì*

PIEVE DI CORIANO

✉ 46020 – Mantova (MN) – Carta regionale n° **4**-D3

CORTE MATILDE

MANTOVANA • ACCOGLIENTE La professionalità e la passione dei titolari si accompagnano ad una cucina fatta con prodotti eccellenti, in preparazioni semplici, ma gustose, che esaltano il sapore degli ingredienti (mostarde e confetture fatte in casa con i frutti del proprio orto). La location: una bella cascina ristrutturata, dove non manca un bellissimo dehors utilizzabile in tutte le stagioni, sulla strada che percorse Matilde di Canossa.

🛏 ♿ 🅰 ⇔ 🅿 – Prezzo: €€

Via Pelate 38 – ☎ *0386 39352* – *cortematilde.it* – *Chiuso lunedì, domenica e a mezzogiorno*

PIEVE SAN GIACOMO

✉ 26035 – Cremona (CR) – Carta regionale n° **4**-C3

☺ **OSTERIA DEL MIGLIO 2.10**

LOMBARDA • OSTERIA Un ristorante di tono moderno, in cui la cucina di Samuele Miglioli omaggia la tradizione locale e la stagionalità dei prodotti in preparazioni accurate che portano in tavola piatti generosi e di grande piacevolezza.

♿ 🅰 🅿 – Prezzo: €

Via Patrioti 2 – ☎ *0372 166 4229* – *Chiuso martedì e mercoledì*

PIGNA

✉ 18037 – Imperia (IM) – Carta regionale n° **10**–A2

😊 **TERME**

LIGURE • SEMPLICE Poco lontano dal pittoresco paese reso celebre dagli omonimi fagioli bianchi, albergo-ristorante dalla sala semplice, ma che si lascerà ricordare per i suoi piatti, gustosi e tipici dell'entroterra ligure.

🏠 🅿 – Prezzo: €

Via Madonna Assunta – ℰ 0184 241046 – ristoranteterme.com – Chiuso mercoledì e martedì sera

PINEROLO

✉ 10064 – Torino (TO) – Carta regionale n° **1**–B2

🏵 **ZAPPATORI**

Chef: Christian Milone

MODERNA • CONTESTO CONTEMPORANEO Nascosto in una viuzza del centro storico, uno spazio senza tempo dove sentirsi bene, un luogo che gioca con le ombre per entrare in armonia con l'ambiente circostante. Zappatori è un indirizzo che fa del romanticismo il suo punto di forza e per sublimare quest'atmosfera vi è anche una piccola saletta privata, un giardino d'inverno per cene intime. Sul versante cucina, l'estro di Christian Milone cita i classici piemontesi, molti dei quali elaborati partendo dai prodotti della propria azienda agricola, insieme a piatti più moderni. Due menu degustazione: "Mercato", un percorso che abbraccia passato e presente, e "Menu 1975, le mie origini..." con un nome più che eloquente.

🅰🅲 – Prezzo: €€€

Corso Torino 34 – ℰ 0121 374158 – trattoriazappatori.it – Chiuso lunedì e martedì e domenica sera

ACAJA

MODERNA • CONTESTO CONTEMPORANEO In pieno centro, locale elegante e di gusto moderno che spazia dai piatti piemontesi ad altre specialità nazionali, anche di pesce. Nel periodo freddo i romantici tavoli vicini al camino sono molto piacevoli. Nella carta dei vini grande spazio è dedicato alle bollicine.

🐾 ♿ 🅰🅲 – Prezzo: €€

Corso Torino 106 – ℰ 0121 794727 – acajaristorante.it – Chiuso domenica e lunedì a mezzogiorno

PINETO

✉ 64025 – Teramo (TE) – Carta regionale n° **15**–B1

LA CONCHIGLIA D'ORO

PESCE E FRUTTI DI MARE • DESIGN Un locale che da più di trent'anni regala emozioni con le sue proposte a tutto pesce, fragranti e ben eseguite; oltre alla carta vi sono due menu degustazione con ricette contemporanee.

♿ 🅰🅲 – Prezzo: €€

Via Nazionale Adriatica Nord – ℰ 085 949 2333 – ristorantelaconchigliadoro.it – Chiuso lunedì e domenica sera

PINZOLO

✉ 38086 – Trento (TN) – Carta regionale n° **6**–A2

GRUAL

CONTEMPORANEA • ELEGANTE All'interno del Lefay Resort & Spa Dolomiti, un elegante albergo che troneggia su Pinzolo, il ristorante, il cui nome riprende quello di un monte circostante, condivide con l'intera struttura l'amore per la natura alpina, che si concretizza in piatti che utilizzano in modo creativo prodotti principalmente trentini.

&. 🅰 – Prezzo: €€€€

Via Alpe di Grual 16 – ℰ 0465 768802 – grual.lefayresorts.com – Chiuso martedì, mercoledì e a mezzogiorno

PIOBESI D'ALBA

✉ 12040 – Cuneo (CN) – Carta regionale n° **2**–A2

🕸 **21.9**

Chef: Flavio Costa

CREATIVA • ELEGANTE 21.9 è la data di nascita delle due gemelle dello chef Flavio Costa, ligure di nascita e piemontese di adozione. All'interno di una tenuta vincola, cantina fin dal XV secolo, accompagnati da una vista strepitosa su vigneti e colline, si apprezza una cucina creativa e di confine, che sposa ricette e ingredienti piemontesi (terra) e liguri (mare), proposti in menu degustazione da cui si possono estrarre piatti alla carta. L'Osteria La Via del Sale è invece più legata alla tradizione.

🕸 ⪡ 🛏 🅰 🛋 🅿 – Prezzo: €€€

Località Carretta 4 – ℰ 0173 619261 – ristorante21punto9.it

PIOMBINO

✉ 57025 – Livorno (LI) – Carta regionale n° **11**–B3

AL BACCANALE

TOSCANA • FAMILIARE Nel cuore del centro storico e a pochi passi dal castello di Piombino ex Fortezza Medicea, un locale molto raccolto dai sassi a vista e soffitti a volte, con pochi tavoli (meglio prenotare con largo anticipo). L'appassionato e talentuoso chef-patron propone una cucina della tradizione, rivisitata in chiave molto personale e moderna.

&. 🅰 🛋 – Prezzo: €€

Via XX Settembre 20 – ℰ 0565 222039 – Chiuso lunedì

PISA

✉ 56126 – Pisa (PI) – Carta regionale n° **11**–B2

ERBALUIGIA

CONTEMPORANEA • MINIMALISTA La cucina si presenta con un menù invitante, capace di raccontare il territorio in un riuscito mix di tradizione e modernità, con un capitoletto dedicato alla brace. Molta carne, quindi, anche quinto quarto, e poi formaggi e alcuni piatti vegetariani. Semplice e tendente al minimal, una piacevole realtà nel centro storico, quasi di fronte alla millenaria chiesa di San Frediano.

&. 🅰 🛋 – Prezzo: €€

Via San Frediano 10/12 – ℰ 050 969052 – erbaluigia.com – Chiuso a mezzogiorno

PISCIOTTA

✉ 84066 – Salerno (SA) – Carta regionale n° **17**–C3

🕸 **ANGIOLINA**

CAMPANA • STILE MEDITERRANEO La trattoria si trova proprio in fondo a Marina di Pisciotta, posizione che le garantisce tranquillità, anche se la vera attrattiva è la sua ottima cucina di mare proposta a prezzi molto corretti e basata sul pescato locale. In carta spiccano, tra molte altre specialità campane, le alici cucinate in tutti i modi: mbuttate (cioè ripiene), alla scapece, salate da accompagnare al burro, sullo spaghettone...

🍴 – Prezzo: €

Via Passariello 2, loc. Marina di Pisciotta – ☎ 0974 973188 – ristoranteangiolina.it

ADELE RESTAURANT

PESCE E FRUTTI DI MARE • FAMILIARE Ai piedi del pittoresco borgo arroccato su una collina, da dove si scende fino a Marina per trovare il ristorante, Adele è una grande rappresentante della ristorazione cilentana. Persegue una costante ricerca dei prodotti locali, in preparazioni semplici, ma piene di gusto e sapori.

🅰🍴 – Prezzo: €€

Lungomare Colombo, loc. Marina di Pisciotta – ☎ 340 657 7876 – Chiuso a mezzogiorno

PERBACCO

CAMPANA • RUSTICO Chi ama mangiare nel verde troverà qui l'indirizzo giusto, dove i tavoli sono sistemati su terrazzamenti fronte-mare. Cucina semplice e casalinga: solo la sera la griglia accesa con legno d'ulivo diviene specialità per ottime cotture di pescato locale. E per completare sul tema, se desiderate fermarvi a dormire, prenotate la camera ricavata nell'ex frantoio.

🛏 🛌 🍴 🅿 – Prezzo: €€

Contrada Marina Campagna 5 – ☎ 0974 973889 – perbacco.it

PITIGLIANO

✉ 58017 – Grosseto (GR) – Carta regionale n° **11**-D3

IL TUFO ALLEGRO

TOSCANA • ROMANTICO Nel cuore di uno dei borghi più spettacolari della Toscana, nei pressi della Sinagoga, un piccolo ristorante con una nutrita cantina di vini e salette ricavate nel tufo. La cucina è squisitamente toscana e tradizionale: nella stagione fredda consigliato il Gran peposo di maremmana, cotto a lungo nel vino rosso e pepato con diverse spezie.

🛏 🍴 – Prezzo: €€

Vicolo della Costituzione 5 – ☎ 0564 616192 – iltufoallegro.it – Chiuso martedì e mercoledì a mezzogiorno

PIZZIGHETTONE

✉ 26026 – Cremona (CR) – Carta regionale n° **4**-B3

DA GIACOMO

LOMBARDA • CONTESTO STORICO Nel caratteristico centro della bella località divisa dal fiume Adda, un locale dalle note rustiche unite ad elementi più attuali che propone una cucina tradizionale ma attualizzata e alleggerita. Interessanti i due menu degustazioni con spunti di terra o di acqua. Prenotazione obbligatoria.

🛏 ♿ 🅰 🍴 – Prezzo: €€

Piazza Municipio 2 – ☎ 0372 730260 – dagiacomo.it – Chiuso lunedì e martedì

PIZZO

✉ 89812 – Reggio Calabria (RC) – Carta regionale n° **19**-A2

LOCANDA TOSCANO

CONTEMPORANEA • STILE MEDITERRANEO Suggestivo panorama per questo bel ristorante che sembra abbarbicato sulla scogliera, di fatto a pochi metri dalla piazza centrale e dal castello Murat. Pur ispirandosi alla tradizione marittima calabrese, la cucina si adegua ai tempi moderni sfornando piatti contemporanei anche di terra.

≤ 🅰 – Prezzo: €€

Via Benedetto Musolino 22 – 𝒞 0963 531089 – ristorantelocandatoscano.com – Chiuso lunedì

ME RESTAURANT

MEDITERRANEA • **CONTESTO CONTEMPORANEO** Tra le mura di un ex casolare che si trasferisce sotto al portico in estate, più che scegliere dalla carta conviene affidarsi allo chef patron che costruirà per voi dei menù degustazione (sia di pesce sia di carne) in base alla disponibilità del mercato. Lo stile è mediterraneo, con citazioni calabresi e campane, ma allo stesso tempo personale; non mancano alcuni vaghi riferimenti fusion.

🛏 & 🅰 🍽 🅿 – Prezzo: €€€

SP per Vibo Marina, loc. Ponte di Ferro – 𝒞 0963 534532 – merestaurant.it

SAN DOMENICO 🆕

MODERNA • **CONTESTO CONTEMPORANEO** In alto sul tufo che sovrasta la Costa degli Dei – di cui si gode una gran bella vista soprattutto dalla terrazza panoramica estiva ma anche dalle finestre della sala interna – lo stile del San Domenico è decisamente contemporaneo. Anche la cucina proposta dal giovane chef-patron non si sottrae alla modernità: leggera e quasi esclusivamente a base di pesce locale.

≤ 🅰 🍽 – Prezzo: €€€

Via Colapesce 2 – 𝒞 327 597 1692 – sandomenicopizzo.it – Chiuso lunedì e domenica sera

PODENZANO

✉ 29027 – Piacenza (PC) – Carta regionale n° **9**-A1

L'OSTERIA FRATELLI PAVESI

DEL TERRITORIO • **CONVIVIALE** Affacciato su una tipica corte novecentesca della bassa padana, "ostreria" non è un refuso, ma un'allusione ai tre fratelli che si suddividono i compiti tra sala e fornelli. Qui pare proprio che il detto "l'unione fa la forza" sia vero: in un ambiente semplice e conviviale, i salumi, gli anolini, i tortelli piacentini di ricotta e spinaci e la bomba di riso sono alcuni delle proposte locali che si avvicendano in carta, daino e storione tra i secondi, un'ottima zuppa inglese per finire in bellezza.

🅰 🍽 ↔ 🅿 – Prezzo: €€

Località Gariga 8 – 𝒞 0523 524077 – ostreria.it – Chiuso lunedì e martedì e domenica sera

POGGIBONSI

✉ 53036 – Siena (SI) – Carta regionale n° **11**-D1

INNOCENTI WINE EXPERIENCES

CONTEMPORANEA • **ALLA MODA** Il colpo d'occhio all'ingresso lascia stupiti: la porta si apre su una sala le cui pareti sono ricoperte da centinaia di bottiglie di vino. L'esercizio nasce infatti come enoteca, che negli orari dei pasti si trasforma in un ristorante dalla cucina creativa, in prevalenza di carne, con qualche sfida tecnica di interessante complessità e originalità. Per la scelta del vino ovviamente, non resta che guardarsi attorno!

🍷 & 🅰 🍽 ↔ – Prezzo: €€

Via Cassia nord 2/f – 𝒞 0577 980800 – innocentiwines.it – Chiuso domenica, sabato a mezzogiorno e giovedì sera

OSTERIA 1126

TOSCANA • ACCOGLIENTE L'anno è quello di fondazione del borgo collinare in cui il locale è inserito: oggi, azienda agricola che mette a disposizione anche appartamenti con cucina e l'intera villa padronale. Ai fornelli, una giovane coppia appassionata propone piatti legati ai prodotti del territorio interpretati in chiave attuale.

🖼 🅿 – Prezzo: €

Località Cinciano 2 – ☎ 0577 932240 – cinciano.it – Chiuso martedì

POGGIRIDENTI

✉ 23020 – Sondrio (SO) – Carta regionale n° **4**–B1

IL POGGIO

DEL TERRITORIO • FAMILIARE Lungo la Strada del Vino alle spalle di Sondrio, che dista meno di cinque chilometri, ecco un locale familiare semplice ed accogliente, la cui sala interna si accende del calore del camino-griglia, mentre in estate si concede un panorama sulla valle dalla bella terrazza. In cucina la seconda generazione della famiglia Gianola interpreta ingredienti e ricette della tradizione con piglio moderno.

≤ 🖼 🖼 🅿 – Prezzo: €€

Via Panoramica 4 – ☎ 0342 380800 – ilpoggioristorante.it – Chiuso lunedì e martedì a mezzogiorno

POLESINE PARMENSE

✉ 43016 – Parma (PR) – Carta regionale n° **9**–B1

🏵 ANTICA CORTE PALLAVICINA

Chef: Massimo Spigaroli

DEL TERRITORIO • ROMANTICO Location da favola, per una struttura che sembra un castello, ma che di fatto nacque come dogana sul Po nel XIV secolo. Oggi è uno dei templi del culatello, ma al di là del celebre salume, qui quasi tutto è allevato o coltivato nella proprietà. La cucina, che ama definirsi "gastro-fluviale", parte dal territorio per aprirsi a contaminazioni più lontane. I piatti della tradizione, come i tortelli di erbetta alla parmigiana, sono eseguiti superbamente e, per le citazioni fluviali, non manca lo storione, mentre le crete del fiume Po diventano persino mezzo di cottura per la faraona.

🕸 🖼 🅿 – Prezzo: €€€€

Strada del Palazzo Due Torri 3 – ☎ 0524 936539 – anticacortepallavicinarelais. it – Chiuso lunedì

AL CAVALLINO BIANCO

EMILIANA • CONTESTO TRADIZIONALE Secolare tradizione familiare alla quale affidarsi per assaporare il proverbiale culatello e specialità regionali, lungo le rive del grande fiume. Al "Tipico di Casa Spigaroli", in settimana a pranzo, troverete piatti locali a prezzi contenuti, menu tematici nel week-end.

🕸 🖼 🅿 – Prezzo: €€

Via Sbrisi 3 – ☎ 0524 96136 – ristorantealcavallinobianco.it – Chiuso martedì e la sera da lunedì a venerdì

POLIGNANO A MARE

✉ 70044 – Bari (BA) – Carta regionale n° **16**–C2

JAMANTÈ 🆕

MODERNA • ELEGANTE Non lontano dal centro storico e dalla pittoresca spiaggia Lama Monachile, Jamantè è un ristorante elegante, con tavoli distanziati per passare una serata in grande stile. Nei piatti, in buona parte di mare, troverete evidenti richiami alle tradizioni pugliesi, rivisitate tuttavia in chiave personalizzata e con ottimi risultati dal cuoco.

🏧 🍴 – Prezzo: €€€

Via San Vito 97 – 🕿 351 628 7773 – jamanteristorante.com – Chiuso mercoledì

MERAVIGLIOSO OSTERIA MODERNA

CONTEMPORANEA • **CHIC** Un bel locale moderno e accogliente nella zona del passeggio serale della bella località natia del grande Domenico Modugno (la statua che lo celebra e ricorda è a pochi passi). A pranzo una proposta più semplice ma sempre ispirata alla freschezza del mare; la sera carta e menù si fanno più creativi secondo l'estro di uno chef ancora giovane, sebbene con importanti esperienze alle spalle. Comodo parcheggio privato a poche decine di metri: in questo caso l'arrivo è da concordare al momento della prenotazione.

🏧 🅿 – Prezzo: €€€

Largo Gelso 16 – 🕿 080 424 9509 – ristorantemeraviglioso.it

L'OSTERIA DI CHICHIBIO

PESCE E FRUTTI DI MARE • **CONVIVIALE** Connubio di semplicità e allegria - non privo di eleganza - e l'occasione per mangiare specialità ittiche e verdure in varie cotture. Il ristorante è inoltre rinomato per i suoi frutti di mare crudi (aperti al momento!), tartare, nonché sashimi di pesce fresco locale.

& 🏧 🍴 – Prezzo: €€€

Largo Gelso 12 – 🕿 080 424 0488 – osteriadichichibio.it – Chiuso lunedì

POLLENZO

✉ 12042 – Cuneo (CN) – Carta regionale n° **1**-B3

SCUDERIE SABAUDE

PIEMONTESE • **CONTESTO STORICO** Ad un passo dall'Università del Gusto di Pollenzo, vi si accede da una corte d'altri tempi con un giardino curatissimo. Negli spazi rustici delle vecchie scuderie reali, la cucina dello chef del Sol Levante si presenta leggera, tecnicamente impeccabile. Un consiglio: assaggiate il Tistot, una deliziosa panna cotta.

& 🏧 🍴 – Prezzo: €€

Via Amedeo di Savoia 5 – 🕿 339 101 9233 – scuderiesabaude.it – Chiuso lunedì e martedì

POLLONE

✉ 13814 – Vercelli (VC) – Carta regionale n° **1**-C2

✿ IL PATIO

Chef: Sergio Vineis

CONTEMPORANEA • **ELEGANTE** Una bella realtà ambientata in antiche stalle, ma con una fresca terrazza affacciata su un giardino allestito per il servizio all'aperto nella bella stagione. Meta gourmet tra le più gettonate della zona, Il Patio deve il suo successo ad una proposta gastronomica di qualità ed a un servizio in sala di notevole livello ed estrema professionalità. Capitanata dallo chef-patron Sergio Vineis, affiancato dal figlio Simone, la cucina parte dal legame con il territorio per atterrare su lande di equilibrata contemporaneità. La scelta enoica è ampia, strutturata, mai scontata.

 – Prezzo: €€€

Via Oremo 14 – 🕿 015 61568 – ristoranteilpatio.it – Chiuso lunedì e martedì

IL FAGGIO

MODERNA • AMBIENTE CLASSICO Una sala elegante dalle grandi vetrate e dagli arredi classici per una cucina di stampo moderno e mediterraneo che alterna piatti di pesce ad altri di carne. La cantina offre una bella selezione di etichette del territorio, ma non solo.

🅿 – Prezzo: €€€

Via Oremo 54 – ☎ 015 61252 – ristoranteilfaggio.it – Chiuso lunedì e martedì

POMEZIA

✉ 00071 – Roma (RM) – Carta regionale n° **12**–A2

LOCANDA MARCHESANI

CONTEMPORANEA • CONVIVIALE Da generazioni la famiglia Marchesani investe sostanze ed energie in questo delizioso ristorante gestito con amore. In origine la sua cucina era schietta e tipicamente romana, ma ora l'asticella si è alzata in virtù delle proficue esperienze fatte dalla generazione più giovane. Qui troverete sofisticati piatti di cucina moderna - à la carte o in menu degustazione - che colpiscono per finezza, esecuzione e qualità della materia prima. Un esempio? Tortellino di papalina di tonno e katsuobushi. Aperitivo dalle 17 in poi.

🄰🄲 🍴 – Prezzo: €€

Piazza Bellini 13 – ☎ 06 910 7720 – locandamarchesani.it – Chiuso domenica sera

POMPEI

✉ 80045 – Napoli (NA) – Carta regionale n° **17**–B2

⑬ PRESIDENT

Chef: Paolo Gramaglia

MEDITERRANEA • ELEGANTE Un matematico ai fornelli! Non è il titolo di un film, ma il percorso formativo dello chef-patron Paolo Gramaglia, che insieme alla moglie Laila, avvocato di formazione e sommelier per passione, apre le porte di questo elegante ristorante a poco più di 500 metri dagli scavi archeologici. Ottimi sono il cibo e l'ospitalità di questa dinamica coppia, che si prodiga affinché il cliente sia assolutamente al centro dell'attenzione. Laila cura sala e vini, mentre Paolo si dedica al piacere del palato, a cui propone una cucina campana e stagionale moderatamente creativa, con rare, ma interessanti rivisitazioni degli antichi sapori pompeiani ed allusioni alla scienza esatta: "estrarre x moltiplicare" o la "regola dei 5 millimetri", a voi il piacere di farvele spiegare. Tra mobili preziosi e uno studio attento delle luci, il ristorante è gettonatissimo: meglio prenotare!

🕸 🄰🄲 🍴 🅿 – Prezzo: €€€

Piazza Schettini 12/13 – ☎ 081 850 7245 – ristorantepresident.it – Chiuso lunedì e martedì

☺ CASA GALLO

CAMPANA • CONVIVIALE Nei pressi del centro di Pompei, Casa Gallo è un raccolto e informale ristorante con cucina a vista. Il bravo chef-patron Vincenzo Cascone elabora piatti della tradizione campana prestando grande attenzione alle materie prime regionali e soprattutto locali. Grazioso dehors e buona ricerca di piccoli produttori enologici della zona.

🕭 🄰🄲 🍴 – Prezzo: €

Via Lepanto 100 – ☎ 081 1991 6930 – casagallorestaurant.com – Chiuso lunedì e domenica sera

COSMO RESTAURANT ⓝ

MODERNA • CONTESTO CONTEMPORANEO Benché qua e là il menu contenga rinvii alla gastronomia e ai prodotti campani, il Cosmo si segnala come un'ottima meta gastronomica per chi cerca una cucina più elaborata e creativa, opera di due giovani cuochi che sfornano piatti complessi e di gran livello.

  ♿ 🄺 🛋 – Prezzo: €€

Viale Giuseppe Mazzini 103 – 🕾 349 605 3063 – cosmorestaurantpompei.it – Chiuso lunedì e giovedì a mezzogiorno

IL PRINCIPE

MODERNA • **CONTESTO CONTEMPORANEO** Lo chef-patron, Gian Marco Carli, è figlio d'arte e ha aperto il suo ristorante con lo stesso nome di quello dato dai genitori al loro locale, che proprio qui ha fatto parte della storia gastronomica di Pompei. Personale reinterpretazione di sapori campani in un ambiente dal design contemporaneo.

  🄺 🛋 – Prezzo: €€

Via Colle San Bartolomeo 4 – 🕾 081 850 5566 – ilprincipe.com – Chiuso domenica sera

PONTASSIEVE

✉ 50065 – Firenze (FI) – Carta regionale n° **11**–C1

PODERE BELVEDERE TUSCANY

TOSCANA • **CASA DI CAMPAGNA** In una casa torre del 1700 circondata dal tipico paesaggio toscano di ulivi e vigneti, oltre che dagli orti e dagli allevamenti che riforniscono il ristorante, il simpatico chef Edoardo Tilli celebra la cucina toscana di campagna: in prevalenza carne con alcune proposte alla griglia, gustose verdure, nonché qualche spunto più creativo, per un risultato di ottimo livello. Ci sono anche delle camere, che tornano comode considerando la posizione piacevolmente isolata della struttura.

  🛏 🛋 🄿 – Prezzo: €€€

Via San Piero a Strada 23 – 🕾 333 869 3448 – poderebelvederetuscany.it – Chiuso a mezzogiorno

PONTE

✉ 28863 – Novara (NO) – Carta regionale n° **1**–C1

WALSER SCHTUBA

MODERNA • **RUSTICO** Nella parte più alta e pittoresca della Val Formazza, una piacevolissima risorsa in perfetto stile alpino alla cui conduzione c'è una seria famiglia molto impegnata in valle. Ristorante gastronomico con piatti rivisitati del territorio e grande attenzione ai lievitati nel periodo natalizio (i suoi panettoni sono un must!). Grazioso dehors e sei confortevoli camere per un soggiorno a tutta montagna.

  ♿ 🛋 – Prezzo: €€

Località Riale – 🕾 339 366 3330 – locandawalser.it – Chiuso lunedì e martedì

PONTE A MORIANO

✉ 55029 – Lucca (LU) – Carta regionale n° **11**–B1

ANTICA LOCANDA DI SESTO

TOSCANA • **CONTESTO REGIONALE** In una piccola frazione a nord di Lucca, l'atmosfera è quella tipica di una trattoria, il servizio particolarmente cortese. Tra le specialità: ricette in prevalenza di carne, con baccalà e trota fra le proposte di pesce. La griglia è regina fra i secondi piatti.

  🄺 🄿 – Prezzo: €€

Via Ludovica 1660, loc. Sesto di Moriano – 🕾 0583 578181 – anticalocandadisesto. it – Chiuso sabato

PONTE DELL'OLIO

✉ 29028 – Piacenza (PC) – Carta regionale n° **9**-A1

🐼 LOCANDA CACCIATORI

EMILIANA • SEMPLICE È la classica trattoria per la gita domenicale sui primi colli piacentini. La cucina prepara i classici del territorio – le paste fresche e i secondi in particolare sono straordinari – serviti con grande gentilezza in un ambiente familiare.

🅰 🍽 🅿 – Prezzo: €

Località Mistadello di Castione – ℰ 0523 875105 – locandacacciatori.com – Chiuso mercoledì

RIVA

MODERNA • INTIMO Nel piccolo borgo con l'affascinante castello merlato di Riva, una coppia di coniugi propone una cucina raffinata con quel misurato mix di territorio e creatività. Lasciatevi consigliare dal marito un vino della zona o qualche etichetta italiana o francese (soprattutto di vecchie annate), presenti abbondantemente nell'ampia carta dei vini.

🐾 🦽 🅰 🍽 – Prezzo: €€

Via Riva 16 – ℰ 0523 875193 – ristoranteriva.it – Chiuso lunedì e martedì

PONTE DI LEGNO

✉ 25050 – Brescia (BS) – Carta regionale n° **4**-C1

KRO

ALPINA • STILE MONTANO Sono molti i punti che colpiscono di questa locanda (traduzione di kro dallo scandinavo): la cortesia del servizio, l'ambiente montano curato in legno e pietra e, naturalmente, la cucina. I piatti prevalentemente del territorio sono preparati in chiave moderna ed eseguiti ad arte per soddisfare vista e palato.

🦽 ♻ 🅿 – Prezzo: €€

Via Tollarini 70/c, loc. Pontagna di Temù – ℰ 0364 906411

PONTE SAN PIETRO

✉ 24036 – Bergamo (BG) – Carta regionale n° **5**-C1

CUCINA CEREDA

MODERNA • CONTESTO STORICO Locale del centro che unisce la bellezza di un palazzo risalente al XV secolo ad un riuscito mix di tradizione e contemporaneità negli arredi. La cucina abbina prodotti di differenti regioni in un gioco di sapori e consistenze, ricorrendo in qualche caso anche a tecniche di cottura moderne. Offerta imperdibile il menu degustazione a prezzo contenuto per gli under 30 (escluso il sabato). Nella bella stagione vi aspetta il dehors nella corte.

🦽 🍽 – Prezzo: €€€

Via Piazzini 33 – ℰ 035 437 1900 – cucinacereda.com – Chiuso lunedì e sabato a mezzogiorno

PONTELONGO

✉ 35029 – Padova (PD) – Carta regionale n° **8**-C3

🌿 LAZZARO 1915

Chef: Piergiorgio Siviero

CREATIVA • COLORATO Un tempo stazione di posta e poi luogo di ristoro per gli operai del vecchio zuccherificio antistante, oggi Lazzaro è un piacevole ristorante familiare di gusto contemporaneo. Daniela Siviero presiede la sala con garbo e competenza, mentre il fratello Piergiorgio e la moglie Diletta sono ai fornelli. La scelta verte su 6 o 10 assaggi di una cucina creativa e delicata, che vuole promuovere il territorio e il mare con svariate tecniche e preparazioni: marinature, sovra-tostature del riso, fermentati, aceti fatti in casa, erbe aromatiche... Uno stile moderno, ma con un'anima calda. Daniela vi consiglierà i migliori wine pairing da una carta ben rilegata che racchiude varie chicche.

&. 🅰 🌿 – Prezzo: €€€

Via Roma 351 – 𝒞 049 977 5072 – lazzaro1915.it – Chiuso martedì-giovedì

PONTINIA
✉ 04014 – Latina (LT) – Carta regionale n° **12**–B2

✿ MATER1APR1MA

Chef: Fabio Verrelli D'Amico

ITALIANA CONTEMPORANEA • **DI TENDENZA** Sara, estremamente preparata sui vini, sa offrire un ventaglio originale di scelta a chi si affida alle sue conoscenze, mentre Fabio dalla cucina è in grado di sfornare piatti che, partendo anche dalle (teoricamente) povere materie prime locali - come capra e bufalo - risultano sempre generosi, gustosi, colorati e soprattutto curiosi e attenti agli equilibri dei sapori e delle consistenze. Insomma, un angolino imperdibile nel cuore del piccolo centro, in cui lasciarsi sorprendere da una cucina originale.

🐝 &. 🅰 – Prezzo: €€€

Via Sardegna 8 – 𝒞 0773 86391 – materiaprimapontinia.it – Chiuso a mezzogiorno

Isola di PONZA
✉ 04027 – Latina (LT) – Carta regionale n° **12**–B3

✿ ACQUA PAZZA

Chef: Patrizia Ronca

PESCE E FRUTTI DI MARE • **STILE MEDITERRANEO** L'ambientazione è delle più chic: varie terrazze su differenti livelli offrono una vista mozzafiato e una zona dedicata agli aperitivi, mentre il lume di candela e la brezza che vi accarezza dopo una giornata di sole fanno parte di un romanticismo compreso nel prezzo! La cucina di Patrizia Ronca celebra i prodotti di Ponza e il suo pescato con un pizzico di fantasia e tanto gusto. Vivamente consigliati i crudi.

🅰 🌿 – Prezzo: €€€

Via Dietro la Chiesa 3/4 – 𝒞 0771 80643 – acquapazza.com – Chiuso a mezzogiorno

EEA

PESCE E FRUTTI DI MARE • **ACCOGLIENTE** Questo ristorante di lunga tradizione, rialzato e con bella vista sul mare e sul porto, ha preso il nome dall'antica denominazione di Ponza. Ci si accomoda in terrazza o nella sala interna con un bel pavimento in marmo di Siena. Dalla cucina il meglio dei sapori del territorio, proposti in chiave leggermente contemporanea; il pesce è per la maggior parte di provenienza locale.

🌊 🅰 🌿 – Prezzo: €€

Via Umberto I – 𝒞 338 445 6849 – mondoeea.it – Chiuso a mezzogiorno

PORCIA

✉ 33080 – Udine (UD) – Carta regionale n° **7**-A2

LA CIOTOLA

CLASSICA • COLORATO Un locale fresco e dinamico sulla strada per Pordenone. A pranzo, il menu si fa più piccolo e il ritmo più veloce (con prezzi più contenuti), mentre la sera la carta è completa. I fratelli Cover propongono piatti di terra e di mare in cui le buone materie prime sono elaborate con semplicità e un pizzico di fantasia.

&. 🅰🄿 – Prezzo: €€

Via Sant'Antonio 19 – ℰ 0434 590777 – ristorantelaciotola.com – Chiuso domenica e sabato a mezzogiorno

PORDENONE

✉ 33170 – Udine (UD) – Carta regionale n° **7**-A2

LA FERRATA

REGIONALE • RUSTICO Foto di locomotive, pentole e coperchi di rame arredano le pareti di questa rustica osteria centenaria, accogliente e conviviale, situata nel grazioso centro storico di Pordenone. Dalla cucina, porzioni generose con sapori della tradizione locale, tra cui affettati, carni e formaggi. Piatti ruspanti, saporiti e golosi.

🅰 – Prezzo: €

Via Gorizia 7 – ℰ 0434 20562 – Chiuso martedì e a mezzogiorno lunedì, mercoledì, giovedì, venerdì

SOSTANSA

ITALIANA CONTEMPORANEA • AMBIENTE CLASSICO Nel centro città, appena fuori dalla ZTL, un locale la cui filosofia parla di "racconti di cucina" e piatti "urban": si sceglie il meglio del mercato, rispettando anche - ma non solo - la stagionalità dei prodotti, per presentarli poi in piatti generosi, gustosi e accattivanti. A pranzo carta con alternativa di business lunch a voce; la sera, possibilità di optare per due degustazioni a sorpresa.

&. 🅰 – Prezzo: €€€

Viale Cossetti 3 – ℰ 327 539 6971 – sostansa.it – Chiuso mercoledì

PORTO CERVO - Sassari (SS) ➜ Vedere Sardegna in fondo alla Guida

PORTO ERCOLE

✉ 58018 – Grosseto (GR) – Carta regionale n° **11**-C3

✿ IL PELLICANO

CREATIVA • LUSSO Dopo un'esperienza parigina, Michelino Gioia, campano con un debole per la Toscana, è tornato a lavorare con la famiglia Sciò, arricchito da una nuova convinzione, ovvero l'importanza di lavorare per riduzione: pochi ingredienti, quindi, ma capaci di esaltare il gusto rendendolo l'unico ed indiscusso protagonista della tavola. Nella sua cucina troviamo consistenze diverse e sapori decisi, abbracci tra terra e mare, estrose interpretazioni della tradizione. Con la sua terrazza sul mare e il profumo di rosmarino nell'aria, Il Pellicano è uno degli indirizzi più romantici d'Italia, impreziosito dal servizio cordiale e professionale offerto dal numeroso personale.

🕸 ⇐ 🛏🅰🛋🄿 – Prezzo: €€€€

Località Lo Sbarcatello – ℰ 0564 858111 – hotelilpellicano.com – Chiuso a mezzogiorno

PORTO ROTONDO - Sassari (SS) ➜ Vedere Sardegna in fondo alla Guida

PORTO SAN GIORGIO
✉ 63822 - Ascoli Piceno (AP) - Carta regionale n° **14**-C2

ॐ **L'ARCADE**

Chef: Nikita Sergeev

CONTEMPORANEA • **ELEGANTE** Un ristorante che sposa il mare come pochi altri: sia attraverso la parete vetrata della sala, dove la vista si apre direttamente sul litorale, sia con la cucina, da cui arrivano proposte di pesce articolate in menu degustazione, ordinabili tuttavia anche singolarmente come se fossero alla carta (su prenotazione c'è anche un menu di carne). E' Sergeev Nikita, sin da bambino in Italia, l'artefice di una cucina tecnica e sofisticata che ama sorprendere e divertire.
⅋ 🅰🄲 🕍 - Prezzo: €€€

Lungomare Gramsci 315 - ✆ 0734 675961 - ristorantelarcade.it - Chiuso mercoledì e giovedì

ॐ **RETROSCENA**

Chef: Richard Abou Zaki

CREATIVA • **MINIMALISTA** Uno dei ristoranti stellati più interessanti della regione. Tra le case con mattoni a vista del grazioso centro storico di Porto San Giorgio, pochi tavoli riempiono una sala di minimalista eleganza. Lo sguardo dei clienti, quando non si posa sui piatti, è rapito dalla cucina a vista, dove la brigata guidata da Richard Abou Zaki sforna piatti veramente rimarchevoli, talvolta entusiasmanti. Ancor giovane, ma dal brillante curriculum, la sua cucina presenta qualche traccia del suo passato Modena, ma il più delle volte si nutre di un'inventiva che suscita grandi emozioni.
♿ 🅰🄲 🕍 - Prezzo: €€€

Largo del Teatro 3 - ✆ 0734 302138 - retroscena-ristorante.com - Chiuso martedì e a mezzogiorno da lunedì a venerdì

PORTO SAN PAOLO - Sassari (SS) ➜ Vedere Sardegna in fondo alla Guida

PORTO TORRES - Sassari (SS) ➜ Vedere Sardegna in fondo alla Guida

PORTOFINO
✉ 16034 - Genova (GE) - Carta regionale n° **10**-C2

CRACCO PORTOFINO

PESCE E FRUTTI DI MARE • **ROMANTICO** La proposta gastronomica include alcuni piatti iconici, come l'insalata russa caramellata e l'uovo marinato, e specialità del territorio rivisitate in chiave contemporanea e preparate con prodotti forniti da pescatori e piccole realtà locali, che spaziano dal gambero di Santa Margherita Ligure fino ai corzetti della tradizione regionale. La bella terrazza, aperta nella bella stagione dalle 18.30 in poi, è la location ideale per aperitivi e cene en plein air.
⪡ 🅰🄲 🕍 - Prezzo: €€€€

Molo Umberto I 9 - ✆ 0185 163 6026 - craccoportofino.it - Chiuso a mezzogiorno lunedì e martedì

DAV MARE

ITALIANA CONTEMPORANEA • **AMBIENTE CLASSICO** Il classico dehors in ferro si affaccia su una delle più romantiche piazzette d'Italia, mentre la vista abbraccia il promontorio dominato dal castello. In cucina, l'esperienza della famiglia Cerea supporta il talento del giovane Davide Galbiati. Per un pranzo veloce o per una sosta gourmet, l'alta qualità è sempre garantita. Pochi tavoli e molto richiesti: meglio prenotare!

⇐ ⑆ 🅰 🍴 – Prezzo: €€€€

Via Roma 2 – ☏ 0185 267 8531 – davmare.com

PORTONOVO

✉ 60020 – Ancona (AN) – Carta regionale n° **14**–C1

CLANDESTINO SUSCI BAR

CREATIVA • ALLA MODA Il Clandestino è una palafitta, più unica che rara, poggiata su di una spiaggia selvaggia, semplice eppure molto cool, la sera definitivamente romantico, con il mare che si impone da ogni finestra. Moreno Cedroni ha sciolto ogni indugio: gourmet sia a cena che a pranzo. Oltre ai due menu degustazione Eros & Susci, che fonde seduzioni artistico-letterarie e gastronomiche, e Susci Memories, che racconta la storia del locale attraverso alcuni tra i piatti storici del Clandestino, a mezzogiorno viene proposta una piccola carta.

⇐ 🍴 – Prezzo: €€€

Baia di Portonovo – ☏ 071 801422 – morenocedroni.it – Chiuso martedì e sera lunedì, mercoledì, domenica

PORTOSCUSO - Cagliari (CA) ➡ Vedere Sardegna in fondo alla Guida

POSITANO

✉ 84017 – Salerno (SA) – Carta regionale n° **17**–B2

❀ LI GALLI

CONTEMPORANEA • DESIGN All'interno del raffinato albergo Villa Franca, nella zona alta di Positano, una piccola sala luminosa accoglie solo sette tavoli, il cui nero contrasta con il marmo chiaro circostante. In estate soffitto e pareti in vetro si aprono, dando vita a un dehors con affaccio sul mare e sull'isolotto di Li Galli. Originario di Torre del Greco, lo chef Savio Perna prende spunto dalla regione per molti dei piatti proposti, sebbene una delle portate più interessanti, il piccione, arrivi da uno dei migliori allevamenti della Toscana. La tecnica punta a presentazioni estetiche e alla leggerezza del risultato finale, mentre il successo della serata sarà rifinito dall'ottimo servizio. Come non citare alcuni carrelli scenografici? Quello degli oli, quello dell'ottimo pane, nonché quello della piccola pasticceria. La cantina, attraverso le sue circa mille etichette, fa il giro del mondo: Italia e Francia le più presenti, con particolare amore per gli Champagne, soprattutto il Krug, spesso servito anche al calice.

❀ ⇐ 🅰 🍴 – Prezzo: €€€€

Viale Pasitea 318 – ☏ 089 875655 – ligallirestaurant.it – Chiuso a mezzogiorno

❀ LA SERRA

MEDITERRANEA • AMBIENTE CLASSICO Se già qualche scorcio panoramico si ha dalla sala interna, la vista mozzafiato sulla costa che regala la terrazza varrà l'attesa del bel tempo, perché l'appuntamento gourmet si sposi con un paesaggio da fiaba. In un contesto naturalistico di grande charme, all'interno dell'albergo Le Agavi, lo chef Tramontano mette in mostra buone idee personali e presentazioni molto curate, in piatti dal gusto mediterraneo dove le ottime materie prime - soprattutto locali di terra e di mare, quando possibile anche dall'orto di proprietà - sono esaltate con fantasia. Insieme all'ottimo team di sala, Nicoletta Gargiulo coccola gli ospiti per quanto concerne la selezione enoica: appassionata da anni alla materia ha costruito la propria competenza anche attraverso ruoli dirigenziali all'interno di AIS.

❀ ⇐ 🅰 🍴 🅿 – Prezzo: €€€€

Via Marconi 169, loc. Belvedere Fornillo – ☏ 089 811980 – leagavi.it – Chiuso lunedì sera

⛄ ZASS

MEDITERRANEA • LUSSO Il leggendario albergo San Pietro, tra i più celebri al mondo, è il gioiello di Positano e della Costiera Amalfitana. Al suo interno ospita questo ristorante che deve il gran successo (meglio prenotare con largo anticipo), oltre alla location di indubbio fascino, alla bravura dello chef belga Alois Vanlangenaeker, qui ormai da oltre 20 anni. La sua cucina racconta con armonia e raffinatezza la forza, i profumi e i sapori del Mediterraneo, utilizzando per lo più il linguaggio campano, che rimane tradizione pura ad inizio pasto con l'assaggio della pizza Margherita appena sfornata, per poi arricchirsi invece nei piatti di una piacevole nota creativa. L'orto biologico all'interno della proprietà prende sempre più spazio in un menù di terra ma soprattutto di mare. L'emblematico San Pietro è un piatto meraviglioso, profumato al limone e accompagnato da purea di patate allo yogurt di bufala, verdure di stagione e la celebre salsa della casa allo Champagne e tartufo. Eccellente servizio con tanto di pianista live, mentre la terrazza renderà l'esperienza un indimenticabile proprio sogno ad occhi aperti.

🕸 ⬗ 🛋 🅿 – Prezzo: €€€€

Via Laurito 2 – ℰ 089 875455 – ilsanpietro.com – Chiuso a mezzogiorno

AL PALAZZO

MEDITERRANEA • ROMANTICO Il ristorante condivide i bellissimi spazi dell'albergo Palazzo Murat della famiglia Attanasio. Si mangia al centro del bellissimo giardino botanico con minuscolo orto oppure, nelle rare giornate di brutto tempo, nelle intime e curatissime salette interne. La cucina mediterranea spazia dal pesce alla carne, con una proposta che è leggermente differente tra il pranzo, con piatti più semplici, e la sera. Al bar Le Petit Murat l'interessante carta dei cocktail completa la valida offerta vinicola.

🕸 ⬗ 🛋 – Prezzo: €€€

Via Dei Mulini 23 – ℰ 089 875177 – palazzomurat.it

DA VINCENZO

CAMPANA • FAMILIARE Non è mai facile riuscire a gestire l'equilibrio tra quantità e qualità, a maggior ragione in una Località a forte vocazione turistica. Da Vincenzo ci riescono da anni: sin da quel lontano 1958 - anno di apertura da parte di nonno Vincenzo - nel cui solco oggi troviamo l'omonimo nipote, alle prese con piatti soprattutto a base di pesce. Ambiente simpatico, con qualche tavolino sul marciapiede lungo la strada che scende "dentro" Positano come una spina dorsale. Sin dal pranzo, disponibile oltre alla carta vini anche quella dei cocktail.

🅰 🛋 – Prezzo: €€

Viale Pasitea 172/178 – ℰ 089 875128 – davincenzo.it – Chiuso mercoledì e a mezzogiorno

NEXT2

CONTEMPORANEA • ACCOGLIENTE Anche col cambio chef avvenuto nel 2023, il locale si conferma per la bontà della sua cucina: moderna ed invitante, in grado di esaltare gli ingredienti per lo più regionali attraverso ricette stuzzicanti (la millefoglie di pesce azzurro, scampo, spinacini e topinambur è sicuramente da assaggiare). La buona selezione vini, così come la carta dei cocktail, possono essere sfruttate anche con servizio wine bar, per l'aperitivo o il dopo cena.

🕸 🛋 – Prezzo: €€€

Via Pasitea 242 – ℰ 089 812 3516 – next2.it – Chiuso a mezzogiorno

RADA ROOFTOP

MODERNA • CHIC Al termine della spiaggia di Positano, superata la discoteca al piano terra, la sala del ristorante si trova al primo piano di un'ex rimessa di pescatori e offre una vista mozzafiato sul paese e sul mare. La cucina ha un orientamento creativo su basi essenzialmente mediterranee.

kc ⊰ 🍴 – Prezzo: €€€
Via Grotte dell'Incanto 51 – ☏ 089 875874 – radapositano.it – Chiuso a mezzogiorno

LA SPONDA

MEDITERRANEA • **ROMANTICO** Elegante sala all'interno di uno degli alberghi più prestigiosi e glamour della costa, Le Sirenuse, appena il tempo lo permette ci si trasferisce in terrazza, affacciati sulla cascata di case che caratterizzano Positano. In ogni caso, anche vi accomodiate all'interno, l'atmosfera sarà sempre impreziosita da centinaia di candele! Ai fornelli, chef Gennaro Russo, cuoco di origine partenopea, mantiene alto lo standard del ristorante con piatti mediterranei, spesso campani, d'ispirazione classica, come per il risotto al limone con capperi, che invitano alla scoperta dei sapori del sud.
kc 🛏️🍴▣ – Prezzo: €€€€
Via Colombo 30 – ☏ 089 875066 – sirenuse.it – Chiuso a mezzogiorno

LA TAVERNA DEL LEONE

CLASSICA • **AMBIENTE CLASSICO** A 3 chilometri ad est di Positano trovate questa seria gestione familiare, quasi 60 anni di buon lavoro che a ragione gli fa meritare una bella nomea anche tra i locali. Se gli ambienti interni risultano classici, spicca invece la cucina a vista ornata da ceramiche campane bianco-azzurre. In carta sia carne che pesce (perlopiù locale), in preparazioni che mostrano la buona qualità della materia prima ed alcune trovate personali.
♿ Ⓜ 🍴 – Prezzo: €€
Via Laurito 43 – ☏ 089 811302 – latavernadelleone.com – Chiuso martedì

POSTAL

✉ 39014 – Bolzano (BZ) – Carta regionale n° **6**–A1

HIDALGO

GRIGLIA • **ACCOGLIENTE** Benché non manchino piatti di pesce, l'Hidalgo è da tempo uno dei punti di riferimento per gli appassionati di carne, con una selezione di razze provenienti da diverse parti del mondo, cotte alla griglia, ma non solo. Sorta di ristorante nel ristorante, ad una delle eccellenze mondiali di carne è dedicato l'Aomi, una sala riservata dove viene servito un menu incentrato sul manzo giapponese wagyu, dagli antipasti ai secondi.
kc ♿🍴▣ – Prezzo: €€
Via Roma 7 – ☏ 0473 292292 – restaurant-hidalgo.it

POZZA DI FASSA

✉ 38036 – Trento (TN) – Carta regionale n° **6**–B2

EL FILÒ

REGIONALE • **FAMILIARE** Dopo un bel lavoro di restyling, El Filò offre ancora più confort che in passato; permane un certo stile montano ma in una versione che strizza l'occhio alla contemporaneità. Dolomiti e cultura ladina sono sempre i riferimenti della cucina – curata direttamente dall'ottimo chef patron Nicola Vian – che si apre però ad intuizioni moderne e ad alcuni abbinamenti con eccellenze da fuori regione. La carta dei vini esplora in maniera approfondita il territorio.
▣ – Prezzo: €€
Strada Dolomites 103 – ☏ 0462 763210 – el-filo.com – Chiuso domenica e a mezzogiorno

POZZOLENGO

✉ 25010 – Brescia (BS) – Carta regionale n° **4**–D1

MOSCATELLO MULINER

DEL TERRITORIO • **CASA DI CAMPAGNA** L'impressione è quella di essere ospiti in un elegantissimo salotto privato fra piante, tappeti, tavoli in vetro e comode poltroncine, per questo ristorante inserito in un contesto bucolico, i cui piatti si legano al territorio con grande gusto. Per chi volesse prolungare la sosta, consigliamo le belle camere personalizzate da pitture dello chef-artista Lorenzo Bernardini.

🖣 🛋 **P** – Prezzo: €€€

Località Moscatello 3/5 – ☎ 030 918521 – it.agriturismomoscatello.it – Chiuso martedì e a mezzogiorno da lunedì a venerdì

POZZOLO FORMIGARO

✉ 15068 – Alessandria (AL) – Carta regionale n° **1**–C3

LOCANDA DEI NARCISI

MODERNA • **ELEGANTE** Si viene qui per mangiare il pescato fresco del vicino mar Ligure, gamberi in tempura di nocciola e granita al pompelmo ma anche crudi in accostamento ad un succulento risotto dell'Alta Langa, senza dimenticare la "terra" con fassona e agnolotti al tocco. A tutto ciò segue la pasticceria con ottime preparazioni lievitate disponibili tutto l'anno anche per l'acquisto. Nella bella stagione, agli spazi interni si aggiungono tavoli esterni per un pasto en plein air.

🖣 🅰🅲 🛋 **P** – Prezzo: €€

Via Bettole 35 – ☎ 348 511 6638 – locandadeinarcisi.com – Chiuso lunedì

POZZUOLI

✉ 80078 – Napoli (NA) – Carta regionale n° **17**–A2

ABRAXAS OSTERIA

CAMPANA • **FAMILIARE** In zona interna e leggermente rialzata rispetto alla costa, un locale colorato e vivace, con tanto legno e le belle teche che espongono le carni (specialità della casa) da gustare anche alla brace. Sapori partenopei e vini anche alla mescita.

🅰🅲 🛋 **P** – Prezzo: €€

Via Scalandrone 15, loc. Lucrino – ☎ 081 854 9347 – abraxasosteria.it – Chiuso martedì e a mezzogiorno tranne domenica

BAIA MARINELLA

PESCE E FRUTTI DI MARE • **ALLA MODA** Cucina di mare in un locale dalla strepitosa posizione a strapiombo sulla costa e dai toni di contemporanea eleganza: la vista del golfo è mozzafiato e regala ai clienti l'impressione di mangiare su di una distesa blu. Le specialità sono - naturalmente - ittiche.

🍃 🅰🅲 🛋 – Prezzo: €€€

Via Napoli 4 – ☎ 081 853 1321 – baiamarinella.it – Chiuso sabato e domenica

PRAIANO

✉ 84010 – Salerno (SA) – Carta regionale n° **17**–B2

❀ UN PIANO NEL CIELO

CONTEMPORANEA • **MINIMALISTA** Un suggestivo ascensore panoramico conduce dall'albergo Casa Angelina al ristorante: col bel tempo si cena su una terrazza, a lume di candela e con vista mozzafiato sulla Costiera. La cucina di Leopoldo Elefante è mediterranea e in gran parte dedicata al mare. Come non citare l'ormai classico dentice: una scaloppa di pesce del Tirreno adagiata su una dadolata di patate e pomodorini arrosto conditi con zuppetta di vongole lupini, un piatto classico con un vago tocco moderno. Non manca qualche ottima specialità a base di carne. Grande cura è data alle presentazioni, ogni ingrediente è sistemato nel piatto con precisione e con i giusti tempi per gestire al meglio le temperature, mentre l'illuminazione utilizza varie cromie per accompagnare l'ospite nelle differenti portate, cambiando di tonalità e intensità durante la cena. Lo chef è ben supportato dal servizio, preciso e cordiale, e da un'importante carta dei vini. La cantina si aggira attorno alle 1500 etichette, con un'incredibile disponibilità di grandi formati per intenditori.

 – Prezzo: €€€€

Via Capriglione 147 – ℰ 089 813 1333 – casangelina.com – Chiuso a mezzogiorno

PRALBOINO

✉ 25020 – Brescia (BS) – Carta regionale n° **4**-C3

⁂ LEON D'ORO

DEL TERRITORIO • ROMANTICO Nel centro storico di questo paesino della Pianura Padana, tra Brescia e Cremona, all'interno di un palazzo d'epoca tutto si fa memoria di un passato secolare: dalle travi a vista del soffitto al camino acceso, ogni elemento concorre a trasmettere quel senso di tradizione e di piacevolezza ampliato – nella bella stagione – dal servizio all'aperto. La carta omaggia prevalentemente il territorio con lumache, capretto alla bresciana e cacciagione, ma c'è molto spazio anche per preparazioni a base di pesce di mare e per qualche suggestione più creativa. La carta dei vini mostra con quanta cura il patron Franco Martini, dopo averle fatte evolvere, inserisca solo le annate pronte ad emozionare i clienti.

 – Prezzo: €€€€

Via Gambara 6 – ℰ 030 954156 – locandaleondoro.com – Chiuso lunedì e martedì e domenica sera

PRATO

✉ 59100 – Prato (PO) – Carta regionale n° **11**–C1

⁂ PACA

Chef: Niccolò Palumbo

MODERNA • CONTESTO CONTEMPORANEO Lo chef Niccolò Palumbo, il pastry chef Gabriele Palumbo e il maître Lorenzo Catucci sono tre giovani dinamici e intraprendenti, che hanno dato vita a questa bella realtà gastronomica a pochi passi dal centro storico. Cosa aspettarsi varcata la soglia del loro accogliente ristorante? Una cucina italiana moderna che riserva grande attenzione alle materie prime, selezionando piccoli produttori locali e, dove possibile, a km 0. Il servizio eccellente completa questa piacevole esperienza gourmet nella città di Prato.

🎨 – Prezzo: €€€

Via Fra' Bartolomeo 13 – ℰ 0574 182 0222 – pacaristorante.it – Chiuso lunedì, domenica e a mezzogiorno martedì e mercoledì

PEPENERO

MODERNA • CONTESTO CONTEMPORANEO La cucina si basa su grandi materie prime, da cui lo chef-patron Mirko Giannoni parte alla ricerca del territorio, con i suoi prodotti e le sue tradizioni, assecondando il ritmo delle stagioni, al fine d'interpretarlo con rispetto e un pizzico di creatività. Un locale dalle tinte vivaci, dalle sedie sino alle pareti.

🎨 – Prezzo: €€€

Via Zarini 289 – ℰ 0574 550353 – pepeneroristoranteprato.it – Chiuso domenica e lunedì a mezzogiorno

IL PIRAÑA

PESCE E FRUTTI DI MARE • AMBIENTE CLASSICO In un ambiente elegante e curato dal tipico stile anni Settanta non troverete svolazzi tecnici o invenzioni avanguardiste, bensì una solida e gustosa cucina di pesce. Le cotture sono quelle più semplici e conosciute, le migliori per esaltare la qualità del prodotto. Un porto sicuro per gli amanti della tradizione e un riferimento per la città.

AK ⇔ – Prezzo: €€€

Via G. Valentini 110 – ☏ 0574 25746 – ristorantepirana.it – Chiuso domenica e sabato a mezzogiorno

TONIO

PESCE E FRUTTI DI MARE • AMBIENTE CLASSICO In attività dagli anni '50, commensali illustri sono ritratti nelle foto in bianco e nero, mentre nei piatti prevalgono le specialità di mare in proposte classiche e fragranti.

AK 🍴 ⇔ – Prezzo: €€

Piazza Mercatale 161 – ☏ 347 422 3312 – ristorantetonio.it – Chiuso martedì, a mezzogiorno lunedì, mercoledì, giovedì, venerdì e domenica sera

PRIOCCA

 12040 – Cuneo (CN) – Carta regionale n° **2**–A1

✿ IL CENTRO

Chef: Elide Mollo

PIEMONTESE • FAMILIARE Un soffio di immortalità accarezza questo ristorante, quello della grande cucina piemontese, che qui trova una delle sue migliori espressioni nelle mani della famiglia Cordero, che all'esperienza unisce una propensione all'accoglienza vissuta con il cuore. Elide in cucina, il marito Enrico e il bravissimo figlio Giampiero in sala – grande conoscitore di vini che si occupa di una straordinaria cantina in continua crescita – tengono alta la bandiera di un ristorante preso in gestione dai nonni di Giampiero nel 1956. Con sempre maggiore bravura sfornano una cucina tradizionale, ricca di sostanza e sapori, che si verrebbe qui a mangiare tutti i giorni, senza mai stancarsi, come i leggendari peperoni in agrodolce, gli agnolotti del plin e la finanziera. In determinate giornate invernali (indispensabile prenotare con larghissimo anticipo) appuntamento con il sontuoso fritto misto alla piemontese, una carrellata di 12 portate dal salato al dolce. A pochi passi dal ristorante si trovano le eleganti camere della Dimora Cordero.

🐧 AK ⇔ – Prezzo: €€€

Via Umberto I 5 – ☏ 0173 616112 – ristoranteilcentro.com – Chiuso martedì

PUDIANO

✉ 25034 – Brescia (BS) – Carta regionale n° **5**–D2

✿ SEDICESIMO SECOLO

Chef: Simone Breda

CREATIVA • ROMANTICO Una location piacevolmente bucolica nella campagna bresciana, che si raggiunge dopo una stradina che si snoda fra campi di mais e tanto silenzio. Il nome fa riferimento all'epoca d'origine dell'edificio in cui si è ricavata la sala: tra pavimenti in cotto, soffitti originali e camini, la modernità degli arredi dona all'insieme la giusta armonia. La carta mostra una certa attitudine alla fantasia, molta carne, un po' di pesce e qualche riferimento al territorio, mentre lo stile è decisamente moderno-creativo. Se il menu offre tanta scelta per tutti i gusti, i contenuti sono pensati ed elaborati con maestria da Simone Breda, che conosce bene le basi della chimica ai fornelli e ha un buon palato affinato sulla leggerezza.

⛳ AK ⇔ 🅿 – Prezzo: €€€

Via Gerolanuova 4 – ☏ 030 563 6125 – ristorantesedicesimosecolo.it – Chiuso lunedì e martedì

PUEGNAGO SUL GARDA

✉ 25080 – Brescia (BS) – Carta regionale n° **4**-D1

CASA LEALI

MODERNA • **CONTESTO CONTEMPORANEO** Un bel casale di origini quattro-centesche è stato trasformato dai due giovani fratelli Leali in un elegante ristorante che dispone di più soluzioni, come il bordo piscina nella bella stagione, lo chef's table, la cantina e il privé. Marco gestisce sala e vini, mentre Andrea in cucina parte da classici locali o nazionali per interpretarli in modo molto personalizzato e giungere a risultati sorprendenti, per qualità e fantasia.

&⚬🅿 – Prezzo: €€€

Via Valle 1 – ☎ 366 529 6042 – casalealiristorante.it – Chiuso mercoledì e a mezzogiorno lunedì e martedì

PULA – Cagliari (CA) → Vedere Sardegna in fondo alla Guida

PUOS D'ALPAGO

✉ 32015 – Belluno (BL) – Carta regionale n° **8**-C2

❀
LOCANDA SAN LORENZO

Chef: Damiano e Renzo Dal Farra

MODERNA • **ACCOGLIENTE** Era il 1900 quando ebbe inizio la saga della famiglia Dal Farra con la loro locanda. I nonni di Renzo, l'attuale chef patron, avviarono una semplice osteria per dare ristoro a chi lavorava nel vicino mulino. Negli anni Cinquanta fu la volta dei genitori, per arrivare nel 1997 al riconoscimento della stella. Passione e costanza sono le caratteristiche che da oltre un secolo entusiasmano gli avventori di questo locale, la cui cucina saldamente legata ai prodotti regionali viene in certi piatti reinterpretata con gusto contemporaneo. La sala più moderna è la più vocata ad accogliere gli ospiti più esigenti, ma ci sono anche habitués che per nulla al mondo rinuncerebbero a quella rustica, soprattutto per i due tavoli vicini al camino. Bella selezione enoica e - ai piani - alcune semplici camere dallo stile sobrio.

🐾 ⚬ ⟲🅿 – Prezzo: €€€

Via IV Novembre 79 – ☎ 0437 454048 – locandasanlorenzo.it – Chiuso mercoledì e domenica sera

PUTIGNANO

✉ 70017 – Bari (BA) – Carta regionale n° **16**-C2

❀
ANGELO SABATELLI

Chef: Angelo Sabatelli

DEL TERRITORIO • **ELEGANTE** Nel caratteristico centro storico della località, in sale eleganti di gusto contemporaneo, questo chef talentuoso propone una cucina tecnica che valorizza il territorio, simpatizzando nel contempo con suggestioni asiatiche; meritevole di visita la grande e fornita cantina (ottima la selezione di spumanti e Champagne). Luci soffuse e musica jazz: già dall'aperitivo la sensazione è quella di essere coccolati e al centro dell'attenzione di Laura, moglie dello chef e "metronomo" impeccabile del servizio di sala.

🐾 & 🔟 – Prezzo: €€€

Via Santa Chiara 1 – ☎ 080 405 2733 – angelosabatelliristorante.com – Chiuso lunedì e domenica sera

QUARONA

✉ 13017 – Vercelli (VC) – Carta regionale n° **1**–C1

 ITALIA

PIEMONTESE • **CONTESTO CONTEMPORANEO** Ormai un caposaldo in zona, con una gestione famigliare pluriennale: una solida cucina del territorio con spunti fantasiosi e creativi che spaziano in tutto il Piemonte. Ottima la cura nei dessert, sfiziosi e ghiotti.

🍴 ⇆ – Prezzo: €€

Piazza della Libertà 27 – ℰ 0163 430147 – ristoranteitaliaquarona.it – Chiuso lunedì

QUARTIERE DI PORTOMAGGIORE

✉ 44015 – Ferrara (FE) – Carta regionale n° **9**–C1

LA CHIOCCIOLA

DEL TERRITORIO • **FAMILIARE** Ricavato con originalità da un vecchio magazzino di deposito del grano, il locale offre una carta con specialità locali che comprendono l'oca, le rane e le lumache. Anche il mare, che dista circa 50 km, arriva in tavola: da provare l'anguilla.

🕸 ♿ 🅰 🍴 🅿 – Prezzo: €€

Via Runco 94/f – ℰ 0532 329151 – locandalachiocciola.it – Chiuso lunedì e la sera martedì e domenica

QUARTO

✉ 80010 – Napoli (NA) – Carta regionale n° **17**–A2

 SUD

Chef: Marianna Vitale

MODERNA • **CONTESTO CONTEMPORANEO** Dopo aver intrapreso studi accademici, Marianna Vitale si accorge che la sua vera passione è la cucina e il desiderio di creare momenti indimenticabili per i suoi ospiti. Con umiltà, tanto lavoro e un amore incondizionato per la sua terra natia persegue la sfida più grande. Nasce così Sud, un progetto di ristorazione che valorizza il territorio e mostra tutta l'energia positiva di questa chef. Solo due percorsi gastronomici: "Sud" da 7 portate o "Marianna Vitale" da 12. Il mare è l'attore principale e le presentazioni brillano per vivacità cromatica e tanta attenzione al dettaglio. Servizio giovanile e molto attento.

🅰 🍴 🅿 – Prezzo: €€€

Via Santi Pietro e Paolo 8 – ℰ 081 020 2708 – sudristorante.it – Chiuso mercoledì, a mezzogiorno da lunedì a venerdì e domenica sera

QUARTO D'ALTINO

✉ 30020 – Venezia (VE) – Carta regionale n° **8**–C2

DA ODINO

PESCE E FRUTTI DI MARE • **FAMILIARE** Un ristorante storico, che nel tempo fu anche sala da ballo. Le dimensioni, quindi, sono notevoli ma l'atmosfera assolutamente piacevole e conviviale, grazie anche ad un servizio familiare, simpatico e professionale al tempo stesso. Le specialità ruotano attorno al mare, sebbene ultimamente vi trovino posto anche piatti di terra e vegetariani.

🛏 ♿ 🅰 🍴 ⇆ 🅿 – Prezzo: €€

Via Roma 87 – ℰ 0422 825421 – parkhoteljunior.it – Chiuso mercoledì e martedì sera

QUERO

✉ 32038 – Belluno (BL) – Carta regionale n° **8**–B2

LOCANDA SOLAGNA

ITALIANA CONTEMPORANEA • RUSTICO Locale aperto negli anni Cinquanta, ma che sembra appena inaugurato per la freschezza degli ambienti, mentre proverbiale è la qualità della cucina nella sua linea serale legata al territorio e, soprattutto, ad un'attenta selezione d'ingredienti di stagione. A pranzo la formula "osteria" è decisamente più semplice. Ottima anche la proposta enoica.

఍ 🖃 🆔 🍴 – Prezzo: €€

Piazza I Novembre 2 – ℰ 0439 788019 – locandasolagna.it – Chiuso martedì e domenica

QUISTELLO

✉ 46026 – Mantova (MN) – Carta regionale n° **4**–D3

ALL'ANGELO

DEL TERRITORIO • AMBIENTE CLASSICO L'impostazione è quella classica da trattoria e la cucina si sposa con la tradizione proponendo piatti del territorio (in stagione l'appuntamento è con il tartufo); buona anche la carta dei vini. Cinque camere per chi vuole prolungare la sosta in questa villa dell'Ottocento appena fuori dal centro.

🖃 🆔 🅿 – Prezzo: €

Via Cantone 60 – ℰ 0376 618354 – allangelo.eu – Chiuso lunedì e domenica sera

L'AMBASCIATA

MANTOVANA • ELEGANTE L'arrivo nel piccolo paese e la semplice casa di campagna non lasciano trapelare l'opulenza che vi aspetta all'interno: specchi, tappeti, argenteria, candelabri, pile di libri... tutto è un inno festoso alla gioia della cucina mantovana che ispira buona parte della carta, dai tortelli di zucca al salame di cioccolato con zabaione caldo, a cui si affiancano dei percorsi degustazione con spunti più innovativi.

🆔 🅿 – Prezzo: €€€

piazzetta Ambasciatori del Gusto 1 – ℰ 0376 619169 – ristorantelambasciata.eu – Chiuso lunedì e martedì

RABLÀ

✉ 39020 – Bolzano (BZ) – Carta regionale n° **6**–A1

HANSWIRT

REGIONALE • ROMANTICO Sale e salette dall'ambiente tirolese si sdoppiano con la grande sala veranda, all'interno di un edificio antico che fu stazione di posta. I piatti sono eseguiti utilizzando per lo più ingredienti di territorio, soprattutto verdure e carni (capretti e agnelli allevati nel proprio maso in val Senales), ma anche pesci d'acqua dolce. Alle spalle c'è l'omonimo albergo, una bella struttura secolare.

🕭 🍴 ♻ 🅿 – Prezzo: €€

Piazza Gerold 3 – ℰ 0473 967148 – hanswirt.com

RACALE

✉ 73055 – Lecce (LE) – Carta regionale n° **16**–D3

L'ACCHIATURA

TRADIZIONALE • CONTESTO STORICO Un ristorante di lunga tradizione che interpreta la cucina pugliese con grande esperienza: la scelta spazia fra carni e pesci in classiche ricette casalinghe e prodotti locali. Il fascino del passato rivive anche

431

nelle belle ed accessoriate camere, nonché nella scenografica piscina ospitata in una grotta.

🔠 🏠 – Prezzo: €€

Via Marzani 12 – 📞 392 341 1594 – acchiatura.it – Chiuso martedì e a mezzogiorno

RAGUSA – Ragusa (RG) → Vedere Sicilia in fondo alla Guida

RANCO

✉ 21020 – Varese (VA) – Carta regionale n° **4**–A2

IL SOLE DI RANCO

CREATIVA • ELEGANTE Un'elegante dimora dai giardini che digradano al lago: la terrazza, dove nella bella stagione ci si accomoda, è un piccolo angolo di piacevolezza con un'ampia vista panoramica, mentre la cucina interpreta la tradizione con tocchi moderni e fantasiosi. Ottima ricerca di prodotti locali.

🎿 ⇐ 🔠 🏠 ⇔ 🅿 – Prezzo: €€€

Piazza Venezia 5 – 📞 0331 976507 – ilsolediranco.it – Chiuso lunedì e martedì

RANDAZZO – Catania (CT) → Vedere Sicilia in fondo alla Guida

RANZO

✉ 18020 – Imperia (IM) – Carta regionale n° **10**–A2

IL GALLO DELLA CHECCA

LIGURE • ACCOGLIENTE Ristorante-enoteca che offre interessanti proposte gastronomiche sull'onda di una cucina prevalentemente regionale. In sala bottiglie esposte ovunque: cantina di buon livello.

🎿 🏠 🅿 – Prezzo: €€€

Località Ponterotto 31 – 📞 0183 318197 – ilgallodellacheccaranzo.it – Chiuso lunedì

RAPALLO

✉ 16035 – Genova (GE) – Carta regionale n° **10**–C2

LE CUPOLE

ITALIANA CONTEMPORANEA • LUSSO Se leggendo il nome di questo ristorante, immaginate un roof garden con vista mozzafiato sul Promontorio di Portofino: ebbene, avete indovinato! Al sesto piano del Grand Hotel Bristol, la cucina abbraccia tutto lo Stivale, ma riserva un occhio di riguardo alle specialità regionali con qualche ben riuscita rivisitazione moderna.

⇐ 🛋 ♿ 🔠 🏠 🅿 – Prezzo: €€€

Via Aurelia Orientale 369 – 📞 0185 273313 – grandhotelbristol.it – Chiuso a mezzogiorno da lunedì a venerdì

RAPOLANO TERME

✉ 53040 – Siena (SI) – Carta regionale n° **11**–C2

OSTERIA IL GRANAIO

CLASSICA • CONTESTO TRADIZIONALE Nel centro storico di Rapolano, si chiama osteria ma in realtà è un ristorante dalle eleganti sale sotto gli archi in mattoni di un palazzo di origini seicentesche. In carta troverete specialità toscane, dai pici con vari condimenti al peposo, nonché una selezione di piatti di pesce.

&M 🎬 – Prezzo: €€
Via dei Monaci – ℰ 0577 726975 – osteriailgranaio.it – Chiuso martedì e mercoledì

RASTIGNANO
✉ 40067 – Bologna (BO) – Carta regionale n° **9**–C2

OSTERIA NUMERO SETTE

EMILIANA • **OSTERIA** L'atmosfera è familiare e informale, i piatti generosi e ben fatti, di gusto locale e nazionale: non certo un luogo di sperimentazione gastronomica ma un approdo sicuro per chi è in cerca di sostanza e buona accoglienza.
M 🎬 – Prezzo: €
Via A. Costa 7 – ℰ 051 742017 – Chiuso lunedì e domenica sera

RAVALLE
✉ 44123 – Ferrara (FE) – Carta regionale n° **9**–C1

L'ANTICO GIARDINO

MODERNA • **CONTESTO CONTEMPORANEO** Una cucina ricca di spunti fantasiosi, che mostra una predilezione per i sapori della terra, carne, funghi e tartufi in modo particolare. Moderna anche l'atmosfera all'interno della villetta, nel centro della località; fresco e tranquillo il giardino per la bella stagione.
🐝 M 🎬 🅿 – Prezzo: €€
Via Martelli 28 – ℰ 0532 412587 – ristoranteanticogiardino.com – Chiuso a mezzogiorno da lunedì a sabato

RAVARINO
✉ 41017 – Modena (MO) – Carta regionale n° **9**–C3

IL GRANO DI PEPE

MEDITERRANEA • **INTIMO** Lo chef-patron siciliano Rino Duca racconta, in una carta ridotta o in due menu degustazione di pesce (spesso proveniente dall'isola natia) la sua Sicilia e in generale la cucina mediterranea. Un ottimo approdo, sincero e genuino, a circa un quarto d'ora da Modena.
&M – Prezzo: €€€
Via Roma 178/a – ℰ 391 317 2377 – ilgranodipepe.it – Chiuso lunedì e a mezzogiorno da martedì a sabato

RAVELLO
✉ 84010 – Salerno (SA) – Carta regionale n° **17**–B2

🕸 ### IL FLAUTO DI PAN

CREATIVA • **ROMANTICO** Ravello, raffinata ed aristocratica, da sempre rifugio del bel mondo, dalla sua altezza domina il golfo e l'hotel Villa Cimbrone, che ospita il ristorante stellato, ne è una delle sue più esclusive espressioni: immerso in un parco che culmina con un belvedere mozzafiato, vi troverete in un luogo indimenticabile. Ai tavoli della sala interna, ma meglio ancora se in terrazza, il cuoco rivede a suo modo le ricchezze gastronomiche della regione, in piatti fantasiosi, talvolta basati sui prodotti dell'orto della villa.
🐝 ⩽ 🏠 M 🎬 ❖ – Prezzo: €€€€
Via Santa Chiara 26 – ℰ 089 857459 – hotelvillacimbrone.com – Chiuso a mezzogiorno

ROSSELLINIS

MEDITERRANEA • LUSSO Il celebre fine dining del bellissimo albergo Palazzo Avino, elegante e classico all'interno, diviene un appuntamento imperdibile sulla terrazza, dove regala uno dei panorami più suggestivi di tutta la Costiera Amalfitana, sospeso com'è tra cielo e mare. La cena si apre magicamente con una flûte di Champagne servita nel favoloso giardino sottostante la terrazza, con una vista che rimane impareggiabile; intanto un servizio di superbe ceramiche viene apparecchiato sul tavolo insieme ad alcuni finger food fantasiosi. Benvenuti al Rossellinis! Si continuerà con la cucina di chef Vanacore, a carattere regionale e caratterizzata da leggerezza ed equilibrio di sapori. L'ottimo sommelier Luigi Nitto, nel frattempo, vi condurrà in giro per il mondo grazie ad una carta ampia ed esaustiva.

⌘ ≼ 🍴 🅰🅲 🍽 🍷 🅿 – Prezzo: €€€€

Via San Giovanni del Toro 28 – ☎ 089 818181 – palazzoavino.comit – Chiuso a mezzogiorno

RAVENNA
✉ 48121 – Ravenna (RA) – Carta regionale n° **9**–D2

ANTICA TRATTORIA AL GALLO 1909

CLASSICA • LIBERTY È un riferimento ineludibile nel panorama gastronomico ravennate e infatti è quasi sempre pieno! "Locale Storico d'Italia", e a buon titolo visto che è gestito dalla stessa famiglia da oltre 100 anni, questo ristorante è una trattoria solo nel nome, visto il tripudio di decorazioni Liberty che ne caratterizza l'arredo. Sul fronte della cucina vi attendono piatti regionali di terra e di mare, semplici e a buon prezzo.

🅰🅲 ⇄ – Prezzo: €€

Via Maggiore 87 – ☎ 0544 213775 – algallo1909.it – Chiuso lunedì e martedì e domenica sera

OSTERIA DEL TEMPO PERSO

MODERNA • DI QUARTIERE Ristorante situato in centro storico - a due passi dalla Basilica di San Vitale - dall'atmosfera decisamente serale, con tavoli piccoli e ravvicinati, avvolti da luci soffuse. Belle fotografie in bianco e nero (scattate da uno dei due titolari) si alternano alle pareti con libri e bottiglie di vino, mentre dalla cucina arrivano in tavola piatti contemporanei, semplici, prevalentemente a base di pesce.

🅰🅲 🍽 – Prezzo: €€

Via Gamba 12 – ☎ 0544 215393 – osteriadeltempoperso.it – Chiuso giovedì e a mezzogiorno da lunedì a venerdì

RAVEO
✉ 33029 – Udine (UD) – Carta regionale n° **7**–A2

INDINIÒ

ITALIANA CONTEMPORANEA • ELEGANTE In carnico antico Indiniò significa "in nessun luogo", una sorta di isola che non c'è in cui si esprime tutta la passione della chef Gloria Clama, che ha lasciato il mestiere di operaia per coronare il suo sogno: proporre i prodotti della sua terra (e non solo!), elaborati con un gusto impeccabile. Il locale è accogliente ed elegante, pochi tavoli, ambiente intimo e possibilità di una saletta privé, sotto la direzione vigile di Mirko.

🅰🅲 ⇄ – Prezzo: €€

Via Norsinia 21/b – ☎ 329 462 6486 – indinio.it – Chiuso lunedì, martedì, a mezzogiorno da mercoledì a sabato e domenica sera

RECANATI

✉ 62019 – Macerata (MC) – Carta regionale n° **14**–C1

CASA BERTINI ⓝ

MODERNA • **CONTESTO CONTEMPORANEO** Poco fuori dal centro storico, in un'ampia e moderna sala, ecco l'indirizzo gourmet che aspettava Recanati. Ai fornelli un giovane e bravissimo cuoco, che rilegge le tradizioni marchigiane, in particolare di terra, con capacità e fantasia, insieme a qualche ricordo delle sua esperienza piemontese. Il piacere di mangiar bene e la forza dei sapori sono al centro dei suoi piatti, da provare!

🄰🄲 🏠 – Prezzo: €€€

Via le Grazie – ☏ 071 236 3289 – ristorantecasabertini.it – Chiuso lunedì

RECCO

✉ 16036 – Genova (GE) – Carta regionale n° **10**–C2

DA Ŏ VITTORIO

PESCE E FRUTTI DI MARE • **VINTAGE** La rassicurante cucina ligure in un'inter-pretazione classica, ma ancora in linea con i tempi, servita in due sale distinte: una dal tono tradizionale, l'altra più moderna. Interessante sfogliare menu e carta dei vini con note storiche e informazioni utili sui vitigni. Proverbiale la focaccia!

🐾 🏠 ♿ **🅿** – Prezzo: €€

Via Roma 160 – ☏ 0185 74029 – daovittorio.it

MANUELINA

MODERNA • **COLORATO** Fondato nel 1885 da colei che diede chiara fama alla celebre focaccia di Recco, proponendola come piatto nella sua osteria, Manuelina è uno dei locali liguri con più storia alle spalle. Oggi la quarta generazione porta avanti l'insegna con passione: da una parte la classica Focacceria, nel solco della tradizione, dall'altra il gourmet, dove le ricette seguono le stagioni, si rivalutano i prodotti autoctoni e si selezionano le migliori materie prime. Come amano dire loro, "la tradizione in movimento".

🛏 🄰🄲 🏠 **🅿** – Prezzo: €€

Via Roma 296 – ☏ 0185 74128 – manuelinaristorante.it – Chiuso mercoledì e a mezzogiorno lunedì, martedì, giovedì

RECORFANO

✉ 26034 – Cremona (CR) – Carta regionale n° **4**–C3

🏵 ANTICA TRATTORIA GIANNA

LOMBARDA • **TRATTORIA** In questa gloriosa trattoria familiare, a pranzo trove-rete piatti semplici ad un prezzo quasi imbattibile; la sera, invece, un menu degu-stazione più lungo di ricette della bassa padana ma non solo.

🄰🄲 🏠 – Prezzo: €

Via Maggiore 12 – ☏ 0375 98351 – anticatrattoriagianna.it – Chiuso la sera lunedì e martedì

REGGIO DI CALABRIA

✉ 89123 – Reggio Calabria (RC) – Carta regionale n° **19**–A3

L'A GOURMET L'ACCADEMIA

PESCE E FRUTTI DI MARE • **AMBIENTE CLASSICO** Dal primo piano (senza ascensore) di questo palazzo d'inizio Novecento si vedono il mare e lo Stretto. Il bravo chef Filippo Cogliardo si destreggia molto bene con piatti a base di pesci sospesi tra classicità (i crudi di mare o la ricciola coi friarielli) e modernità (la

435

tagliatella di seppia con crema di avocado, cetriolo e limone salato). Non manca qualche proposta dedicata alla carne.

🦟 ⇜🕍 – Prezzo: €€

Via Largo C. Colombo 6 – ☏ 0965 312968 – laccademia.it

REGGIO NELL'EMILIA
✉ 42121 – Reggio Emilia (RE) – Carta regionale n° **9**–B3

IL POZZO

TRADIZIONALE • **LOCANDA** La simpatia del titolare v'introdurrà nella piacevole atmosfera di questo ristorante che punta sulla freschezza dei prodotti e delle preparazioni; il pesce è uno degli ingredienti distintivi della sua cucina.

🕍 🍃 ⇄ – Prezzo: €€

Viale Allegri 7 – ☏ 0522 451300 – Chiuso lunedì e domenica

REGGIOLO
✉ 42046 – Reggio Emilia (RE) – Carta regionale n° **9**–B1

STRADORA

ITALIANA CONTEMPORANEA • **ROMANTICO** Nella bella villa con parco dove sorgeva Il Rigoletto, oggi una giovane proprietà ha realizzato un accogliente bistrot-cocktail bar con proposte di cucina contemporanea legate alla valorizzazione delle materie prime locali, sebbene non manchi il pesce. Diverse sale e salette (più o meno intime), nonché il bel dehors sul retro cinto da un piccolo parco verdeggiante, concorrono a creare un ambiente di gusto moderno all'interno di un palazzo dalla lunga storia.

🏠 ⛄ 🕍 🍃 ⇄ 🅿 – Prezzo: €€

Piazza Martiri 29 – ☏ 0522 973520 – stradora.me – Chiuso lunedì, a mezzogiorno da martedì a sabato e domenica sera

RENDE
✉ 87036 – Cosenza (CS) – Carta regionale n° **19**–A2

AGORÀ

PESCE E FRUTTI DI MARE • **CONTESTO CONTEMPORANEO** Michele Rizzo è lo chef patron di questo interessante locale situato in una zona moderna di Rende: la sua carta è incentrata sul pesce (c'è comunque anche qualche proposta di carne) che viene cucinato in modo leggero e moderno, mentre sempre maggiore attenzione è dedicata ad ingredienti di territorio. Buona selezione vini.

⛄ 🕍 🍃 🅿 – Prezzo: €€

Via Rossini 178 – ☏ 347 912 9377 – agorarende.com – Chiuso domenica

REVERE
✉ 46036 – Mantova (MN) – Carta regionale n° **4**–D3

IL TARTUFO

DEL TERRITORIO • **ACCOGLIENTE** Intimo e defilato in un'elegante villetta, con curato giardino e ariosa veranda per il servizio estivo, il menu è eclettico: carne, pesce e territorio, il tutto elaborato con gusto contemporaneo. Il nome anticipa la specialità della casa in stagione: il tartufo!

🕍 🍃 ⇄ – Prezzo: €€

Via Guido Rossa 13 – ☏ 0386 846076 – ristoranteiltartufo.com – Chiuso giovedì e domenica sera

REVIGLIASCO

✉ 10024 – Torino (TO) – Carta regionale n° **1**–B2

LA TAVERNA DI FRA' FIUSCH

PIEMONTESE • ACCOGLIENTE Incastonato in un delizioso borgo collinare (la sala al piano superiore con vista!), gli amanti della tradizione troveranno tutti i cavalli di battaglia della zona aggiornati con un gusto ed un'estetica più moderni. In aggiunta, c'è anche qualche specialità di pesce. La lista dei vini celebra il Piemonte.
🅰🅲 – Prezzo: €€

Via Beria 32 – ☎ 011 860 8224 – Chiuso lunedì e a mezzogiorno da martedì a venerdì

REVINE

✉ 31020 – Treviso (TV) – Carta regionale n° **8**–C2

AI CADELACH

VENETA • FAMILIARE In una sala dallo stile rustico o a bordo piscina nella bella stagione, il menu onora la tradizione locale, privilegiando le carni. La "Caneva de Ezio" è l'ottima cantina gestita da Ezio Grava.
🏖 🛏🏡🔄🅿 – Prezzo: €€

Via Grava 2 – ☎ 0438 523010 – cadelach.it

RHO

✉ 20017 – Milano (MI) – Carta regionale n° **5**–A2

😊 ### MEZZOLITRO VINI E CUCINA ⓝ

ABRUZZESE • ACCOGLIENTE La cucina abruzzese in purezza: spaghetti alla chitarra con polpette al sugo, carne di pecora in diverse preparazioni e cotture (tra cui gli arrosticini, la tartare e la tagliata), pecorini, prosciutti e tanto altro ancora. Tra i gradevoli vicoli del centro di Rho, il locale è uno spaccato d'Abruzzo goloso e familiare, con ambienti semplici e accoglienti.
♿🅰🅲 – Prezzo: €€

Via Pomè 10 – ☎ 02 9132 7868 – mezzolitro.net – Chiuso domenica e lunedì a mezzogiorno

LA BARCA

PESCE E FRUTTI DI MARE • FAMILIARE Il cuore di Bari Vecchia batte forte nel petto della famiglia Virgilio, che dal 1967 è riferimento in zona per gli amanti del pesce e dei sapori pugliesi di terra che completano la carta. Imperdibili il "crudo mediterraneo" – crudo di pesce servito quasi al naturale puntando sulla qualità della materia prima –, la zuppa di pesce e la millefoglie "la Barca".
♿🅰🅲 – Prezzo: €€

Via Ratti 54 – ☎ 02 930 3976 – trattorialabarca.com – Chiuso martedì

RIETI

✉ 02100 – Rieti (RI) – Carta regionale n° **12**–B2

BISTROT

CLASSICA • ROMANTICO In una graziosa piazzetta, nota per essere il centro d'Italia e sulla quale si affaccia la veranda, un locale accogliente, con pochi tavoli ravvicinati, dove gustare piatti sia di carne sia di pesce: a volte più legati alla tradizione locale, altre al gusto italiano.
🏡 – Prezzo: €€

Piazza San Rufo 25 – ☎ 0746 498798 – Chiuso sera lunedì e domenica

RIMINI

✉ 47921 – Rimini (RN) – Carta regionale n° **9**–D2

ABOCAR DUE CUCINE

Chef: Mariano Guardianelli

CREATIVA • DI TENDENZA Tra le vie del centro cittadino ci si "avvicina" (questo significa abocar in spagnolo) alla cucina di Mariano, le cui origini argentine, insieme allo spirito decisamente globetrotter suo e della compagna Camilla, si esprimono in una cucina gourmet dai tratti originali, che unisce due culture diverse ma ben armonizzate in uno stile unico. La proposta oscilla tra una ristretta scelta à la carte e percorsi degustazione di varie lunghezze, a base di pesce (adesione al progetto Hadria 37 per una pesca sostenibile e rispettosa dell'equilibrio marino) o di carne. I piatti nascono da idee creative e vengono realizzati con una certa delicatezza contemporanea, figlia delle tecniche apprese dal giovane cuoco in ristoranti stellati di mezza Europa. Gli ambienti sono gradevoli, dallo spirito giovane, ma se in estate optate per un tavolo all'aperto è meglio prenotare con anticipo.

🅰🅲 🈷 – Prezzo: €€€

Via Farini 13 – ☏ 0541 22279 – abocarduecucine.it – Chiuso lunedì e a mezzogiorno

GUIDO

Chef: Gian Paolo Raschi

PESCE E FRUTTI DI MARE • ELEGANTE Dall'esterno pare un elegante stabilimento balneare con vista a perdita d'occhio sulla distesa blu, mentre i suoi interni rivelano un'inaspettata e sussurrata eleganza. Ci si dà appuntamento da Guido per gustare piatti marinari, talvolta semplici alla lettura della carta, ma che di fatto svelano sorprendenti sfumature di raffinata eleganza e sottili elaborazioni. È la celebrazione della cucina adriatica di pesce a grandi livelli: dai classici come la canocchia si ricorda il gratin ai nuovi – destinati a loro volta diventare classici – quali la pizza ai frutti di mare. Nell'ottima carta dei vini tante bollicine e una prevalenza di bianchi.

�🅰🅲 🈷 – Prezzo: €€€

Lungomare Guido Spadazzi 12 – ☏ 0541 374612 – ristoranteguido.it – Chiuso martedì e mercoledì a mezzogiorno

OSTERIA DE BÖRG

ROMAGNOLA • VINTAGE Nel caratteristico Borgo San Giuliano tanto amato da Federico Fellini, fatto di viuzze e case colorate dove un tempo vivevano i pescatori, questa valida osteria celebra la più tipica cucina romagnola di terra, tra salumi di qualità, paste fresche fatte in casa (imperdibili i cappelletti in brodo di gallina) e carni tra cui la mora romagnola utilizzata in varie portate. In estate ci si accomoda nella piazzetta esterna, nelle altre stagioni all'interno in due sale dai rustici e curatissimi arredi vintage.

🈷 – Prezzo: €

Via Forzieri 12 – ☏ 0541 56074 – osteriadeborg.it

DALLO ZIO

PESCE E FRUTTI DI MARE • CONTESTO TRADIZIONALE Curatissimo locale a due passi dall'Arco di Augusto: caldo ed accogliente, il suo stile vintage cita l'origine ottocentesca della casa ed anche gli anni Sessanta della prima gestione come ristorante. Diviso su due piani e con piccoli tavoli ravvicinati, vi si propongono carne e, soprattutto, "il pesce fresco delle barche di Rimini", in preparazioni classiche e golose, spesso legate alla tradizione.

🅰🅲 ♻ – Prezzo: €€

Via Santa Chiara 16 – ☏ 0541 786747 – ristorantedallozio.it

I-FAME

CREATIVA • ALLA MODA Una sorta di simpatico viaggio nel futuro: sale moderne e luminose, luci colorate e proiezioni. Anche la cucina sposta lo sguardo in avanti, ma non dimentica il passato. Bel dehors con spazio verde e sdraio.

&. ⵏ ⵏ ⵏ – Prezzo: €€

Viale Regina Elena 28 – ☎ 0541 386331 – i-fame.it – Chiuso martedì e a mezzogiorno

QUARTOPIANO SUITE RESTAURANT

CREATIVA • ELEGANTE Come si evince dal nome questo ristorante si trova sul roof di una struttura moderna, e gode di una vista a 180 gradi sulla città. Un ambiente confortevole con un ottimo servizio e una cucina soprattutto di pesce, che spicca per modernità e ricerca del gusto. Il tutto è accompagnato da una selezione di vini superba, decisamente ben dotata di etichette blasonate come di piccole chicche, ma pur sempre interessanti. Buffet a pranzo, mentre la sera la scelta è à la carte.

⅍ ⵏ ⵏ ⵏ – Prezzo: €€

Via Chiabrera 34/c – ☎ 0541 393238 – quartopianoristorante.com – Chiuso lunedì, a mezzogiorno da martedì a sabato e domenica sera

TRATTORIA DA LUCIO

PESCE E FRUTTI DI MARE • COLORATO Pesce, pesce, pesce... Lucio (nome del figlio di uno dei soci gestori) è un locale vocato al miglior pescato, che viene sottoposto a frollatura e cucinato con particolare attenzione alle preparazioni di crudi e alla brace. In abbinamento, la carta dei vini simpatizza per quelli naturali. Nel rispetto della territorialità e della sostenibilità, dal mese di agosto la proposta di mare viene sospesa per rispettare il fermo pesca dell'Adriatico e la cucina compie un viaggio di 45 giorni sulla terra ferma.

ⵏ ⵏ – Prezzo: €€€

Viale Amerigo Vespucci 71 – ☎ 0541 161 2020 – da-lucio.com – Chiuso mercoledì, a mezzogiorno martedì, giovedì, venerdì e domenica sera

RIOMAGGIORE

✉ 19017 – La Spezia (SP) – Carta regionale n° **10**-D2

RIO BISTROT

PESCE E FRUTTI DI MARE • CONTESTO TRADIZIONALE Nell'incantevole Riomaggiore, lungo la strada che in discesa porta al mare, qui troverete un ristorante grazioso e curato, con una scelta ristretta di piatti, divisi tra qualche ispirazione ligure e altri più creativi. Sala in stile rustico-elegante all'interno, terrazza per mangiare all'aperto..

ⵏ – Prezzo: €€

Via San Giacomo 46 – ☎ 0187 920616

RIPOSTO – Catania (CT) → Vedere Sicilia in fondo alla Guida

RIVA DEL GARDA

✉ 38066 – Trento (TN) – Carta regionale n° **6**-A2

AL VOLT

CLASSICA • ELEGANTE Percorrendo i vicoli che dal porto commerciale conducono al centro, ci s'imbatte in questo ristorante articolato su più sale comunicanti, arredato con gusto: mobili antichi ed un tocco di romanticismo sotto alle classiche e storiche volte che gli conferiscono il nome. La cucina è sostanzialmente classica, mentre le proposte del menu si dividono tra ricette del territorio - che prevedono anche pesce di lago - e specialità di mare.

&. 🅼 🏠 – Prezzo: €€

Via Fiume 73 – ℰ 0464 552570 – ristorantealvolt.com – Chiuso lunedì

ANTICHE MURA

ITALIANA CONTEMPORANEA • **AMBIENTE CLASSICO** Cucina contemporanea che prende spunto e ingredienti dal territorio o dal mare, per cui in carta si troveranno, ad esempio, il carpaccio di scampi con yuzu, la ricotta affumicata, il fritto di lago o il maialino da latte con soffice di polenta. Oltre al dehors estivo segnaliamo una decina di camere confortevoli nella loro semplicità.

🅼 🏠 – Prezzo: €€

Via Bastione 19 – ℰ 0464 556063 – antiche-mura.it – Chiuso domenica

VILLETTA ANNESSA

CLASSICA • **BRASSERIE** Grazioso edificio annesso all'albergo Villa Miravalle, al limitar del bel centro storico di Riva, dalla calda atmosfera e dal piacevole dehors estivo; la lavagnetta portata ai tavoli al momento della scelta elenca piatti stagionali, su base regionale, mentre la specialità della casa è indubbiamente la carne alla brace cotta sulla griglia: varcata la soglia sarà proprio il suo scoppiettio a darvi il benvenuto.

🛏 🅼 🏠 🅿 – Prezzo: €€

Via Monte Oro 9 – ℰ 0464 552335 – hotelvillamiravalle.com – Chiuso lunedì e a mezzogiorno

RIVA DI SOLTO

✉ 24060 – Bergamo (BG) – Carta regionale n° **5**–D1

MIRANDA

MODERNA • **FAMILIARE** D'estate l'appuntamento è in terrazza (in realtà chiusa da vetrate e utilizzata anche d'inverno!), direttamente affacciata sul giardino e sul superbo specchio lacustre. La cucina di tono moderno spazia su tutto il territorio nazionale attingendo - talvolta - addirittura in altre nazioni e continenti le materie prime che meglio si prestano all'esecuzione di alcune ricette. Belle camere recentemente rinnovate ed una fresca piscina a disposizione di chi alloggia.

⪻ 🛏 &. 🅼 🅿 – Prezzo: €€

Via Cornello 8 – ℰ 035 986021 – hotelristorantemiranda.com – Chiuso sera

RIVALTA SUL MINCIO

✉ 46040 – Mantova (MN) – Carta regionale n° **4**–C3

IL TESORO LIVING RESORT

MODERNA • **DESIGN** È davvero molto intrigante la location che custodisce il Tesoro: una bella struttura contemporanea dalla cornice agreste, arricchita dal gradevole giardino botanico, il centro benessere e le splendide suite. L'attuale gestione ha dato un'impronta mediterranea alla cucina, che rimane sempre moderna e ben fatta: ancor più pesce che in passato e curiosi abbinamenti di cocktail.

🛏 &. 🅼 🏠 🅿 – Prezzo: €€

Via Settefrati 96 – ℰ 0376 681381 – tesororesort.it

RIVALTA TREBBIA

✉ 29010 – Piacenza (PC) – Carta regionale n° **9**–A1

LOCANDA DEL FALCO

DEL TERRITORIO • **RUSTICO** In un antico borgo medievale una locanda caratteristica dove vengono serviti i piatti della tradizione piacentina e ricette alternative permeate da fantasia e creatività, il tutto annaffiato da vini locali (ci sono proprio tutti nell'ampia carta!) e di altre regioni. Ampi camini all'interno ravvivano le serate invernali, mentre nella bella stagione un glicine secolare ombreggia i tavoli dell'accogliente cortile interno.

⅍ 🏠 ♿ **P** – Prezzo: €€

Castello di Rivalta 4 – ☏ 0523 182 0269 – locandadelfalco.com – Chiuso lunedì e martedì

RIVANAZZANO TERME

✉ 27055 – Pavia (PV) – Carta regionale n° **4**–A3

SELVATICO

DEL TERRITORIO • **AMBIENTE CLASSICO** In attività dal 1912, ora alla quarta generazione, siamo in uno dei migliori ristoranti dell'Oltrepò pavese. Chi è interessato alla scoperta gastronomica del territorio troverà qui una miniera di delizie, dai salumi agli stufati e bolliti passando per ottime paste fresche e le verdure più fresche del proprio orto. Piacevoli arredi d'epoca nelle camere e piccolo centro benessere con sauna, bagno turco, doccia emozionale, parete di sale...

⅍ ♿ 🏠 ♿ – Prezzo: €€

Via Silvio Pellico 19 – ☏ 0383 944720 – albergoselvatico.com – Chiuso lunedì

RIVAROLO CANAVESE

✉ 10086 – Torino (TO) – Carta regionale n° **1**–B2

ANTICA LOCANDA DELL'ORCO

PIEMONTESE • **ACCOGLIENTE** All'entrata del caratteristico borgo porticato, la locanda – che ha beneficiato di una recente ristrutturazione – propone una cucina a base regionale, fragrante e ricca di classici come la finanziera e lo zabaione caldo.

⅍ ♿ 🎰 🏠 – Prezzo: €€

Via Ivrea 109 – ☏ 0124 425101 – locanda-dellorco.it – Chiuso lunedì

RIVERGARO

✉ 29029 – Piacenza (PC) – Carta regionale n° **9**–A1

😊 CAFFÈ GRANDE

DEL TERRITORIO • **AMBIENTE CLASSICO** Sulla piazza centrale del paese, dietro un'incantevole facciata Liberty si aprono interni inaspettatamente moderni ed essenziali. La cucina va fiera di un'ottima selezione di salumi piacentini DOP (coppa, pancetta e salame), anolini in brodo di terza e tortelli di ricotta e spinaci tra le paste e carne di manzo di rimarchevole qualità tra i secondi.

🏠 ♿ – Prezzo: €€

Piazza Paolo 9 – ☏ 0523 958524 – caffegrande.it – Chiuso lunedì e martedì

LOCANDA SENSI ⓝ

ITALIANA CONTEMPORANEA • **ACCOGLIENTE** Un piacevole indirizzo di campagna, gestito con simpatia e passione; gli ambienti sono confortevoli e moderni e il servizio all'aperto affaccia sul panorama più tipico dei colli piacentini. La carta spazia dal territorio ai piatti a base di pesce con stile gourmet. Il patron Simone Barani si muove tra sala e brace, dove oltre ad un paio di tagli di carne si cucinano anche prelibatezze come il petto del piccione, che viene poi servito con crostino alle sue interiora, timballo di riso, coscia e filetto marinato. Buona la selezione di vini.

🐾 ♿ Ⓜ ⛩ 🅿 – Prezzo: €€

Località Case Negri 116 – ☏ 0523 182 0409 – locandasensi.eu – Chiuso mercoledì, a mezzogiorno da lunedì a venerdì e sabato sera

RIVISONDOLI

✉ 67036 – L'Aquila (AQ) – Carta regionale n° **15**–B2

😊 **DA GIOCONDO**

ABRUZZESE • RUSTICO A garanzia della genuinità del locale, i titolari si occupano personalmente di sala e fornelli, assicurando che in tavola vengano serviti rustici e gustosi piatti di cucina regionale, talvolta esposti a voce a completare la piccola carta, secondo le disponibilità del mercato: la freschezza dei prodotti è così garantita! Tra le specialità si ricordano sicuramente le paste tradizionali fatte a mano, ognuna con un suo nome particolare da portarsi via come un suono d'Abruzzo.

Prezzo: €

Via Suffragio 2 – ☏ 0864 69123 – ristorantedagiocondo.it – Chiuso martedì

RIVODUTRI

✉ 02010 – Rieti (RI) – Carta regionale n° **12**–B1

🏵 **LA TROTA**

Chef: Maurizio e Sandro Serva

CREATIVA • ELEGANTE Prima di entrare, fermatevi un istante a guardare le acque del canale Santa Susanna che scorre davanti a voi. Pure e cristalline, sono il biglietto da visita di un ristorante che ha saputo rivoluzionare il concetto di pesce d'acqua dolce, nobilitandolo a livello di ingredienti tradizionalmente considerati più prestigiosi. Merito dei fratelli Serva, affiancati dai rispettivi figli, aver valorizzato un patrimonio di trote, carpe, tinche, gamberi di torrente, lucci e pesce gatto – per menzionarne solo alcuni – cercandoli nelle acque più incontaminate e affiancandoli a qualche proposta di carne. Il tutto ravvivato da un buon utilizzo di erbe spontanee, di cui a fine pasto vi verrà regalato un profumato estratto da portare a casa, per una tisana calda o una fresca bevanda. Eccellente scelta vinicola in abbinamento, con una sorprendente collezione di cognac e liquori. Col bel tempo si può mangiare su un ponticello di legno che solca il canale. Una storia che nel 2023 ha festeggiato 60 anni di vita.

🐾 🛏♿Ⓜ⛩♻🅿 – Prezzo: €€€€

Via Santa Susanna 33, loc. Piedicolle – ☏ 0746 685078 – latrota.com – Chiuso martedì e mercoledì

ROBBIATE

✉ 23899 – Sondrio (SO) – Carta regionale n° **5**–B1

OSTERIA DELLO STRECCIOLO ⓝ

ITALIANA CONTEMPORANEA • CONTESTO TRADIZIONALE In centro paese, un locale molto frequentato dall'atmosfera informale e ottima professionalità. La cucina prende spunto da ricette mediterranee e dalla tradizione regionale. C'è molta cura nelle materie prime utilizzate e una bella caratterizzazione dei piatti presentati. Da martedì a venerdì, a mezzogiorno, viene proposto anche un menu business lunch.

Prezzo: €€€

Via Indipendenza 2 – ☏ 039 928 1052 – osteriadellostrecciolo.it – Chiuso lunedì e domenica sera

ROCCA SAN GIOVANNI

✉ 66020 – Chieti (CH) – Carta regionale n° **15**–B1

INSIGHT EATERY

CREATIVA • DESIGN Quasi nascosto e in discesa verso il mare rispetto alla litoranea, un ristorante piccolo e originale con pareti vetrate affacciate sul verde e sull'Adriatico, dove pare di essere isolati da tutto, di fronte al blu. Il cuoco propone una cucina molto personalizzata ed originale, ma soprattutto di grande livello, che fanno di Insight una delle tappe gastronomiche più interessanti del litorale abruzzese.

⪡ 🛋 – Prezzo: €€

Contada Vallevò 266 – ☏ 329 382 0346 – insighteateryristorante.com – Chiuso lunedì e martedì e domenica sera

ROCCARASO

✉ 67037 – L'Aquila (AQ) – Carta regionale n° **15**–B2

CHICHIBIO

MODERNA • INTIMO Pochi i tavoli e tanta la cura per questo intimo ristorante nel centro del paese, diretto da due dinamici cuochi, Cinzia e Raffaele, che hanno deciso di rimanere nel proprio territorio dove selezionano i migliori ingredienti con cui preparare una cucina fatta di sapori locali in chiave moderna e fantasiosa.

🅰 – Prezzo: €€

Via Guglielmo Marconi 1 – ☏ 328 905 4831

ROCCELLA IONICA

✉ 89047 – Reggio Calabria (RC) – Carta regionale n° **19**–B3

LA CASCINA

CLASSICA • RUSTICO Lungo la statale, un piacevole e rustico locale ricavato dalla ristrutturazione di un casolare di fine Ottocento con sale dalle pareti in pietra e soffitti lignei. Il menu recita una serie di proposte di terra e di mare, mentre nell'adiacente bottega sono in vendita prelibatezze del territorio (spesso di produzione propria), molte di esse a base di bergamotto!

🔒🅰🛋🅿 – Prezzo: €€

Strada statale 106 – ☏ 0964 866675 – ristorantelacascina1899.it – Chiuso martedì

RODENGO SAIANO

✉ 25050 – Brescia (BS) – Carta regionale n° **5**–D2

IL COLMETTO

Chef: Riccardo Scalvinoni

CONTEMPORANEA • BISTRÒ Solidità e concretezza contadina si accompagnano ad una tecnica di cucina impeccabile da parte del talentuoso chef; gustoso menu vegetariano composto da 5 portate. La scelta enoica è altrettanto interessante con una discreta scelta anche di vini francesi.

🐾 *L'impegno dello chef:* Il Colmetto è in tutto e per tutto una struttura sostenibile, innanzitutto per la sua impiantistica: col fotovoltaico producono energia elettrica mentre il riscaldamento avviene prevalentemente con l'ausilio di legna raccolta nei boschi di proprietà durante le operazioni di pulizia e manutenzione del verde. La carta inoltre è un omaggio alle eccellenti autoproduzioni, soprattutto di carne e verdure.

♿🅰🛋🅿 – Prezzo: €€€

Via Finilnuovo 9/11 – ☏ 030 681 1292 – ilcolmetto.it – Chiuso lunedì e martedì

ROGNANO

✉ 27010 – Pavia (PV) – Carta regionale n° **4**–A3

CASCINA VITTORIA

TRADIZIONALE • **CASA DI CAMPAGNA** Una cascina in mezzo a risaie e campagne attorno Milano, i cui punti di forza sono le paste e i lievitati fatti in casa (in apposito laboratorio), le verdure provenienti dall'orto di proprietà ed un braciere per cotture tradizionali di carni piemontesi. Possibilità di acquisto di alcuni prodotti; in arrivo tre camere per chi desiderasse concedersi una serata più rilassata.

🏧 🏠 **P** – Prezzo: €€

Via Roma 26 – 𝒞 0382 923772 – cascinavittoria.it – Chiuso lunedì

ROLETTO

✉ 10060 – Torino (TO) – Carta regionale n° **1**–B2

🏠 IL CIABOT

PIEMONTESE • **FAMILIARE** Una piacevole atmosfera riscaldata dal camino nei mesi più freddi vi accoglierà in questo ristorante familiare, dove si celebra la grande cucina piemontese (pur con qualche piatto di pesce). Piatti tradizionali, dimenticati altrove, qui sono intramontabili, dalla terrina di bollito misto in salsa verde al cosciotto di fassone in crosta, con un'ottima mousse al giandujotto tra i dolci. Consigliamo di prenotare.

🏠 – Prezzo: €

Via Costa 7 – 𝒞 0121 542132 – ristoranteilciabot.it – Chiuso lunedì e domenica sera

ROMA

✉ 00186 – Roma (RM)
Carta regionale n° 12–A2

La Capitale, magnifica e seduttiva, gioca un ruolo di primo piano anche nel campo della ristorazione. Così come la città sa essere sontuosa e popolare al tempo stesso, anche la sua cucina si polarizza tra fine dining di grande raffinatezza e locali veraci, che celebrano con passione ed entusiasmo una cucina fatta di ingredienti poveri ma ricchi di gusto. Tendenza degli ultimi anni sono le numerose aperture di ristoranti gastronomici nei grandi hotel del centro, tra architetture sontuose e terrazze che offrono viste mozzafiato sulla città.

Tra i resti romani o il verde di Villa Borghese, nell'intramontabile Trastevere, nell'elegante Monti o nei più popolari quartieri di Testaccio, Pigneto e San Lorenzo, dopo che le luci degli indimenticabili tramonti romani hanno accarezzato le antiche rovine e le cupole barocche, accomodatevi al vostro tavolo e fate il pieno di bellezza e bontà.

A. Serrano/hemis.fr

A TAVOLA, SECONDO I VOSTRI GUSTI

RISTORANTI DALLA A ALLA Z

BEST-OF

ROMA

RISTORANTI PER TIPO DI CUCINA

ROMA

MENO DI 35€

ROMA

TAVOLE ALL'APERTO

ROMA

ROMA
plan II
0   250 m

42
Vle Giuseppe Mazzini
V. della Giuliana
V. Triontale
V. Andrea Doria
V. Candia
V. Leone IV
V. Vespasiano
V. Germanico
V. dei Gracchi
Vle delle Milizie
V. Silvio Pellico
V. Angelico
Giuseppe Ferrari
V. Giuseppe Angelo Brofferio
Vle delle Milizie
41 49
V. Flaminia
Flaminio
Vle La G
Santa Maria del Popolo
Pza del Popolo
Il Pincio
Pincio
Piazza Napoleone I
10 S. Maria di Montesan
Villa Medi
5 Santa Maria dei Miracoli
Ottaviano San Pietro 15
Barletta
V. degli Scipioni
V. Fabio Massimo
V. Cola di Rienzo
V. Crescenzio
V. Ovidio
V. Virgilio
V. Orazio
Lepanto
V. Fornovo
V. Marcantonio Colonna
V. Vigilio Orsini
V. Alessandro Farnese
Lungotevere Michelangelo
Lungotevere Arnaldo da Brescia
Ponte Regina Margherita
Pza. della Libertà
Pza. della Margherita
V. Ennio Quirino Visconti
V. Giuseppe Gioachino Belli
40 39
37 38
Pza Cavour
V. di Ripetta
Mausoleo di Augusto
Spagna
Pza A. Imperatore
Museo dell' Ara Pacis
35
65 63 V. dei Condotti
Font. Barca
V. della Vite
19 53
V. del Mascherino
Borgo Vittorio
V. Alberico II
Borgo Sant'Angelo
CASTEL SANT'ANGELO
Lungotevere Marzio
16 57
Pza d. Parlamento
Corso
22 67
6
Pza Colonna
13
Piazza S. Ignazio di Loyola
S. Igna di Loy
MUSEI VATICANI
GIARDINI VATICANI
PIAZZA S. PIETRO
S. PIETRO
V. della Conciliazione
Ospedale di S. Spirito
VILLA BARBERINI
Pza D. Cavalleggeri
V. delle Fornaci
S. PIETRO
V. delle Mura Aurelie
V. Nuova delle Fornaci
V. di Porta Cavalleggeri
Passeggiata del Gianicolo
V. del Gianicolo
Lungotevere Gianicolense
Lungotevere dei Sangallo
Lungotevere Tor di Nona
V. delle Mantellate
Villa Farnesina
Palazzo Corsini
V. Giulia
V. dei Banchi Vecchi
PALAZZO ALTEMPS
V. dei Coronari
San Luigi dei Francesi
PIAZZA 14
Sant'Agnese in Agone
PIAZZA NAVONA
Palazzo Braschi
Pal. della Cancelleria
Piazza Campo dei Fiori
Palazzo Farnese
Palazzo Spada
Lungotevere dei Farnesi
8 PANTHEON
Santa Maria Sopra Minerva
V. del Plebisci
64 GES
1 4
7
18 3
56 24 21 29
12 23
Sant'Andrea della Valle
Vittorio Emanuele II
Area Sacra
P1
Pza B. Cairoli
Tempio di Apollo Sosiano
Vittoria
PALAZZO NUO
PALAZZO DE CONSERVATO
47
GIANICOLO
Antica Farmacia d. Scala
45 43
Museo di Roma in Trastevere
S. Crisogono
TRASTEVERE
Isola Tiberina
San Benedetto in Piscinula
Teatro c Marcel
Tempio de Fortune Vir
Tempio di Vesta
Santa Ma in Cosme
PARCO GIANICOLENSE
Piazzale Garibaldi
San Pietro in Montorio
Piazzetta S. Pancrazio
Santa Maria in Trastevere
Pza di S. Cosimato
Santa Cecilia
V. dei Genovesi
36
Villa Doria Pamphili
V. Aurelia Antica
V. di Pancrazio
V. Fratelli Bonnet
V. Basilio Bricci
V. Giacinto Carinic
Vle ai Quattro Venti
V. Nicola Fabrizi
V. Calandrelli
VILLA SCIARRA
44 69
S. Francesco a Ripa
Vle delle Mura portuensi
V. di S. Michele
Porto di Ripa Grande
Santa Sabina
Santa San Sant'A
V. di Sta. Sa
PARC SAVEL
N
V. Vitellia
Vle dei Quattro Venti
V. Felice Cavallotti
V. Alessandro Poerio
Gianicolense
Ugo Bassi
V. Dandolo
V. di Trastevere
V. F. Dall'Ongaro
V. Ippolito Nievo
Fiume Tevere
V. Portuense
Lungotevere Testaccio
Lungotevere Testaccio
V. Amerigo Vespucci
V. Giovanni Branca
V. Marmorata
V. di Sant'Ansel
Pza Testaccio
59
TESTACCIO
V. Alessandro Volta
V. Galvani
Mattatoio
Piramide di Caio Cestio
Port S. Pa
PAR CES

Palazzo della Farnesina ai Baullari.....P1
Palazzo et Galleria Doria Pamphilj.....P2

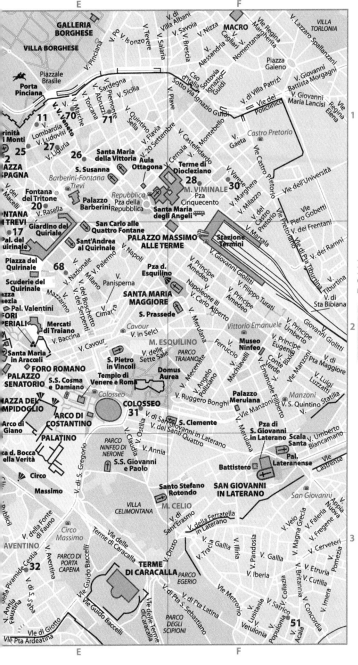

GALLERIA BORGHESE

VILLA BORGHESE

Piazzale Brasile

Porta Pinciana

MACRO

VILLA TORLONIA

V. di Villa Albani
V. Savoia
V. Nizza
V. Brescia
V. Alessandria
Cagliari
V. Nomentana
V. Regina Margherita
V. Lazzaro Spallanzani

Piazza Galeno

V. Giovanni Battista Morgagni

V. di Villa Patrizi

V. Giovanni Maria Lancisi

Vle del Policlinico

V. Giovanni Maria Lancisi

Vle Regina Elena

11 70

71

Trinità i Monti

25

27

26

2

AZZA SPAGNA

V. dei Macelli

NTANA TREVI

20

17

Pal. del Quirinale

Giardino del Quirinale

68

Scuderie del Quirinale

azza ezia

Pal. Valentini

ORI ERIALI

Mercati di Traiano

V. Baccina

Santa Maria in Aracoeli

FORO ROMANO

PALAZZO SENATORIO

S.S. Cosma e Damiano

AZZA DEL MPIDOGLIO

Arco di Giano

PALATINO

Circo

Massimo

ARCO DI COSTANTINO

Lombardia
V. Ludovisi
Veneto
V. Sardegna
V. Abruzzi
V. Toscana
V. Piemonte
V. Sicilia
V. Quintino Sella
V. Flavia
V. XX Settembre
V. Castelfidardo
V. Cernaia
V. Montebello
V. Gaeta
Castro Pretorio
V. Castro Pretorio
Vle Castro Pretorio
V. Marghera
V. Milazzo
V. del Castro Pretorio
V. Vicenza
V. Varese
V. Marsala

Vle dell'Università
Vle Piero Gobetti
V. dei Frentani
V. dei Ramni

Santa Maria della Vittoria

Aula Ottagona

Terme di Diocleziano

28

M. VIMINALE

30

S. Susanna

Barberini-Fontana Trevi

Fontana del Tritone

Palazzo Barberini

Repubblica

Pza della Repubblica

Pza Cinquecento

Santa Maria degli Angeli

Stazione Termini

V. Rasella

San Carlo alle Quattro Fontane

Sant'Andrea al Quirinale

PALAZZO MASSIMO ALLE TERME

V. Napoli

Piazza del Quirinale

V. Nazionale
V. Palermo
V. Milano
V. del Boschetto
V. dei Serpenti
V. Cimarra
Mazzarino
V. Panisperna

V. Giovanni Giolitti

Pza d. Esquilino

Principe Amedeo

V. Filippo Turati

V. di Sta Bibiana

V. Tiburtina

SANTA MARIA MAGGIORE

Napoleone III

Principe Amedeo

V. Carlo Alberto

V. di Sta Bibiana

S. Prassede

Cavour

V. in Selci

M. ESQUILINO

V. Cavour

S. Pietro in Vincoli

V. delle Sette Sale

Tempio di Venere e Roma

Domus Aurea

PARCO TRAIANEO

V. Merulana

Vittorio Emanuele

Museo Ninfeo

V. Giovanni Giolitti

Principe Eugenio

Conte Verde

V. Emanuele Filiberto

V. Principe Umberto

Pta Maggiore

V. Manzoni

V. Luigi Luzzatti

Statilia

Colosseo

COLOSSEO

31

V. di San Giovanni in Laterano

S. Clemente

V. dei Santi Quattro

Palazzo Merulana

Manzoni

V.S. Quintino

V. Ruggero Bonghi

V. Mecenate

V. Angelo Poliziano

V. Machiavelli

Ferruccio

Vle Manzoni

V. di S. Gregorio

PARCO NINFEO DI NERONE

V. Claudia

V. Ostilia

V. Annia

S.S. Giovanni e Paolo

Pza di S. Giovanni in Laterano

Scala Santa

Pal. Lateranense

V. Umberto Biancamano

Vle Castrense

Battistero

Santo Stefano Rotondo

SAN GIOVANNI IN LATERANO

San Giovanni

VILLA CELIMONTANA

M. CELIO

V. di Sant'Erasmo

V. della Ferratella in Laterano

V. Appia Nuova

V. Magna Grecia

V. Faleria

V. Fregene

V. Cerveteri

V. della Fonte di Fauno

Circo Massimo

V. della Fonte di Fauno

AVENTINO

V. Druso

V. Tracia

V. Gallia

V. Pandosia

V. Illiria

V. Gallia

V. Veio

V. Etruria

V. Pomezia

V. Cutilia

V. Aventina

32

V. di Piramide Cestia

V. Annia Faustina

V. di S. Saba

PARCO DI PORTA CAPENA

Vle delle Terme di Caracalla

Vle Guido Baccelli

TERME DI CARACALLA

PARCO EGERIO

V. di Pta Latina

V. di Pta S. Sebastiano

V. Metronio

V. Iberia

V. Lusitania

V. Satirico

V. Populonia

V. Vetulonia

V. Collazia

V. Britannia

51

V. Acaia

V. Imera

V. Concordia

bblici

Vle Pta Ardeatina

Vle Giotto

Vle Guido Baccelli

Vle delle Terme di Caracalla

PARCO DEGLI SCIPIONI

✿✿ ACQUOLINA

Chef : Daniele Lippi

CREATIVA • ELEGANTE Al pian terreno del centrale e raffinato hotel The First Roma - dall'atmosfera impreziosita da opere d'arte originali, dipinti e sculture - ricette a base di pesce ispirate alla cultura gastronomica del Bel Paese, sempre permeate da un guizzo creativo. La proposta si concretizza in due menu degustazione da 7 e 9 portate, che presentano varie visioni della cucina da parte dello chef: al centro domina il Mediterraneo, attraverso i suoi prodotti, profumi e tradizioni. Tra i piatti che più abbiamo apprezzato c'è il Gambero rosso con latte di pecora fermentato: il gambero è dolce, profumato, freschissimo, accompagnato da un olio di prezzemolo e da un'ostrica che insieme al kefir supporta il piatto con la sua acidità. A completare il tutto un falafel e una salsa di aglio bianco. Equilibrio perfetto per un piatto sublime. Servizio di grande attenzione e un adiacente cocktail bar dove un bravissimo barman saprà consigliarvi il migliore pre e dopo cena.

🕭 ⅋ 🎟 – Prezzo : €€€€

Pianta: D1-5 – *Via del Vantaggio 14* – ✿ *Spagna* – ✆ *06 320 1590* – *acquolinaristorante.it* – *Chiuso lunedì, domenica e a mezzogiorno*

✿✿ IL PAGLIACCIO

Chef : Anthony Genovese

CREATIVA • ELEGANTE Una cucina fusion che pare quasi l'autobiografia dello chef Anthony Genovese e che riunisce i luoghi delle sue esperienze e dei suoi viaggi (la Francia, in primis), coniugando gusto mediterraneo e sfumature d'Oriente. Un elogio particolare al servizio sovrainteso da Matteo Zappile, preciso e cortese, sostenuto da una cantina interessante dove grande spazio e attenzione sono riservati agli Champagne. Se a mezzogiorno si può approfittare di un percorso più easy, Parallel è invece un piccolo ristorante nel ristorante: un'unica saletta per 2/6 persone con un menu a 14 portate.

🕭 🎟 – Prezzo : €€€€

Pianta: D2-1 – *Via dei Banchi Vecchi 129/a* – ✆ *06 6880 9595* – *ristoranteilpagliaccio.com* – *Chiuso lunedì, domenica e a mezzogiorno da martedì a venerdì*

✿ AROMA

MODERNA • LUSSO È una bella cucina completamente a vista a dare il benvenuto agli ospiti che raggiungono questo incantevole ristorante con affaccio sulla Città Eterna: dal Colosseo al cupolone la vista sarà un souvenir indelebile! Se il nome è un omaggio alla città e agli aromi della cucina mediterranea, lo chef Giuseppe Di Iorio non manca di condire i suoi piatti con un tocco di creatività. La scelta si suddivide in quattro menu degustazione, Corinzio, Dorico, Ionico e Colle Oppio (vegetariano), oltre a qualche classico rivisitato come l'Amatriciana e la Carbonara. L'adiacente Aroma Bistrò, affacciato verso il Parco del Colle Oppio, propone una cucina più semplice e veloce.

⪕ 🎟 🍽 – Prezzo : €€€€

Pianta: E2-31 – *Via Labicana 125* – ✿ *Colosseo* – ✆ *06 9761 5109* – *manfredihotels.com/aroma* – *Chiuso a mezzogiorno lunedì e martedì*

✿ IL CONVIVIO TROIANI

Chef : Angelo Troiani

CONTEMPORANEA • ELEGANTE Un ristorante di lunga tradizione, che nasce nei primi anni '90 dall'idea di tre fratelli di origine marchigiana: Angelo ai fornelli,

Giuseppe e Massimo in sala. Da allora sono diventati un punto di riferimento della ristorazione capitolina grazie ad una cucina molto personalizzata, con frequenti citazioni laziali e italiane, in alcuni casi proposte in versione più o meno ortodossa, in altri rivisitate con estro e un pizzico di audacia. Come non citare, quindi, la Amatriciana dei Troiani (in carta dal 1996!), oppure l'agnello locale... In cantina riposano circa 3600 etichette tra distillati e vini, con verticali e annate profonde; la selezione al calice è importante e supportata da una lista di grandi cru rossi italiani.

🕸 🄺 ⇔ – Prezzo : €€€€

Pianta: D2-6 – *Vicolo dei Soldati 31* – ℰ *06 686 9432* – *ilconviviotroiani.it* – *Chiuso domenica e sera da lunedì a sabato*

❀ **IDYLIO BY APREDA**

ITALIANA CONTEMPORANEA • **ELEGANTE** In una via defilata del centro, il Pantheon Hotel accoglie questa realtà gastronomica con alla guida il bravo chef campano Francesco Apreda, che qui propone una cucina dalle note asiatiche e speziate in aggiunta a suggestioni partenopee, in un ambiente moderno e trendy. Eliminata la carta, la scelta si dirige ora verso uno dei tre percorsi degusta-zione: Firma Iconica, Sapidità Essenziali e Idylio's Butterfly (quest'ultimo consente una selezione di 4 portate dagli altri due menu). Il servizio giovane, ma esperto, particolarmente generoso di sorrisi e consigli, faciliterà l'orientamento nella pro-posta - assai personalizzata - di Apreda.

🕸 🄺 – Prezzo : €€€€

Pianta: D2-3 – *Via di Santa Chiara 4* – ℰ *06 8780 7070* – *thepantheonhotel. com* – *Chiuso lunedì, domenica e a mezzogiorno*

❀ **IMÀGO**

ITALIANA CONTEMPORANEA • **LUSSO** Si prova una certa emozione entrando nella hall dell'Hotel Hassler, un po' per la bellezza dei suoi saloni, ma soprattutto per la consapevolezza dell'importanza che questo luogo ha avuto nell'ospitalità capito-lina. Imàgo, al top dell'edificio (a sua volta in cima alla celebre Scalinata di piazza di Spagna) è il palcoscenico scenografico per la cucina del giovane Andrea Antonini, il quale – supportato da un ottimo servizio – parte da tradizioni e ingredienti italiani, spesso laziali, per disegnare coreografiche portate creative. Si consiglia il menu degustazione alla cieca, composto dai cavalli di battaglia dello chef estrapolati dalla carta. La selezione enoica, ampia e ben articolata, concede molto spazio a bottiglie estere, con uno slancio particolare per la Francia. La magnifica e irripetibile vista sulla Città Eterna è la ciliegina sulla torta per un'esperienza gastronomica all'insegna della raffinatezza.

🕸 ≼ 🄺 – Prezzo : €€€€

Pianta: E1-2 – *Piazza Trinità dei Monti 6* – Ⓜ *Spagna* – ℰ *06 6993 4726* – *hotelhasslerroma.com* – *Chiuso lunedì, domenica e a mezzogiorno*

❀ **MARCO MARTINI RESTAURANT**

Chef : Marco Martini

CREATIVA • **ALLA MODA** "Occhi, pancia, testa" è la definizione di cucina per lo chef: dal ricordo dei sapori del passato parte lo studio di quelli che creerà. La curiosità e la voglia di osare non fanno difetto allo chef, che elabora piatti moderni e fantasiosi dove ogni proposta ha una sua storia da raccontare, fatta di emozioni e rievocazioni. Anche la scelta enoica si rivela intrigante, perché oltre ad etichette blasonate si rivolge a piccole produzioni poco conosciute, ma valide. L'ambiente è un giardino d'inverno con contaminazioni di stili, mentre la terrazza-lounge diventa un delizioso spazio in cui sorseggiare aperitivi e fantasiosi cocktail approfittando di qualche assaggio. Su prenotazione anticipata, carta gourmet anche a pranzo.

🄺 🍴 – Prezzo : €€€

Pianta: E3-32 – *Viale Aventino 121* – Ⓜ *Circo Massimo* – ℰ *06 4559 7350* – *marcomartinichef.com* – *Chiuso domenica*

ROMA

RISERVA NATURALE
DELL'INSUGHERATA

V.C. Nuova
V. Cassia

V. della Camilluccia

Galleria
Giovanni XXIII

STADIO
OLIMPICO

ROMA
plan I

0   2 km

N

V. Salaria
V. dei Fiscali

Circ. Salaria
V. Platti

V. Nomentana

Anene

VILLA
ADA

Nomentana

V. di Pietralata

61 TOR DI QUINTO
V. del Foroltalico

MONTE MARIO

Gemelli

48

Cso di Francia

V. Flaminia

**Sant'Agnese
fuori le Mura**

Balduina

33

58

34

Appiano

Il Pincio   **voir plan II**

Corso d'Italia

San Lorenzo
fuori le Mura

Tiburtina

V. di
Portonaccio

VATICANO

**MUSEI
VATICANI**

**CASTEL
SANT'ANGELO**

Termini

50

Valle
Aurelia

S. Pietro

Tevere

**SANTA MARIA
MAGGIORE**

COLOSSEO

Ponte
Casilino

Prenestina   prenestina

V.

62

**Villa Doria
Pamphilj**

V. Leone XIII

**S. GIOVANNI
IN LATERANO**

Porta
Tuscolana

V. Gallia

V. Casilina

Braverta

Roma
Trasteverre

46

Pta S.
Paolo

52

TUSCOLANO

V. Latina

55

Vie dei Colli
Portuensi

60 54

Ostiense

Ardeatina

CINECITTÀ

Villa
Bonelli

**Basilica di S. Paolo
Fuori le Mura**

Garbatella

Marconi

V. Laurentina

V. della Magliana

Viadotto della
Magliana

V. Portuense

V. Isacco Newton

V. del Trullo

CATACOMBE

V. Appia
Pignatelli

**V. Appia
Antica**

Appia
Nuova

NAPOLI

OSTIENSE

Ardeatina

☸ **PER ME GIULIO TERRINONI**

Chef : Giulio Terrinoni

CREATIVA • CONTESTO CONTEMPORANEO In un vicolo del centro storico, una traversina della celebre via Giulia, il valore aggiunto di questo locale sta nella personalità dello chef, originale e fantasioso, bravo a cucinare la carne, eccezionale col pesce, rigoroso nella tecnica ma non privo di estro. Tutto è incentrato sulla sostenibilità, sulla ricerca della migliore materia prima, sulla scelta e la crescita di piccoli produttori locali, con l'obiettivo di raggiungere "zero scarti". Oltre alla carta, l'ospite può optare per uno dei tre percorsi degustazione: "Primi Passi" con 5 piatti iconici dello chef, "Testa, Mani, Cuore" un racconto personale in 10 portate e "Think Green" con 5 piatti vegetariani di stagione. Col bel tempo, prenotate con anticipo per assicurarvi uno dei pochi tavoli nel grazioso dehors.

⅋ ⅋ ⅋ ⅋ – Prezzo : €€€

Pianta: D2-7 – *Vicolo del Malpasso 9* – ℰ *06 687 7365* – *giulioterrinoni.it*

☸ **PIPERO ROMA**

CREATIVA • ELEGANTE Di fronte alla chiesa di Santa Maria in Vallicella, conosciuta dai romani come Chiesa Nuova, il ristorante porta il nome del patron Alessandro Pipero. Ai fornelli, Ciro Scamardella è un giovane cuoco campano, autore di piatti moderni, attenti alle stagioni e alle citazioni della sua terra d'origine. Nelle sue proposte vi è una continua ricerca dell'equilibrio e del cromatismo delle presentazioni. La ricetta che ha conquistato gli ispettori è la rivisitazione dell'impepata di cozze: composizione bellissima, con il mare che prende il sopravvento.

456

⚄ ♿ 🅰 ⇔ – Prezzo : €€€€

Pianta: D2-4 – *Corso Vittorio Emanuele II 250 – ℰ 06 6813 9022 – piperoroma. it – Chiuso domenica e a mezzogiorno lunedì e sabato*

53 UNTITLED

ITALIANA CONTEMPORANEA • CONVIVIALE Due ragazze appassionate, un bistrò accogliente con qualche tavolino sulla via e una filosofia molto contemporanea nell'offerta gastronomica e nella mescita di vini e cocktail. È un locale easy e informale, con una cucina a ottimi livelli che offre la possibilità di condividere numerose tapas. Ricette tradizionali romane e altre più classiche e internazionali.

🅰 🍴 – Prezzo : €€

Pianta: D2-29 – *Via del Monte della Farina 53 – ℰ 375 715 0155 – untitledrestaurant.com – Chiuso lunedì, martedì e a mezzogiorno*

GREEN T.

CINESE • STILE ORIENTALE In un originale locale disposto su quattro livelli, non lontano dal Pantheon, il menu propone sapori d'Oriente e cucina imperiale: ovvero quella che da Mao in poi è diventata la "cucina dei banchetti ufficiali". A sorpresa anche qualche piatto di linea asiatica moderna.

🅰 🍴 ⇔ – Prezzo : €€

Pianta: D2-9 – *Via del Piè di Marmo 28 – ℰ 06 679 8628 – green-tea.it – Chiuso martedì*

HOSTERIA GRAPPOLO D'ORO

ROMANA • RUSTICO Nei pressi di piazza Navona e Campo de' Fiori, locale di lunga tradizione dagli inizi di questo secolo in mano a cinque soci del settore, di cui uno ai fornelli. Cucina classica romana generosa e di qualità (cacio e pepe, agnello al forno, baccalà alla romana...) in un ambiente rustico e piacevole.

♿ 🅰 🍴 – Prezzo : €

Pianta: D2-56 – *Piazza della Cancelleria 80 – ℰ 06 689 7080 – hosteriagrappolodoro.it – Chiuso mercoledì a mezzogiorno*

ACHILLI AL PARLAMENTO

CREATIVA • ELEGANTE Pierluigi Gallo firma la cucina di Achilli. La sua filosofia unisce alla profonda conoscenza della tradizione le moderne tecniche di cottura e valorizzazione delle materie prime. I sapori di una volta sono i protagonisti dei suoi piatti con forme nuove ed eleganti. Uno chef che ama proporre creazioni culinarie dai sapori semplici e riconoscibili senza rinunciare alla raffinatezza per rendere anche l'Enoteca al Parlamento un luogo di grande accessibilità gastronomica. A pranzo, cucina più easy presso il bistrot, dove ci si può accomodare anche nel piacevole dehors.

⚄ 🅰 🍴 – Prezzo : €€€

Pianta: D1-16 – *Via dei Prefetti 15 – Ⓜ Spagna – ℰ 06 687 3446 – achilli. restaurant – Chiuso lunedì e domenica*

ADELAIDE

ITALIANA CONTEMPORANEA • CHIC Nel nome un omaggio alla principessa Adelaide Borghese per questo ristorante dall'ambiente elegante e raffinato, romantico e ricco di charme. Originario di Procida, lo chef Gabriele Muro ammalia i suoi ospiti con piatti colorati, dalle belle presentazioni e dai sapori penetranti, spesso d'impostazione mediterranea, ma soprattutto rispettosi dei prodotti di stagione. Ottima materia prima con un'eccellenza: il pesce!

🍴 – Prezzo : €€€

Pianta: D1-63 – *Via dell'Arancio 69 – Ⓜ Spagna – ℰ 06 878187 – hotelvilon.com*

ARMANDO AL PANTHEON

ROMANA • FAMILIARE A pochi metri dal Pantheon, dal 1961 questo localino è gestito dalla famiglia Gargioli, giunta alla terza generazione. La sua cucina tradizionale - romana e laziale - tra carne, pesce e quinto quarto conquista locali e turisti,

ROMA

mentre la nuova generazione ha strutturato una carta dei vini con molti vitigni autoctoni italiani e produzioni sostenibili. Prenotazione fortemente consigliata.

AK 🛋 – Prezzo : €€

Pianta: D2-8 – *Salita de' Crescenzi 31* – Ⓜ *Spagna* – 𝒞 *06 6880 3034* – *armandoalpantheon.it* – *Chiuso domenica*

CAMPOCORI Ⓝ

ITALIANA • **CHIC** Questo ristorante gourmet progettato dal designer sudafricano Tristan Du Plessis traghetta nella Capitale la visione di fine dining elegante, contemporanea e cosmopolita dello chef Alessandro Pietropaoli. Potrete optare per la scelta à la carte o affidarvi ad un menu degustazione a sorpresa: Natura (4 portate), Emozioni (5 portate) o Viaggio (7 portate).

AK – Prezzo : €€€

Pianta: D2-47 – *Via di Santa Maria de' Calderari 47* – 𝒞 *06 8993 5351* – *chapter-roma.com* – *Chiuso lunedì, martedì e a mezzogiorno*

CASA BLEVE

MEDITERRANEA • **FAMILIARE** Nei pressi di Palazzo Madama, in un antico palazzo del 1492 con ampi soffitti a volte, menu à la carte con specialità nazionali; in bella mostra all'entrata molte etichette di vini anche pregiati.

🐝 AK ⇔ – Prezzo : €€

Pianta: D2-18 – *Via del Teatro Valle 48/49* – 𝒞 *06 686 5970* – *casableve.it* – *Chiuso domenica*

CASA COPPELLE

MEDITERRANEA • **ROMANTICO** Nel cuore della città, un suggestivo e intimo salotto dalle molteplici sfaccettature: si passa dalla "galleria" dei ritratti all'atmosfera più british della saletta delle librerie, nonché all'herbier con stampe a tema alle pareti. La cucina mediterranea è di stampo attuale, il servizio impeccabile e la selezione di vini degna di nota: soprattutto nella sua estensione internazionale.

🐝 ♿ AK ⇔ – Prezzo : €€€

Pianta: D2-13 – *Piazza delle Coppelle 49* – 𝒞 *06 6889 1707* – *casacoppelle. com* – *Chiuso lunedì e a mezzogiorno*

LA CIAMBELLA

ROMANA • **CONVIVIALE** Un piccolo locale molto accogliente, con una gestione squisitamente al femminile. Cucina casalinga e del territorio, dove primeggiano pasta, frattaglie e ricette di carne. Vivamente consigliato il menu degustazione, che permette di scoprire la variegata proposta gastronomica della chef Francesca Ciucci.

🐝 – Prezzo : €€

Pianta: D2-64 – *Via dell'Arco della Ciambella 20* – 𝒞 *06 683 2930* – *la-ciambella.it* – *Chiuso martedì e mercoledì*

CIPASSO BISTROT

ROMANA • **BISTRÒ** Un bistrot che unisce un'allure contemporanea e toni vintage in alcuni arredi. La cucina prende spunto dalla tradizione romana e regionale, con alcune sfiziosità invitanti e piatti più mediterranei, ma sempre elaborati con prodotti rigorosamente stagionali. La bella carta dei vini propone un'ottima scelta di etichette regionali e un'attenzione particolare per i vini al calice. Servizio giovane, molto accogliente e professionale.

♿ AK 🛋 – Prezzo : €€

Pianta: D2-67 – *Via Metastasio 21* – Ⓜ *Spagna* – 𝒞 *06 6889 2620* – *cipassoitalia.it* – *Chiuso a mezzogiorno da lunedì a giovedì*

COLLINE EMILIANE

EMILIANA • **TRATTORIA** L'Emilia si dà appuntamento a Roma! Da tempo un accogliente indirizzo dove gustare le specialità regionali, splendidi salumi, paste

ROMA

fatte in casa, gli imperdibili passatelli in brodo... Un viaggio extra-regionale pur rimanendo nella bellissima capitale.

🝏 ⇔ – Prezzo : €€

Pianta: E1-20 – *Via degli Avignonesi 22* – 🅜 *Barberini* – 🕿 *06 481 7538* – *collineemiliane.com* – *Chiuso lunedì e domenica*

LE JARDIN DE RUSSIE

MEDITERRANEA • **LUSSO** A dispetto del nome francese, i sapori sono decisamente tricolori, mediterranei, reinterpretati in una linea di cucina contemporanea, che sa essere, al tempo stesso, gustosa e leggera. In alternativa alla carta, solo a pranzo è disponibile un menu di tre portate, mentre la domenica viene proposto un brunch. Allo Stravinskij Bar, oltre a cocktail e signature drinks si possono gustare tutta la giornata vari piatti di cucina italiana.

🖇 ☖ よ 🝏 🛱 ⇔ – Prezzo : €€€

Pianta: D1-10 – *Via del Babuino 9* – 🅜 *Flaminio* – 🕿 *06 3288 8870* – *roccofortehotels.com*

LUCIANO CUCINA ITALIANA

CREATIVA • **DI TENDENZA** Diverse salette informali ma di tono minimalista/ elegante e tavoli in una graziosa piazzetta della Roma antica. Alla celebre carbonara si accompagnano altri ottimi piatti, con qualche omaggio regionale soprattutto tra i primi; per il resto impostazione fondamentalmente creativa nel rielaborare proposte classiche. La pasta è realizzata nel bel laboratorio a vista al piano inferiore.

🛱 – Prezzo : €€

Pianta: D2-21 – *Piazza del Teatro di Pompeo 18* – 🕿 *06 5153 1465* – *lucianocucinaitaliana.com*

IL MARCHESE - OSTERIA MERCATO LIQUORI

ITALIANA • **OSTERIA** Veracemente romano (il Marchese è quello indimenticabile interpretato da Alberto Sordi), è un locale popolare e aristocratico nello stesso tempo. I piatti sono quelli della tradizione, gustosi, succulenti, immediati, ma serviti in una cornice sofisticata. Non ci sono orari per mangiare o per bere: ogni momento è buono per deliziarsi con le polpette di bollito fritte, un'amatriciana, un galletto farcito o un piatto di spaghetti al pomodoro. Ottima proposta di mixology: il Marchese accoglie il primo amaro bar d'Europa, con una selezione di oltre 500 etichette.

🖇 – Prezzo : €€

Pianta: D1-65 – *Via di Ripetta 162* – 🕿 *06 9021 8872* – *ilmarcheseroma.it*

MATER TERRAE

Chef : Sumon Kan

VEGETARIANA • **LUSSO** Al rooftop del lussuoso hotel Raphaël adiacente Piazza Navona, vista a 360° sul centro storico anche dalla sala interna durante la stagione più fredda. Qui cupole e tetti del centro storico sembrano veramente a portata di mano, mentre la filosofia di cucina è solo vegetariana e biologica, elaborata in chiave moderna e fantasiosa.

🕸 *L'impegno dello chef:* Il sodalizio del patron del ristorante Vannoni con il grande chef Pietro Leeman ha generato il miglior ristorante vegetariano della Capitale. Al Mater Terrae regna una scelta alimentare biologica, biodinamica e vegetariana, nel rispetto dell'ambiente e della salute degli ospiti, intenta a limitare al massimo gli sprechi. Tutto il ristorante è costruito con materiali ecosostenibili, come la maggioranza delle camere dell'albergo, da molti anni ormai facente parte della catena Bio Hotels.

⬸ 🝏 🛱 – Prezzo : €€€

Pianta: D2-14 – *Largo Febo 2* – 🕿 *06 6828 3762* – *biohotelraphael.com*

MIRABELLE

ITALIANA CONTEMPORANEA • **ELEGANTE** Dal penultimo piano dell'Hotel Splendide Royal la vista conosce pochi eguali: da Villa Medici a Trinità dei Monti, da San Pietro al Gianicolo... Per fare di meglio si può salire di un piano per un aperitivo

ROMA

o un after dinner al nuovo lounge bar Adèle! Cucina moderna su base classica per un indirizzo consolidato dell'alta ristorazione in città.

⌗ ⩽ 🅰 🍴 – Prezzo : €€€€

Pianta: E1-11 – *Via di Porta Pinciana 14* – ⓜ *Barberini* – ℰ *06 4216 8838* – *mirabelle.it*

POLDO E GIANNA OSTERIA

ROMANA • FAMILIARE Piacevole osteria contemporanea ubicata nei pressi del Parlamento. Proposte di cucina tradizionale romana elaborate con prodotti interessanti e stagionali e un'insospettabile cantina molto ben fornita di etichette anche di pregio. Il gradevole dehors è da prenotare con largo anticipo.

🅰 🍴 – Prezzo : €€

Pianta: D1-57 – *Vicolo Rosini 6/7* – ℰ *06 689 3499* – *poldoegianna.it* – *Chiuso lunedì*

RETROBOTTEGA

ITALIANA CONTEMPORANEA • MINIMALISTA Interni minimal e design pulito in questo locale dalle tinte scure che è aperto dalla colazione alla sera tardi. I due chef-patron hanno fatto esperienza in diversi ristoranti stellati italiani e non solo.

🅰 ⇔ – Prezzo : €€€

Pianta: D2-22 – *Via della Stelletta 4* – ℰ *06 6813 6310* – *Chiuso lunedì*

RINALDI AL QUIRINALE

CLASSICA • AMBIENTE CLASSICO Se state cercando un locale che rifugge le mode e dove poter assaggiare una cucina italiana basata su valide materie prime (soprattutto di mare), preparata secondo tecniche di cottura classiche e con una linea gastronomica semplice, rassicurante e solida, quest'indirizzo dietro al Quirinale è quello che fa per voi! Ottima anche la cantina con bottiglie importanti, verticali profonde e rarità.

⌗ 🅰 🍴 ⇔ – Prezzo : €€€

Pianta: E2-68 – *Via Parma 11/a* – ⓜ *Barberini* – ℰ *06 4782 5171* – *rinaldialquirinale.it*

IL RISTORANTE - NIKO ROMITO ⓝ

ITALIANA CONTEMPORANEA • ELEGANTE Al 5° piano dell'Hotel Bulgari, con la vista che abbraccia il Mausoleo di Augusto, questo locale, che dispone di un'ampia terrazza, offre al suo interno un'atmosfera accogliente ed elegante, con pareti in legno di mogano ed opere d'arte. Il menu si fa espressione concreta del concetto di tradizione italiana rivisitata con leggerezza ed estro in piatti indimenticabili, come nello spaghetto al pomodoro.

⌗ 🅰 🍴 ⇔ – Prezzo : €€€€

Pianta: D1-35 – *Via di Ripetta 73* – ℰ *06 3608 0410* – *bulgarihotels.com*

ROSCIOLI

ROMANA • FAMILIARE In una delle migliori gastronomie capitoline, diverse leccornie tra cui le immancabili paste romane, ma anche pesce cotto o crudo, carni, un banco salumi e formaggi da capogiro, nonché grande selezione di prodotti quali acciughe, mozzarelle, ecc... Senza tralasciare gli ottimi lievitati del proprio forno e la variegata offerta enoica. Non resta che prenotare, e conviene farlo perché altrimenti trovare posto sarà difficile.

⌗ 🅰 – Prezzo : €€

Pianta: D2-23 – *Via dei Giubbonari 21* – ℰ *06 687 5287* – *salumeriaroscioli.com*

IL SANLORENZO

PESCE E FRUTTI DI MARE • ELEGANTE Un palazzo storico, costruito sulle fondamenta del Teatro di Pompeo, per un locale d'atmosfera che unisce storia ed arte contemporanea. Ma il vero protagonista è il pesce, principalmente di provenienza laziale, servito crudo o elaborato senza troppi fronzoli. Special guest i crostacei dell'isola di Ponza, nonché i crudi. Bella selezione di Champagne nella carta vini.

⅏ ⅏ ⇔ – Prezzo : €€€€

Pianta: D2-12 – *Via dei Chiavari 4/5* – ℰ *06 686 5097* – *ilsanlorenzo.it* – *Chiuso domenica e a mezzogiorno lunedì e sabato*

SHIROYA

GIAPPONESE • SEMPLICE Uno dei ristoranti giapponesi più amati del centro storico, i tavoli sono pochi per cui consigliamo di prenotare. Cortesia e professionalità accompagno i piatti da noi più conosciuti della tradizione nipponica, come i ravioli (gyoza) fatti a mano e variamente farciti, la tempura e altri fritti, gli immancabili crudi di pesce in tutte le classiche combinazioni, il ramen, tanto riso variamente preparato e altro ancora.

⅏ ⅏ – Prezzo : €€

Pianta: D2-24 – *Via dei Baullari 147* – ℰ *06 6476 0753* – *shiroya.it* – *Chiuso lunedì*

LE TAMERICI

MEDITERRANEA • ACCOGLIENTE A pochi metri dalla Fontana di Trevi, una piacevole sorpresa che si distingue dai tanti banali ristoranti turistici: in un ambiente raccolto, con dehors nel vicolo, assaggerete l'ottima cucina moderno-mediterranea firmata dallo chef Giovanni Cappelli.

⅏ ⅏ – Prezzo : €€€

Pianta: E2-17 – *Vicolo Scavolino 79* – Ⓜ *Barberini* – ℰ *06 6920 0700* – *letamerici.com* – *Chiuso domenica*

ROMA

STAZIONE TERMINI

ಣ **MOMA**

CREATIVA • CONTESTO CONTEMPORANEO Tra via Veneto e piazza Barberini, Moma è un indirizzo moderno e poliedrico con proposte informali per il pranzo nel bistrot e cucina tradizionale creativa nel ristorante gourmet situato al primo piano dello stabile, che nei tanti mesi di clima mite offre ai clienti la possibilità di godersi il ponentino nel piccolo dehors. L'equilibrio tra consistenze e abbinamenti e la cura di estetica e materia prima costituiscono il fil rouge di tutto il menu, con evidenti riferimenti territoriali nella scelta degli ingredienti e interpretazioni creative e moderne. L'attenzione alla regione ed alle piccole produzioni di qualità viene rimarcata anche dalla selezione enologica, che tende a prediligere vini di piccole aziende artigianali. Un servizio giovane, attento e particolarmente preparato contribuisce alla buona riuscita della serata.

⅏ – Prezzo : €€€

Pianta: E1-26 – *Via di San Basilio 42* – Ⓜ *Barberini* – ℰ *06 4201 1798* – *ristorantemoma.it* – *Chiuso domenica e sabato a mezzogiorno*

DIANA'S PLACE Ⓝ

CONTEMPORANEA • WINE-BAR Stazione Termini, con affaccio sulla piazza, un'enoteca con cucina che vi sorprenderà per freschezza, idee, cotture: prodotti di qualità soprattutto locali, acquistabili dal bancone gastronomico. Il brillante servizio vi accompagnerà nella scelta del vino, anche al bicchiere. Imperdibili i saltimbocca alla romana!

⅏ – Prezzo : €€

Pianta: F1-28 – *Via Volturno 54* – Ⓜ *Stazione Termini* – ℰ *06 8781 1211* – *dianasplace.it*

GAINN

COREANA • **MINIMALISTA** Dal 2007 Gainn dimostra quanto sia interessante e gustosa la cucina coreana: una cucina colorata a base di riso, zuppe, carne e pesce, molte verdure, uso della soia. Una cucina conviviale, che permette di scegliere più piatti da disporre in mezzo al tavolo per condividerli coi propri commensali. Non vengono proposti dessert: i golosi sono avvisati.

🅰🅲 – Prezzo : €€

Pianta: F1-30 – *Via dei Mille 18* – Ⓜ *Termini* – ☏ *06 4436 0160* – *gainnrome.com* – *Chiuso domenica*

GIANO

MEDITERRANEA • **CONTESTO CONTEMPORANEO** In bella posizione a ridosso di via Vittorio Veneto, in un angolo di pace all'interno del moderno hotel W con cui condivide un confortevole cocktail bar e il bel giardino, Giano sfoggia un concept attuale, più informale e con proposte semplici per il pranzo, mentre la sera si fa gourmet. Lo chef è coadiuvato dall'esperienza di Ciccio Sultano, che collabora nella definizione del menu. Vivamente consigliati i piatti iconici come lo spaghetto taratatà (tonno e bottarga), la caponata e i carpacci. Ma anche i dessert non sono da meno, come la millefoglie che rivisita la tradizione. Elogio alla Trinacria, dunque, e all'ottimo servizio.

♿🅰🅲🍽 – Prezzo : €€€

Pianta: E1-27 – *Via Liguria 28* – Ⓜ *Barberini* – ☏ *06 894121* – *gianorestaurant.com*

LA TERRAZZA

MODERNA • **LUSSO** A due passi da via Veneto, all'ultimo piano dell'albergo Eden, La Terrazza è uno degli storici roof-garden della capitale. Lungo la parete vetrata la vista spazia su alcuni dei monumenti più celebri di Roma, mentre nei piatti la cucina delizia con un carosello di proposte creative che prendono spunto dalla tradizione gastronomica italiana ma anche internazionale.

🌿 ⇙♿🅰🅲⇔ – Prezzo : €€€€

Pianta: E1-25 – *Via Ludovisi 49* – Ⓜ *Barberini* – ☏ *06 4781 2752* – *dorchestercollection.com* – *Chiuso lunedì, domenica e a mezzogiorno*

PRATI - CITTÀ DEL VATICANO

✿✿✿ LA PERGOLA

Chef : Heinz Beck

MEDITERRANEA • **LUSSO** *Chiusura temporanea per rinnovo locali da fine novembre a fine aprile.* Dalla terrazza della Pergola, il roof garden capitolino per eccellenza, Roma appare eterna e imperturbabile. In un impeccabile ambiente ovattato, tappeti, poltrone, argenteria, fiori freschi, quadri e mobili importanti concorrono a far da cornice alla vista mozzafiato. La cucina di Heinz Beck è un classico senza tempo, dove le irrinunciabili fagottelle ripiene di carbonara si alternano a ricette più stagionali, come i bottoni di fave e piselli con asparagi e calamaretti aromatizzati alla nduja, oppure il rombo con asparagi, funghi di stagione e salsa all'aglio selvatico. Spettacolare è il carrello dei formaggi e imperdibili i dessert, come l'irrinunciabile soufflè al cioccolato. La cantina si propone in due carte distinte: una dedicata alla produzione nazionale, l'altra al mondo. Ci sono molte eccellenze, rare e prestigiose con grandi classici toscani e bordolesi che possono arrivare agli inizi del secolo scorso, nonché etichette meno conosciute, frutto della ricerca del bravo sommelier Marco Reitano.

🌿 ⇙♿🅰🅲🍽⇔🅿 – Prezzo : €€€€

Pianta: A1-33 – *Via Cadlolo 101* – ☏ *06 3509 2152* – *romecavalieri.com* – *Chiuso lunedì, martedì e a mezzogiorno*

ROMA

ROMA

ॐ ॐ **ENOTECA LA TORRE**

Chef : Domenico Stile

MEDITERRANEA • LIBERTY Appena fuori dalle mura aureliane e negli aristocra-tici spazi dell'Hotel Villa Laetitia, si cena in un ambiente di raffinata eleganza, tra mobili antichi, fiori, colonne e stucchi. La cucina, in perfetta simbiosi col servizio che rifinisce alcune portate direttamente in sala (come nel caso di un enorme babà), celebra la creatività e lo fa con l'energia, l'esuberanza e la ricerca di sapori tipica-mente mediterranei e campani - regione da cui proviene Domenico Stile - insieme ad alcuni tributi alla tradizione romana. Divertimento a 360° per i gourmet che troveranno nella fornita cantina anche molti spunti di wine pairing con cui sublimare le pietanze.

🏵 🖦 🅰 🎬 – Prezzo : €€€€

Pianta: A1-34 - *Lungotevere delle Armi 22/23* - Ⓜ *Lepanto* - ℰ *06 4566 8304* - *enotecalatorreroma.com* - *Chiuso lunedì e martedì*

ॐ **PULEJO**

Chef : Davide Puleio

ITALIANA CONTEMPORANEA • DESIGN In Zona Prati, residenziale e a pochi passi dal Vaticano in ambienti moderni dall'atmosfera soffusa, tutta l'attenzione è concentrata sulle ottime creazioni della cucina, precise e studiate nei minimi det-tagli, pur rimanendo semplici e gustosissime. Carta dei vini in divenire, e un ottimo servizio per un locale adatto ad ogni occasione.

🅰 🔄 – Prezzo : €€€

Pianta: C1-53 - *Via dei Gracchi 31* - Ⓜ *Ottaviano* - ℰ *06 8595 6532* - *pulejo.it* - *Chiuso lunedì, domenica e a mezzogiorno da martedì a giovedì*

☺ **CARNAL**

LATINO-AMERICANA • COLORATO Carnal è l'espressione più "pop" e vivace del famoso chef Roy Caceres: musica, arredi colorati, servizio smart, alcune pie-tanze da mangiare anche con le mani! Un'impostazione decisamente giovane e una cucina di chiara natura latino-americana (tacos, ceviche, dessert al mango, e altro ancora). Fragranti ingredienti di stagione, soprattutto dall'Italia, da abbi-nare a vino, birre e la sera anche ad ottimi cocktail. Piacevole dehors dagli arredi colorati.

🅰 🎬 – Prezzo : €€

Pianta: C1-19 - *Via dei Gracchi 19* - Ⓜ *Ottaviano* - ℰ *06 4291 7690* - *carnal.it* - *Chiuso martedì e a mezzogiorno da lunedì a venerdì*

☺ **ROMANÈ**

ROMANA • SEMPLICE Semplicissimi, quasi spartani, sono sia l'ambiente sia il servizio in questa novità lungo la rumorosa via Cipro (c'è un dehors, ma consigliamo di accomodarvi all'interno). Il vero motivo per venirci è la cucina: stagionale, su base romana con golosissimi tocchi di fantasia personale e caratterizzata anche da una certa generosità nelle porzioni.

🅰 🎬 – Prezzo : €

Pianta: A1-50 - *Via Cipro 106* - Ⓜ *Cipro* - ℰ *340 784 5281*

ACCIUGA

PESCE E FRUTTI DI MARE • CONTESTO CONTEMPORANEO Locale nuovo, lindo, accogliente, ridotto nella capienza, dove un giovane chef propone solo pesce freschissimo di piccole imbarcazioni, il cliente sceglie il tipo di cottura (al forno, in padella, al vapore, fritto... eventualmente anche crudo), mentre lo chef si preoc-cupa di garantire il meglio del mare di giornata! Servizio dehors nel periodo aprile/ottobre.

♿ 🅰 🔄 – Prezzo : €€

Pianta: A1-58 - *Via Vodice 25* - Ⓜ *Lepanto* - ℰ *06 372 3395* - *acciugaroma.it* - *Chiuso domenica e lunedì a mezzogiorno*

AEDE DINING & WINES ⓝ

EUROPEA CONTEMPORANEA • DESIGN Una piccola bomboniera dagli interni minimal e contemporanei. Smaccatamente in stile nordico anche la cucina che deriva dalle numerose esperienze professionali dello chef in ristoranti stellati scandinavi: tecnica moderna e molta creatività. Il menu è mensile, non diviso fra antipasti primi e secondi, e si articola su 12 piatti con un minimo di quattro alla sera. Vini biologici e piccolo dehors.

&. 🖼 🛋 – Prezzo : €€

Pianta: D1-39 – *Via Federico Cesi 22* – ☏ *06 8897 4793* – *Chiuso domenica e a mezzogiorno*

ALMATÒ

CONTEMPORANEA • MINIMALISTA In un angolo popolare del quartiere Prati, tre amici e soci con la passione per il rugby e, naturalmente, per la ristorazione accendono l'entusiasmo degli appassionati di cucina portando in tavola piatti moderni, sempre ben presentati e dotati di un equilibrio che li rende raffinati. Tommaso, lo chef, vanta un curriculum di alto livello. Atmosfera da vero bistrot, con luci soffuse e musica jazz di sottofondo.

🖼 🛋 – Prezzo : €€€

Pianta: C1-42 – *Via Augusto Riboty 20/c* – ⓜ *Ottaviano* – ☏ *06 6940 1146* – *almato.it* – *Chiuso lunedì, domenica e a mezzogiorno*

ANTICO ARCO

CREATIVA • CHIC Alla moda e signorile, questo ristorante ha conquistato i romani. Estrose le proposte dello chef, che spaziano da piatti locali a specialità di carne e di pesce di stile contemporaneo. Filo conduttore è sempre l'attenzione alla materia prima, scelta con cura preferendo produttori sostenibili. Più di mille referenze enoiche tra cui scegliere per accompagnare il pasto.

🕄 🖼 ⇔ – Prezzo : €€€

Pianta: C3-36 – *Piazzale Aurelio 7* – ☏ *06 581 5274* – *anticoarco.it* – *Chiuso martedì*

L'ARCANGELO

ROMANA • CONTESTO TRADIZIONALE Una schietta e interessante trattoria di lunga tradizione che sorprende per le sue proposte regionali, dove la qualità del prodotto è al centro del piatto, elaborato con serietà e capacità. Buona selezione anche di vini a mescita (non solo laziali).

🖼 – Prezzo : €€

Pianta: D1-37 – *Via G.G. Belli 59* – ⓜ *Lepanto* – ☏ *06 321 0992* – *larcangelo. com* – *Chiuso domenica e a mezzogiorno*

BENCÒ ⓝ

CONTEMPORANEA • CONVIVIALE Locale informale e giovanile dove assaggiare una cucina contemporanea e mediterranea, con qualche innesto calabrese (regione di provenienza dei titolari). I piatti sono elaborati con grande attenzione alla stagionalità dei prodotti e supportati da tecnica moderna. Paste fatte a mano e degni di nota i dessert; la piccola lista-cocktail completa la buona carta dei vini.

🖼 ⇔ – Prezzo : €€

Pianta: C1-15 – *Via Fabio Massimo 101* – ⓜ *Lepanto* – ☏ *06 3972 8933* – *bencorestaurant.it* – *Chiuso lunedì*

CARTER OBLIO

CONTEMPORANEA • DESIGN Realizza il proprio sogno lo chef-patron Ciro Alberto Cucciniello con la sua prima gestione diretta dopo belle esperienze in locali di fama. Gli ambienti dalle linee pulite e i colori naturali rimandano ad un certo design nordico, mentre la cucina mostra la fantasia e creatività di un cuoco che ha voglia di emergere, a suo agio con preparazioni tecniche e presentazioni accattivanti e contemporanee. Informale servizio tutto al femminile e piacevole dehors per il periodo estivo.

🅰️🍴 – Prezzo : €€

Pianta: D1-40 – *Via G. G. Belli 21* – ⓜ *Lepanto* – ℰ *06 3972 8547 – carteroblio. com – Chiuso lunedì, a mezzogiorno da martedì a sabato e domenica sera*

DA CESARE

CLASSICA • **TRATTORIA** Come allude il giglio di Firenze sui vetri all'ingresso, le specialità di questo locale sono toscane, ma anche il "mare" gioca un ruolo di tutto rispetto tra le proposte dell'ampissimo menu, dove trova spazio anche un'intera pagina con le proposte del giorno. Ambiente accogliente, la sera anche pizzeria, e bottega storica in virtù della sua fondazione avvenuta nel 1921.

🅰️↔️ – Prezzo : €€

Pianta: D1-38 – *Via Crescenzio 13* – ⓜ *Lepanto* – ℰ *06 686 1227 – ristorantecesare.com*

VILLA BORGHESE - FLAMINIO

ROMA

☸️ ## ALL'ORO

Chef : Riccardo Di Giacinto

CREATIVA • **DESIGN** All'interno del raffinato The H'All Tailor Suite, nella sala dal design newyorchese piacevolmente sofisticato oppure in quella dal mood vagamente British, la linea di cucina si riconferma nella sua creatività alimentata da spunti nazionali. L'idea di cucina dello chef Riccardo Di Giacinto si sintetizza in tre aggettivi: sincera, golosa, tenace! A disposizione anche menu vegetariani e vegani. Ampia e attenta la selezione enoica con preferenza per Piemonte e Toscana. Nella bella stagione è ora disponibile anche l'accogliente spazio all'aperto All'Aria.

🏖️ ♿🅰️🍴↔️ – Prezzo : €€€€

Pianta: D1-41 – *Via Giuseppe Pisanelli 25* – ⓜ *Flaminio* – ℰ *06 9799 6907 – ristorantealloro.it – Chiuso a mezzogiorno*

☸️ ## ORMA ROMA ⓝ

Chef : Roy Salmon Caceres

ITALIANA CONTEMPORANEA • **CONTESTO CONTEMPORANEO** Una porta in rovere lascia intravedere la sala allungata verso la cucina, bel progetto del milanese Hangar Design Group con la predilezione per il legno (bellissimi i tavoli con sinuosi disegni). Ai fornelli una certezza: Roy Caceres, noto chef di origine colombiane, oramai decisamente romano, che propone un ben riuscito connubio di prodotti laziali e ingredienti della sua terra natia, ma con divagazioni lungo tutto lo Stivale. Ecco, dunque, che un piatto come la pecora abruzzese viene aromatizzata con della 'nduja per poi essere servita insieme a del radicchio di Castelfranco. Lo chef non mancherà di presentarsi e condividere la sua idea con l'ospite, in un susseguirsi di confronti, cultura e accoglienza. La cantina è un altro spazio ben pensato, anche per aperitivi veloci, mentre la terrazza è pronta per la dolce vita estiva fatta di cocktail e servizio bistrot.

🏖️🅰️🍴↔️ – Prezzo : €€€

Pianta: E1-71 – *Via Boncompagni 31* – ⓜ *Barberini* – ℰ *06 854 3182 – ormaroma. it – Chiuso domenica e a mezzogiorno*

KOHAKU ⓝ

GIAPPONESE CONTEMPORANEA • **STILE ORIENTALE** Si varca la soglia e come per magia ci si ritrova in Giappone, fra musiche soffuse, eleganza e stile. In tavola arriva la cucina Kaiseki del Sol Levante, basata sulla stagionalità e sul rispetto dell'ingrediente nella sua purezza. Tra i nostri piatti preferiti l'anatra cotta al forno e avvolta in foglie di houba, la magnolia giapponese a foglie grandi. Intrigante carta dei sakè e light lunch menu a mezzogiorno.

– Prezzo : €€€€

Pianta: E1-70 – *Via Marche 66* – Ⓜ *Barberini* – ℰ *06 4566 5202 – kohakurome. com – Chiuso domenica*

MARZAPANE

ITALIANA CONTEMPORANEA • MINIMALISTA La sfida della cucina è di accrescere l'unicità e la riconoscibilità della proposta gastronomica di Marzapane. Piatti ben cucinati e saporiti, mentre una brace appositamente arrivata dalla Sicilia è pronta a rendere ancor più centrale l'intensità del fuoco vivo. Le materie prime provengo da piccoli artigiani del gusto romani, laziali e in qualche caso anche da fuori regione. Per una esperienza più completa si possono prenotare i posti allo chef table proprio davanti ai fornelli. Infine, ultimi solo per elencazione i dessert: strepitoso il gelato alla mandorla con zabaione al muscovado, caffè e cacao amaro. Una vera prelibatezza di equilibri e sapori!

🅰🅒 🍴 – Prezzo : €€

Pianta: D1-49 – *Via Flaminia 64* – Ⓜ *Flaminio* – ℰ *06 6478 1692 – marzapaneroma.com – Chiuso martedì, mercoledì e giovedì a mezzogiorno*

TRASTEVERE - TESTACCIO

ROMA

🕸 ## GLASS HOSTARIA

Chef: Cristina Bowerman

CREATIVA • DESIGN Nel cuore di Trastevere, la chef Cristina Bowerman riesce a stupire con piatti in perenne equilibrio tra fusion, tradizione, eleganza e audacia, in presentazioni originali e mai banali. Un occhio di riguardo viene riservato ai vegetariani, a cui è dedicato uno dei due menu degustazione. Le materie prime sono scelte e selezionate fra i migliori, talvolta piccoli, produttori locali, mentre il servizio in sala volteggia come in una danza per coccolare l'ospite con le giuste attenzioni, ma senza eccessi. La carta dei vini è interessante, con una scelta al calice di qualità.

🕸 🅰🅒 – Prezzo : €€€

Pianta: D2-43 – *Vicolo del Cinque 58* – ℰ *06 5833 5903 – glasshostaria.it – Chiuso lunedì, martedì e a mezzogiorno da mercoledì a venerdì*

🕸 ## ZIA

Chef : Antonio Ziantoni

INNOVATIVA • CONTESTO CONTEMPORANEO Nell'incantevole cornice di Trastevere, ma in zona residenziale e defilata, questo ristorante spicca tra le tante insegne del quartiere grazie alla sua fresca eleganza, alla professionalità e - non ultima - alla cucina. Accoglienza e servizio accompagnano con passione l'ospite in un viaggio nel mondo dello chef Antonio Ziantoni. Ricette immediatamente comprensibili (ma molto impegnative da eseguire) coccolano il palato durante tutto il pasto, lasciando un ricordo indelebile. La selezione enoica conta più di 350 etichette e c'è anche un'interessante proposta di vini al bicchiere.

🕸 🅰🅒 – Prezzo : €€€€

Pianta: D3-44 – *Via Goffredo Mameli 45* – ℰ *06 2348 8093 – ziarestaurant. com – Chiuso lunedì, giovedì, domenica e a mezzogiorno martedì e mercoledì*

🕸 ## L'OSTERIA DELLA TRIPPA

LAZIALE • FAMILIARE Questa insegna semplice e familiare propone nel suo menu almeno cinque varianti di trippa, ma non solo: in carta anche molte ricette della tradizione gastronomica romana. Una vera osteria di quartiere dove trovare anche simpatia e un'ottima accoglienza.

Ⓐ🏠 – Prezzo : €

Pianta: D3-69 – *Via Goffredo Mameli 15 – ☎ 06 4555 4475 – losteriadellatrippa. it – Chiuso martedì, mercoledì, lunedì a mezzogiorno e domenica sera*

ACQUASANTA

PESCE E FRUTTI DI MARE • DI TENDENZA Nel cuore di Testaccio, storico quartiere capitolino vocato alla ristorazione, atmosfera minimalista ed elegante, in un ambiente intimo e suggestivo. Cucina di mare moderna e concreta, elaborata con prodotti di qualità.

Ⓐ🏠 – Prezzo : €€

Pianta: D3-59 – *Via Aldo Manuzio 28 – Ⓜ Piramide – ☎ 06 4555 0020 – acquasantaroma.com – Chiuso lunedì a mezzogiorno e domenica sera*

ANTICA PESA

ROMANA • ELEGANTE Un secolo di tradizione gastronomica locale per uno storico ristorante giunto ormai alla sua quarta generazione e ospitato in un ex deposito del grano dell'attiguo Stato Pontificio. Conosciutissimo anche a livello internazionale, offre un ambiente elegante e accogliente, con un bel camino a dare il benvenuto. La cucina seleziona accuratamente le materie prime, elaborandole poi in ricette dalla "firma" romana.

🕸 Ⓐ🏠 – Prezzo : €€

Pianta: C2-45 – *Via Garibaldi 18 – ☎ 06 580 9236 – anticapesa.it – Chiuso domenica e a mezzogiorno*

OSTERIA FERNANDA

CREATIVA • MINIMALISTA Nel quartiere celebre per il mercato di Porta Portese, una brillante gestione a due: un socio segue la sala minimal, mentre l'altro, con passione strabordante, si occupa di una cucina creativa che oltre a citare i prodotti del territorio è anche abile nel proporre ingredienti presi altrove.

Ⓐ – Prezzo : €€€

Pianta: A2-46 – *Via Crescenzo del Monte 18/24 – ☎ 06 589 4333 – osteriafernanda.com*

SUSHISEN

GIAPPONESE CONTEMPORANEA • AMBIENTE ESOTICO Due sale dal design curato, per due proposte differenti: una con le sedute al bancone davanti al quale scorre il rullo con i piatti tradizionali nipponici, l'altra sala con cucina giapponese contemporanea, tra cui il menu degustazione Omasake è la proposta più intrigante. Quasi tutti i vini e sakè in carta sono serviti anche al bicchiere.

Ⓐ🏠 – Prezzo : €€

Pianta: A2-60 – *Via Giuseppe Giulietti 21a – Ⓜ Piramide – ☎ 06 575 6945 – sushisen.it – Chiuso lunedì*

ZONA URBANA NORD

MOI

CUCINA DI STAGIONE • DI QUARTIERE In questo piccolo e suggestivo bistrot Thomas Moi, forte di una solida esperienza alle spalle, cucina con tecnica moderna ingredienti freschi di stagione, che possono cambiare anche quotidianamente: carne, pesce, verdure ed erbe aromatiche sono proposte in piatti gustosi.

Ⓐ🏠 – Prezzo : €€

Pianta: A1-61 – *Via Antonio Serra 15 – ☎ 06 8760 0399 – ristorantemoi.com – Chiuso domenica e a mezzogiorno*

ROMA

BISTROT 64

ITALIANA • BISTRÒ Bistrot di piacevole informalità, che regala una bella esperienza ai suoi tavolini: il servizio è cortese e professionale, mentre la cucina, stagionale e alimentata dall'orto di proprietà situato poco fuori Roma, mostra spunti di creatività e fantasia.

🄰🄲 🍴 – Prezzo : €€€

Pianta: A1-48 – *Via Guglielmo Calderini 64* – ☎ *06 323 5531 – bistrot64.it – Chiuso lunedì e martedì*

ZONA URBANA SUD

😊 ## DOMENICO DAL 1968

ROMANA • SEMPLICE Un piccolo ristorante di quartiere con una bella ambientazione vagamente vintage per pochi posti a sedere, quasi fossimo in un salotto di casa. La linea di cucina è giornaliera e si basa esclusivamente su prodotti stagionali, nonché ricette laziali.

🄰🄲 🍴 – Prezzo : €€

Pianta: F3-51 – *Via Satrico 23* – Ⓜ *Re di Roma* – ☎ *06 7049 4602 – domenicodal1968.it – Chiuso lunedì e domenica sera*

😊 ## PROFUMO DI MIRTO

PESCE E FRUTTI DI MARE • FAMILIARE È il classico ristorante di quartiere semplice e rassicurante, dove sentirsi a proprio agio. Le specialità omaggiano il pesce, ma soffermatevi anche sul ricco buffet giornaliero di antipasti, perché sicuramente rappresentano un buon inizio! Qualche piatto sardo in onore alle origini dei titolari.

🄰🄲 – Prezzo : €€

Pianta: B2-52 – *Viale Amelia 8/a* – Ⓜ *Furio Camillo* – ☎ *06 786206 – profumodimirto.it – Chiuso lunedì*

😊 ## TRATTORIA PENNESTRI

LAZIALE • VINTAGE Rustico, caldo e semplice come dev'essere una trattoria dove sentirsi a proprio agio. La cucina parla di specialità romane di stagione che Tommaso Pennestri ripropone con un tocco attuale. Ogni giorno anche dei fuori menu di mercato. Gestione giovane, dinamica e molto ospitale.

♿ 🄰🄲 🍴 – Prezzo : €

Pianta: A2-54 – *Via Giovanni Da Empoli 5* – Ⓜ *Piramide* – ☎ *06 574 2418 – trattoriapennestri.it – Chiuso lunedì e a mezzogiorno da martedì a giovedì*

LIVELLO 1

PESCE E FRUTTI DI MARE • CONTESTO CONTEMPORANEO Fuori dai giri turistici e nella prima periferia, un ristorante di pesce con pescheria annessa. Cucina di mare davvero interessante con ricette moderne ed elaborate partendo da ottimi ingredienti ma anche una sorta di piccolo lounge per cocktail e buoni vini. Nella cucina a vista, lo chef mostra grande tecnica e bravura.

🄰🄲 🍴 – Prezzo : €€€

Fuori pianta – *Via Duccio di Buoninsegna 25* – Ⓜ *Laurentina* – ☎ *06 503 3999 – ristorantelivello1.it – Chiuso domenica*

TRATTORIA DEL PESCE

PESCE E FRUTTI DI MARE • BISTRÒ In un'area residenziale fuori dalle rotte turistiche, un ristorante dai toni e dai colori mediterranei, curato e molto accogliente. Gestione giovane e seria per una cucina tutto pesce: ricette elaborate in chiave regionale e classica e lista dei crudi molto variegata e stuzzicante.

AC – Prezzo : €€

Pianta: A2-55 – *Via Folco Portinari 27 – 📞 349 335 2560 – trattoriadelpesce. it – Chiuso lunedì*

ZONA URBANA EST

MENABÒ VINO E CUCINA Ⓝ

DEL MERCATO • CONVIVIALE Nel cuore del quartiere Prenestino-Centocelle, i fratelli Camponeschi hanno dato vita ad un intrigante bistrot, dove gustare i piatti saporiti preparati da Paolo, accompagnati da una bella proposta enoica suggerita da Daniele. Un giusto equilibrio in carta fra carne, pesce e vegetali, e il rispetto maniacale per le stagioni e il meglio che offre il mercato. Il locale è molto gettonato, meglio prenotare.

🏵 AC – Prezzo : €

Pianta: B2-62 – *Via delle Palme 44 d/e – Ⓜ Gardenie – 📞 06 8693 7299 – menabovinoecucina.it – Chiuso lunedì e a mezzogiorno martedì e mercoledì*

ROMA

ROMENO

✉ 38010 – Trento (TN) – Carta regionale n° **6**–A2

 NERINA

REGIONALE • SEMPLICE Nel verde della Val di Non, i fratelli Di Nuzzo proseguono una storia familiare che ormai ha superato i 60 anni di vita. La cucina è fortemente legata alla tradizione, agli ingredienti del territorio e alle verdure dell'orto di proprietà, nonché alla stagionalità. In coerenza anche la carta dei vini rimane soprattutto in Trentino-Alto Adige; non c'è servizio al calice, ma alcune 1/2 bottiglie sono proposte a prezzi onestissimi. Ottimi i formaggi di malga affinati in casa.

≼ 🅿 – Prezzo: €

Via De Gasperi 31, loc. Malgolo – 𝒞 0463 510111 – albergonerina.it – Chiuso martedì

RONCADE

✉ 31056 – Treviso (TV) – Carta regionale n° **8**–C2

LE CEMENTINE

DEL MERCATO • CASA DI CAMPAGNA Ristorante di campagna dei fratelli Alajmo sulle rive del fiume Sile, a pochi minuti dalla Laguna di Venezia: un locale trasparente con uno sguardo sull'orto, sul vigneto e sui bellissimi prati verdi. La cucina, molto legata al territorio e ai suoi prodotti, è guidata da Mattia Ercolino e seguita in sala da Laura Roncaccioli.

🛏 � 🅼 🏠 🅿 – Prezzo: €€€

Via Sile 6 – 𝒞 327 677 4581 – alajmo.it – Chiuso lunedì e martedì e domenica sera

ROSETO DEGLI ABRUZZI

✉ 64026 – Teramo (TE) – Carta regionale n° **15**–B1

 VECCHIA MARINA

PESCE E FRUTTI DI MARE • SEMPLICE A due passi dalla spiaggia, nel giro di circa 20 anni quest'insegna abruzzese è diventata un vero e proprio "mito" per gli amanti del buon pesce, in virtù di alcuni semplici punti di forza: fragranza e freschezza del pescato, semplicità e sapore delle preparazioni ed un rapporto qualità/prezzo che rimane quasi unico in Italia. Visto il grande successo, conviene ricordarsi di prenotare per tempo!

🅼 🏠 – Prezzo: €€

Lungomare Trento 37 – 𝒞 085 893 1170 – Chiuso lunedì e martedì e domenica sera

ROTONDA

✉ 85048 – Potenza (PZ) – Carta regionale n° **18**–A3

DA PEPPE

LUCANA • FAMILIARE Nel centro storico del paesino, all'interno del parco del Pollino, uno storico locale la cui proposta verte sui piatti tradizionali della regione realizzati con mano esperta e generosa.

🅼 🏠 – Prezzo: €

Corso Garibaldi 13 – 𝒞 0973 661251 – Chiuso lunedì e domenica sera

ROTTOFRENO

✉ 29010 – Piacenza (PC) – Carta regionale n° **9**–A1

TRATTORIA LA COLONNA

PESCE E FRUTTI DI MARE • AMBIENTE CLASSICO Ristorante dall'atmosfera classica lungo la strada che attraversa la frazione di San Nicolò, benché la carta presenti qualche piatto di carne e le immancabili proposte piacentine - salumi e paste - la sua cucina è celebre per l'ampia scelta di pesce. A pranzo nei giorni feriali c'è una scelta di piatti più semplici, ma chiedendo vi sarà data anche la proposta più articolata serale.

⅋ ℳ ㋜ – Prezzo: €€

Via Emilia Est 6, loc. San Nicolò – ℰ 0523 768343 – ristorantelacolonna.com – Chiuso martedì e domenica sera

ROVATO

✉ 25038 – Brescia (BS) – Carta regionale n° **5**–D2

AL MALÒ - CUCINA E MISCELAZIONE ⓝ

ITALIANA CONTEMPORANEA • CHIC Nella suggestiva piazza Cavour e all'interno di un edificio dell'Ottocento, cocktail bar al piano terra e ristorante a quello superiore. Tra arredi moderni e un'atmosfera di signorile eleganza, la cucina alterna carne e pesce - oltre ad un interessante menu vegetariano - in piatti moderni e fantasiosi. Le specialità possono essere scelte anche in mezze porzioni. Bella mixology e bollicine anche d'Oltralpe nella carta dei vini.

ℳ – Prezzo: €€€

Piazza Cavour 28 – ℰ 030 535 7565 – Chiuso mercoledì e sabato a mezzogiorno

ROVERETO

✉ 38068 – Trento (TN) – Carta regionale n° **6**–A2

☼ ## SENSO ALFIO GHEZZI MART

Chef: Alfio Ghezzi

CREATIVA • DESIGN Il bravissimo chef trentino mostra il suo talento in versione contemporanea... e non poteva essere altrimenti vista la location! All'interno della caffetteria del celebre Mart - Museo d'Arte Moderna e Contemporanea, la sera presenta un'unica proposta degustazione che può essere ridotta a sole quattro portate. Si tratta di piatti contraddistinti da una forte matrice italiana e da solide radici nel territorio, solo apparentemente semplici (le preparazioni tecniche sono infatti sofisticate) ed esteticamente raffinati. Cacciagione e pesce d'acqua dolce non mancano mai, ma grande spazio è riservato anche alle verdure. Durante il servizio del pranzo la proposta bistrot è assai più snella.

⅊ ℳ ㊡ 🅿 – Prezzo: €€€€

Corso A. Bettini 43 – ℰ 0464 661375 – alfioghezzi.com – Chiuso lunedì e a mezzogiorno

RUBANO

✉ 35030 – Padova (PD) – Carta regionale n° **8**–B3

☼☼☼ **LE CALANDRE**

Chef: Massimiliano Alajmo

CREATIVA • ALLA MODA Lasciata la zona commerciale e trafficata, si entra nel favoloso mondo delle Calandre, una sala moderna ed essenziale e un servizio inappuntabile ma informale quel tanto che basta per desacralizzare l'atmosfera e scoprire il mondo di Massimiliano Alajmo. Tre menu degustazione, con ampia possibilità di ridurre e incrociare i piatti, che passano dagli irrinunciabili classici del ristorante, come il celebre cappuccino di seppie al nero, a percorsi in cui il cuoco non cessa di scoprire e sperimentare, sorprendere e stupire. E se volete portare via un ricordo gastronomico, dirimpetto al ristorante c'è il loro negozio di specialità.

⚜ Ⓜ ⇔ 🅿 – Prezzo: €€€€

Via Liguria 1, loc. Sarmeola – 𝒞 049 630303 – alajmo.it – Chiuso lunedì e domenica

IL CALANDRINO

ITALIANA • CONTESTO CONTEMPORANEO Adiacente al tristellato Le Calandre e con la stessa gestione familiare, Il Calandrino è un locale raffinato e poliedrico: bar-pasticceria che merita una sosta anche al di fuori dagli orari dei pasti, la cucina si sposta con abilità da piatti creativi come il cappuccino di lepre al vino rosso fino ai classici della casa, come la celebre tartare di Erminio e la torta pazientina con crema zabaione.

Ⓜ 🍴 🅿 – Prezzo: €€€

Via Liguria 1, loc. Sarmeola – 𝒞 049 630303 – alajmo.it – Chiuso domenica sera

RUBBIANINO

✉ 42020 – Reggio Emilia (RE) – Carta regionale n° **9**–A3

✿ CA' MATILDE

Chef: Andrea Incerti Vezzani

ITALIANA CONTEMPORANEA • MINIMALISTA Razionalità funzionale, materiali semplici quali ferro e legno, linee essenziali ma decise sono le cifre distintive di questo bel locale con piacevole dehors, immerso nel verde delle terre matildiche. L'inarrestabile ricerca gastronomica porta in tavola piatti al tempo stesso moderni e contadini. La cucina di Vezzani, chef-patron, ha infatti basi nella tradizione reggiana, punto di partenza per un'interpretazione rispettosa della cultura culinaria locale. I cinque percorsi di degustazione a sorpresa – "Gli intramontabili" (omaggio al territorio spesso proposto in accoppiata ai migliori Lambruschi), "Con i piedi per terra" (il territorio in versione creativa), "Acqua in bocca", "Cielo" (viaggio tra mare e terra) e il menu vegetariano "Hortus" – sono un invito a giocare, lasciandosi guidare alla scoperta di abbinamenti, profumi e stagionalità.

�🍴🅿 – Prezzo: €€€€

Via Polita 14 – 𝒞 0522 889560 – camatilde.it – Chiuso lunedì e martedì

RUBIERA

✉ 42048 – Reggio Emilia (RE) – Carta regionale n° **9**–B2

✿ ARNALDO - CLINICA GASTRONOMICA

Chef: Anna Degoli e Roberto Bottero

EMILIANA • CONTESTO TRADIZIONALE Premiato dal 1959, questo locale è la più longeva Stella d'Italia. Varcare la soglia del palazzo quattrocentesco adiacente all'Hotel Aquila d'Oro è un po' come entrare in un mondo carico di atmosfera e nostalgia. La cucina celebra il passato gastronomico e la tradizione emiliana, a partire dai carrelli di portata: quello degli antipasti (immancabili il prosciutto al coltello e l'erbazzone) così come quello dei dolci, dove spicca un ottimo zabaione, abbinato ad una pera al vino rosso o un semifreddo alla Sambuca. Ma il focus indiscusso sono i carrelli di carne, il vero motivo per cui si viene da Arnaldo: arrosti, bolliti e specialità rarissime a questi livelli, come la testa di vitello, la lingua o il piedino di maiale, serviti con salse e intingoli da manuale. Tutto è cucinato in maniera tradizionale e con le "sfogline" che, ogni mattina, producono ottime paste fresche, servite in brodo o al naturale, con un tocco di burro e salvia. Arnaldo non è certo un ristorante per gli amanti della cucina sperimentale o intellettuale, ma se cercate un pasto autentico e gustoso nella pura tradizione emiliana questo è l'indirizzo giusto.

&. ↻ – Prezzo: €€€

Piazza XXIV Maggio 3 – ☎ 0522 626124 – clinicagastronomica.com – Chiuso lunedì e domenica sera

ⓢ OSTERIA DEL VIANDANTE

Chef: Jacopo Malpeli

EMILIANA • CONTESTO STORICO Al primo piano del duecentesco forte militare che si erge al centro di Rubiera, il ristorante occupa cinque sale, una più affascinante dell'altra, tutte affrescate tranne l'antica limonaia, avvolta in carta da parati che ne ricorda la vecchia funzione. Anche la mise en place è di straordinaria eleganza, insomma un romantico e raffinatissimo quadro per il giovane ed entusiasta Jacopo Malpeli. Nato e cresciuto tra Parma e Reggio, la sua cucina riflette la grandezza e l'opulenza della gastronomia locale. Fra tante interessanti proposte, ricordiamo il savarin di riso, omaggio ai leggendari Mirella e Peppino Cantarelli e al loro ristorante omonimo di Samboseto, vicino a Busseto (2 Stelle fino al 1982, anno della chiusura). Straordinaria la cantina: oltre ai vini italiani anche tanti francesi, tra Champagne e altro.

ⓢ *L'impegno dello chef:* L'Orto del Viandante nasce in collaborazione con la cooperativa La Collina, situata nei pressi di Reggio Emilia. Fin dagli anni Settanta coltiva i propri terreni con metodi biologici e biodinamici e aiuta persone con dipendenze a reintegrarsi nella società attraverso il lavoro e il contatto con la natura. Importante anche il restauro conservativo all'avanguardia, con il quale si è riusciti ad integrare nella struttura un ottimo impianto fotovoltaico.

⊛ 🍃 ↻ – Prezzo: €€€

Piazza XXIV Maggio 15 – ☎ 0522 260638 – osteriadelviandante.com – Chiuso lunedì e domenica sera

RUDA

✉ 33050 – Udine (UD) – Carta regionale n° **7**–B2

ⓢ OSTERIA ALTRAN

MODERNA • ROMANTICO In un paesino ad una quarantina di chilometri da Trieste sorge l'Osteria Altran, piccolo angolo gourmet immerso nel verde della campagna friulana. In quella che un tempo era una semplice azienda agricola, il patron Guido Lanzellotti ha saputo dar vita ad un locale apparentemente rustico, ma in verità squisitamente romantico, dove gustare una cucina moderna, che punta sulla qualità delle materie prime e sulla loro esaltazione. La nuova sala-biblioteca con libri di cucina si presta per piccoli eventi privati, un aperitivo all'arrivo o un distillato a fine pasto.

⊛ &. 🅰 🍃 ↻ 🅿 – Prezzo: €€€

Località Cortona 19 – ☎ 0431 969402 – osteria-altran.eatbu.com – Chiuso lunedì, martedì, a mezzogiorno da mercoledì a venerdì e la sera sabato e domenica

RUFFANO

✉ 73049 – Lecce (LE) – Carta regionale n° **16**–D3

FARMACIA DEI SANI

PUGLIESE • FAMILIARE Ristorante familiare e liquorificio al tempo stesso, il locale occupa un angolo della centrale piazza del Popolo, tra palazzi antichi che fanno da splendida cornice. La giovane e brillante chef Valentina Rizzo arricchisce il patrimonio gastronomico tradizionale con una creatività speciale e un'attualizzazione profonda: i sapori della Puglia prendono così forme moderne pur mantenendo i piedi per terra e una certa concretezza.

🍃 – Prezzo: €€

Piazza del Popolo 14 – ☎ 339 833 2514 – farmaciadeisani.eu – Chiuso a mezzogiorno

RUVO DI PUGLIA

✉ 70037 – Bari (BA) – Carta regionale n° **16**–B2

U.P.E.P.I.D.D.E.

PUGLIESE • FAMILIARE Un indirizzo caratteristico e rustico: le salette, che si susseguono sotto volte ad archi, sono state scavate all'interno della roccia che costituiva le antiche mura aragonesi. In fondo si apre la bella cantina visitabile. Altrettanto storica è la cucina delle Murge, che trova la sua espressione più tipica nella grigliata di carni locali, ma in carta c'è anche posto per ricette dal tocco personale e qualcosa dal mare.

⅋ ⇔ – Prezzo: €
vico Sant'Agnese 2 – ☎ 080 361 3879 – upepidde.it – Chiuso lunedì

SACERNO

✉ 40012 – Bologna (BO) – Carta regionale n° **9**–C3

ANTICA TRATTORIA DI SACERNO

PESCE E FRUTTI DI MARE • ACCOGLIENTE All'interno di una villetta di campagna a circa 20 minuti da Bologna, una giovane coppia propone tanto buon pesce raccontato in carta in due modi diversi: una pagina chiama all'appello la creatività, l'altra cita i classici tra cui i crudi e le cotture al forno. Tra i vini ampio spazio alle bollicine francesi e a dare i giusti consigli la padrona di casa.

⅋ ㊏ 🅰 🈂 🅿 – Prezzo: €€
Via di Mezzo Levante 2/b – ☎ 051 646 9050 – sacerno.it – Chiuso lunedì e domenica sera

SAINT-CHRISTOPHE

✉ 11020 – Aosta (AO) – Carta regionale n° **3**–A2

L'ATELIER 26

FRANCESE • RUSTICO Una piccola bomboniera in zona defilata, caratterizzata da una saletta in sasso sapientemente rivisitata e molto accogliente. Tra le specialità del menu, rigorosamente francese per idea e prodotti, gli ispettori consigliano escargot e magret d'anatra: piatti iconici del giovane chef!

🈂 – Prezzo: €€
Località Gerandin 26 – ☎ 0165 189 2015 – latelier26.it – Chiuso lunedì, domenica e a mezzogiorno

SAINT-VINCENT

✉ 11027 – Aosta (AO) – Carta regionale n° **3**–B2

LE GRENIER

MODERNA • RUSTICO Nel cuore di Saint-Vincent, la suggestione di un vecchio granaio (grenier in valdostano) con frumento a cascata, camino e utensili d'epoca alle pareti. Ma le sorprese non finiscono qui, è il turno della cucina a sedurre gli ospiti: inaspettatamente moderna con qualche richiamo alle tradizioni valdostane, si accompagna ad una carta dei vini che omaggia con attenzione e ricerca la regione.

🅰 ⇔ – Prezzo: €€€
Piazza Monte Zerbion 1 – ☎ 0166 510138 – ristorantelegrenier.com – Chiuso mercoledì e a mezzogiorno lunedì, martedì, giovedì

SALA BAGANZA

✉ 43038 – Parma (PR) – Carta regionale n° **9**–A3

I PIFFERI

EMILIANA • **TRATTORIA** Un solo chilometro basta per abbandonare il paese ed entrare nel verde del Parco Regionale dei Boschi di Carrega. Qui si trova un'antica stazione di posta, risalente all'epoca di Maria Luigia e trasformata in ristorante: incantevole contesto per i piatti parmigiani di sempre, come i tortelli alle erbette di nonna Lina conditi con burro fuso e grana. Nella bella stagione, accomodatevi nel giardino ombreggiato e fresco

🖨🏠♿🅿 – Prezzo: €

Via Zappati 36 – 𝒞 0521 833243 – ipifferi.com – Chiuso lunedì

SALA BOLOGNESE

✉ 40010 – Bologna (BO) – Carta regionale n° **9**–C3

ENSAMA PESCE

MEDITERRANEA • **ELEGANTE** Proposte rigorosamente di pesce, frutto del mercato giornaliero, vengono elaborate con un tocco tutto pugliese, regione di nascita dello chef-patron Sabino Triglione. Appena ci si accomoda, la tavola viene imbandita di taralli, focaccia e altri lievitati fatti in casa. Lo chef è un vero padrone di casa ed è a lui che ci si deve affidare senza indugi.

🅰🅲 – Prezzo: €€€€

Via Aristide Dondarini 4 – 𝒞 051 828634 – ristorantensama.it

SALERNO

✉ 84121 – Salerno (SA) – Carta regionale n° **17**–B2

🕸 ## RE MAURÌ

CREATIVA • **STILE MEDITERRANEO** Nell'hotel Lloyd's Baia, al confine tra Salerno e Vietri, dove la costa si alza sul porto, il ristorante offre una rimarchevole vista sul golfo già dalla sala interna attraverso le due pareti vetrate, ma ancor di più quando, con il bel tempo, ci si trasferisce in terrazza. Dalla cucina arrivano proposte campane, ma anche piatti internazionali e prodotti non necessariamente legati alla regione. Lasciate uno spazio per il dessert: il cuoco ha lavorato spesso come pasticcere prima di approdare qui e la cura che riserva ai dolci è rimarchevole.

🐾 ⬚ 🅰🅲 🏠🅿 – Prezzo: €€€€

Via Benedetto Croce – 𝒞 089 763 3687 – remauri.it – Chiuso martedì e mercoledì a mezzogiorno

CASAMARE

PESCE E FRUTTI DI MARE • **ELEGANTE** Locale raffinato ed elegante per trascorrere una gran serata: all'ingresso la piccola rivendita di prodotti di nicchia campani, poi la sala allungata dall'atmosfera piacevole e legata ad un riuscito mix di antico e design moderno, con cucina a vista ed espositore del pesce. Naturalmente spiccano le belle ceramiche di Vietri, mentre la linea gastronomica è classico-campana di mare, con un buon spazio riservato ai crudi.

🅰🅲 🏠♿ – Prezzo: €€€

Corso Giuseppe Garibaldi 214 – 𝒞 089 209 3703 – casamaresalerno.it

HYDRA

CONTEMPORANEA • **MINIMALISTA** Lo trovate tra le vie del pittoresco centro storico di Salerno: la sala è essenziale, eppure grazie alle luci soffuse e alla bella musica in sottofondo la sua atmosfera è assai piacevole; con il bel tempo, inoltre, ci si può accomodare nella graziosa corte interna. La cucina è mediterranea e contemporanea: carne, pesce e verdure sono cucinate con leggerezza in ricette creative, da gustare in percorsi degustazione (anche vegetariano e vegano) e alla carta.

🅰🅲 🈦 – Prezzo: €€

Via Antonio Mazza 30 – ☎ 089 995 8437 – ristorantehydra.com – Chiuso a mezzogiorno da lunedì a giovedì

PESCHERIA

PESCE E FRUTTI DI MARE • SEMPLICE Fra il centro storico e il lungomare, il nome del ristorante è il suo programma gastronomico: quasi esclusivamente a base di pesce, fresco e non d'allevamento, in parte visionabile nella vetrinetta dedicata così come nell'acquario con i crostacei, che si trovano al fondo della sala stretta e lunga: un sorta di piccolo separé con la cucina a vista. Crudi di mare, cotture al forno, al sale o all'acqua-pazza, gustose grigliate sono la dimostrazione di uno stile abbastanza classico.

🅰🅲 – Prezzo: €€€

Corso Giuseppe Garibaldi 227 – ☎ 089 995 5823 – pescheriasalerno.it

SUSCETTIBILE SALERNO

CONTEMPORANEA • ACCOGLIENTE Lungo una strada del centro cittadino e da essa separata da una corte interna, il locale è un'oasi di tranquillità, da apprezzare comodamente seduti nella sala veranda - moderna e raffinata come del resto la saletta interna - che in estate si apre quasi totalmente. Il giovane cuoco Mario Quarta – nato a Battipaglia - mixa le proprie origini locali con le varie tecniche apprese nei ristoranti, anche stellati, dove ha lavorato in precedenza in Italia ed all'estero, mostrando, ad esempio, un accenno di stile francese nei fondi di cottura, rendendo così la sua cucina campana ancor più intrigante e contemporanea. Particolarmente elegante e professionale il servizio. Il piatto preferito dall'ispettore: ricciola alla puttanesca (un gran bel filetto scottato e servito con pomodoro dal sapore intenso ed una succulenta salsa).

🅰♿🅲 🈦 – Prezzo: €€€

Via dei Principati 45 – ☎ 089 296 4933 – suscettibilesalerno.it – Chiuso mercoledì

SALGAREDA

✉ 31040 – Treviso (TV) – Carta regionale n° **8**–C2

MARCANDOLE

PESCE E FRUTTI DI MARE • ELEGANTE Nei pressi dell'argine del Piave, questo locale gestito con passione e competenza è diventato un caposaldo della ristorazione trevigiana grazie ad una cucina di pesce contaminata da ispirazioni contemporanee, che rendono i piatti belli da vedere oltre che buoni. La carta è sempre completata da fuori menu molto interessanti. Imperdibili i crudi!

🅱 🅰🅲 🈦 ⇄ 🅿 – Prezzo: €€€

Via Argine Piave 7 – ☎ 0422 807881 – marcandole.it – Chiuso martedì e mercoledì

SALINA – Messina (ME) ➔ Vedere Sicilia in fondo alla Guida

SALÒ

✉ 25087 – Brescia (BS) – Carta regionale n° **4**–D1

FELTER ALLE ROSE

CUCINA DI STAGIONE • COLORATO Una storica trattoria ripresa da una famiglia da sempre impegnata nell'accoglienza e nella ricerca della qualità. Sala interna, veranda chiusa e tavoli anche in cantina per degustazioni, aperitivi e quant'altro. Piccola carta da cui attingere piatti a base di prodotti stagionali elaborati con semplicità e passione.

🏧 ♿ 🅿 – Prezzo: €€

Via Gasparo Da Salò 33 – ☎ 0365 43220 – rosesalo.it – Chiuso lunedì

QB DUEPUNTOZERO

MODERNA • MINIMALISTA Sul lungolago fronte porticciolo, l'ambiente è fresco e allo stesso tempo moderno dalle linee sobrie; nella bella stagione ancor più gradevole la zona per il servizio estivo. Di pari passo anche la cucina mostra un piglio contemporaneo seppur in chiave mediterranea, che alterna in egual misura carne e pesce a cui si aggiunge anche una proposta vegetariana.

♿ 🏧 🍴 – Prezzo: €€

Via Pietro da Salò 23 – ☎ 0365 520421 – qbduepuntozero.it – Chiuso lunedì e domenica sera

VILLA ARCADIO

MEDITERRANEA • ROMANTICO Il nuovo chef punta su belle presentazioni nella sua interpretazione moderna di cucina italiana; da godersi al massimo della piacevolezza quando - nella bella stagione - ci si può accomodare nei verdeggianti spazi all'aperto, panoramici sulla parte meridionale del lago di Garda e sulla costa. Da prenotare senza esitazione il caratteristico tavolo nella terrazza sotto al vigneto.

⇐ 🛏 🏧 🍴 🅿 – Prezzo: €€€

Via Palazzina 2, loc. Villa di Salò – ☎ 0365 42281 – hotelvillaarcadio.it

SALSOMAGGIORE TERME

✉ 43039 – Parma (PR) – Carta regionale n° **9**–A1

😊 ### TRATTORIA CERIATI

EMILIANA • SEMPLICE Proprio dove la pianura lascia spazio alle prime colline, in un piacevole paesaggio di campagna, qui troverete una trattoria semplice ma ben tenuta, con in carta gli immancabili piatti della tradizione parmense, come i salumi (e un'ottima torta fritta!), le tipiche paste locali, carni e ovviamente i dolci.

♿ 🏧 🍴 🅿 – Prezzo: €

Località Cangelasio Ceriati 18 – ☎ 0524 573654 – Chiuso martedì e a mezzogiorno lunedì e giovedì

L'OSTERIA DEL CASTELLAZZO

DEL TERRITORIO • SEMPLICE E una storia di coerenza, passione e caparbietà quella di Laura e Davide, che da più di dieci anni portano avanti con fermezza il rispetto per la natura e il territorio in cui vivono. Dalla cucina escono piatti gustosi a base di prodotti di stagione e di mercato.

🏧 🍴 – Prezzo: €€

Via Borgo Castellazzo 40 – ☎ 0524 578218 – Chiuso giovedì

SALUDECIO

✉ 47835 – Rimini (RN) – Carta regionale n° **9**–D2

LOCANDA BELVEDERE

MODERNA • AMBIENTE CLASSICO È un indirizzo da scovare, sui primi colli alle spalle di Cattolica e nascosto in quella che appare una semplice residenza privata. Ma ne vale la pena: lo chef Mauro Ricciardelli propone dei percorsi degustazione con una selezione di piatti di ottima qualità, che mostrano la passione per i prodotti della Romagna e delle vicine Marche. Carne e pesce da aziende selezionate della zona e olio dall'azienda di famiglia.

⇐ & 🅐 ⌂ **🄿** – Prezzo: €€

Via San Giuseppe 736, loc. San Rocco – ☎ 0541 982144 – belvederesaludecio. it – Chiuso la sera

SAN BARTOLOMEO AL MARE

✉ 18016 – Imperia (IM) – Carta regionale n° **10**–B3

OSTERIA MOOD

LIGURE • **AMBIENTE CLASSICO** Una location a pochi minuti dalla passeggiata lungomare, in area residenziale e tranquilla. Ambienti casual all'insegna del relax e della buona cucina ligure al 100%, con tanto pesce fresco locale. In estate ci si accomoda in giardino a bordo piscina, in inverno al piano superiore, in un'accogliente sala o nella veranda coperta, con ampia vista sul mare.

⌂ **🄿** – Prezzo: €€

Via Cesare Battisti 58 – ☎ 333 998 0201 – osteriamood.it – Chiuso lunedì

SAN BENEDETTO DEL TRONTO

✉ 63074 – Ascoli Piceno (AP) – Carta regionale n° **14**–C2

DEGUSTERIA DEL GIGANTE

CONTEMPORANEA • **CONTESTO STORICO** Dimora storica ottocentesca su fondazioni quattrocentesche nella parte alta della città, in una zona dall'atmosfera affascinante: il territorio firma con decisione la cucina, ma lo chef lo reinterpreta con gusto e garbo moderni.

⌂ – Prezzo: €€

Via degli Anelli 19 – ☎ 0735 588644 – degusteriadelgigante.it – Chiuso martedì e a mezzogiorno

SAN BONIFACIO

✉ 37047 – Verona (VR) – Carta regionale n° **8**–B3

I TIGLI

PIZZA • **DI TENDENZA** Pizzeria ormai iconica che ha aperto una visione contemporanea dello street food per eccellenza in Italia, la pizza! Simone Padoan, con ormai quasi 30 anni di esperienza alle spalle, sa come rendere semplici le cose difficili: uso di farine integrali, spesso miste, e attenzione maniacale alla lievitazione naturale, per un risultato croccante all'esterno ma soffice all'interno. L'altro focus si concentra sui prodotti per la farcitura – dal pesce alla carne, passando per le verdure – con il risultato che sia le pizze più tradizionali che quelle più creative sono a grandi livelli. Ottimi anche i dolci.

& 🅐 – Prezzo: €

Via Camporosolo 11 – ☎ 045 610 2606 – pizzeriaitigli.it – Chiuso martedì e mercoledì

SAN CASCIANO DEI BAGNI

✉ 53040 – Siena (SI) – Carta regionale n° **11**–D3

✿ CASTELLO DI FIGHINE

CONTEMPORANEA • **CONTESTO STORICO** Una strada sterrata vi condurrà in un luogo fiabesco: un castello risalente all'XI secolo, una proprietà privata ristrutturata e rinnovata nel corso degli ultimi quindici anni, in panoramica posizione collinare. Nel borgo che lo circonda troverete il ristorante, ma appena fa bello vi suggeriamo di optare per la terrazza immersa nel verde. All'abilità del resident chef Francesco

Nunziata si aggiunge la consulenza del tristellato Heinz Beck: il risultato è una cucina creativa e raffinata, dal carattere sovente mediterraneo. Per chi volesse prolungare la sosta, due appartamenti sono a disposizione presso Casa Parretti.

⇔ & AC ⇔ P – Prezzo: €€€

Borgo di Fighine – ☏ 0578 56158 – fighine.it – Chiuso lunedì e martedì a mezzogiorno

DANIELA

TOSCANA • ROMANTICO A poco meno di 100 m dall'albergo Sette Querce, di fronte ad uno splendido belvedere, il ristorante occupa le antiche scuderie del castello. I soffitti a volta e le pietre d'un tempo creano un'atmosfera suggestiva, al palato ci pensa un'ottima cucina del territorio.

& AC ⇔ – Prezzo: €€

Piazza Matteotti 7 – ☏ 0578 58234 – settequerce.it – Chiuso giovedì a mezzogiorno e mercoledì sera

SAN CASSIANO

✉ 39036 – Bolzano (BZ) – Carta regionale n° **6**–B1

COCUN CELLAR RESTAURANT

CONTEMPORANEA • RUSTICO All'interno del celebre ed elegante albergo Ciasa Salares, tutto qui nasce attorno ad una cantina fornitissima di oltre mille etichette. La cucina, dal canto suo, abbraccia sapori moderni non necessariamente legati al territorio. Vivamente consigliati l'eccellente selezione di formaggi ma soprattutto una visita alla stanza del cioccolato.

೫೫ ⇔ P – Prezzo: €€€

Strada Prè de Vì 31 – ☏ 0471 849445 – ciasasalares.it – Chiuso mercoledì e a mezzogiorno

SAN CLEMENTE

✉ 47832 – Rimini (RN) – Carta regionale n° **9**–D2

😊 BUCA 18 Ⓝ

CONTEMPORANEA • FAMILIARE Tre giovani fratelli e la mamma gestiscono con passione questo locale dell'entroterra riminese, dove si propone una cucina fragrante, accattivante e generosa, declinata in una piccola carta e in tre menù degustazione di terra, mare e vegetariano. Per l'estate c'è un servizio all'aperto, mentre la sala espone regolarmente opere di artisti locali.

⇔ ⇔ P – Prezzo: €€

Via Gaggio 2 – ☏ 388 937 9160 – Chiuso lunedì, martedì, domenica e a mezzogiorno da mercoledì a sabato

SAN DONÀ DI PIAVE

✉ 30027 – Venezia (VE) – Carta regionale n° **8**–C2

FORTE DEL 48

DEL TERRITORIO • FAMILIARE Tutto nasce da un baluardo dell'esercito asburgico costruito qui nel 1848 e col tempo trasformatosi in locanda. Oggi siamo alla terza generazione della famiglia De Faveri e c'è la targa di Locale Storico Veneto per questo piacevolissimo ristorante dove assaporare una cucina della tradizione tra carne e pesce. Camere di buon conforl.

& AC P – Prezzo: €€

Via Vizzotto 1 – ☏ 0421 44244 – hotelfortedel48.com – Chiuso domenica

SAN DONATO IN POGGIO

✉ 50028 – Firenze (FI) – Carta regionale n° **11**–D1

🏵 ANTICA TRATTORIA LA TOPPA

TOSCANA • **FAMILIARE** In un romantico borgo medioevale, questa tipica trattoria toscana costituita da piccole sale con archi in mattoni ha aperto i battenti nel 1964 e ancora oggi è la cucina regionale ad essere celebrata, con zuppe e paste fresche tra le proposte più apprezzate. D'estate si mangia all'aperto, lungo la caratteristica stradina.
🛋 ⇔ – Prezzo: €

Via del Giglio 43 – ☎ 055 807 2900 – anticatrattorialatoppa.com – Chiuso lunedì

LA LOCANDA DI PIETRACUPA

TOSCANA • **LOCANDA** Una bella dimora dei primi del '900, con una terrazza panoramica affacciata sul borgo, una sala interna e infine, sul retro, un giardino d'inverno. I classici toscani fanno capolino dal menu: proposte gastronomiche tradizionali, ma che si ritrovano sempre con piacere.
🐧 🛏🛋 – Prezzo: €€

Via Madonna di Pietracupa 31 – ☎ 055 807 2400 – locandapietracupa.it

SAN FELICE DEL BENACO

✉ 25010 – Brescia (BS) – Carta regionale n° **4**–D1

SOGNO

MODERNA • **ELEGANTE** In un ristorante con un tale nome sarà facile sognare ad occhi aperti. Di sicuro lo sarà in estate, quando ci si può accomodare sulla romantica terrazza in riva al lago; la sua cucina di stampo mediterraneo - al pari - conquisterà il palato. Possibilità di pernottamento nell'omonimo hotel, nonché attracco privato per le imbarcazioni.
≼ 🛏 ♿🛋 🅿 – Prezzo: €€€

Via Porto San Felice 41 – ☎ 0365 62102 – sognogarda.it

SAN FERMO DELLA BATTAGLIA

✉ 22020 – Como (CO) – Carta regionale n° **5**–A1

RADICI

Chef: Mirko Gatti

INNOVATIVA • **CONTESTO CONTEMPORANEO** Una giovane ed appassionata coppia di professionisti ha preso il timone di questo moderno ed accogliente locale, proponendo una linea gastronomica ispirata alla sostenibilità, alla stagionalità, alle erbe raccolte direttamente da loro, agli ingredienti di montagna ma anche di mare, purché' provenienti da produttori fidati che rispettino natura e animali. Qui, si utilizzano anche gli scarti dando vita così ad una cucina circolare.

🌿 *L'impegno dello chef:* Il forte impegno di Sara e Mirko ruota attorno ad alcuni elementi cardine. Innanzitutto il foraging, la raccolta di materie prime selvatiche come erbe, fiori, germogli, alghe, licheni, muschi, bacche e pigne. C'è poi la produzione di fermentati (garum, miso, aceti, shoyu e katsuobushi) per utilizzare gli scarti e l'uso esclusivo del fuoco vivo per le cotture. Gli arredi del locale, infine, sono stati realizzati con materiale di recupero.
♿🎏🛋 – Prezzo: €€€

Via Henry Dunant 1 – ☎ 349 068 3973 – radici-restaurant.it – Chiuso lunedì e martedì e domenica sera

SAN GENESIO ATESINO

✉ 39050 – Bolzano (BZ) – Carta regionale n° **6**–A2

ANTICA LOCANDA AL CERVO - LANDGASTHOF ZUM HIRSCHEN

Chef: Maria Lutz

DEL TERRITORIO • STILE MONTANO Piacevole posizione sull'Altopiano del Salto, pochi chilometri sopra Bolzano, dove cinque generazioni al femminile sanciscono, oltre che la qualità della proposta, il forte legame con il territorio, testimoniato da un menù all'insegna di sapori sudtirolesi fragranti e invitanti. Piatti generosi e saporiti prendono origine per lo più da ingredienti prodotti in proprio e vengono serviti in sale tipiche rimodernate o sulla terrazza soleggiata e panoramica. Per godere appieno del clima rilassato di San Genesio consigliamo di approfittare delle camere della locanda e magari di montare gli avelignesi della loro scuderia.

L'impegno dello chef: Locanda dalla lunga storia ma dalla filiera corta: il menu si basa su maso e orto gestiti in proprio, mentre l'approvvigionamento degli ingredienti mancanti poggia su agricoltori e produttori spesso bio, il più possibile all'interno del territorio di San Genesio e dell'Altopiano del Salto. Dal 2008 aderiscono al Patto per la Neutralità Climatica e calcolano l'impatto ecologico con l'obiettivo di diventare al più presto neutrali.

⇜🍴♿🏠🔄🅿 – Prezzo: €€

Via Schrann 9/c – ☏ 0471 354195 – hirschenwirt.it – Chiuso mercoledì e giovedì

SAN GIMIGNANO

✉ 53037 – Siena (SI) – Carta regionale n° **11**–C2

LINFA

CREATIVA • ELEGANTE In pieno centro storico ma leggermente defilato, cultura e attaccamento al territorio sono i compagni ideali della divulgazione del buon gusto che lo chef Vincenzo Martella traduce in piatti di terra e di mare, i cui ingredienti sono spesso mischiati con estrema disinvoltura nella stessa composizione. Ottime presentazioni e un'attenzione all'estetica che continua nelle opere d'arte contemporanea che arredano le pareti. Servizio molto professionale e al tempo stesso cordiale, e ottimi consigli sulla scelta del vino.

🐝♿🎴 – Prezzo: €€€

Piazza Sant'Agostino – ☏ 0577 891151 – mktn.it/linfa – Chiuso lunedì e martedì

DA PODE

TOSCANA • CONTESTO TRADIZIONALE Ospitato in una bella struttura ricettiva nella campagna di San Gimignano, il ristorante propone la cucina tradizionale toscana. Qui ritroverete i sapori pieni e gustosi di piatti di cui si chiederebbe il bis, dalla ribollita alla trippa, passando per i pici fatti a mano e la fiorentina. L'olio e alcuni vini vengono prodotti in proprio nella tenuta di Sovestro.

🍴♿🎴🏠🔄🅿 – Prezzo: €€

Località Sovestro 63 – ☏ 0577 943153 – dapode.com – Chiuso martedì

SAN MARTINO 26

DEL TERRITORIO • CONTESTO STORICO "Nel cuore pulsante di San Gimignano, cucina moderna e creativa, la cui intrigante personalità non disdegna il gioco dei contrasti. Una proposta gastronomica inattesa tra le antiche mura di questa dimora storica, accompagnata da un'interessante selezione di Champagne."

🎴🏠🔄 – Prezzo: €€€

Via San Martino 26 – ☏ 0577 940483 – ristorantesanmartino26.it – Chiuso giovedì

SAN GIORGIO DEL SANNIO

✉ 82018 – Benevento (BN) – Carta regionale n° **17**–C1

LOCANDA DELLA LUNA

CAMPANA • ACCOGLIENTE Posizione sperduta nel Sannio, del quale offre una bella vista sia dalla curata sala-veranda, sia dalla terrazza all'aperto, per questo ristorante "sincero", dove lo chef-patron propone i sapori della sua terra e le verdure dell'orto, senza discostarsi più di tanto dalla tradizione.

≼ 🖂 🗚 🍴 🅿 – Prezzo: €€

Via delle Oche 7 – ☎ 320 047 8609 – locandadellaluna.net – Chiuso lunedì, martedì, a mezzogiorno da mercoledì a venerdì e domenica sera

SAN GIORGIO DELLA RICHINVELDA

✉ 33095 – Udine (UD) – Carta regionale n° **7**–A2

IL FAVRI

FRIULANA • RUSTICO Antica osteria già vocata al cibo ad inizio Ottocento e rimodernata dall'attuale gestore, Mauro D'Andrea, che con inesauribile energia segue la sala, raccontando a voce la carta dei vini. Dalla cucina il meglio dei sapori del territorio; a pranzo, oltre alla carta completa, anche un menu più semplice ed economico.

🗚 🍴 – Prezzo: €

Via Borgo Meduna 12 – ☎ 0427 94043 – ilfavri.it – Chiuso lunedì e domenica sera

SAN GIORGIO DI VALPOLICELLA

✉ 37010 – Verona (VR) – Carta regionale n° **8**–A2

😊 DALLA ROSA ALDA

TRADIZIONALE • FAMILIARE Nel centro storico di questo grazioso paesino inerpicato in Valpolicella, praticamente di fronte alla pieve romanica, una trattoria semplice, come la sua cucina tradizionale che rimane ancorata a classiche ricette di una volta, gustose e saporite, come il brasato all'Amarone con la polenta. Nella cantina scavata nella roccia, vini della zona, anche al bicchiere.

🐕 ♿ 🍴 ⇔ – Prezzo: €

Strada Garibaldi 4 – ☎ 045 770 1018 – dallarosalda.it – Chiuso lunedì e martedì e domenica sera

SAN GIOVANNI AL NATISONE

✉ 33048 – Udine (UD) – Carta regionale n° **7**–B2

CAMPIELLO

PESCE E FRUTTI DI MARE • AMBIENTE CLASSICO Accomodatevi nell'elegante sala per gustare prelibatezze a base di pesce da accompagnare ai molti vini in carta. Per gli incontentabili, basterà chiedere al patron: in cantina ci sono parecchie sorprese! All'Hosteria wine-bar, invece, l'atmosfera si fa più informale e i piatti, più semplici, prediligono la carne.

🐕 ♿ 🗚 ⇔ 🅿 – Prezzo: €€

Via Nazionale 46 – ☎ 0432 757910 – ristorantecampiello.it

SAN GIOVANNI IN FIORE

✉ 87055 – Cosenza (CS) – Carta regionale n° **19**–B2

HYLE

Chef: Antonio Biafora

MODERNA • **ELEGANTE** Il termine Hyle (si legge "ile") in greco significa "materia" e venne usato dai Greci sin dalle prime visite sull'altopiano silano. La Sila e i suoi millenari boschi erano un posto ricco di legna e quindi di materia. L'intento di Hyle è ripercorrere questa via, che parte dalle colline sul mare e arriva in cima alle montagne. Un percorso breve, ma che comprende un'area fertile e ricca di ingredienti diversi, dai quali partire per costruire un progetto di cucina che, arricchito dall'esperienza dello chef Antonio Biafora, traccia una mappa di eccellenze territoriali, individuando piccoli produttori locali (di verdure, erbe aromatiche, noci…), in una catena di sostenibilità economico-sociale encomiabile. Ideali percorsi alla scoperta della regione già a partire dal nome, due sono i menu degustazione: Pùzaly (dal termine greco pisseres, resinoso) e Chjùbica (l'antica strada che collega Paola a Cirò Marina), con tutti i piatti estraibili anche alla carta. Buona la selezione in cantina, tra scelte nazionali e internazionali, è alcune chicche di viticultura calabrese; in aggiunta anche birre prodotte in casa.

L'impegno dello chef: Hyle interpreta nel modo più moderno le caratteristiche del Parco della Sila, un territorio montano difficile ma dalle grandi potenzialità. In un rapporto strettissimo con i produttori locali, lo chef ricerca, seleziona, produce e raccoglie le migliori materie prime, che poi trasforma in piatti raffinati a zero spreco, grazie alla produzione di marmellate, miso, birra e fermentazioni. L'orto di proprietà, di 1200 mq e a 1260 m di altitudine, fornisce frutta, verdure ed erbe aromatiche.

🕸 📶 🅰 🄿 – Prezzo: €€€

Contrada Torre Garga SS 107 – ℰ 0984 970722 – hyleristorante.it – Chiuso martedì, mercoledì e a mezzogiorno lunedì, giovedì, venerdì

SAN GIOVANNI IN PERSICETO

✉ 40017 – Bologna (BO) – Carta regionale n° **9**–C1

OSTERIA DEL MIRASOLE

EMILIANA • **TRATTORIA** Un posto del cuore, dove si coltiva la memoria nelle salette traboccanti di ricordi del tempo che fu, così come nella cucina, che esprime un'adesione straordinaria e di alto livello alle tradizioni gastronomiche emiliane (ma non solo), con la brace protagonista tra i secondi piatti. Tutto nasce con l'azienda agricola e il caseificio di famiglia, i cui prodotti sono in vendita sia presso lo spaccio che online. Si torna e si ritorna, senza mai stancarsi, per un viaggio nell'identità regionale.

🄰 – Prezzo: €€

Via Matteotti 17/a – ℰ 051 821273 - osteriadelmirasole.it – Chiuso lunedì, martedì a mezzogiorno e domenica sera

SAN GIULIANO MILANESE

✉ 20098 – Milano (MI) – Carta regionale n° **5**–B2

ANTICA OSTERIA LA RAMPINA

LOMBARDA • **CONTESTO TRADIZIONALE** Le cronache narrano che il generale Radetzky, in fuga da Milano durante i moti delle Cinque Giornate, accampò l'esercito proprio davanti al cortile della Rampina. Immerso nella natura e avvolto dal fascino della storia, il ristorante è oggi un ideale rifugio dove poter godere del piacere della variegata proposta gastronomica, che spazia dal territorio al pesce, con mano sapiente e tocchi contemporanei.

🕸 🄰 🍴 ♿ 🄿 – Prezzo: €€

Località Rampina 3 – ℰ 02 983 3273 – rampina.it – Chiuso mercoledì

SAN GIUSTINO VALDARNO

✉ 52024 – Arezzo (AR) – Carta regionale n° **11**–D2

OSTERIA DEL BORRO

TOSCANA • ELEGANTE Stile elegante dai colori tenui nella sala gourmet al primo piano, con ascensore, mentre il menu sfodera i classici regionali, rivisitati con gusto creativo ed un pizzico di modernità. Disponibile anche una saletta privata con cucina.

⌂ ✚ Ⓜ **P** – Prezzo: €€€

Località Borro 52 – ☎ 055 977 2333 - osteriadelborro.it – Chiuso a mezzogiorno

SAN LEONE - Agrigento (AG) ➜ Vedere Sicilia in fondo alla Guida

SAN LORENZO

✉ 62010 – Macerata (MC) – Carta regionale n° **14**–B2

😊 IL CASOLARE DEI SEGRETI

MARCHIGIANA • CASA DI CAMPAGNA Conduzione familiare di lunga esperienza in un locale - in aperta campagna - con grandi spazi esterni, bella terrazza panoramica per il servizio estivo e sale interne linde e modernamente arredate. L'ospite si sazierà con saporiti e generosi piatti regionali elaborati con una certa personalità. La struttura dispone anche di due camere per chi volesse prolungare il soggiorno.

≼ ⌂ 🏠 **P** – Prezzo: €€

Contrada San Lorenzo 28 – ☎ 0733 216441 - casolaredeisegreti.it – Chiuso lunedì, martedì, a mezzogiorno da mercoledì a venerdì e la sera sabato e domenica

SAN LORENZO DI SEBATO

✉ 39030 – Bolzano (BZ) – Carta regionale n° **6**–B1

😊 LERCHNER'S IN RUNGGEN

Chef: Johann Lerchner

REGIONALE • RUSTICO È un locale dedicato alla cucina tipica altoatesina, affiancato al proprio maso con allevamento di carne di manzo. C'è una bella cura dei dettagli sia negli ambienti, sia nei piatti, che citano a piene mani i migliori ingredienti e le ricette più sfiziose della regione. Specialità al ritmo delle stagioni: geröstl (rosticciata di carne di manzo e maiale con patate, cipolla e speck), tirtlan (frittelle di segale), è l'immancabile strudel di mele. Alto Adige a tuttotondo anche per la lista dei vini.

🌱 *L'impegno dello chef:* Un ristorante che da anni è impegnato nella sostenibilità su tanti fronti. A cominciare dalla scelta di utilizzare quasi esclusivamente prodotti 100% altoatesini, un proprio allevamento di bestiame per la fornitura delle carni, nonché la rinuncia all'impiego di qualsiasi prodotto esotico o eticamente discutibile in menu. La sua posizione geografica, nel cuore di una natura incontaminata, gli permette di poter offrire gratuitamente ai propri ospiti una cristallina acqua di sorgente.

≼ ⌂ 🏠 **P** – Prezzo: €€

Località Ronchi 3/a – ☎ 0474 404014 - lerchners.it – Chiuso lunedì

SAN MARTINO DI CASTROZZA

✉ 38054 – Trento (TN) – Carta regionale n° **6**–B2

MALGA CES

REGIONALE • STILE MONTANO A 1600 m di altitudine, pur essendo quasi un rifugio sulle piste innevate Malga Ces riesce a proporre una cucina regionale in cui spiccano alcune portate dal tocco moderno accanto a semplici classici montani, il tutto servito in un ambiente caratteristico. Ampie camere in stile alpine per chi ama il silenzio.

⇇ よ 🕏 🄿 – Prezzo: €€

Località Ces – 𝒫 0439 68223 – malgaces.it – Chiuso a mezzogiorno

RISTORANTE DA ANITA - CHALET PRÀ DELLE NASSE

REGIONALE • FAMILIARE Storico baluardo della ristorazione di San Martino, curato e modernamente alpino, ai piatti storici e più tradizionali della signora Anita, si integrano gli spunti più attuali del figlio. Tra le specialità: pappardelle al rosmarino e zafferano al ragù di cervo - e strudel di mele con gelato alla cannella.

🕏 🄿 – Prezzo: €€

Via Cavallazza 24, loc. Prà delle Nasse – 𝒫 0439 768893 – ristorante-da-anita.com

SAN MARTINO IN PASSIRIA

✉ 39010 – Bolzano (BZ) – Carta regionale n° **6**–A1

QUELLENHOF GOURMETSTUBE 1897

CREATIVA • ELEGANTE In uno spazio di raffinata eleganza che dispone anche di un intimo privé separato da qualche scalino, il nuovo angolo gourmet propone differenti menu degustazione di stampo moderno su base tradizionale. Visitabile la bella cantina ricca di etichette e con possibilità di degustazioni varie.

🄚 – Prezzo: €€€€

Via Passiria 47 – 𝒫 0473 645474 – quellenhof-gourmetstube1897.it – Chiuso lunedì, domenica e a mezzogiorno

SAN MARZANO OLIVETO

✉ 14050 – Asti (AT) – Carta regionale n° **2**–B1

DEL BELBO - DA BARDON

PIEMONTESE • CONTESTO TRADIZIONALE Un esempio di ristorazione tradizionale che da generazioni si prende attenta cura della propria clientela. Forte di una schietta e gustosa cucina supportata da un'interminabile carta dei vini per veri appassionati di Langhe, Asti, Italia intera e Francia, un comodo dehors ne fa un luogo ideale per le belle giornate di mezza stagione. In pratica, il ristorante che vorresti sotto casa!

🕏 🄚 🕏 ⇄ 🄿 – Prezzo: €€

Valle Asinari 25 – 𝒫 0141 831340 – Chiuso mercoledì e giovedì e domenica sera

SAN MAURIZIO CANAVESE

✉ 10077 – Torino (TO) – Carta regionale n° **1**–B2

LA CREDENZA

CREATIVA • ELEGANTE In una sala accogliente con bei tocchi d'elegante modernità, La Credenza si apre con una luminosa veranda su di un grazioso giardino per caffè o aperitivi serali. La cucina è supervisionata dallo chef Igor Macchia, che propone piatti creativi, sia di carne che di pesce, con vari rimandi internazionali. Ampia la scelta enoica: più di 1500 etichette custodite in due cantine che potrete visitare.

🕏 🄚 ⇄ – Prezzo: €€€

Via Cavour 22 – 𝒫 011 927 8014 – credenzagroup.it – Chiuso martedì, mercoledì e a mezzogiorno lunedì, giovedì, venerdì

SAN MAURO A MARE

✉ 47030 – Forlì-Cesena (FC) – Carta regionale n° **9**–D2

ONDA BLU

PESCE E FRUTTI DI MARE • **CONTESTO CONTEMPORANEO** Un angolo d'inaspettata eleganza che sorge quasi sulla sabbia, custodia di una sala elegante e sobria con ampie vetrate che si aprono sul mare. Ingredienti freschi e prodotti ittici di grande qualità, in proposte classiche della tradizione marinara dell'Adriatico. Di fatto, il menu è una sorta di "canovaccio" cui si aggiungono le proposte di mercato giornaliero; buona carta dei vini che abbraccia anche l'estero, soprattutto Francia.

⅏ ♿ Ⓜ 🏠 – Prezzo: €€€

Via Orsa Minore 1 – 𝒞 *0541 344886 – ristoranteondablu.com – Chiuso lunedì*

SAN MICHELE

✉ 39057 – Bolzano (BZ) – Carta regionale n° **6**–A2

❁ OSTERIA ACQUAROL

Chef: Alessandro Bellingeri

MODERNA • **CONTESTO CONTEMPORANEO** In un ambiente "asciutto", quasi minimal e dotato di un piccolo ma delizioso spazio esterno lungo il corso pedonale per i pasti estivi, l'Osteria Acquarol propone una cucina che, partendo dal territorio, conduce dritta verso la personalità dello chef patron cremonese Alessandro Bellingeri, che si esprime con tecniche moderne, idee originali e prodotti spesso sostenibili provenienti dalla regione stessa, nel caso di verdure ed erbe aromatiche e spontanee sovente di produzione propria. Dal 2023, dopo essere riusciti ad ampliare l'orto, la parte vegetale ha preso un ampio spazio nei due menù degustazione proposti (a 7 o 9 portate, da cui possono essere scelti i singoli piatti alla carta): citiamo la minestra fredda chiamata "L'orto dietro l'angolo" o le curiose "Tagliatelle verdi", in cui la tendenza all'amaro è ben gestita. La visione del territorio dello chef è interessante, inedita e originale.

🏠 – Prezzo: €€€

Via Johann Georg Plazer 10 – 𝒞 *0471 362932 – acquarol.it – Chiuso mercoledì, giovedì e a mezzogiorno lunedì, martedì, venerdì*

❁ ZUR ROSE

REGIONALE • **AMBIENTE CLASSICO** La tappa gourmet che lascia il segno lungo la romantica Strada del Vino tirolese è sicuramente Zur Rose, storica insegna dove lo chef Herbert Hintner propone la sua idea di creatività contemporanea, scandita da una forte identità regionale e altoatesina. Nell'elegante spazio risalente al 1300, con il nome "La Rosa" utilizzato per il ristorante sin dal 1585, i prodotti e i piatti si adeguano alle stagioni con due menu per ciascuna di queste: menu regionale e menu vegetariano. Da decenni sulla cresta dell'onda, la cucina di Hintner non ha preso una ruga, a maggior ragione ora che è affiancato dal figlio, e rimane sempre una sosta gastronomica irrinunciabile.

⅏ 🏠 ♧ – Prezzo: €€€

Via Josef Innerhofer 2 – 𝒞 *0471 662249 – zur-rose.com – Chiuso lunedì, domenica e giovedì a mezzogiorno*

⊛ OSTERIA PLATZEGG ⓝ

REGIONALE • **SEMPLICE** Questo confortevole locale è la versione osteria dello stellato Zur Rose di Herbert Hintner, maestro indiscusso della miglior cucina altoatesina. Gli ambienti sono accoglienti e contemporanei, pur nella loro semplicità. All'interno di un edificio storico in pieno centro pedonale, la linea gastronomica si rifà a ricette e ingredienti territoriali (come per i ravioli di patate ripieni di speck o i crostini di milza in brodo), con qualche influsso mediterraneo (ad esempio negli

gli arancini alla salsa di gorgonzola). Si ritorna invece esclusivamente in Alto Adige per la carta dei vini.

&. 🅰🅲 🀆 ✿ – Prezzo: €€

Piazza Municipio 1 – ℰ 0471 058858 – platzegg.com – Chiuso martedì, mercoledì a mezzogiorno e domenica sera

SAN MICHELE AL TAGLIAMENTO

✉ 30028 – Venezia (VE) – Carta regionale n° **8**–D2

AL CJASAL

MODERNA • ACCOGLIENTE In una calda e signorile atmosfera dove il legno è dominante, proposte moderne con buone materie prime locali e spirito regionale. La carta presenta un'originale offerta di cicchetti (piccoli assaggi), in mezze o intere porzioni, che concorrono alla creazione di un personale percorso degustativo. L'orto privato che fornisce frutta e verdura tutto l'anno è lavorato a mano e senza prodotti chimici.

&. 🅰🅲 🀆 🅿 – Prezzo: €€

Via Nazionale 30, loc. San Giorgio al Tagliamento – ℰ 0431 510595 – alcjasal. com – Chiuso mercoledì e a mezzogiornoda lunedì a venerdì

SAN MINIATO

✉ 56028 – Pisa (PI) – Carta regionale n° **11**–C2

PAPAVERI E PAPERE

TOSCANA • ACCOGLIENTE La cucina di Paolo Fiaschi prende spunto e ingredienti dal territorio, per poi allargarsi ad una visione moderna, sia nella leggerezza delle preparazioni sia, soprattutto, nelle presentazioni dei piatti, come per i pici con crema di peperone arrostito, animelle e pecorino. Proposte di terra, di mare e vegetali, e in autunno va in scena il tartufo bianco di San Miniato.

&. 🅰🅲 🀆 ✿ 🅿 – Prezzo: €€

Via Dalmazia 159/d – ℰ 0571 409422 – papaveriepaolo.com – Chiuso mercoledì e a mezzogiorno tranne domenica

PEPENERO ⓝ

TOSCANA • CONTESTO CONTEMPORANEO Gilberto Rossi propone una cucina che sa presentare in maniera mirabile i migliori ingredienti di terra e di mare di un territorio generoso: si pensi, ad ad esempio, all'ottimo tartufo e alle sue varietà nell'arco dell'anno. Le pietanze, cucinate con mano leggera e moderna, sono servite in un'ampia sala le cui molte vetrate regalano scorci sul centro cittadino.

⪦ 🅰🅲 🅿 – Prezzo: €€

Piazza del Duomo 4 – ℰ 0571 520282 – pepenerocucina.it – Chiuso martedì e a mezzogiorno tranne domenica

SAN NICOLA MANFREDI

✉ 82010 – Benevento (BN) – Carta regionale n° **17**–C1

PASCALUCCI

CAMPANA • RUSTICO Ristorante nato nel 1932 che oggi, oltre a proposte locali, presenta anche una cucina di pesce elaborata con capacità, a base di prodotti freschi e genuini. Tra le specialità di carne, Marchigiana e Chianina in varie preparazioni.

🅰🅲 🀆 🅿 – Prezzo: €

Via Appia 1, loc. Iannassi – ℰ 0824 778400 – pascalucci.it

SAN PANCRAZIO

✉ 48020 – Ravenna (RA) – Carta regionale n° **9**–D2

🕙 LA CUCOMA

PESCE E FRUTTI DI MARE • **AMBIENTE CLASSICO** Ubicato lungo la strada principale del paese, a 10 minuti circa da Ravenna, questo ristorante classico, gestito da oltre 40 anni con la proverbiale buona accoglienza romagnola dalla famiglia Amadori, propone una carta totalmente dedicata al mare, integrata da alcuni fuori menu.

🎟 ⇔ 🅿 – Prezzo: €

Via Molinaccio 175 – ☎ 0544 534147 – ristorantecucoma.com – Chiuso lunedì e domenica sera

SAN PANTALEO - Sassari (SS) ➡ Vedere Sardegna in fondo alla Guida

SAN PAOLO D'ARGON

✉ 24060 – Bergamo (BG) – Carta regionale n° **5**–D1

🕸 UMBERTO DE MARTINO

Chef: Umberto De Martino

MEDITERRANEA • **ELEGANTE** Sulle colline che osservano San Paolo d'Argon, in un ambiente luminoso ed elegante, questo è l'indirizzo giusto per esperienze gastronomiche che si rifanno alla solarità della terra natia dello chef: la penisola sorrentina. Qualsiasi sia la scelta, la cucina interpretata da questo chef apprezzato per determinazione, umiltà e concretezza si esprime a livelli di assoluta eccellenza. Quattro menu degustazione, di cui uno vegetariano e uno che riassume i piatti iconici dello chef.

🕸 � 🎟 🏮 🅿 – Prezzo: €€€€

Via Madonna d'Argon 4/6 – ☎ 035 425 4202 – florianmaison.it – Chiuso lunedì

SAN PELLEGRINO

✉ 38035 – Trento (TN) – Carta regionale n° **6**–B2

RIFUGIO FUCIADE

REGIONALE • **RUSTICO** Telefonate e concordate il tragitto per tempo, perché con la neve vi occorrono 45 min a piedi o la motoslitta del ristorante...Per trovare, infine, un paesaggio mozzafiato tra le cime dolomitiche e sulla tavola una gustosa cucina regionale!

🕸 ⤎ 🏮 ⇔ – Prezzo: €€

Località Fuciada, Soraga di Fassa – ☎ 0462 574281 – fuciade.it

SAN PIERO IN BAGNO

✉ 47021 – Forlì-Cesena (FC) – Carta regionale n° **9**–D2

🕸 DA GORINI

Chef: Gianluca Gorini

MODERNA • **CONTESTO CONTEMPORANEO** Nel centro storico di San Piero in Bagno, Gianluca Gorini è artefice di una cucina creativa e originale, con diversi riferimenti a questa bella zona collinare, ma anche divagazioni più estrose. Tra le presenze più frequenti ci sono i funghi, la selvaggina, il pesce d'acqua dolce e il maialino di mora romagnola, che vengono talvolta combinati con ingredienti più esotici. Nelle cotture la brace occupa un posto particolare e regala profumi e consistenze gradevolissimi a piatti come l'agnello, l'anguilla e il piccione.

&. 🅰️ ⇔ - Prezzo: €€€
Via Verdi 5 - ☎ 0543 190 8056 - dagorini.it - Chiuso martedì e a mezzogiorno da mercoledì a venerdì

SAN POLO D'ENZA
✉️ 42020 - Reggio Emilia (RE) - Carta regionale n° **9**-A3

MAMMA ROSA
PESCE E FRUTTI DI MARE • **AMBIENTE CLASSICO** All'interno di un semplice caseggiato ai margini del paese, tutti gli sforzi si concentrano su una cucina di mare sostenuta dal migliore pescato e da uno stile mediterraneo.
🅰️ 🍴 ⇔ 🅿️ - Prezzo: €€
Via XXIV Maggio 1 - ☎ 0522 874760 - mammarosa.eatbu.com - Chiuso lunedì e martedì

SAN POLO DI PIAVE
✉️ 31020 - Treviso (TV) - Carta regionale n° **8**-C2

😊 OSTERIA BORSÒ GAMBRINUS
Chef: Pierchristian Zanotto
CUCINA DI STAGIONE • **WINE-BAR** Enoteca-osteria dalle calde note rustiche, con un menu che attinge da mare e terra, mentre molto spazio in carta è riservato alle verdure del proprio orto coltivato in modo decisamente sostenibile. Sulla lavagnetta all'ingresso si trovano molti vini al bicchiere, con particolare attenzione a quelli naturali.
🌱 *L'impegno dello chef:* Orto sinergico di 300 mq, acqua depurata e vitalizzata dalla fonte di proprietà, eco-detergenza con microrganismi efficaci, compostaggio degli scarti di cucina e delle ramaglie del parco, autoproduzione di aceto, miele, pane e bibite fermentate... queste sono le buone pratiche di sostenibilità dell'Osteria Borsò Gambrinus, che aderisce al progetto CON+TESTA.
🛏️ 🅰️ 🍴 🅿️ - Prezzo: €€
Via Capitello 18 - ☎ 0422 855043 - gambrinus.it - Chiuso lunedì e martedì

PARCO GAMBRINUS
MODERNA • **ROMANTICO** Salette rustiche, ma romantiche, per una cucina che vuole essere tradizionale e moderna al tempo stesso, elaborata partendo da prodotti tipici della zona e orientata alla sostenibilità; animali esotici nel parco dove un ruscello ospita gamberi, anguille, storioni. Lunga tradizione nella produzione di vini, grappe e liquori, tra cui il rinomato Elisir Gambrinus. A poche centinaia di metri, la locanda offre camere arredate con gusto.
🛏️ 🅰️ 🍴 🅿️ - Prezzo: €€
Via Capitello 18 - ☎ 0422 855043 - gambrinus.it - Chiuso lunedì e martedì e domenica sera

SAN QUIRICO D'ORCIA
✉️ 53027 - Siena (SI) - Carta regionale n° **11**-C2

😊 FONTE ALLA VENA
TOSCANA • **CONVIVIALE** Lungo la strada che porta al pittoresco centro storico, nelle sale semplici e dall'atmosfera informale viene servita un'ottima cucina, con un'originale ricerca sui piatti di terra toscani, orientata in particolare su quelli più poveri e tradizionali, come il quinto quarto, la cinta senese e le paste fresche. Sapori intensi e avvolgenti, un posto in cui si tornerebbe in continuazione.
🍴 - Prezzo: €
Via Dante Alighieri 137 - ☎ 0577 897034 - fonteallavena.it - Chiuso martedì

TAVERNA DA CIACCO

TOSCANA • **CONTESTO TRADIZIONALE** Accogliente locale dai toni rustici: ai fornelli, il titolare stesso saprà conquistarvi con piatti della tradizione interpretati con fantasiosa creatività e sporadiche proposte di pesce. Filettino di cinta senese avvolto nel rigatino croccante su fonduta di cipolle, il nostro preferito!

🅰🅲 – Prezzo: €

Via Dante Alighieri 30/a – ☏ 0577 897312 – Chiuso martedì

TRATTORIA TOSCANA AL VECCHIO FORNO

TOSCANA • **RUSTICO** Nel cuore di San Quirico, una tipica trattoria ricca d'atmo-sfera e di ricordi, con una graziosa corte interna e porticati dove cenare appena il tempo lo consente. Cucina tradizionale e toscana.

🅰🅲 🍽 – Prezzo: €€

Via Poliziano 18 – ☏ 0577 897380 – palazzodelcapitano.com

SAN QUIRINO

✉ 33080 – Udine (UD) – Carta regionale n° **7**–A2

✿ LA PRIMULA

Chef: Andrea Canton

ITALIANA CONTEMPORANEA • **ELEGANTE** Nel magico territorio dei Magredi, inca-stonato tra Pordenone ed Aviano, l'elegante locale, gestito da sempre dalla famiglia Canton, ha festeggiato nel 2023 i 150 anni di attività. La bella sala dominata dal camino è molto confortevole e la cucina vede protagonista Andrea, che propone piatti di terra e di mare, curati e dai sapori rassicuranti, con qualche tocco estroso. La proposta enoica entusiasma per la scelta di etichette divise su ben tre tomi: Friuli Venezia Giulia, Italia e resto del mondo. Lo stesso edificio ospita inoltre l'Osteria alle Nazioni (aperta anche a pranzo), dove le ricette si ispirano ampiamente alla tradizione regionale.

🐜 🅰🅲 🍽 ⇔ 🅿 – Prezzo: €€€

Via San Rocco 47 – ☏ 0434 91005 – ristorantelaprimula.it – Chiuso lunedì, martedì, a mezzogiorno da mercoledì a sabato e domenica sera

SAN REMO

✉ 18038 – Imperia (IM) – Carta regionale n° **10**–A3

✿ PAOLO E BARBARA

Chef: Paolo Masieri

DEL TERRITORIO • **INTIMO** Dal 1987 rappresenta l'eccellenza della ristorazione sanremese. L'attenzione appassionata per la materia prima e le tipicità gastrono-miche regionali è supportata dalla coltivazione di alcuni orti che soddisfano buona parte delle esigenze della cucina, uova e olio EVO compresi, a cui si aggiunge la piccola produzione di vino. Insieme alla qualità del pescato, infatti, sono le verdure a rappresentare l'anima più genuina e originale della cucina del Ponente, che Paolo combina attualizzando ricette tradizionali. Foto precisa del suo stile sono i cappel-letti, ravioli di pasta all'uovo ripieni ognuno di un gambero di San Remo e conditi con brodo di verdure allo zafferano (abruzzese), raffinato eppure gustoso. Barbara, come sempre, gestisce con maestria la sala e suggerisce i vini.

🅰🅲 ⇔ – Prezzo: €€€

Via Roma 47 – ☏ 0184 531653 – paolobarbara.it – Chiuso lunedì, martedì e a mezzogiorno

SAN SALVO MARINA

✉ 66050 – Chieti (CH) – Carta regionale n° **15**–C2

 AL METRÒ

Chef: Nicola Fossaceca

MODERNA • CONTESTO CONTEMPORANEO Nei locali che un tempo accoglievano la pasticceria di famiglia, i fratelli Fossaceca hanno creato questo ristorante dall'eleganza minimalista, che si apre sulla fresca piazzetta-dehors estiva. La cucina di Nicola naviga nel mar Adriatico alla ricerca del migliore pescato, a cui si aggiungono altri prodotti stagionali del territorio minuziosamente selezionati. La tradizione abruzzese di mare e, più in generale, i sapori mediterranei vengono riletti con stile moderno e tecnica contemporanea, e il risultato sorprende perché questa approfondita ricerca sfocia poi in semplicità e immediatezza di gusto nel piatto. A dare sapore ai tre menu degustazione concorrono alcune eccellenze regionali quali lo zafferano aquilano, l'aglio di Sulmona e prodotti di fattorie locali. In sala Antonio e il suo abile team mettono a proprio agio l'ospite con amichevole formalità, mentre la bella selezione enoica predilige l'Abruzzo ma non disdegna anche vini internazionali.

& 🕮 🍴 – Prezzo: €€€

Via Magellano 35 – ☏ 0873803428 – ristorantealmetro.it – Chiuso lunedì e martedì a mezzogiorno

SAN SEVERINO MARCHE

✉ 62027 – Macerata (MC) – Carta regionale n° **14**–B2

CAVALLINI

PESCE E FRUTTI DI MARE • ACCOGLIENTE Al primo piano, un ristorante dai toni chiari e rilassanti, ben insonorizzato, gestito da due fratelli, uno in cucina e l'altro in sala, che proseguono in questo locale la tradizione di famiglia. In prevalenza pesce, vera passione dello chef, ma la carta propone anche valide alternative di carne.

🕮 – Prezzo: €€

Viale Bigioli 47 – ☏ 0733 634608 – ristorantecavallini.com – Chiuso mercoledì, lunedì a mezzogiorno e domenica sera

SAN SEVERO

✉ 71016 – Foggia (FG) – Carta regionale n° **16**–A1

🙂 **LA FOSSA DEL GRANO**

PUGLIESE • FAMILIARE Nel centro storico, trattoria di pochi coperti sotto i tradizionali soffitti a vela e a botte, dove gustare una straordinaria carrellata di prodotti pugliesi: immancabile, interminabile, ma soprattutto indimenticabile la serie di antipasti. A seguire piatti di terra e di mare in porzioni generose.

🕮 🍴 – Prezzo: €€

Via Minuziano 63 – ☏ 0882 241122 – lafossadelgrano.com – Chiuso lunedì e domenica sera

SAN TEODORO – Sassari (SS) ➡ Vedere Sardegna in fondo alla Guida

SAN VIGILIO

✉ 39011 – Bolzano (BZ) – Carta regionale n° **6**–A1

RISTORANTE 1500

MODERNA • ELEGANTE Se non dormite già nell'albergo Vigilius Mountain Resort che lo ospita, lasciate l'auto a Lana e da qui prendete la funivia per il Monte San Vigilio, un breve viaggio per raggiungere i 1500 metri di altitudine e il ristorante (informatevi sempre sull'orario dell'ultima funivia per ridiscendere). Moderna è la sala a tutto legno, così come moderna e creativa è la cucina del nuovo chef, insediato nel 2023, seppur sempre legata alla montagna.

🦓 ⤴ 🍴👤 – Prezzo: €€€

Via Pavicolo 43, funivia in via Villa 3 – 𝒞 0473 556600 – vigilius.it/it/gustare/ristorante-1500 – Chiuso a mezzogiorno

SAN VIGILIO DI MAREBBE

✉ 39030 – Bolzano (BZ) – Carta regionale n° **6**–B1

FANA LADINA

DEL TERRITORIO • ROMANTICO Tre salette, tra cui una luminosa e affacciata sul paese, ma i più romantici non mancheranno di prenotare un tavolo nella stube storica. La simpatia e l'ospitalità della chef-patronne Alma Willeit è un valore aggiunto! Ricette regionali, specialità ladine e un delizioso giardino.

🍴 🅿 – Prezzo: €€

Via Plan de Corones 10 – 𝒞 0474 501175 – fanaladina.com – Chiuso mercoledì

SAN VINCENZO

✉ 57027 – Livorno (LI) – Carta regionale n° **11**–B2

LA PERLA DEL MARE

PESCE E FRUTTI DI MARE • ELEGANTE Moderna struttura di legno e acciaio, scenograficamente affacciata sulla spiaggia di San Vincenzo, da cui si gode, all'orizzonte, il profilo delle isole Capraia, Corsica ed Elba. Anche il menu cita il mare in piatti d'ispirazione contemporanea. D'estate, prenotate un tavolo nel dehors direttamente sulla spiaggia.

⤴ 👤 🆎 🍴 – Prezzo: €€€

Via della Meloria 9 – 𝒞 0565 702113 – laperladelmare.it

IL SALE

TOSCANA • ROMANTICO Dove le colline, i cipressi e gli ulivi del più tipico paesaggio toscano incontrano il mare nasce il ristorante Il Sale: il legame con il territorio e la qualità dei piatti sono rafforzati dai numerosi prodotti coltivati dall'azienda stessa. A pranzo light lunch (o carta), la sera solo à la carte. La splendida terrazza offre panoramici scorci sulla natura circostante in questa bella villa con arredi d'epoca e genuina ospitalità.

🆎 🍴 – Prezzo: €€

Via San Bartolo 100, loc. San Carlo – 𝒞 0565 798621 – poggioaisanti.com – Chiuso martedì

SAN VITO CHIETINO

✉ 66038 – Chieti (CH) – Carta regionale n° **15**–B1

BOTTEGA CULINARIA

CREATIVA • MINIMALISTA Armatevi di navigatore o chiedete consigli alla prenotazione per arrivarci, perché può non essere semplice trovare questo locale, immerso in un'affascinante campagna di ulivi. In una sala semplice ed essenziale, i piatti della brava Cinzia Mancini - talvolta a carattere vegetale - guidano il cliente alla scoperta di una cucina estrosa, con ricercati contrasti di sapori e richiami al territorio liberamente interpretato.

🍴👤 🆎 🍴 🅿 – Prezzo: €€

Contrada Pontoni 72 – 𝒞 339 142 1111 – bottegaculinaria.com – Chiuso lunedì-mercoledì e a mezzogiorno

SAN VITO LO CAPO – Trapani (TP) ➜ Vedere Sicilia in fondo alla Guida

SAN ZENO DI MONTAGNA
✉ 37010 – Verona (VR) – Carta regionale n° **8**–A2

TAVERNA KUS

VENETA • VINTAGE Ambiente rustico-elegante, reso originale da un'ampia collezione di specchi e ceramiche. Se il servizio estivo offre una piacevole vista, la "taverna" è molto apprezzata per la sua ottima cucina dalle basi locali, nonché per la stagionalità e la fragranza delle materie prime. Nell'antica giasàra riposano oltre 1000 etichette di vini pronte a render felici gli appassionati.

⅋ 🖼 🅿 – Prezzo: €€

Contrada Castello 14 – 𝒫 045 728 5667 – ristoranteveronatavernakus.it – Chiuso lunedì e martedì

SANDRIGO
✉ 36066 – Vicenza (VI) – Carta regionale n° **8**–B2

🙂 ### PALMERINO - IL BACALÀ A SANDRIGO

CUCINA DI STAGIONE • AMBIENTE CLASSICO Poco fuori il paese, in un accogliente caseggiato lungo l'anonima SP 248, la famiglia Chemello è ormai giunta alla quarta generazione, conferendo il ruolo di protagonista assoluto del proprio locale a sua maestà il baccalà! In menu – tuttavia – ci sono anche tante altre proposte e per chiudere con qualcosa di forte, la carta dei distillati non lascerà a bocca asciutta; ricca e ben articolata anche la lista dei cocktail.

ຽ 🖼 🖼 🅿 – Prezzo: €€

Via Piave 13 – 𝒫 0444 659034 – palmerino.eu – Chiuso mercoledì e martedì sera

SANLURI – Cagliari (CA) ➜ Vedere Sardegna in fondo alla Guida

SANSEPOLCRO
✉ 52037 – Arezzo (AR) – Carta regionale n° **11**–D2

FIORENTINO E LOCANDA DEL GIGLIO

TOSCANA • TRATTORIA Al pari del bel centro di Sansepolcro in cui si trova, anche il ristorante ha il suo blasone da vantare: conta più di duecento anni di storia. Le sale al primo piano del palazzo traboccano di decorazioni ed eleganza, mentre il servizio si fa più piacevolmente familiare ed informale. Cucina tradizionale dell'entroterra toscano. Le accoglienti camere completano il quadro.

🖼 ⇄ – Prezzo: €

Via Luca Pacioli 60 – 𝒫 0575 742033 – ristorantefiorentino.it

SANT'AGATA SUI DUE GOLFI
✉ 80061 – Napoli (NA) – Carta regionale n° **17**–B2

🙂 ### LO STUZZICHINO

CAMPANA • FAMILIARE Vicino alla chiesa del paese, troverete una bella carrellata di prodotti e ricette campane preparate dalla famiglia De Gregorio, con parte delle verdure coltivate in proprio in biologico nell'Orto Ghezi e il resto degli ingredienti attentamente selezionati da fornitori locali di fiducia. L'ambiente è piacevolmente familiare e il servizio si divide tra la sala con cucina a vista abbellita da ceramiche locali e il piacevole dehors.

🖼 🖼 – Prezzo: €

Via Deserto 1/a – 𝒫 081 533 0010 – ristorantelostuzzichino.it – Chiuso mercoledì

SANTA CRISTINA D'ASPROMONTE

✉ 89056 – Reggio Calabria (RC) – Carta regionale n° **19**–A3

❀ **QAFIZ**

Chef: Nino Rossi

CREATIVA • **INTIMO** Arrivarci non è semplice, ma piacevolissimo, sperduto com'è in un mare di ulivi della campagna calabrese più selvaggia. Alla fine, ci si ritrova davanti ad un'elegante villa di fine Settecento, con annesso frantoio in cui è stato ricavato il ristorante sotto ad un caratteristico soffitto dalle volte a crociera. Nel 2023 il restyling rivoluzionario ha portato la cucina al centro della sala: gli ospiti si possono accomodare intorno allo Chef's Table (il bancone) o scegliere un unico tavolo più decentrato. Poi, tutti insieme si inizierà l'esperienza del lungo e unico menù degustazione di Nino Rossi. Calabresi sono buona parte dei prodotti maneggiati con perizia davanti agli ospiti; alcuni ingredienti, come l'ottimo olio EVO, alcune verdure e le erbe aromatiche e spontanee sono addirittura prodotti in proprio, mentre le ricette mostrano creatività ed originalità ad ogni assaggio. Al termine della cena, ci si può spostare nel bellissimo Aspro Cocktail Bar, per sorseggiare il caffè con la piccola pasticceria o un distillato. Per chi volesse prolungare la sosta c'è anche Casa Qafiz.

⛬ 🅰 🅿 – Prezzo: €€€€

Località Calabretto – ☏ 0966 878800 – qafiz.it – Chiuso lunedì, martedì e mercoledì a mezzogiorno

SANTA MARGHERITA – Cagliari (CA) ➜ Vedere Sardegna in fondo alla Guida

SANTA MARGHERITA LIGURE

✉ 16038 – Genova (GE) – Carta regionale n° **10**–C2

L'ALTRO EDEN

PESCE E FRUTTI DI MARE • **MINIMALISTA** Sul molo con vista porto, locale di taglio moderno dall'originale sala a forma di tunnel e fresco dehors. Il menu è un trionfo di specialità ittiche preparate secondo un'impostazione di stile classico; naturalmente il meglio del pesce di giornata vi verrà suggerito a voce.

♿ 🅰 🍴 – Prezzo: €€€

Via Calata Porto 11 – ☏ 0185 293056 – laltro.ristoranteeden.com – Chiuso martedì e a mezzogiorno da lunedì a venerdì

SANTA MARIA ANNUNZIATA

✉ 80061 – Napoli (NA) – Carta regionale n° **17**–B2

😋 **LA TORRE**

CAMPANA • **FAMILIARE** La classica trattoria famigliare che si vorrebbe sempre trovare durante un viaggio: cordialità, piacevolezza e una solida cucina della tradizione campana elaborata con fantasia e prodotti impeccabili reperiti in zona. Non perdetevi una delle più belle viste di Capri dal giardinetto antistante il ristorante.

🅰 🍴 – Prezzo: €

Piazza Annunziata 7 – ☏ 081 808 9566 – latorreonefire.it – Chiuso martedì

SANTA MARIA DEL MONTE

✉ 21100 – Varese (VA) – Carta regionale n° **5**–A1

COLONNE

ITALIANA CONTEMPORANEA • **ELEGANTE** Bella vista sul lago di Varese e sui dintorni verdeggianti, soprattutto dalla piacevole terrazza estiva, in un locale che a mezzogiorno sfrutta la parte superiore per il bistrot e la sera la sala elegante per una cucina più creativa e gourmet. Ai fornelli, uno chef-patron conosciutissimo in zona, Silvio Battistoni.

⮜ 🖤 🍴 🅿 – Prezzo: €€

Via Fincarà 37 – ☏ 0332 220404 – albergocolonne.it – Chiuso lunedì e a mezzogiorno tranne domenica

SANTA MARIA DELLA VERSA

✉ 27047 – Pavia (PV) – Carta regionale n° **4**-B3

AD ASTRA

CONTEMPORANEA • INTIMO Per aspera ad astra, attraverso le difficoltà verso le stelle... questo è il motto sotteso di questo piccolo e curato locale dell'Oltrepò Pavese, sogno avverato dello chef-patron Alessandro Folli, che vanta belle esperienze in giro per l'Europa. Ad Astra vi delizierà con piatti precisi e generosi, in perfetto bilico tra modernità e rispetto della grande cucina classica.

♿ 🅺 🍴 – Prezzo: €€

Via Cavour 11/13 – ☏ 0385 278271 – adastrariistorante.it – Chiuso mercoledì e a mezzogiorno lunedì, martedì, giovedì

SANTA MARIA DI CASTELLABATE

✉ 84048 – Salerno (SA) – Carta regionale n° **17**-C3

OSTERIA 1861

MEDITERRANEA • CONTESTO STORICO Uno stretto vicolo a ridosso della spiaggia dà accesso ad un antico palazzo che ospita sale di romantica atmosfera ed un terrazzino dove si cena attorniati da bouganville, gerani e un bellissimo limone. La cucina dello chef Antonio Tafuro mostra una buona tecnica ed una ricerca di abbinamenti che puntano ad esaltare le materie prime stagionali regionali; il tutto accompagnato da un servizio professionale e cortese.

🍴 – Prezzo: €€€

Via Valentino Izzo 1 – ☏ 0974 961454 – osteria1861.it – Chiuso martedì e a mezzogiorno tranne domenica

SANTA MARIA DI SALA

✉ 30036 – Venezia (VE) – Carta regionale n° **8**-C2

SOPRATTUTTO Ⓝ

PESCE E FRUTTI DI MARE • FAMILIARE Locale minuscolo e accogliente nella sua colorata semplicità, che ha già raggiunto da tempo la maggiore età con la medesima gestione: moglie in sala e marito (con un passato orgogliosamente rivendicato da operaio metalmeccanico) che prende le ordinazioni e sforna piatti di pesce classici, basati su ottime materie prime ed elaborati con semplicità e buon gusto. Frequentato soprattutto da habitué, la prenotazione è indispensabile e la soddisfazione assicurata.

🍴 – Prezzo: €€

Via Noalese 124 – ☏ 041 576 0404 – Chiuso lunedì

SANTA MARIA MAGGIORE

✉ 28857 – Novara (NO) – Carta regionale n° **1**-C1

LE COLONNE

DEL TERRITORIO • FAMILIARE Piatti ricchi di fantasia legati alle prelibatezze del territorio in un piccolo ed accogliente locale nel centro della pittoresca Santa

Maria Maggiore, fra case di sasso e fiori. Bello il tavolo conviviale per chi ama la compagnia.

Prezzo: €€

Via Benefattori 7 – ☎ 0324 94893 – ristorantelecolonne.it – Chiuso martedì e lunedì sera

SANTA REPARATA – Sassari (SS) ➡ Vedere Sardegna in fondo alla Guida

SANTA TERESA GALLURA – Sassari (SS) ➡ Vedere Sardegna in fondo alla Guida

SANTA VITTORIA D'ALBA
✉ 12069 – Cuneo (CN) – Carta regionale n° **2**–A2

CASTELLO

MODERNA • AMBIENTE CLASSICO Una gustosa cucina del territorio con qualche incursione marittima, da gustare in estate sulla bella veranda con vista sulle Langhe e nella stagione fredda in una sala raccolta e luminosa.

≼ 🖔 🛱 🅿 – Prezzo: €€

Via Cagna 4 – ☎ 0172 478198 – ristorantecastellodisantavittoria.it – Chiuso lunedì, a mezzogiorno da martedì a venerdì e la sera sabato e domenica

SANT'AGNELLO
✉ 80065 – Napoli (NA) – Carta regionale n° **17**–B2

⚘ DON GEPPI

CREATIVA • ROMANTICO La sala intima ed elegante è di fatto un meraviglioso giardino segreto: alle pareti un'unica tela, dipinta dall'Accademia delle Belle Arti di Napoli, l'avvolge interamente e crea, attraverso le ampie vetrate, un continuum con il romantico esterno che accoglie un laghetto artificiale e l'orto bio. In tavola, oltre agli ingredienti dell'orto, il piacere di sapori campani rivisitati in chiave creativa, ma mai stravolti e presentati da un servizio di ottimo livello. Lo chef Mario Affinita conquista i palati con cotture intriganti, preparazioni leggere, piatti che sono diventati degli imprescindibili, come il sorprendente n'uovo – acqua di pomodoro, scampi e plancton marino – praticamente tutto, fuorché un uovo! Notevole anche la scelta enoica che spazia in tutta Europa e non solo.

🕸 🖾 🛱 🅿 – Prezzo: €€€€

Corso Marion Crawford 40 – ☎ 081 807 2050 – dongeppi.com – Chiuso martedì e a mezzogiorno

SANT'AGOSTINO
✉ 44047 – Ferrara (FE) – Carta regionale n° **9**–C1

TRATTORIA LA ROSA 1908

DEL TERRITORIO • FAMILIARE Dal 1908, oggi giunto alla quinta generazione, nella sala del ristorante troverete un'atmosfera semplice e moderna, ma nei piatti si torna tuttavia alla tradizione con una rimarchevole proposta gastronomica. Paste fresche, quasi essenzialmente carne tra i secondi e un'insospettata risorsa locale, il tartufo.

🖾 – Prezzo: €€

Via del Bosco 2 – ☎ 0532 84098 – larosa1908.it – Chiuso lunedì-giovedì, venerdì a mezzogiorno e domenica sera

TheFork

Scopri e prenota i migliori ristoranti intorno a te

Trova e prenota su TheFork migliaia di ristoranti segnalati dalla **Guida MICHELIN**

Scarica l'app o visita thefork.it

SANT'ANNA

✉ 12020 – Cuneo (CN) – Carta regionale n° **1**–B3

😊 LA PINETA

PIEMONTESE • **FAMILIARE** Bisogna armarsi di pazienza e affrontare tornanti fra boschi e colline per arrivare alla Pineta, ma alla fine la cucina ricompensa il viaggio. Proposta incentrata su un menu degustazione che può essere accorciato nel numero di portate, in cui regna da sempre il fritto misto alla piemontese: il piatto culto del ristorante! Ottimi e abbondanti anche gli antipasti con numerosi assaggini misti.

🍴 **P** – Prezzo: €

Piazzale Sant'Anna 6 – ☎ 0171 918472 – lapinetaalbergo.it – Chiuso martedì e lunedì sera

SANT'ANTONIO ABATE

✉ 80057 – Napoli (NA) – Carta regionale n° **17**–B2

😊 GERANI

ITALIANA CONTEMPORANEA • **CONTESTO CONTEMPORANEO** Un viaggio tra i colorati paesi dell'entroterra, gustosissimi pani fatti con il lievito madre, i prodotti dell'orto di proprietà che contribuiscono a creare succulente pietanze, nonché la semplice e calda accoglienza. Tutto questo è Gerani: un'ottima cucina a prezzi contenuti, a due passi dai grandi circuiti turistici.

♿ 🍴 – Prezzo: €€

Via Stabia 609 – ☎ 081 874 4361 – geraniristorante.it – Chiuso lunedì

SANTARCANGELO DI ROMAGNA

✉ 47822 – Rimini (RN) – Carta regionale n° **9**–D2

LAZAROUN

ROMAGNOLA • **ACCOGLIENTE** Il prototipo del locale romagnolo, dove un'efficiente e calorosa gestione familiare fa da supporto ad una cucina forte sia fra i primi, sia fra i secondi (paste fresche, salumi, carne anche cotta alla brace). Tra le particolarità del locale è da segnalare la presenza di antichissime grotte tufacee che caratterizzano parte del sottosuolo della località: realizzate intorno al 400 d.C. e riattivate poi dai Malatesta come vie di fuga grazie al loro intricato sviluppo a reticolo.

🆎 🍴 – Prezzo: €€

Via Del Platano 21 – ☎ 0541 624417 – lazaroun.it – Chiuso giovedì

OSTERIA LA SANGIOVESA

TRADIZIONALE • **RUSTICO** Locale caldo e accogliente, per quanto semplice e informale, che si sviluppa in varie salette ricavate nelle gallerie di un antico palazzo. La cucina si ispira al territorio e alle sue tradizioni, tra piadine e paste fresche. Salumi, carni, olio, vini e vermouth provengono dalla tenuta Saiano, creata appositamente per fornire la Sangiovesa di prodotti a filiera corta e certa.

🆎 🍴 – Prezzo: €€

Piazza Simone Balacchi 14 – ☎ 0541 620710 – sangiovesa.it – Chiuso a mezzogiorno da lunedì a sabato

SANTO STEFANO BELBO

 12058 – Cuneo (CN) – Carta regionale n° **2**–B2

✿ IL RISTORANTE DI GUIDO DA COSTIGLIOLE

PIEMONTESE • ROMANTICO In posizione panoramica, circondato da uno straordinario contesto paesaggistico collinare, il ristorante si trova in un ex monastero seicentesco, trasformato in uno degli alberghi più esclusivi ed eleganti della regione: il
Relais San Maurizio. Qui Andrea Alciati perpetua il ricordo e il mito dei suoi genitori,
Guido e Lidia. Nel 2022 il cuneese Fabio Sgrò si è inserito nel "progetto Alciati"
con consapevolezza e rispetto della tradizione familiare. Il plin di Lidia, il vitello
tonnato, la mandolina che suona grandi grattugiate di tartufo, il gelato mantecato
al momento: nulla è cambiato nella proposta fortissimamente territoriale che si
concede una fuga giusto col menù degustazione dedicato al pesce. Nei vini l'insegna trova ulteriore ricchezza, con una selezione enologica da brividi, anche per la
presenza di verticali e rarità.

🕸 🔊 🛋 🅰🅲 🍴 ✿ 🅿 – Prezzo: €€€€

*Località San Maurizio 39 – ☎ 0141 844455 – guidodacostigliole.it – Chiuso lunedì
e a mezzogiorno da martedì a venerdì*

SANT'OMOBONO TERME

 24038 – Bergamo (BG) – Carta regionale n° **5**–C1

POSTA

LOMBARDA • FAMILIARE Una conduzione tutta al femminile per un locale di
tono signorile-contemporaneo: con i primi freddi, sarà il camino all'ingresso e darvi
il benvenuto, mentre in tavola arriveranno piatti di terra e di mare elaborati con
maestria, ingredienti tipici del territorio e prodotti stagionali.

♿ 🅰🅲 – Prezzo: €€

Viale Vittorio Veneto 169 – ☎ 035 851134 – frosioristoranti.it – Chiuso lunedì

SAPPADA

✉ 33012 – Udine (UD) – Carta regionale n° **7**–A1

✿ LAITE

Chef: Fabrizia Meroi

REGIONALE • ROMANTICO In due magnifiche stube di legno del XVII e XVIII
secolo, all'interno di una tipica casa di montagna situata in una zona tranquilla e
caratteristica, i nomi dei menu, in dialetto sappadino, incarnano la visione di cucina
della chef Fabrizia Meroi. Verpai – qualcosa che scorre velocemente – è il menu più
breve, Asou (Così) è il menu storico del ristorante e infine Plissn, aghetti di abete,
parte dalla tradizione e la declina in base alla stagione e all'estro del momento. Gli
aromi di questa terra e i prodotti di stagione caratterizzano i piatti, abbinati ai vini
scelti con passione da Elena, figlia di Fabrizia, con una proposta eccellente anche
al bicchiere. Nessun virtuosismo, ma un'attenta interpretazione dei sapori, con la
garanzia che i pochi fortunati ospiti porteranno con sé emozioni e ricordi indelebili
di questo gustoso indirizzo gastronomico.

🕸 – Prezzo: €€€

*Borgata Hoffe 10 – ☎ 0435 469070 – ristorantelaite.com – Chiuso mercoledì e
giovedì*

MONDSCHEIN

REGIONALE • STILE MONTANO Ristorante gourmet a Sappada, dove Paolo
Kratter e famiglia vi accolgono e vi fanno sentire come a casa vostra. Nel romantico
contesto di un'elegante baita di montagna ai margini del paese, a pranzo l'offerta

è più semplice ed informale per accontentare gli sciatori (le piste sono proprio dietro il ristorante), ma è la sera che la cucina dà il meglio di sé, e lo fa a grandi livelli.

P – Prezzo: €€

Borgata Palù 96 – ℰ 0435 469585 – ristorantemondschein.it – Chiuso martedì

SARCHE DI MADRUZZO

✉ 38070 – Trento (TN) – Carta regionale n° **6**–A2

HOSTERIA TOBLINO

MODERNA • **CONTESTO CONTEMPORANEO** All'interno del complesso della Cantina Toblino, la parte più accogliente e contemporanea è l'ampia sala in stile minimal dell'Hosteria. Qui si propongono accattivanti reinterpretazioni sul tema del territorio e del km 0, concedendosi qualche apertura anche ad ingredienti da fuori regione per un risultato variegato, presentato attraverso tre menù degustazione a tema (tutti i piatti sono anche alla carta): carne, acqua (sia dolce sia mare) e veg.

 – Prezzo: €€

Via Garda 3 – ℰ 0461 561113 – toblino.it – Chiuso lunedì e sera martedì, mercoledì, domenica

SARENTINO

✉ 39058 – Bolzano (BZ) – Carta regionale n° **6**–A1

✿✿ TERRA

Chef: Heinrich Schneider

CREATIVA • **ROMANTICO** Quando finisce la lunga strada in salita tra i boschi, ecco Terra, un luogo magico in un paesaggio fiabesco, dove godere di un'atmosfera romantica e raffinata che combina la tradizione del legno con elementi moderni, come la cantina sospesa sulla sala. Il patron Heinrich Schneider è diventato un grande chef partendo da autodidatta. Studio e applicazione, uniti all'enorme amore e attaccamento alla montagna, hanno fatto il resto. L'esperienza gastronomica viene proposta attraverso un unico, lunghissimo menu degustazione in cui, a buon ritmo, si assaggeranno piccoli capolavori di estetica e di gusto. Splendido il salmerino, tenero e delicato, accompagnato con equilibrio da latte bruciato, pimpinella, aglio orsino e grano saraceno. Quasi sempre i piatti sono cucinati a partire da ingredienti regionali, spesso proprio della val Sarentino, mentre la presenza di erbe aromatiche, coltivate o spontanee, li impreziosisce (lo chef fu avviato al foraging già in tenera età dalla madre). Trovandosi in posizione piuttosto isolata, potrà far piacere approfittare delle belle camere per completare l'esperienza.

L'impegno dello chef: Terra sostiene il "World Ocean Day", programma in collaborazione con le Nazioni Unite atto a sensibilizzare l'opinione pubblica sulle problematiche degli oceani e dei mari, come l'inquinamento e la presenza di plastica. Terra contribuisce alla causa attestandosi ad un valore di plastic free al 90%. Le materie prime provengono quasi esclusivamente dai masi circostanti.

 – Prezzo: €€€€

Località Prati 21 – ℰ 0471 623055 – terra.place – Chiuso lunedì, domenica e a mezzogiorno

BRAUNWIRT

MODERNA • **CONTESTO CONTEMPORANEO** Moderno ed accogliente ristorante nel cuore della località: al pari del design, anche la cucina insegue la modernità e, oltre alle ovvie referenze di territorio, allarga lo sguardo sull'intero Bel Paese. Per i gourmet, la possibilità di selezionare dei percorsi degustazione ad estrazione dalla carta. Servizio gioviale e clientela cosmopolita.

&📺🍽 – Prezzo: €€

Piazza Chiesa 3 – ℰ 0471 620165 – braunwirt.it – Chiuso lunedì e martedì e domenica sera

RISTORANTE ALPES & LA FUGA

MODERNA • ROMANTICO Tre tavoli nella Stube viola, dall'atmosfera contemporanea e raffinata, altrettanti in quella del contadino, storica e romantica. Ovunque vi sediate, qui troverete piatti creativi e sofisticati, amati da chi privilegia le novità e la sperimentazione. E' la cucina di Egon Heiss ricco di talento, infaticabile, aperto alle sperimentazioni, sebbene legatissimo ai prodotti della sua terra, con una singolare ossessione per la riconoscibilità dei sapori. Oltre all'alto livello della proposta gastronomica, gli ispettori sono stati colpiti dall'originale idea di concludere la preparazione dei piatti direttamente a tavola. In questo modo si dà vita ad un'interazione che coinvolge l'ospite nel processo creativo.

88 ⇔ & 🛱 ⇔ 🅿 – Prezzo: €€

Via Ronco 24 – ☏ 0471 623048 – bad-schoergau.com – Chiuso lunedì, martedì, domenica e a mezzogiorno

SARONNO

✉ 21047 - Varese (VA) - Carta regionale n° **5**-A1

❀ **SUI GENERIS.**

CREATIVO • CONTEMPORANEO In una sala moderna con cucina a vista opera il giovane Alfio Nicolosi. Cullati da un servizio attento, sorridente e premuroso, alla prenotazione si è invitati a scegliere fra due menu degustazione, che nel corso della serata si dispiegheranno in piatti di straordinario interesse, basati su una rimarchevole conoscenza della tradizione italiana e internazionale (influenze asiatiche e sudamericane, per citarne solo due). Il risultato è una cucina molto personale, firmata da uno dei giovani chef più interessanti del momento, dalle proposte gastronomiche trascinanti e piene di gusto, tra grigliate, rimandi allo street food e tanto altro.

& 🎟 – Prezzo: €€€€

Via Roma 35 – ☏ 375 668 1925 – ristorantesuigeneris.com – Chiuso domenica e a mezzogiorno

SARRE

✉ 11010 – Aosta (AO) – Carta regionale n° **3**–A2

TRATTORIA DI CAMPAGNA

VALDOSTANA • AMBIENTE CLASSICO Questa conosciutissima trattoria - ormai alla sua terza generazione – propone una solida cucina di tradizione valdostana, con piccole personalizzazioni fantasiose e di stagione. Se nella nuova e fornita cantina trova posto anche un tavolo conviviale per una decina di ospiti, per i vini bisogna tranquillamente lasciarsi consigliare dalla sommelier Beatrice Cortese. Ghiotto carrello dei dessert, ricco di squisitezze.

🎟 🛱 🅿 – Prezzo: €€

Località Saint Maurice 57 – ☏ 0165 257448 – trattoriadicampagna.it – Chiuso mercoledì

SARTURANO

✉ 29010 – Piacenza (PC) – Carta regionale n° **9**–A1

ANTICA TRATTORIA GIOVANELLI

DEL TERRITORIO • FAMILIARE In un grazioso contesto bucolico ai piedi delle colline, in questa trattoria gestita dalla stessa famiglia dal 1939 (ora giunta alla terza generazione) si serve cucina del territorio: tanti salumi, arrosti e bolliti di carne, ma noi vi consigliamo di non perdere le paste fresche fatte in casa e la torta di mandorle con zabaione.

⚠ 🍴 🅿 – Prezzo: €
Via Centrale 5 – ☎ 0523 975209 – anticatrattoriagiovanelli.it – Chiuso lunedì e mercoledì sera

SASSARI – Sassari (SS) ➜ Vedere Sardegna in fondo alla Guida

SASSETTA

✉ 57120 – Livorno (LI) – Carta regionale n° **11**–B2

🏵 LA CERRETA OSTERIA ⓝ

Chef: Enrico Bellino

TOSCANA • RUSTICO Immerso nella natura, La Cerreta Osteria è un indirizzo bucolico dove dormire, rilassarsi alle terme e approfittare della buona tavola del suo ristorante: qui il menu giornaliero è elaborato con i soli prodotti biodinamici dell'azienda agricola di proprietà (vino, olio, formaggi, ortaggi...).

🌱 *L'impegno dello chef:* È all'interno di un'azienda agricola biodinamica certificata che fornisce il 90% degli ingredienti di una cucina rigorosamente giornaliera e stagionale. Verdure e ortaggi sono freschi d'orto, l'olio EVO è ottenuto da olive spremute a freddo, le carni di manzo maremmano, di maiale di cinta senese e di polli livornesi provengono dai loro allevamenti e i vini sono frutto dei vigneti dell'azienda. Una sostenibilità a 360 ° comunicata con passione e competenza.

🍴 – Prezzo: €€
Via della Cerreta 7 – ☎ 0565 794352 – lacerretaterme.it – Chiuso a mezzogiorno

SASSO MARCONI

✉ 40037 – Bologna (BO) – Carta regionale n° **9**–C2

🏵 CASA MAZZUCCHELLI ⓝ

Chef: Aurora Mazzucchelli

CREATIVA • CONTESTO CONTEMPORANEO C'è un momento della giornata in cui varcando la soglia si coglie appieno uno degli elementi nuovi e identitari di questa tavola: la panificazione. Il profumo fragrante del pane sfornato è inebriante e nel menù sono presenti diversi ingredienti cucinati a forno spento, come la pancia di cinghiale con babà al vino rosso e maionese alla salvia. Due menu a disposizione, Attimi di cucina e Momento contemporaneo; sapori tradizionali e gusti decisi.

🐾 ♿ ⚠ 🍴 ♻ 🅿 – Prezzo: €€€
Via Porrettana 291 – ☎ 051 846216 – casamazzucchelli.com – Chiuso lunedì e martedì

🏵 ANTICA TRATTORIA LA GROTTA DAL 1918

EMILIANA • FAMILIARE Una bella gita arrivarci, su e giù per i colli, ma la cucina saprà ricompensarvi. Basata su un'attenta ricerca di prodotti, che dalla propria azienda agricola si estende all'Appennino e si concede anche qualche svago sulla penisola, la cucina è tesa a recuperare i bei piatti di una volta. I tortellini in brodo sono imperdibili (la "sfoglina" in sala è garanzia di autenticità!) e in stagione non perdete la selvaggina e i tartufi. Dehors estivo.

⚠ 🍴 🅿 – Prezzo: €
Via Tignano 3, Loc. Mongardino Grotta – ☎ 051 675 5110 – lagrotta1918.it – Chiuso mercoledì e a mezzogiorno da lunedì a venerdì

🏵 NUOVA ROMA

EMILIANA • TRATTORIA Un locale dalla lunga gestione familiare sulla strada tra Calderino e Sasso Marconi, dove gustare una cucina regionale e tradizionale presentata in forme attuali e sempre generose. Paste fresche e una vera griglia a legna tra gli imperdibili, ma come rinunciare a una classica cotoletta alla bolognese?

Lasciatevi tentare anche dalla esauriente selezione enologica, che riserva un occhio di riguardo all'Emilia Romagna. Bella terrazza per la stagione più calda.

&% (☐ ⓜ 稥 🅿 – Prezzo: €

Via Olivetta 87 – ℰ 051 676 0140 – ristorantenuovaroma.it – Chiuso martedì

SATURNIA

✉ 58014 – Grosseto (GR) – Carta regionale n° **11**–C3

I DUE CIPPI DA MICHELE

CARNE • ACCOGLIENTE Si viene accolti da un braciere scoppiettante dove si cuoce la carne in frollatura lì accanto; svariate le tipologie, tra cui la chianina la fa da padrona. L'eleganza delle salette, l'atmosfera calorosa e il servizio accogliente completano il quadro, insieme ad un'ottima selezione di etichette. E nella bella stagione tutti all'esterno!

&% ⓜ 稥 ⇳ – Prezzo: €€€

Piazza Veneto 26/a – ℰ 0564 601074 – iduecippi.com – Chiuso domenica e a mezzogiorno

SAURIS DI SOPRA

✉ 33020 – Udine (UD) – Carta regionale n° **7**–A2

🏶 ALLA PACE

TRADIZIONALE • SEMPLICE Sauris si trova in posizione un po' isolata, ma anche in ciò risiede il suo fascino. Una volta arrivati troverete un incantevole laghetto, il pittoresco paese di montagna e il ristorante - gestito dalla stessa famiglia dal 1804 - all'interno di una bella casa seicentesca. Un contesto da fiaba, con le gustose specialità del territorio nei piatti.

&% ⇳ – Prezzo: €

Via Sauris di Sotto 38 – ℰ 0433 86010 – ristoranteallapace.it – Chiuso lunedì e martedì

SAUZE DI CESANA

✉ 10054 – Torino (TO) – Carta regionale n° **1**–A2

✿ RISTORANTINO & C.

Chef: Martino Leone

INTERNAZIONALE • ROMANTICO È un luogo di abbinamenti coraggiosi, ma equilibrati con gusto estetico e servizio sempre all'altezza grazie all'impegno degli appassionati titolari: una coppia di giovani autodidatti che ha deciso di investire in casa propria, seguendo istinto e passione. Lo chef Martino Leone è decisamente incline alle sperimentazioni, tra cotture a ultrasuoni, giochi di parole e una cornucopia di ingredienti locali ed esotici ben amalgamati. Un mix di Oriente, Mediterraneo ed Alpi, per una fusion dal respiro multiculturale dagli antipasti al dessert. Per il vino seguite i consigli di Chiara, che saprà suggerire anche abbinamenti meno usuali a base di birra o sakè. Atmosfera montana con arredi essenziali e, in stagione, il crepitante camino.

&% 稥 🅿 – Prezzo: €€€€

Strada principale 63, loc. Rollieres – ℰ 0122 76141 – ristorantinorollieres.com – Chiuso a mezzogiorno

SAVELLETRI

✉ 72015 – Brindisi (BR) – Carta regionale n° **16**–C2

❀ **DUE CAMINI**

MEDITERRANEA · LUSSO Luogo di incontro culinario dove si incrociano tradizione mediterranea e creatività, il ristorante guidato dallo chef Domingo Schingaro propone una cucina che porta in ogni piatto i gusti forti e decisi della tradizione pugliese, interpretati in chiave moderna e preparati esaltando i prodotti del territorio, molti dei quali provengono dall'orto della struttura. I percorsi gastronomici valorizzano le materie prime e i produttori locali seguendo il ritmo delle stagioni; il menu "Foglie" è completamente green e consta di otto portate. Ambiente romantico e suggestivo: uno degli indirizzi più intriganti della selezione.

&. 🖭 🛏 🅿 – Prezzo: €€€€

Strada Comunale Egnazia – 𝒞 080 225 5351 – ristoranteduecamini.it – Chiuso lunedì e a mezzogiorno

SAVIGNO

✉ 40060 – Bologna (BO) – Carta regionale n° **9**–C2

❀ **TRATTORIA DA AMERIGO**

Chef: Alberto Bettini

EMILIANA · CONTESTO STORICO Sui primi colli alle spalle di Bologna, Amerigo esalta l'idea della trattoria all'italiana, portandoci in un viaggio nostalgico nel passato della regione e non solo. A pochi metri dalla piazza del paese, l'ingresso si apre sulla dispensa, dove è possibile acquistare vini, sughi e altre leccornie. Da qui si passa alla sala di servizio, a cui se ne aggiungono altre due al primo piano, tra cui quella che fu la prima sala TV del paese, ora ornata da cimeli d'epoca. La cucina di Alberto Bettini è schiettamente emiliana e appenninica, in stagione vi troverete tanta selvaggina e il pregiato tartufo bianco locale. Adesione alla tradizione ed ottimi prodotti: una festa per il cuore oltre che per il palato!

🕸 🛏 – Prezzo: €€

Via Marconi 16 – 𝒞 051 670 8326 – amerigo1934.com – Chiuso lunedì, martedì e a mezzogiorno da mercoledì a venerdì

SAVOGNA D'ISONZO

✉ 34070 – Trieste (TS) – Carta regionale n° **7**–B2

🕸 **LOKANDA DEVETAK**

Chef: Gabriella Cottali

REGIONALE · FAMILIARE Un locale inossidabile che ha da poco festeggiato i 150 anni di vita con la medesima gestione familiare (le quattro figlie rappresentano la sesta generazione!) e che continua a riservare un'accoglienza calorosa e professionale. Immutata è anche la passione per i prodotti, i piatti e la storia di questa magnifica terra di confine.

❀ *L'impegno dello chef:* È una cucina del riciclo che viene da lontane tradizioni contadine quella proposta da Lokanda Devetak: minimo spreco del cibo e approvvigionamento di materie prime da piccoli produttori locali e dall'orto di proprietà. Caldaia a biomasse e pannelli solari concorrono al fabbisogno di riscaldamento e acqua calda.

🕸 � 🖭 🛏 ♻ 🅿 – Prezzo: €€

Via Brezici 22 – 𝒞 0481 882488 – devetak.com – Chiuso lunedì, martedì e a mezzogiorno mercoledì e giovedì

SAVONA

✉ 17100 – Savona (SV) – Carta regionale n° **10**–B2

A SPURCACCIUN-A

PESCE E FRUTTI DI MARE • **ELEGANTE** Sempre una bella tappa gourmet questo ristorante all'interno dell'hotel Mare, che offre una posizione interessante per il servizio estivo nella zona giardino, affacciato sulla distesa blu e sulla spiaggia. In realtà, che sia all'esterno oppure comodamente all'interno della piacevole sala contemporanea, sarà la cucina di Simone Perata a convincervi che questo è l'indirizzo giusto in città: la carta è ricca di pietanze cucinate a partire da ottime materie prime, soprattutto pesce (strepitosi i rossetti con carciofi alla griglia e salsa al curry verde), affrontate con piglio moderno ed attenzione massima alle presentazioni. Corona l'esperienza l'ottima carta vini, dove si segnalano anche alcune vecchie annate.

⸙ ⇐ 🚗 ♿ 🅰 ㎡ ⇔ 🅿 – Prezzo: €€€

Via Nizza 41r – ☏ 019 862263 – aspurcacciun-a.it – Chiuso lunedì, martedì a mezzogiorno e domenica sera

BINO

CONTEMPORANEA • **SEMPLICE** Nel centro storico, adiacente al museo della ceramica (di cui troverete delle opere esposte anche al ristorante) e con un piacevole servizio all'aperto in una graziosa piazzetta, è lo chef stellato di Noli Giuseppe Ricchebuono a mettere la firma sulla cucina di questo ristorante, con piatti sia di pesce che di carne e qualche spunto di creatività.

♿ 🅰 ㎡ – Prezzo: €€

Via Ambrogio Aonzo 31r – ☏ 019 528 1517 – ricchebuonochef.it – Chiuso lunedì, martedì a mezzogiorno e domenica sera

QUINTOGUSTO Ⓝ

CONTEMPORANEA • **MINIMALISTA** Novità recente per il centro di Savona, nella zona rinnovata di corso Italia, Quintogusto occupa un lato dell'ex ospedale ed è un piccolo ristorante in veste minimal e contemporanea. Lo chef patron Mirko Lacota è stato lo storico sous-chef del Vescovado di Noli e qui si cimenta in una cucina che, partendo quasi sempre dalla Liguria, aggiunge tocchi di modernità e fantasia.

♿ 🅰 ㎡ – Prezzo: €€

Piazza Sandro Pertini 54r – ☏ 019 770 2870 – ristorantequintogusto.com – Chiuso martedì

SCALA

✉ 84010 – Salerno (SA) – Carta regionale n° **17**–B2

DA LORENZO

PESCE E FRUTTI DI MARE • **TRATTORIA** Defilata nel poco conosciuto borgo di Scala, di fronte a Ravello, un'autentica trattoria familiare che da decenni propone ricette di mare con serietà e semplicità. Come portata principale vi consigliamo di prendere ispirazione dal carrello del pescato, per poi accomodarvi nell'incantevole terrazza panoramica.

⇐ 🚗 🅰 ㎡ – Prezzo: €€€

Via Fra' Gerardo Sasso 10 – ☏ 089 858290 – trattoriadalorenzo.com – Chiuso lunedì e a mezzogiorno martedì e mercoledì

SCHIO

✉ 36015 – Vicenza (VI) – Carta regionale n° **8**–B2

❀ ### SPINECHILE

Chef: Corrado Fasolato

CREATIVA • ROMANTICO Non semplice da scovare, ma di fiabesca atmosfera, tra i boschi delle colline sovrastanti Schio. Una volta giunti in paese si è ancora ben lungi dall'essere arrivati: da Schio, infatti, bisogna inerpicarsi per i tornanti, l'ultimo pezzo di strada diventa sterrato e allora si è quasi in montagna, a 600 metri d'altezza, dove si svela un'elegante baita. Corrado Fasolato, chef di grande esperienza, ha raccolto piatti classici, ma la voglia di innovare è ancora grande e ora il ristorante propone anche un interessante percorso degustazione totalmente "green", con alimenti prodotti nell'azienda agricola di proprietà. Si viene qui per delle emozionanti conferme, si esce emozionati da nuove scoperte. La carta dei vini – seguita da Paola, compagna di lavoro e di vita di Corrado – è giustamente celebre: si articola in ben tre volumi, uno dedicato ai bianchi, un secondo ai rossi e un terzo ai vini dolci.

இ ⇗ ✿ 🅿 – Prezzo: €€€€

Contra' Pacche 2, loc. Tretto – ℰ 0445 169 0107 – spinechile.com – Chiuso lunedì, martedì e a mezzogiorno da mercoledì a venerdì

SCIACCA – Agrigento (AG) ➔ Vedere Sicilia in fondo alla Guida

SCLAFANI BAGNI – Palermo (PA) ➔ Vedere Sicilia in fondo alla Guida

SCORRANO

✉ 73020 – Lecce (LE) – Carta regionale n° **16**–D3

BROS' TRATTORIA

TRADIZIONALE • CONVIVIALE Si mangia nel verde di un grande e curato giardino con olivi e luci soffuse, tavoli in legno e sedie di paglia; il must è il forno a legna dove si cuociono quasi tutte le specialità presenti nei menu giornalieri: ricette rigorosamente tradizionali, da accompagnare con le pucce salentine, il tipico pane locale.

🆒 ⑆ 🏠 🅿 – Prezzo: €€

SP Scorrano-Supersano km 2 – ℰ 351 661 5513 – pellegrinobrothers.it/bros-trattoria – Chiuso lunedì e martedì

SCORZÈ

✉ 30037 – Venezia (VE) – Carta regionale n° **8**–C2

❀ ### SAN MARTINO

Chef: Raffaele Ros

MODERNA • CONTESTO CONTEMPORANEO Un locale raffinato ed elegante, caratterizzato da un luminoso minimalismo, con tavoli grandi e distanziati. In una sala riscaldata dal nuovo e moderno camino a legna, la signora Michela, moglie dello chef, accoglie con simpatica familiarità e con una notevole competenza enologica. Ottima, infatti è la scelta dei vini, con una selezione di spumanti e Champagne di grande ampiezza. Ecco la cornice della cucina di Raffaele Ros (coadiuvato da Marco Perin), che si vuole moderna, personalizzata, divisa tra carne e (soprattutto) pesce.

இ 🅺 ✿ – Prezzo: €€€

Piazza Cappelletto 1, loc. Rio San Martino – ℰ 041 584 0648 – ristorantesanmartino.info – Chiuso lunedì e domenica sera

I SAVI

PESCE E FRUTTI DI MARE • AMBIENTE CLASSICO In una piccola frazione di campagna, il ristorante è uno dei riferimenti dell'entroterra veneziano soprattutto per la qualità del pescato, servito in sale accoglienti. Poche divagazioni estrose, le ricette sono quelle tradizionali marinare, il gusto è premiato.

🅰 🍴 ⇔ 🅿 – Prezzo: €€

Via Spangaro 6, loc. Peseggia di Scorzè – ☏ 041 448822 – isavi.it – Chiuso lunedì e martedì e domenica sera

OSTERIA PERBACCO

MODERNA • FAMILIARE Due piacevoli sale fresche e luminose in combinazione con elementi rustici e camino in quel che fu antico mulino; d'estate ci si trasferisce in terrazza sopra il fiume. Carne e pesce in ricette venete o più creative per chi è in vena di novità. Comode camere in stile moderno.

🐾 ♿ 🅰 🍴 🅿 – Prezzo: €€

Via Moglianese 37 – ☏ 041 584 0991 – ristoranteperbaccoscorze.it – Chiuso a mezzogiorno da lunedì a sabato e domenica sera

SEGGIANO

✉ 58038 – Grosseto (GR) – Carta regionale n° **11**–C3

✿ SILENE

Chef: Roberto Rossi

TOSCANA • CONTESTO TRADIZIONALE Una vera e propria fabbrica familiare ed artigianale di prelibatezze gastronomiche: in un paesino di poche anime, lo chef-patron Roberto Rossi seduce i suoi ospiti con una linea di cucina decisamente toscana, dai sapori intensi e fragranti, dove l'orto è il principale attore. Ai suoi generosi prodotti ci si affida, infatti, nella creazione di ricette iconiche quali l'uovo fritto con foglie e fiori o il classico piccione con erbette. Il tutto condito con olio di produzione propria fatto con olivastre di Seggiano. Ottima cantina ed illuminati consigli di Sara Vichi per accostare al meglio le pietanze.

🛏 🍴 🅿 – Prezzo: €€€

Località Pescina 9 – ☏ 0564 950805 – ilsilene.it – Chiuso lunedì e domenica sera

SELLANO

✉ 06030 – Perugia (PG) – Carta regionale n° **13**–B2

LA TAVOLA ROSSA DI VINCENZO GUARINO ⓝ

ITALIANA CONTEMPORANEA • CONTESTO STORICO Solo dieci coperti e cucina a vista, per garantire un'esperienza di degustazione interattiva, riducendo letteralmente la distanza fisica tra lo chef, Vincenzo Guarino, e i suoi ospiti. Un unico menu degustazione, dove tutto è rigorosamente home made, con un fiore all'occhiello: i lievitati!

🅰 🅿 – Prezzo: €€€€

Castello di Postignano – ☏ 0743 788911 – latavolarossa.com – Chiuso lunedì, martedì, domenica e a mezzogiorno

SELVA DI VAL GARDENA

✉ 39048 – Bolzano (BZ) – Carta regionale n° **6**–B1

✿ ALPENROYAL GOURMET

CREATIVA • ELEGANTE È la nicchia gourmet all'interno dell'omonimo albergo, tra i più lussuosi della Val Gardena: una sala di eleganza contemporanea e minimalista, con luci basse e finestre che svelano il grande giardino ammantato di neve in inverno. Chef Mario Porcelli ha origini pugliesi ed è operativo ormai da anni sulle Dolomiti, destreggiandosi con ugual competenza con i sapori della terra di origine e con quelli locali. Le sue preparazioni sono moderne e presentate con grande raffinatezza.

🕸 🍴🕭🎇 **P** – Prezzo: €€€€

Via Meisules 43 – ☎ 0471 795555 – alpenroyal.com – Chiuso domenica e a mezzogiorno

SUINSOM

ITALIANA CONTEMPORANEA • **STUBE** In posizione leggermente sopraelevata rispetto alla strada che attraversa il paese, il ristorante si trova nel raffinato contesto dell'albergo Tyrol, simpatica gestione familiare nel tipico stile locale. Al suo interno, il Suinsom ("in cima" in ladino) occupa due incantevoli stube settecentesche, bomboniere di legno in cui sentirsi coccolati e vivere una serata romantica. La cucina propone piatti elaborati e creativi, con prodotti dalla provenienza diversa, nazionale e non solo, che vi permetteranno per una sera di uscire da un contesto gastronomico esclusivamente montano. Grande cura e competenza anche nella scelta dei vini.

🕸 🍴 **P** – Prezzo: €€€€

Strada Puez 12 – ☎ 0471 774100 – tyrolhotel.it – Chiuso lunedì e a mezzogiorno

CHALET GERARD

DEL TERRITORIO • **STILE MONTANO** Isolato, in un contesto paesaggistico mozzafiato, tra il Sassolungo e il gruppo Sella che si ergono maestosi, accanto a qualche piatto più semplice di montagna, il ristorante propone anche qualche ricetta più moderna partendo sempre da ingredienti altoatesini. A pranzo non si può prenotare; la sera - invece - è obbligatorio farlo. Belle camere a disposizione per prolungare la sosta.

🗻🍴🕭🎇 **P** – Prezzo: €€

Via Plan de Gralba 37 – ☎ 0471 795274 – chalet-gerard.com

NIVES

MODERNA • **CONTESTO CONTEMPORANEO** All'interno dell'omonimo Boutique Hotel Nives, accoglienza montana dalle linee contemporanee, così come i sapori con decisi richiami al territorio altoatesino (salvo per un paio di portate dedicate al pesce quasi sempre presenti in carta). In condivisione sono disponibili anche grandi tagli di carne serviti su pietra calda. Interessante selezione enoica.

🕭🎇✿ – Prezzo: €€

Via Nives 4 – ☎ 0471 773329 – restaurant-nives.com

SELVA MALVEZZI

✉ 40062 – Bologna (BO) – Carta regionale n° **9**-C2

LOCANDA PINCELLI 🕔

CREATIVA • **TRATTORIA** Prende il nome dall'ex postino del paese, personaggio carismatico e importante in una piccola comunità, questo ex circolo operaio ospitato in un locale rustico e con un bel porticato in cui d'estate ci si accomoda volentieri, rinfrescati da potenti ventilatori. La cucina esce dal seminato della tradizione locale per proporre piatti mai cervellotici ma creativi, sempre generosi e attenti anche a ciò che vedono gli occhi. Un esempio? Noi abbiamo apprezzato molto le mezze maniche con cipolla bianca stufata, burro acido e limone bruciato, così come la coscia di faraona rosolata alla paprika, il suo fondo e maionese al rafano. Per il vino si può scegliere, magari facendosi consigliare anche dal patron Danilo Draghetti, da una lista non ampia ma selezionata e interessante.

🎇🎇 – Prezzo: €€

Via Selva 52 – ☎ 051 690 7003 – locandapincelli.it – Chiuso lunedì, martedì, a mezzogiorno da mercoledì a sabato e domenica sera

SEMPRONIANO

✉ 58055 – Grosseto (GR) – Carta regionale n° **11**–C3

AGRITURISMO IL CAVALLINO

DEL TERRITORIO • **RUSTICO** Una risorsa in posizione molto tranquilla, la cui gestione è affidata a due giovani appassionati: lui in cucina con esperienze in importanti ristoranti della zona a ereditare il testimone dell'attività di famiglia, lei in sala. Una buona cucina legata al territorio, generosa, saporita e colorata, attenta alla leggerezza di ingredienti e preparazioni. Piccola ma apprezzabile selezione enoica.

🅰🅲 🅿 – Prezzo: €€

SP 55 Saturnia-Semproniano, loc. Fibbianello – 𝒞 338 890 6873 – agriturismoilcavallino.it

SENAGO

✉ 20030 – Milano (MI) – Carta regionale n° **5**–B2

LA BRUGHIERA

LOMBARDA • **AMBIENTE CLASSICO** All'interno di una vecchia cascina nel parco delle Groane, un ristorante dotato di ampi spazi e di una scenografica cantina dov'è possibile iniziare il pasto consumando un aperitivo. La cucina proposta è molto classica: le ricette lombarde sono messe in evidenza e completate da piatti di cucina nazionale stagionale.

🕃 🖢🅲 🎃 ⇆ 🅿 – Prezzo: €€

Via XXIV Maggio 23 – 𝒞 02 998 2113 – labrughiera.it

SENIGALLIA

✉ 60019 – Ancona (AN) – Carta regionale n° **14**–B1

✿✿✿ ULIASSI

Chef: Mauro Uliassi

CREATIVA • **STILE MEDITERRANEO** Da perfetta protagonista di vacanziere cartoline estive, la Riviera Adriatica diventa quadro o, se preferite, film d'autore grazie all'interpretazione avvincente dello chef. Il ristorante pare quasi nascosto e confuso tra gli stabilimenti balneari che affollano il litorale di Senigallia: mai ci si aspetterebbe un 3 Stelle MICHELIN mimetizzato tra ombrelloni e onde del mare. La forza e l'originalità di questa cucina sta proprio nella coerenza di saper offrire il massimo partendo da ciò che la circonda, con il coraggio di attingere e confrontarsi con le tradizioni gastronomiche più conosciute e familiari, quelle stesse che hanno decretato il successo di pubblico di questa costa, ma dandone un'interpretazione creativa e personale. Il mare, naturalmente, coi suoi sapori e profumi, ma anche l'entroterra, con la passione mai spenta verso la tradizione marchigiana della selvaggina: mare e monti, la vera anima della cucina regionale. Un'esperienza colorata e scaldata dal sorriso dei titolari, oltre a Mauro, la sorella Catia a far gli onori di casa e Filippo, figlio dello chef. Senza scordare che, nel rispetto del territorio, hanno ormai bandito la plastica e si prodigano nel convincere i marinai a non usare il polistirolo per il trasporto del pesce.

🕃 ≤🅲🎃 – Prezzo: €€€€

Banchina di Levante 6 – 𝒞 071 65463 – uliassi.com – Chiuso lunedì e martedì

✿✿ MADONNINA DEL PESCATORE

Chef: Moreno Cedroni

CREATIVA • **DESIGN** Dal 1984, anno di apertura della Madonnina, sono passati ormai quasi 40 anni; eppure, non viene mai a mancare a chef Moreno Cedroni quella spinta di creatività che lo ha condotto a diventare uno dei cuochi più influenti della sua generazione. Anno dopo anno, accomodarsi ad uno dei suoi tavoli è sempre una novità: il menu, come pochi, è in grado di dirci qual è la cucina di mare di oggi e di domani. La proposta si arricchisce – infatti – periodicamente di nuovi piatti, spesso studiati nel laboratorio annesso al locale e affidato a un tecnico specializzato in tecnologia alimentare. Al contempo la moglie Mariella batte il ritmo ad un ottimo servizio. La sensibilità di questa meravigliosa coppia di ristoratori viene ulteriormente dimostrata dall'orto marittimo sulla spiaggia, da cui ci si rifornisce di prodotti carichi di salsedine, un'idea geniale che rappresenta un ulteriore filo di congiungimento col territorio. Tra gli abbinamenti, sempre più in auge le bollicine d'Oltralpe.

🕸 ⮜ 🅐🅒 – Prezzo: €€€€

Via Lungomare Italia 11, loc. Marzocca – ℰ 071 698267 – morenocedroni.it – Chiuso mercoledì e giovedì

🐵 NANA PICCOLO BISTRÒ

MODERNA • **ALLA MODA** Influenze spagnole caratterizzano la cucina di questo frizzante locale nel cuore della movida serale della bella località: in effetti lo chef patron ha fatto belle esperienze in terra iberica e di ritorno a Senigallia ci regala il suo racconto, come la carbonara iberica, a base di guanciale di pata negra e con queso manchego, o la tortilla di patate e baccalà mantecato. Aggraziato ed efficiente servizio giovane e tutto al femminile. In alta stagione assai consigliata la prenotazione e magari arrivare un poco prima per evitare problemi di parcheggio, stimolando l'appetito con due passi nel bel centro storico di Senigallia.

🍴 – Prezzo: €€

Via Giosuè Carducci 19 – ℰ 071 64999 – nanapiccolobistro.it – Chiuso giovedì e a mezzogiorno

AL CUOCO DI BORDO

PESCE E FRUTTI DI MARE • **CONTESTO CONTEMPORANEO** Sul lungomare, piacevole arredo con veranda e vista (parziale) sulla distesa blu e piccola sala interna: il pesce domina il menu, con una preferenza per i crudi e le preparazioni classiche. Ottima la selezione vini, soprattutto bianchi, con moltissime verticali a disposizione degli appassionati.

🕸 🅐🅒 – Prezzo: €€

Lungomare Dante Alighieri 94 – ℰ 071 792 9661 – cuocodibordo.com – Chiuso giovedì

SENORBÌ - Cagliari (CA) ➡ Vedere Sardegna in fondo alla Guida

SEREGNO

✉ 20831 – Milano (MI) – Carta regionale n° **5**–B1

OSTERIA L'ABBICCÌ 🅝

ITALIANA CONTEMPORANEA • **AMBIENTE CLASSICO** Nel centro di Seregno, moderna osteria che propone un'ampia e luminosa sala per un ambiente conviviale, ma rispettoso della privacy. La cucina è supervisionata da Davide Frigerio - scuola Mauro Elli, chef patron del Cantuccio di Albavilla - che propone ricette di buona personalità, dove spicca la materia prima e l'ottima tecnica di preparazione. Affidatevi al cuoco per una degustazione a mano libera se siete in mood "esperienza". Una buona selezione di vini e un servizio professionale assicurano dei momenti piacevoli, accolti dal servizio di Gabriele. A pranzo è proposto un business lunch dall'ottimo rapporto qualità-prezzo.

🅐🅒 – Prezzo: €€

Via Medici da Seregno 29 – ℰ 0362 585115 – osterialabbicci.it – Chiuso lunedì e domenica sera

POMIROEU

CREATIVA • **AMBIENTE CLASSICO** Nel 2023 si sono festeggiati 30 anni di vita: possiamo, quindi, senz'altro definire il ristorante di patron Morelli un grande punto di riferimento per la buona tavola della zona. Al centro di Seregno, intimo ed accogliente, con i muri impreziositi da belle opere d'arte contemporanea grazie alla collaborazione con una galleria d'arte, la sua cucina è moderna ma senza esagerazioni fini a se stesse: a suo agio con carne e pesce ma anche con le verdure. Tra i pochi - attorno a Monza - ad avere ancora la proposta dei formaggi!

🕸 ⫤🕭♿🅰🕱 – Prezzo: €€€

Via Garibaldi 37 - ℰ 0362 237973 – pomiroeu.com – Chiuso lunedì, martedì a mezzogiorno e domenica sera

SERNAGLIA DELLA BATTAGLIA
✉ 31020 – Treviso (TV) – Carta regionale n° **8**–C2

😊 DALLA LIBERA

DEL TERRITORIO • COLORATO Un'area esterna in stile American barbecue garden per le serate estive e una sala dai toni rustici e ordinati per una cucina ricercata, che partendo da ricette locali vira poi verso personalizzazioni e creatività gourmet, come gli gnocchi fatti in casa serviti con tre pomodori. La cantina propone etichette italiane e internazionali di ottimo livello, alcune con qualche anno sulle spalle per i degustatori più esigenti.

🕸 🕱🅿 – Prezzo: €

Via Farra 52 - ℰ 0438 966295 - trattoriadallalibera.it – Chiuso lunedì e sera martedì, mercoledì, domenica

SERRALUNGA D'ALBA
✉ 12050 – Cuneo (CN) – Carta regionale n° **2**–A2

❀❀ LA REI NATURA BY MICHELANGELO MAMMOLITI Ⓝ

Chef: Michelangelo Mammoliti

CREATIVA • LUSSO Con gran piacere, dopo quasi due anni di attesa torniamo ad assaggiare la cucina di chef Michelangelo Mammoliti. Al termine di un rinnovo totale ha, infatti, riaperto il Boscareto Resort e insieme ad esso il suo ristorante gourmet, col nuovo corso e nuovo executive chef. Il giovane cuoco piemontese si presenta con tre menù degustazione: due di essi, Emozioni (che rincorre, sul sentiero della creatività, ricordi e sapori di infanzia e gioventù) e Voyage (ingredienti, ricette e sensazioni raccolte durante esperienze in giro per il mondo, raccontate alla perfezione nel dessert al mango e cocco) con tutti i piatti disponibili anche alla carta, mentre Mad100% Natura è un percorso alla cieca, in cui lo chef manifesta con creatività tutto l'amore e la passione per la materia prima. Il saluto della cucina sarà presentato in un piccolo salottino con cucina dedicata, iniziando in tal modo tra mille coccole, al pari di ciò che accadrà a fine cena in uno spazio simile, destinato alla pasticceria. La qualità elevata della cucina trova il suo giusto corrispettivo nella selezione enoica, amplissima e ben proposta in sala, con la possibilità di scegliere intriganti wine pairing.

🕸 ⫤♿🅰🕱♻🅿 – Prezzo: €€€€

Via Roddino 21 - ℰ 0173 613042 – ilboscaretoresort.it/ristorante – Chiuso lunedì, martedì e a mezzogiorno da mercoledì a venerdì

❀ GUIDORISTORANTE

Chef: Ugo Alciati

PIEMONTESE • ELEGANTE Nel 1961 aprirono il loro ristorante e da allora la gastronomia non fu più la stessa. Tra mille sacrifici, Lidia e Guido Alciati segnarono una svolta epocale, che rivoluzionò la cucina italiana. Furono tra i primi a capire l'importanza del territorio, scovando nicchie di eccellenze gastronomiche che Lidia ai fornelli esaltava con cotture espresse, mentre Guido allestiva un servizio memorabile e una cantina monumentale. Oggi il loro insegnamento non si è spento, e qui, nelle sontuose sale della reale tenuta di Fontanafredda, i figli portano avanti e rinnovano il messaggio dei genitori. La sensibilità di Ugo in cucina, l'esperienza di

Piero in sala, i due fratelli squadernano il meglio dell'enogastronomia regionale, in piatti la cui apparente semplicità esalta un giacimento alimentare con pochi eguali. A partire da quel plin – il pizzicotto con cui Lidia chiudeva i suoi agnolotti – che divenne meta di pellegrinaggio da tutto il mondo e che ancora oggi viene proposto con la stessa magia, un vellutato fondo d'arrosto che avvolge la pasta, custode di un ripieno di carni e verdure.

🕸 🔣 🛋 ⇔ **P** – Prezzo: €€€€

Via Alba 15 – ☏ 0173 626162 – guidoristorante.it – Chiuso lunedì, a mezzogiorno da martedì a sabato e domenica sera

SERRAVALLE LANGHE

✉ 12050 – Cuneo (CN) – Carta regionale n° **2**-A2

LA COCCINELLA

PIEMONTESE • **CONTESTO TRADIZIONALE** Ricorda le atmosfere di un'accogliente casa di campagna questo piacevole locale, la cui carta principale elenca i migliori piatti della tradizione piemontese. A lato, si propone un altro piccolo menu con ricette legate alla disponibilità del mercato ittico giornaliero, elaborate in chiave classica. In stagione imperdibile il menu dedicato al tartufo.

⇔ **P** – Prezzo: €€

Via Provinciale 5 – ☏ 0173 748220 – trattoriacoccinella.com – Chiuso martedì e mercoledì

SERRAVALLE PISTOIESE

✉ 51030 – Pistoia (PT) – Carta regionale n° **11**-B1

🐝 TRATTORIA DA MARINO

TOSCANA • **FAMILIARE** Ha compiuto un secolo di storia questa trattoria tanto semplice quanto capace nel proporre i sapori della tradizione toscana. Un'unica sala informale seguita dall'abile patron Edoardo Innocenti, che vi saprà guidare tra i sapori del territorio.

🛋 **P** – Prezzo: €€

Via Provinciale Lucchese 102, loc. Ponte di Serravalle – ☏ 0573 51042 – Chiuso martedì

SESTO SAN GIOVANNI

✉ 20099 – Milano (MI) – Carta regionale n° **5**-B2

85 BISTROT Ⓝ

ITALIANA • **FAMILIARE** È il ristorante che tutti vorrebbero sotto casa: semplice ma moderno come si addice alle nuove trattorie e con un'accogliente conduzione familiare. Lo chef-patron Daniele Ferrari, dalla lunga esperienza in locali milanesi, sa il fatto suo in materia di cucina e di prodotti: i suoi piatti raccontano molto della tradizione locale e non solo. L'immancabile cotoletta qui viene servita solo spessa per assaporare al meglio la carne delicata del vitello.

 & 🔣 🛋 – Prezzo: €€

Piazza Martiri di Via Fani 85 – ☏ 349 898 5891 – 85bistrotsesto.com – Chiuso lunedì sera

SESTRI LEVANTE

✉ 16039 – Genova (GE) – Carta regionale n° **10**-C2

BAIA DEL SILENZIO

ITALIANA CONTEMPORANEA • **DI TENDENZA** In bella posizione nell'incantevole baia di Sestri Levante, il locale propone piatti di impronta contemporanea che esaltano i prodotti del territorio e la materia prima. Alcune pietanze sono cucinate al Josper, una sorta di barbecue che simula la cottura alla brace. L'offerta si articola tra il Bistrot per il pranzo, la cena gourmet e il wine-bar. Suggestiva la terrazza all'aperto, a cui si aggiunge la possibilità di cenare direttamente sulla spiaggia nella bella stagione.

≤ 𝕎 ⌂ ✿ – Prezzo: €€€

Via Cappellini 9 – ℰ 0185 480855 – miramaresestrilevante.com

BALIN SESTRI LEVANTE

PESCE E FRUTTI DI MARE • ACCOGLIENTE Sul lungomare, un locale con pochi tavoli tra saletta interna e mini-veranda di contemporanea atmosfera; un valido indirizzo dove assaggiare piatti, soprattutto a base di pesce, curati e con dettagli moderni. Si consiglia di prenotare per tempo, visto il numero limitato di coperti!

⌂ – Prezzo: €€€

Viale Rimembranza 33 – ℰ 349 947 2695 – Chiuso lunedì e a mezzogiorno da martedì a venerdì

CANTINE CATTANEO Ⓝ

CONTEMPORANEA • RUSTICO Non lontano dal centro di Sestri, ma già in un contesto bucolico, preceduto dagli orti di proprietà, si cena tra le mura del 1590 di un'ex cantina dell'olio, in un'atmosfera piacevolmente rustica e romantica, traboccante di decorazioni. Ma il meglio arriva con la cucina, che propone un'intelligente rilettura delle tradizioni liguri, accompagnata da qualche divagazione più esotica. Tra i punti di forza l'uso frequente del prebugiun – lo squisito mix di erbe spontanee che farcisce i plin o accompagna i calamaretti – le cotture alla griglia su legno dei propri ulivi e l'ottima proposta di vini regionali di qualità.

⊛ 😋⌂ 🅿 – Prezzo: €€€€

Strada Vicinale della Madonetta 1 – ℰ 0185 487431 – cantinecattaneo.it – Chiuso lunedì e a mezzogiorno

REZZANO CUCINA E VINO

PESCE E FRUTTI DI MARE • ACCOGLIENTE Conosciuto per l'ottima selezione dei vini, al Rezzano si danno appuntamento calorosa ospitalità e un ambiente famigliare. La cucina propone poche portate di ricette classiche con grande attenzione alla qualità del pescato. Piccolo dehors per una simpatica cena in piazza.

𝕎 ⌂ – Prezzo: €€€

Via Asilo Maria Teresa 34 – ℰ 0185 450909 – rezzanocucinaevino.it – Chiuso lunedì e a mezzogiorno

SESTRI PONENTE

✉ 16154 – Genova (GE) – Carta regionale n° **10**-C2

TOE DRÛE

MODERNA • ACCOGLIENTE Al Toe Drûe si entra in un'atmosfera d'altri tempi dove si respira la Genova della panissa, del cappon magro e dei pesci alla ligure, in un ambiente informale e confortevole. La struttura risale ai primi dell'Ottocento e proprio davanti al locale fu costruito il transatlantico REX, storia per gli amanti del mare. Vi è anche una saletta per sorseggiare un calice di vino e degustare dei formaggi.

𝕎 – Prezzo: €€

Via Corsi 44 r – ℰ 010 650 0100 – toedrue.it – Chiuso domenica e sabato a mezzogiorno

SETTEQUERCE

✉ 39018 – Bolzano (BZ) – Carta regionale n° **6**–A2

PATAUNER

REGIONALE • SEMPLICE Ben quattro generazioni hanno gestito questo piccolo ristorante alle porte di Bolzano. In un edificio del Seicento con una sala caratteristica e un comodo giardino per la bella stagione, gli chef propongono una cucina a carattere territoriale con qualche divagazione, saporita e basata su prodotti locali.
🌂 🅿 – Prezzo: €€

Via Bolzano 6 – ☏ 0471 918502 – restaurant-patauner.net – Chiuso domenica

SIENA

✉ 53100 – Siena (SI) – Carta regionale n° **11**–C2

CAMPO CEDRO

ITALIANA CONTEMPORANEA • SEMPLICE A due passi dal centro, ma defilato rispetto ai grandi circuiti turistici (bisogna un po' cercarlo, eppure ne vale veramente la pena), il cuoco giapponese Kosuke Sugihara ha accumulato un'esperienza in Italia più che ventennale e propone una moderna versione della nostra cucina, fresca ed elaborata, sia di carne che di pesce. Quasi sempre in carta troverete il risotto alla "marinara" con pescato, cozze, gamberi tagliati finemente e cotti insieme al riso, una spolverata di alghe sbriciolate e un tocco di colore con puntini di ristretto di pomodoro.
🆎 🌂 – Prezzo: €€

Via Pian d'Ovile 54 – ☏ 0577 236027 – campocedro.com – Chiuso lunedì

MUGOLONE

MODERNA • CONTESTO CONTEMPORANEO Superata la sala d'ingresso dedicata ad una cucina più semplice - bistrot per il pranzo, tapas bar per la sera - in un'atmosfera più elegante troverete invece in fondo al ristorante la sua espressione gourmet. Piatti creativi e di ottimo livello, il Mugolone è una delle tappa gastronomiche del centro storico.
♿ 🆎 ✿ – Prezzo: €€€

Via dei Pellegrini 8/10 – ☏ 0577 283235 – ristorantemugolone.it – Chiuso lunedì

OSTERIA LE LOGGE

CONTEMPORANEA • VINTAGE Chi ama le atmosfere retrò qui troverà una sala d'altri tempi, un'ex drogheria con banco d'ingresso e antichi armadi a vetrina, mentre in menu ci sono diversi spunti di cucina toscana, ma buona parte dei piatti sono creativi, talvolta con qualche ingrediente più esotico. Gli appassionati di vino possono chiedere di visitare la vicina cantina, un tunnel di origine etrusca.
🕸 🆎 🌂 ✿ – Prezzo: €€

Via del Porrione 33 – ☏ 0577 48013 – osterialelogge.it – Chiuso domenica

PARTICOLARE DI SIENA

MODERNA • ELEGANTE Proposta fine dining per questo ristorante che sposa appieno un approccio sostenibile alla ristorazione: numero di coperti ridotto, fornitori di zona, materie prima certificate biologiche e sostenibili e un orto di proprietà coltivato con prodotti anche biodinamici per portare in tavola le migliori verdure di stagione.
♿ 🆎 🌂 – Prezzo: €€€

Via B. Peruzzi 26 – ☏ 339 827 5430 – particolaredisiena.com – Chiuso mercoledì e a mezzogiorno da lunedì a venerdì

LA TAVERNA DI SAN GIUSEPPE

TOSCANA • TRATTORIA L'edificio racconta le origini di Siena, dalla cantina (visitabile) che fu una casa etrusca nel III secolo a.C., alla sala del ristorante, una galleria di mattoni di epoca romana. L'atmosfera è quella di una tipica trattoria toscana e la cucina propone alcuni dei piatti più celebri della regione.

இ க் ᴀ — Prezzo: €€

Via Giovanni Duprè 132 – ℰ 0577 42286 – tavernasangiuseppe.it – Chiuso lunedì

SIRACUSA – Siracusa (SR) ➜ Vedere Sicilia in fondo alla Guida

SIRMIONE
✉ 25019 – Brescia (BS) – Carta regionale n° **4**–D1

✿ LA RUCOLA 2.0

Chef: Gionata Bignotti

CREATIVA • DI TENDENZA In uno dei vicoli più incantevoli di Sirmione, a fianco del Castello Scaligero, la Rucola 2.0 vi accoglie in un ambiente molto contemporaneo caratterizzato dall'uso del legno. E contemporanea è anche la cucina di Gionata Bignotti, che mantiene salda negli anni la sua vena creativa, così come la predilezione per gli ingredienti di mare (con un menu dedicato ai crudi). I menu degustazione, tuttavia, propongono qualche incursione di terra e di acqua dolce; un percorso è dedicato completamente al vegetale.

இ க் ᴀ ⇔ — Prezzo: €€€€

Vicolo Strentelle 3 – ℰ 030 916326 – ristorantelarucola.it – Chiuso giovedì, domenica e a mezzogiorno

✿ LA SPERANZINA RESTAURANT & RELAIS

CREATIVA • ELEGANTE Relais romantico e mediterraneo nel cuore di Sirmione, La Speranzina sfoggia ambienti che si ispirano ad un'elegante classicità, con interni dominati da colori chiari, mentre in estate la terrazza vanta una vista invidiabile su lago e castello (e alcuni tavoli direttamente sull'acqua). Che si tratti di pesce, carne o elementi vegetali, Fabrizio Molteni dimostra ottima tecnica e precisione, e non poteva essere diversamente essendo uno degli ultimi allievi del grande maestro Gualtiero Marchesi, citato tra l'altro in alcune preparazioni. Durante il pasto si può essere accompagnati a sbirciare in cucina, a visionare la preparazione del piatto principale oppure del dessert. Completa l'esperienza una cantina molto fornita in cui spiccano gli Champagne e qualche grande formato. Per il soggiorno a disposizione tre stupende suite panoramiche.

இ ⩹ ᴀ 🍸 — Prezzo: €€€€

Via Dante 16 – ℰ 030 990 6292 – lasperanzina.it – Chiuso lunedì

RISORGIMENTO

MEDITERRANEA • AMBIENTE CLASSICO È un ristorante che si fa notare per il suo elegante dehors a pochi passi dal lago e nel pieno centro di Sirmione. L'atmosfera raffinata lascia poi spazio ad una cucina che alterna piatti di pesce e di carne, dove lo chef esprime creatività e personalità. In esposizione, al primo piano, una vasta gamma di etichette in una sorta di saletta-enoteca.

இ ᴀ 🍸 ⇔ — Prezzo: €€€

Piazza Carducci 5/6 – ℰ 030 916325 – risorgimento-sirmione.com – Chiuso martedì

TANCREDI

CREATIVA • ALLA MODA Sulla terrazza sospesa tra cielo e lago o nella suggestiva sala a vetri, la gradevolezza della location è un ulteriore punto a favore di questo locale. Cucina essenzialmente di mare.

&⊆📥🆎🛎️🅿️ – Prezzo: €€€

Via XXV Aprile 75 – ℰ 030 990 4391 – tancredi-sirmione.com – Chiuso lunedì e domenica sera

SIROLO

✉ 60020 – Ancona (AN) – Carta regionale n° **14**-C1

LOFFICINA

CREATIVA • MINIMALISTA Ai margini del centro storico, l'edificio dal design contemporaneo e minimal si affaccia sul belvedere di Sant'Erasmo, dove in stagione si prepara uno dei due dehors: il panoramico sul monte Conero e sul mare (sempre meglio riservare in anticipo), l'altro - comunque - rilassante in terrazza. In cucina lo chef-patron prepara piatti creativi a base, soprattutto, di pesce con pacati accostamenti originali.

&⛧🆎🛎️⇔ – Prezzo: €€

Via Piave 11 – ℰ 071 933 1628 – lofficinasirolo.com – Chiuso a mezzogiorno

SIZZANO

✉ 28070 – Novara (NO) – Carta regionale n° **1**-C2

🐝 IMPERO

DEL TERRITORIO • ACCOGLIENTE Caposaldo della ristorazione nel Novarese, questo locale è condotto con passione dalle sorelle Naggi. La loro cucina si concentra sulla tradizione con ricette concrete e l'utilizzo di materie prime stagionali. Il rinnovo degli ultimi anni ha accresciuto la classe e la personalità dell'ambiente, che non manca di un piccolo giardino per il servizio estivo. Buona anche la scelta enoica.

🆎🛎️⇔ – Prezzo: €€

Via Roma 13 – ℰ 0321 820576 – ristoranteimperosizzano.business.site – Chiuso lunedì e la sera martedì e domenica

SOIANO DEL LAGO

✉ 25080 – Brescia (BS) – Carta regionale n° **4**-D1

🐝 VILLA AURORA

CLASSICA • AMBIENTE CLASSICO Classico ristorante nell'entroterra Brescia, non distante dal lago di Garda, propone tanti piatti di cucina italiana, quasi equamente divisi tra terra e mare, con alcune specialità regionali appena rivisitate. Un caposaldo della ristorazione locale dalla gestione famigliare accogliente e molto affidabile. Imperdibili i dessert!

&🆎🛎️🅿️ – Prezzo: €

Via Ciucani 1/7 – ℰ 0365 674101 – ristorantevillaaurora.it – Chiuso mercoledì, venerdì a mezzogiorno e sera lunedì, martedì, giovedì

SOMMA LOMBARDO

✉ 21019 – Varese (VA) – Carta regionale n° **4**-A2

CORTE VISCONTI

DEL TERRITORIO • RUSTICO Ambiente di tono rustico, dove muri in pietra, volte in mattoni, soffitti in legno e camino acceso nella stagione più fredda conferiscono calore al locale. La cucina, pur partendo dal territorio, spicca per creatività. In cantina riposano vini di pregio, pronti ad essere stappati!

🆎🛎️⇔ – Prezzo: €€

Via Roma 9 – ℰ 0331 254873 – cortevisconti.it – Chiuso lunedì

SOMMA VESUVIANA

✉ 80049 – Napoli (NA) – Carta regionale n° **17**–B2

🍃 CONTAMINAZIONI RESTAURANT

Chef: Giuseppe Molaro

ITALIANA CONTEMPORANEA • CONTESTO CONTEMPORANEO Vere e proprie "contaminazioni" hanno luogo in questo ristorante, dove chef Molaro, forte di esperienze nel Sol Levante, si concede a un gioco di tecniche, gusti e cotture molto personale, coccolando l'ospite con una cucina delicata e cerebrale ad un tempo, lontana dalla classicità campano-mediterranea, di cui utilizza solo gli ingredienti. Ecco, dunque, un'esperienza gastronomica di spessore che trasporterà l'ospite in un percorso – a volte fine, altre più spigoloso – intessuto dal filo conduttore della leggerezza. La scelta verte su tre menu degustazione. Il servizio è informale, ma professionale, attento a far comprendere appieno la filosofia della proposta culinaria.

 – Prezzo: €€€

Via San Sossio 2 – 𝒞 081 1874 8325 – molaroconcept.com – Chiuso lunedì e domenica sera

SONDRIO

✉ 23020 – Sondrio (SO) – Carta regionale n° **4**–B1

TRIPPI

VALTELLINESE • CONTESTO REGIONALE Storico locale appena fuori città, gestito da una decina d'anni da Gianluca intento a vivacizzare proposte principalmente regionali e valtellinesi, con qualche spunto mediterraneo; l'offerta si completa a pranzo grazie ad una carta più semplice. Ma non è tutto: buona selezione sia di formaggi sia di vini della zona, che all'ingresso del locale troverete in vendita anche a prezzo d'asporto. Ottima scelta di vini nazionali con un accento particolare sulle migliori etichette della Valtellina.

🌿 ✦ 🅿 – Prezzo: €€

Via Stelvio 297 – 𝒞 0342 615584 – ristorantetrippi.it – Chiuso domenica e martedì sera

SOPRABOLZANO

✉ 39054 – Bolzano (BZ) – Carta regionale n° **6**–A2

🍃 1908

Chef: Stephan Zippl

CREATIVA • INTIMO 1908 è l'anno di inaugurazione del bellissimo Park Hotel Holzner che ospita il ristorante. In una sala piuttosto essenziale, con qualche velato richiamo allo stile Liberty che invece domina l'hotel, va in scena la cucina di Stephan Zippl. Giocando sulla combinazione di dolcezza, acidità, piccantezza e croccantezza, lo chef propone piatti creativi, elaborati da ingredienti del territorio. L'attenzione alle materie prime è testimoniata anche dai cartoncini presentati insieme alle portate, che ne raccontano i componenti e la provenienza. Tra i piatti più rappresentativi dello chef (e anche uno dei nostri preferiti) c'è la trippa, accompagnata nel periodo della nostra visita da pera disidratata e spuma di patata, scalogno fritto e olio alla radice di prezzemolo. Il legame con il territorio è rafforzato dalla solida carta dei vini: poco meno di 400 etichette al 100% regionali, con le quali si crea un perfetto wine pairing. In alternativa troverete anche proposte analcoliche a base di succhi di mele e cocktail alcol free.

🍃 *L'impegno dello chef:* Lo chef riassume l'approccio alla cucina del 1908 con una parola: cucina Re:vier, dal tedesco revier, che sta per "territorio", da dove provengono praticamente tutte le materie prime utilizzate. Se leggendo il menu appare ovvio che lo siano il vitello, il rafano o le fragoline di bosco, meno scontato è scoprire che lo sono anche gli ingredienti più esotici come il wagyu, il pepe di Sichuan, il kumquat, il lama o alcune erbe aromatiche stravaganti, allevati e coltivati in Alto Adige!

🦞 🅿 – Prezzo: €€€€

Via Paese 18 – ☎ 0471 345232 – restaurant1908.com – Chiuso lunedì, giovedì, domenica e a mezzogiorno

SORAGNA

✉ 43019 – Parma (PR) – Carta regionale n° **9**–B1

LOCANDA STELLA D'ORO

EMILIANA • CONTESTO REGIONALE Nelle terre verdiane tra quelle nebbie autunnali che non rattristano, ma al contrario inducono a raccogliersi attorno ad un desco, la locanda è un intimo locale, che offre ancora tutto il sapore e la magia di una trattoria. E' la tradizione gastronomica personalizzata fatta – in primis – di antipasti (culatello selezionato e stagionato, in ricordo delle maestranze salsamentarie), per poi aprire il varco ai primi piatti (le proverbiali paste fresche). Oltre ai piatti in carta anche un'alternativa di proposte giornaliere sempre accurate.

🦞 🎞 🏠 ✧ – Prezzo: €€

Via Mazzini 8 – ☎ 0524 597122 – ristorantestelladoro.it

SORBO SERPICO

✉ 83050 – Avellino (AV) – Carta regionale n° **17**–C2

MARENNÀ

MODERNA • CONTESTO CONTEMPORANEO All'interno dell'azienda vinicola Feudi di San Gregorio (la carta vini, però, oltre alle proprie produzioni, si allarga ad altri vignaioli con una piacevole selezione di quasi 300 etichette), circondati dal verde collinare d'Irpinia, il cuoco propone un menù articolato in cui trovano posto alcuni percorsi degustazione creativi accanto alla carta, sempre evidenti e frequenti i richiami ai sapori ed alle ricette della Campania. Atmosfera moderna e splendido panorama.

≼ 🎞 🏠 🅿 – Prezzo: €€€

Località Cerza Grossa – ☎ 0825 986666 – borgosangregorio.com

SORICO

✉ 22010 – Como (CO) – Carta regionale n° **4**–B1

BECCACCINO

MEDITERRANEA • CONTESTO CONTEMPORANEO All'interno di una riserva naturale sulle sponde del fiume Mera, ambienti valorizzati da materiali naturali e da una grande luminosità per questo locale recentemente rinnovato; la cucina propone soprattutto piatti di pesce (quelli di lago pescati direttamente), con verdure, fiori e aromi dall'orto biologico.

🦽 🎞 🏠 🅿 – Prezzo: €€

Via Boschetto 49 – ☎ 0344 84241 – ristorantebeccaccino.it

SORISO

✉ 28010 – Novara (NO) – Carta regionale n° **1**–C1

✿ AL SORRISO

Chef: Luisa Marelli Valazza

MODERNA • ELEGANTE Tra le piacevoli colline novaresi, da decenni è il ristorante di riferimento per gli amanti del Piemonte grazie alla passione della chef Luisa Marelli e di suo marito Angelo Valazza. Se il titolare è impegnato in una costante ricerca delle eccellenze gastronomiche regionali, la moglie, laureata in lettere, autodidatta e in cucina per passione, prepara piatti che sono ormai divenuti dei classici, con molti richiami alla tradizione e dove l'attenzione è concentrata alla stagionalità dei prodotti, all'utilizzo delle erbe aromatiche, della cacciagione, dei funghi e dei tartufi. Tra i piatti iconici dello storico locale il fassone al barolo variamente accompagnato. Particolarmente ricca la lista dei vini.

🕸 🔠 ⇄ – Prezzo: €€€€

Via Roma 18 – 𝒞 0322 983228 – alsorriso.com – Chiuso lunedì e martedì

SORISOLE

✉ 24010 – Bergamo (BG) – Carta regionale n° **5**-C1

⌘ OSTERIA DEGLI ASSONICA

ITALIANA CONTEMPORANEA • **ELEGANTE** Sulle prime colline alle spalle di Bergamo, un ristorante elegante e raffinato, ottimamente gestito in sala, mentre ai fornelli ci sono i fratelli Manzoni, artefici di una delle cucine più interessanti della zona. Creativi e sorprendenti, i loro piatti stupiscono dialogando con sapori complessi e originali, anche vegetali, e un sapiente uso di spezie ed erbe aromatiche, ma senza rinunciare alla golosità e alla piacevolezza del palato.

🕭 🔠 🛱 ⇄ – Prezzo: €€€

Via Don Santo Carminati 9 – 𝒞 035 412 8398 – osteriadegliassonica.it – Chiuso martedì e mercoledì

SORNI

✉ 38015 – Trento (TN) – Carta regionale n° **6**-A2

VECCHIA SORNI

REGIONALE • **FAMILIARE** Nella zona nord e vinicola di Trento, un locale da non mancare se si è alla ricerca di una cucina fragrante, gustosa e ben presentata, con piatti legati al territorio e molte specialità più moderne, alcune delle quali a base di pesce. In alternativa agli interni tipici, ci si può accomodare in veranda anche in inverno, godendo della bella vista sulla valle dell'Adige.

⇚ 🕭 🛱 – Prezzo: €€

Piazza Assunta 40 – 𝒞 0461 870541 – vecchiasorni.it – Chiuso lunedì e domenica sera

SORRENTO

✉ 80067 – Napoli (NA) – Carta regionale n° **17**-B2

⌘ IL BUCO

Chef: Giuseppe Aversa

MEDITERRANEA • **ACCOGLIENTE** Punto di riferimento nel panorama gastronomico sorrentino, il ristorante è ricavato negli spazi di un ex monastero nel cuore della località e offre un'esperienza gourmet in un'atmosfera intima e accogliente. Tra colori avvolgenti, pietra a vista e raffinati elementi decorativi, lo chef-patron Peppe Aversa in cucina non si complica la vita: i suoi piatti sposano tradizione e modernità senza inutili tecnicismi. I menu degustazione affiancano una carta che vede protagonisti il mare e le carni del territorio, sapientemente elaborate ma senza eccessi per preservarne il sapore autentico. Il locale si è ampliato con una nuova sala dagli arredi più contemporanei, dove fa capolino la cantina a vista: oltre mille etichette e una buona selezione al calice.

🕸 🔠 🛱 ⇄ – Prezzo: €€€€

Il rampa Marina Piccola 5 – 𝒞 081 878 2354 – ilbucoristorante.it – Chiuso mercoledì

⚘ LORELEI

MEDITERRANEA • **AMBIENTE CLASSICO** La filosofia di Ciro Sicignano poggia su due capisaldi: il km 0 e la stagionalità dei prodotti. Appassionato di erbe aromatiche, lo chef cura personalmente il giardino, non lontano dal ristorante. Nei suoi piatti c'è la generosità di una terra che ha pochi eguali in termine di materie prime. Interessante scelta di vini della regione, molti anche al calice. Difficile immaginare qualcosa di più romantico di una cena in terrazza, quando il clima si fa mite, fra vista panoramica e luci soffuse!

⪡ & 🅰 🍽 – Prezzo: €€€€

Via Aniello Califano 4 – ☎ 081 1902 2620 – ristoranteloreleisorrento.com

⚘ TERRAZZA BOSQUET

CREATIVA • **ROMANTICO** Nella sontuosa cornice dell'Excelsior Vittoria, rendez-vous in un'elegante sala nei mesi freddi, ma l'appuntamento con gli occhi è sulla terrazza affacciata sul Golfo di Napoli. Originario di Sorrento, lo chef Antonino Montefusco gioca praticamente in casa. Ciò gli permette di presentare al meglio la sua linea culinaria che si ricongiunge alla tradizione, in virtù di un'approfondita conoscenza di produttori e prodotti, con l'utilizzo anche di ingredienti biologici provenienti dal giardino dell'albergo, come le arance, i limoni e l'olio. La proposta spazia fra quattro menu degustazione, tra i quali uno vegetariano e una selezione dei "Greatest eats" della maison.

🏨 ⪡ 🛏 🅰 🍽 ⇄ 🅿 – Prezzo: €€€€

Piazza Tasso 34 – ☎ 081 877 7111 – terrazzabosquet.exvitt.it – Chiuso a mezzogiorno

LA SPEZIA

✉ 19121 – La Spezia (SP) – Carta regionale n° **10**–D2

ANDREE

CONTEMPORANEA • **ELEGANTE** Nel centro di Spezia, il ristorante si apre su una cucina a vista di grande impatto per poi svilupparsi in una saletta con soffitti a volte di mattoni. Cucina dai toni moderni che ha nel pesce locale la migliore espressione, supportata da una carta dei vini di carattere ed un servizio professionale.

& 🅰 – Prezzo: €€

Via San Martino della Battaglia 16 – ☎ 0187 872808 – andree.eu – Chiuso giovedì e a mezzogiorno

OSTERIA DELLA CORTE

MEDITERRANEA • **FAMILIARE** Muri in sasso del 1600 con volte a vista e saletta intima all'interno, un cortile per la bella stagione ed una cucina soprattutto di mare, efficace nella sua semplicità. La ricchezza di gusto è un imperativo per la chef Silvia Cardelli: tra i suoi classici, lo Spaghetto ai frutti di mare e il Filetto alla Rossini. Ottima selezione di vini (700 etichette) accompagnata da interessanti consigli del sommelier.

🏨 🍽 – Prezzo: €€

Via Napoli 86 – ☎ 0187 715210 – osteriadellacorte.com – Chiuso lunedì

SPILIMBERGO

✉ 33097 – Udine (UD) – Carta regionale n° **7**–A2

OSTERIA DA AFRO

REGIONALE • **TRATTORIA** Genuini piatti regionali e stagionali, presentati su una lavagnetta che gira di tavolo in tavolo, tra cui spiccano i sempre validi salumi. Poco distante dal centro storico, questa trattoria dalla simpatica conduzione familiare mette a disposizione degli ospiti anche graziose camere in legno di abete o ciliegio.

& 🅰 🍽 🅿 – Prezzo: €

Via Umberto I 14 – ☎ 04272264 – osteriadaafro.com – Chiuso lunedì e martedì sera

LA TORRE

REGIONALE • ROMANTICO Nella pittoresca cornice del castello medievale di Spilimbergo, atmosfera romantica e cucina moderna in un ambiente di grande impatto storico. Suggestivo il tavolo nella nicchia con vista panoramica.

🅰🅿 – Prezzo: €€

Piazza Castello 8 – ☏ 0427 50555 – ristorantelatorre.net – Chiuso lunedì e domenica sera

SPINETTA MARENGO

✉ 150122 – Alessandria (AL) – Carta regionale n° **1**–C2

LE CICALE

MODERNA • BISTRÒ La casa dei nonni è diventata un piacevole locale arredato con gusto moderno e leggero. Dalla cucina arrivano proposte classiche e regionali. Il bel dehors circondato dal verde è dedicato agli aperitivi, accompagnati da proposte di fritto preparate a vista.

🍽🅰🏠 – Prezzo: €€

Via Pineroli 32 – ☏ 0131 216130 – lecicale.net – Chiuso domenica e a mezzogiorno

LA FERMATA

PIEMONTESE • ELEGANTE Immerso nella campagna alessandrina, ci troviamo in un casale settecentesco con ampio giardino interno e una proposta di cucina che cita il Piemonte, con moderata modernità sia nelle idee che nell'esecuzione dei piatti: immancabili i plin alla maniera locale, ma anche un menu di mare, per chi preferisce sapori più delicati. La sala è minimalista e luminosa, i tavoli di grandi dimensioni.

🐾 🍽♿🅰🏠↔🅿 – Prezzo: €€€

Strada Bolla 2 – ☏ 0131617508 – ristorantelafermata.it – Chiuso domenica e sabato a mezzogiorno

SPIRANO

✉ 24050 – Bergamo (BG) – Carta regionale n° **5**–C2

TRE NOCI

DEL TERRITORIO • FAMILIARE Il tocco femminile delle proprietarie ha ingentilito il côté rustico dell'ambiente. Ne risulta una piacevolissima trattoria, dove si possono gustare ancora i ruspanti sapori della bassa e carni cotte sulla grande griglia in sala. Gazebo per il servizio estivo all'aperto.

♿🅰🏠↔ – Prezzo: €€

Via Petrarca 16 – ☏ 035 877158 – ristorantetrenoci.it – Chiuso lunedì e domenica sera

SPOLETO

✉ 06049 – Perugia (PG) – Carta regionale n° **13**–B2

APOLLINARE

ITALIANA CONTEMPORANEA • ELEGANTE Incastonato fra le mura duecentesche dell'antico convento di Sant'Apollinare, il ristorante omonimo è un angolo intimo e romantico della Spoleto più antica. Pietre e travi a vista, arredi eleganti e una cucina che porta a grandi livelli le tradizioni umbre, a cui lo chef Giuseppe Sinisi aggiunge qualche piatto di pesce.

🅰🏠 – Prezzo: €€

Via Sant'Agata 14 – ☏ 0743 223256 – ristoranteapollinare.it – Chiuso martedì

SAN LORENZO

PESCE E FRUTTI DI MARE • **AMBIENTE CLASSICO** Nel contesto dell'hotel Clitunno una competente gestione familiare presenta generosi piatti classici e stagionali a base sia di carne che di pesce. Non si lesina sul tartufo nero all'occorrenza, il tutto servito nella sala dal recente restyling intimo ed elegante, dove nei fine settimana si può talvolta ascoltare piacevole musica live, o nello spazio esterno sulla piccola piazza dove è ubicato l'hotel. Il consiglio è quello di parcheggiare fuori dalla ZTL e raggiungerlo a piedi: due passi nel bellissimo centro storico.

&. 🅰🅲 🛋 – Prezzo: €€

Piazza Sordini 6 – ℰ 0743 223340 – ristorantesanlorenzo.com – Chiuso lunedì e a mezzogiorno da martedì a venerdì

SPOLTORE

✉ 65010 – Pescara (PE) – Carta regionale n° **15**–B1

TAMO

CONTEMPORANEA • **MINIMALISTA** In un palazzo storico del piccolo borgo prende vita una piacevole nuova risorsa. Serviti e riveriti dalla titolare nella sala interna di gusto contemporaneo o, nella bella stagione, sulla terrazza con vista sulla valle e Città Sant'Angelo, la cucina è schietta, "trasparente" e senza fronzoli, e si avvale di ottime materie prime, tra cui gli immancabili vegetali di un'azienda vicina.

🍃 🛋 – Prezzo: €€€

Via del Mulino 6 – ℰ 085 496 2430 – tamoristorante.it – Chiuso lunedì e martedì

SQUILLE

✉ 81010 – Caserta (CE) – Carta regionale n° **17**–B1

MAROTTA

MODERNA • **CONTESTO CONTEMPORANEO** Il giovane Domenico Marotta propone una cucina di sorprendente qualità, sovente basata su prodotti locali e vegetali, benché non manchi qualche proposta di pesce, in piatti di moderna e limpida essenzialità. Bravo al cuoco, ma anche alla sommelier e responsabile di sala che accompagna il viaggio gastronomico con approfondite ed appassionate spiegazioni.

🅰🅲 🅿 – Prezzo: €€€

Via Marrochelle 52 – ℰ 349 541 9274 – marottaristorante.com – Chiuso lunedì e martedì

STRADELLA

✉ 27049 – Pavia (PV) – Carta regionale n° **4**–B3

✿ VILLA NAJ

MODERNA • **CONTESTO CONTEMPORANEO** Nel cuore dell'Oltrepò Pavese, un'entrata minimalista introduce alla villa ottocentesca, nelle cui vecchie cantine si trova una sala moderna con bei soffitti a volte di mattoni. In un ambiente di raffinata eleganza, la cucina – guidata da Dario Fisichella, chef siciliano con significative esperienze italiane ed estere – esalta le ottime materie prime locali, ma attinge a piene mani anche dalla sapienza gastronomica della sua terra d'origine, senza rinunciare a qualche slancio creativo. La carta dei vini propone oltre 300 etichette, un'approfondita selezione di bollicine locali e francesi e un'ottima scelta di Marsala.

&. 🅰🅲 🛋 – Prezzo: €€€

Via Martiri Partigiani 5 – ℰ 0385 42126 – najstradella.com – Chiuso lunedì, martedì e a mezzogiorno da mercoledì a venerdì

GIOELE Ⓝ

CLASSICA • AMBIENTE CLASSICO Nel centro della Località, sarete accolti con professionalità e simpatia in un ambiente colorato di discreta eleganza. La cucina è classica ma di impostazione moderna, sia di terra che di mare, e a pranzo si completa con un conveniente business lunch. Nella bella stagione si mangia nella piccola corte o in terrazza.

🅰🅲 🍴 – Prezzo: €€

Via Mazzini 25 – ☎ 0385 43444 – ristorantegioele.com – Chiuso lunedì e martedì

STRADELLA DI BIGARELLO

✉ 46030 - Mantova (MN) - Carta regionale n° **4**–C3

OSTERIA NUMERO 2

ITALIANA • RUSTICO All'interno di un bel cascinale vi verranno serviti sia piatti della tradizione che nazionali. Vi consigliamo d'iniziare con lo gnocco fritto e salumi locali, accompagnati – magari - da una delle birre selezionate da Moreno. Ambiente vivace e molto frequentato; si consiglia di prenotare.

🛏🦽🅰🅲🍴🅿 – Prezzo: €

Via Ghisiolo 2/a – ☎ 0376 45088 – osterianumero2.it – Chiuso martedì e sabato a mezzogiorno

STRESA

✉ 28838 – Novara (NO) – Carta regionale n° **1**–C1

LA BOTTE Ⓝ

MODERNA • BISTRÒ Nel cuore della località, un moderno e accogliente bistrò contemporaneo gestito da un intero nucleo familiare. La cucina alterna piatti di mare e di terra elaborati in chiave moderna e fantasiosa, in cui la stagionalità dei prodotti è un elemento imprescindibile. Carta dei vini piuttosto interessante, con offerta anche al bicchiere.

🦽🅰🅲 – Prezzo: €€

Via Giuseppe Garibaldi 8 – ☎ 0323 30462 – trattorialabottestresa.it – Chiuso mercoledì e giovedì a mezzogiorno

LO STORNELLO

MEDITERRANEA • ACCOGLIENTE Offre qualità e professionalità in un piacevole contesto turistico, questo ristorantino ben frequentato anche dalla gente del posto. Del resto, come non amarlo visto che è aperto tutto l'anno 7 giorni su 7! Cucina italiana e mediterranea a 360°, fantasiosa nelle elaborazioni, e qualche specialità lacustre.

🅰🅲 🍴 – Prezzo: €€

Via Cavour 35 – ☎ 0323 30444 – ristorantelostornello-stresa.it

OSTERIA MERCATO

ITALIANA CONTEMPORANEA • ACCOGLIENTE Leggermente defilato dai percorsi turistici della città e sulle retrovie del centro storico, locale contemporaneo e molto personalizzato negli arredi per una cucina che spazia fra terra e mare con interpretazioni anche fantasiose. Ottima ricerca di materie prime locali e fresco dehors per la bella stagione.

🅰🅲 🍴 – Prezzo: €€

Piazza Capucci 9 – ☎ 0323 346245 – osteriamercatostresa.com

VERBANO ⓝ

MEDITERRANEA • CONTESTO CONTEMPORANEO Nella bellissima cornice dell'isola Pescatori e all'interno del piccolo e omonimo hotel di charme, lo chef Marco Sacco propone una cucina classica di qualità in un contesto di estrema bellezza. La sala dai toni contemporanei regala panoramiche vetrate e nella bella stagione è imperdibile una cena in terrazza con vista sull'isola Bella e Palazzo Borromeo. I piatti dei vari menu tematici (lago, Piemonte, Italia e vegetariano) possono anche essere scelti alla carta.

⇇ 🏧 🏠 – Prezzo: €€€

Via Ugo Ara 2, Isola dei Pescatori – ☏ 0323 31226 – ilverbano.com

VILLA PIZZINI

DEL TERRITORIO • INTIMO Dal lago Maggiore si sale sul Mottarone a circa 1400 m, in questa ex residenza di caccia di fine Ottocento, dove a darvi il benvenuto è una giovane coppia di autodidatti che ci mette il cuore. Ed i piatti parlano per loro... Fragranti proposte di terra e qualche specialità di lago servite anche nel dehors con vista panoramica. Ciò che conta per questa appassionata gestione sono il rigoroso rispetto delle stagionalità e la conoscenza di tutta la filiera di approvvigionamento delle materie prime. Vivamente consigliato il menu "La strada del cacciatore": tre piatti di selvaggina rigorosamente ossolana.

🍴♿🏠🅿 – Prezzo: €€€

Località Mottarone – ☏ 0323 290077 – villapizzinimottarone.com – Chiuso martedì e mercoledì

STROMBOLI – Messina (ME) ➔ Vedere Sicilia in fondo alla Guida

STRONGOLI

✉ 88816 – Catanzaro (CZ) – Carta regionale n° **19**-B2

🕸 DATTILO

Chef: Caterina Ceraudo

CREATIVA • CONTESTO TRADIZIONALE In un mondo come quello dell'alta cucina che vede una preponderanza di figure maschili, Caterina Ceraudo è una voce fuori dal coro autorevole e di grande personalità. Il suo ristorante è ospitato in un grazioso agriturismo con camere semplici all'insegna di una vita piacevolmente rustica, una bella piscina all'ombra di ulivi millenari e produzioni tradizionali come vino, olio, marmellate di cedro e arance, succhi di frutta. Il tutto contrapposto alla cucina di Caterina che, pur attingendo alle tipicità locali, è moderna e creativa, ma senza eccessi.

🌿 *L'impegno dello chef:* La famiglia Ceraudo è da sempre paladina di una produzione ecosostenibile e l'azienda agricola di proprietà fornisce gran parte del fabbisogno del ristorante, la cui cucina non è che un riflesso della bellezza e della biodiversità di questo territorio. Sono al 100% indipendenti a livello energetico grazie all'impianto fotovoltaico.

🐝 🍴🏧🏠🅿 – Prezzo: €€€€

Contrada Dattilo – ☏ 0962 865613 – dattilo.it – Chiuso lunedì-mercoledì, a mezzogiorno giovedì e venerdì e domenica sera

SULMONA

✉ 67039 – L'Aquila (AQ) – Carta regionale n° **15**-B2

🕸 CLEMENTE

ABRUZZESE • FAMILIARE In un ambiente accogliente ricavato dalle scuderie di un palazzo dei primi dell'Ottocento, che prevede anche una sala bistrot dove volendo si consumano gli aperitivi, la carta si rifà alla sincera e generosa cucina d'Abruzzo con preparazioni a base di carne ma anche tanti vegetali.

🔟 🍽 – Prezzo: €€

Piazza Santa Monica – ℰ 342 622 6522 – Chiuso lunedì e domenica sera

SUNA
✉ 28925 – Novara (NO) – Carta regionale n° **1**-C1

ANTICA OSTERIA IL MONTE ROSSO

CLASSICA • ROMANTICO Sul lungolago della frazione residenziale di Verbania, una piccola e curata realtà fondata nel 1854, in cui il giovane chef di origini siciliane propone interpretazioni isolane con pesce d'acqua dolce e di mare, nonché qualche specialità di carne. Notevole la carta dei vini, vera passione del titolare. Possibili anche degli interessanti abbinamenti piatto/cocktail. Nella bella stagione consigliamo di prenotare uno dei pochi tavoli sulla terrazza panoramica.

❀ 🔟 🍽 – Prezzo: €€

Via Troubetzkoy 128 – ℰ 0323 506056 – osteriamonterosso.com

SUTRIO
✉ 33020 – Udine (UD) – Carta regionale n° **7**-A1

ALLE TROTE

CLASSICA • FAMILIARE Le trote sono il motivo per cui venire in questo ristorante. Appena si lascia la macchina nel parcheggio se ne scorge il grande allevamento articolato in una serie di piscine alimentate da un torrente. Il pesce non solo è fresco, visto che l'approvvigionamento avviene quotidianamente in base alle necessità, ma dalla carne ottima, soda e saporita.

🍽 🍽 ⇄ 🅿 – Prezzo: €

Via Peschiera, loc. Noiaris – ℰ 0433 778329 – Chiuso martedì e a mezzogiorno lunedì, mercoledì, giovedì, venerdì

SUVERETO
✉ 57028 – Livorno (LI) – Carta regionale n° **11**-B2

L' CIOCIO - OSTERIA DI SUVERETO

Chef: Fabrizio Caponi

MODERNA • RUSTICO Nel centro storico di Suvereto, la sala ricorda l'atmosfera piacevolmente tradizionale e calorosa di una trattoria, ma la cucina - pur non rinunciando a qualche classico toscano - si fa talvolta più creativa ed elaborata. Tra i piatti più riusciti "la reale familiare": un gustoso taglio di manzo con capperi e acciughe.

❀ *L'impegno dello chef:* Il ristorante fa parte di un'azienda agricola proprietaria di un mulino a pietra che coltiva e lavora grani biologici del territorio. Grazie ad uno studio condotto in collaborazione con l'Università degli Studi di Firenze creano e uniscono più attività agricole per favorire lo sviluppo del territorio e la tutela delle biodiversità. Le farine vengono utilizzate per la panificazione, la pasticceria e la realizzazione di paste fresche.

🍽 🍽 ⇄ – Prezzo: €€

Piazza dei Giudici 1 – ℰ 0565 829947 – osteriadisuvereto.it – Chiuso lunedì e domenica sera

SUZZARA

✉ 46029 – Mantova (MN) – Carta regionale n° **4**-C3

MANGIARE BERE UOMO DONNA

FUSION • FAMILIARE Lei è di Hong Kong, lui di Suzzara: in questo accogliente ristorante lo sguardo aperto sul mondo non riguarda solo le proposte in carta, ma anche l'offerta enologica e le arti applicate. Circondati da migliaia di libri, lascito dello zio di lui, si gustano i piatti della tradizione locale oppure si vira verso alcune ricette orientali. La costante sono, invece, gli ingredienti prevalentemente del territorio e di stagione.

🖼 🏠 – Prezzo: €

Viale Zonta 19 – ☏ 334 880 6508 – mangiarebereuomodonna.com – Chiuso martedì e a mezzogiorno lunedì, mercoledì, giovedì, venerdì, sabato, domenica

TAORMINA - Messina (ME) ➡ Vedere Sicilia in fondo alla Guida

TARANTO

✉ 74123 – Taranto (TA) – Carta regionale n° **16**-C2

GATTO ROSSO

PESCE E FRUTTI DI MARE • FAMILIARE È stato oggetto di un totale restyling questo locale dalla lunga gestione familiare (siamo ormai alla terza generazione!), raccontata dalle foto in bianco e nero appese alle pareti. Cucina di mare classica e ben eseguita, con buone materie prime.

🖼 🏠 – Prezzo: €€

Via Cavour 2 – ☏ 340 533 7800 – ristorantegattorosso.com

TARQUINIA

✉ 01016 – Viterbo (VT) – Carta regionale n° **12**-A2

🏵 NAMO RISTOBOTTEGA

CUCINA DI STAGIONE • BISTRÒ Piccolissimo, semplice locale appena fuori le mura e a poco più di 1 km dalla splendida necropoli di Monterozzi, Patrimonio dell'Umanità Unesco. La chef Tiziana Favi omaggia il territorio viterbese con un fantasioso utilizzo dei suoi ingredienti stagionali (verdure in primis), in piatti leggeri e gustosi. Il dehors apre lo sguardo sino alla costa.

🖼 🏠 – Prezzo: €€

Via Giovan Battista Marzi 1 – ☏ 0766 731637 – namoristobottega.it – Chiuso lunedì e domenica sera

TAVAGNACCO

✉ 33010 – Udine (UD) – Carta regionale n° **7**-B2

AL GROP

TRADIZIONALE • FAMILIARE Lunga tradizione per un ristorante proprio sotto il campanile di un piccolo e grazioso paese. All'interno ambiente classico con qualche tocco di originalità e tanta atmosfera creata dal camino scoppiettante in sala. Diverse proposte di carni alla griglia, per i più golosi gran finale con il carrello di dolci.

🐝 🚗🏠♿🅿 – Prezzo: €€

Via Matteotti 7 – ☏ 0432 660240 – algrop.net – Chiuso martedì e mercoledì

TAVARNELLE VAL DI PESA

✉ 50028 – Firenze (FI) – Carta regionale n° **11**–C2

Ⓢ OSTERIA DI PASSIGNANO

MODERNA • CONTESTO TRADIZIONALE All'interno dell'universo Antinori e in uno dei borghi più suggestivi del Chianti Classico si trova l'Osteria di Passignano: un elegante ristorante fra mura antichissime, sito accanto all'antica Badia di Passignano che, oltre a prestarle il nome, è sede della cantina di invecchiamento (barricaia) dell'omonimo vino, prodotto dai vigneti circostanti il monastero. Siamo quindi al cospetto di un contesto di alto livello fatto di storia, artigianalità e vigneti. La cucina può fregiarsi ora della presenza di un giovane chef che mantiene un solido contatto con il territorio e il suo prodotto principale, il vino. Il menu a carattere assolutamente stagionale è personalizzato da tecniche moderne e ideato per supportare i due elementi di spicco della proprietà, l'Orto di Badia, che fornisce tutto il necessario in termini di erbe aromatiche e vegetali, e la ricchissima carta dei vini che comprende etichette di tutto il mondo. Notevole naturalmente la sezione dedicata ai toscani, a cominciare da quelli del padrone di casa con le sue bottiglie iconiche.

🕸 ♿ 🅼 🎝 🅿 – Prezzo: €€€€

Via Passignano 33, loc. Passignano – 𝄐 *055 807 1278 – osteriadipassignano.com – Chiuso domenica*

Ⓢ LA TORRE

CREATIVA • ELEGANTE La magia del Castello del Nero, spettacolare residenza del XII secolo in cui si trova il ristorante, regala sin dall'arrivo un'esperienza fiabesca che racchiude in sé l'essenza della Toscana: panorama, storia narrata negli interni curatissimi e grandi ingredienti, tra cui olio EVO e vino, di cui la bella cantina è generosamente fornita. Ma l'appuntamento principe è con l'eccellente cucina del simpatico chef Di Pirro: tecnica, creativa e allo stesso tempo carica di gusto, sempre presentata con estetica degna dell'incantesimo del luogo. Sul fronte della sostenibilità la struttura vanta un orto di proprietà (coltivato secondo una visione biologica seppur senza certificazione) con 10 varietà di pomodoro, oltre a numerosi alberi da frutta. In dialogo con l'orto, il ristorante propone un menu Evoluzione Vegetali come opzione vegetariana, che si aggiunge a La Terra e Il Mare. Dulcis in fundo, grande attenzione è riservata alla pasticceria, con una carta dei dessert encomiabile per fantasia e una sinfonia di dolci note al momento del caffè: pasticcini mignon, cioccolatini e macaron.

🕸 ⌕ ♿ 🅼 🎝 🅿 – Prezzo: €€€€

Strada Spicciano 7 – 𝄐 *055 806470 – comohotels.com – Chiuso lunedì, domenica e a mezzogiorno*

TAVERNERIO

✉ 22038 – Como (CO) – Carta regionale n° **5**–B1

GNOCCHETTO Ⓝ

REGIONALE • CONTESTO CONTEMPORANEO Una lunga tradizione familiare (dal 1926!) in un locale che ha saputo rinnovarsi con forme contemporanee continuando a proporre una linea di cucina generosa, sostanzialmente classica ma adatta a un gusto più moderno. Nella bella stagione si mangia all'aperto. A pranzo vengono proposti piatti unici "compositi", ma si può ordinare anche alla carta.

♿ 🅼 🎝 🅿 – Prezzo: €€

Via Primo Maggio 56 – 𝄐 *031 426133 – gnocchetto.it – Chiuso lunedì e martedì*

TEGLIO

✉ 23036 – Sondrio (SO) – Carta regionale n° **4**–C1

ⓂFRACIA

VALTELLINESE • RUSTICO Parcheggiata la macchina, si percorre una breve strada in salita, 50 metri circa, prima di raggiungere questo rustico cascinale in pietra, con vista panoramica sulla valle circostante. Un'oasi di tradizione valtellinese e sapori intriganti, da assaporare anche in un menu degustazione di piatti tipici. Tempo permettendo, prenotate nello splendido dehors con tavoli in sasso e scorci affascinanti.

🎅 – Prezzo: €

Località Fracia – 📞 0342 482671 – ristorantefracia.it – Chiuso mercoledì

TELESE

✉ 82037 – Benevento (BN) – Carta regionale n° **17**–B1

🏵🏵 KRÈSIOS

Chef: Giuseppe Iannotti

CREATIVA · ELEGANTE Il ristorante di Giuseppe Iannotti allude a uno dei nomi di Bacco. Un'accogliente casa di campagna rivela all'interno un piacevole mix di antico e moderno: muri in pietra, ambiente rustico e la cantina scavata nel tufo, i cui tesori sfiorano oramai le 2000 etichette (fatevi consigliare dal bravo sommelier Alfredo per una migliore scelta). Dalle cucine a vista escono piatti creativi e personalizzati, spesso di ricerca, mai banali, in un unico percorso degustazione – "Mr Brown" – il cui nome si rifà al film Le Iene di Quentin Tarantino. La linea gastronomica di Iannotti fonda la sua filosofia sulla ricerca e la fantasia, con scatti d'improvvisazione e ricerca della migliore materia prima proveniente da ogni parte del mondo. A disposizione anche tre accoglienti camere.

🐕 🍴♿🅰🎅↩🅿 – Prezzo: €€€€

Via San Giovanni 59 – 📞 0824 940723 – kresios.com – Chiuso lunedì, martedì a mezzogiorno e domenica sera

🏵 LA LOCANDA DEL BORGO

CREATIVA · CASA DI CAMPAGNA Lo chef Luciano Villani propone percorsi strutturati su semplicità, prodotti biologici del Sannio e una filosofia senza compromessi. Siamo all'interno dell'Aquapetra Resort&Spa, borgo antico trasformato in un albergo diffuso di lusso personalizzato con pezzi d'antiquariato e accessori di ultima generazione. Il ristorante gourmet propone una cucina sempre riconoscibile, golosa, di territorio con qualche contaminazione. Due i menu degustazione: Aqua (di solo pesce) e Petra (dedicato alla terra). Un aperitivo o un drink dopo cena vi attendono nel delizioso bar, vicino al ristorante.

🐕 🍴🎅↩🅿 – Prezzo: €€€€

SS Telesina 372, loc. Monte Pugliano 1 – 📞 0824 941878 – aquapetra.com – Chiuso a mezzogiorno

TERAMO

✉ 64100 – Teramo (TE) – Carta regionale n° **15**–B1

🐸 SPOON

CONTEMPORANEA · SEMPLICE Nel cuore del centro storico, ad un passo dal bel duomo di origini duecentesche, un piccolissimo locale molto semplice, di gusto contemporaneo come le proposte di cucina del giovane chef-titolare proveniente dalla scuola di Niko Romito. Piatti di sola carne, colorati, leggeri, gustosi, generosi e proposti con un eccellente rapporto qualità/prezzo.

🅰🎅 – Prezzo: €€

Via Mario Capuani 61 – 📞 345 037 0764 – spoonteramo.jimdofree.com – Chiuso lunedì, domenica e a mezzogiorno da martedì a giovedì

OISHI TERAMO

FUSION · MINIMALISTA Nel centro di Teramo, tra le vie pedonali, un giovanotto abruzzese gestisce con garbo un piccolo locale all'insegna del matrimonio tra Oriente ed Occidente. Partendo dalla tradizione giapponese di crudi, sushi, sashimi, uramaki, nighiri, hosomaki, si approda a piatti cucinati, in cui c'è spazio per una piacevole fusion tra ingredienti e sapori italiani.

🗚 🍴 – Prezzo: €€

Via Mario Capuani 47 – 𝒸 391 394 2429 – oishiteramo.it – Chiuso a mezzogiorno

TERMENO SULLA STRADA DEL VINO

✉ 39040 – Bolzano (BZ) – Carta regionale n° **6**–A2

ANSITZ ROMANI

MODERNA • ROMANTICO Gli ambienti sono molto curati, con un vago tocco romantico dato soprattutto dall'edificio storico e dal curatissimo giardino. La carta non è ampia ma completa: ci sono piatti più vicini ai sapori di territorio, come le carni di cervo o gli asparagi di Termeno accompagnati dallo speck prodotto in proprio, ma anche un paio di ricette a base di pesce. Tutte le proposte dello chef-patron Armin Pernstich mostrano una certa fantasia e modernità. Molto belle le camere.

🍴 ⅍ 🍴 🅿 – Prezzo: €€

Via Andreas Hofer 23 – 𝒸 0471 860010 – ansitzromani.com – Chiuso lunedì e domenica

TERMINI IMERESE – Palermo (PA) ➜ Vedere Sicilia in fondo alla Guida

TERMOLI

✉ 86039 – Campobasso (CB) – Carta regionale n° **15**–C2

FEDERICO II

PESCE E FRUTTI DI MARE • INTIMO Nel suggestivo centro storico di Termoli, ad un passo dalla cattedrale, un locale intimo e raccolto in cui lo chef-patron Matteo Miucci elabora, talvolta con un pizzico di fantasia, i buoni prodotti del mare che lui stesso acquista giornalmente.

🗚 🍴 – Prezzo: €€

Via Duomo 30 – 𝒸 0875 85414 – Chiuso martedì, a mezzogiorno da lunedì a venerdì e domenica sera

SVEVIA

MEDITERRANEA • ELEGANTE Nelle cantine di un palazzo d'epoca, la storia si fonde abilmente con atmosfere moderne, mentre la cucina si ancora alla tradizione marittima molisana: i crudi tra le specialità, ma anche tante altre proposte ittiche, sovente legate alle tradizioni locali.

🗚 – Prezzo: €€

Via Giudicato Vecchio 24 – 𝒸 0875 550284 – svevia.it – Chiuso lunedì e a mezzogiorno tranne domenica

TERNI

✉ 05100 – Terni (TR) – Carta regionale n° **13**–B3

NASCOSTOPOSTO

MODERNA • MINIMALISTA Nei vicoli storici della città, ambiente minimalista-moderno dove una coppia appassionata vi delizierà con piatti ricchi di fantasia e contaminazioni regionali, nazionali e qualcosa d'inaspettatamente esotico; pizza in stile napoletano con guarniture gourmet.

⅍ 🗚 🍴 – Prezzo: €

Via Sant'Alò – 𝒸 0744 608309 – Chiuso lunedì e a mezzogiorno

TERRACINA

✉ 04019 – Latina (LT) – Carta regionale n° **12**–B3

🏵 **ESSENZA**

Chef: Simone Nardoni

DEL TERRITORIO • CONTESTO CONTEMPORANEO A pochi passi dal mare, la vista sul tempio di Giove Anxur la si dà quasi per scontata, ma è sempre suggestiva. Lo chef-patron Simone Nardoni porta avanti la sua offerta radicata nel territorio ma al passo con i tempi proponendo tre percorsi degustazione, fra cui Radici nel Cemento (otto portate), che rappresenta l'essenza della sua filosofia. Originale anche la scelta à la carte, con piatti divisi fra pesci, carni e paste. Da ultimo, notevole la selezione enoica con una buona offerta di Champagne.

🐝 ⅍ 🅰 🎏 – Prezzo: €€€

Via Cavour 38 – ☏ 0773 369762 – essenza.co – Chiuso martedì sera e mercoledì a mezzogiorno

LOCANDA ALTOBELLI

TRADIZIONALE • FAMILIARE Un piacevole piccolo indirizzo che esce dal classico mercato ittico locale per proporre una solida cucina della tradizione di terra. L'alchimia è fra un giovane titolare molto appassionato di vini e uno chef di talento con un bel curriculum. L'accurata selezione della materia prima - ricercata direttamente in zona fra piccoli produttori - è alla base di piatti intriganti e saporiti. Anche nella carta dei vini troviamo etichette biologiche interessanti. Piccolo dehors.

🅰 🎏 – Prezzo: €€

Via Santissima Annunziata 121 – ☏ 346 825 6622 – Chiuso mercoledì e domenica sera

TERRANOVA DI POLLINO

✉ 85030 – Potenza (PZ) – Carta regionale n° **18**–B2

🐥 **LUNA ROSSA**

LUCANA • RUSTICO In centro paese, locale rustico e conviviale con panoramica terrazza affacciata sulla valle. La ricerca dei piatti della tradizione parte dal mondo contadino per concretizzarsi nella continua passione e nel rinnovato talento dello chef Federico Valicenti. Specialità: il raviolo della memoria.

🍃 🎏 ✦ – Prezzo: €

Via Marconi 18 – ☏ 0973 93254 – federicovalicenti.it – Chiuso mercoledì

TERRASINI - Palermo (PA) → Vedere Sicilia in fondo alla Guida

TESIMO

✉ 39010 – Bolzano (BZ) – Carta regionale n° **6**–A1

🏵 **ZUM LÖWEN**

Chef: Anna Matscher

CLASSICA • ROMANTICO Gli interni affascinanti nascono dalla sapiente ristrutturazione di un antico maso, dal fienile alle vecchie stalle, conglobando all'interno anche ciò che era all'esterno; tutto è stato recuperato ed esaltato da alcuni inserimenti più moderni. La cucina invece è solidamente nelle mani della padrona di casa, Anna Matscher, piatti gourmet altoatesini che oggi potremmo definire "classici". Gli abbinamenti e le cotture, infatti, mirano ad un certo confort, ma non si potrà mai sostenere che ciò sia un difetto, a maggior ragione quando l'esecuzione è precisa. Il capretto al forno, quasi tradizionale, cotto con olio Evo ed erbe aromatiche, ne è un bell'esempio: accompagnato con patate arrosto ed una seconda verdura di stagione, il suo fondo di cottura è piacevolmente saporito. In sala, Luis coordina il servizio ed è sempre a lui che bisogna rivolgersi per un consiglio sul miglior accostamento vino-piatto.

🍸 – Prezzo: €€€

Via Principale 72 – ☏ 0473 920927 – zumloewen.it – Chiuso lunedì, martedì e a mezzogiorno mercoledì e giovedì

TICCIANO
✉ 80069 – Napoli (NA) – Carta regionale n° **17**–B2

🕸 **CANNAVACCIUOLO COUNTRYSIDE**

MEDITERRANEA • **CASA DI CAMPAGNA** Questo ristorante racconta la storia dello chef Cannavacciuolo, che ha voluto creare un luogo speciale dove poter ritrovare i suoi ricordi d'infanzia (il nonno qui era custode) e quel senso di ospitalità che gli appartiene. La filosofia della sua cucina, egregiamente interpretata dal resident chef Nicola Somma, celebra il territorio abbinando ingredienti provenienti dalla terra d'adozione di Cannavacciuolo e da quella d'origine, in un itinerario da Nord a Sud. Le materie prime sono selezionate, fornite da produttori locali e coltivate nell'orto di proprietà, recuperando le preziose tradizioni che hanno formato il suo carattere e la sua arte ai fornelli. Grande attenzione viene riservata al vino, con una selezione pronta a soddisfare i palati più esigenti ed in continua evoluzione. Indimenticabili momenti di relax gastro-bucolico!

🍸 🅰 ⌂ 🅿 – Prezzo: €€€€

Via Ticciano 137 – ☏ 081 1946 0050 – laquacountryside.it – Chiuso martedì e mercoledì a mezzogiorno

TIGLIOLE
✉ 14016 – Asti (AT) – Carta regionale n° **2**–A1

🕸 **CA' VITTORIA**

Chef: Massimiliano Musso

PIEMONTESE • **ELEGANTE** Nel cuore di un villaggio da cartolina, da diverse generazioni la famiglia Musso accoglie i clienti con serietà e professionalità tutte sabaude. E, soprattutto, con una cucina interessante! Ma se per nonna Gemma e mamma Sandra la regione ritornava sempre nei piatti, oggi Massimiliano personalizza la linea dando un tocco di creatività ed internazionalità inserendo su base regionale spunti d'altrove, come nel risotto cotto in acqua di cipolla, anguilla e vaniglia - creativo e originale - o le apprezzatissime chiocciole di Cherasco con crema di cocco, porri dell'orto alla griglia e cavolo fermentato, dove spicca il contrasto tra la dolcezza del frutto e l'acidità del cavolo. Sono due i menu degustazione, da cui selezionare tutto anche alla carta e alcuni grandi classici da servire abbinati al tartufo bianco (in stagione). Nella selezione enoica spiccano i grandi piemontesi, nonché etichette più giovani; tra i Baroli anche qualche bottiglia degli anni '70.

🍸 ⬍ ⛩ ⅃ 🅰 ⌂ 🅿 – Prezzo: €€€

Via Roma 14 – ☏ 0141 667713 – ristorantevittoria.it – Chiuso lunedì, a mezzogiorno da martedì a venerdì e domenica sera

TIROLO
✉ 39019 – Bolzano (BZ) – Carta regionale n° **6**–A1

🕸🕸 **CASTEL FINEDINING**

Chef: Gerhard Wieser

CREATIVA • **ELEGANTE** All'interno dell'esclusivo albergo Castel, il ristorante si compone di pochi tavoli disposti nella sala contemporanea ad arco, proiettata, grazie ad una parete vetrata, su di un bellissimo panorama che comprende Merano, la sua vallata e le vette alpine, mentre sulla destra le montagne si separano per dar spazio alla Val Venosta. E pochi sono anche i piatti che formano l'unico menu degustazione proposto, da prenderci per intero oppure in forma più breve. L'attenzione che chef Gerhard Wieser dedica alle sue creazioni è maniacale: piatti tecnici, precisi, sofisticati e belli da vedere, dove spesso ingredienti di prossimità come salmerino e trota da allevamento locale, così come l'ormai celebre wagyu altoatesino, sono accompagnati o alternati ad alcune preziose materie prime da fuori regione: il foie gras non manca mai, a volte anche solo in un appetizer, gli scampi, il caviale... Il miglior accompagnamento enologico è il wine pairing suggerito dalla brava sommelier. Il servizio professionale completa il quadro di una grande serata.

⪡ 🍴 ♿ 🄰🄲 – Prezzo: €€€€

Vicolo dei Castagni 18 – ☏ 0473 923693 – castelfinedining.com – Chiuso domenica e a mezzogiorno

TIVOLI
✉ 00019 – Roma (RM) – Carta regionale n° **12**–B2

LI SOMARI ⓝ

LAZIALE • RUSTICO Famosa per la villa dell'imperatore Adriano e per la rinascimentale Villa d'Este, Tivoli è oggi nel taccuino dei buongustai per un appuntamento gastronomico imperdibile in un piccolo e raccolto locale, in cui Adriano Baldassarre propone la sua cucina. Ravioli di coda alla vaccinara, trippa, una pagina intera dedicata al quinto quarto e la panzanella e salmerino by Alessandro Narducci, omaggio ad un cuoco amico. All'inizio del menu viene presentato il manifesto della sostenibilità con le pratiche adottate per una ristorazione consapevole. Alcuni tavoli sulla passeggiata assicurano l'esperienza all'aperto.

🄰🄲 🍴 – Prezzo: €€

Via di Ponte Gregoriano 1 – ☏ 0774 282499 – lisomari.com – Chiuso martedì e la sera mercoledì e giovedì

SIBILLA

MEDITERRANEA • AMBIENTE CLASSICO In splendida posizione accanto al tempio di Vesta, che vi riempirà gli occhi in occasione del servizio all'aperto (posizione a dir poco unica!), storico locale a gestione familiare che propone una cucina classica con presenza di molti ingredienti regionali, accanto al pesce. La cottura alla brace è tra le specialità.

⪡ 🍴 🄰🄲 🍴 – Prezzo: €€

Via della Sibilla 50 – ☏ 0774 335281 – ristorantesibilla.com – Chiuso lunedì

TOCENO
✉ 28858 – Novara (NO) – Carta regionale n° **1**–C1

LE VIE DEL BORGO ⓝ

CONTEMPORANEA • STILE MONTANO Le Vie del Borgo si trova in un edificio ristrutturato del centro storico del pittoresco paesino di Toceno, in Val Vigezzo. Con grande passione una giovane coppia propone ricette legate alla regione e non solo, piatti che presentano una notevole tecnica moderna, ottimi prodotti stagionali e una carta dei vini interessante. Il ristorante si compone varie salette molto intime in stile alpino, signorili e curate. In estate, il piacevole dehors con pochi tavoli va prenotato con largo anticipo.

🍴 ↔ – Prezzo: €€

Via alla Piazza 6 – ☏ 346 624 9050 – leviedelborgoguesthouse.it – Chiuso martedì e mercoledì a mezzogiorno

TODI

✉ 06059 – Perugia (PG) – Carta regionale n° **13**–A2

FIORFIORE

MODERNA • ROMANTICO Una casa raffinata, in posizione panoramica sulla campagna verdeggiante e su Todi, dove assaporare una cucina moderna, ma fedele alle sue radici umbre: olio EVO e alcuni vini provenienti dalla tenuta e un'interessante selezione di Champagne. L'ispettore consiglia: arrosto di maialino accompagnato da patate al rosmarino. Per i dolci, imperdibile il cremoso di nocciola, sorbetto allo yogurt e spuma tiepida al cioccolato. Camere silenziose e confortevoli completano l'offerta.

🕸 ⪜ 🎬 � ⟳ 🅿 – Prezzo: €€

Località Chioano – ☏ 075 894 2416 – ristorantefiorfiore.com – Chiuso martedì

TONADICO

✉ 38054 – Trento (TN) – Carta regionale n° **6**–B2

CHALET PIERENI

REGIONALE • FAMILIARE In un contesto naturalistico di grande bellezza, solo la buona tavola vi sottrarrà dalla piacevolezza dello stare all'aria aperta; i prodotti tipici del territorio concorrono, infatti, alla realizzazione di piatti dal sapore regionale con un occhio di riguardo per i piccoli ospiti.

⪜ � ⟳ 🅿 – Prezzo: €

Località Piereni 8, Val Canali, 8 km a nord-est – ☏ 0439 62791 – chaletpiereni.it

TORBIATO

✉ 25030 – Brescia (BS) – Carta regionale n° **5**–D1

DISPENSA FRANCIACORTA

DEL TERRITORIO • CONVIVIALE Atmosfera familiare, resa scenografica dalle bottiglie di vino che riempiono le pareti, per un ristorante la cui cucina è un bell'esempio di stile contemporaneo. I piatti riescono ad essere una foto attuale dei sapori italiani e buona parte degli ingredienti vegetali provengono da un'azienda agricola bio locale, impegnata nel reinserimento nel mondo del lavoro di persone con difficoltà.

⪑ 🎬 🅿 – Prezzo: €€

Via Principe Umberto 23 – ☏ 030 745 0757 – dispensafranciacorta.com – Chiuso la sera lunedì, martedì, mercoledì, domenica

TORBOLE

✉ 38069 – Trento (TN) – Carta regionale n° **6**–A2

AQUA

ITALIANA CONTEMPORANEA • DI TENDENZA Il moderno locale ha nella sala-veranda il suo spazio migliore: da lì infatti si gode di un rilassante scorcio sulla natura circostante, l'acqua ravvivata dall'Ora (il famoso vento del Garda), le vele e in lontananza le vette trentine. La cucina, dalla evidente impronta contemporanea, è molto curata e mette in risalto gli ingredienti di lago e di territorio, anche se non mancano piatti a base di pesce di mare.

⪜ ⪑ 🎬 ⟳ – Prezzo: €€

Lungolago Conca d'Oro 11 – ☏ 0464 505142 – aquaristorante.com

LA TERRAZZA

PESCE E FRUTTI DI MARE • ROMANTICO Sapendo che dispongono di una sala interna e di una veranda a tutto vetro che offre una pregevole vista sul lago, meglio prenotare con debito anticipo un tavolo in quest'ultima. Ovviamente la carta è la stessa: territoriale e dai tocchi moderni, con piatti di terra e molte specialità lacustri, compreso un menu degustazione.

⇐ 🔢 ⇔ – Prezzo: €€

Via Benaco 24 – ☎ 0464 506083 – allaterrazza.com – Chiuso martedì

TORGIANO

✉ 06089 – Perugia (PG) – Carta regionale n° **13**–A2

❀ ELEMENTI ⓝ

ITALIANA CONTEMPORANEA • CONTESTO CONTEMPORANEO È Andrea Impero a firmare la cucina di Elementi, il ristorante gourmet del raffinato albergo Borgobrufa. Originario della Ciociaria, nella sua cucina si leggono influenze di piatti e tradizioni laziali insieme a contributi umbri, sua regione d'adozione, passando per le esperienze lavorative campane. Il risultato è una cucina straordinaria, carica di sapori, elaborata, con alcune portate che vengono elaborate in più piatti. Abbiamo apprezzato particolarmente Colpa d'Alfredo: citazione dell'allevatore del maialino cinturello di cui viene presentata una bella variazione, tra ravioli e stufato. Un viaggio gastronomico di primo livello.

🔢 🅿 – Prezzo: €€€€

Via del Colle 38, loc. Brufa – ☎ 349 753 8102 – elementifinedining.it – Chiuso lunedì-mercoledì e a mezzogiorno

QUATTRO SENSI

CONTEMPORANEA • ACCOGLIENTE Dopo diverse esperienze di gran livello sia in Italia che all'estero, il giovane cuoco propone all'interno dell'albergo Borgobrufa un'interessante cucina incentrata su una sostanziosa carrellata di prodotti umbri, con una cinquantina di azienda agricole che riforniscono la cucina di tutte le materie prime, carni solo locali.

& 🔢 🍴 🅿 – Prezzo: €€

Via del Colle 38, loc. Brufa – ☎ 075 9883 – borgobrufa.it

TORINO

✉ 10133 – Torino (TO)
Carta regionale n° **1**–B2

La capitale del cioccolato

Torino è la città del cioccolato che incontra la nocciola, dalla cui unione nascono innumerevoli prelibatezze come il cremino, i cri-cri e l'iconico gianduiotto. La vulgata vuole che l'uso della nocciola sia dovuto al blocco continentale imposto da Napoleone nel 1806 e al conseguente rincaro del cacao che spinse molti chocolatier torinesi a sostituire una parte dell'impasto con le nocciole, che abbondavano nei boschi delle Langhe. Storia o leggenda che sia, il connubio è vincente e regala alle specialità torinesi quell'equilibrio unico tra l'amaro del cacao e l'aroma della nocciola tostata, morbido e vellutato.

😳 **ANDREA LAROSSA**

Chef: Andrea Larossa

MODERNA • **CONTESTO CONTEMPORANEO** Gli alti soffitti e i tubi inox dell'aria condizionata a vista contrastano con lo stile classicheggiante della sala, conferendole originalità. La proposta gastronomica verte su tre menu: uno più tradizionale e territoriale, gli altri due vocati a sperimentazione e creatività. Servizio cordiale e molto attento. Da Piazza Merano 5 si accede al parcheggio privato con accesso diretto al ristorante.

🛆 🅰🅲 🅿 – Prezzo: €€€€

Fuori pianta – *Via Sabaudia 4 – 𝒞 011 1901 8365 – ristorantelarossa.it – Chiuso lunedì, domenica e a mezzogiorno*

😳 **CANNAVACCIUOLO BISTROT**

CREATIVA • **BISTRÒ** Se per natura il bistrot è la tipologia di locale più consona a favorire la convivialità, qui, tra spazi di disinvolta eleganza ad un passo dal Po e dalla Gran Madre, troverete un'atmosfera effervescente, nonché una cucina che rende omaggio al Nord e al Sud, alla terra e al mare. Lo chef propone una bella cucina in equilibrio fra ispirazioni regionali, mediterranee e nazionali, con una giusta dose di creatività. Un piacevole dehors completa la proposta.

🛆 🅰🅲 🛋 – Prezzo: €€€€

Pianta: D2-7 – *Via Umberto Cosmo 6 – 𝒞 011 839 9893 – cannavacciuolobistrot.it – Chiuso lunedì e martedì a mezzogiorno*

😳 **CARIGNANO**

CREATIVA • **INTIMO** Davide Scabin, uno dei cuochi piemontesi più celebri di sempre - ebbe anche due stelle nel suo ristorante di Rivoli - non cessa di reinventarsi e mettersi in pista con la forza e l'entusiasmo di un giovane. E lo fa in una delle cornici più prestigiose di Torino, quella dello storico Grand Hotel Sitea, con una cucina che stravolge certezze e luoghi comuni, a cominciare dall'ordine delle portate: si inizia dai sapori più intensi e proteici per alleggerirsi cammin facendo. Dalla tradizione piemontese a piatti più creativi, talvolta anche con contributi di paesi esotici, Scabin propone un lungo percorso gastronomico, articolato in un menù degustazione.

🕸 🅐🅒 – Prezzo: €€€€

Pianta: C2-2 – *Via Carlo Alberto 35 – ☏ 011 517 0171 – ristorantecarignano.it – Chiuso lunedì, domenica e a mezzogiorno*

✿ CONDIVIDERE

CREATIVA • **DESIGN** Cenare divertendosi è il mantra di Condividere: un'originale idea nata dalla volontà di Lavazza in collaborazione con il grande chef spagnolo Ferran Adrià. Ai fornelli Federico Zanasi, che proprio dalla Spagna importa due elementi-chiave della sua cucina: prodotto e tecnica. I Classici, Festival, Gran Festival sono le proposte che troverete una volta varcata la soglia di un ambiente moderno e attuale, realizzato dal famoso scenografo Dante Ferretti. Un servizio affabile, giovane e cordiale partecipa nell'accompagnare l'ospite in un'esperienza sensoriale a 360°, a cui concorre anche il sottofondo musicale. Dessert e caffè sono serviti in una saletta dedicata.

🕸 ♿🅐🅒🛋 – Prezzo: €€€€

Pianta: D1-8 – *Via Bologna 20/a – ☏ 011 089 7651 – condividere.com – Chiuso domenica e a mezzogiorno*

✿ DEL CAMBIO

Chef: Matteo Baronetto

PIEMONTESE • **CONTESTO STORICO** Fondato nel 1757, Del Cambio è un luogo d'innata eleganza dove la dicotomia tra arte contemporanea e arredi da romanzo d'epoca trova continuità nel menu dello chef Matteo Baronetto, cuoco che ha dato un grande contributo allo sviluppo della cucina italiana d'avanguardia nei primi anni Duemila. Abile nell'alternare manicaretti di stampo tradizionale a piatti più moderni e creativi, nel suo menu fanno capolino proposte equilibrate, precise e mai eccessive. Per conoscerlo in maniera un po' più diretta, gli ispettori consigliano di prenotare lo Chef Table: massimo quattro persone e un percorso pensato al momento. Completano l'offerta l'eccellente caffè-bistrot e pasticceria Farmacia Del Cambio e "Il tavolo della cantina", uno spazio che custodisce ben 19 000 bottiglie, collocato nelle fondamenta fisiche e spirituali del ristorante, sede di cene conviviali e degustazioni.

🕸 ♿🅐🅒🛋🔄 – Prezzo: €€€€

Pianta: C2-1 – *Piazza Carignano 2 – ☏ 011 546690 – delcambio.it – Chiuso lunedì, domenica e a mezzogiorno*

✿ MAGORABIN

Chef: Marcello Trentini

CREATIVA • **CONTESTO CONTEMPORANEO** Nel 2023 il ristorante ha compiuto 20 anni e per festeggiare è stato creato un percorso degustazione #ventannidimago, con la colonna sonora che ha accompagnato il locale raccontata con il linguaggio di oggi. Come sempre, invece, nei piatti di Marcello Trentini sono rinvenibili echi della tradizione regionale ma anche una grande sinfonia di sapori e una rara combinazione di audacia, sensibilità, cultura gastronomica e tecniche sopraffine, che derivano dai suoi innumerevoli viaggi. Adiacente il ristorante, Casa Mago Lounge Bar vi attende per sorseggiare ottimi cocktail accompagnati da tapas e piccole proposte dello chef.

♿🅐🅒 – Prezzo: €€€

Pianta: D2-3 – *Corso San Maurizio 61/d – ☏ 011 812 6808 – magorabin.com – Chiuso domenica e a mezzogiorno da lunedì a venerdì*

A   B

PARCO DELLA PELLERINA

V. Treviso

Corso Svizzera

V. Ce

Corso Ascoli

V. Don Giovanni Bosco

V. Vicenza

V. Capua

V. Livorno

Corso Appio

V. S. Angelo

Sismonda

V. Claudio

Corso Lecce

Corso Regina Margherita

V. G. F. Medail

Corso

V. Graziadio

Umbria

V. Michele

V. Romagnano

V. Belli

V. Lessona

V. Arona

V. Levanna

Principessa Clotilde

V. L. Galvani Pierdionigi

18

V. Nicola

V. Orta

V. Pietrino

V. Fabrizi

V. Svizzera

V. Locana

V. Corso

V. Rivara

V. A. Netro

V. Balme

Rosta

V. V. C. Tenivelli

Luigi

V. Le Chiuse

V. San

Donato

Pinelli

Pza Chironi

V. Lecce

V. Zumaglia

V. Giacomo Medici

Principi D'Acaja

Corso Principe Oddone

PARCO DELLA TESORIERA

V. Borgosesia

V. R. Pio

GIARDINO DISPERSI SUL FRONTE RUSSO

V. Morghen

V. G. Collegno

Talucchi

V. Pietro

Piazza Bernini

V. G. Casalis

V. Piffetti

Pza Rivoli

Rivoli

Racconigi

Bernini

Corso Francia

Godffredo

V. Duchessa

V. Giacinto Palmieri

V. D'Acaja

V. G. Somis

Cso S. Martino

Corso Francia

Lera

V. Rubiana

Corso

V. Capriolo Trapani

Corso

Caprie

V. Enrico Cialdini

V. Susa

V. Pietro

V. Principi

V. G. Grassi

Jolanda

Inghilterra

XVIII Dicembre

V. Beaulard

V. Bardonecchia

Vittorio

V. Giovanni Carlo

V. Avigliana

4

Porta Susa

V. Ottav Revel

V. Vittorio Amedeo II

16

V. Luigi

Frejus

Pza Frejus Adriano

Emanuele

V. Cavalli

V. Bozano

Corso Vinzaglio

Corso

V. F. Azzi

V. Revello

V. Moretta

V. Valdieri

V. Nino Bixio

V. Borsellino

Corso

13

Vinzaglio

V. Frassineto

V. Cesana

V. Vigone

V. Dante Di Nanni

V. Francesco

V. Paolo

Castelfidardo

Magenta

V. Vela

Ferraris

V. Peschiera

V. Verzuolo

V. Perrero

V. Germanasca

V. Sestriere

Pza Sabotino

Corso

V. degli Abruzzi

Corso Stati Uniti

V. Carso

V. Caraglio

V. Cumiana

Monginevro

V. Paolo

V. Peschiera

Corso Rodolfo

V. Montevecchio

V. Isonzo

V. Issiglio

Corso Racconigi

V. San

V. Ferrucci

V. Duca

Cso Trieste

Galileo

V. Vincenzo

V. Caraglio

V. Lancia

V. Osasco

Corso

Cso Trento

V. Legnano

V. Pastrengo

V. Rodolfo

V. Tolmino

Corso Renier

V. Malta

V. Paolo

V. Braccini

Corso Mediterraneo

Luigi

V. Marco Polo

V. Valeggio

V. Einaudi

V. Governolo

V. Carlo

Corso Racconigi

V. Spallato

5

Pza Don F. Delpiano

V. Rivalta

V. Pigafetta

V. Antonio

Cso A. De Gasperi

V. Giuseppe Piazzi

V. Gian Domenico Cassini

V. Galileo Ferraris

V. Lamarmora

V. Andrea Massena

e

Nello

V. Duca s. degli

V. Caboto

V. Alfonso

V. Turati

V. Chisone

V. Osoppo

V. Ada

V. Negri

Tirreno

Corso Adriatico

Rosselli

15

Corso Enrico De Nicola

V. Filippo

V. Gorizia

V. Bistagno

V. Lesegno

V. Gradisca

V. Ricaldone

V. Graglia

V. Tripoli

V. Caprera

V. Frinco

V. Orbassano

Pza Constantino il Grande

V. Tirreno

Corso

Corso Dante

V. Arquata

V. Barletta

V. Monfalcone

Corso

PARCO CAVALIERI DI VITTORIO VENETO

Corso

V. E. Luga

V. G. Emanuel

Corso Sebastopoli

A   B

BRIANÇON, TRAFORO DEL FRÉJUS, COLLE D. MONCENISIO, SUSA

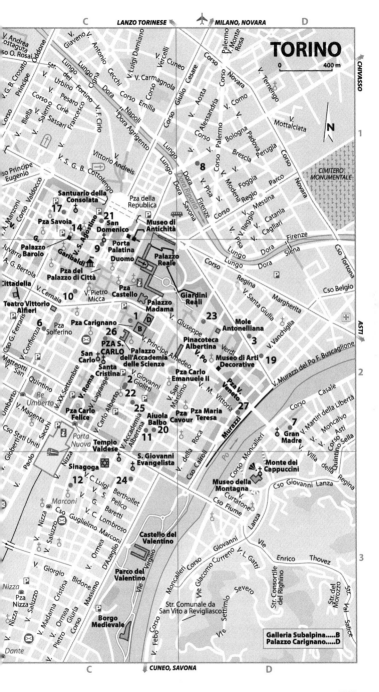

TORINO

0   400 m

N

CIMITERO
MONUMENTALE

V. Andrea ostaguta
so O. Rosai
V. G. B. Crosano
Principe
Corso
V. Biella
V. Salerno
V. Sassari
Corso Cirié
V. Pesaro
V. Urbino
Lungo Dora Fortino
Str. del Fortino
Lungo Dora Napoli
V. F. Gio
so Principe Eugenio
V. Valdocco
Corso Valdocco
V. A. Manzoni
V. S. G. B. Cottolengo
Vittorio Andreis
V. Giaveno
V. Antonio Cecchi
V. Luigi Damiano
V. Carmagnola
V. Vercelli
Corso Giulio Cesare
Corso Novara
Corso Palermo
V. Aosta
V. Como
V. Alessandria
V. Palermo
Corso Bologna
V. Brescia
V. Pisa
V. Modena
V. Foggia
V. Regio
Corso Regina Margherita
V. Reggio Messina
V. Catania
V. Cagliari
V. Pisa
V. Dora
Corso Lungo Dora Siena
V. Santa Giulia
Cso Belgio
Cso Tortona
Palermo
Monte Rosa
V. Ternengo
Mottalciata
V. Padova
Perugia
Corso Novara
Parco

Santuario della Consolata 17
Pza della Republica
Pza Savoia 21
San Domenico 14
Museo di Antichità
Palazzo Barolo G.
V. S. Agostino
Garibaldi 9
Porta Palatina
Duomo
Palazzo Reale
Cittadella
V. Cernaia
Pza del Palazzo di Città 10
V. Pietro Micca
Pza Castello
Giardini Reali
Palazzo Madama
Teatro Vittorio Alfieri
Pza Solferino 6
Pza Carignano 1
26
PZA S. CARLO
San Carlo
Santa Cristina
Palazzo dell'Accademia delle Scienze
23
Pinacoteca Albertina
Mole Antonelliana 3
Museo di Arti Decorative 19
V. Po
Pza Carlo Emanuele II
Pza V. Veneto 27
V. Roma
V. XX Settembre
V. Lagrange
V. Carlo Alberto
V. Accademia Albertina
2
22
25
Aiuola Balbo 20
11
Pza Cavour
Pza Maria Teresa
Gran Madre 7
Pza Carlo Felice
Porta Nuova
Tempio Valdese
Sinagoga
S. Giovanni Evangelista
12
24
Monte dei Cappuccini
Museo della Montagna
Castello del Valentino
Parco del Valentino
Borgo Medievale
Cso Giovanni Lanza
Galleria Subalpina.....B
Palazzo Carignano.....D

❀ PIANO 35

ITALIANA CONTEMPORANEA • DESIGN Riscaldamento geotermico, autoregolazione dell'illuminazione interna in base alla luce naturale, facciate a "doppia pelle": il grattacielo che ospita questo ristorante è unico per innovazione architettonica, materiali e tecnologie d'avanguardia. Piano35 si trova all'interno della serra bioclimatica dell'edificio, un ambiente unico in quanto giardino d'alta quota che si sviluppa dal 35° al 37° piano. L'offerta del ristorante, firmata da Christian Balzo, si basa su tre differenti proposte: "In Piemonte", un omaggio alla grande tradizione culinaria sabauda, "Giro d'Italia", in cui a farla da padrona è la materia prima del Bel Paese e "Piccolo Lago a Torino", che propone alcuni dei piatti più iconici di Marco Sacco, chef bistellato di Verbania e patron di Piano35. Ogni menu può essere assaporato nella versione light o in quella completa, a seconda che si scelgano quattro o sette portate. A pranzo il servizio bistrot si fa più easy. Al 37° piano, il Lounge Bar, seguito da Simone, figlio di Marco Sacco, rinnova l'aperitivo torinese con proposte fantasiose e una vista mozzafiato.

⩱ ⅖ 🅰️ – Prezzo: €€€€

Pianta: B2-4 – *Corso Inghilterra 3 – ✆ 011 438 7800 – piano35.com – Chiuso lunedì e martedì*

❀ SPAZIO7

MEDITERRANEA • DESIGN Al 1° piano dello Spazio Espositivo della Fondazione Sandretto Re Rebaudengo, dedita all'arte contemporanea, la cucina di Spazio7, firmata dal talentuoso chef Antonio Romano, coinvolge i 5 sensi e guarda al futuro ma con echi mediterranei e stagionali. Due menu degustazione e una carta che scavalca i confini nazionali. A pranzo, si rimane al piano terra con ricette più semplici al bistrot-caffetteria.

⅖ 🅰️ ⇄ – Prezzo: €€€€

Pianta: A3-5 – *Via Modane 20 – ✆ 011 379 7626 – ristorantespazio7.it – Chiuso lunedì, mercoledì e a mezzogiorno tranne domenica*

❀ UNFORGETTABLE

Chef: Christian Mandura

INNOVATIVA • CONTESTO CONTEMPORANEO L'esperienza è totalizzante: un'escalation di gusti, giochi e profumi, che solo un team coeso ed appassionato è in grado di proporre e sostenere. Siamo nel cuore di Torino, si suona alla porta (non prima delle ore 20), si cena al bancone e il leit motiv è proprio l'interazione costante e amichevole con la brigata di cucina, che si occupa di tutto: accoglienza, servizio, conversazione... Poi c'è Jacopo, appassionato sommelier. La filosofia dello chef Christian Mandura è semplice: la verdura al centro! E in effetti tutte le portate del menu fisso mettono al centro un prodotto vegetale, facendo invece da carne, pesce e proteine in genere il contorno del piatto stesso. Ci sono tecniche moderne e tanta passione nelle proposte gastronomiche che a volte sorprendono per finezza, altre per esecuzione (preparatevi ad aiutarvi anche con le mani!). Tutt'intorno, mattoni a vista in un palazzo del '600 tra i pochi ancora presenti in città, luci soffuse e musica tecno! Al piano superiore la saletta Paradigma, destinata a soli quattro commensali, dove viene servito un unico animale in tutte le sue parti. Missione zero waste assolta!

⅗ 🅰️ ⇄ – Prezzo: €€€€

Pianta: C1-17 – *Via Lorenzo Valerio 5/b – ✆ 011 1892 3994 – unforgettablexperience.info – Chiuso lunedì e domenica e a mezzogiorno tranne il sabato*

❀ VINTAGE 1997

ITALIANA • ELEGANTE Ambiente ovattato ed elegante, velluti rossi e tavoli coperti da tovaglie immacolate: Vintage 1997 è una grande tavola della borghesia sabauda, che ha visto passare nel corso degli anni alcuni tra i più importanti protagonisti della vita cittadina. La cucina porta avanti una linea che allude a proposte classico-regionali rivisitate con cotture ed elaborazioni più contemporanee, soprattutto nel menu Luna Park (su prenotazione), mentre il Punt e Mes racconta in maniera esaustiva il territorio piemontese. Ma nella regione che nell'immaginario collettivo si vuole più orientata ai sapori di terra, osate l'eccellente Gran Crudo di Pesce.

🕸 🅰 – Prezzo: €€€

Pianta: C2-6 – *Piazza Solferino 16/h* – ℰ *011 535948* – *vintage1997.com* – *Chiuso domenica e sabato a mezzogiorno*

L'ACINO

PIEMONTESE • RUSTICO Piccola trattoria dalla simpatica gestione, ormai ventennale, la cui cucina, di stretta osservanza piemontese, ben si abbina all'ottima cantina in grado di proporre il giusto accompagnamento. La prenotazione è indispensabile.

🅰 – Prezzo: €

Pianta: C2-9 – *Via San Domenico 2/a* – ℰ *345 139 2770* – *Chiuso domenica e a mezzogiorno*

ANTICHE SERE

PIEMONTESE • FAMILIARE In un quartiere fuori dai giri turistici cittadini, un'osteria dalla fama consolidata che si avvale di un servizio al femminile attento e cordiale. Proposte strettamente regionali in un ambiente d'antan, suddiviso in tre piccole salette (di cui una in comune con il bancone bar). Accogliente servizio estivo nel giardino sul retro.

🅰 🛏 – Prezzo: €

Pianta: A2-16 – *Via Cenischia 9* – ℰ *011 385 4347* – *Chiuso domenica e a mezzogiorno*

CONSORZIO

PIEMONTESE • CONVIVIALE Semplice e informale, con due sale in uno stile che oscilla tra il classico e il moderno, il Consorzio parla decisamente di tradizione: paste ripiene, quinto quarto, finanziera, fassona e quanto altro il Piemonte possa offrire. Il tutto realizzato con cura estetica, qualità dei prodotti e cotture precise.

🕸 🅰 – Prezzo: €€

Pianta: C2-10 – *Via Monte di Pietà 23* – ℰ *011 276 7661* – *ristoranteconsorzio.it* – *Chiuso lunedì e domenica*

CONTESTO ALIMENTARE

ITALIANA • SEMPLICE È la trattoria che tutti vorrebbero sotto casa: semplice, ma attuale, informale e vivace. In una piccolissima sala, la cucina di Francesca Sgandurra percorre con disinvoltura l'Italia, dal Piemonte alla Sicilia, talvolta con un insolito gusto per altri Paesi. Carta dei vini con etichette molto interessanti e buona scelta anche al bicchiere.

🅰 – Prezzo: €€

Pianta: C2-11 – *Via Accademia Albertina 21/e* – ℰ *011 817 8698* – *contestoalimentare.it* – *Chiuso lunedì*

SCANNABUE CAFFÈ RESTAURANT

DEL TERRITORIO • VINTAGE Trattoria di quartiere che ricalca volutamente l'intramontabile stile tradizionale-vintage. La cucina ruota attorno ai prodotti d'eccellenza locali con qualche inserto di pesce, mentre a pranzo una carta dedicata si farà apprezzare per l'interessante rapporto qualità/prezzo. Piacevole dehors (coperto e riscaldato in inverno). La prenotazione è indispensabile.

🅰 🛏 – Prezzo: €

Pianta: C3-12 – *Largo Saluzzo 25/h* – ℰ *011 669 6693* – *scannabue.it*

AZOTEA Ⓝ

PERUVIANA • COLORATO In zona centrale e con piccolo dehors, all'interno svela pareti anticate, verdoline, addobbate con piante rampicanti che danno una sensazione di vegetazione sudamericana. La cucina nikkei mette al centro il Perù, terra di origine dello chef. Potrete quindi scegliere i tacos di ombrina in vasocottura oppure indulgere in un antipasto gustoso quanto atipico, il calamaro crudo servito con agretti e piselli: tanta freschezza e gusto grazie alla salsa di soya, umeboshi e alga yuyo. Caratteristico della proposta del locale è il sip pairing, l'abbinamento con piccoli sorsi (sip) di cocktail a base di ingredienti nikkei. Ottimo l'americano allo yuzu, leggermente aspro.

&. 🅰🅲 🍴 ⇔ – Prezzo: €€

Pianta: D2-27 – *Via Maria Vittoria 49/b* – ☏ *328 634 2213* – *azoteatorino.com* – *Chiuso domenica e a mezzogiorno*

CARLO E CAMILLO

TRADIZIONALE • BISTRÒ È un raccolto ed elegante bistrot il secondo ristorante del Grand Hotel Sitea, una suggestiva bomboniera dove gustare una cucina italiana che dà ampio spazio alla tradizione piemontese con qualche incursione internazionale, legata alla presenza di un sous-chef brasiliano.

&. 🅰🅲 – Prezzo: €€

Pianta: C2-22 – *Via Carlo Alberto 35* – ☏ *011 517 0171* – *carloecamillo.it* – *Chiuso lunedì, domenica e a mezzogiorno*

CASA VICINA

PIEMONTESE • CONTESTO CONTEMPORANEO Adiacente al Lingotto (e facilmente raggiungibile con la metropolitana se non venite in auto), all'ultimo piano di GreenPea, vetrina del mondo e dei prodotti incentrati sulla sostenibilità e sul rispetto dell'ambiente, Casa Vicina da generazioni custodisce la tradizione piemontese. Spazio quindi per il girello di fassona in salsa tonnata, il tonno di coniglio e gli agnolotti pizzicati. Ovviamente tanta carne tra i secondi, ma anche pesce. Lasciate comunque spazio per i dolci: i gelati, lo zabaione e la torta d'Ivrea, per citarne solo alcuni.

🅰🅲 🍴 ⇔ 🅿 – Prezzo: €€€€

Fuori pianta – *Via Ermanno Fenoglietti 20/b* – ☏ *011 664 0140* – *casavicina.com* – *Chiuso lunedì e domenica*

CONNUBIO

MODERNA • CONTESTO CONTEMPORANEO Pochi tavoli, tra i quali l'anima del legno fa sfoggio della sua bellezza e il giovane chef Paolo Cecchi esprime la sua idea di cucina con accostamenti audaci, ma mai eccessivi, per creare appunto un "connubio". Un esempio? Dolce, acido e amaro nel carpaccio di spada, avocado e radicchio bruciato.

🅰🅲 🍴 – Prezzo: €€

Pianta: B3-15 – *Corso Carlo e Nello Rosselli 54* – ☏ *011 509 6561* – *connubioristorante.com* – *Chiuso domenica e a mezzogiorno*

GAUDENZIO

ITALIANA • ALLA MODA A pochi passi dalla Mole, un locale piccolo, originale ed informale, dove la cucina si caratterizza per una selezione limitata di piatti, frutto di ciò che si trova quotidianamente nei mercati cittadini. C'è però spazio anche per il pesce, sovente dalla Sicilia, mentre gli appassionati di vini naturali troveranno nel giovane titolare un ottimo conoscitore e selezionatore.

🅰🅲 – Prezzo: €€

Pianta: D2-23 – *Via Gaudenzio Ferrari 2/h* – ☏ *011 860 0242* – *gaudenziovinoecucina.it* – *Chiuso mercoledì e a mezzogiorno martedì e giovedì*

LA LIMONAIA

CONTEMPORANEA • ELEGANTE La sala si presenta come una grande veranda arredata con un originale mix di oggetti e complementi d'arredo assortiti con buon gusto. La sua cucina è contemporanea e intrigante al tempo stesso. Un esempio? Pappardelle di farro, ragù di rigaglie di galletti, zabaione salato.

♿ 🅰 🍴 – Prezzo: €€€

Fuori pianta – *Via Mario Ponzio 10/b – ☎ 011 704 1887 – lalimonaia.org – Chiuso lunedì e a mezzogiorno da martedì a venerdì*

MADAMA PIOLA

MODERNA • BISTRÒ Ambiente vivace e conviviale per questo bistrot-trattoria contemporanea con zona banco che dà sulla cucina. Se i piatti della tradizione vengono solo ritoccati con tecniche più moderne, i sapori non perdono occasione per evocare le piacevoli sensazioni d'antan.

🅰 – Prezzo: €€

Pianta: C3-24 – *Via Ormea 6 – ☎ 011 020 9588 – madamapiolatorino.it – Chiuso martedì e a mezzogiorno da lunedì a venerdì*

OPERA

ITALIANA CONTEMPORANEA • CONTESTO STORICO Elegante e raffinato locale dove il bravo Stefano Sforza elabora una cucina molto personalizzata, creativa e a tratti geniale, con accostamenti apparentemente azzardati, ma che grazie alla sua tecnica riescono a mantenersi in mirabile equilibrio. Tutte le note acide dei piatti, ad esempio, sono conferite da frutta, ottime fermentazioni e marinature. Il servizio di sala è impeccabile e professionale e per i vini il bravo sommelier Carlo Salino saprà consigliarvi l'abbinamento più indicato; per i meno tradizionalisti i due menu degustazione si possono abbinare anche ad un percorso di tè.

♿ 🅰 ⇆ – Prezzo: €€€

Pianta: B2-13 – *Via Sant'Antonio da Padova 3 – ☎ 011 1950 7972 – operatorino.it – Chiuso lunedì e domenica*

PIAZZA DEI MESTIERI

MODERNA • CONTESTO CONTEMPORANEO Luogo di riqualificazione industriale e progetto socio-formativo, a pranzo - in settimana - la proposta si riduce sia nella scelta che nei prezzi, ma non nella qualità, con studenti intenti a imparare il mestiere. A cena, la carta si fa più articolata "prestandosi" a forti richiami regionali e mediterranei in chiave moderna.

♿ 🅰 🍴 – Prezzo: €€

Pianta: B1-18 – *Via Jacopo Durandi 13 – ☎ 011 1970 9679 – ristorantelapiazza.com – Chiuso domenica a mezzogiorno e lunedì sera*

PICCOLO LORD

MEDITERRANEA • ACCOGLIENTE Servizio professionale, in un locale classico ed accogliente gestito da una coppia: lui sta in cucina, lei - che ha un passato da cuoca - ora segue la sala. Deliziosa cucina mediterranea dai contenuti molto stagionali.

🅰 – Prezzo: €€

Pianta: D2-19 – *Corso San Maurizio 69 bis – ☎ 011 836145 – ristorantepiccololord.it – Chiuso a mezzogiorno*

LA PISTA ⓝ

CREATIVA • CONTESTO CONTEMPORANEO Vi consigliamo di arrivare con un certo anticipo per avere il tempo di ammirare la trasformazione del Lingotto, da fabbrica Fiat con la famosa pista per il collaudo delle vetture fino all'attuale versione, il giardino pensile più grande d'Europa panoramico sulla città. Avrete quindi già capito l'allusione contenuta nel nome del ristorante, che si apre al quarto e ultimo piano dell'edificio su una sala moderna e luminosa, teatro di piatti creativi e personalizzati.

⇆ ♿ 🅰 – Prezzo: €€€

Fuori pianta – *Via Nizza 262 (Centro Commerciale Lingotto) – ☎ 011 1917 3073 – ristorantelapista.com – Chiuso domenica e a mezzogiorno*

RAZZO

MODERNA • CONTESTO CONTEMPORANEO Un raccolto ristorante dai toni contemporanei, giovanili e rilassati, per una cucina attenta ai prodotti regionali e stagionali. Dehors grazioso e romantico a luci soffuse.

♿ ▣ 🕹 – Prezzo: €€

Pianta: C2-25 – *Via Andrea Doria 17/f* – ☎ *011 020 1580* – *vadoarazzo.it* – *Chiuso domenica e a mezzogiorno*

SCATTO 🆕

ITALIANA CONTEMPORANEA • MINIMALISTA La bellissima piazza San Carlo ora vanta il suo spazio gourmet. All'interno del palazzo che ospita le Gallerie d'Italia, i fratelli Costardi hanno creato una realtà la cui proposta culinaria verte su due filoni contrapposti: da un lato la tradizione e dall'altro creazioni in cui confluiscono le esperienze internazionali dei membri della brigata, in una specie di fusion contemporaneo. Come non ricordare i plin ai tre arrosti? Ma noi abbiamo anche particolarmente apprezzato lo scam-pho o il risotto Costardi's Condensed. Un must anche la nduja piemontese e il baccalà serviti subito all'arrivo, per stuzzicare il palato. Agli amanti del dolce, infine, consigliamo vivamente il soufflè fra fra: fragola l'impasto e Franciacorta l'aromatizzazione della salsa. Gli ambienti raccolti e minimalisti si adattano anche a momenti di convivialità, ma per un'immersione totale nella dimensione dello chef chiedete un posto al banco!

↪ ♿ ▣ – Prezzo: €€€

Pianta: C2-26 – *Piazza San Carlo 156* – ☎ *011 026 7460* – *costardibros.it* – *Chiuso lunedì e domenica sera*

TAVERNA DELL'OCA

MODERNA • CONVIVIALE In quelle che furono antiche stalle con rimessa di carrozze troverete un ambiente tradizionale, a conduzione diretta, con il titolare ai fornelli. Le sue ricette spaziano dai piatti regionali a proposte di pesce; la carta - più articolata la sera - propone anche menu degustazioni di cui uno interamente dedicato all'oca. A pranzo, la scelta si riduce, ma non la qualità. Piccolo dehors estivo sulla strada, comunque poco trafficata, e vista sul bel giardino adiacente.

▣ ⇿ – Prezzo: €€

Pianta: C2-20 – *Via dei Mille 24* – ☎ *011 837547* – *tavernadelloca.com* – *Chiuso lunedì e sabato a mezzogiorno*

TRE GALLINE

DEL TERRITORIO • VINTAGE Un piccolo tempio della cucina tradizionale piemontese sulla cresta dell'onda da molti anni. Due salette accoglienti e in stile "vecchia Torino", con pavimenti e boiserie in legno. Per la gioia dei clienti saranno i carrelli dei bolliti e dei formaggi a sfilare più volte davanti al tavolo.

▣ – Prezzo: €€

Pianta: C1-21 – *Via Bellezia 37* – ☎ *011 436 6553* – *3galline.it* – *Chiuso domenica e a mezzogiorno*

TUORLO

CONTEMPORANEA • BISTRÒ Un interessante indirizzo ubicato nel quadrilatero romano. Il locale è un bistrot elegante, ristrutturato con perizia e con arredi contemporanei, mentre la sua cucina si basa su ricette tradizionali piemontesi che vengono rielaborate con tecnica moderna e tocco personale. Scelta enoica di tutto rispetto e bel cortiletto sul retro per un servizio estivo rilassante.

▣ – Prezzo: €€

Pianta: C1-14 – *Via Sant'Agostino 15/b* – ☎ *011 1901 8061* – *tuorloristorante.it* – *Chiuso lunedì, mercoledì, martedì a mezzogiorno e domenica sera*

TORNO

✉ 22020 – Como (CO) – Carta regionale n° **5**–B1

✿ IL SERENO AL LAGO

CREATIVA • **DI TENDENZA** Abbandonata la strada che attraversa il paese, si scende quasi sino alla riva del lago per trovare il ristorante nel contesto del lussuoso albergo Il Sereno, elegante struttura completamente nuova le cui forme sono state impreziosite dall'inventiva architettonica di Patricia Urquiola. Nella bella stagione, il ristorante è ospitato nella terrazza con le aperture ad arco, mentre la vista abbraccia la distesa blu e i paesi della sponda opposta. La maestria del brillante cuoco napoletano Raffaele Lenzi spazia su ogni genere di cucina con pari successo ed equilibrio: qualche citazione regionale, piatti vegani, riferimenti asiatici, spunti lombardi e lacustri, oltre a tanta creatività. Il tutto articolato in vari menù degustazione e scelta alla carta.

⪡ ☷ ♿ 🏠 **P** – Prezzo: €€€€

Via Torrazza 10 – ☏ 031 547 7800 – serenohotels.com – Chiuso a mezzogiorno

TORRE DEL GRECO

✉ 80059 – Napoli (NA) – Carta regionale n° **17**–B2

✿ JOSÈ RESTAURANT - TENUTA VILLA GUERRA

CAMPANA • **CONTESTO STORICO** Lasciato il traffico, ci si immerge nei curatissimi giardini di questa villa settecentesca, memoria dei fasti del miglio d'oro e delle sue lussuose dimore. L'epopea aurea torna a rivivere oggi ai fornelli del ristorante José, dove lo chef propone una delle più convincenti espressioni in zona di cucina campana, qua e là rivista dalla sua fantasia. D'estate, nei giardini della villa, si aggiunge la possibilità di una ristorazione più semplice tra grigliate e pizzeria. Infine, nella "cantina borbonica" (perché anch'essa storica come la villa) troverete un'ampia scelta enologica, anche al bicchiere.

⌘ ☷ ♿ 🏠 **P** – Prezzo: €€€

Via Nazionale 414 – ☏ 081 883 6298 – joserestaurant.it – Chiuso martedì, a mezzogiorno da lunedì a sabato e domenica sera

TORRE DEL LAGO PUCCINI

✉ 55049 – Lucca (LU) – Carta regionale n° **11**–B1

DA CECCO

TOSCANA • **CONVIVIALE** Affacciato sul lago con uno scenografico belvedere e ad un passo dalla casa-museo di Giacomo Puccini, in questo ristorante tradizionale e dalla gestione consolidata troverete proposte classiche di pesce, carne e (in stagione) cacciagione. In un'atmosfera informale in cui il vino è protagonista, nella stagione fredda ci sarà anche un bel camino a riscaldare l'ambiente.

♿ ♾ 🏠 – Prezzo: €

Piazza Belvedere Puccini 10/12 – ☏ 0584 341022 – Chiuso lunedì sera

TORRE DI PALME

✉ 63900 – Ascoli Piceno (AP) – Carta regionale n° **14**–C2

VILLA LATTANZI

ITALIANA CONTEMPORANEA • **ELEGANTE** Ristorante e albergo fanno un tutt'uno di fascino ed eleganza in una aristocratica villa settecentesca sulle prime colline alle spalle del mare. Cucina raffinata e creativa, sia di terra che di mare.

☷ ♿ ♾ 🏠 ♻ **P** – Prezzo: €€€

Contrada Cugnolo 19 – ☏ 0734 53711 – villalattanzi.it – Chiuso a mezzogiorno

TORRECHIARA

✉ 43010 – Parma (PR) – Carta regionale n° **9**–A3

TAVERNA DEL CASTELLO

EMILIANA • **CONTESTO STORICO** Dal borgo medievale che cinge lo splendido castello di Torrechiara, la vista spazia sui vigneti e sulle morbide colline circostanti. In cucina lo chef utilizza le materie prime del territorio, privilegiandone la stagionalità. Servizio attento e professionale.

🔠 🌳 ✿ – Prezzo: €€

Via del Castello 25 – ☎ 0521 355015 – tavernadelcastello.it – Chiuso lunedì

TORREGROTTA – Messina (ME) ➔ Vedere Sicilia in fondo alla Guida

TORRIANA

✉ 47825 – Rimini (RN) – Carta regionale n° **9**–D2

✿ OSTERIA DEL POVERO DIAVOLO

Chef: Giuseppe Gasperoni

DEL TERRITORIO • **CONTESTO TRADIZIONALE** La location è già da cartolina: sulle prime colline romagnole, la vista spazia sui dolci pendii e, a pochi chilometri, su San Marino arroccata sul cucuzzolo del monte. Il giovane Giuseppe Gasperoni rileva un esercizio storico e ne fa una piccola boutique, dove il cuore batte forte per una cucina creativa e, al tempo stesso, attenta ai prodotti locali in proposte di terra, mare e un menu a mano libera di 8 portate. Delizioso spazio esterno e accoglienti camere per un soggiorno che si prolunga.

🌳 – Prezzo: €€€

Via Roma 30 – ☎ 0541 675060 – osteriapoverodiavolo.it – Chiuso mercoledì e a mezzogiorno

IL CHIOSCO DI BACCO

ROMAGNOLA • **RUSTICO** Un vero paradiso per gli amanti della carne. E poi formaggi e piatti della tradizione romagnola, il tutto in un ambiente rustico con finestre che corrono lungo tutto il perimetro.

🌳 🅿 – Prezzo: €€

Via Santarcangiolese 62 – ☎ 333 306 0279 – chioscodibacco.it – Chiuso a mezzogiorno

TORRITA DI SIENA

✉ 53049 – Siena (SI) – Carta regionale n° **11**–D2

LUPAIA

DEL TERRITORIO • **AGRESTE** Una località incantevole, un borgo toscano adagiato nelle colline tra Montepulciano e Montefollonico, da dove si potrà godere di tramonti incantevoli. La cucina del mercato è definita giornalmente dallo chef, che propone un menu degustazione a base - soprattutto - di prodotti della propria tenuta.

🛏 🌳 🅿 – Prezzo: €€€

Località Lupaia 74 – ☎ 0577 191 7066 – lupaia.com – Chiuso a mezzogiorno

TORTONA

✉ 15057 – Alessandria (AL) – Carta regionale n° **1**–C2

CAVALLINO

MODERNA • **CONTESTO STORICO** "Selezione della materia prima" è l'imperativo categorico di questi giovani che propongono una cucina fresca e a base tradizionale in un ambiente rustico, ma elegante. Per la scelta del vino, spesso di provenienza locale, affidatevi ai loro consigli. Ancora sapori regionali nella più semplice e informale Trattoria da Ciccio.

ஃ 🅺 🄿 – Prezzo: €€€
Corso Romita 83 – ℰ 0131 862308 – cavallino-tortona.it – Chiuso lunedì

OSTERIA BILLIS

MODERNA • **CONTESTO CONTEMPORANEO** La veranda, le sue luci e l'ambiente retrò sono gli elementi che balzano all'occhio quando ci si avvicina a questa struttura: ex bar (fronte stazione), ubicato nei giardini pubblici, che vuole mantenere quell'allure di inizio secolo scorso. La cucina è invece proiettata nel futuro con idee personalizzate, ricette intriganti e citazioni addirittura cinematografiche. Una saletta per pochi intimi ne fa una location ideale per piccoli ritrovi tra amici.

🅺 🕮 ⇔ – Prezzo: €€
Viale Piave 5 – ℰ 0131 171 0587 – osteriabillis.it – Chiuso martedì

VINERIA DERTHONA

PIEMONTESE • **CONTESTO REGIONALE** Nel cuore della località, raccolto, frequentato ed accogliente wine-bar dai saporiti piatti piemontesi e dall'ampia offerta di vini al bicchiere, scelti dalla generosa cantina ogni giorno. Specialità: brasato al Barbera Colli Tortonesi, semifreddo al gianduia con crema al mascarpone.

ஃ 🅺 🕮 – Prezzo: €
Via Perosi 15 – ℰ 0131 812468 – vineriaderthona.it – Chiuso lunedì e a mezzogiorno sabato e domenica

TOSCOLANO-MADERNO
✉ 25088 – Brescia (BS) – Carta regionale n° **4**–C2

IL CORTILETTO

DEL TERRITORIO • **FAMILIARE** Cucina d'ispirazione mediterranea con qualche tocco di originalità in un piccolo ristorante, semplice, ma non banale, in un angolo della statale Gardesana (quasi di fronte al golfo di Toscolano Maderno); nella bella stagione optate per il servizio all'aperto. Il pesce d'acqua dolce è sempre presente, sebbene la carta proponga specialità ittiche di mare e piatti a base di carne. Un consiglio per il dessert? Crema catalana al pistacchio, ben cremosa e soffice, con croccante di zucchero caramellato!

�&. 🅺 🕮 – Prezzo: €€
Via F.lli Bianchi 1 – ℰ 0365 540033 – ristoranteilcortiletto.com – Chiuso lunedì e domenica sera

TRANI
✉ 76125 – Barletta-Andria-Trani (BT) – Carta regionale n° **16**–B2

෯ **CASA SGARRA**

Chef: Felice Sgarra

CREATIVA • **CONTESTO CONTEMPORANEO** Sul lungomare di Trani, a venti minuti a piedi dal pittoresco porto, vi aspetta un'affiatata famiglia di tre fratelli, due in sala e il terzo ai fornelli, che condividono con gli ospiti la gioia e la passione della loro professione. In un ambiente moderno e di buon gusto, con diverse tonalità di verde e blu, la cucina di Felice Sgarra è una dichiarazione d'amore per la Puglia. Anche se non mancano escursioni in altre regioni (soprattutto in Piemonte), il menu è un vero e proprio fuoco d'artificio di fave, mandorle Toritto, burrata e ricotta forte, tartufi e ceci neri della Murgia, farina di grano, pesce e frutti di mare e, naturalmente, gli ottimi oli della regione. Se la gentilezza e l'ospitalità sono di casa, la didascalia migliore è il sottotitolo che i tre fratelli hanno scelto per il loro ristorante: "una storia di famiglia". Noi aggiungeremmo "... e con una cucina eccellente e un'atmosfera davvero piacevole!"

🕸 🅰 😇 🅿 – Prezzo: €€€

Lungomare C. Colombo 114 – 𝒞 0883 895968 – casasgarra.it – Chiuso martedì

💮 QUINTESSENZA

Chef: Stefano Di Gennaro

MODERNA • **CONTESTO CONTEMPORANEO** Dopo il trasferimento nei pressi del Castello Svevo e della cattedrale di Santa Maria Assunta, il locale offre una splendida vista dal dehors e un ottimo confort grazie a curati ambienti storici (dall'ipogeo al terrazzo), arredati con gusto e garbo contemporanei. Segno di continuità è il marchio della famiglia Di Gennaro: quattro fratelli che si adoperano alla perfezione intorno alla cucina di uno di loro, Stefano, profondamente legato alla Puglia e alle sue eccellenti materie prime, soprattutto di mare, che elabora e presenta con precisione moderna. Nella superba cantina, dove si trova anche un suggestivo tavolo (da prenotare con largo anticipo), la selezione enoica è di tutto rispetto; alcune etichette vengono proposte anche al calice.

🅰 😇 ⇆ – Prezzo: €€€

Via Lionelli 62 – 𝒞 0883 880948 – quintessenzaristorante.it – Chiuso lunedì e martedì e domenica sera

LE LAMPARE AL FORTINO

MEDITERRANEA • **ROMANTICO** D'estate o d'inverno lo spettacolo è sempre assicurato, che si mangi sulla veranda con vista a 180° sullo splendido porto, o all'interno di un'ex chiesa trasformata in fortino. La cucina si cimenta soprattutto col pesce in preparazioni colorate e pacatamente moderne, ma non manca qualche piatto a base di carne.

🕸 ⇚ 🔥 🅰 😇 ⇆ – Prezzo: €€€

Via Tiepolo, molo Sant'Antonio – 𝒞 0883 480308 – lelamparealfortino.it – Chiuso martedì

IL MELOGRANO

PESCE E FRUTTI DI MARE • **ACCOGLIENTE** Non propriamente vicino al mare, ma nel centro della località, in sale eleganti di gusto contemporaneo, la cucina predilige il pesce, preparato con un pizzico di fantasia.

🔥 🅰 – Prezzo: €€

Via Bovio 193 – 𝒞 0883 486966 – ristoranteilmelograno.it – Chiuso mercoledì sera

OSTERIA FRANGIPANE

PESCE E FRUTTI DI MARE • **CONVIVIALE** E' la sorridente accoglienza dei titolari che mette subito a proprio agio i clienti, in un ambiente molto piacevole da osteria contemporanea: colori chiari e soffitti a volte. L'ispettore consiglia: tortelli di cipollotto con calamaretti spillo e ceci neri della Murgia.

🅰 – Prezzo: €€

Via Maraldo da Trani 5 – 𝒞 0883 585763 – osteriafrangipane.it – Chiuso lunedì

TRAPANI – Trapani (TP) ➔ Vedere Sicilia in fondo alla Guida

TRAVERSELLA

✉ 10080 – Torino (TO) – Carta regionale n° **1**–B2

🍀 LE MINIERE

TRADIZIONALE • **FAMILIARE** Sulla piazza centrale di un paese incantevole, in una dorsale verde e soleggiata della Val Chiusella che offre uno scorcio da cartolina fra maestosi castagni, betulle e ciclamini, sorge quest'albergo-ristorante dalle origini tardo ottocentesche, gestito con calore dalla famiglia Arsini. La cucina è piemontese e una menzione particolare meritano gli ottimi dessert fatti in casa.

⪡ ⟁ 🏠 ⇔ – Prezzo: €

Piazza Martiri 1944 4 – ☎ 0125 794006 – albergominiere.com – Chiuso lunedì e martedì

TREBASELEGHE

✉ 35010 – Padova (PD) – Carta regionale n° **8**-C2

BARACCA - STORICA HOSTARIA

ITALIANA • **AMBIENTE CLASSICO** Un ristorante elegante e accogliente, che offre una carta piuttosto ampia e varia: i piatti spaziano infatti dalla carne al pesce, spesso elaborati in ricette regionali, come le tagliatelle al ragù d'anatra e nocciole tostate, il risotto ai fegatini, il baccalà alla vicentina o i bocconcini di asino in umido.

🍴 🏠 **P** – Prezzo: €€

Via Ronchi 1 – ☎ 049 938 5126 – ristorantebaracca.it – Chiuso mercoledì a mezzogiornomartedì sera

TRECCHINA

✉ 85049 – Potenza (PZ) – Carta regionale n° **18**-A2

L'AIA DEI CAPPELLANI

TRADIZIONALE • **RUSTICO** Tra distese erbose e ulivi, potrete gustare prodotti freschi e piatti locali caserecci: in sala vecchie foto e utensili di vita contadina, dalla terrazza l'intera vallata.

🆎 🏠 **P** – Prezzo: €

Contrada Maurino – ☎ 0973 826937 – laiadeicappellani.com – Chiuso martedì

TREGNAGO

✉ 37039 – Verona (VR) – Carta regionale n° **8**-B3

VILLA DE WINCKELS

CLASSICA • **CONTESTO STORICO** Uno scorcio da cartolina per questa villa del XVI secolo, una residenza d'epoca con tante intime salette, ad ospitare una cucina dal forte temperamento veneto, con piatti come i bigoli trafilati al bronzo con sugo d'anatra o i salumi del proprio allevamento. In omaggio all'ultimo discendente della famiglia, alla Cantina del Generale avrete solo l'imbarazzo della scelta fra le migliori annate dei più pregiati vini locali e non solo.

🐾 🍴 🏠 ⇔ **P** – Prezzo: €€

Via Sorio 30, loc. Marcemigo – ☎ 045 650 0133 – villadewinckels.it

TREISO

✉ 12050 – Cuneo (CN) – Carta regionale n° **2**-A2

❀ LA CIAU DEL TORNAVENTO

Chef: Maurilio Garola

ITALIANA CONTEMPORANEA • **ELEGANTE** Tra le colline del Barbaresco, in un caratteristico edificio del 1931 che fungeva da asilo, l'ampia sala è il palcoscenico del grandioso spettacolo che si apre sulle colline attraverso le pareti vetrate, ancor meglio se, tra un piatto e l'altro, vi prendete qualche minuto per uscire in terrazza e ammirare un panorama che, nelle giornate più limpide, si estende fino alla catena alpina. La cucina di Maurilio Garola propone alcuni menu degustazione e un'ampia carta con piatti che spaziano dai classici alle novità, dalla carne al pesce: dal 1997 si celebra il passato rinnovandosi in continuazione. La leggendaria cantina (chiedete di visitarla) custodisce più di 65 000 bottiglie e oltre 5000 etichette da tutto il mondo.

&& ≼&க்ஸ் – Prezzo: €€€

Piazza Leopoldo Baracco 7 – ℰ 0173 638333 – laciaudeltornavento.it – Chiuso sera

TRENTO

⊠ 38122 – Trento (TN) – Carta regionale n° **6**–A2

ఞ **LOCANDA MARGON**

CREATIVA • **ELEGANTE** Ristorante con vista su Trento e sulla vallata dell'Adige, dove lo chef Edoardo Fumagalli mette energia e creatività in tre menu degustazione (tra cui uno ideato per un perfetto abbinamento con le bollicine del padrone di casa, lo spumante Ferrari), in cui gli ingredienti locali vengono celebrati, stravolti ed esaltati dalla sua tecnica, capace di metterli in comunicazione anche con elementi da fuori regione. L'adiacente Bistrot vuol essere un indirizzo più informale: solida cucina italiana e possibilità di servizio all'aperto.

≼ ⇔&瓜 **P** – Prezzo: €€€€

Via Margone 15, loc. Ravina – ℰ 0461 349401 – locandamargon.it – Chiuso lunedì sera e martedì sera

AUGURIO

DEL TERRITORIO • **CONTESTO CONTEMPORANEO** I tre fratelli Augurio portano avanti un progetto in cui modernità e tradizione sono continuamente messi in comunicazione; le sale, per esempio, vedono linee e mobili contemporanei sotto antiche volte, mentre nel piatto si presentano ingredienti locali e nazionali preparati secondo ricette decisamente attuali. A pranzo la cucina prepara piatti tipici trentini in chiave Augurio, mentre la sera la proposta è più importante.

&瓜 – Prezzo: €€€

Via Dietro le Mura B 16 – ℰ 0461 090443 – augurioristorante.it – Chiuso domenica e a mezzogiorno

LA MAISON DE FILIP

MODERNA • **CONTESTO CONTEMPORANEO** Accogliente locale in stile bistrot moderno in zona centrale pedonale: pochi tavoli in legno massiccio e servizio premuroso di tono familiare. La proposta declina pochi piatti ben fatti; per ogni portata ci sono una scelta di terra, una di mare e una vegetariana, alla carta o con possibilità di menù degustazione.

瓜 ㎡ – Prezzo: €€€

piazzetta Nicolò Rasmo 7 – ℰ 0461 141 5530 – maisondefilip.it – Chiuso domenica e lunedì a mezzogiorno

OSTERIA A "LE DUE SPADE"

MODERNA • **INTIMO** Esiste dal Concilio di Trento questa bellissima stube nel centro città, dove nei secoli si sono succeduti cuochi ed osti, ma i fornelli non si sono più spenti. Dal 2021 è in mano ad una nuova gestione, abile nel dare un pizzico di attualità senza snaturare la storia del luogo. La cucina proposta sa essere, infatti, moderna senza perdere il tocco di solida classicità nei sapori.

瓜 ㎡ – Prezzo: €€

Via Don Arcangelo Rizzi 11 – ℰ 0461 234343 – leduespade.com – Chiuso domenica

OSTERIA IL CAPPELLO

CLASSICA • **AMBIENTE CLASSICO** Se il dehors dà su una gradevole piazzetta pedonale del centro storico, gli interni accoglienti sono all'insegna di uno stile classico trentino, mentre la cucina - solida, stagionale e fragrante - si rifà ad un gusto italiano visto con lo sguardo di oggi; naturalmente qualche spunto regionale, sebbene non manchino ricette di pesce. Ormai un punto di riferimento per la città.

🅼 🛱 ♿ – Prezzo: €€

piazzetta Bruno Lunelli 5 – ☏ 0461 235850 – osteriailcappello.it – Chiuso lunedì e domenica

SCRIGNO DEL DUOMO

MODERNA • **CONTESTO STORICO** Su piazza Duomo - centrale gioiello architettonico della città - il locale occupa un bel palazzo, in cui si rintracciano le vicende storiche che hanno coinvolto il capoluogo trentino. La carta è presentata con diverse tavolette che mostrano preparazioni perfettamente in bilico tra gusto classico e spinte moderne, così come tra riferimenti locali e sapori mediterranei. In aggiunta anche una valida selezione di salumi e formaggi.

🕸 🅼 🛱 ♿ – Prezzo: €€

Piazza Duomo 29 – ☏ 0461 220030 – scrignodelduomo.com

TREQUANDA
✉ 53020 – Siena (SI) – Carta regionale n° **11**-D2

🏵 **IL CONTE MATTO**

TOSCANA • **RUSTICO** La trecentesca abitazione del guardiacaccia del castello è stata trasformata in una vetrina di prodotti toscani con terrazza panoramica sulle colline e, dalle camere, scorci sulla campagna circostante. Tra le golose specialità: il piatto di salumi misti di cinta, i pici al ragù di chianina e la tagliata di vitellone ai tre sali e aromi dell'orto.

≼ 🅼 🛱 – Prezzo: €

Via Taverne 40 – ☏ 0577 662079 – contematto.it – Chiuso martedì

TRESCORE BALNEARIO
✉ 24069 – Bergamo (BG) – Carta regionale n° **5**-D1

🏵 **LORO**

Chef: Pierantonio Rocchetti

CREATIVA • **ELEGANTE** Fantasiosa, talvolta anche nella ricerca dei prodotti o in accostamenti originali, leggera e salutista nel senso migliore del termine, è questa la cucina di LoRo: in prevalenza di mare, quanto meno tra antipasti e primi, i piatti sono illustrati in carta con fantasiose intitolazioni. Lo chef Pierantonio Rocchetti parte spesso dai classici italiani, riletti con estro e fantasia, in porzioni sovente generose che non lesinano neppure sull'abbondanza dei sapori. Un viaggio goloso che trova il suo inevitabile coronamento nei dolci. Nella "Sala Lab", un grande tavolo di design può trasformarsi dando origine a diverse conformazioni e permettendo al cuoco, su richiesta degli ospiti, di realizzare i piatti (direttamente in loco) in un ambiente sempre elegante, benché volutamente conviviale.

🅼 🅿 – Prezzo: €€€

Via Bruse 2 – ☏ 347 761 4728 – loroandco.com – Chiuso lunedì e a mezzogiorno da mercoledì a venerdì

TREVIGLIO
✉ 24047 – Bergamo (BG) – Carta regionale n° **5**-C2

🏵 **SAN MARTINO**

Chef: Vittorio Colleoni

PESCE E FRUTTI DI MARE • **ELEGANTE** La cucina di mare di Vittorio Colleoni è mediterranea, moderna e delicata. Lo chef ama lavorare il pesce e utilizzare vegetali e fiori eduli di produzione propria. Due menu degustazione: Passione ed

Entusiasmo, declinabili anche alla carta, oltre alla proposta vegetale e al Plateau Royal del San Martino, un sontuoso piatto di crudo che include il meglio del pescato del momento, servito con leggeri condimenti al fine di lasciar emergere la qualità. Negli ambienti rinnovati e luminosi, il servizio ammaliante è capitanato da Paolo Colleoni, vero istrione che con professionalità guida il cliente nella sua esperienza. Ampio spazio alla Francia sia nella carta dei vini che nell'emozionante scelta di formaggi al carrello. In estate, ci si trasferisce al vicino Marelet.

&. 🅼 🍽 ⇔ 🅿 – Prezzo: €€€

Viale Cesare Battisti 3 – ☎ 0363 49075 – sanmartinotreviglio.it – Chiuso lunedì, martedì, domenica e a mezzogiorno

MARELET

MEDITERRANEA • CONTESTO CONTEMPORANEO In un vicolo ai margini del centro, tavoli piccoli, ravvicinati come in una brasserie francese, per una cucina di tono moderno dal carattere mediterraneo. A pranzo la carta è più semplice, con l'integrazione di insalate, tapas e panini.

&. 🅼 – Prezzo: €€

Viale Cesare Battisti 17 – ☎ 0363 184 9877 – marelet.it – Chiuso domenica

TREVINANO

✉ 01021 – Viterbo (VT) – Carta regionale n° **12**–A1

✿ LA PAROLINA

Chefs: Iside Maria De Cesare e Romano Gordini

DEL TERRITORIO • SEMPLICE La Parolina di Iside e Romano si trova nel Lazio, eppure la sintesi del loro lavoro sta proprio nella capacità di unire con gran semplicità i sapori di tre regioni che in queste lande si toccano e si uniscono: Lazio in primis, Toscana (di cui si gode uno stupendo scorcio panoramico di colline a perdita d'occhio, soprattutto dal dehors estivo) e Umbria. Si va dai funghi dell'Amiata ai tartufi delle crete senesi, dagli asparagi di Canino alle nocciole dei Monti Cimini, senza dimenticare i legumi umbri e i tanti prodotti ittici provenienti dal vicino lago di Bolsena e dal mar Tirreno, in due percorsi degustazione e un menu alla carta. La coppia (anche nella vita) di chef si destreggia tra sapori locali e varianti moderne. A disposizione alcune camere presso la locanda La Letterina.

⇽ 🅼 🍽 – Prezzo: €€€€

Via Giacomo Leopardi 1 – ☎ 0763 717130 – laparolina.it – Chiuso lunedì e martedì e domenica sera

TREVISO

✉ 31100 – Treviso (TV) – Carta regionale n° **8**–C2

ANTICO MORER

PESCE E FRUTTI DI MARE • CHIC Non lontano dal Duomo, questo storico locale prende il nome da una pianta di gelso - morer, in dialetto - una volta situata davanti all'ingresso, ma che ora non c'è più. Oggi, sotto a travi di legno, in un ambiente sobrio e curato, potrete gustare sapori di mare presentati con stile contemporaneo o approfittare del tanto spazio dedicato ai crudi.

🅼 🍽 – Prezzo: €€

Via Riccati 28 – ☎ 0422 590345 – ristoranteanticomorertreviso.com – Chiuso lunedì e domenica sera

IL BASILISCO

CLASSICA • SEMPLICE In una zona periferica e residenziale, il ristorante, semplice e variopinto all'interno, ruota tutto intorno ad un'ottima cucina. Se buona parte dei piatti appartengono al genere classico nazionale, sono le proposte locali ad averci particolarmente convinto, come la sopa coada di piccione. C'è spazio però anche per qualche proposta di pesce. Gradevole dehors per la bella stagione.

🅰🅲 🕸 🅿 – Prezzo: €€

Via Bison 34 – ℰ 0422 541822 – ristorantebasilisco.com – Chiuso domenica e lunedì a mezzogiorno

LE BECCHERIE

MODERNA · DI TENDENZA Nel cuore di Treviso, quello che fu un caposaldo della cucina tradizionale è ora un bel ristorante di atmosfera e design. I tavoli più ambiti sono quelli lato canale, mentre i piatti parlano di fantasia che si unisce a richiami territoriali. Oltre alla scelta alla carta potrete affidarvi anche ai due menù degustazione: Ti P'Orto al Mare, più esplorativo, o Essenziale, perfetto approccio per chi si avvicina a questa cucina per la prima volta. Per i più tradizionalisti, lo storico tiramisù è sempre presente!

♿🅰🅲 🕸 ↔ – Prezzo: €€€

Piazza Giannino Ancilotto 9 – ℰ 0422 540871 – lebeccherie.it – Chiuso martedì

FERIA Ⓝ

INDONESIANA · CONTEMPORANEO Uno spazio con due anime, il bar bistrot che serve cocktail e alcune preparazioni di street food e il ristorante gourmet dove si può apprezzare tutto l'estro dello chef Marco Feltrin e del suo team. Piatti gustosi, colorati e a volte cerebrali, per una cucina di forte radice indonesiana visti i trascorsi privati e professionali dello chef. Nel menu due percorsi degustazione (che suggeriamo al primo passaggio per dare spazio all'estro dello chef) oppure la carta, per assaporate pietanze ricche di gusto e aromaticità. La buona cantina è gestita dal sommelier Régis Ramos, bravo nel coinvolgere il cliente nella scelta.

♿ ↔ – Prezzo: €€

Via della Quercia 8 – ℰ 0422 174 8017 – feria.restaurant – Chiuso domenica e a mezzogiorno

MARDIVINO

PESCE E FRUTTI DI MARE · ELEGANTE Un ambiente luminoso, moderno, signorile in cui gustare piatti ben elaborati, dove il pesce è protagonista indiscusso: proposte contemporanee con qualche inserto pugliese, giusto per dare un indizio sull'origine dello chef.

♿🅰🅲 🕸 ↔ – Prezzo: €€

Strada del Nascimben 1/a – ℰ 0422 346542 – ristorantemardivino.it – Chiuso lunedì e sabato a mezzogiorno

MED Ⓝ

REGIONALE · CONTESTO CONTEMPORANEO All'interno della ZTL, con il Sile che scorre visibile dalle vetrate sul pavimento, un locale piacevole che serve una cucina regionale soprattutto nei prodotti, elaborati con una classicità che strizza l'occhio al gusto moderno. Buona carta dei vini, piacevole dehors e - in stagione - musica dal vivo.

🍸🅰🅲 🕸 – Prezzo: €€

Piazza del Quartiere Latino 13 – ℰ 0422 419787 – ristorantemed.it – Chiuso domenica e lunedì a mezzogiorno

PIERRE - TRATTORIA SARTORIALE

MODERNA · SEMPLICE Ai margini del centro storico, un ristorante semplice, con pochi coperti in ambienti moderni ma con echi anni Venti, dove l'attenzione è concentrata sulla cucina, che vuol esser fin dal nome sartoriale. In carta poche proposte, congegnate in base a ciò che il mercato offre di migliore, ed elaborate con creatività (di più nei menu degustazione), senza eccessi, premiando il gusto. Alla conduzione due giovani appassionati - il cuoco ha maturato ottime esperienze nazionali ed internazionali - disponibili eventualmente a servirvi a casa vostra! A mezzogiorno anche una proposta di business lunch.

&. 📺 – Prezzo: €€

Viale dei Mille 1/c – ☎ 0422 541022 – pierretrattoriasartoriale.com – Chiuso lunedì, domenica e sabato a mezzogiorno

TREZZANO SUL NAVIGLIO

✉ 20090 – Milano (MI) – Carta regionale n° **5**–A2

BACCO E ARIANNA

PESCE E FRUTTI DI MARE • CONTESTO CONTEMPORANEO Nel primo hinterland milanese, si è accolti con professionalità dalla titolare in una saletta di stile moderno. La cucina, prevalentemente di mare, trova nel "mezzo metro" o "un metro di pesce da mare" – degustazione di pesce crudo per una o due persone – una proposta unica per qualità e varietà.

&. 📺 🏠 🅿 – Prezzo: €€

Via Circonvallazione 1 – ☎ 02 4840 3895 – baccoearianna.net – Chiuso domenica

TRICESIMO

✉ 33019 – Udine (UD) – Carta regionale n° **7**–B2

(🏵) ANTICA TRATTORIA DA MICULAN

REGIONALE • FAMILIARE In una zona tranquilla, nonostante il vicino parco giochi, una bella dimora ospita un bar frequentatissimo dagli abitanti della zona e - sul retro - la sala ristorante di classica impostazione con il camino rigorosamente acceso d'inverno. La cucina si fa portavoce dell'estro dello chef, pur rimanendo ancorata alle tradizioni. Qui troverete lumache, sformati, paste fatte in casa e carni molto delicate.

📺 🏠 – Prezzo: €

Piazza Libertà 16 – ☎ 0432 851504 – trattoriamiculan.com – Chiuso mercoledì e giovedì

TRIESTE

✉ 34121 – Trieste (TS) – Carta regionale n° **7**–B3

🏵🏵 HARRY'S PICCOLO

Chef: Davide De Pra e Matteo Metullio

CREATIVA • ELEGANTE Grazie alla sua atmosfera ovattata, Harry's Piccolo è l'indirizzo ideale per cene romantiche o di lavoro, all'insegna della grande cucina. Nonostante la giovane età, i due chef hanno creatività e competenza da vendere; in questo scrigno di raffinatezza propongono piatti interpreti del territorio, del mare, dell'orto di stagione, fino a preparazioni e sapori evocanti l'Oriente. Tra i signature dish vi è sicuramente l'Harrysotto: un risotto che viene elaborato con acqua di pomodoro, plancton e guarnito con crema di basilico e capperi. Il servizio molto accogliente può contare su un'area esterna per aperitivi e relax finale con vista su una delle più belle piazze d'Italia. La carta dei vini esalta in particolar modo il proprio territorio, proponendo – tuttavia – anche eccellenze internazionali, con l'accento sulle bollicine che trovano la massima espressione nel Krug.

📺 – Prezzo: €€€€

Piazza Unità d'Italia 2 – ☎ 040 660606 – harrystrieste.it – Chiuso lunedì, martedì, domenica e a mezzogiorno

AL BAGATTO

PESCE E FRUTTI DI MARE • INTIMO Proprio nei pressi della bellissima piazza Unità d'Italia, un piccolo locale dai toni caldamente rustici e dall'atmosfera signorile dove si propone una cucina soprattutto di mare caratterizzata da uno stile personale fatto di colori, accostamenti con verdure e aromi, materie prime ben selezionate. Frequentato da tutti, triestini e non, una prenotazione è sempre consigliata vista l'esiguità della capienza.

🅰🅲 ⇦ – Prezzo: €€€

Via Cadorna 7 – ℰ 040 301771 – albagatto.it – Chiuso domenica e lunedì a mezzogiorno

MENAROSTI

PESCE E FRUTTI DI MARE • **AMBIENTE CLASSICO** Uno storico ristorante presente in città dal 1903: ambienti caldi e accoglienti, per una cucina di mare che ha nella qualità della materia prima la sua forza. Le elaborazioni volutamente semplici esaltano i sapori.

🅰🅲 🍴 – Prezzo: €€

Via del Toro 12 – ℰ 040 661077 – Chiuso lunedì e domenica

TROFARELLO

✉ 10028 – Torino (TO) – Carta regionale n° **1**–B2

LA VALLE

CONTEMPORANEA • **ACCOGLIENTE** In una tranquilla frazione, il locale si contraddistingue per una piacevole atmosfera classica e signorile, ma dal calore familiare. La cucina propone ricette della tradizione piemontese e specialità dall'impronta più moderna, ma quello che la identifica maggiormente è la valorizzazione delle stagioni, nonché una fornita cantina.

🐾 🅰🅲 🍴 – Prezzo: €€€

Via Umberto I 25, loc. Valle Sauglio – ℰ 011 649 9238 – ristorantelavalle.it – Chiuso mercoledì

TROPEA

✉ 89861 – Reggio Calabria (RC) – Carta regionale n° **19**–A2

DE' MINIMI 🆕

CALABRESE • **ELEGANTE** Appena fuori l'abitato di Tropea, all'interno del bell'albergo Villa Paola, ex convento dei frati Minimi nel cui ricordo si è battezzato il ristorante gourmet, la cucina è moderna e a tratti creativa, sebbene i piatti in carta, sia di carne sia di pesce, partano sempre e soltanto da materie prime calabresi, tra cui molte verdure e gli agrumi prodotti in proprio. Regionale è anche la piccola lista dei vini, supportata da quella dei cocktail, da degustare al bar.

🅿🅰🅲 🅿 – Prezzo: €€€

Contrada Paola 6 – ℰ 0963 62370 – deminimi.com – Chiuso martedì a mezzogiorno

UDINE

✉ 33100 – Udine (UD) – Carta regionale n° **7**–B2

 AGLI AMICI

Chef: Emanuele Scarello

MODERNA • **DESIGN** Cucina d'autore di frontiera, Agli Amici è una delle tappe culinarie imperdibili del Friuli Venezia Giulia, regione dalle molteplici influenze culturali e ricca di materie prime eccellenti. Come quelle che ritroviamo nei tre menu degustazione (di cui uno vegetariano), da cui è possibile estrarre anche singoli piatti alla carta. Lo chef-patron Emanuele Scarello attinge alla ricchezza di pascoli, orti e montagne di questa regione per trovare i giusti ingredienti per le sue "opere" culinarie. Molto interessante, ad esempio, è la valorizzazione delle patate di Godia, la cui moderna reinterpretazione del "burro e salvia" prevede l'utilizzo di radici, mela e rapa fermentata. La gestione della sala è affidata a Michela, che dirige un'equipe tutta al femminile, affiatata e professionale. Il locale ha beneficiato di un recente restyling e l'esperienza gastronomica inizia dallo spazio d'ingresso del ristorante, ridisegnato con eleganza per accogliere gli ospiti con un aperitivo prima di accomodarsi in sala.

⅋ 🅐🅒 🛱 – Prezzo: €€€€

Via Liguria 252, loc. Godia – ☎ 0432 565411 – agliamici.it – Chiuso lunedì, martedì, mercoledì a mezzogiorno e domenica sera

ALLA VEDOVA

GRIGLIA • **CONTESTO REGIONALE** Oggi è attorniato dalla periferia cittadina, ma il ristorante esibisce con fierezza i suoi duecento anni di storia, mentre l'attuale gestione si muove ai fornelli da ormai cinque generazioni, all'insegna della più schietta e verace tradizione friulana. Imperdibili i cjalçons (ravioli), sia nella versione dolce che salata, nonché tutto ciò che proviene dalla griglia di carbone che troneggia in una delle sale.

🛬 🛱 🅿 – Prezzo: €€

Via Tavagnacco 9 – ☎ 0432 470291 – allavedova.it – Chiuso lunedì e domenica sera

HOSTARIA ALLA TAVERNETTA

REGIONALE • **ROMANTICO** Questo bel locale mette subito a proprio agio grazie ad un'atmosfera molto gioviale e accogliente. Il camino acceso, arredi in legno con eleganti runner in lino e musica di sottofondo ben predispongono alla sosta. A portate tradizionali come i cjarsons o il tipico frico si aggiungono piatti più stagionali e mediterranei di pesce. Da non perdere il tradizionale "sgroppino": un ottimo fine pasto rinfrescante a base di sorbetto al limone, prosecco e vodka.

🅐🅒 🛱 ⇆ – Prezzo: €€

Via Artico di Prampero 2 – ☎ 0432 501066 – allatavernetta.com – Chiuso lunedì e domenica

VITELLO D'ORO

PESCE E FRUTTI DI MARE • **CONTESTO CONTEMPORANEO** Nel cuore del centro storico, il ristorante risale al 1849, ma gli interni sorprendono con un design sobrio e contemporaneo. Non fatevi ingannare dal nome, è il pesce la specialità della casa!

♿ 🅐🅒 🛱 – Prezzo: €€

Via Valvason 4 – ☎ 0432 508982 – vitellodoro.com – Chiuso domenica e a mezzogiorno da martedì a giovedì

UGENTO

✉ 73059 – Lecce (LE) – Carta regionale n° **16**-D3

IL TEMPO NUOVO

CONTEMPORANEA • **CONTESTO STORICO** Dentro le mura del Castello di Ugento, diventato un affascinante boutique hotel, il Salento si mette in mostra in chiave contemporanea grazie allo chef pugliese, che reinterpreta i sapori del territorio, a suo agio con verdure, carni e pesci. Il servizio saprà suggerire il miglior abbinamento con un buon vino dalla fornita cantina o un delizioso cocktail.

🛬 🅐🅒 🛱 – Prezzo: €€€

Via Castello 13 – ☎ 0833 185 0720 – iltemponuovo.com – Chiuso lunedì

UMBERTIDE

✉ 06019 – Perugia (PG) – Carta regionale n° **13**–A2

SAN GIORGIO

MODERNA • INTIMO Nel centro storico di Umbertide, sotto due archi nella piazza principale dove un tempo sorgeva un convento, il ristorante propone, nelle sue tre salette e nella piccola corte antistante l'ingresso, una cucina personalizzata e moderna - articolata in diversi menù degustazione o à la carte, a base di piatti sempre generosi di sola carne (bianca o rossa) dall'ottimo rapporto qualità-prezzo. Noi abbiamo apprezzato molto, per esempio, il sostanzioso e originale "Pensando a un vitello tonnato". Per scegliere il vino affidatevi tranquillamente alla competenza del cordiale sommelier.

⅋ 🅰🅲 🕭 ⇔ – Prezzo: €€

Via Mancini 3 – ℰ 075 941 2944 – ristorante-sangiorgio.it – Chiuso martedì

URBINO

✉ 61029 – Pesaro e Urbino (PU) – Carta regionale n° **14**–B1

PORTANOVA

ITALIANA CONTEMPORANEA • DESIGN Nel bellissimo centro storico di Urbino, ambienti dal design discreto si incastonano a meraviglia dentro mura antiche, mentre la cucina si fa contemporanea e si prodiga nel mettere in comunicazione ricette ed ingredienti marchigiani con sapori e tradizioni nazionali, Sardegna, Campania e Lazio in primis.

🅰🅲 – Prezzo: €€

Via Cesare Battisti 67 – ℰ 0722 040726 – Chiuso mercoledì e giovedì

VAIRANO PATENORA

✉ 81058 – Caserta (CE) – Carta regionale n° **17**–A1

VAIRO DEL VOLTURNO

CAMPANA • AMBIENTE CLASSICO Nella bella piana del Volturno, non distante dalla magnifica Reggia di Caserta, si trova questa gemma gourmet. In un ambiente rilassante e signorile, lo chef-patron riesce nel suo intento di mettere nei piatti il suo amore per il territorio, giocando – al tempo stesso – con i contrasti: dal celebre maialino nero casertano all'anatra, passando per l'agnello e l'immancabile mozzarella di bufala. Per il pesce ogni giorno è quello giusto: si va dalle triglie al San Pietro e al sarago.

⅋ 🅰🅲 – Prezzo: €€

Via IV Novembre 58 – ℰ 0823 643018 – Chiuso lunedì e martedì e domenica sera

VAL LIONA

✉ 36044 – Vicenza (VI) – Carta regionale n° **8**–B3

TREQUARTI

CREATIVA • CONTESTO CONTEMPORANEO Ambiente minimal-pop, moderno e originale, per una cucina in continua evoluzione e di stampo contemporaneo. Oltre alla carta, lo chef Alberto Basso propone dei menu degustazione a base di cicheti in vario numero, da 6 a 10. A pranzo aperto su prenotazione.

⅋ 🅰🅲 🕭 ⇔ 🅿 – Prezzo: €€€

Piazza del Donatore 3 – ℰ 0444 889674 – ristorantetrequarti.com – Chiuso lunedì, domenica e a mezzogiorno da martedì a venerdì

VALDIERI
✉ 12010 – Cuneo (CN) – Carta regionale n° **1**–B3

🌶 LA LOCANDA DEL FALCO

PIEMONTESE • **RUSTICO** Nella Valle Gesso, a scaldare il cuore qui ci pensa già l'atmosfera, un'antica sala tra pietre e mattoni. Al palato ci pensano i piatti: dai ravioli del plin alla finanziera, passando per il vitello tonnato, in una spettacolare carrellata di piatti piemontesi eseguiti alla perfezione.

& 🎴 🛖 ⇔ – Prezzo: €

Piazza Regina Elena 22 – ☏ 0171 976720 – lalocandadelfalcovaldieri.it – Chiuso mercoledì

VALLE DI CASIES
✉ 39030 – Bolzano (BZ) – Carta regionale n° **6**–B1

DURNWALD

DEL TERRITORIO • **FAMILIARE** Un buon piatto di Schlutzkrapfen (ravioli ripieni di spinaci e ricotta) è proprio quello che ci vuole dopo una bella sciata o una passeggiata nei boschi. Ma non finisce qui! Durnwald celebra il territorio, tanto nel paesaggio, che potrete ammirare dalle finestre, quanto nella cucina, depositaria della genuina tradizione altoatesina.

🛖 🅿 – Prezzo: €€

Via Nikolaus Amhof 6, loc. Durna in Selva – ☏ 0474 746886 – restaurantdurnwald.it – Chiuso lunedì

VALLEDORIA – Sassari (SS) ➜ Vedere Sardegna in fondo alla Guida

VALLESACCARDA
✉ 83050 – Avellino (AV) – Carta regionale n° **17**–C1

✾ OASIS - SAPORI ANTICHI

Chef: Serena Falco e Michelina Fischetti

CAMPANA • **FAMILIARE** Si viaggia verso i 35 anni di vita per quest'oasi gastronomica della famiglia Fischetti: baluardo della buona tavola e dei sapori territoriali sin dal lontano 1988, anno omaggiato nella carta dei vini da una prima pagina che propone una ricca selezione di grandi etichette nella vendemmia di quell'anno, e celebrato anche nella continua presenza in carta del raviolo di ricotta con salsa di noci e aglio bruciato, ricetta della mamma fondatrice. Oggi come allora sono le donne della famiglia ad occuparsi dei fornelli: Michelina Fischetti e la nipote Serena Falco continuano ad essere l'emblema di una cucina gustosa e fragrante, curata soprattutto nella selezione di ingredienti - per lo più biologici - del territorio, che viene descritto proprio attraverso i sapori nelle diverse stagioni. L'intento rimane sempre quello di sottoporre le ricette ad un aggiornamento in linea con le nuove esigenze alimentari, ma al tempo stesso garantendo adesione e fedeltà ad una cucina semplice, pulita, etica, prossima al ricordo di quella che fu. Altrettanto curato e premuroso è il servizio di sala guidato dai cordiali fratelli Fischetti.

✾ *L'impegno dello chef:* Il legame della famiglia Fischetti con l'Irpinia è fortissimo. La materia prima è stagionale e territoriale (almeno l'80% da piccoli produttori e allevatori irpini) e l'olio EVO, il miele e le erbe aromatiche provengono dall'azienda biologica di famiglia. I grembiuli indossati in sala sono realizzati da una comunità di recupero con avanzi di tessuti di aziende italiane.

🕸 🎴 ⇔ – Prezzo: €€€

Via Provinciale 8/10 – ☏ 0827 97021 – oasis-saporiantichi.it – Chiuso mercoledì e giovedì e domenica sera

VALLO DELLA LUCANIA

✉ 84078 – Salerno (SA) – Carta regionale n° **17**–C3

🐣 LA CHIOCCIA D'ORO

DEL TERRITORIO • **FAMILIARE** La fama della Chioccia d'Oro regge gli oltre 40 anni di vita proprio in virtù della sua cucina: cilentana, saporita, fragrante, generosa, dove ottime sono le paste (sia fresche sia secche, condite con sughi deliziosi), così come le carni dei secondi. L'ambiente è decisamente semplice; i prezzi tra i più corretti della Penisola!

🅰️🏠🅿️ – Prezzo: €

Via Novi 2, loc. Pietra dei Correnti, bivio Novi Velia – 𝒞 0974 70004 – Chiuso venerdì e domenica sera

AQUADULCIS

CONTEMPORANEA • **ROMANTICO** Ricavato da un antico frantoio ad acqua ristrutturato, se al pian terreno c'è la cucina, a quello superiore trova posto la sala: una specie di ballatoio in vetro con pochissimi tavoli, proprio sopra la ruota della macina che una volta lavorava le olive ed il grano. Non c'è la carta, ma tre menu degustazione: vegetariano, di terra e di mare. I sapori del Cilento sono proposti in modo contemporaneo dal bravo chef Vincenzo Cucolo.

🅰️ – Prezzo: €€

Contrada Tenda – 𝒞 345 297 3811 – aquadulcis.it – Chiuso lunedì, martedì a mezzogiorno e domenica sera

VALMADRERA

✉ 23868 – Sondrio (SO) – Carta regionale n° **5**–B1

VILLA GIULIA - AL TERRAZZO Ⓝ

CLASSICA • **ROMANTICO** All'interno di un signorile albergo di fine '800 affacciato sul lago, il romantico ristorante offre bellissimi scorci dalla sua panoramica terrazza e una cucina dai connotati nazionali, elaborati con un tocco di modernità e fantasia. Suggestiva cantina in sasso fornita di ottime etichette e camere moderne per chi volesse prolungare la sosta.

⬿🛏️🏠♻️🅿️ – Prezzo: €€€

Via Parè 73 – 𝒞 0341 583106 – villagiulia-alterrazzo.com

VALSOLDA

✉ 22010 – Como (CO) – Carta regionale n° **4**–A2

OSTERIA LA LANTERNA

DEL TERRITORIO • **CONTESTO TRADIZIONALE** Una piccola realtà affacciata sul lago di Lugano con intime e luminose salette e una bella terrazza per il servizio estivo. La cucina propone piatti tradizionali rivisitati con gusto contemporaneo, a base di prodotti locali e di stagione.

🏠 – Prezzo: €€

Via Finali 1, loc. Cressogno – 𝒞 0344 69014 – osterialalanterna.it – Chiuso mercoledì e lunedì a mezzogiorno

VANDOIES

✉ 39030 – Bolzano (BZ) – Carta regionale n° **6**–B1

LA PASSION

CLASSICA • **INTIMO** 2003-2023: 20 anni di passione gastronomica per Helena e Wolfgang, all'interno di questa che a tutti gli effetti è un'abitazione privata in una zona residenziale. Si suona il campanello, come ospiti di amici, e all'interno solo cinque tavoli in un'intima stube, dove lo chef cucina una linea classica con piccoli accenni moderni, tra richiami del territorio e piatti di pesce di mare.

🗮 🍽 🅿 – Prezzo: €€

Via San Nicolò 5/b, Vandoies di Sopra – ☏ 0472 868595 – lapassion.it – Chiuso lunedì

VARALLO

✉ 13019 – Vercelli (VC) – Carta regionale n° **1**–C1

HOSTARIA DI BRICAI 🆕

DEL TERRITORIO • FAMILIARE All'interno dei giardini a lato della funicolare per il Sacro Monte, una bellissima dimora campestre sovrasta tutto il paese. In un contesto di grande relax, Giorgio De Fabiani propone piatti della tradizione locale, tra cui l'imperdibile coscia di coniglio in porchetta con purè di montagna.

🍽 – Prezzo: €€

Via Fiume 1 – ☏ 0163 77264 – hostariabricai.it – Chiuso lunedì e martedì a mezzogiorno

VARENNA

✉ 23829 – Sondrio (SO) – Carta regionale n° **4**–B2

HOSTERIA DEL PLATANO 🆕

CLASSICA • CONVIVIALE Affacciato sul lago lungo la strada statale, questo piacevole ristorante a gestione familiare propone un'ottima cucina dai toni classici e tradizionali, con un'attenzione particolare dedicata ai prodotti ittici locali. Nel bel dehors nella stagione calda o negli interni in sasso e soffitti a volte sarete accolti e serviti con grande cortesia.

🗮 🍽 – Prezzo: €€

Via Statale 29 – ☏ 0341 815215 – hosteriadelplatano.it – Chiuso martedì e domenica sera

VARESE

✉ 21100 – Varese (VA) – Carta regionale n° **5**–A1

AL VECCHIO CONVENTO

TOSCANA • ELEGANTE Esternamente un rustico caseggiato alle porte di Varese, mentre all'interno troverete arredi eleganti, dai toni classici e colorati. La cucina prende spunto dalla Toscana con le sue carni alla brace, senza rinunciare a qualche piatto di pesce. Sempre molto frequentato, è consigliabile prenotare.

♿ 🗮 🍽 🅿 – Prezzo: €€

Viale Borri 348 – ☏ 0332 261005 – alvecchioconvento.it – Chiuso lunedì

LA PERLA

PESCE E FRUTTI DI MARE • ROMANTICO Siamo nel cuore della città, in un palazzo storico ubicato sulla suggestiva piazza della Motta. Subito all'entrata si apre un piccolo giardino romantico di inizio Novecento con un bel pozzo. Cucina prevalentemente di mare – ottimi i crudi – sebbene non priva di qualche proposta di terra, ed ampia cantina con buona selezione di distillati. Particolarmente consigliato per una serata romantica.

🗮 🍽 – Prezzo: €€

Via Carrobbio 19 – ☏ 0332 231183 – perlaristorante.it – Chiuso lunedì

VARIGOTTI

✉ 17029 – Savona (SV) – Carta regionale n° **10**–B2

MURAGLIA - CONCHIGLIA D'ORO

PESCE E FRUTTI DI MARE • VINTAGE Una sala sobria e luminosa che mostra
con orgoglio un certo spirito vintage legato alle sue origini negli anni Settanta,
completata da una piccolissima quanto piacevole terrazza vista mare (pochissimi
i tavoli, meglio prenotare in anticipo): la specialità della casa è ed è sempre stata il
pesce, di grande qualità e freschezza, preparato in modo semplice e classico, anche
alla brace direttamente in sala. A testimonianza della fragranza la carta scritta a
mano varia tutti i giorni.

🌤 – Prezzo: €€€

Via Aurelia 133 – ☏ 019 698015 – Chiuso martedì e mercoledì

VARZI

✉ 27057 – Pavia (PV) – Carta regionale n° **4**–A3

BUSCONE

DEL TERRITORIO • FAMILIARE Vale la pena percorrere la tortuosa strada per
raggiungere quest'oasi di pace. È qui che da moltissimi anni la famiglia Buscone
accoglie i propri ospiti con affabilità, nonché i succulenti salumi di produzione
propria (il ristorante si trova in una piccola frazione di Varzi, famosa per il salame),
i funghi (in stagione) e altre leccornie. Cucina di territorio schietta, rassicurante e
gustosa.

🌤 ⇄ 🅿 – Prezzo: €

*Località Bosmenso Superiore 41 – ☏ 0383 52224 – ristorantebuscone.it – Chiuso
lunedì e la sera martedì, mercoledì, giovedì, domenica*

VEDOLE

✉ 43052 – Parma (PR) – Carta regionale n° **9**–B1

AL VEDEL

EMILIANA • AMBIENTE CLASSICO Tempio della produzione del culatello, che troverete nei piatti, ma anche nelle cantine di stagionatura di cui vi suggeriamo la visita,
al celebre salume si aggiungono i piatti parmensi e altre proposte più fantasiose. Di
storia secolare, oggi Al Vedel è un elegante ristorante giunto alla sesta generazione.

🕸 ♿ 🔟 ⇄ 🅿 – Prezzo: €€

Via Vedole 68 – ☏ 0521 816169 – alvedel.it – Chiuso lunedì e martedì

VELLO

✉ 25054 – Brescia (BS) – Carta regionale n° **5**–D1

TRATTORIA GLISENTI

DEL TERRITORIO • ACCOGLIENTE Fronte lago con bella vista godibile dalla
terrazza, il pesce d'acqua dolce anima il menu lasciando – tuttavia – spazio anche
a qualche specialità classica della zona; particolare attenzione è riservata alla natu-
ralità degli alimenti con un occhio di riguardo per i vegetariani. "Trattoria" solo nel
nome: il locale è signorile!

🌤 – Prezzo: €€

*Via Provinciale 34 – ☏ 030 987222 – trattoriaglisenti.it – Chiuso mercoledì e
giovedì*

VELO

✉ 36010 – Vicenza (VI) – Carta regionale n° **8**–B2

GIORGIO E FLORA

MODERNA • **ACCOGLIENTE** Una villetta tipo chalet che domina la valle dell'Astico. Al suo interno una piacevole sala, raccolta ed elegante, un panoramico dehors e piatti della tradizione veneta aggiornati. Ampia carta dei vini con attenzione al territorio.

⪝ ⇔ 🎦 ⛩ **P** – Prezzo: €€

Via Baldonò 1, lago di Velo d'Astico – ☏ 0445 713061 – giorgioeflora.it – Chiuso a mezzogiorno da lunedì a sabato e domenica sera

VELO VERONESE

✉ 37030 – Verona (VR) – Carta regionale n° **8**–A2

🐤 13 COMUNI

CUCINA DI STAGIONE • **FAMILIARE** A più di 1000 m d'altezza, sulla piazza principale del paese, troverete una delle migliori espressioni della cucina regionale, basata su una straordinaria ricerca di prodotti della Lessinia, esaltati in cucina da una mano esperta e rispettosa della tradizione. Molto bella anche la cantina: luogo ideale per aperitivi e dove riposa un'invitante selezione di vini, soprattutto dalla Valpantena e Valpolicella.

⛩ ⇔ – Prezzo: €

Piazza della Vittoria 31 – ☏ 045 783 5566 – 13comuni.it/it

VENARIA REALE

✉ 10078 – Torino (TO) – Carta regionale n° **1**–B2

🏵 DOLCE STIL NOVO ALLA REGGIA

Chef: Alfredo Russo

PIEMONTESE • **ELEGANTE** Ospitato all'interno del Torrione del Garove, il ristorante dispone di una bella terrazza affacciata sulle siepi geometricamente scolpite a cesoia dei giardini della Reggia di Venaria e sulla Corte d'Onore. Lo chef Alfredo Russo ridefinisce i piatti del territorio in chiave moderna e accattivante, sorprendendo l'ospite anche con qualche specialità di mare, in un ideale viaggio dal Piemonte al Sud. Dulcis in fundo, nel senso letterale dell'espressione, grande attenzione è dedicata alla pasticceria, fantasiosa e davvero imperdibile (provate il delizioso Limone candito "100 ORE" farcito con crema di limoncello!). Carta dei vini molto ben articolata e ampia scelta anche al bicchiere.

♿ 🎦 ⛩ ⇔ – Prezzo: €€€

Piazza della Repubblica 4 – ☏ 346 269 0588 – dolcestilnovo.com – Chiuso lunedì e martedì e domenica sera

IL CONVITO DELLA VENARIA

MODERNA • **AMBIENTE CLASSICO** Nel bel dehors o sorseggiando un aperitivo nell'annesso bar, la suntuosa Reggia sarà proprio di fronte a voi. La gestione è affidata ad un'appassionata coppia: lei segue la sala, classica ed accogliente, lui la cucina, che tra pranzo e sera si sdoppia: se a mezzodì la carta è più leggera (anche nel prezzo), la sera si amplia, partendo dai piatti regionali per abbracciare tutto il Bel Paese. Completano l'offerta le comode camere, due delle quali con vista sulla dimora sabauda.

⛩ – Prezzo: €€

Via Andrea Mensa 37/g – ☏ 011 459 8392 – ilconvitodellavenaria.it – Chiuso lunedì, martedì e a mezzogiorno

VENEZIA

✉ 30124 – Venezia (VE)
Carta regionale n° **8**–C3

Un ingrediente immancabile

Questa città eterea, onirica, fatta di pizzi a dondolo sull'acqua, in quanto a gusti è piuttosto ruspante e non disdegna di disseminare a piene mani la cipolla nei suoi piatti tipici, come nel fegato alla veneziana o nei bigoli in salsa saor. Si tratta di un piatto povero, preparato con tanta cipolla e con le sarde. I bigoli, fatti in casa al torchio con acqua e farina, vengono cotti in un fumetto preparato con le sarde, così da assorbirne pienamente il sapore. Sono poi mantecati con un'estrazione di sarde passate prima alla brace. Ne risulta un piatto succulento, nel quale la pasta è pienamente avvolta dal profumo del pesce.

ॐ ॐ **GLAM ENRICO BARTOLINI**

Chef: Donato Ascani

CREATIVA • ROMANTICO La soglia discreta e seminascosta di Palazzo Venart si apre su un raro privilegio, un piccolo, ma incantevole giardino graziosamente arredato. L'altro giardino si affaccia più platealmente sul Canal Grande e ospita i tavoli dove in estate si propongono il caffè con le coccole di fine pasto o il distillato. Tra i due spazi verdi si apre il meraviglioso albergo che accoglie il ristorante, frutto della collaborazione fra il cuoco pluristellato Enrico Bartolini e lo straordinario talento del resident chef Donato Ascani. I due menu degustazione (che vanno scelti anticipatamente) presentano piatti di straordinaria qualità, come l'inizio pasto quando il cuoco saluta i suoi ospiti con un fantasioso giro di finger food: si gioca con la tradizione veneziana dei cicchetti e con i migliori ingredienti di stagione, frattaglie incluse. In ogni portata si evidenziano sapori intensi, che si rincorrono e mescolano armoniosamente, un istinto naturale dello chef, affinato con tenacia e passione. Un riferimento nel panorama cittadino e anche al di là dei suoi confini.

⅋ ⅍ 🅐 🍴 – Prezzo: €€€€

Pianta: B1-1 – *Calle Tron, sestiere Santa Croce 1961 – ☏ 041 523 5676 – enricobartolini.net/ristorante-glam-venezia – Chiuso martedì*

ॐ **LOCAL**

MODERNA • CONTESTO CONTEMPORANEO In un ristorante elegante dall'atmosfera rustico-chic, le ricette dello chef campano Salvatore Sodano riescono a sorprendere senza interferire con la matrice gastronomica locale, assecondando al tempo stesso echi di altri Paesi, che raccontano i suoi trascorsi londinesi e

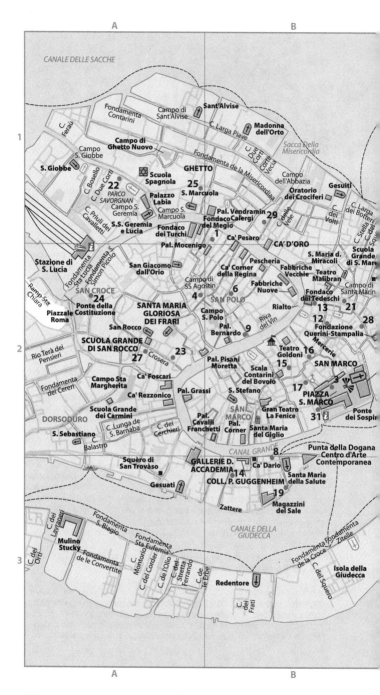

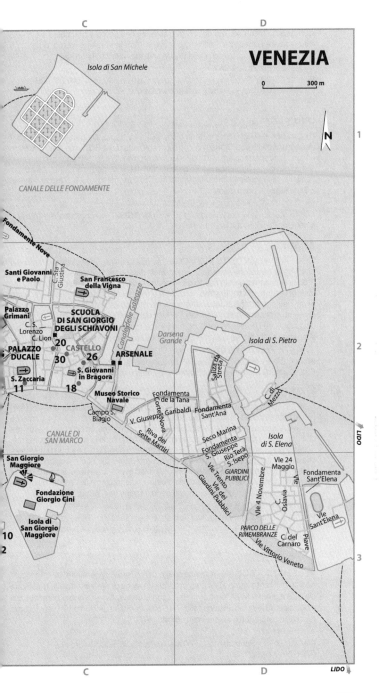

VENEZIA

0   300 m

N

Isola di San Michele

CANALE DELLE FONDAMENTE

Fondamente Nove

Santi Giovanni e Paolo

San Francesco della Vigna

C. Sta Giustina

Palazzo Grimani

C. S. Lorenzo

C. Lion

SCUOLA DI SAN GIORGIO DEGLI SCHIAVONI

Canale delle Galeazze

Darsena Grande

Isola di S. Pietro

20

PALAZZO DUCALE

CASTELLO

30

26

ARSENALE

S. Zaccaria

18

S. Giovanni in Bragora

Saliza de Streta

C. di Mezza

LIDO

11

Museo Storico Navale

Fondamenta de la Tana

Campo S. Biagio

V. Giuseppe Garibaldi

Cortel Nova

Fondamenta Sant'Ana

CANALE DI SAN MARCO

Riva dei Sette Martiri

Seco Marina

Fondamenta S. Giuseppe

Rio Tera S. Isepo

Isola di S. Elena

Vle 24 Maggio

Fondamenta Sant'Elena

San Giorgio Maggiore

Fondazione Giorgio Cini

Vle Trento

Vle dei Giardini Pubblici

GIARDINI PUBBLICI

Vle 4 Novembre

C. Oslavia

Vle

Vle Sant'Elena

Isola di San Giorgio Maggiore

10

2

PARCO DELLE RIMEMBRANZE

C. del Carnaro

Piave

Vle Vittorio Veneto

3

C

D

LIDO

563

statunitensi. L'entusiasmo del gruppo si legge nell'energia trasmessa dalla giovane titolare Benedetta Fullin e dal bravo sommelier Manuel: veri osti dal tono amichevole e premurosi con il cliente. Un solo menu di 7 o 9 portate.

🕸 🅐🅒 ⇔ – Prezzo: €€€€

Pianta: C2-20 – *Salizada dei Greci, sestiere Castello 3303 – ℰ 041 241 1128 – ristorantelocal.com – Chiuso martedì, mercoledì e a mezzogiorno giovedì e domenica*

✿ ORO RESTAURANT

CREATIVA • LUSSO L'emozione inizia già col viaggio. Da piazza San Marco il motoscafo dell'Hotel Cipriani vi condurrà sull'isola della Giudecca attraversando un breve ma spettacolare tratto di laguna. All'eco dei famosi personaggi che hanno alloggiato qui, si aggiunge quello della cucina del ristorante , che esplora e adatta con stile gli ingredienti che la laguna offre. Oro esprime tutto il fascino di Venezia e il suo legame con il mare.

🕸 ⪜ 🛬 🅐🅒 🍴 – Prezzo: €€€€

Pianta: C3-2 – *Isola della Giudecca 10 – ℰ 041 240801 – belmond.com – Chiuso lunedì, domenica e a mezzogiorno*

✿ QUADRI

MODERNA • CONTESTO STORICO Il Quadri è l'espressione contemporanea dei piatti della tradizione veneziana interpretati dagli chef Silvio Giavedoni e Sergio Preziosa, che mettono in risalto gli ingredienti della laguna: i pesci di basso fondale, le verdure di Sant'Erasmo, i crostacei e, in stagione, la selvaggina. Al secondo piano dell'omonimo e storico caffè, sontuosi lampadari, vista su piazza San Marco, elementi cinquecenteschi riportati alla luce dal restauro: è l'indirizzo per le grandi occasioni! Ma l'opulenza dell'ambiente è volutamente alleggerita da un servizio simpatico e all'occorrenza scherzoso, benché impeccabile in tutti i momenti.

⪜ 🅐🅒 ⇔ – Prezzo: €€€€

Pianta: B2-3 – *Piazza San Marco 121 (primo piano) – ℰ 041 522 2105 – alajmo.it – Chiuso lunedì, martedì e a mezzogiorno da mercoledì a venerdì*

✿ WISTÈRIA

CONTEMPORANEA • CONVIVIALE Lungo il Rio de la Frescada, uno dei tanti canali laterali dove la tranquillità è di casa, la piccola entrata affaccia direttamente sull'area esterna, rallegrata dal glicine da cui mutua il nome, un omaggio alla pianta che ombreggia parte dei tavoli sistemati all'aperto quando la stagione lo consente. Esperienza pluriennale con la famiglia Alajmo per il nuovo chef Valerio Dallamano, che allieta i suoi ospiti con piatti in sintonia con la stagionalità dei prodotti e la variegata offerta d'ingredienti del territorio, declinati in una linea di cucina fortemente personalizzata anche dal punto di vista della presentazione: la Venezia gastronomica dei giorni nostri attraverso menu degustazione da 6 oppure 8 portate.

🅐🅒 🍴 ⇔ – Prezzo: €€€€

Pianta: A2-23 – *Fondamenta del Forner, sestiere San Polo 2908 – ℰ 041 524 3373 – wisteria-restaurant.com – Chiuso mercoledì, giovedì e a mezzogiorno lunedì e martedì*

AI GONDOLIERI

VENEZIANA • ROMANTICO Alle spalle del museo Guggenheim, questo locale rustico con tanto legno alle pareti propone un menu di terra legato alla tradizione classica e regionale. La fornita vineria accoglie una vasta selezione di bianchi, rossi e bollicine. Insieme ad un buon calice, Ai Gondolieri offre prodotti tipici veneti come prosciutti stagionati e verdurine in agrodolce.

🅐🅒 ⇔ – Prezzo: €€€

Pianta: B3-14 – *Fondamenta de l'Ospedaleto, sestiere Dorsoduro 366 – ℰ 041 528 6396 – aigondolieri.it*

AI MERCANTI

MODERNA • CONTESTO CONTEMPORANEO In una piccola corte veneziana, nero e beige dominano l'aspetto moderno ed elegante di questa "gastrosteria" a conduzione familiare. La cucina, che abbraccia terra e mare, è moderna, fantasiosa, non banale, fuori dagli schemi delle tipicità regionali.

🅰🅒 🍴 – Prezzo: €€

Pianta: B2-15 – *Corte Coppo, sestiere San Marco 4346/a* – ℰ *041 523 8269* – *aimercanti.it* – *Chiuso lunedì e domenica*

AL COVO

VENEZIANA • FAMILIARE All'insegna di un'autentica ospitalità familiare, ecco uno dei più rinomati ristoranti di Venezia, che fa dei prodotti di nicchia e di ricerca - in prevalenza di mare - la propria bandiera, anche se qualche specialità di terra è sempre presente in menu. La quasi totalità delle verdure impiegate proviene dall'orto di proprietà Osti in Orto sull'isola di Sant'Erasmo.

🅰🅒 🍴 ⇔ – Prezzo: €€€

Pianta: C2-18 – *Campiello della Pescaria, sestiere Castello 3968* – ℰ *041 522 3812* – *ristorantealcovo.com* – *Chiuso martedì e mercoledì*

ALLE CORONE

MODERNA • AMBIENTE CLASSICO Nelle tre eleganti salette di un lussuoso hotel a due passi da piazza San Marco o - su richiesta - nell'enoteca circondata da bottiglie di vino, degusterete piatti comunque legati alla mediterraneità e a Venezia, ma elaborati con gusto moderno nella scelta di qualche ingrediente, in cui anche l'occhio vuole la sua parte.

🅖 🅰🅒 ⇔ – Prezzo: €€€

Pianta: B2-12 – *Campo della Fava, sestiere Castello 5527* – ℰ *041 523 2222* – *ristoranteallecorone.com* – *Chiuso mercoledì e a mezzogiorno*

AMO

MEDITERRANEA • ALLA MODA All'interno del Fondaco dei Tedeschi, un tempo luogo in cui i commercianti del Nord Europa trattavano i propri affari con gli alter ego veneziani e oggi centro commerciale esclusivo per gli amanti del lusso, Amo è il locale più cool della galassia Alajmo. Gastronomico, ma casual: un vero e proprio "salotto in piazza", caratterizzato dal design di Philippe Starck. Imperdibile la visita della terrazza all'ultimo piano da cui si gode una meravigliosa vista su tetti e il Canal Grande (bisognerebbe prenotare, ma provate a chiedere al personale).

🅰🅒 – Prezzo: €€€

Pianta: B2-13 – *Calle del Fontego dei Tedeschi, Ponte di Rialto* – ℰ *041 241 2823* – *alajmo.it* – *Chiuso lunedì e martedì e sera da mercoledì a domenica*

ANTICHE CARAMPANE

VENEZIANA • FAMILIARE Dai tipici pavimenti alle decorazioni delle pareti, tutto qui parla al cuore, per raccontarvi di una storica trattoria dove si ritorna ogni volta con gioia per gustare le specialità di mare locali. Sarde in saor, baccalà mantecato, moeche fritte (primavera e autunno), seppie in nero per citarne solo alcune. Le ricette sono realizzate con abilità e fedeltà alla tradizione.

🅰🅒 🍴 – Prezzo: €€€

Pianta: B2-6 – *Rio Terà delle Carampane, sestiere San Polo 1911* – ℰ *041 524 0165* – *antichecarampane.com* – *Chiuso lunedì e domenica*

ANTINOO'S LOUNGE

MODERNA • DI TENDENZA In un ambiente dal design moderno e raffinato, la scelta oscilla fra due sale, una rossa e una bianca, con affacci panoramici. In estate, invece, si potrà optare per i romantici tavoli sul terrazzino affacciato sul Canal

Grande (prenotazione obbligatoria). La cucina prende spunto dalla tradizione locale, ma la rielabora con un tocco contemporaneo.

⇔ 🅰🅲 – Prezzo: €€€€

Pianta: B3-8 – *Calle del Bastion, sestiere Dorsoduro 173 – ℰ 041 34281 – sinahotels.com*

ARVA

MODERNA • LUSSO Si mangia avvolti da stucchi e dipinti in un'atmosfera di grande lusso o nel piacevole dehors, tempo permettendo; cucina mediterranea e moderna a cui si affiancano le verdure locali. Ispirato alla filosofia di Norber Niederkofler, qui nel ruolo di consulente, il ristorante propone anche un menù degustazione denominato Cook the Lagoon.

⇔ 🅰🅲 🛏 – Prezzo: €€€€

Pianta: B2-9 – *Calle Tiepolo, sestiere San Polo 1364 – ℰ 041 270 7333 – aman.com*

BISTROT DE VENISE

VENEZIANA • AMBIENTE CLASSICO Cucina veneziana di ieri e di oggi, con un excursus che va da piatti storici a interpretazioni contemporanee, in salette avvolte da velluti rossi e dalla musica classica. Tante bottiglie al bicchiere e, al piano superiore, due belle camere in stile veneziano. Per gli innamorati di ogni età un apposito menù "romantico" con tanto di rosa rossa per la dama.

🕸 🅰🅲 🛏 ⇄ – Prezzo: €€€€

Pianta: B2-16 – *Calle dei Fabbri, sestiere San Marco 4685 – ℰ 041 523 6651 – bistrotdevenise.com*

CANOVA BY SADLER 🆕

CONTEMPORANEA • ELEGANTE La collaborazione tra lo chef Claudio Sadler e la catena Baglioni si è affermata anche a Venezia, nella sala intima e raccolta di questo ristorante ospitato nell'elegante hotel alle spalle di piazza San Marco. Le proposte gourmet (in alternativa, in uno spazio adiacente o nei tavolini esterni nella bella stagione viene offerta una più facile formula "bistrot") sono elaborate dal resident pugliese Gennaro Balice, che mette in tavola piatti di grande effetto visivo nati da selezionate materie prime. La formula prevede la scelta alla carta o due menu degustazione: creativo veneziano e vegetariano.

🅰🅲 – Prezzo: €€€€

Pianta: B2-31 – *Sestiere San Marco 1243 – ℰ 041 528 9840 – venice. baglionihotels.com – Chiuso lunedì e a mezzogiorno da martedì a domenica*

CHAT QUI RIT

CONTEMPORANEA • CHIC Cucina "fusion lagunare" in questo ristorante storico a pochi passi da San Marco: piatti generosi, colorati, preparati con grande attenzione e amore per il territorio, ma senza trascurare qualche incursione in Oriente, passione di uno dei due chef veneziani. Vivamente consigliato il dessert: soprattutto il tiramisù!

🕸 🅰🅲 🛏 – Prezzo: €€€

Pianta: B2-17 – *Calle Tron, sestiere San Marco 1131 – ℰ 041 522 9086 – chatquirit.it – Chiuso lunedì e domenica*

CIP'S CLUB

CLASSICA • ROMANTICO È il ristorante più informale e intimo del Cipriani, con un'ambitissima terrazza panoramica estiva sul canale della Giudecca. Cucina veneta, piatti stagionali e una pagina dedicata ai grandi classici della casa. Un'istituzione in città!

≼ 🅰🅲 🛏 – Prezzo: €€€€

Pianta: C3-10 – *Isola della Giudecca 10 – ℰ 041 240801 – belmond.com*

LA COLOMBINA

MODERNA • FAMILIARE L'insegna storica con enoteca c'è ancora, ma La Colombina è oggi un delizioso ristorantino a conduzione familiare, piccolo nelle dimensioni, ma grande nell'offrire deliziosi piatti che parlano di tradizione veneta e italiana proposta in chiave moderna. Per calarvi nell'atmosfera, vi suggeriamo di iniziare con un assaggio di cicchetti, i tipici stuzzichini veneziani.

⚏ 🍽 – Prezzo: €€

Pianta: A1-25 – *Campiello del Pegoloto, sestiere Cannaregio 1828 – ⌀ 041 522 2616 – ristorantelacolombina.eu – Chiuso mercoledì e martedì a mezzogiorno*

CORTE SCONTA

PESCE E FRUTTI DI MARE • CONTESTO TRADIZIONALE Un sapore piacevolmente nostalgico vi accoglierà nella semplice sala interna, dove dal pavimento ai tavoli l'atmosfera è quella di un'accogliente trattoria. Col bel tempo ci si sposta nel fresco cortile ombreggiato da un pergolato d'uva, un piccolo incanto nel cuore della città lagunare. Cucina tipica veneziana di mare.

⚏ 🍽 – Prezzo: €€€

Pianta: C2-26 – *Calle del Pestrin, sestiere Castello 3886 – ⌀ 041 522 7024 – cortescontave.com – Chiuso lunedì e domenica*

DAMA RESTAURANT

CREATIVA • CHIC Una "cucina istintiva" che nasce dalla conoscenza del territorio, ispirata alla tradizione ma in costante evoluzione. Al ristorante Dama ogni ospite può creare in autonomia la propria degustazione attraverso un percorso di qualità e fuori dagli schemi, contraddistinto dall'utilizzo di spezie che rimandano a terre lontane, soprattutto asiatiche, nonché l'uso esclusivo di pesce e vegetali. Il menu è stagionale, con una sezione dedicata ai piatti vegetariani. All'interno di Ca' Bonfadini, l'affaccio sul canale di Cannaregio rende la location strepitosa!

⚏ – Prezzo: €€€

Pianta: A1-22 – *Fondamenta Savorgnan 461, Cannaregio – ⌀ 041 098 6297 – damavenice.com – Chiuso mercoledì e giovedì*

ESTRO VINO E CUCINA

MODERNA • WINE-BAR Nella Venezia un po' più segreta, un'accogliente enoteca che propone una cucina moderna di tipo mediterraneo a base di prodotti locali di stagione (il pesce viene dal mercato di Rialto). 600 etichette di vini naturali da viticoltura sostenibile.

🌿 ⚏ – Prezzo: €€

Pianta: A2-27 – *Calle Crosera, sestiere Dorsoduro 3778 – ⌀ 041 476 4914 – estrovenezia.com – Chiuso martedì*

HOSTARIA DA FRANZ

PESCE E FRUTTI DI MARE • AMBIENTE CLASSICO Aperto a fine Ottocento dal soldato austroungarico Franz Habeler, questo storico locale veneziano è ora nelle mani di Maurizio Gasparini, che lavora in sala con grande cortesia e affabilità. Vi consiglierà una cucina che non vuole stupire, ma piacere, con piatti in prevalenza di pesce.

♿ ⚏ 🍽 – Prezzo: €€€

Pianta: C2-30 – *Salizada Sant'Antonin, sestiere Castello 3499 – ⌀ 041 522 0861 – hostariadafranz.com – Chiuso martedì e a mezzogiorno tranne domenica*

LINEADOMBRA

MODERNA • MINIMALISTA In questo locale in splendida posizione, il servizio all'aperto su una sorta di zattera-palafitta offre un colpo d'occhio tra i più incantevoli della città, con la Giudecca che si estende meravigliosa sul lato opposto del canale. La cucina è contemporanea, in prevalenza di pesce, con qualche tocco creativo; carta dei vini molto interessante, con circa 1000 etichette dall'Italia e dal mondo

舒 も 囲 斎 – Prezzo: €€€

Pianta: B3-19 – *Ponte dell'Umiltà, sestiere Dorsoduro 19 – ☏ 041 241 1881 – ristorantelineadombra.com – Chiuso a mezzogiorno*

LPV RISTORANTE & BISTROT

CLASSICA • LUSSO Formula bistrot a pranzo e un'offerta più articolata e raffinata la sera, quando la carta è equamente divisa tra pesce e frutti di mare nel menu Acqua, carne in quello Terra e proposte vegetariane nell'Aria.

囲 斎 – Prezzo: €€€

Pianta: C2-11 – *Riva degli Schiavoni, sestiere Castello 4171 – ☏ 041 520 0533 – londrapalace.com – Chiuso sera*

OSTERIA ALLE TESTIERE

MODERNA • SEMPLICE A partire dalla vetrina sino alla sala e ai dieci tavolini che la arredano, è tutto minuscolo in questa bella osteria, salvo la qualità del cibo, preparato in chiave leggermente moderna e dall'esito convincente. Un bacaro raffinato!

囲 – Prezzo: €€€

Pianta: B2-28 – *Calle del Mondo Novo, sestiere Castello 5801 – ☏ 041 522 7220 – osterialletestiere.it – Chiuso lunedì e domenica*

OSTERIA DA FIORE

VENEZIANA • ELEGANTE La nostalgica insegna vi introduce nel mondo gastronomico di Fiore, fatto di fedeltà al territorio - che qui vuol dire in prevalenza mare - e ricette della tradizione veneta. La sala invece si presenta con un'atmosfera più moderna, ma il tavolo più ambito, da prenotare con largo anticipo, è quello sistemato sul balconcino affacciato su un canale. Ultima, ma non ultima, è la cantina, che dispone di una buona selezione dei più ricercati vini francesi e italiani (circa 800 etichette). Non da meno è la proposta di grappe, cognac e whisky.

舒 囲 ⇔ – Prezzo: €€€€

Pianta: A2-4 – *Calle del Scaleter, sestiere San Polo 2202/a – ☏ 041 721308 – ristorantedafiore.com – Chiuso domenica e a mezzogiorno da lunedì a venerdì*

L'OSTERIA DI SANTA MARINA

MODERNA • AMBIENTE CLASSICO Il biglietto da visita è un'incantevole credenza vecchio stile, ma il ricordo più vivo lo lascerà la cucina: niente di turistico, ma una gustosa ricerca di ottimi prodotti e ricette della tradizione rivisitate con tocchi fantasiosi, articolate in due menu degustazione (tradizione e classici) o scelta alla carta.

囲 斎 – Prezzo: €€€

Pianta: B2-21 – *Campo Santa Marina, sestiere di Castello 5911 – ☏ 041 528 5239 – osteriadisantamarina.com – Chiuso domenica e lunedì a mezzogiorno*

IL RIDOTTO

CREATIVA • MINIMALISTA Seminascosto in un'animata piazzetta, anche gli interni giocano la carta dell'understatement, benché, pur tra spazi ristretti, non manchino tocchi di eleganza, oltre ad un buon servizio. Padre e figlio ai fornelli, il risultato sono piatti fantasiosi che non si fermano necessariamente agli ingredienti e alle ricette locali – pur presenti – ma spaziano su riferimenti gastronomici di tutta la penisola. A pranzo c'è anche una formula più easy: tre tapas e il piatto del giorno di carne o pesce.

囲 – Prezzo: €€€

Pianta: C2-5 – *Campo S.S. Filippo e Giacomo, sestiere Castello 4509 – ☏ 041 520 8280 – ilridotto.com – Chiuso mercoledì e a mezzogiorno martedì e giovedì*

TERRAZZA DANIELI

MEDITERRANEA • LUSSO Specchi e tessuti impreziosiscono i lussuosi interni, ma da maggio a ottobre è il servizio in terrazza a costituire il fiore all'occhiello del ristorante, con una vista mozzafiato a 180° sulla laguna e le isole. Il menu si aggiorna regolarmente seguendo la stagionalità degli ingredienti freschi e locali, con qualche contaminazione orientale: com'è giusto che sia a Venezia! .

⇐ 🅰 🏮 – Prezzo: €€€€

Pianta: C2-7 – *Riva degli Schiavoni, sestiere Castello 4196 – 𝒞 041 522 6480 – hoteldanieli.com*

VINI DA GIGIO

VENEZIANA • FAMILIARE Una trattoria familiare dove il benessere e la convivialità sono all'ordine del giorno, così come la qualità della cucina: piatti veneti di terra e di mare, ma la fama del locale è legata anche al bell'approccio della carta dei vini, fonte d'ispirazione per la scelta di bottiglie o singoli bicchieri: più di mille etichette e grandi formati.

🕭 🅰 – Prezzo: €€

Pianta: B1-29 – *Calle Stua Cannaregio, sestiere Cannaregio 3628 – 𝒞 041 528 5140 – vinidagigio.com – Chiuso lunedì e martedì*

ZANZE XVI

CREATIVA • CONVIVIALE L'ambiente e l'atmosfera conviviale ricordano quella di un bàcaro veneziano, ma la cucina - assai più esotica e coinvolgente - racconta la Laguna e tutto ciò che vi gravita attorno, in un menu degustazione i cui piatti possono essere ridotti a piacimento e scelti alla carta. I pochi tavoli esterni e vista sul tranquillo canale rendono la sosta ancora più intrigante, mentre il servizio professionale, sebbene informale, concorre a mettere l'ospite a proprio agio.

🅰 🏮 – Prezzo: €€€€

Pianta: A2-24 – *Fondamenta dei Tolentini, sestiere Santa Croce 231 – 𝒞 041 715394 – zanze.it – Chiuso lunedì e martedì*

Mazzorbo

🏵 **VENISSA**

Chef: Chiara Pavan e Francesco Brutto

DEL TERRITORIO • DESIGN Lontano dalle folle turistiche, Venissa si trova sull'isoletta di Mazzorbo, all'interno di una vigna murata di origini medioevali con campanile trecentesco, un contesto fiabesco nel quale vi consigliamo di fare una passeggiata prima di passare al tavolo. Oltre alla Dorona di Venezia, vigneto autoctono, vi troverete orti che riforniscono il ristorante di buona parte delle sue necessità vegetali. Tra le eccellenze, crescono le castraure, primizie locali del carciofo. Usciti dall'orto, solcato un ponticello in legno sarete nell'adiacente isola di Burano, che può completare questo soggiorno in laguna con la fascinazione dei suoi merletti e le case policrome. Ma il centro del discorso qui è la cucina, ed è una grandissima cucina, che Chiara Pavan e Francesco Brutto definiscono "ambientale" per lo stretto legame con la laguna e l'alto Adriatico: tanti vegetali, molto pesce e poca carne. Si sceglie il numero di portate e i piatti arrivano a sorpresa, con diversi vini biologici proposti in abbinamento. Il nuovo chef's table può ospitare fino a cinque persone.

🏵 *L'impegno dello chef:* Pomodori gialli, melanzane, cipolle e le proverbiali castraure vengono coltivati con tecniche tradizionali negli "orti salsi", appannaggio di pochi anziani dell'isola e luogo di rifornimento per Venissa. Inoltre, a seconda del luogo e della salinità del suolo, sono diverse le erbe ed i fiori che crescono in laguna e che concorrono ad insaporire i piatti di Chiara e Francesco. Ultimo ma non meno importante il lab fermentazione provvede al recupero di sovrapproduzione agricola e scarto del pesce.

🖢 🅰 🏮 – Prezzo: €€€€

Fondamenta Santa Caterina 3 – 𝒞 041 527 2281 – venissa.it – Chiuso martedì e mercoledì

Burano

AL GATTO NERO

VENEZIANA • ACCOGLIENTE Nella deliziosa e variopinta Burano, una salda gestione familiare che si impegna da oltre 50 anni nella scelta delle materie prime e nell'accoglienza. Un ristorante di ottima cucina veneziana e di mare con gradevole dehors estivo affacciato sul canale. Il locale è molto gettonato, meglio prenotare.

- Prezzo: €€€

Via Giudecca 88 - ✆ 041 730120 - gattonero.com - Chiuso lunedì e la sera mercoledì, giovedì, domenica

Campalto

TRATTORIA AL PASSO

PESCE E FRUTTI DI MARE • FAMILIARE Da oltre 70 anni un avvicendarsi di generazioni appartenenti alla stessa famiglia guidano questo gradevole ristorante fuori città, nella sala interna stile marina o nella luminosissima sala-veranda vi verrà proposta una cucina a tutto pesce: crudi, cotture alla griglia, fritti e numerosi condimenti per i primi piatti. A sancire il gran finale un'ampia carta dei dessert.

- Prezzo: €€€

Fuori pianta - *Via Passo Campalto 118, 5 km a est di Mestre - ✆ 041 900470 - Chiuso lunedì e martedì*

Isola delle Rose

AGLI AMICI DOPOLAVORO (N)

CREATIVA • CONTESTO CONTEMPORANEO Sull'incantevole isola delle Rose, privata e raggiungibile solo con navetta dedicata, attraversato un piccolo giardino-uliveto vi troverete immersi in una cornice traboccante di romanticismo e raffinatezza. Lo chef si lascia sedurre dai prodotti locali e stagionali (spesso provenienti dall'orto di proprietà), che ripropone però in piatti dal twist moderno. La sera intrigante aperitivo a base di cicchetti veneziani rivisitati.

- Prezzo: €€€€

Fuori pianta - *Isola delle Rose - ✆ 041 852 1300 - dopolavororestaurant.com - Chiuso lunedì e a mezzogiorno*

Torcello

LOCANDA CIPRIANI

MEDITERRANEA • VINTAGE È una locanda di grande tradizione: tra i suoi ospiti anche Ernest Hemingway, che ne fu un habitué. La location è fuori dal tempo ed esprime il meglio di sé la sera, quando sull'isola rimangono i suoi undici abitanti: l'ideale per godersi la vera laguna e per una fuga romantica. Al timone della cucina chef Cristian Angiolin propone piatti creati dalla famiglia Cipriani - ormai ricette iconiche! - oltre a una varietà di specialità a base di pesce, verdura e pasta fatta in casa.

- Prezzo: €€€

Piazza Santa Fosca 29 - ✆ 041 730150 - locandacipriani.com - Chiuso martedì

VENOSA

✉ 85029 - Potenza (PZ) - Carta regionale n° **18**-A1

AL BALIAGGIO

MODERNA • ELEGANTE All'interno di un edificio risalente al 1400 con bei soffitti a volte, in un'atmosfera signorile e curata il giovane chef-patron propone una cucina di terra e di mare legata alla tradizione, ma rielaborata in chiave moderna, con ottimi prodotti regionali. Piatti fragranti e ben bilanciati nell'equilibrio dei sapori, come nei maccheroni al ferro o nel baccalà camouflage. Corona il tutto un servizio attento e preciso.

 – Prezzo: €

Via Vittorio Emanuele II 136 – 𝒞 0972 35081 – albaliaggio.it – Chiuso lunedì e domenica sera

L'INCANTO

LUCANA • ACCOGLIENTE Nel centro storico della bella Venosa, L'Incanto propone un'intelligente ricerca e valorizzazione di prodotti del territorio lucano, qualche importazione campana e pugliese, nonché un'eccezione da non perdere: l'asado d'agnello, ricordo d'infanzia venezuelana dello chef irpino.

🅰🅲 – Prezzo: €€

Discesa Capovalle 1 – 𝒞 0972 36082 – Chiuso lunedì e domenica sera

VENTIMIGLIA

✉ 18039 – Imperia (IM) – Carta regionale n° **10**–A3

❀ BALZI ROSSI

DEL TERRITORIO • ELEGANTE Ancora in Italia, ma a brevissima distanza dal confine e con una strepitosa terrazza affacciata sulla costa francese, lo sguardo spazia dal pittoresco centro storico di Mentone fino a Cap Martin (in alta stagione consigliamo di prenotare uno di questi ambitissimi tavoli con anticipo, l'alternativa è comunque un'elegante sala interna). Se tutto sembra volgere verso la Costa Azzurra, la cucina del bravissimo Enrico Marmo ci riporta invece in Liguria. Il giovane chef punta sovente sulle eccellenze regionali, dai fagioli di Pigna ai gamberi di Sanremo per citarne solo due, ripercorre con sapienza le ricette liguri, dando poi ampio spazio alla sua creatività e declinando talvolta i piatti in due o più proposte intorno allo stesso tema. Tra vista, cucina e un'interessante proposta di abbinamenti anche con cocktail e birre (che si aggiungono all'ottima carta di etichette italiane e francesi), non sarà difficile rendere la sosta indimenticabile!

🏵 ≤🅰🅲🍸 – Prezzo: €€€€

Via Balzi Rossi 2 – 𝒞 0184 38132 – ristorantebalzirossi.it – Chiuso a mezzogiorno

❀ CASA BUONO

Chef: Antonio Buono

DEL TERRITORIO • CHIC A Trucco, una piccola frazione della Val Roia, nel primo entroterra alle spalle di Ventimiglia, troverete questa inaspettata gemma della ristorazione ligure. Niente scelta à la carte, ci si affida al menu degustazione che lo chef elabora per i clienti, ben calibrato e allestito a partire dai migliori prodotti, reperiti di preferenza presso piccoli allevatori e produttori locali. Le proposte contengono alcuni riferimenti alle tradizioni liguri, ma sono per lo più creative, sorprendenti e felicemente elaborate. Servizio di qualità, capeggiato con squisita gentilezza dalla moglie del cuoco, aiutata da un personale di grande professionalità.

 – Prezzo: €€€

Corso Cuneo 28 – 𝒞 0184 176 0006 – ristorantecasabuono.com – Chiuso lunedì, martedì e a mezzogiorno mercoledì e giovedì

IL GIARDINO DEL GUSTO

CREATIVA • ACCOGLIENTE Una delle cucine più elaborate e creative della città. Allo chef-patron Emanuele Donalisio non fa difetto certo la fantasia! Se amate i piatti ricchi di ingredienti e gli accostamenti originali (anche se non manca qualche piatto di ispirazione più classica) ecco il vostro indirizzo.

🅰🅲🍸 – Prezzo: €€€

Piazza XX Settembre 6/c – 𝒞 0184 355244 – emanueledonalisio.com – Chiuso lunedì e martedì a mezzogiorno

VERBANIA

✉ 28922 – Novara (NO) – Carta regionale n° **1**–C1

CAFFÈ DELLE ROSE BISTROT

MEDITERRANEA • **BISTRÒ** Nel pittoresco centro storico di Pallanza, all'interno di un bell'edificio risalente agli inizi del Novecento trova posto un bistrot di gusto contemporaneo, condotto sapientemente da Massimiliano Celeste, chef molto conosciuto in zona. La linea gastronomica è mediterranea con un tocco di fantasia; piccolo chef's table davanti alla cucina. Vivamente consigliata la visita dell'antica ghiacciaia, ora cantinetta dalle ottime etichette.

&. 🅰 – Prezzo: €€

Via Ruga 36 – ✆ 0323 288371 – caffedellerosebistrot.it – Chiuso martedì e mercoledì a mezzogiorno

VERCELLI

✉ 13100 – Vercelli (VC) – Carta regionale n° **1**–C2

BISLAKKO

DEL TERRITORIO • **CONTESTO CONTEMPORANEO** Si è voluto giocare con le parole, perché "bislacco" lo è solo nel nome. Questo ristorante saprà conquistarvi per la sua cucina: piatti di carne, pesce o vegetariani (c'è una degustazione dedicata) e, in virtù della presenza della pasticceria di proprietà, anche un interessante percorso dall'antipasto al dolce in cui fa capolino il cioccolato. D'altro canto, si definiscono "cioccoristoreria". A tenervi compagnia la visione di video d'epoca.

– Prezzo: €€

Via Thaon de Revel 87 – ✆ 0161 302460 – bislakko.com – Chiuso martedì e a mezzogiorno da lunedì a venerdì

CHRISTIAN & MANUEL

MODERNA • **ELEGANTE** I fratelli Christian e Manuel Costardi sono artefici di una cucina creativa, elaborata partendo da materie prime di eccellente qualità, senza dimenticare le tradizioni culinarie della zona. Non meravigliatevi quindi della particolare attenzione riservata al riso: il menu propone una selezione di una ventina di risotti, a cui si aggiungono tante gustose specialità di terra e di mare. Per la scelta del vino – che poggia su una carta di livello e ben articolata – affidatevi all'esperienza e alla competenza della pluripremiata sommelier Elisa Bellavia.

🕸 🅰 – Prezzo: €€€

Corso Magenta 71 – ✆ 0161 253585 – christianemanuel.it – Chiuso lunedì e domenica sera

PAOLINO

PIEMONTESE • **CONTESTO REGIONALE** Nella piazza principale della cittadina, sotto i portici, troviamo questa caratteristica trattoria dove gusterete preparazioni fresche della tradizione: dalle più conosciute come la battuta di fassone alle paste fatte in casa. A tali prelibatezze si accompagnano i vini dei territori vicini.

– Prezzo: €€

Piazza Camillo Benso Conte di Cavour 5 – ✆ 0161 214790 – Chiuso lunedì a mezzogiorno e domenica sera

VERNANTE

⭐ **NAZIONALE**

Chef: Maurizio Macario e Fabio Ingallinera

MODERNA • ROMANTICO Varcata la soglia dell'omonimo albergo, una tipica struttura montana, sono le due sale che ospitano il ristorante a scaldare il cuore, e non solo per la presenza dei camini, ma anche per il legno e l'eleganza che le avvolge, nonché la cortesia del servizio. Salmerini, lumache, un'ottima selezione di selvaggina, la pecora sambucana, il burro, le erbe spontanee del parco e le verdure del proprio orto sono solo alcune delle eccellenze servite, ma merita una menzione anche il settore della panificazione, in particolare il pane sfogliato, golosissimo. Insomma, un grande applauso alla cucina, per i suoi rimarchevoli piatti, splendida vetrina dei tesori gastronomici di queste valli, che soddisferanno anche i palati più esigenti.

🏾 🍴 🅿 – Prezzo: €€€

Via Cavour 60 – ☎ 0171 920181 – ilnazionale.com – Chiuso lunedì e martedì a mezzogiorno

VERONA

✉ 37121 – Verona (VR)
Carta regionale n° **8**–A3

Una grande tradizione dolciaria

Brevettato dal pasticcere Domenico Melegatti nel 1894, il pandoro nasce dall'evoluzione di vari dolci tradizionali natalizi: a Melegatti il merito di aver combinato le fonti d'ispirazione e di aver messo a punto un'ottima operazione commerciale. L'impasto di farina, zucchero, burro e uova lievita per oltre 48 ore in 6-7 cicli di impasti, rendendo il "pane d'oro" difficilmente replicabile in casa con successo. Una curiosità: nella bottega di Melegatti lavorava un certo Giovanni Battista Perbellini, il nome vi dice qualcosa? Fu lui a creare nel 1891 l'Offella d'Oro®, una pasta lievitata dolce che si dice essere tra gli ispiratori del pandoro.

 CASA PERBELLINI 12 APOSTOLI

Chef: Giancarlo Perbellini

CREATIVA • INTIMO Giancarlo Perbellini ritorna alle origini, nel locale storico della sua città, dove ogni cuoco veronese, e non solo, ambirebbe lavorare. E ne rinnova i fasti con un restyling attualizzato ma, soprattutto, perfezionando ancora il suo stile e la sua filosofia di cucina, presentata attraverso tre formule degustazione – di cui una vegetariana – o la scelta di singoli piatti alla carta (indimenticabili gli gnocchi, acqua di pomodoro e spuma d'uovo). Gusto contemporaneo senza sfociare in inutili esotismi, con aromi e sapori sempre in estremo equilibrio, maniacale perfezione delle presentazioni, il tutto servito con cortesia e competenza da una sala al femminile, mentre Chantal dirige la giovane "orchestra" con discrezione e professionalità. Un elogio va riservato alla carta dei vini, caratterizzata da una vasta scelta di bottiglie d'Oltralpe: passione sia dello sommelier sia dello chef-patron Giancarlo. Imperdibile, infine, una visita alle rovine romane conservate al piano interrato.

❀ ⅓ 🅰 – Prezzo: €€€€

Pianta: C2-1 – *Vicolo Corticella San Marco 3 – 𝄢 045 878 0860 – casaperbellini.com – Chiuso lunedì e domenica*

 IL DESCO

Chef: Matteo Rizzo

ITALIANA CONTEMPORANEA • ELEGANTE Da oltre 40 anni è il salotto buono di Verona, tra le mura di un palazzo rinascimentale nel cuore della città scaligera: l'eleganza della sala, raffinata e signorile, arricchita ed ulteriormente impreziosita da opere d'arte, è degna delle occasioni più importanti. La carta (non ampia ma completata dal menu degustazione "Generations") racconta la sua storia gastronomica nata dal talento di papà Elia ed oggi nelle mani del figlio Matteo Rizzo. La maggior parte dei piatti in carta oggi sono suoi, e mostrano un certo piglio fresco e leggero, non mancano, però, alcune classiche ricette del capostipite (tipo gli scampi fritti), così come non manca mai lo storico mantecato di burro e mascarpone con cui si accompagnano con golosità i farinacei ad inizio pasto.

🕸 🄰🄺 🛱 ⇆ – Prezzo: €€€€

Pianta: C2-3 – *Via Dietro San Sebastiano 7 – ☎ 045 595358 – ristoranteildesco.it – Chiuso lunedì e domenica*

🕸 AL BERSAGLIERE

TRADIZIONALE • **CONTESTO TRADIZIONALE** Questo locale storico del quartiere Borgo Filippi, traboccante di oggetti vintage – dal juke-box alla macchina per caffè degli anni '60 – continua a confermare il suo successo grazie ad una cucina generosa, rassicurante, un vero baluardo delle tradizioni venete. Tra le varie specialità citiamo il cremoso baccalà del Bersagliere, che ben si accompagna con le fette di polenta grigliate. Interessante anche la bella cantina (visitabile): in ambienti risalenti al 1200, descrive molto bene la zona del veronese e se l'Amarone, ovviamente, primeggia, imperdibile è anche l'ottima selezione di distillati.

🕸 🄰🄺 🛱 – Prezzo: €

Pianta: C2-4 – *Via Dietro Pallone 1 – ☎ 045 800 4824 – trattoriaalbersagliere.it – Chiuso lunedì e domenica*

🕸 OSTERIA MONDO D'ORO

ITALIANA • **ACCOGLIENTE** L'osteria secondo il celebre e pluristellato chef Giancarlo Perbellini: un luogo, anzi un "mondo" dove assaporare, in rilassatezza e a prezzi onestissimi, fragranti piatti di cucina italiana e alcune proposte vegetariane. In pieno centro, in una traversa della centralissima via Mazzini, la scelta si farà tra la raccolta sala interna e il dehors (tempo permettendo!).

🄰🄺 🛱 – Prezzo: €

Pianta: C2-5 – *Via Mondo d'Oro 4 – ☎ 045 894 9290 – osteriamondodoro.it – Chiuso martedì e mercoledì a mezzogiorno*

AL CAPITAN DELLA CITTADELLA

PESCE E FRUTTI DI MARE • **CONTESTO CONTEMPORANEO** Appena fuori dalle mura cittadine, Al Capitan da oltre tre lustri è l'indirizzo di riferimento per chi ama la cucina di pesce; le preparazioni sono per lo più quelle classiche italiane, a cui lo chef-patron concede qualche spunto contemporaneo, puntando essenzialmente sulla qualità del prodotto. La carta dei vini mostra un certo debole per la Francia e in particolare per gli Champagne.

🕸 🄰🄺 🛱 – Prezzo: €€€

Pianta: C2-9 – *Piazza Cittadella 7/a – ☎ 045 595157 – alcapitan.it – Chiuso domenica e lunedì a mezzogiorno*

CAFFÈ DANTE BISTROT

CLASSICA • **CONTESTO STORICO** Servizio all'aperto in una delle piazze più belle di Verona, ma se il tempo non lo consente le sale interne dalle decorazioni ottocentesche non sono meno suggestive. La cucina oscilla tra specialità locali e nazionali, con una predilezione per la cottura alla griglia tra i secondi e una particolare ricerca sulle carni.

♿ 🄰🄺 🛱 – Prezzo: €€

Pianta: C2-7 – *Piazza dei Signori 2 – ☎ 045 800 0083 – caffedante.it – Chiuso lunedì*

LA CANONICA

CREATIVA • **INTIMO** Piccolo locale del centro in stile minimal, dove atmosfera e linea gastronomica si rifanno alla contemporaneità con qualche sfumatura ispirata alla Sardegna, terra di origine dello chef; alcuni ingredienti provengono dal laboratorio di fermentazione dello stesso ristorante.

♿ 🄰🄺 🛱 – Prezzo: €€€

Pianta: C2-8 – *Vicolo San Matteo 3 – ☎ 045 473 2625 – ristorantelacanonicaverona.it – Chiuso lunedì e martedì*

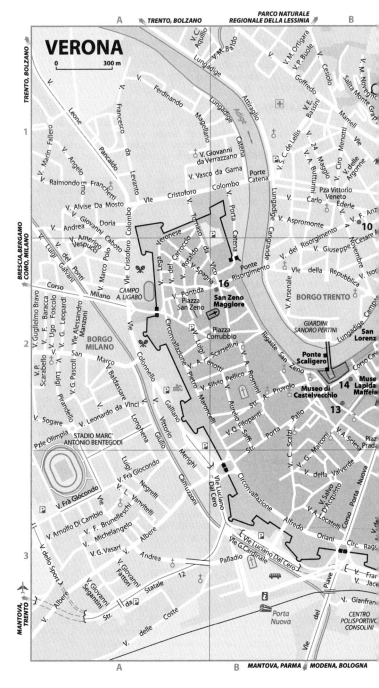

VERONA

0 ————— 300 m

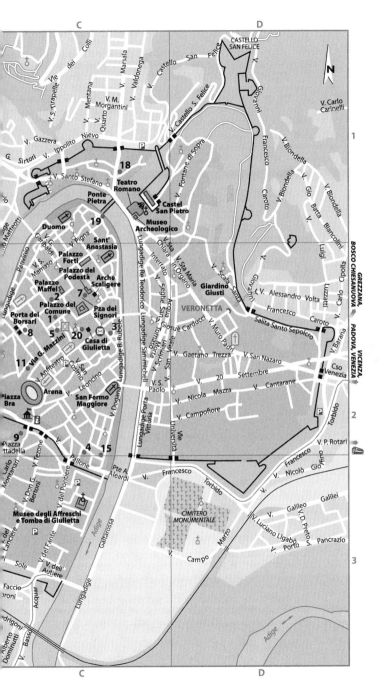

CASTELLO
SAN FELICE

N

V. Carlo
Carinelli

V. Gazzera
G. Sirtori
V. Ippolito
V. Nievo

V.s. Trapelle
V. Colli

V. Mentana
V. Quarto
V. Marsala
V. Valdonega

V. M.
Morgantini

V. Castello San Felice

V. Giovanni

V. Francesco

V. Biondella

V. Gio
Batta
Biancolini

V. Biondella

V. Santo Stefano

18

Teatro
Romano

Castel
San Pietro

Museo
Archeologico

V. Sta
Chiara
in Organo

V. Sta Maria
in Organo

V. Scala
Salita

V. Giovanni

V. Alessandro Volta

V. Luzzatti

V. Carlo
Cipolla

V. Luigi

V. Matteotti

Duomo

19

Sant'
Anastasia

V. Pigna

Palazzo
Forti

V. Interrato

V. Giosuè Carducci

Giardino
Giusti

V. Francesco

V. Caroto

V. Barana

Palazzo del
Podestà

Arche
Scaligere

Palazzo
Maffei

Palazzo del
Comune

Pza dei
Signori

VERONETTA

Salita Santo Sepolcro

Cso
Venezia

Porta dei
Borsari

8

1

7

20

3

Casa di
Giulietta

V. San
Cosimo

V. Muro Padri

V. Gaetano Trezza

V. San Nazaro

V. 20
Settembre

V. Cantarane

V. Torbido

via G. Mazzini

11

V. Anfiteatro

Arena

Piazza
Bra

San Fermo
Maggiore

V. Leoncino

V. S.
Paolo

V. Dogana

Lungadige Porta
Vittoria

Vle
Università

V. Nicola Mazza

V. Campofiore

V. P. Rotari

9

Piazza
Cittadella

4

15

Pte A.
Aleardi

V. Francesco

V. Tezone

V. Pallone

V. del Pontiere

V. Francesco

V. Torbido

V. Nicolò Gio

Olivo

V. Galileo

V. Galilei

Carlo
Montanari

V. Don G.
Bertoni

V. Lanciere

V. del Fante

Museo degli Affreschi
e Tomba di Giulietta

CIMITERO
MONUMENTALE

V. Marzo

V. Campo

V. Luciano Ligabò

V. Porto

V. Galileo

V.D. Prieto

V. Pancrazio

V. Sole

V. dell'
Autiere

Faccio
oroni

Adige

Gattarossa

Lungadige

V. Acquai

Adige

drigoni
V. Bassa
V. Alberto
Dominutti

GREZZANA,
BOSCO CHIESANUOVA

VICENZA,
PADOVA, VENEZIA

FILIA RISTORANTE

CREATIVA • INTIMO Intimo, moderno, solo cinque tavoli e linee minimal, con la sola eccezione del bagno hip-hop. È l'espressione diretta del carattere del suo chef-patron Michael Silhavi, che ha scelto Borgo Trento, quartiere residenziale non lontano dal centro, per realizzare il sogno di un locale in proprio. Due sono i menu degustazione, ma l'ospite può scegliere alla carta, mentre a pranzo, a voce, c'è anche una proposta veloce. I piatti sono creativi, coloratissimi e a volte giocano con ricette tradizionali come nel caso del "Polpo alla Luciana?"

&. 🅰️ 🍽️ – Prezzo: €€€

Pianta: B1-10 – *Via Francesco Anzani 19* – 📞 *388 724 9430* – *filiaristorante.it* – *Chiuso lunedì e domenica*

LOCANDA 4 CUOCHI

CLASSICA • SEMPLICE In pieno centro storico, dietro l'Arena, piacevole ristorante - semplice ma di qualità – rilevato da due ex allievi di chef Perbellini, qui in veste di soci e responsabili. La carta propone una linea italiana contemporanea con piatti quali: risotto mantecato allo zafferano, gamberi, cagliata al limone oppure arrosticino d'agnello alle erbe aromatiche con soncino, yogurt alla menta e sesamo nero.

🅰️ 🍽️ – Prezzo: €€

Pianta: C2-11 – *Via Alberto Mario 12* – 📞 *045 803 0311* – *locanda4cuochi.it* – *Chiuso lunedì e martedì a mezzogiorno*

LA LOGGIA BISTRÒ 🔵

CONTEMPORANEA • BISTRÒ All'interno di una corte un po' defilata ma comunque centralissima si svolge il servizio estivo, mentre internamente il locale è intimo, con pochi posti, tavolini quadrati apparecchiati in modo classico, luci soffuse e belle decorazioni che omaggiano il mondo del vino. Cucina generosa che esce dai cliché più classici e turistici con ingredienti che seguono la stagionalità dei prodotti ed elaborazioni improntate a una certa creatività.

🍽️ – Prezzo: €€€

Pianta: C2-2 – *Corte Sgarzarie 7* – 📞 *045 258 9762*

L'OSTE SCURO

PESCE E FRUTTI DI MARE • RUSTICO Raggiunto il quarto di secolo col suo Oste Scuro, lo chef-patron Lugoboni è ormai un riferimento cittadino (e non solo) per gli amanti della cucina di mare: traguardo raggiunto grazie a piatti dal leggero tocco moderno, che si basano sempre sulla freschezza e la qualità del pescato. La bella carta dei vini è in costante crescita, con una predilezione per bianchi e Champagne.

🦞 🅰️ 🍽️ – Prezzo: €€€

Pianta: B2-13 – *Vicolo San Silvestro 10* – 📞 *045 592650* – *ristoranteostescuro.tv* – *Chiuso domenica e lunedì a mezzogiorno*

OSTERIA LA FONTANINA

CLASSICA • ROMANTICO A due passi dal Teatro Romano e dal Ponte Pietra, la Fontanina è una delle più vecchie osterie della città (oltre 200 anni di storia), dal 1984 sotto l'egida della famiglia Tapparini. Grandi estimatori di antichità, i titolari hanno ammantato il ristorante di un'aura intima e ovattata, in cui ogni centimetro è vestito di specchi, oggetti ed arredi d'epoca, stampe e argenti. La cucina è ricca ed elaborata e le tradizioni venete e italiane sono rivisitate con opulenza; più sbilanciato sulle proposte ittiche, offre anche qualche piatto di carne. Carta dei vini vasta ed esaustiva.

🦞 🅰️ 🍽️ ♿ – Prezzo: €€

Pianta: C1-18 – *Portichetti Fontanelle Santo Stefano 3* – 📞 *045 913305* – *ristorantelafontanina.com* – *Chiuso lunedì e domenica sera*

PONTE PIETRA

MODERNA • ROMANTICO L'antico edificio attiguo al romano Ponte Pietra si affaccia sul fiume con un paio di romantici balconcini. Nelle sale interne di gran fascino si degusta una cucina legata al territorio, ma con spunti creativi e grande attenzione alla cantina.

⌖ ⌖ ⌖ ⌖ – Prezzo: €€

Pianta: C1-19 – *Via Ponte Pietra 34 – ☏ 045 804 1929 – ristorantepontepietra.com – Chiuso domenica*

SAN BASILIO ALLA PERGOLA

ITALIANA • RUSTICO Semplice trattoria di periferia, dotata per altro di gradevole servizio estivo con pergolato, così come semplice è la cucina proposta, di stampo italiano con alcuni ovvi riferimenti al territorio. Classici sono il fegato di vitello alla salvia o la carne alla griglia.

⌖ ⌖ – Prezzo: €€

Fuori pianta – *Via Pisano 9 – ☏ 045 520475 – trattoriasanbasilio.it – Chiuso domenica*

TRATTORIA AL POMPIERE

VENETA • CONVIVIALE Atmosfera davvero piacevole per questa trattoria del centro storico - ubicata di fronte alla casa di Giulietta, visitabile a pagamento - tra boiserie e svariate foto d'epoca, tavoli ravvicinati e tovagliato a quadri. La carta si basa su ingredienti sostanzialmente di territorio: tanta carne e paste, quindi, ma potrete optare anche per l'ottima selezione di salumi e formaggi italiani, sbizzarrendovi anche con l'ampia scelta permessa dalla carta dei vini.

⌖ ⌖ ⌖ – Prezzo: €€

Pianta: C2-20 – *Vicolo Regina d'Ungheria 5 – ☏ 045 803 0537 – alpompiere. com – Chiuso domenica*

TRATTORIA I MASENINI

TRADIZIONALE • AMBIENTE CLASSICO Accogliente locale situato in una bella zona di Verona, proprio di fronte al famoso Castelvecchio. In carta proposte gastronomiche sia regionali sia italiane, dove le specialità sono le carni allo spiedo, con l'aggiunta di qualche piatto di pesce; nella bella stagione si può desinare all'aperto.

⌖ ⌖ ⌖ – Prezzo: €€

Pianta: B2-14 – *Via Roma 34 – ☏ 045 806 5169 – trattoriaimasenini.it – Chiuso domenica e lunedì a mezzogiorno*

VECIO MACELLO

PESCE E FRUTTI DI MARE • AMBIENTE CLASSICO Dell'ex macello antistante il ristorante ritroverete nella sala le curiose decorazioni del soffitto, mentre i piatti, paradossalmente, sono quasi esclusivamente a base di pesce. Dalla selezione di crudi ai classici di mare, c'è spazio anche per qualche proposta più creativa.

⌖ – Prezzo: €€€

Pianta: C2-15 – *Via Macello 8 – ☏ 045 803 0348 – veciomacello.com*

VESCOVO MORO

ITALIANA CONTEMPORANEA • INDUSTRIALE A 50 metri dalla basilica di San Zeno, patrono della città, all'interno di una ex officina completamente rinnovata con ampi spazi esterni per la bella stagione, menu equamente suddiviso tra carne e pesce, nonché inserti vegetariani, elaborati secondo un gusto moderno.

⌖ ⌖ – Prezzo: €€€

Pianta: B2-16 – *Via Pontida 3 – ☏ 045 803 5084 – vescovomoro.it*

VETREGO

✉ 30035 – Venezia (VE) – Carta regionale n° **8**-C3

🐧 IL SOGNO

DEL TERRITORIO • FAMILIARE Locale della campagna miranese, ex circolo culturale, propone a prezzi corretti una semplice quanto buona cucina che prende lo spunto dal territorio, ma segue anche le tracce di presidi Slow Food non solo italiani e qualche piccola personalizzazione. In inverno completo e intrigante carrello dei bolliti con salse e mostarda.

🍴 🖾 🛋 🅿 – Prezzo: €€

Via Vetrego 8 – ℰ 041 577 0471 – trattoriailsogno.com – Chiuso lunedì e domenica sera

VIAGRANDE – Catania (CT) ➔ Vedere Sicilia in fondo alla Guida

VIAREGGIO

✉ 55049 – Lucca (LU) – Carta regionale n° **11**-B1

🕸🕸 IL PICCOLO PRINCIPE

Chef: Giuseppe Mancino

CREATIVA • LUSSO Al piano terra del Grand Hotel Principe di Piemonte, albergo-icona di Viareggio che ha passato in grande stile il secolo di vita, i tavoli sono allineati in una sala allungata ed elegante, assistita da un servizio attento e professionale. Il cuoco Giuseppe Mancino propone diversi menu degustazione, di cui uno vegetale, ma con piatti liberamente estraibili alla carta. Presentazioni che talvolta paiono uscite da quadri, i suoi piatti combinano tradizioni locali ed internazionali quasi sempre imbastite da una spiccata dose di creatività. Ottima anche la carta dei vini, compresa la selezione al bicchiere, nonché quella di etichette francesi.

🍴 ♿ 🖾 🅿 – Prezzo: €€€€

Piazza Giacomo Puccini 1 – ℰ 0584 4011 – ristoranteilpiccoloprincipe.it – Chiuso lunedì e a mezzogiorno

🕸 LUNASIA

Chef: Luca Landi

MODERNA • ELEGANTE Uno degli chef più fantasiosi e originali della Versilia e un ristorante-vetrina all'interno del lussuoso hotel Plaza e de Russie. In una sala moderna e luminosa affacciata sul celebre lungomare viareggino, la carta di Luca Landi propone tre menù degustazione, uno dedicato al pesce, un secondo vegetariano e il terzo consacrato alle carni, con possibilità di scegliere alla carta liberamente, incrociando i piatti secondo le preferenze. Le portate sono di rara eleganza e le presentazioni lasciano stupiti. Sostenuto da ottimi ingredienti, lo chef omaggia il territorio, dal pescato del mare locale ai prodotti dell'entroterra.

♿ 🖾 – Prezzo: €€€€

Viale Manin 4 – ℰ 0584 44449 – plazaederussie.com – Chiuso a mezzogiorno

🕸 ROMANO

PESCE E FRUTTI DI MARE • ELEGANTE Storica insegna della ristorazione versiliana, Romano aprì i battenti nel '66 ponendo subito l'accento della sua cucina sulla qualità del prodotto, in particolare del pescato locale. Ora come allora il credo continua ad essere lo stesso, ma merito all'attuale cuoco Nicola Gronchi di aver aggiunto una marcia di tecnicismo in più, una ventata di modernità che ha portato la cucina al passo coi tempi, pur non tradendo il suo credo: il miglior pesce (ma per chi non lo ama c'è anche qualche piatto di carne), talvolta interpretato nelle tipiche ricette versiliane.

🍴 🖾 – Prezzo: €€€€

Via Mazzini 120 – ℰ 0584 31382 – romanoristorante.it – Chiuso lunedì

DA MIRO ALLA LANTERNA

PESCE E FRUTTI DI MARE • FAMILIARE Il menu non arriverà mai a trasmettere appieno la qualità e la bellezza del pesce esposto a ridosso della cucina, da cui scegliere il proprio pasto. Crostacei, pesci di fondale, grandi pezzature di varie tipologie: fatevi trasportare dalle onde del mare che qui si tradurranno in gustose emozioni per il palato. In un ambiente classico e con un servizio professionale, molte le etichette di vino presenti a un buon rapporto-qualità prezzo. Una certezza dal 1954!

🐕 ♿ Ⓜ 🛋 – Prezzo: €€

Via Coppino 289 – 𝄢 0584 384065 – ristorantedamiro.com – Chiuso lunedì e martedì a mezzogiorno

MAME RESTAURANT Ⓝ

PESCE E FRUTTI DI MARE • BISTRÒ Il MaMe è in centro a Viareggio, vicino ai cantieri navali, e occupa uno spazio stretto e lungo che ricorda certi ristoranti orientali con lunga panca sul lato e piccoli tavoli in stile bistrot. In un ambiente informale ma molto curato la cucina si sofferma su interessanti dettagli tecnici, che vanno dall'ottima maionese fatta in casa che accompagna il piatto di pesce al vapore (altamente consigliato!) alla fragrante pagnotta a lievitazione naturale cotta al momento e servita ancora fumante.

♿ Ⓜ ⇌ – Prezzo: €€

Via Michele Coppino 56 – 𝄢 0584 345697 – mamerestaurant.com – Chiuso lunedì e a mezzogiorno

TERESITA BY GIARDINO DI MARI

PESCE E FRUTTI DI MARE • CONVIVIALE Tra i migliori ristoranti di pesce della zona, direttamente sulla passeggiata di Viareggio e comodamente a bordo mare, ambienti signorili per una proposta di qualità con accento sui crudi e crostacei. Il pescato del giorno - abilmente lavorato dal bravo chef - è decisamente consigliato.

♿ Ⓜ 🛋 – Prezzo: €€€

Terrazza della Repubblica 7 – 𝄢 0584 184 0038 – ristoranteteresita.it – Chiuso martedì

VIBO VALENTIA MARINA

✉ 89811 – Reggio Calabria (RC) – Carta regionale n° **19**–A2

L'APPRODO

PESCE E FRUTTI DI MARE • ELEGANTE Di certo tra gli indirizzi più affidabili in zona: di fronte al porto di Vibo Marina, è un "approdo" sicuro per chi è alla ricerca di una cucina classica, mediterranea e confortevole, soprattutto a base di pesce (perlopiù di provenienza locale), sebbene vi siano in carta anche alcuni piatti di terra. L'offerta si completa con le camere del proprio hotel Cala del Porto.

♿ Ⓜ 🛋 ⇌ – Prezzo: €€€

Via Roma 22 – 𝄢 0963 572640 – lapprodo.com – Chiuso lunedì a mezzogiorno

VICENO

✉ 28862 – Novara (NO) – Carta regionale n° **1**–C1

😋 EDELWEISS

DEL TERRITORIO • FAMILIARE Da oltre 60 anni è un vero caposaldo della gastronomia locale! Tanta longevità si deve al lavoro di un'intera famiglia che propone, in un ambiente rilassato ed informale, piatti della tradizione montana, cacciagione, selezione di formaggi locali (tra cui consigliamo un doveroso assaggio di bettelmatt) e gelati artigianali.

🍴 ♿ 🅿 – Prezzo: €

Località Crodo – 𝄢 0324 618791 – albergoedelweiss.com

VICENZA

✉ 36100 – Vicenza (VI) – Carta regionale n° **8**–B2

✿ MATTEO GRANDI

Chef: Matteo Grandi

CREATIVA • ELEGANTE Dalla provincia veronese lo chef si è trasferito nei signorili spazi che dialogano con la rinascimentale Basilica Palladiana. Nulla è però cambiato dietro ai fornelli. La sua filosofia culinaria continua a promuovere piatti che privilegiano i sapori a scapito dei grassi, imperniati su ottimi prodotti e un estro intelligente e misurato, senza eccessi né sbavature, con qualche eco esotica derivante dalle esperienze dello chef in Cina. La moglie Elena Lanza si occupa con eleganza e savoir-faire di accoglienza e servizio; eleganti uniformi del personale con aforismi e versi poetici si legano a un progetto di solidarietà.

൭ ⅗ 🅺 – Prezzo: €€€€

Piazza dei Signori 1 – ☏ 328 182 4572 – ristorantematteograndi.it – Chiuso martedì e mercoledì a mezzogiorno

REMO VILLA CARIOLATO

CLASSICA • AMBIENTE CLASSICO In una bella villa veneta, che fu casa di Domenico Cariolato, eroe risorgimentale e uomo dei Mille di Garibaldi, sale e salette vedono il servizio di una solida cucina classica, regionale ed italiana, chiaramente divisa già sulla carta in proposte di terra e di mare. In quest'ultimo caso il pesce proviene quasi tutto dal mercato di Chioggia.

൭ ⅗ 🅺 ⌸ ⇆ 🅿 – Prezzo: €€

Strada di Bertesina 313 – ☏ 0444 911007 – removillacariolato.it – Chiuso lunedì e domenica sera

VICO EQUENSE

✉ 80060 – Napoli (NA) – Carta regionale n° **17**–B2

✿✿ TORRE DEL SARACINO

Chef: Gennaro Esposito

CREATIVA • ELEGANTE Dalla strada costiera si scende lungo tornanti fino a Marina di Equa, la spiaggia di Vico, dove troneggia la torre saracena a pochi metri dal mare. È proprio al suo interno che si viene accolti per l'aperitivo, con un sottofondo musicale e una straordinaria serie di saluti della cucina, fantasiosi assaggi che aprono la strada a ciò che seguirà. Da qui si raggiungono due raffinate sale dagli arredi vintage anni Settanta, affacciate sul Golfo e sul Vesuvio, la cornice di un pasto che rimarrà a lungo nel ricordo: Gennaro Esposito è uno dei più grandi interpreti della cucina campana, nei suoi piatti sposa sovente mare e terra con intuizioni che lasciano sbalorditi di fronte a tanta meraviglia estetica - vi troverete tutti i colori e la vitalità della sua terra - ma soprattutto straripante bontà.

൭ 🅺 ⌸ 🅿 – Prezzo: €€€€

Via Torretta 9 – ☏ 081 802 8555 – torredelsaracino.it – Chiuso lunedì, martedì a mezzogiorno e domenica sera

✿ ANTICA OSTERIA NONNA ROSA

Chef: Peppe Guida

CAMPANA • ROMANTICO Nella sala si respira tutto il calore di un'antica casa campana, con un presepe che ritrae anche lo chef e nonna Rosa, mentre per una serata più intima ci sono due nicchie con altrettanti tavoli. Tra pareti color tortora e lampade posizionate ad hoc, la cucina si conferma originale e creativa, pur restando fedele alle tradizioni, nonché ai prodotti campani, spesso di produzione propria. Da qualche anno lo chef-patron Giuseppe Guida ha acquistato un grande giardino, dove coltiva tutte le verdure e gli ortaggi utilizzati in cucina. Per dirla con le sue parole "Un intrigante viaggio nei sapori di una volta, con slanci su terreni più fantasiosi senza mai rinnegare le origini".

🕸 🎬 – Prezzo: €€€€

Via Laudano 1, loc. Pietrapiana – 𝒞 081 879 9055 – peppeguida.com – Chiuso mercoledì, a mezzogiorno da lunedì a venerdì e domenica sera

L'ACCANTO ⓝ

MODERNA • ELEGANTE Lasciato il traffico della Costiera, si entra nell'enclave silenziosa e lussuosa dell'hotel Angiolieri e da qui al ristorante. Sala di classica eleganza, ma appena il tempo lo permette si cena su una delle terrazze più spettacolari della zona, affacciata sul Golfo di Napoli e tramonti mozzafiato. La cucina - di gran livello - si muove prevalentemente lungo le straordinarie ricchezze della cucina campana.

≼ 🖐 🎬 🎋 🅿 – Prezzo: €€€

Via Santa Maria Vecchia 2, loc. Seiano – 𝒞 081 802 9161 – grandhotelangiolieri. it – Chiuso a mezzogiorno tranne domenica

IL BIKINI

PESCE E FRUTTI DI MARE • STILE MEDITERRANEO Con la sua incantevole terrazza panoramica affacciata sull'omonimo stabilimento balneare e sul golfo di Napoli, a pranzo il locale offre una cucina di mare più semplice, mentre di sera il fine dining propone piatti gourmet serviti in una bella sala dal respiro mediterraneo.

≼ 🖐 🎬 🎋 🅿 – Prezzo: €€€

SS 145 Sorrentina km 13,900 – 𝒞 081 1984 0029 – ilbikini.com

MAXI

CREATIVA • ROMANTICO Se la location fa la sua parte per rendere indimenticabile la sosta, offrendo una vista XL su distesa blu e costa, la cucina non è da meno nell'intrattenere gli ospiti con piatti di gusto mediterraneo ma dall'impronta creativa, realizzati con prodotti campani utilizzati in modo tradizionale o in azzeccate sfide tecniche. Tanto colore e molte verdure. L'immacolata sala interna è impreziosita con ceramiche di Vietri, ma il più delle volte si mangia in terrazza a pochi metri dagli spruzzi del mare.

🕸 ≼ 🖐 🎋 🅿 – Prezzo: €€€€

Via Luigi Serio 8, SS 145 Sorrentina km 14,500 – 𝒞 081 801 5757 – hotelcapolagala.com – Chiuso martedì e a mezzogiorno

MIMA

CUCINA DI STAGIONE • CONVIVIALE All'interno di un moderno hotel in bella posizione panoramica, il Mima propone una cucina mediterranea e di stagione fragrante e ben realizzata. In estate il ristorante trasferisce i suoi tavoli sulla Terrazza Vesù, il rooftop situato al terzo piano con vista sul Golfo di Napoli, dove si potrà anche sorseggiare un aperitivo al tramonto.

≼ 🎬 🎋 – Prezzo: €€

Via Madonnelle 11 – 𝒞 081 1904 1517 – domo20.com/restaurant – Chiuso lunedì

VICOMERO DI TORRILE

✉ 43056 – Parma (PR) – Carta regionale n° **9**–A3

🕲 **ROMANI**

EMILIANA • AMBIENTE CLASSICO Tradizionale nell'atmosfera, a partire dalle sale ricoperte di decorazioni, fino alla cucina, ovviamente del territorio: è il ristorante per chi non ama rivisitazioni e ricerche esotiche, ma preferisce essere riconfermato nei classici sapori parmensi: salumi, paste fresche, arrosti e carni alla griglia, in una tipica casa colonica di campagna.

🕸 🎬 🎋 ♻ 🅿 – Prezzo: €

Via dei Ronchi 2 – 𝒞 0521 314117 – ristoranteromani.it – Chiuso mercoledì, giovedì e a mezzogiorno lunedì e martedì

VICOPISANO

✉ 56010 – Pisa (PI) – Carta regionale n° **11**–B2

OSTERIA VECCHIA NOCE

TOSCANA • CONTESTO TRADIZIONALE All'ingresso di Uliveto Terme, un antico frantoio del 1700 nel centro della minuscola frazione d'origine medievale: ambiente caratteristico, elegante e caldo, nonché collaudata gestione familiare che ha superato brillantemente i 35 anni. La solida cucina esprime in modo classico i sapori del territorio che da queste parti sono sia di terra sia di mare.

� 🅰🗠 🅿 – Prezzo: €€

Località Noce 39 – ☏ 050 788229 – osteriavecchianoce.it – Chiuso mercoledì e martedì sera

VIESTE

✉ 71019 – Foggia (FG) – Carta regionale n° **16**–B1

ACQUA

MEDITERRANEA • ELEGANTE Appena sopraelevato rispetto al porto turistico, questo elegante locale vede alla sua guida un giovane cuoco che si cimenta con piatti contemporanei, a tratti creativi, attraverso i quali presenta il meglio degli ingredienti locali a partire dai prodotti del mare, forte del fatto di approvvigionarsi direttamente dalla pescheria di famiglia.

🅰🗠 – Prezzo: €€

Lungomare Amerigo Vespucci 50 – ☏ 0884 522238 – ristoranteacqua.it – Chiuso lunedì e martedì

AL DRAGONE

PUGLIESE • ROMANTICO Un ambiente caratteristico ricavato all'interno di una grotta naturale, dove concedersi i piaceri della tavola: non solo piatti e sapori regionali ma anche proposte create dalla fantasia dello chef in preparazioni attente al gusto e all'equilibrio. Noi abbiamo apprezzato uno spaghettone alle cozze (carnose e profumate) dalla cottura perfetta, con crema di fagioli cannellini e mollica di pane di segale croccante.

🅰🗠 ⇆ – Prezzo: €€

Via Duomo 8 – ☏ 0884 701212 – aldragone.it

IL CAPRICCIO

PESCE E FRUTTI DI MARE • ACCOGLIENTE Sempre gettonatissimo, soprattutto la sera, in estate Il Capriccio si affaccia sul porto turistico con tavoli sul pontile e delizia i palati con una cucina di pesce (crudo e cotto), spesso combinato con il tradizionale amore della cucina pugliese per le verdure. Il nostro consiglio: riso patate e cozze.

🗠🅰🗠 – Prezzo: €€

Porto Turistico – ☏ 0884 705073 – ilcapricciovieste.it

VIETRI SUL MARE

✉ 84019 – Salerno (SA) – Carta regionale n° **17**–B2

VOLTA DEL FUENTI BY MICHELE DE BLASIO

CREATIVA • DESIGN Passata Vietri, in direzione Costiera, abbarbicata su uno scoglio digradante verso il mare troverete i Giardini del Fuenti: una struttura ricettiva comprensiva di spiaggia, giardino terrazzato e Riva Restaurant aperto solo a pranzo a bordo mare, di cui il Volta del Fuenti costituisce il ristorante gourmet. In un'ampia ed essenziale sala con grandi finestre sul golfo, lo chef Michele De Blasio propone una cucina elaborata, spesso basata su riletture dei classici campani, alla ricerca soprattutto di sensazioni di acido, amaro e sapido, come viene raccontato in sala anche a voce non appena vi accomodate. Un indirizzo in crescita!

⇐ 🚗 🅰 🅿 – Prezzo: €€€€

SS 163 Amalfitana km 47,300 – ☎ 351 001 0654 – giardinidelfuenti.com – Chiuso lunedì-mercoledì, domenica e giovedì a mezzogiorno

VIGANO

✉ 20083 – Milano (MI) – Carta regionale n° **5**–A2

ANTICA TRATTORIA DEL GALLO

LOMBARDA • CONTESTO TRADIZIONALE Splendida incarnazione dell'idea di trattoria di campagna, da più di cent'anni una tipica cucina lombarda delizia i clienti in sale dall'atmosfera piacevolmente vintage o, col bel tempo, sotto una vite canadese e un glicine secolare. Notevole la selezione dei vini, passione dei titolari che sapranno consigliarvi al meglio.

🕸 🚗 ♿ 🅰 🏡 🅿 – Prezzo: €€

Via Privata Gerli 3 – ☎ 02 908 5276 – trattoriadelgallo.com – Chiuso lunedì e martedì

VIGANÒ

✉ 23897 – Sondrio (SO) – Carta regionale n° **5**–B1

PIERINO PENATI

CLASSICA • ELEGANTE Immersa nel verde delle colline brianzole, una villa alle porte del paese con un grazioso giardino e all'interno un'elegante sala con veranda. La cucina è di stampo tradizionale e rappresenta un'eccellente interpretazione della cultura mediterranea, con accostamenti e preparazioni sempre attuali. Un'attenzione speciale è riservata ai dessert, presenti anche in un'area "innovazione", dove spicca, ad esempio, un omaggio al cubo di Rubik. Cantina eccellente e ben articolata: grandi cru italiani ed internazionali, ma anche cantine più giovani e meno conosciute.

🕸 🚗 ♿ 🏡 ⇔ 🅿 – Prezzo: €€€

Via XXIV Maggio 36 – ☎ 039 956020 – pierinopenati.it – Chiuso lunedì e domenica sera

VIGEVANO

✉ 27029 – Pavia (PV) – Carta regionale n° **4**–A2

🏵 I CASTAGNI

Chef: Enrico Gerli

CLASSICA • ELEGANTE Nella campagna vigevanese, un rustico casolare con portico, quasi una villetta privata, accoglie i suoi ospiti tra mobili antichi e quadri alle pareti di artisti locali. Enrico Gerli, insieme alla moglie che segue la sala, da oltre 30 anni si cimenta con serietà e professionalità in una cucina classico-moderna, che ben conosce la tradizione del territorio lombardo, ma è a proprio agio anche nelle preparazioni a base di pesce. In cantina riposano circa 600 bottiglie provenienti da tutto il mondo.

🕸 🚗 ♿ ⇔ 🅿 – Prezzo: €€€

Via Ottobiano 8/20 – ☎ 0381 42860 – ristoranteicastagni.com – Chiuso lunedì, martedì a mezzogiorno e domenica sera

VILLA D'ALMÈ

✉ 24018 – Bergamo (BG) – Carta regionale n° **5**-C1

 OSTERIA DELLA BRUGHIERA

CREATIVA • ROMANTICO Aperta negli anni Novanta da Stefano Arrigoni, insieme a mamma e papà, l'Osteria della Brughiera offre un viaggio atemporale che accompagna i palati più esigenti e nostalgici tra ricchi broccati e tovaglie di lino. Cullati dal melodico scricchiolio del parquet e riscaldati dalla legna che arde e scoppietta nel camino acceso durante la stagione più fredda, la cucina ama sorprendere per creatività ed effervescenza, dalle ricette della tradizione a piatti più elaborati, dai crudi di mare alle frattaglie. Anche la cantina non si sottrae al prestigio con etichette provenienti da tutto il mondo.
🏡 🍴 ♻ – Prezzo: €€€€

Via Brughiera 49 – ☏ 035 638008 – osteriadellabrughiera.it – Chiuso lunedì e martedì a mezzogiorno

TENUTA CASA VIRGINIA

ITALIANA CONTEMPORANEA • ELEGANTE Circondato dalle vigne di proprietà, il ristorante è adagiato su una morbida collina; sale di tono signorile e un bel dehors da godere nella stagione più calda. Se la cucina sfodera una veste moderna, ma senza eccessi (con qualche inserto di pesce d'acqua dolce), la lista dei vini offre una bella panoramica e la possibilità di acquistare alcune bottiglie di produzione propria presso il loro negozio.
♿ 🅰 🍴 🅿 – Prezzo: €€

Via Cascina Violo 1 – ☏ 035 571223 – tenutacasavirginia.it – Chiuso lunedì, martedì e a mezzogiorno da mercoledì a venerdì

VILLA DI CHIAVENNA

✉ 23029 – Sondrio (SO) – Carta regionale n° **4**-B1

 LANTERNA VERDE

Chef: Roberto Tonola

MODERNA • STILE MONTANO D'inverno la sala interna, classica e accogliente, vi coccolerà con il calore del camino, mentre in estate sarà la piacevolezza del giardino a conquistarvi. In qualunque stagione, comunque, la cucina riesce a tenere in equilibrio ricette tradizionali ed altre più contemporanee, strizzando l'occhio alla territorialità e al pesce di lago in particolare. Artefice di tutto ciò è la famiglia Tonola, riferimento per l'accoglienza gourmet dell'intera provincia (e non solo) ormai da 40 anni. Ancor più oggi, grazie all'unione di forze diverse: quelle del giovane Roberto, che si destreggia in cucina con spirito moderno, e quelle affermate dei genitori, che seguono la sala e dispensano preziosi consigli sui vini, la cui carta è davvero importante e abbraccia l'intero Stivale con grandi etichette e qualche rarità.

🌿 *L'impegno dello chef:* Da molto tempo la famiglia Tonola è sensibile alle questioni ambientali, avendo sempre avuto un grande interesse per la produzione di energia elettrica e il relativo impatto ambientale. Oggi il piccolo impianto idroelettrico è il loro fiore all'occhiello, mentre l'acqua è utilizzata anche per l'allevamento delle trote (sempre presenti in carta) e l'irrigazione di orti e giardini.
🏡 🍴 🅿 – Prezzo: €€€

Località San Barnaba 7 – ☏ 0343 38588 – lanternaverde.com – Chiuso mercoledì e martedì sera

VILLA SAN GIOVANNI

✉ 89018 – Reggio Calabria (RC) – Carta regionale n° **19**-A3

🏠 **VECCHIO PORTO**

PESCE E FRUTTI DI MARE • COLORATO Se i traghettatori conoscono Villa San Giovanni per il suo porto d'imbarco per la Sicilia, i gourmet conoscono un altro

Porto, che è uno dei migliori ristoranti della zona e offre una vista spettacolare sullo stretto di Messina dalla terrazza al secondo piano. In carta specialità ittiche: si alternano preparazioni più classiche, come il pesce cotto sulla griglia (appoggiato su base di sale e girato sulla pelle), a qualche tocco di fantasia come per gli antipasti crudi (vedi il dentice condito con salsa ai ricci di mare, uova di lompo, cipolla e dadolata di cetrioli). Costante è la notevole qualità del pescato.

♿ ⓜ 🍴 – Prezzo: €€

Lungomare Cenide 55 – ☏ 0965 700502 – Chiuso mercoledì

VILLANDRO

✉ 39040 – Bolzano (BZ) – Carta regionale n° **6**–B1

ANSITZ STEINBOCK ⓝ

CREATIVA • ROMANTICO Con la riapertura, dopo lavori di rinfresco generali, il bel castello guadagna ulteriormente in piacevolezza e, soprattutto, romanticismo: esattamente quello che si desidera trovare in Alto Adige. All'interno le fiabesche stube sono a tutto legno, dal pavimento al soffitto. La proposta è più variegata rispetto al passato; sia a pranzo che a cena è disponibile la carta classica, mentre solo la sera si propone il fine dining attraverso due menu degustazione: "Roots", dedicato al territorio e "Creativo", cucinato con ingredienti da fuori regione. In entrambi i percorsi le ricette si distinguono per creatività.

🐾 ⌖ 🍴 ✿ 🅿 – Prezzo: €€€€

Via Defregger 14 – ☏ 0472 843111 – ansitzsteinbock.com – Chiuso a mezzogiorno

VILLAR DORA

✉ 10040 – Torino (TO) – Carta regionale n° **1**–B2

CUCINA RAMBALDI

DEL MERCATO • ACCOGLIENTE Piatti regionali rivisitati con stile, in equilibrio tra territorio e creatività. La tecnica è al servizio del gusto nel controllo delle temperature, dei tagli, della ricerca e conservazione delle materie prime e il risultato è estremamente convincente. Possibilità di provare una cucina ancora più personalizzata in un social table che accoglie fino a 6 commensali.

♿ ⓜ 🍴 – Prezzo: €€€

Via Sant'Ambrogio 55 – ☏ 011 016 1808 – cucinarambaldi.com – Chiuso lunedì, martedì, sabato a mezzogiorno e domenica sera

VIPITENO

✉ 39049 – Bolzano (BZ) – Carta regionale n° **6**–B1

KLEINE FLAMME

CREATIVA • FAMILIARE Dal centro della sala, nella sua piccola cucina a vista, chef Bacher Burkhard, con energia e precisione, propone la sua visione di cucina fusion in cui sapori altoatesini ed italiani si sposano deliziosamente con aromi, spezie e tecniche d'Oriente in ricette creative. Splendido il tataki di tonno, orientaleggiante, condito con olio di limone salato ed accompagnato da intriganti erbe amare che, come racconta il professor Montanari in un suo recente libro, sono una predilezione tipica del gusto italiano. La moglie Annelies in sala accompagna con professionalità e simpatia.

🍴 – Prezzo: €€€

Via Cittanuova 31 – ☏ 0472 766065 – kleineflamme.com – Chiuso lunedì e martedì e domenica sera

VITORCHIANO

✉ 01030 – Viterbo (VT) – Carta regionale n° **12**–A2

❀ **CASA IOZZÌA**

Chef: Lorenzo Iozzia

MODERNA • ELEGANTE Nella campagna viterbese, design essenziale, colori neutri, pochi tavoli e un grande camino: si celebrano così i ricordi del cuoco Lorenzo Iozzia, nato a Lentini e viterbese ormai da tre lustri. Per sua stessa ammissione, il legame con la Trinacria è tutt'oggi forte e i tipici ingredienti (pesce, mandorle, carrube, fichi d'India, arance, ecc...), nonché le sue tradizioni costituiscono il punto di partenza per una cucina moderna e creativa. Nel piano sottostante, l'osteria Basilicò propone piatti tradizionali siciliani, con diversi secondi alla brace.

🚪 Ⓜ 🏠 🅿 – Prezzo: €€€

Via della Quercia 15/b – ☏ 0761 373441 – casaiozzia.it – Chiuso lunedì, martedì e a mezzogiorno da mercoledì a venerdì

VITTORIO VENETO

✉ 31029 – Treviso (TV) – Carta regionale n° **8**–C2

LE MACINE

DEL TERRITORIO • ACCOGLIENTE Sulle rive del fiume Meschio, nei locali rinnovati di recente di un mulino settecentesco, i fratelli Giuseppe in sala e Adriano in cucina servono ai loro clienti - con cordialità e competenza - una cucina di qualità basata sulle tradizioni locali, talvolta rivisitate con un pizzico di fantasia. L'ambiente, d'estate, guadagna ancora più fascino grazie alla bella terrazza.

🕭 Ⓜ 🏠 🅿 – Prezzo: €€

Via Lino Carlo del Favero 11 – ☏ 0438 940291 – hotelristorantelemacine.it

VODO DI CADORE

✉ 32040 – Belluno (BL) – Carta regionale n° **8**–C1

IL CAPRIOLINO

DEL TERRITORIO • VINTAGE Nel tipico borgo ladino incorniciato dalle maestose rocce dei Monti Pelmo e Antelao, un'elegante casa d'atmosfera mitteleuropea, la cui secolare storia è narrata da trofei di caccia, orologi ed affreschi. La cucina attinge a piene mani dalla ricchezza enogastronomica della zona (dagli allevatori alle piccole realtà artigianali) e dà vita a piatti della tradizione interpretati con stile. Camere e nuovi appartamenti invitano a una sosta prolungata.

🅿 – Prezzo: €€

Via Nazionale 108 – ☏ 0435 489207 – alcapriolo.it – Chiuso mercoledì e giovedì a mezzogiorno

VOGHERA

✉ 27058 – Pavia (PV) – Carta regionale n° **4**–A3

❀ **RIMULAS** ⓝ

INNOVATIVA • MINIMALISTA In pieno centro storico, a un passo da piazza Duomo, un giovane chef e la moglie (che si occupa di sala e accoglienza) propongono una cucina di qualità al giusto prezzo: piatti caratterizzati da ben dosata fantasia e da una mano capace grazie alle importanti esperienze fatte in giro per l'Italia e non solo. Ambiente di gusto contemporaneo, pochi tavoli minimalisti in un'atmosfera soffusa.

🕭 Ⓜ – Prezzo: €€

Via Severino Grattoni 8 – ☏ 0383 175 0434 – rimulas.it – Chiuso lunedì, domenica e a mezzogiorno

VOLTERRA

✉ 56048 – Pisa (PI) – Carta regionale n° **11**–C2

ENOTECA DEL DUCA

CLASSICA • **CONTESTO STORICO** Situata proprio dietro la piazza principale e il castello, questa insegna propone preparazioni molto classiche di stampo regionale, servite in una sala dai muri antichi, con un piacevole servizio all'aperto in estate.
&. 🏠 – Prezzo: €€
Via di Castello 2 – ☏ *0588 81510*

VILLA PIGNANO

Chef: Stefano Cavallini

CONTEMPORANEA • **CHIC** Una sorta di giardino dell'Eden a circa 15 km da Volterra! All'interno di una tenuta di 300 ettari, la filosofia a km 0 diventa "km proprio" grazie all'utilizzo di molti ingredienti provenienti dalla propria azienda agricola (verdure, olive, cereali, e poi ancora polli, maiali, miele, ...) e mostra tutto il suo potenziale sostenibile nella fragranza della sua cucina contemporanea. I piatti riescono ad essere gustosi e freschi, eppure elaborati e moderni al tempo stesso (attenzione: la carta è più semplice a pranzo). Interessante selezione enoica che esplora la regione Toscana attraverso il meglio del bio, dove non manca anche una produzione interna.

🌱 *L'impegno dello chef:* I lavori di rinascita del borgo hanno avuto come principio base il rispetto dell'ambiente. Pensiamo, ad esempio, alla gestione delle acque attraverso un sistema naturale di permacultura, che consente di raccogliere e riutilizzare l'acqua piovana per innaffiare i giardini, mentre i campi sono irrigati attraverso un insieme di laghetti naturali e artificiali. Acqua calda e riscaldamento si ottengono principalmente coi pannelli solari e le caldaie alimentate con la legna dei boschi della tenuta.

🐝 ≤ 🛏 🄰🄲 🏠 🅿 – Prezzo: €€€
Località Pignano 6 – ☏ *0588 35032 – borgopignano.com*

VULCANO – Messina (ME) ➡ Vedere Sicilia in fondo alla Guida

ZAFFERANA ETNEA – Catania (CT) ➡ Vedere Sicilia in fondo alla Guida

ZELARINO

✉ 30174 – Venezia (VE) – Carta regionale n° **8**–C2

AL SEGNAVENTO

VENEZIANA • **FAMILIARE** L'intera famiglia Bucci è impegnata nell'attività che potrebbe sintetizzarsi in uno slogan: "dall'azienda agricola al piatto". Frutta, verdura, ovini, maiali e anatre sono il fiore all'occhiello di un ristorante a chilometro zero. Per ricette più semplici e vino alla mescita, a pochi passi vi è il bistrot. Graziose camere per chi volesse indulgere nella sosta.
🛏 🄰🄲 🏠 🅿 – Prezzo: €€€
Via Gatta 76/c, loc. Santa Lucia di Tarù – ☏ *041 502 0075 – alsegnavento.it –*
Chiuso lunedì e martedì

SARDEGNA

Dalle strutture extralusso della Costa Smeralda alle dune selvagge di Piscinas, la Sardegna è una terra poliforme, a cui fa eco una cucina altrettanto varia, legata agli apporti e alle contaminazioni delle genti che sull'isola hanno trovato dimora. Sorprendentemente la cucina tradizionale sarda è una cucina che volta le spalle al mare per guardare verso l'entroterra.

Secoli di pastorizia ci hanno regalato ottimi formaggi di pecora, che entrano anche nella composizione di dolci come le pardulas e le sebadas. Il re della gastronomia sarda, però, vero elemento identitario dell'isola, è il porceddu, il succulento maialino arrosto. Sul fronte della cucina di mare, si fanno forti le influenze catalane (Alghero con le sue aragoste) e liguri (San Pietro e Sant'Antioco). Un prodotto ittico sardo di assoluta eccellenza è la bottarga di muggine, il "caviale sardo" prodotto principalmente nella zona sud-occidentale dell'isola – tra Cabras e Cagliari – e usato per insaporire primi piatti o come antipasto a sé.

AGLIENTU

✉ 07020 – Sassari (SS) – Carta regionale n° **21**–B1

AL VEDA

MEDITERRANEA • CONVIVIALE All'interno di un grande parco residenziale, dove la tranquillità e la pace regnano sovrane, il ristorante si trova proprio davanti al mare e si mangia in un bel contesto rilassante, sotto a freschi alberi di ginepro. Il bravo chef Maurizio Lai propone piatti mediterranei e tradizionali dai sapori netti e una bella cura nelle presentazioni.

🛏 🅰🅲 🍽 – Prezzo: €€

Località Portobello di Gallura – 𝒫 079 097 7794 – alvedarestaurant.it

ALGHERO

✉ 07041 – Sassari (SS) – Carta regionale n° **21**–A1

🕸 SA MANDRA Ⓝ

SARDA • RUSTICO Situato all'interno dell'azienda agrituristica Sa Mandra, questo ristorante vi permetterà di scoprire e apprezzare uno dei prodotti simbolo della Sardegna: il maialino arrosto. Il menu (uno solo) si basa, infatti, su questo classico davvero delizioso. Dopo esservi accomodati, vi verrà servita una serie di portate e assaggini, tutti basati sull'ingrediente principale. Assicuratevi di arrivare presto e di assistere alla cottura: i proprietari saranno lieti di spiegarvi la procedura nei minimi dettagli. Camere disponibili per pernottamento.

🍽 – Prezzo: €€

SP 44 km 1 – 𝒫 079 999150 – aziendasamandra.it – Chiuso lunedì e a mezzogiorno

MUSCIORA Ⓝ

SARDA • CONVIVIALE Non lontano dal cuore della città, il servizio cordiale e competente si prende cura di voi fin dall'inizio, proponendo i tre menu degustazione, tra cui spicca "La vera esperienza Musciora" di 8 portate. I piatti sono un omaggio alle tradizioni dell'isola e i prodotti provengono tutti dalla regione, così come la maggior parte dei vini in carta. Tra gli imperdibili i Filindeu in brodo di frutti di mare (una pasta formata da sottilissimi fili sovrapposti in tre strati incrociati) o La seppia, la patata e il pisello.

🕸 🅰🅲 🍽 – Prezzo: €€€

Via Mazzini 59 – 𝒫 079 973 7519 – musciora.it – Chiuso lunedì e a mezzogiorno da martedì a venerdì

IL PAVONE

PESCE E FRUTTI DI MARE • AMBIENTE CLASSICO Nel cuore di Alghero e con una bella veranda sul grand bleu, una cucina che omaggia il mare con materie prime locali di ottima qualità e preparazioni sapide e gustose. Imperdibili la frittura "Alessandrina" e l'insalata di polpo. Chi ama i sapori forti potrà chiedere di assaggiare il formaggio di capra fatto in casa dal patron.

🅰🅲 🍽 – Prezzo: €€

Piazza Sulis 3/4 – 𝒫 079 979584 – ilpavone-ristorante.com – Chiuso mercoledì e lunedì a mezzogiorno

LA SALETTA Ⓝ

SARDA • ELEGANTE Vicino al centro storico, a pochi passi dalla passeggiata a mare, questo piccolo gioiello gestito da Gian Luca Chessa vi offre il meglio dell'isola. La cucina si declina perfettamente nei menu proposti: Rivoluzione, il più creativo, sempre molto territoriale, Radici, espressione dei prodotti dell'orto, Riviera, focalizzato sul pescato locale, nonché il Cortile segnato dalla tradizione. Un piatto che abbiamo apprezzato è lo gnocco ripieno di ricotta di pecora, salsa alla barbabietola e tartufo scorzone sardo... una leccornia! Al bicchiere si apre tutto, consigliamo quindi di avvalersi del consiglio dei sommelier.

🕸 – Prezzo: €€€

Via fratelli Kennedy 27/b – 𝒫 079 412 5748 – trattorialasaletta.com – Chiuso lunedì e a mezzogiorno

ARBOREA
✉ 09092 – Cagliari (CA) – Carta regionale n° **21**–A2

😊 TRATTORIA MARGHERITA

SARDA • FAMILIARE In centro paese, una struttura famigliare molto graziosa e accogliente a gestione diretta. Le sue proposte sono prevalentemente tradizionali con tocchi mediterranei e una scelta di materie prime decisamente interessante. Selezione enoica sopratutto regionale.

&. 🕸 🛋 – Prezzo: €€

Corso Roma 31 – 𝒫 380 532 8320 – trattoriamargherita.com

ARZACHENA
✉ 07021 – Sassari (SS) – Carta regionale n° **21**–B1

LU PISANTINU

PESCE E FRUTTI DI MARE • STILE MEDITERRANEO Una terrazza incorniciata da colonne di granito si affaccia sulla costa e su Porto Cervo: i colori chiari e pastello richiamano le tonalità del mare, mentre la cucina propone sfiziose proposte di pesce. Ad accogliervi una famiglia del posto che opera qui da oltre 30 anni.

≼ 🕸 🛋 🅿 – Prezzo: €€€

Viale Giovanni Maria Orecchioni, loc. Liscia di Vacca – 𝒫 0789 91344 – ristorantelupisantinu.eu – Chiuso a mezzogiorno

BAIA SARDINIA
✉ 07021 – Sassari (SS) – Carta regionale n° **21**–B1

🖇 SOMU

Chef: Salvatore Camedda

CREATIVA • ELEGANTE Lo chef-patron Salvatore Camedda, forte di un percorso professionale presso alcune tavole stellate, mostra in questo locale il suo grande talento nel coniugare prodotti sardi di ottima qualità con aromi e sapori scoperti in giro per il mondo. Ogni suo piatto elogia gli squisiti prodotti della regione, dal casizolu al fiore sardo, dalla bottarga di Cabras alle erbe spontanee della Costa Smeralda. Il tutto in chiave contemporanea, con accostamenti inusuali per il grande pubblico, ma anche per palati più gourmet. Un esempio? Risotto, pomodoro verde, lumache e caffè oppure spaghetto tiepido, lattuga e olive. Posizione invidiabile con vista sulla baia e sulla spiaggia.

≼ 🕸 🛋 – Prezzo: €€€€

Piazza Due Vele – 𝒫 349 120 0682 – somu.it – Chiuso a mezzogiorno da lunedì a giovedì

PHI RESTAURANT - GIANCARLO MORELLI

MODERNA • CHIC Glamour e moda sono l'ossigeno di questo ristorante inserito all'interno di una delle più belle discoteche-lounge della Costa Smeralda, ovvero il Phi Beach. Ci si accomoda su una splendida terrazza, al cospetto di romantici tramonti e con il mare che riempie gli occhi, mentre un celebre cuoco lombardo ha ideato una carta di cucina italiana e mediterranea col giusto tocco di modernità.

SARDEGNA

Aperto anche a pranzo con alcuni piatti della carta serale accompagnati da specialità più semplici. Nel weekend possibilità di effettuare immersioni presso il Club.
⊰ 🛆 ↻ 🅿 – Prezzo: €€€€

Località Forte Cappellini – ✆ 0789 955012 – phibeach.com

CABRAS

✉ 09072 – Cagliari (CA) – Carta regionale n° **21**–A2

IL CAMINETTO

PESCE E FRUTTI DI MARE • AMBIENTE CLASSICO Nella caratteristica cittadina di Cabras, ci si accomoda ai suoi tavoli per gustare piatti tipici della tradizione marinara isolana, primi e secondi di terra, antipasti sfiziosi e dolci sardi.
🅰🅲 – Prezzo: €€

Via Cesare Battisti 8 – ✆ 0783 391139 – ristoranteilcaminettocabras.com – Chiuso lunedì

CAGLIARI

✉ 09124 – Cagliari (CA) – Carta regionale n° **21**–B3

SARDEGNA

❀ **DAL CORSARO**

Chef: Stefano Deidda

SARDA • ELEGANTE Un indirizzo che esalta ed enfatizza la cultura culinaria dell'isola e una sosta gastronomica imperdibile. Nel centro storico di Cagliari, a pochi passi dal porto, accoglie in un ambiente sobrio ed elegante con archi, quadri e specchi. La coreografia prosegue nelle proposte – moderne, fantasiose ma sempre ispirate ai prodotti locali – dello chef Stefano Deidda, coadiuvato in sala dalla moglie Giuseppina. Una cucina compiuta e riflessiva con piatti intriganti che omaggiano le migliori tradizioni sarde in due menu degustazione a sorpresa basati sulla stagionalità dei prodotti e la disponibilità del mercato. Presso l'attiguo bistrot Fork, servizio estivo e una carta più tradizionale. Una gestione familiare giunta ormai alla terza generazione.
🅰🅲 🛆 – Prezzo: €€€€

Viale Regina Margherita 28 – ✆ 070 664318 – stefanodeidda.it – Chiuso lunedì e a mezzogiorno

❀ **CHIAROSCURO** 🆕

SARDA • CONVIVIALE In questo piccolo ristorante di quartiere, chef Marina rende omaggio ai piatti iconici della sua isola come Su Filindeu, un tipo di pasta in brodo formata da fili sottilissimi (il nome significherebbe "fili di Dio"), sovrapposti in tre strati incrociati, una preparazione complessa, che richiede grande maestria. Intrigante il menu "Le Radici", un'opzione di quattro portate per scoprire i sapori della Sardegna.
🅰🅲 – Prezzo: €€

Corso Vittorio Emanuele II 380 – ✆ 347 963 0924 – Chiuso domenica e a mezzogiorno da lunedì a venerdì

❀ **CUCINA.EAT**

DEL MERCATO • CONTESTO CONTEMPORANEO Concept moderno di spazio polifunzionale per questo bistrot gourmet che comprende una fornitissima enoteca, un emporio per utensili da cucina e una bottega di prelibatezze gastronomiche. La carta cita l'isola nei suoi profumi e sapori, i piatti sono la materializzazione in tavola della spesa fatta giornalmente al mercato civico; a pranzo, business lunch con scelta ridotta. Curiosità: CUCINA.eat è – per il momento – uno dei pochi locali dove si può portare il proprio vino, non vi sarà applicato un sovrapprezzo, ma al limite vi verrà richiesto un assaggio! Piacevole dehors direttamente sulla piazza.

𝔊 ⅙ 𝔸 ⊞ – Prezzo: €

Piazza Galileo Galilei 1 – ℰ 070 099 1098 – shopcucina.it – Chiuso lunedì e domenica

⊛ JOSTO

MODERNA · DESIGN Nel centro di Cagliari, vicino alla suggestiva piazza del Carmine, i mobili di design delle due piccole sale allietano la sosta armonizzandosi perfettamente con la cucina dello chef, che si vuole moderna, sebbene ispirata a radici ed ingredienti sardi.

𝔸 ⊞ ⇔ – Prezzo: €€

Via Sassari 25 – ℰ 070 351 0722 – dijef.com – Chiuso domenica e a mezzogiorno

⊛ OLD FRIEND Ⓝ

DEL MERCATO · SEMPLICE Un po' defilato rispetto alle vie dello shopping, il ristorante ha une allure fresca e modaiola, con sottofondo musicale e un servizio in sala cordiale e competente. Se i piatti rincorrono le stagioni, irrinunciabili costanti restano gusto e bontà. Il consiglio dell'ispettore: crudo di pesce con pico de gallo (salsa messicana) e bottarga oppure conchiglioni con ragù di pecora, besciamella e salicornia.

𝔸 ⊞ – Prezzo: €€

Via Giuseppe Cesare Abba 51 – ℰ 070 464 7988 – oldfriendcagliari.it – Chiuso lunedì e a mezzogiorno

DA MARINO AL ST REMY Ⓝ

MEDITERRANEA · CONTESTO STORICO Marino, il carismatico proprietario di questo locale che prende il nome dal vicino bastione di Saint Remy, vi guiderà alla scoperta del menu e sarà lieto di spiegarvi la storia del locale (la strada antistante il ristorante, ad esempio, non è sempre stata lì...). In cucina la moglie Silvana prepara piatti mediterranei e di tradizione sarda: frutti di mare e pesce sono ovviamente imperdibili.

𝔸 – Prezzo: €€

Via San Salvatore da Horta 7 – ℰ 070 657377 – stremy.it/restaurant – Chiuso domenica

LUIGI POMATA

PESCE E FRUTTI DI MARE · DI TENDENZA Cucina di mare legata soprattutto ai crudi e al tonno carlofortino, terra d'origine dello chef-patron. Business lunch a mezzogiorno e piatti più tradizionali nel bistrot, mentre aperitivi e cocktail vi attendono nel lounge bar adiacente.

𝔸 ⊞ – Prezzo: €€€

Viale Regina Margherita 18 – ℰ 070 672058 – luigipomata.com – Chiuso domenica e lunedì a mezzogiorno

SARTI DEL GUSTO

MEDITERRANEA · ACCOGLIENTE In una graziosa stradina del centro, un piccolo e moderno locale gestito con passione da due giovani soci; la cucina riprende le tradizioni in chiave moderna, accompagnata da vini e bollicine regionali. Su una mensola, antiche macchine da cucire ricordano il lavoro svolto dagli antenati di uno dei proprietari: un tempo sarti, ora Sarti del Gusto!

𝔸 ⊞ – Prezzo: €€

Via Vico II Vincenzo Sulis 1/a – ℰ 070 684 8548 – Chiuso lunedì e martedì a mezzogiorno

LA STELLA MARINA DI MONTECRISTO

PESCE E FRUTTI DI MARE • **CONVIVIALE** L'andamento e l'aspetto sono quelli di una semplice osteria di mare, ci si affida ai consigli dei proprietari per una cucina di pesce semplice, ma generosa nelle porzioni e contenuta nei costi. Menu a prezzo fisso.

🔠 ⇔ – Prezzo: €

Via Sardegna 140 – 𝒸 347 578 8964 – Chiuso domenica

CALA GONONE

✉ 08022 – Nuoro (NU) – Carta regionale n° **21**–B2

IL PESCATORE

PESCE E FRUTTI DI MARE • **FAMILIARE** Ricorda un borgo marinaro questo ristorante fronte mare in stile mediterraneo dalla lunga tradizione familiare (dal 1970, esattamente!) e dalle squisite specialità ittiche; meglio prenotare nel caso si voglia un tavolo nel piccolo dehors affacciato sulla distesa blu. Attenzione all'indirizzo: il Pescatore da noi consigliato è in via Acqua Dolce 7.

⪡ 🔠 🍴 – Prezzo: €€

Via Acqua Dolce 7 – 𝒸 0784 93174 – ristoranteilpescatorecalagonone.com

CAPOTERRA

✉ 09012 – Cagliari (CA) – Carta regionale n° **21**–B3

SA CARDIGA E SU SCHIRONI

PESCE E FRUTTI DI MARE • **AMBIENTE CLASSICO** È dal 1967 che questo locale soddisfa i palati anche più esigenti, grazie a numerose proposte che spaziano dai numerosi crudi alle paste secche e fresche, passando per i piatti della tradizione regionale. Molto invitante il buffet del pescato del giorno all'ingresso e la grande selezione enoica con le sue 600 etichette.

🐾 🔠 🍴 ⇔ 🅿 – Prezzo: €€

SS 195 bivio per Capoterra – 𝒸 070 71652 – sacardigaesuschironi.it – Chiuso lunedì-giovedì

CARLOFORTE

✉ 09014 – Cagliari (CA) – Carta regionale n° **21**–A3

AL TONNO DI CORSA

PESCE E FRUTTI DI MARE • **STILE MEDITERRANEO** Un locale vivace e colorato, due terrazze affacciate sui tetti del paese, dove gustare uno sfizioso menu dedicato al tonno e tante altre specialità di mare. La gestione - ormai pluriennale - assicura serietà e continuità.

🍴 ⇔ – Prezzo: €€

Via Marconi 47 – 𝒸 0781 855106 – tonnodicorsa.com – Chiuso lunedì

DA NICOLO

MODERNA • **ACCOGLIENTE** Strategica la posizione sulla passeggiata, ma il locale è frequentato soprattutto per la qualità della cucina dei Pomata: piatti di pesce, con specialità carlofortine riviste in suggestioni moderne. Imperdibile il tonno! L'adiacente Bistrot (aperto tutto l'anno solo a cena) serve una cucina tipica in un ambiente più semplice.

🍴 – Prezzo: €€

Corso Cavour 32 – 𝒸 0781 854048 – ristorantedanicolo.com

MARINA DI ARBUS

✉ 09031 – Cagliari (CA) – Carta regionale n° **21**–A3

CORSARO NERO

PESCE E FRUTTI DI MARE • FAMILIARE Ampia scelta di pescato fresco per una cucina di mare a tutto tondo, da gustare in una sala ariosa che offre lo spettacolo d'impareggiabili tramonti.

⇐ 🏠 **P** – Prezzo: €€

Località Portu Maga – ☏ 070 977236 – hotelcorsaronero.com

OLBIA

✉ 07026 – Sassari (SS) – Carta regionale n° **21**–B1

BACCHUS

SARDA • CONTESTO CONTEMPORANEO Taste Sardinia: ecco il motto di questo ristorante allegro e accogliente che vuole essere il primo ambasciatore dei sapori e dei colori dell'isola per chi arriva al vicino aeroporto. Clima permettendo, optate per un tavolo nella bella veranda affacciata sulla piscina.

🅰 🏠 **P** – Prezzo: €€

Via degli Astronauti 2 – ☏ 0789 651010 – bacchusristorante.it – Chiuso domenica

DULCHEMENTE

PESCE E FRUTTI DI MARE • CONTESTO CONTEMPORANEO Locale contemporaneo la cui cucina si fa forte della grande esperienza dello chef Giorgio Corongiu, per vent'anni braccio destro al Gallura di Olbia della grande Rita Denza, la cuoca – scomparsa nel 2014 – che ha apportato un significativo contributo alla gastronomia isolana. Grazie a piatti moderni affiancati a preparazioni dalle cotture più classiche e semplici, gli amanti del pesce ne usciranno soddisfatti. Splendida terrazza per il servizio all'aperto e uno staff competente e cordiale.

🅰 🏠 – Prezzo: €€€

Via Romeo Papandrea 10 – ☏ 0789 21451 – dulchemente.com – Chiuso lunedì

L'ESSENZA BISTROT

MEDITERRANEA • ACCOGLIENTE Accogliente e originale bistrot-ristorante del centro storico: le pareti rivestite in sasso sono un richiamo alle architetture del territorio. La cucina è nelle mani dello chef Massimiliano Villani, dal bel curriculum, che propone piatti di taglio contemporaneo e regionale. Un certo spazio è consacrato ai crudi di mare; eccellente il tiramisù servito in una caffettiera. Lista dei vini interessante e piacevole dehors.

🅰 🏠 – Prezzo: €€€

Via delle Terme 10 – ☏ 0789 25594 – essenzabistrot.it – Chiuso lunedì e domenica a mezzogiorno

OLIENA

✉ 08025 – Nuoro (NU) – Carta regionale n° **21**–B2

🕸 SU GOLOGONE

SARDA • LOCANDA Tre sale, scegliere la più suggestiva non è facile: quella con immenso camino per assistere alla cottura del celebre porceddu, quella più intima dedicata ad una celebre ceramista, o ancora quella di un pittore sardo. Comunque sia, il ristorante si fa scrupolo di seguire e ricercare la tradizione sarda, ovviamente dell'entroterra, gustata – clima permettendo – sulla panoramica terrazza affacciata su vigne ed ulivi. Specialità: maialino allo spiedo, maccarones de busa, culurgiones.

⇐ 🍴 🅰 🏠 ♻ **P** – Prezzo: €€

Sorgente su Gologone – ☏ 0784 287512 – sugologone.it

SA CORTE

DEL TERRITORIO • RUSTICO La tradizione gastronomica Nuoro e della Barbagia in un ristorante rustico; le ricette richiamano spesso a tempi antichi, sebbene arricchite da un tocco personale. Gli ingredienti sono in gran parte di provenienza locale.

 – Prezzo: €€

Via Nuoro 138 – 𝒫 347 263 3784 – sacorte.it/ristorante – Chiuso martedì

PALAU

✉ 07020 – Sassari (SS) – Carta regionale n° **21**–B1

LA GRITTA

PESCE E FRUTTI DI MARE • ROMANTICO Non è solo la posizione incantevole, che permette allo sguardo di perdersi tra i colori dell'arcipelago, a deliziare l'ospite, ma anche la cura della cucina, che attinge al pescato locale come al proprio orto, senza disdegnare i migliori prodotti nazionali ed esteri. I piatti sono ben fatti, leggeri, cucinati in maniera classica e firmati da una mano "gentile". Un connubio, quello tra location e sapori, che conquista.

≤ 🍴🏠🅿 – Prezzo: €€€

Località Porto Faro – 𝒫 0789 708045 – ristorantelagritta.it – Chiuso domenica

PORTO CERVO

✉ 07021 – Sassari (SS) – Carta regionale n° **21**–B1

✿ CONFUSION

Chef: Italo Bassi

CREATIVA • DESIGN Il ristorante ha portato una sferzata di eccellente e piacevole "confusion" nella zona rialzata antistante il porto. Tra specchi, elementi color oro, vetri e cucina a vista, il locale ostenta la cura del dettaglio dei suoi titolari. Nei piatti la grande tecnica e la creatività raggiunte dallo chef Italo Bassi offrono soste gourmet indimenticabili. I sapori netti della sua cucina sono il risultato di cotture precise e dell'abilità nell'utilizzo di più ingredienti in modo equilibrato e raffinato. Ai prodotti sardi fanno eco i crudi di mare, le ottime carni, le ostriche e il caviale, accompagnati da buoni vini e soprattutto da una forte passione per gli champagne di grandi maison. Un consiglio: approfittate del parcheggio di Porto Cervo e raggiungete la passeggiata con l'ascensore.

🅰🏠 – Prezzo: €€€€

Via Aga Khan 1, Promenade du Port – 𝒫 340 120 9574 – confusion-restaurant.com

BELVEDERE

PESCE E FRUTTI DI MARE • FAMILIARE Lo "stazzu" di famiglia è diventato uno dei più frequentati ristoranti della costa. Atmosfera informale per un pasto dai sapori rigorosamente mediterranei, con il carrello del pescato giornaliero che fa capolino in sala per essere scelto dai commensali. La gentilezza e la professionalità dei due fratelli alla conduzione del locale hanno contribuito alla sua fama, mentre la terrazza-lounge panoramica è il luogo ideale per aperitivi e after dinner.

🅰🏠 – Prezzo: €€€

Località Farina – 𝒫 0789 96501 – ristorantegastronomiabelvedere.com – Chiuso martedì

FINGER'S PORTO CERVO

FUSION • AMBIENTE ESOTICO Il Finger's di Roberto Okabe conquista il pubblico della Costa Smeralda e lo fa con la sua proverbiale cucina che sposa sapori e stile nipponici con tocchi brasiliani ed italiani. A tutto ciò si aggiunge una buona dose di creatività, accompagnata da magnifici cocktail.

SARDEGNA

⤝🍴 – Prezzo: €€€
Via Porto Vecchio 1, Promenade du Port – ☏ 0789 94160 – fingersrestaurants.com
– Chiuso a mezzogiorno

FRADES-LA TERRAZZA

MEDITERRANEA • ALLA MODA In posizione panoramica sul golfo di Cala di Volpe, un locale alla moda con un'ottima cucina che alterna piatti sardi ad altri più mediterranei. Bella terrazza anche per un aperitivo e tapas da condividere, e buona scelta di bollicine. Un consiglio: arrivando presto si riesce a parcheggiare davanti al ristorante.
⤝🆎🍴🅿 – Prezzo: €€€
SP94, loc. Abbiadori – ☏ 346 636 6238 – frades.eu

PORTO ROTONDO

✉ 07026 – Sassari (SS) – Carta regionale n° **21**–B1

DESTE Ⓝ

ITALIANA CONTEMPORANEA • CHIC In posizione leggermente rialzata rispetto al porto, la vista è impareggiabile, motivo per cui nella bella stagione vi invitiamo a prenotare un tavolo sulla terrazza. Dalla cucina piatti di stampo moderno con un'interessante alternanza di terra e mare. Tè e kombucha rappresentano l'alternativa alla carta dei vini e un assaggio del gin prodotto dal proprietario è vivamente consigliato.
⤝🍴 – Prezzo: €€€€
Piazza Rudalza 6 – ☏ 393 260 7600 – desterestaurant.it – Chiuso a mezzogiorno

PORTO SAN PAOLO

✉ 07020 – Sassari (SS) – Carta regionale n° **21**–B1

IL PORTOLANO

PESCE E FRUTTI DI MARE • STILE MEDITERRANEO Proprio sul lungomare di fronte all'isola di Tavolara, un semplice ristorante gestito da una coppia di grande esperienza. La cucina esalta con gusto moderno il miglior pesce della zona, sebbene non manchi qualche specialità di terra. In estate è caldamente consigliata la prenotazione perché il dehors panoramico, sebbene ampio, è gettonatissimo!
⤝♿🍴 – Prezzo: €€€
Via Molara 11 – ☏ 0789 40670 – ristoranteilportolano.it

PORTO TORRES

✉ 07046 – Sassari (SS) – Carta regionale n° **21**–A1

LI LIONI

SARDA • CONVIVIALE Fuori dal centro turistico di Porto Torres, una realtà che vede negli ambienti informali e nell'ampio giardino i suoi punti forti. La cucina omaggia la tradizione e vi suggeriamo di provare il pane frattau, anche in versione vegana, oppure il mitico porceddu, da ordinare in fase di prenotazione. Sul versante vini consigliamo il rosso della casa, strutturato e molto intenso.
⤙🆎🍴🔄🅿 – Prezzo: €€
SS 131 km 244,400 - regione Li Lioni – ☏ 079 502286 – tenutalilioni.it

SARDEGNA

PORTOSCUSO

✉ 09010 – Cagliari (CA) – Carta regionale n° **21**-A3

SA MUSCIARA

PESCE E FRUTTI DI MARE • **AMBIENTE CLASSICO** Locale moderno e fresco, sito proprio nel porto turistico e adiacente al municipio cittadino, dalle cui finestre si vede il mare. Ed è proprio da qui che la materia prima "sbarca" in tavola, ottimamente elaborata dallo chef Alberto Gai, appassionato velista.

🅰️ 🛋 – Prezzo: €€

Lungomare C. Colombo 15 – ℰ 0781 507099 – ristorantesamusciara.it – Chiuso lunedì e domenica sera

PULA

✉ 09010 – Cagliari (CA) – Carta regionale n° **21**-B3

❀ ### FRADIS MINORIS

Chef: Francesco Stara

MODERNA • **CONTESTO CONTEMPORANEO** Originario dell'isola, dopo importanti esperienze internazionali lo chef Francesco Stara ha deciso di tornare a casa, abbracciando appieno questo progetto di ristorazione all'interno di un'area marina protetta e proiettato verso una cucina completamente circolare. Nei menu degustazione, uno di mare, l'altro vegetale, il pescato è solo locale o della laguna di Nora, dalla quale il ristorante si procura anche le erbe selvatiche; gli ortaggi provengono, invece, da piccole produzioni del vicino Campidano. Una bella e buona realtà gastronomica che ha a cuore l'approvvigionamento della migliore materia prima e la sua stagionalità (compresa quella del prodotto ittico), la conservazione del territorio e la valorizzazione della tradizione isolana in una chiave di lettura nuova e contemporanea. Servizio attento e cordiale e una carta dei vini con apprezzabili proposte regionali.

❀ *L'impegno dello chef:* L'impegno del ristorante nei confronti di un approccio ecologico trova concretezza in una cucina completamente circolare. Il pescato è solo quello della laguna di Nora, dalla quale si approvvigiona anche di erbe selvatiche, mentre gli ortaggi provengono da piccole produzioni del vicino Campidano. Grande attenzione anche all'ottica no waste: pelle, lische e interiora del pesce vengono riutilizzate in varie preparazioni.

🍃 🛋 ❀ – Prezzo: €€€€

Laguna di Nora – ℰ 333 349 5001 – fradisminoris.it – Chiuso lunedì-mercoledì e giovedì sera

CUCINA MACHRÌ

MODERNA • **ACCOGLIENTE** Un locale raccolto e intimo, con un caldo tocco country ma mediterraneo nella prevalenza dei toni bianchi. Così come mediterranea è la linea di cucina dello chef Christian Collu, che propone saporite specialità di terra e di mare a cui non manca un tocco moderno.

♿ 🅰️ 🛋 – Prezzo: €€

Via Lamarmora 53 – ℰ 070 920 9205 – cucinamachri.it – Chiuso domenica e a mezzogiorno

SAN PANTALEO

✉ 07026 – Sassari (SS) – Carta regionale n° **21**-B1

❀ ### IL FUOCO SACRO

Chef: Luigi Bergeretto

ITALIANA • **ELEGANTE** Già il nome del resort che lo ospita, Petra Segreta, vi condurrà in un luogo magico, bucolico e isolato nella macchia mediterranea. Il Fuoco Sacro si apre davanti ad un meraviglioso giardino e a una vista impareggiabile sulla costa. Ai fornelli vi sono lo chef-imprenditore Luigi Bergeretto e Alessandro Menditto, intenti a proporre una cucina moderna e mediterranea nel rispetto della materia prima locale, con l'utilizzo delle ottime erbe aromatiche coltivate nella tenuta (quest'ultima rifornisce il resort anche di vegetali, formaggi e alcune carni). A coronare il tutto c'è Enrico Bartolini che concerta il menu, garanzia di un'esperienza gastronomica al top!

⪡ 🛏 🅰 🛋 ⇄ 🅿 – Prezzo: €€€€

Strada di Buddeo – 𝒞 0789 187 6441 – petrasegretaresort.com – Chiuso lunedì e a mezzogiorno tranne domenica

SAN TEODORO

✉ 07052 – Sassari (SS) – Carta regionale n° **21**–B1

🕸 GUSTO BY SADLER

MODERNA • ELEGANTE A nord di San Teodoro, all'interno dell'esclusivo Baglioni Resort, questo ristorante porta la firma di Claudio Sadler, che insieme al resident chef Andrea Besana dà vita ad una cucina a carattere mediterraneo, con idee creative millesimate 2023, come lo spiedino di anguilla alla brace, Cannonau e mirto, servito con un ottimo cous cous di verdure dell'orto. Un buon Vermentino Luris come aperitivo e il pasto prende subito una buona piega. A coronare il tutto, si mangia contemplando un bel giardino con piscina: l'atmosfera vacanziera è assicurata!

⪡ 🛏 ♿ 🅰 🛋 🅿 – Prezzo: €€€€

Via Tavolara, loc. Lu Fraili di Sotto – 𝒞 0784 190 8000 – baglionihotels.com – Chiuso sera

SANLURI

✉ 09025 – Cagliari (CA) – Carta regionale n° **21**–A3

🕸 COXINENDI

CREATIVA • RUSTICO Coxinendi ("cucinando" in sardo) è il locale di Davide Atzeni, talentuoso chef con importanti esperienze alle spalle che riesce a far rivivere la più autentica espressione di cucina sarda, ancestrale e primitiva.

♿ 🛋 – Prezzo: €€

Via Sant'Antioco 1 – 𝒞 392 286 9733 – Chiuso lunedì, martedì, a mezzogiorno da mercoledì a venerdì e domenica sera

SANTA MARGHERITA

✉ 09050 – Cagliari (CA) – Carta regionale n° **21**–A3

BELVEDERE

CREATIVA • ELEGANTE Il Belvedere è la proposta gourmet dell'esclusivo Forte Village. Nell'elegante sala interna o sulla bella terrazza affacciata su un giardino tropicale, la cucina è contemporanea con molti richiami alla tradizione mediterranea. Il menu à la carte, a prezzo fisso, evolve in base alle stagioni e alle proposte dello chef. Nel periodo estivo si organizzano cooking show e cene a tema firmate da chef di calibro internazionale.

🅰 🛋 🅿 – Prezzo: €€€€

Forte Village - SS 195, km 39,600 – 𝒞 070 92171 – fortevillageresort.com

SARDEGNA

SANTA REPARATA
✉ 07028 – Sassari (SS) – Carta regionale n° **21**–B1

S'ANDIRA
PESCE E FRUTTI DI MARE • ELEGANTE Avvolto dalla macchia mediterranea e in bella posizione panoramica con vista sulla costa, il S'Andira è un'istituzione locale, che propone una cucina di mare curata nella realizzazione e nelle presentazioni.
🛏🚃🗖 **P** – Prezzo: €€
Via Orsa Minore 1 – 𝒞 0789 754273 – sandira.it

SANTA TERESA GALLURA
✉ 07028 – Sassari (SS) – Carta regionale n° **21**–B1

MILLO RISTORANTE ⓝ
SARDA • INFORMALE Un bel ristorante dai prezzi corretti, dove gustare piatti che profumano di mare – imperdibile il calamaro con salsa all'arancia e cicoria – e una graziosa terrazza estiva dalla quale osservare la movida locale.
🗖 – Prezzo: €€
Via Garibaldi 4 – 𝒞 0789 754789 – milloristorante.it

SASSARI
✉ 07100 – Sassari (SS) – Carta regionale n° **21**–A1

OSTERIA DE' MERCATI ⓝ
MEDITERRANEA • CHIC Leggermente defilato rispetto alle vie brulicanti del centro storico, ma pur sempre nel cuore della località, questo piccolo gioiello gastronomico ha aperto i battenti poco tempo fa ed offre interni moderni ed eleganti, personale cordiale e un menu che propone piatti freschi e di stagione preparati con tanta cura. Il consiglio dell'ispettore: risotto alla pescatora, da accompagnare con un buon Vermentino di Gallura scelto tra la nutrita carta di vini regionali.
🅰🅲 – Prezzo: €€
Via al Mercato 2 – 𝒞 079 207 4486 – Chiuso lunedì e domenica sera

SENORBÌ
✉ 09040 – Cagliari (CA) – Carta regionale n° **21**–B3

DA SEVERINO IL VECCHIO - DI LUCIANO
MEDITERRANEA • ACCOGLIENTE In un ambiente tra il classico e il moderno, la cucina è mediterranea con chiari spunti della tradizione regionale.
🅰🅲 **P** – Prezzo: €
Largo Abruzzi 2 – 𝒞 070 980 4197 – Chiuso lunedì e domenica sera

VALLEDORIA
✉ 07039 – Sassari (SS) – Carta regionale n° **21**–A1

MESADORIA ⓝ
ITALIANA CONTEMPORANEA • CHIC Ottime ricette di mare in un moderno ristorante ubicato su tre piani, con una bella terrazza per i cocktail e uno spazio aperitivi on the top! Piccola e regionale la carta dei vini, il consiglio è di conservare un po' di appetito per i dolci: non ve ne pentirete!
🗖 – Prezzo: €€
Corso Europa 71 – 𝒞 349 755 9333 – mesadoria.it – Chiuso mercoledì

SICILIA

La Trinacria, l'isola triangolare piantata saldamente nel cuore del Mediterraneo, terra del Mito sospesa tra acqua e fuoco, lava e mare. Impossibile riassumerla in un fotogramma: i templi di Agrigento o le cupole arabo-normanne di Palermo? Il barocco del Val di Noto o il profilo innevato dell'Etna, il vulcano più alto d'Europa (3340 m)?

Anche la cucina è una cornucopia di ingredienti, specialità, colori e sapori. In una campagna in cui fioriscono oleandri, carrubi e alberi di fico, le erbe selvatiche come cappero, menta, origano, timo, tarassaco, ortica e senape canuta vanno ad insaporire con note inconfondibili i piatti tipici della regione. Se il terreno fertile produce agrumi in grande quantità, mandorle, fichi d'India, pistacchi e olive sono altre icone culinarie dell'isola. E che dire dei dolci? Sontuosi e barocchi come la sua storia: cassata, cannolo, frutta Martorana...

Come scrisse Goethe, "L'Italia senza la Sicilia non lascia nello spirito immagine alcuna". (Viaggio in Italia, 1768).

ACI CASTELLO

✉ 95021 – Catania (CT) – Carta regionale n° **20**–D2

FARAGLIONI RESTAURANT

PESCE E FRUTTI DI MARE • **AMBIENTE CLASSICO** Adiacente all'omonimo albergo, ma con ingresso indipendente, nel nome questo ristorante omaggia l'incantevole Riviera dei Ciclopi sulla quale si affaccia. La cucina, prevalentemente di mare ma con un percorso anche vegetariano, esalta gli ingredienti siciliani in piatti oscillanti fra tradizione e creatività.

♿ Ⓚ ⌂ – Prezzo: €€

Lungomare dei Ciclopi 115, loc. Aci Trezza – ☏ 095 419 2065 – grandhotelfaraglioni.com – Chiuso martedì e a mezzogiorno lunedì, mercoledì, giovedì

AGRIGENTO

✉ 92100 – Agrigento (AG) – Carta regionale n° **20**–B2

🏵 OSTERIA EXPANIFICIO

SICILIANA • **CONVIVIALE** Nel centro storico, tra il teatro Pirandello e il belvedere, l'ex panificio è stato trasformato in un ristorante moderno e accogliente, con qualche forma di pane alle pareti a ricordare le antiche funzioni. Le migliori proposte della cucina sono un convincente ventaglio dei piatti più celebri della cucina isolana, dallo spiedino di sarde a beccafico ai ravioli di robiola capra girgentana, dalla caponata all'involtino alla siciliana.

⌂ – Prezzo: €

Piazza Sinatra 16 – ☏ 0922 595399 – osteriaexpanificio.it

CARUSU

CREATIVA • **ELEGANTE** Lungo la strada che attraversa il parco archeologico, due salette disposte su altrettanti piani ospitano un ristorante elegante e raffinato. In cucina il giovane Alen Mangione, che dopo rilevanti esperienze in ristoranti blasonati si è messo ai fornelli per proporre la sua rivisitata versione della cucina siciliana, con risultati di ottimi livelli.

Ⓚ – Prezzo: €€€

Passeggiata Archeologica 8 – ☏ 0922 691893 – carusurestaurant.it – Chiuso a mezzogiorno da lunedì a sabato e domenica sera

ARCHI

✉ 95018 – Catania (CT) – Carta regionale n° **20**–D2

🌸 ZASH

CREATIVA • **ROMANTICO** Varcato il cancello d'ingresso, si attraversa un agrumeto per raggiungere infine il ristorante, ospitato all'interno di un affascinante palmento ottocentesco, riportato in vita da un meticoloso restauro, che ne ha salvato tutta la sua magica e romantica atmosfera. La cucina di Giuseppe Raciti si esprime a rimarchevoli livelli attraverso menù degustazione tematici, i cui piatti possono tuttavia essere estratti alla carta e scelti liberamente. Le sue proposte contengono tanti riferimenti all'isola, ma anche rinvii a personali "ricordi, viaggi, esperienze ". Distribuite nella proprietà, nelle raffinate camere si può concludere un soggiorno da sogno.

☸ ⌂ ⌂ 🅿 – Prezzo: €€€€

SP 2 I/II 60 – ☏ 095 782 8932 – zash.it – Chiuso martedì e a mezzogiorno

AUGUSTA

✉ 96011 – Siracusa (SR) – Carta regionale n° **20**-D2

CAPRICCIO Ⓝ

CONTEMPORANEA • SEMPLICE Il giovane cuoco Graziano Accolla è tornato nella sua città natale con la scommessa di una cucina creativa di alto livello per dare ad Augusta un profilo anche gastronomico. Forte di esperienze in ristoranti stellati, propone piatti molto interessanti incentrati sulla qualità degli ingredienti.

🅰🄲 ㎡ – Prezzo: €€

Via Filippo Turati 81 – ℰ 0931 967858 – capriccioaugusta.it – Chiuso domenica e a mezzogiorno

BAGHERIA

✉ 90011 – Palermo (PA) – Carta regionale n° **20**-B2

✿ I PUPI

Chef: Antonio Lo Coco

SICILIANA • CONTESTO CONTEMPORANEO Intrigante restyling per questo ristorante che ha visto la realizzazione – all'interno della sala – di una cucina a vista: una postazione in cui si preparano entrée e si definiscono alcuni piatti. Lo chef Tony Lo Coco e la sua brigata si alternano in questa postazione per preparazioni espresse; gli ospiti si avvicinano per osservare l'esecuzione di alcune ricette oppure sostano mentre attraversano la sala per raggiungere il tavolo nel bel dehors. La linea gastronomica rimane immutata: fedele alla Trinacria, si concede qua e là qualche reinterpretazione fantasiosa e personalizzata. Vivamente consigliati i percorsi degustazione di terra o di mare, ma anche il menu misto per assaggiare di tutto un po', come la versione reinterpretata di un piatto tipico dello street food palermitano, la stigghiola, un involino di budella di agnello.

🐝 ♿ 🅰🄲 ㎡ – Prezzo: €€€€

Via del Cavaliere 59 – ℰ 091 902579 – ipupiristorante.it – Chiuso domenica e a mezzogiorno

✿ LĪMŪ

Chef: Nino Ferreri

CREATIVA • ELEGANTE Nella città nota per le splendide ville dell'aristocrazia palermitana, il ristorante si trova ai margini del centro storico, all'interno di una piccola torre cinquecentesca. Il suo nome omaggia il limone, che a Bagheria fiorisce in abbondanza. Atmosfera elegante e contemporanea e ottimo servizio fanno da contorno alla cucina di Nino Ferreri, che rilegge alcuni prodotti e ricette dell'isola in chiave creativa. Il risultato sono proposte elaborate che non si fanno dimenticare facilmente, come la poesia dei nomi dei piatti: da Sento il Mare dentro una Conchiglia a Domenica è sempre Domenica (degli ottimi tortelli al ragù). Particolarmente ampia la scelta dei vini al bicchiere.

🅰🄲 ㎡ – Prezzo: €€€

Via Ciro Scianna 177 – ℰ 091 649 6288 – limurestaurant.it – Chiuso lunedì

CALTAGIRONE

✉ 95041 – Catania (CT) – Carta regionale n° **20**-C2

✿ CORIA

Chef: Domenico Colonnetta e Francesco Patti

DEL TERRITORIO • CONTESTO CONTEMPORANEO *Trasferimento previsto a Catania in dicembre.* Le suggestioni della tradizione incontrano nella cucina contemporanea degli chef-patron Domenico Colonnetta e Francesco Patti quei "Profumi di Sicilia" racchiusi fra le pagine del celeberrimo testo di Giuseppe Coria: giornalista e voce narrante del connubio fra usi, costumi, ed enogastronomia dell'isola, al quale il ristorante è dedicato. La ciclicità delle stagioni, l'attenzione alle piccole produzioni – dai grani antichi siciliani al pescato locale – nonché l'utilizzo di ortaggi ed erbe aromatiche del proprio orto creano contaminazioni di autentici sapori in una cornice storico-intellettuale figlia dell'incontro di diverse culture. In un ambiente intimo e minimalista, tre percorsi degustazione di diverse portate e lunghezze (a pranzo la carta si fa più snella), nonché una proposta enoica ben articolata.

88 🅰🅲 – Prezzo: €€€

Via Infermeria 24 – ✆ 0933 26596 – ristorantecoria.it – Chiuso lunedì, martedì a mezzogiorno e domenica sera

CALTANISSETTA

✉ 93100 – Caltanissetta (CL) – Carta regionale n° **20**-C2

ZÀGHARA RESTAURANT

MODERNA • **CONTESTO CONTEMPORANEO** Nell'elegante Relais Villa Flora, il ristorante è una terrazza naturale con vista mozzafiato sulle colline Nissene. I piatti, sostanzialmente di matrice regionale, sono tuttavia declinati in chiave moderna. Buona selezione enoica con focus sui vini siciliani e italiani.

– Prezzo: €€

Contrada Bigini snc – ✆ 0934 568633 – villaflorarelais.it

CAPRI LEONE

✉ 98070 – Messina (ME) – Carta regionale n° **20**-C1

😊 ANTICA FILANDA

SICILIANA • **AMBIENTE CLASSICO** Si sale verso i monti, ma il mare e la costa non si sottraggono alla vista, grazie anche alla bella terrazza: le Eolie e il Tirreno sono lo sfondo per una cucina che, invece, celebra l'entroterra. Se la tradizione viene rivisitata quanto basta e gli ingredienti cercati ovunque, purché fragranti e di stagione, il maialino nero dei Nebrodi è presente in molte ricette. Interessante carta dei vini.

88 ⬳ 🅴🅰🅲 ⇄ 🅿 – Prezzo: €

SS 157, Contrada Raviola – ✆ 0941 919704 – anticafilanda.me – Chiuso martedì e a mezzogiorno tranne domenica

CASTELBUONO

✉ 90013 – Palermo (PA) – Carta regionale n° **20**-C2

😊 PALAZZACCIO

SICILIANA • **CONTESTO TRADIZIONALE** Cucina fortemente ancorata al territorio con molte specialità (imperdibili gli antipasti!) legate ai prodotti delle Madonie, come le carni ed i funghi, in un ristorante del centro storico dall'ambiente di classica rusticità.

88 🅰🅲 🍴 – Prezzo: €€

Via Umberto I 23 – ✆ 0921 676289 – ristorantepalazzaccio.it – Chiuso lunedì

CASTELLAMMARE DEL GOLFO

✉ 91014 – Trapani (TP) – Carta regionale n° **20**-B2

MIRKO'S

MEDITERRANEA • **SEMPLICE** Nella pittoresca Castellammare, in posizione un po' defilata lungo una scalinata che scende al mare, lo spirito è quello di una piacevole trattoria familiare, ma nei piatti troverete anche uno sforzo di elaborazione e presentazione inaspettato.

🍴 – Prezzo: €€

Discesa Annunziata 1 – ✆ 0924 040592 – mirkosristorante.it – Chiuso mercoledì e domenica

SICILIA

CATANIA

95129 – Catania (CT) – Carta regionale n° **20**-D2

☼ SAPIO

Chef: Alessandro Ingiulla

SICILIANA • **CONTESTO CONTEMPORANEO** Nella nuova sede di Piazza Gandolfo il giovane chef mostra una cucina matura, che esalta le migliori produzioni siciliane, tra cui olio, frutta e verdure di produzione propria, con estro e fantasia. La nuova casa è raffinata e tutti i materiali sono stati selezionati con attenzione per celebrare la Sicilia e l'artigianato locale. Roberta accoglie e presenta l'ottima selezione enoica, tra cui spicca ovviamente l'Etna suddiviso nei quattro versanti di produzione.

🅰 ⇔ – Prezzo: €€€€

Piazza Antonino Gandolfo 11 – ☏ 095 097 5016 – sapiorestaurant.it – Chiuso lunedì e a mezzogiorno

☺ ME CUMPARI TURIDDU

SICILIANA • **VINTAGE** Originale ed accattivante, il ristorante propone un tuffo nella vecchia Sicilia recuperando antichi lampadari, sedie e tavoli. Segue il passo la cucina, intrigante carrellata di prodotti isolani, ed una carta-bistrot più semplice ed economica. Rivendita di prodotti gastronomici e cocktail bar.

🅰 🍴 – Prezzo: €

Piazza Turi Ferro 36 – ☏ 095 715 0142 – mecumparituriddu.it – Chiuso a mezzogiorno da lunedì a venerdì e la sera sabato e domenica

☺ OSTERIA ACQUALAVICA ⓝ

SICILIANA • **CONTESTO REGIONALE** A pochi passi da piazza del Duomo, in suggestivi ambienti storici con cantina-degustazione in un'ex rimessa per le barche, all'Acqualavica troverete la più tipica cucina etnea, oltre ad una selezione di pizze (solo la sera). Sapori tradizionali e rassicuranti, da un'ottima caponata alla pasta "fuori dalla Norma", ma anche carpacci e fritti di pesce, prodotti del mare che tornano poi protagonisti anche tra i secondi.

🅰 🍴 ⇔ – Prezzo: €€

Via Cardinale Dusmet 35 – ☏ 095 751 5017 – acqualavica.it

ANGIÒ-MACELLERIA DI MARE ⓝ

PESCE E FRUTTI DI MARE • **SEMPLICE** Tra i salumi di pesce e le frollature a cui viene spesso sottoposto il pescato ecco spiegato il sottotitolo del ristorante, "macelleria di mare". Ma qui c'è molto di più, a partire da una formula originale: il cliente sceglie i prodotti direttamente dal banco parlando con il cuoco, in una sala semplice ma accattivante con cucina a vista. Il miglior consiglio è lasciar fare al giovane Alberto Angiolucci. Il risultato è un modo nuovo di vedere la cucina di mare.

🅰 🍴 – Prezzo: €€

Viale Africa 28/h – ☏ 335 161 3701 – Chiuso domenica e sabato sera

CONCEZIONE RESTAURANT ⓝ

CREATIVA • **ELEGANTE** In un locale minimalista, dove si fanno notare i bei soffitti a volta dell'edificio storico, troverete uno dei giovani chef più interessanti della città. Manuel Tropea vi guiderà alla scoperta del giacimento gastronomico siciliano, in particolare catanese, interpretato in modo personale e con grande attenzione alla tradizione: piatti come "L'Asina e la lattuga" oppure "Good morning in Catania" ne sono un esempio. Perdersi nel menu a sorpresa dello chef vi farà entrare in pieno nel suo mondo fatto di ricordi, contrasti, esperienze.

🅰 – Prezzo: €€€

Via Giuseppe Verdi 143 – ☏ 095 1693 6122 – concezionerestaurant.com – Chiuso martedì e a mezzogiorno da lunedì a venerdì

KM.0

SICILIANA • SEMPLICE Non lontano dal centro, è un ristorante semplice ma piacevole, gestito con il proposito, come indica il nome, di omaggiare i prodotti del territorio. Gli ingredienti della cucina siciliana sono impiegati in piatti talvolta tradizionali, talaltra invece con qualche elemento di creatività, a partire dagli accostamenti.
🕭 ⅗ 🔠 – Prezzo: €€

Via Antonino Longo 26/28 – ℰ 347 732 7788 – km0ristorante.com – Chiuso domenica e a mezzogiorno

MATERIA | SPAZIO CUCINA 🅝

SICILIANA • SEMPLICE A pochi passi dall'elegante piazza Bellini, nel contesto dell'hotel Habitat, in questo ristorante troverete un'entusiasmante proposta culinaria basata su ricette siciliane e una straordinaria ricerca dei prodotti isolani. Una delle tappe gastronomiche più interessanti della città.
🔠 – Prezzo: €€

Via Teatro Massimo 29 – ℰ 095 826 6755 – materiaspaziocucina.it – Chiuso martedì, domenica e a mezzogiorno

CEFALÙ

✉ 90015 – Palermo (PA) – Carta regionale n° **20**–C2

CALA LUNA

CONTEMPORANEA • CHIC Ristorante fine dining del boutique hotel Le Calette, Cala Luna offre una pregevole vista sul mare, i faraglioni della Caldura e la Rocca. Vivace e contemporanea, la proposta dello chef valorizza il territorio, ma le sue pregresse esperienze in giro per il mondo gli conferisco quell'originale tocco in più!
⛵ – Prezzo: €€€

Via Vincenzo Cavallaro 12 – ℰ 0921 424144 – lecalette.it

CORTILE PEPE

MODERNA • ELEGANTE Tra le viuzze del centro storico chiuse tra la la Cattedrale e il mare, sotto ad archi antichi o nel piacevole dehors il cuoco, che vanta ottime esperienze presso tavole stellate, propone una cucina territoriale rivisitata con tecnica fine e moderna; vivamente consigliato il menu degustazione. Gentilezza ed ottima accoglienza in sala sono assicurate da una giovane coppia molto motivata!
🔠 🍴 – Prezzo: €€€

Via Nicola Botta 15 – ℰ 0921 421630 – cortilepepe.it – Chiuso mercoledì e a mezzogiorno lunedì, martedì, giovedì

LOCANDA DEL MARINAIO

MEDITERRANEA • ACCOGLIENTE Gustosi piatti che profumano di Mediterraneo, seppure preparati con un leggero tocco di modernità, in un grazioso locale sito proprio nel brulicante centro di Cefalù. L'ambiente è semplice ed informale, ma la cucina propone interessanti rivisitazioni.
🔠 🍴 – Prezzo: €€

Via Porpora 5 – ℰ 0921 423295 – locandadelmarinaiocefalu.com – Chiuso mercoledì

QUALIA

ITALIANA • CONVIVIALE In una traversa del centro della bella cittadina, in una sala tra mattoni a vista e scorci della cucina, i prodotti regionali e il pesce fresco vengono proposti in piatti gustosi e valorizzati da tecniche antiche come la fermentazione e l'uso della brace. Alcuni tavoli anche nel piccolo dehors.
🔠 🍴 – Prezzo: €€€

Via Giovanni Amendola 16/b – ℰ 0921 820104 – ristorantequalia.it – Chiuso martedì e a mezzogiorno lunedì e mercoledì

SICILIA

CHIARAMONTE GULFI

✉ 97012 – Ragusa (RG) – Carta regionale n° **20**-C3

LOCANDA GULFI

SICILIANA • **CASA DI CAMPAGNA** In zona isolata, ma che non sfugge all'attenzione degli interessati di olio e vino, la Locanda Gulfi ne è anche produttrice, come si intuisce dall'affaccio sulla cantina dalla sala. La cucina presenta piatti siciliani rivisitati, a cui si aggiunge la possibilità di pernottamento.

& 𝕄 🅿 – Prezzo: €€

Contrada Patria – 𝒞 0932 928081 – gulfi.it/it/locanda – Chiuso lunedì e domenica sera

Isole EOLIE

✉ 98055 – Messina (ME) – Carta regionale n° **20**-D1

Lipari

L'ANFORA

SICILIANA • **AMBIENTE CLASSICO** Cucina isolana interpretata con passione dallo chef-patron e dove s'indugia - per passione della vista e non solo del palato - in giochi cromatici: il tutto in porzioni generose! Il servizio in sala è assicurato dalla gentile consorte.

& 𝕄 🍴 – Prezzo: €€

vico Alicudi – 𝒞 090 982 1014 – ristoranteanfora.it

FILIPPINO

PESCE E FRUTTI DI MARE • **STILE MEDITERRANEO** Piacevole e fresco il pergolato esterno di questo storico locale che aprì le sue porte nel lontano 1910, dove vi verrà proposta una gustosa e ampia gamma di pescato locale elaborato in preparazioni tipiche. Specialità consigliata: risotto al nero di seppia con gamberetti.

🐝 𝕄 🍴 ⇄ – Prezzo: €€

Piazza Municipio – 𝒞 090 981 1002 – filippino.it

TRATTORIA DEL VICOLO

SICILIANA • **TRATTORIA** Sulla piazza da più di 50 anni, ovviamente rimodernato ma sempre conviviale e senza fastidiosi snobismi, alle pareti alcuni dipinti dello chef/artista, in tavola le sue creazioni gastronomiche dai sapori regionali reinterpretati con gusto contemporaneo.

𝕄 🍴 – Prezzo: €€

vico Ulisse 17 – 𝒞 090 981 1066 – trattoriadelvicolo.info – Chiuso a mezzogiorno

Salina

❀ SIGNUM

Chef: Martina Caruso

CONTEMPORANEA • **STILE MEDITERRANEO** La giovane chef Martina Caruso è nata e cresciuta all'interno del Signum e dopo una serie di esperienze formative ha deciso di far ritorno a casa per occuparsi in prima persona della cucina. Oggi guida una brigata di nove persone, mentre il fratello Luca si occupa dell'incantevole albergo costruito come un tipico borgo eoliano. Martina sa come utilizzare al meglio i prodotti vibranti della sua terra, del suo orto e del mare; non nega la loro potenza, riuscendo a giocare – con leggerezza e creatività – anche con l'intensa sapidità di alcuni elementi, senza nasconderla, ma esaltandola. Luca e il cugino Raffaele perfezionano l'esperienza gourmet, con grandi vini (alcuni di produzione

SICILIA

611

propria), anche al bicchiere, e ottimi cocktail. Tre menu degustazione da 6, 7 e 9 portate.

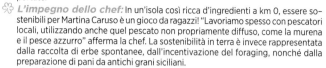 *L'impegno dello chef:* In un'isola così ricca d'ingredienti a km 0, essere sostenibili per Martina Caruso è un gioco da ragazzi! "Lavoriamo spesso con pescatori locali, utilizzando anche quel pescato non propriamente diffuso, come la murena e il pesce azzurro" afferma la chef. La sostenibilità in terra è invece rappresentata dalla raccolta di erbe spontanee, dall'incentivazione del foraging, nonché dalla preparazione di pani da antichi grani siciliani.

⌂ ⟨ ⌂ 🖼 🏠 – Prezzo: €€€€

Via Scalo 15, loc. Malfa – ☏ 090 984 4222 – hotelsignum.it – Chiuso a mezzogiorno lunedì e martedì

NNI LAUSTA

PESCE E FRUTTI DI MARE • **STILE MEDITERRANEO** E' il pesce il protagonista della tavola, la tradizione genuina e gustosa della cucina eoliana viene interpretata con abilità, fantasia e innovazione. Se non fa troppo caldo, optare per la fresca terrazza ombreggiata.

🏠 – Prezzo: €€

Via Risorgimento 188, loc. Santa Marina Salina – ☏ 090 984 3486

Stromboli

PUNTA LENA

PESCE E FRUTTI DI MARE • **ROMANTICO** Il servizio sotto un pergolato con eccezionale vista sul mare e sullo Strombolicchio, è la compagnia migliore per qualsiasi tipo di occasione. In cucina tanto pesce: deliziosi i primi!

🏠 – Prezzo: €€

Via Monsignor Di Mattina 8, loc. Ficogrande – ☏ 090 986204 – ristorantepuntalenastromboli.it – Chiuso mercoledì a mezzogiorno

Vulcano

✿ IL CAPPERO

MEDITERRANEA • **ROMANTICO** Il Cappero di Vulcano rappresenta il perfetto sogno mediterraneo. All'interno del Therasia Resort e incastonato sul promontorio di Vulcanello, a strapiombo sul mare, con la sua terrazza regala una vista impareggiabile su tutte le isole Eolie, spesso con tramonti infuocati. La proposta dello chef è un percorso di piatti tecnici e moderni in cui si alternano con grazia verdure, pesce e carne, sino alla conclusione dolce (davvero entusiasmante!) resa indimenticabile dalla capacità e dal talento del giovane pasticciere. Il tutto raccontato con brio dal giovane staff di sala.

⌂ ⟨ ⌂ 🏠 🅿 – Prezzo: €€€€

Via Vulcanello – ☏ 090 985 2555 – ilcapperoristorante.it – Chiuso a mezzogiorno

✿ I TENERUMI

Chef: Davide Guidara

VEGETARIANA • **ALLA MODA** Consigliamo di arrivare al ristorante prima del calar del sole per ammirare un tramonto spettacolare di fronte alle isole Eolie e ai faraglioni, seduti ai tavoli del giardino o attraverso le vetrate della sala interna in caso di cattivo tempo: il quadro è mozzafiato. Ma questo è solo l'antipasto di un'esperienza gastronomica tanto originale quanto qualitativamente strabiliante: nessuna scelta, ma un lungo menu degustazione a sorpresa, interamente dedicato al mondo vegetale e basato su prodotti spesso coltivati a Vulcano. Eccezionale la mezza cipolla arrostita servita con la sua crema fermentata e aromatizzata con aglio e limone, oppure la sfoglia di patata, con una crema del tubero stesso e beurre blanc, il tutto aromatizzato con gambi di prezzemolo tritati. Tra fermentazioni, marinature, ossidazioni, affumicature e tanto altro, il giovane chef Davide Guidara dimostra una maestria encomiabile nel dare forza e sapori a piatti vegetariani che vi lasceranno un ricordo indelebile e nessuna nostalgia per la carne, abbinati a bevande (anche non alcoliche) altrettanto sorprendenti. I cocktail sono interessanti e creati dal barman spesso con l'ausilio di infusioni di erbe isolane: i nostri preferiti sono quelli aromatizzati alla salvia, rosmarino o menta piperita. Una carta dei vini di sole bollicine, ma su richiesta anche un'estensione di quasi mille etichette, con una profondità che dal territorio si estende al mondo intero. Un consiglio: degustate il Terzavia di De Bartoli, uno spumante da uve Grillo di grande finezza!

🌸 *L'impegno dello chef:* Un orto di due ettari riesce a soddisfare circa il 90% del fabbisogno del ristorante in termini di vegetali; tutto lo scarto organico viene poi compostato (anche se in realtà è davvero poco, grazie alle tecniche di conservazione tramite fermentazioni e macerazioni) e utilizzato come fertilizzante per il terreno. A Vulcano l'acqua è contingentata e I Tenerumi dispone di pozzi che si rigenerano grazie ad un ciclo naturale.

🕸 ⟨ 🍴 🅿 – Prezzo: €€€€

Via Vulcanello – ☏ 090 985 2555 – tenerumiristorante.it – Chiuso a mezzogiorno

GIARRE

✉ 95014 – Catania (CT) – Carta regionale n° **20**-D2

CASU OSTERIA CONTEMPORANEA

SICILIANA • SEMPLICE Lungo il corso centrale di Giarre, è un ristorante piccolo e semplice, con pochi tavoli e un'atmosfera informale. In menù una selezione ristretta di piatti, a prezzi ragionevoli: la cucina siciliana è servita partendo da buoni prodotti per arrivare a sapori gustosi.

🅰🅒 🍴 – Prezzo: €€

Corso Italia 294 – ☏ 380 862 2848 – mariocasu.it – Chiuso lunedì e a mezzogiorno

Isola di LAMPEDUSA

✉ 92031 – Agrigento (AG)

CAVALLUCCIO MARINO

MODERNA • AMBIENTE CLASSICO Cucina fantasiosa in un locale di lunga tradizione familiare rinnovatasi con il passaggio alle nuove generazioni: periferico rispetto al centro, ma facilmente raggiungibile, la sua posizione fronte mare è veramente invidiabile (godibilissima dalla terrazza!). Buona selezione enologica regionale, nazionale, nonché internazionale.

🕸 ⟨ 🛏 🅰🅒 🍴 🅿 – Prezzo: €€€

Contrada Cala Croce 3 – ☏ 0922 970053 – hotelcavallucciomarino.com – Chiuso a mezzogiorno

LIPADUSA

MEDITERRANEA • ACCOGLIENTE Nel centro del paese, fragrante cucina di pesce proposta in chiave tradizionale, ampio dehors sotto un fresco pergolato, servizio attento e dinamico. Insomma: una certezza, sempre!

🅰🅒 🍴 – Prezzo: €€

Via Bonfiglio 16 – ☏ 0922 970267 – Chiuso a mezzogiorno tranne domenica

LICATA

✉ 92027 – Agrigento (AG) – Carta regionale n° **20**-C2

🌸🌸 LA MADIA

Chef: Giuseppe Cuttaia

CREATIVA • CONTESTO CONTEMPORANEO Licata è ormai diventata sinonimo di questo ristorante, meta di viaggio da altre parti della Sicilia e non solo. La sobrietà

SICILIA

dello stile di Pino Cuttaia, che enfatizza i prodotti senza inutili artifici, si intuisce sin dalla lettura della carta: alla Madia si va subito al cuore degli ingredienti con titolazioni semplici ed essenziali, come le due sale che ospitano il ristorante. Lo chef è innamorato della Sicilia e con i suoi piatti vi conduce in un viaggio gastronomico che attraversa i suoi ricordi gastronomici isolani.

&. 🅰 – Prezzo: €€€€

Corso Filippo Re Capriata 22 – 𝒫 0922 771443 – ristorantelamadia.it – Chiuso martedì e domenica sera

L'OSTE E IL SACRESTANO

MODERNA • RUSTICO Un piccolo ristorante accogliente a "denominazione di origine siciliana": a darvi il benvenuto Chiara, ai fornelli invece Peppe da cui farvi consigliare per un percorso fra rivisitazione e tradizione.

🅰 ⛩ – Prezzo: €€€

Via Sant'Andrea 19 – 𝒫 0922 774736 – losteeilsacrestano.it – Chiuso lunedì e domenica sera

LINGUAGLOSSA

✉ 95015 – Catania (CT) – Carta regionale n° **20**-D2

SHALAI

MODERNA • CONTESTO CONTEMPORANEO Nel centro storico di Linguaglossa, uno dei più pittoreschi paesi del parco dell'Etna, il ristorante si trova all'interno dell'omonimo albergo, in un incantevole palazzo ottocentesco di cui vi consigliamo di approfittare anche per il pernottamento. Al timone la famiglia Pennisi, in cucina Giovanni Santoro, un sodalizio che da anni fa brillare questa stella alle pendici del vulcano. Il cuoco sforna una cucina di straordinaria varietà, e non sarà un caso, se pensate al paesaggio che circonda Linguaglossa, dove si passa dalla montagna al mare nel volgere di pochi chilometri con un giacimento di prodotti gastronomici con pochi rivali. Straordinaria carta dei vini, tra magnum, verticali e naturalmente i grandi vini etnei.

🐾 &. 🅰 ⛩ 🅿 – Prezzo: €€€

Via Guglielmo Marconi 25 – 𝒫 095 643128 – shalai.it – Chiuso a mezzogiorno da lunedì a venerdì

DODICI FONTANE

MODERNA • ELEGANTE Alle pendici dell'Etna, per arrivarci si attraversa un contesto paesaggistico mozzafiato che rivaleggia con il fascino di Villa Neri, il lussuoso ed incantevole albergo che ospita il ristorante. In sale dall'atmosfera moderna, il cuoco serve una cucina che parte sovente da ricette e prodotti siciliani per giungere a risultati molto personalizzati e creativi, talvolta complessi, comunque di ottimo livello, accompagnati da una cantina di cui vi consigliamo la buona selezione di vini etnei.

🍽 &. 🅰 ⛩ 🅿 – Prezzo: €€€€

Contrada Arrigo – 𝒫 095 813 3002 – nerietna.com/12-fontane-ristorante

MARINA DI RAGUSA

✉ 97010 – Ragusa (RG) – Carta regionale n° **20**-C3

VOTAVOTA

Chef: Giuseppe Causarano e Antonio Colombo

MODERNA • CONTESTO CONTEMPORANEO Un quadro per gli amanti del mare, che si ammira in tutto il suo splendore dalle pareti vetrate della sala, mentre alle spalle dei clienti c'è la cucina a vista, dove lavorano i due cuochi, che propongono piatti di sorprendente qualità e creatività, in cui prevale, inutile dirlo, il pescato. Tra le proposte che ci hanno conquistato, lo spaghetto affumicato con burro e alici,

SICILIA

un piatto di cremosità, aromaticità e intensità ottime, un piatto semplice che però denota una buona tecnica e che vale il viaggio! Sul fronte vino, lasciatevi consigliare dal sommelier, che vi porterà a spasso per la Sicilia, dall'Etna alle isole minori, consigliandovi ottime etichette. Un vero must per iniziare il pasto è il 700 di Cusumano, un blend di Chardonnay e Pinot Nero di grande classe.

≤ 🅺 🍴 – Prezzo: €€€

Lungomare Andrea Doria 48 – 𝒞 3341426962 – votavota.it – Chiuso lunedì e domenica sera

MARZAMEMI

✉ 96018 – Siracusa (SR) – Carta regionale n° **20**–D3

CORTILE ARABO ⓝ

CONTEMPORANEA • **STILE MEDITERRANEO** In uno dei borghi siciliani più incantevoli e fotogenici, un tempo prospera tonnara, il Cortile Arabo offre una cucina ricercata di buon livello, in prevalenza di pesce. Il punto di forza è la terrazza sugli scogli di fronte al mare, dove si mangia accompagnati dallo sciabordio delle onde.

≤ 🍴 – Prezzo: €€€

Vicolo Villadorata – 𝒞 0931 841678 – cortilearabo.it

TAVERNA LA CIALOMA

PESCE E FRUTTI DI MARE • **STILE MEDITERRANEO** Nell'ex tonnara di Marzamemi, affacciata su una delle piazze siciliane più pittoresche, dove sono sistemati anche i tavoli, altri ancora li trovate nelle sale interne e infine, sul retro, su una terrazza davanti sul mare: questa è la Taverna La Cialoma. Qualunque sia la sistemazione scelta, la cucina è autenticamente siciliana, con poche e semplici elaborazioni, per valorizzare il pescato.

≤ 🅺 🍴 – Prezzo: €€

Piazza Regina Margherita 23 – 𝒞 0931 841772 – tavernalacialoma.it

MAZZARÒ

✉ 98030 – Messina (ME) – Carta regionale n° **20**–D2

DA GIOVANNI

PESCE E FRUTTI DI MARE • **ACCOGLIENTE** A Mazzarò, collegata a Taormina da una comoda funivia, in questo ristorante troverete una cucina semplice e classica e un impagabile punto di forza: la vista mozzafiato sul mare e l'Isola Bella.

≤ 🍴 – Prezzo: €€

Pianta: C1-7 – *Via Nazionale 127 – 𝒞 0942 23531 – ristorantedagiovanni.flazio. com – Chiuso lunedì*

MENFI

✉ 92013 – Agrigento (AG) – Carta regionale n° **20**–B2

LA FORESTERIA ⓝ

CONTEMPORANEA • **ELEGANTE** Lussuosa struttura con camere della celebre azienda vinicola siciliana Planeta, è un incantevole paesaggio di vigneti che vi accompagnerà in questo ristorante, dove viene servita un'ottima interpretazione della cucina siciliana. Nei piatti compaiono anche alcuni prodotti coltivati dalla casa e naturalmente una vasta cantina con tutte le etichette Planeta.

🛁 ≤ 🍴🅿 – Prezzo: €€€

Contrada Passo di Gurra SP 79 km 91 – 𝒞 0925 195 5460 – planetaestate.it

SICILIA

MESSINA

✉ 98121 – Messina (ME) – Carta regionale n° **20**-D1

MARINA DEL NETTUNO

CREATIVA • **ELEGANTE** Sull'incantevole molo dello Yachting Club Messina, ambiente moderno di sobria eleganza per un locale che propone il solo menu degustazione composto da piatti creativi: il pesce è il prediletto!
🅰🆑 – Prezzo: €€€

Viale della Libertà-Batteria Masotto – ℰ 347 289 0478 – ristorantemarinadelnettuno.com – Chiuso lunedì, a mezzogiorno da martedì a sabato e domenica sera

SACHA

MEDITERRANEA • **ELEGANTE** In pieno centro città, un luminoso locale dagli arredi eleganti e contemporanei. Il giovane chef propone interessanti ricette mediterranee che traggono spunti e materie prime ovviamente dall'isola. Ampia cucina a vista con piccolo chef table di quattro coperti (da prenotare con anticipo). Nella carta dei vini tante etichette siciliane e l'accento posto su piccole realtà dell'Etna.
🅰🅰 – Prezzo: €€€

Via Nicola Fabrizi 15 – ℰ 090 293 9982 – sacharestaurant.it – Chiuso venerdì

MILAZZO

✉ 98057 – Messina (ME) – Carta regionale n° **20**-D1

BALÌCE

CONTEMPORANEA • **ALLA MODA** Con orgoglio tutto milazzese, il giovane chef-patron Giacomo ha aperto il suo primo ristorante proprio nella sua città natale e lo ribadisce nel nome, balìce: un'antica tecnica locale per la conservazione del pesce azzurro. Al contrario, sala e cucina si mostrano piacevolmente contemporanee, così come la carta dei vini che prende il via dalla Sicilia e si allarga sino ad una bella selezione di cocktail.
🅰🅰 – Prezzo: €€

Via Ettore Celi 15 – ℰ 090 738 4720 – baliceristo.com – Chiuso martedì , a mezzogiorno da lunedì a venerdì e domenica sera

DOPPIO GUSTO

PESCE E FRUTTI DI MARE • **CONTESTO CONTEMPORANEO** Sono le specialità di pesce (ottimo quello alla griglia!) a connotare la linea gastronomica di questo locale dal design contemporaneo e cucina a vista, ma informale nel servizio. Buona scelta enologica con proposte anche al calice.
🅰🅰🆑 – Prezzo: €€

Via Luigi Rizzo 1/2 – ℰ 090 924 0045 – ristorantedoppiogusto.it/home – Chiuso lunedì

MODICA

✉ 97015 – Ragusa (RG) – Carta regionale n° **20**-C3

☼ ACCURSIO

Chef: Accursio Craparo

CREATIVA • **CONTESTO STORICO** Vicino al duomo di San Pietro e al centrale corso Umberto, il ristorante è una piccola e deliziosa chicca in un palazzo storico, che incanta nella sua semplice raffinatezza, a cominciare dalle cementine del pavimento. Accursio propone tre menu degustazione, con piatti tuttavia estraibili alla carta; dal simbolo del ristorante - un ulivo dentro una barca - si intuisce già la sua proposta: un viaggio gastronomico creativo tra i prodotti siciliani, sia di terra che di mare.

& AC – Prezzo: €€€€

Via Grimaldi 41 – ℰ 0932 941689 – accursioristorante.it – Chiuso lunedì, martedì a mezzogiorno e domenica sera

LA LOCANDA DEL COLONNELLO

MODERNA • CONVIVIALE Se vi piace camminare, vi consigliamo di raggiungere il ristorante con un'emozionante passeggiata, partendo dal vivace corso Umberto, per salire i gradini fino al Duomo di San Giorgio e da qui ancor più su addentrandosi nei vicoli della pittoresca Modica Alta, dove troverete il ristorante. In un ambiente semplice, tutto si concentra sulla rimarchevole qualità dei piatti, con una proposta eclettica che abbraccia piatti siciliani ma anche proposte più creative: tecnica e gusto di gran livello!

AC 🛏 – Prezzo: €€

Via Blandini 9 – ℰ 0932 752423 – locandadelcolonnello.com – Chiuso a mezzogiorno

FATTORIA DELLE TORRI

MODERNA • ACCOGLIENTE Una piccola porzione di paradiso nel centro storico di Modica, nonché un'eredità professionale raccolta dalle figlie dello chef-patron Peppe Barone, che con una ventata di gioventù si fanno portavoci di una cultura gastronomica tra innovazione e tradizione. Piacevole servizio in terrazza tra i limoni.

🛏 ✿ – Prezzo: €€

Vico Napolitano 14 – ℰ 0932 751286 - fattoriadelletorri.com – Chiuso martedì e a mezzogiorno mercoledì e giovedì

RADICI 🆕

SICILIANA • SEMPLICE È il cuoco Accursio dell'omonimo e vicino ristorante stellato a curare la cucina di Radici. In due sale semplici ed eleganti, lo chef propone una cucina più tradizionale e autenticamente siciliana. E' un'ottima occasione per sperimentare la mano di un grande cuoco a prezzi ragionevoli.

AC 🛏 – Prezzo: €€

Via Grimaldi 55 – ℰ 331 236 9404 – accursioradici.it – Chiuso lunedì e a mezzogiorno martedì e domenica

MONTALLEGRO

✉ 92010 – Agrigento (AG) – Carta regionale n° **20**-B2

LOCANDA PERBELLINI AL MARE

SICILIANA • CHIC I sapori della Trinacria "forgiati" dall'estro creativo del pluristellato chef Perbellini, in un ristorante sulla spiaggia che nasce da una ex trattoria a conduzione familiare. Un contesto naturalistico di grande impatto che contribuisce a dar risalto all'originale cucina di Giancarlo.

≤ 🛏 🅿 – Prezzo: €€

Bovo Marina – ℰ 347 922 1759 – locandaperbellinialmare.it – Chiuso giovedì

NOTO

✉ 96017 – Siracusa (SR) – Carta regionale n° **20**–D3

CROCIFISSO

Chef: Marco Baglieri

CONTEMPORANEA • MINIMALISTA Nella parte più alta del centro storico, vicino all'omonima chiesa, troverete una delle più convincenti proposte gastronomiche della zona. In sale dall'atmosfera moderna ed essenziale, l'ottima cucina di Marco Baglieri si fa invece elaborata, quasi barocca, come volesse omaggiare lo stile

SICILIA

urbano di una delle più affascinanti città della Sicilia. Ottima la ricciola in crosta di pane e polvere di peperoni accompagnata da due salse, una alle mandorle e una alle cozze, con una piccola misticanza a rinfrescare il tutto.

ॐ ᰻ 𝕄 – Prezzo: €€€

Via Principe Umberto 46 – ☏ 0931 968608 – ristorantecrocifisso.it – Chiuso a mezzogiorno

PRINCIPE DI BELLUDIA

CREATIVA • ELEGANTE Isolato nella campagna, all'interno del lussuoso resort Il San Corrado di Noto, il Principe di Belludia ne rappresenta la proposta gourmet. Lo chef Martin Lazarov celebra la gastronomia locale attraverso due menu degustazione e una carta in cui si esprime una particolare attenzione al mondo vegetale.

⇦ 𝕄 ᨠ ⇔ 🅿 – Prezzo: €€€€

Contrada Belludia SP 51 – ☏ 0931 184 2020 – ilsancorradodinoto.com – Chiuso lunedì e domenica

VIVA IL BISTROT Ⓝ

MODERNA • ALLA MODA A pochi passi dalla cattedrale, col bel tempo i tavoli sistemati lungo l'incantevole strada pedonale sono ambitissimi, ma se non ci fosse più posto le sale interne con decorazioni contemporanee sono ugualmente accattivanti. Sono Viviana Varese, cuoca stellata a Milano, e la resident chef Ida Brenna a sovraintendere ad una carta di grande interesse, in buona parte di cucina siciliana a cominciare dalla ricerca dei prodotti, ma con qualche tocco più esotico.

᰻ 𝕄 ᨠ – Prezzo: €€

Via Rocco Pirri 19 – ☏ 334 793 3384 – vivavivianavarese.it/viva-il-bistrot – Chiuso a mezzogiorno

W VILLADORATA COUNTRY RESTAURANT

DEL TERRITORIO • CHIC Sulle colline che circondano Noto, all'interno della Country House Villadorata, ci troviamo in un incantevole mondo agreste con il mare per sfondo e orti da cui provengono parte delle verdure che compongono diversi piatti. Viviana Varese, cuoca stellata a Milano, collabora con Matteo Carnaghi, qui ai fornelli, con ottimi risultati. La cucina è ancorata ai prodotti siciliani, in estate il menu di una serata alla settimana è interamente dedicato alla cottura alla brace.

⩽ ᨠ 🅿 – Prezzo: €€€

Contrada Portelle – ☏ 342 816 3083 – vivavivianavarese.it

PALAZZOLO ACREIDE

✉ 96010 – Siracusa (SR) – Carta regionale n° **20**–C3

😀 ANDREA - SAPORI MONTANI

SICILIANA • FAMILIARE Lungo il corso centrale dell'affascinante Palazzolo Acreide, il ristorante si trova al primo piano di un edificio d'epoca. Se Andrea è il cuoco, Sapori Montani contiene già un'anticipazione di ciò che troverete nei piatti, dalla salsiccia palazzolese al tartufo - che ha ormai reso la località famosa in tutta l'isola - passando per la trota, il maialino nero e ottimi formaggi, solo per fare alcuni esempi.

ॐ ᰻ 𝕄 ᨠ ⇔ – Prezzo: €€

Via Gabriele Judica 4 – ☏ 0931 881488 – ristoranteandrea.it – Chiuso martedì

PALERMO

✉ 90133 – Palermo (PA)
Carta regionale n° **20**–B1

SICILIA

Da mangiare anche con gli occhi

Quando l'imperatore Carlo V nel giugno 1537 annuncia la sua visita a Palermo, le monache del convento della Martorana sono in preda allo sconforto. La maturazione degli aranci è ancora un po' indietro e gli alberi hanno perso i fiori, ma non stanno ancora producendo frutti. Come abbellire allora al meglio il giardino per accogliere la delegazione imperiale? L'idea fu tanto efficace quanto di successo: vengono preparate delle finte arance in pasta di mandorla da appendere ai rami. La storia non dice se l'imperatore si lasciò ingannare, ma da quel giorno, la frutta martorana si è aggiunta alle specialità dolciarie siciliane e fa bella mostra di sé nelle vetrine delle pasticcerie.

🍃 **GAGINI RESTAURANT**

CREATIVA • RUSTICO Nel cuore pulsante della città, tra la Vucciria e il porticciolo della Cala, questo locale dal design moderno e dai colori sgargianti valorizza ancor di più il fascino delle antiche mura che lo accolgono, nel Cinquecento bottega dello scultore Antonello Gagini. Lo chef Mauricio Zillo, dalla doppia nazionalità italiana e brasiliana, è approdato a Palermo dopo belle esperienze in giro per l'Europa. La sua cucina è molto personale, ricca di contrasti ma equilibrata. Non poteva essere diversamente visto il suo curriculum e le sue origini! Il servizio è attento, elegante ma con quel tocco d'informalità che mette l'ospite a suo agio. La carta dei vini svela un'ottima ricerca anche di piccoli produttori regionali.

🦪 🎟 🍴 – Prezzo: €€€

Pianta: C2-4 – *Via dei Cassari 35* – 𝒞 *091 589918* – *gaginirestaurant.com* – *Chiuso lunedì a mezzogiorno*

🍃 **MEC RESTAURANT**

Chef: Carmelo Trentacosti

SICILIANA • ELEGANTE Nel cuore della Palermo monumentale, in un palazzo cinquecentesco con una corte interna di straordinario fascino, il ristorante condivide gli ambienti di un museo dedicato a Steve Jobs. Si cena in tre eleganti sale, che mischiano elementi storici come i soffitti affrescati a memorabilia del genio informatico. Cullati da un ottimo servizio, il cuoco Carmelo Trentacosti vi delizierà con

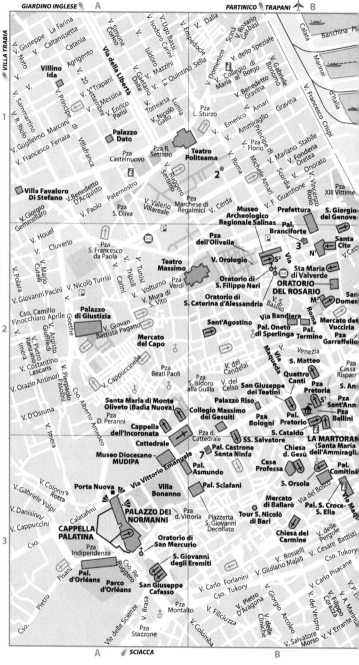

SICILIA

VILLA TRABIA

A

GIARDINO INGLESE

V. Giuseppe La Farina
V. Noto
V. Sammartino
V. R. Riolo
V. Guglielmo Marconi
V. Francesco Ferrara
V. Principe di
Caltanissetta
Catania
Agrigento
Villino
Ida
V. Simone Corleo
V. 20 Settembre
V. Trapani
V. Enrico Parisi
V. Messina
Villafranca
Palazzo
Dato
Pza
Castelnuovo
Via della Libertà
V. Ugo Bassi
V. Isidoro Carini
V. Gaetano
Daita
V. Mazzini
V. Quintino Sella
Torrearsa
Lumia
V. Nicolò
Gallo
Pza
R. Settimo
V. Ruggero Settimo
Teatro
Politeama
V. Empedocle
V. Dalia
Sch a
V. Rosario
Gerbasi
V. dello Speziale
V. Domenico
V. Collegio di
Maria al Borgo
V. Benedetto
Gravina
V. Gabriele
Bonanno
Pza
L. Sturzo
V. Emerico
Amari
V. Ammiraglio
Gravina
Pza
Florio
V. Principe di
V. Mariano Stabile
Michele Amari
Scordia
V. Roma
V. Fonderia
Oretea
Onorato
Calata
Banchina PI
Marinai
d'Italia
V. Francesco Crispi
Villa Favaloro
Di Stefano
V. Giorgio
Gemmellaro
V. Benedetto
D'Acquisto
V. Paolo
Paternostro
Pza
S. Oliva
V. Valerio
Villareale
Pza
Marchese di
Regalmici
V. Cerda
V. F. Guardione
Pza
XIII Vittime
V. Vincenzo
Riolo
2
Museo
Archeologico
Regionale Salinas
Prefettura
Pal.
Branciforte
Pza
dell'Olivella
S. Giorgio
dei Genove
Santa
Cita
3
V. Houel
V. Cluverio
V. Mario
Cutelli
V. Polara
V. Giovanni Pacini
Pza
S. Francesco
da Paola
V. Tunisi
V. Nicolò Turrisi
Tripoli
V. Volturno
V. Mura di
S. Vito
Teatro
Massimo
Pza
Verdi
V. Orologio
Oratorio di
S. Filippo Neri
Oratorio di
S. Caterina d'Alessandria
V. S.
Basilio
S²
Sta Maria
di Valverde
ORATORIO
DEL ROSARIO
N¹
San
Dome
M²
2
Palazzo
di Giustizia
Cso. Camillo
Finocchiaro Aprile
V. Pietro
Ranzano
Imera
V. Costantino
Lascaris
V. Orazio Antinori
Argisto
Giuffredi
Goethe
V. Giovan
Battista Pagano
Mercato
del Capo
V. Cappuccinelle
Pza
Beati Paoli
Sant'Agostino
Pal. Oneto
di Sperlinga
Via Bandiera
Pal.
Termine
V. Maqueda
V. Roma
Mercato
del Vucciria
Pza
Garraffello
V. D'Ossuna
V. Imera
V. Pierpaolo
Pasolini
Cso. Alberto Amedeo
Santa Maria di Monte
Oliveto (Badia Nuova)
Pza
D. Peranni
Cappella
dell'Incoronata
Cattedrale
Museo Diocesano
MUDIPA
V. del
Candelai
V. del
Celso
V. S. Isidoro
alla Guilla
Collegio Massimo
dei Gesuiti
Palazzo Riso
Pza d.
Cattedrale
Pal. Castrone
Santa Ninfa
Venezia
San Giuseppe
dei Teatini
Pal.
Bologni
SS. Salvatore
Casa
Professa
S. Cataldo
Chiesa
d. Gesù
V. Matteo
Quattro
Canti
Pza
Pretoria
Pal.
Pretorio
S¹
Cassa
Risparm
S. An
Pza
Sant'Ann
Pza
Bellini
LA MARTORA
(Santa Maria
dell'Ammiragli
Pal.
Comitini
Porta Nuova
V. Colonn a
Rotta
V. Gabriele Vulpi
V. Danisinni
V. Cappuccini
Cso.
Calatafimi
PALAZZO DEI
NORMANNI
CAPPELLA
PALATINA
Pza
Indipendenza
Pal.
d'Orléans
Parco
d'Orléans
Pisani
Cso. Re
Ruggero
Via Vittorio Emanuele
Villa
Bonanno
Pal.
Asmundo
Pal. Sclafani
Pza
d. Vittoria
7
Piazzetta
S. Giovanni
Decollato
Oratorio di
San Mercurio
S. Giovanni
degli Eremiti
San Giuseppe
Cafasso
Pza
Montalto
S. Orsola
Tour S. Nicolò
di Bari
Mercato
di Ballarò
Chiesa del
Carmine
Via del Bosco
Pal. S. Croce-
S. Elia
V. delle
Pergole
V. Rosselli
V. Giuliano Majali
V. Carlo Forlanini
Cso. Tukory
V. Pietro
D'Aragona
V. Filiciuzza
V. delle
Ciniche
V. Colomba
V. Giorgio Arcoleo
V. Salvatore
Morso
Cso. Tukory
V. Cesare Battisti
Cso. Tukory
V. Carlo Pisacane
V. del Vespro
V. A. Marina
V. P. L.
Filippo
Corazza
V. Errante
Pza
Stazzone
Vle. delle Scienze
V. Brasa

1

2

3

SICILIA

PALERMO

N

0   300 m

Galleria d'Arte Moderna..... F
Museo del Risorgimento ....M²
Oratorio di Santa Cita.......N¹
S. Caterina ....S¹
S. Ignazio all'Olivella........S²

STAZIONE

MARITTIMA

PORTO

Banchina

V. Sammuzzo

V. Filippo Patti

Castello
a Mare

Area archeologica
di Castello a Mare

Pza
Castello

LA CALA

Museo Internazionale delle
Marionette - Pasqualino

Porta Felice

Passeggiata
delle Cattive

GOLFO

DI PALERMO

SICILIA

Santa Maria
della Catena

Vittorio - Emanuele

V. dei Cassari

Via

ORATORIO DI
N LORENZO

Pza Marina-
Giardino
Garibaldi

Palazzo
Chiaramonte

Palazzo Butera

S. Maria della Pietà

V. Merlo

Galleria Regionale
della Sicilia di
Palazzo Abatellis

Foro

Pza
d. Kalsa

Porta dei Greci

S. Francesco
d'Assisi

Pal. Mirto

La Gancia

V. della
Vetriera

Teresa
alla Kalsa

Italico

Via Alloro

Mercato
Lattarini

Oratorio
dei Bianchi

V. Lincoln

Umberto I

Palazzo
Valguarnera-Gangi

Pza
Magione

Pza d.
Spasimo

Santa Maria
dello Spasimo

Pza della
Rivoluzione

La Magione

P

Villa
Giulia

Pza
Tumminello

V. Maestri
d'Acqua

Garibaldi

Palazzo
Ajutamicristo

Orto
Botanico

V. Pte

V. Gorizia

V. Milano

V. Lincoln

V.
Antonio
Ugo

V.
Archirafi

GIARDINO
TROPICALE

di

Porta
Garibaldi

V. Antonio
Di Rudini

V. Michele
Cipolla

Mare

J. Trieste

V. Paolo
Balsamo

Pza
G. Cesare

V. Rocco Pirri

V. Gian
Filippo Ingrassia

V. Tiro a Segno

za S.
tonino

Cso. dei

V. Fortunato Fedele

V. Messina Marine

za
rez

V. Oreto

V. Silvio Boccone

Mille

V. Mario
Benso

Viale

Giuseppe

Bennici

V.

dei

Macello

V. Antonino
Saetta

Paolo Perez

V. Oreto

V. Picciotti

AGRIGENTO,
CATANIA, MESSINA

C   D

una intelligenza rivisitazione della tradizione siciliana. Dalla melanzana "ammuttunata" alla pasta con le sarde passando per lo sfincione, i classici isolani vi verranno serviti in forme inedite e creative. A fine pasto chiedete di mostrarvi la piazza dal balcone, sarà il coronamento di una serata speciale.

🏖 🆈 – Prezzo: €€€

Pianta: B3-7 – *Via Vittorio Emanuele 452 – 𝒞 091 989 1901 – mecrestaurant.it – Chiuso domenica e a mezzogiorno*

BUATTA CUCINA POPOLANA

SICILIANA • CONVIVIALE Nelle belle e storiche sale di un'antica bottega troverete un locale vivace e dinamico, dove i piatti della tradizione si alternano con le stagioni. Tra i must: bucatini alle sarde e la proverbiale cassata. Il locale è gettonatissimo, meglio prenotare!

♿ 🆈 🏖 – Prezzo: €

Pianta: B2-1 – *Via Vittorio Emanuele 176 – 𝒞 091 322378 – buattapalermo.it – Chiuso mercoledì*

BEBOP

CONTEMPORANEA • ACCOGLIENTE Dopo gli studi classici un giovane chef autodidatta ha deciso di seguire la sua vera passione: la cucina! Ricette che si ispirano alla tradizione siciliana rielaborate con gusto personale, avvalendosi di ottimi prodotti regionali. Il ristorante è in pieno centro, molto raccolto e signorile, ma anche piacevolmente informale nel servizio.

🆈 – Prezzo: €€

Pianta: B1-2 – *Via Riccardo Wagner 3 – 𝒞 329 534 0388 – Chiuso lunedì e a mezzogiorno*

OSTERIA DEI VESPRI

MODERNA • ACCOGLIENTE Situato nel palazzo che ospitò la celebre scena del ballo nel Gattopardo di Luchino Visconti, il locale propone una cucina al passo coi tempi, i cui piatti moderni poggiano su veraci prodotti locali. Se la calorosa accoglienza e una gestione pluriennale costituiscono ulteriori incentivi alla sosta, c'è di più: nell'attiguo bistrot Occhio Vivo (esortazione siciliana per dire "Stai attento"!) si serve una cucina semplice e gustosa.

🏖 🆈 🏖 – Prezzo: €€€

Pianta: C2-5 – *Piazza Croce dei Vespri 6 – 𝒞 091 617 1631 – osteriadeivespri.it – Chiuso domenica*

L'OTTAVA NOTA

CREATIVA • ACCOGLIENTE E' uno di quei locali, carini, moderni, allegri: proprio come vanno di moda oggi. La cucina è fortemente legata al territorio e quindi anche al pesce, mentre l'elaborazioni si fanno sfiziose e contemporanee. Imperdibile la ceviche!

🆈 🗘 – Prezzo: €€

Pianta: C2-6 – *Via Butera 55 – 𝒞 091 616 8601 – ristoranteottavanota.it – Chiuso domenica e a mezzogiorno*

PALAZZO BRANCIFORTE

ITALIANA • ELEGANTE Un'oasi di relax nel centro della località a cui si aggiunge un servizio cordiale e desideroso di rendere la vostra sosta un'esperienza memorabile. I piatti che arrivano in tavola sono ben preparati e ricchi di gusto, moderni quel tanto che basta senza - tuttavia - voltare le spalle alla tradizione. L'ispettore consiglia: "Tubettoni alla carrettiera di calamaro, tre pomodori e croccante di olive taggiasche"!

🏖 – Prezzo: €€

Pianta: B2-3 – *Via Bara all'Olivella 2 – 𝒞 091 321748 – ristorantepalazzobranciforte.it*

Isola di PANTELLERIA

✉ 91017 – Trapani (TP) – Carta regionale n° **20**–A3

I GIARDINI DEI RODO

SICILIANA • **ROMANTICO** Come suggerisce il nome, mangerete circondati dal verde di giardini, tra palme, fiori, alberi di agrumi... La cucina conquista l'ospite con piatti dai sapori regionali, ma dalle preparazioni moderne. Romantico e originale!

🍴 🅿 – Prezzo: €€

Via Bonomo Alto, loc. Scauri – ✆ 334 141 4002 – igiardinideirodo.it – Chiuso a mezzogiorno

LA NICCHIA

PESCE E FRUTTI DI MARE • **CONTESTO REGIONALE** All'interno di un antico dammuso e del suo giardino pantesco si gustano tipiche specialità marinare (ottime quelle alla griglia). Alcuni dei prodotti che arrivano in tavola sono anche in vendita.

🍴 – Prezzo: €€

Salita San Gaetano 11, loc. Scauri Basso – ✆ 0923 916342 – lanicchia.it – Chiuso a mezzogiorno

OSTERIA IL PRINCIPE E IL PIRATA

SICILIANA • **STILE MEDITERRANEO** In una tipica casa isolana con una grande terrazza vista mare e arredi rustici, la cucina - curata personalmente dalla titolare - si concentra sulla scelta di ottime materie prime. Specialità siciliane.

🕷 ⤴ 🍴 🅿 – Prezzo: €€

Località Punta Karace 7 – ✆ 0923 691108 – principeepirata.it

SICILIA

PIAZZA ARMERINA

✉ 94015 – Enna (EN) – Carta regionale n° **20**–C2

AL FOGHER

MODERNA • **INTIMO** Da tempo un'istituzione che richiama appassionati pronti ad affrontare un viaggio non breve, ma dai suggestivi paesaggi; troverete una sala ricca di legno e calore, nonché una cucina elaborata, generosa di ingredienti in ogni piatto, sia di terra che di mare.

🕷 ♿ 🍴 🅿 – Prezzo: €€

Strada statale 117 bis – ✆ 0935 684123 – Chiuso lunedì e domenica sera
page_break

RAGUSA

✉ 97100 – Ragusa (RG) – Carta regionale n° **20**–C3

✿✿ DUOMO

Chef: Ciccio Sultano

CREATIVA • **ELEGANTE** A pochi passi dal Duomo di San Giorgio, nel cuore di Ibla, uno dei centri storici più suggestivi dell'isola, Sultano incarna l'essenza più intima della Sicilia. Forte di una profonda conoscenza della sua regione, nelle salette intime e confortevoli del ristorante va in scena uno degli spettacoli più convincenti della gastronomia isolana. La proposta verte su due menu degustazione, con piatti estraibili alla carta.

🕷 🅰🅲 ⇩ – Prezzo: €€€€

Via Cap. Bocchieri 31 – ✆ 0932 651265 – cicciosultano.it – Chiuso lunedì e domenica

SICILIA

✿ LOCANDA DON SERAFINO

CONTEMPORANEA • ROMANTICO Lungo la strada che circonda ad anello Ibla, uno dei centri storici più suggestivi e pittoreschi della Sicilia, la sala del ristorante non è da meno: sembra scavata nella roccia, ma non aspettatevi un ambiente rustico: l'atmosfera è elegante e raffinata, il servizio di gran livello, insomma, un luogo ideale per un'occasione romantica e gourmet. Vincenzo Candiano è un cuoco straordinario, che continua a fare ricerca, accumulando piatti classici che non possono mancare in carta ad altri più innovativi, sovente con riferimenti isolani. Celebre cantina con verticali emozionanti. C'è anche una camera, altre ancora nell'omonimo e suggestivo albergo nel centro storico, ad una passeggiata dal ristorante.

🕸 🅰 🀱 ↻ – Prezzo: €€€€

Via Avv. OttaViano 13 – ☎ 0932 248778 – locandadonserafino.it – Chiuso martedì e mercoledì a mezzogiorno

I BANCHI

SICILIANA • CONTESTO STORICO In un palazzo carico di storia – fu anche sinagoga prima del terremoto del 1693 e nella suggestiva Sala degli Specchi c'è ancora la vasca per le abluzioni – il ristorante ha una firma illustre, quella di Ciccio Sultano, stellato nel vicino ristorante Duomo. Cucina eclettica ma in prevalenza siciliana; per gli appassionati c'è anche una lista di cocktail.

🅰 🀱 – Prezzo: €€

Via Orfanotrofio 39 – ☎ 0932 655000 – ibanchiragusa.it – Chiuso domenica

RANDAZZO
✉ 95036 – Catania (CT) – Carta regionale n° **20**–D2

😊 VENEZIANO

SICILIANA • CONTESTO TRADIZIONALE Poco fuori Randazzo, uno dei paesi che circondano l'Etna con le sue caratteristiche costruzioni in pietra lavica, da Veneziano troverete un'ottima espressione della cucina locale. Trionfano funghi e carne, in diverse interpretazioni: dall'ottimo misto funghi tra gli antipasti alla zuppa, sempre di funghi e con crostone di pane, tra i primi, per passare poi ai secondi, tra cui consigliamo un morbidissimo asado e l'imperdibile capocollo di suino nero dei Nebrodi.

🖨🅰🀱🅿 – Prezzo: €€

Contrada Arena – ☎ 095 799 1353 – ristoranteveneziano.it – Chiuso lunedì e sabato e domenica sera

RIPOSTO
✉ 95018 – Catania (CT) – Carta regionale n° **20**–D2

LA CUCINA DI DONNA CARMELA

MODERNA • ELEGANTE Nell'accogliente sala o nel bel dehors all'ombra delle palme, specialità siciliane e i migliori prodotti provenienti dagli orti, frutteti ed agrumeti di proprietà della risorsa. Il tutto presentato con stile attuale.

🅰🀱🅿 – Prezzo: €€€

Contrada Grotte 7, loc. Carruba di Riposto – ☎ 095 809383 – donnacarmela. com – Chiuso a mezzogiorno

SAN LEONE
✉ 92100 – Agrigento (AG) – Carta regionale n° **20**–B2

IL MOLO

SICILIANA • CONTESTO TRADIZIONALE Davanti al porticciolo turistico di San Leone, un ristorante raffinato che ha nella sua bella terrazza estiva un angolo molto rilassante, dove poter assaggiare la cucina regionale a base di pesce e non solo di Alfredo Lattuca. Ottima la qualità delle materie prime.

&. 🖼 🛏 – Prezzo: €€

Via Falcone Borsellino – ☎ 0922 412095 – Chiuso mercoledì

SAN VITO LO CAPO

✉ 91010 – Trapani (TP) – Carta regionale n° **20**–A1

GNA' SARA

DEL TERRITORIO • CONVIVIALE Lungo la strada parallela al corso principale, un locale sobrio e affollato (ma c'è anche un bel dehors) dove riscoprire i piatti della tradizione locale, come il cous cous di pesce, le busiate fatte a mano o l'immancabile pizza. Molto frequentato, in alta stagione è consigliata la prenotazione!

🖼 🛏 – Prezzo: €€

Via Duca degli Abruzzi 8 – ☎ 0923 972100 – ristorantegnasara.it

PROFUMI DI COUS COUS

SICILIANA • STILE MEDITERRANEO Anche se al cous cous spetta il ruolo di primo attore della carta, non vanno trascurate le altre golose specialità isolane. L'atmosfera si fa magica soprattutto d'estate, nella bella corte interna tra le piante di agrumi.

&. 🖼 🛏 – Prezzo: €€

Via Regina Margherita 80 – ☎ 0923 974155 – ghiblihotel.it

SCIACCA

✉ 92019 – Agrigento (AG) – Carta regionale n° **20**–B2

HOSTARIA DEL VICOLO

PESCE E FRUTTI DI MARE • AMBIENTE CLASSICO In posizione centrale, sebbene in una via un po' defilata, ambienti intimi ed eleganti per una cucina che profuma di Sicilia; tanto pesce, verdure dell'orto e gustosi formaggi. Il tutto si accompagna ad una selezione enoica di rispetto.

🐝 &. 🖼 – Prezzo: €€

Vicolo Sammaritano 10 – ☎ 0925 23071 – hostariadelvicolo.it – Chiuso lunedì

SCLAFANI BAGNI

✉ 90020 – Palermo (PA) – Carta regionale n° **20**–B2

TERRAZZA COSTANTINO

MODERNA • CONTESTO CONTEMPORANEO Una location suggestiva e panoramica completa l'esperienza culinaria firmata da Giuseppe Costantino, chef-patron di quest'apprezzata insegna, che dopo la determinante esperienza presso il tristellato Duomo di Enrico Crippa, seguita da altri importanti passaggi in alcune delle migliori tavole liguri, è rientrato in Sicilia con l'obbiettivo di convertire il ristorante di famiglia da semplice punto di ristoro a tappa gourmet. Le note degli ispettori elogiano sia la compiutezza del menu degustazione - unica opzione disponibile preparata secondo mercato e freschezza delle materie prime - che la "mano tecnica e precisa con la quale vengono trattati gli ingredienti del territorio". Le preparazioni si avvalgono infatti dei migliori prodotti autoctoni del Parco delle Madonie, con l'aggiunta di ponderate escursioni sulla vicina costa.

🖼 🛏 – Prezzo: €€

Rione Sant'Antonio 24 – ☎ 339 115 5915 – terrazzacostantino.com – Chiuso mercoledì, a mezzogiorno da lunedì a venerdì e domenica sera

SIRACUSA

✉ 96100 – Siracusa (SR) – Carta regionale n° **20**–D2

 ### CORTILE SPIRITO SANTO

MODERNA • ELEGANTE È nell'estremità più meridionale dell'Ortigia, non lontano da Castel Maniace, che troverete la più raffinata espressione della ristorazione siracusana. Siamo negli spazi di Palazzo Salomone Luxury Suites, dove Giuseppe Torrisi allestisce una cucina creativa, tecnica e autenticamente siciliana per lo spirito barocco ed elaborato dei suoi piatti dai sapori intensi, emozionanti e in alcuni casi davvero indimenticabili. Il consiglio dell'ispettore è di provare le specialità ittiche del giorno: dentice, branzino o altro, provenienti da pescatori locali e serviti con un condimento di stagione, asparagi e piselli in primavera, ad esempio, e un coulis di pomodori gialli di Scicli. Per i vini suggeriamo di esplorare le produzioni locali, tra Etna e costa ovest: uno su tutti l'ottimo brut Terzavia VS di De Bartoli.
🐆 🅰🅺 🍸 – Prezzo: €€€

Via Salomone 21, Ortigia – ☎ 0931 181 5404 – cortilespiritosanto.com – Chiuso lunedì e a mezzogiorno tranne domenica

DON CAMILLO

MODERNA • ELEGANTE Miteco, Artemide, Archestrato, La Nostra Storia: i menu a disposizione per testare la cucina siciliana di chef Guarneri amante della bellezza e del buon vino (come si evince dall'ambiziosa carta). La sala è un tripudio di classicità, muri in tufo del '400, arredi in legno d'epoca e candelabri in ferro battuto. La cucina è esperta e gustosa; il servizio competente e professionale.
🐆 ♿ 🅰🅺 – Prezzo: €€€

Via Maestranza 96, Ortigia – ☎ 0931 67133 – ristorantedoncamillosiracusa.it – Chiuso domenica

REGINA LUCIA

MODERNA • ROMANTICO Affacciato su una piazza di monumentale bellezza dove vengono sistemati i tavolini per il servizio all'aperto, anche se il tempo tuttavia non consentirà di mangiare fuori non rinunciate al Regina Lucia: in una caratteristica sala storica, sarà la cucina a prendersi cura di voi con una rivisitazione creativa dei classici siciliani. Da non perdere i dolci!
🅰🅺 🍸 – Prezzo: €€€

Piazza Duomo 6, Ortigia – ☎ 0931 22509 – reginaluciaristorante.com – Chiuso martedì

TAORMINA

✉ 98039 – Messina (ME) – Carta regionale n° **20**–D2

 ### ST. GEORGE BY HEINZ BECK

Chef: Salvatore Iuliano

CREATIVA • LUSSO Il St. George si trova all'interno dell'Hashbee Hotel, una villa di inizio Novecento ai margini del centro storico, in una delle location più ambite ed esclusive di Taormina. Varcato l'ingresso, dopo l'elegante salone si raggiunge il giardino e la terrazza mozzafiato, le cui palme incorniciano la vista sullo stretto di Messina. La cucina è frutto della collaborazione tra Heinz Beck e il resident chef Salvatore Iuliano. Del cuoco tristellato Salvatore, di origini calabresi, riprende la naturale eleganza e certe intuizioni gastronomiche, ma vi aggiunge un'appassionata e colorata interpretazione mediterranea. Indimenticabili i tortellini al basilico, mandorla, seppiette e 'nduja: i ravioli, dalla pasta freschissima e morbida e ripieni di pesto, sono disposti in circolo, al centro sono sistemati dei filettini di seppia cotti e conditi con 'nduja e il tutto è ricoperto da spuma di mandorle. Un piatto splendido, già diventato uno dei piatti iconici dello chef.

❀ ≼🛏️🅰️🎍🅿️ – Prezzo: €€€€
Viale San Pancrazio 46 – 𝒞 0942 23537 – theashbeehotel.it – Chiuso martedì e a mezzogiorno

✥ LA CAPINERA

Chef: Pietro D'Agostino

CREATIVA • CONVIVIALE "La mia cucina è come la mia terra – afferma lo chef-patron Pietro D'Agostino – solare, fresca, piena di tradizioni e al contempo moderna". La stessa impressione è quella riscontrata dagli ispettori, che hanno definito la sua proposta gastronomica come innovativa su base regionale, dove la ricerca delle migliori materie prima diventa simpaticamente maniacale: dal pescato del giorno agli ortaggi, dai presidi Slow Food al caviale di lumaca, attraverso le diverse intensità di oli autoctoni di nicchia. Se la bella terrazza affacciata sul mar Ionio aggiunge ulteriore charme alla sosta, anche la selezione enoica riserva delle piacevoli sorprese.

❀ ≼🅰️🎍 – Prezzo: €€€
Via Nazionale 177, loc. Spisone – 𝒞 338 158 8013 – pietrodagostino.it – Chiuso lunedì e a mezzogiorno da martedì a venerdì

✥ OTTO GELENG

MEDITERRANEA • CHIC L'ambiente tradisce l'eleganza della destinazione e ricorda le ville isolane di un tempo: solamente "otto" i tavoli, incorniciati in un terrazzo fiorito di buganvillee e affacciati su Taormina, baia di Naxos e sull'Etna. I dettagli della mise en place sono ricercati e rimandano ai fasti di un'antica dimora, mentre lo chef Roberto Toro propone un menu capace di raccontare la sua Sicilia con molte interpretazioni personali. Vincono la tradizione, ma in chiave moderna, e l'esaltazione delle migliori materie prime che questa terra offre. Più di 400 etichette di vini sono disponibili per accompagnare questo viaggio gastronomico, con eccellenze autoctone, nazionali e francesi, e molte chicche di piccoli produttori locali.

❀ ≼🛏️♿🎍 – Prezzo: €€€€
Via Teatro Greco 59 – 𝒞 0942 627 0200 – belmond.com – Chiuso lunedì, martedì e a mezzogiorno

✥ PRINCIPE CERAMI

MODERNA • LUSSO Il menu vuole essere un ritorno all'essenziale, la chiave della cucina di chef Mantarro: stagionalità, territorialità e ricerca di produttori locali di nicchia. La Sicilia è generosa nei sapori e nei colori e offre abbinamenti che permettono di viaggiare dal mare al vulcano. Quest'ultimo trasmette un sapore più ricco e intenso, soprattutto ai prodotti vegetali che dominano il menu. Oltre alla carta e alla possibilità di comporre un proprio menu, "Principe Cerami" rappresenta un ideale tuffo nel Mar Ionio con qualche incursione di terra. La carta dei vini si focalizza sulla regione senza trascurare ottime referenze in Italia e nel mondo.

❀ ≼🛏️♿🅰️🎍🍽️🅿️ – Prezzo: €€€€
Piazza San Domenico 5 – 𝒞 0942 613310 – principecerami.com – Chiuso a mezzogiorno

BLUM Ⓝ

MODERNA • STILE MEDITERRANEO Il ristorante gourmet dell'albergo Mazzarò Sea Palace si trova in un contesto che ha pochi eguali in quanto a romanticismo: si cena in una sorta di gazebo-terrazza affacciato su una baia mozzafiato, il cui incanto cresce man mano che la serata avanza e le luci della frazione si accendono. Ai fornelli il giovane e bravo chef prepara piatti creativi, alcuni vegetariani, di ottimo livello tecnico e grande interesse.

≼🎍🅿️ – Prezzo: €€€€
Via Nazionale 147 – 𝒞 0942 612112 – blumrestaurant.com – Chiuso lunedì e a mezzogiorno

SICILIA

SICILIA

CINQUE ARCHI

PESCE E FRUTTI DI MARE • **ELEGANTE** Affacciato su una delle piazze più famose di Taormina con il suo belvedere mozzafiato che abbraccia mare ed Etna, al Cinque Archi troverete una ristorazione classica in prevalenza di mare con - tra l'altro - un'ampia sezione dedicata ai crudi. Per chi desidera una sistemazione romantica con affaccio sul passeggio, alcuni tavoli sono sistemati su un balconcino.
≤ 🅰🅲 🍴 – Prezzo: €€€
Piazza IX Aprile – ☎ 0942 628722

KISTÉ - EASY GOURMET

MODERNA • **ACCOGLIENTE** Defilato rispetto alle vie più turistiche, all'interno della quattrocentesca Casa Cipolla con romantica terrazza per il servizio estivo, Kisté è un "contenitore" gourmet di sapori siciliani in chiave moderna.
🅰🅲 🍴 – Prezzo: €€
Via Santa Maria de' Greci 2 – ☎ 333 371 1606 – kiste.it – Chiuso a mezzogiorno da lunedì a venerdì

VINERIA MODÌ 🄽

ITALIANA CONTEMPORANEA • **ACCOGLIENTE** Nel centro storico di Taormina, il luogo nacque come bar enoteca - da qui il nome e soprattutto la vasta carta dei vini con più di mille etichette - ma il bere oggi è affiancato dai piatti di un'abilissima cuoca, con il fratello ad occuparsi della sala. Proposte creative ed elaborate che si destreggiano tra richiami siciliani e non solo, servite in una raffinata sala interna. Nella bella stagione mangiare ai tavoli all'aperto davanti al passeggio cittadino è particolarmente piacevole.
🐾 🅰🅲 🍴 – Prezzo: €€€
Via Calapitrulli 13 – ☎ 0942 23658 – vineriamodi.com – Chiuso mercoledì e a mezzogiorno

TERMINI IMERESE

✉ 90018 – Palermo (PA) – Carta regionale n° **20**-B2

SECONDO TEMPO

ITALIANA • **ACCOGLIENTE** Al primo piano di un edificio, con bella terrazza per il servizio estivo, l'accoglienza è calorosa e il personale si prodigherà nel raccontarvi i piatti che campeggiano in menu o nel percorso degustazione: cucina moderna italiana con influenze isolane.
🅰🅲 🍴 – Prezzo: €€
Via Vittorio Amedeo 55 – ☎ 091 811 3775 – ristorantesecondotempo.it – Chiuso lunedì e a mezzogiorno tranne domenica

TERRASINI

✉ 90049 – Palermo (PA) – Carta regionale n° **20**-B1

⚜ IL BAVAGLINO

Chef: Giuseppe Costa

CREATIVA • **ALLA MODA** Nuova sede per questo ristorante che ora occupa gli spazi di un ex edificio per la salatura del pesce; ciò che resta immutato, invece, è lo stile della cucina che si propone in tre percorsi degustazione, Storie e passioni, Mura di Casa, Erba Terra Foglie (evidentemente vegetariano), da cui si può attingere anche per ordinare à la carte. Partendo da ispirazioni regionali, lo chef Giuseppe Costa procede senza indugi verso piatti personali e creativi, frutto della commistione tra sapori del territorio ed esperienze individuali maturate dal cuoco, a proprio agio sia con la carne sia con il pesce. L'ispettore consiglia: bottone di gamberi viola locali, rigorosamente crudi, con caviale e olive, rifinito con un coulis di limone e zenzero.

Ⓐ – Prezzo: €€€
Via dei Mille 2/b – ℰ 091 868 2285 – giuseppecosta.com – Chiuso lunedì e a mezzogiorno

🍴 **SALOTTO SUL MARE** Ⓝ

TRADIZIONALE • BISTRÒ Cucina tradizionale, onesta e gustosa, basata su elaborazioni semplici, forti di un'ottima materia prima; alla carta si aggiungono tre proposte di degustazione pensate per la condivisione. Al piano superiore dell'edificio che ospita il ristorante Il Bavaglino, la vista diventa un intrigante elemento architettonico. Il ristorante è aperto solo a pranzo.
≼ Ⓐ 🍴 – Prezzo: €
Via dei Mille 2/b – ℰ 091 868 2285 – giuseppecosta.com/salotto-sul-mare – Chiuso la sera

TORREGROTTA
✉ 98050 – Messina (ME) – Carta regionale n° **20**–D1

MODÌ

CONTEMPORANEA • COLORATO Defilato, leggermente rialzato rispetto al centro cittadino di Torregrotta da dove si è trasferito per rilanciare ulteriormente la qualità dell'offerta, e se l'intento era chiaro, il risultato lo è ancor di più... Lo chef patron vi farà gustare buoni piatti di cucina siciliana rivisitata con modernità e precisione, completando la vostra esperienza con la bella carta dei vini.
Ⓐ 🍴 – Prezzo: €€€
Via Bucceri incrocio Via Mezzasalma – ℰ 345 092 8345 – modiristorante.it – Chiuso lunedì, a mezzogiorno da martedì a venerdì e domenica sera

TRAPANI
✉ 91100 – Trapani (TP) – Carta regionale n° **20**–A2

OSTERIA IL MORO

CREATIVA • ELEGANTE Sul corso principale della città con piacevole dehors, l'Osteria il Moro è pronta a scommettere su piatti che affondano le radici nell'isola, per poi dispiegarsi in ricette originali e creative ricche di gusto e personalità. Oltre alla carta, la scelta si dipana tra diversi menu degustazione da 4 a 8 portate, mentre la selezione enoica comprende oltre 300 referenze con tante proposte regionali.
🐝 🍴 – Prezzo: €€€
Via Giuseppe Garibaldi 86 – ℰ 0923 23194 – osteriailmoro.it – Chiuso mercoledì

SERISSO 47

SICILIANA • ELEGANTE In un palazzo del centro, sotto antiche volte in tufo di Favignana, un ristorante dai toni caldi ed eleganti per una cucina che ha saputo reinterpretare la tradizione gastronomica trapanese. Ottimi i primi piatti preparati con pasta fresca di produzione propria e i secondi a base di pesce.
Ⓐ – Prezzo: €€
Via Serisso 47/49 – ℰ 0923 26113 – serisso47.com – Chiuso a mezzogiorno

VIAGRANDE
✉ 95029 – Catania (CT) – Carta regionale n° **20**–D2

IPALICI Ⓝ

SICILIANA • CONTESTO STORICO Alle spalle di Acireale e ai piedi del parco dell'Etna, iPalici si trova all'interno del Relais San Giuliano. Esternamente nulla lascia presagire il fascino e l'imponenza della struttura storica e dei suoi spazi interni, tra cui il vasto palmento cinquecentesco che accoglie il ristorante. La cucina regge

SICILIA

ampiamente il confronto con tanta bellezza: oltre alla spiccata impronta vegetale, c'è un rimarchevole recupero delle tradizioni agresti siciliane, a cui il cuoco conferisce un'intelligente rilettura contemporanea.

🚗🛏️🌳 – Prezzo: €€€

Via Antonello da Messina 3 – ☏ 095 989 1671 – relais-sangiuliano.it/ipalici – Chiuso lunedì e a mezzogiorno

ZAFFERANA ETNEA

✉ 95019 – Catania (CT) – Carta regionale n° **20**-D2

SABIR GOURMANDERIE

CREATIVA • ELEGANTE La cucina di Seby Sorbello è colorata e mediterranea, a tratti creativa, ma sempre su base locale. In estate, optate per il fresco e romantico servizio nel parco.

🚗🛏️🌳 – Prezzo: €€€

Via delle Ginestre 1 – ☏ 095 708 2335 – sebysorbello.it – Chiuso martedì

GLI APPUNTI
DEL GOURMET

GLI APPUNTI DEL GOURMET

GLI APPUNTI DEL GOURMET

LA GUIDA
MICHELIN

Prenota gli Hotel Più Belli ed Esclusivi
Che Riesci a Immaginare

guide.michelin.com/it/it

Da oltre 120 anni la Guida MICHELIN è impegnata a individuare esperienze gastronomiche di alta qualità. Ora stiamo applicando lo stesso livello di passione e competenza agli hotel. I nostri esperti hanno setacciato il mondo per trovare strutture che si distinguono per stile, servizio e personalità, con opzioni per tutti i budget.

Visita il sito web e l'app della Guida MICHELIN per prenotare gli hotel più belli ed esclusivi che riesci a immaginare.

Scarica su
App Store

DISPONIBILE SU
Google Play

Sextantio | Santo Stefano di Sessanio, Italia

Redazione: le équipe della Guida MICHELIN sotto la direzione di Gwendal Poullenec

Responsabile editoriale: Marie-Pierre Renier

La Rivista della Guida Michelin: Francesca Malerba, Maura Marca

Iconografia: Marie Simonet, Marion Capera, Ilona d'Angela

Cartografia: Costina-Ionela Lungu, Ecaterina-Paula Cepraga

Fotocomposizione: Bogdan Gheorghiu, Mihaita Constantin

Grafica: Laurent Muller, Marie-Pierre Renier

Copertina: Benjamin Heuzé

Produzione: Sandrine Combeau ; Renaud Leblanc

Coordinamento editoriale: Dominique Auclair, Pascal Grougon

Ringraziamenti: Philippe Orain

Pubblicità e partnership:
contact.clients@editions.michelin.com
Il contenuto delle pagine pubblicitarie inserite in Guida è di esclusiva responsabilità degli inserzionisti.

MICHELIN Éditions

Société par actions simplifiée au capital de 487 500 €
57 rue Gaston Tessier - 75019 Paris (France)
R.C.S. Paris 882 639 354

©2023 **Michelin Éditions** – Tous droits réservés
Dépôt légal : novembre 2023
Imprimé en Italie - 11-2023 sur du papier issu de forêts bien gérées

Compograveur : MICHELIN éditions, Voluntari (Roumanie)
Imprimeur-relieur : LEGO, Lavis (Italie)

Plans de villes : © MICHELIN 2023

I dati e le indicazioni contenuti in questa guida, sono stati verificati e aggiornati con la massima cura. Tuttavia alcune informazioni (prezzi, indirizzi, numeri di telefono, indirizzi internet, etc.) possono perdere parte della loro attualità a causa dell'incessante evoluzione delle strutture e delle variazioni del costo della vita: non è escluso che alcuni dati non siano più, all'uscita della guida, esatti o esaustivi. Queste informazioni non possono comportare responsabilità alcuna per eventuali involontari errori o imprecisioni.